6

知识产权经典判例

ZHISHICHANQUAN JINGDIAN PANLI

北京市高级人民法院知识产权庭 编

主编 王振清

知识产权出版社

内容提要

本书是从北京市高级人民法院知识产权庭2008年审结的案例中精选出部分有代表性和典型性的案例汇编而成，具有重要的研究价值和资料价值。

读者对象：知识产权领域相关法律实务工作者及理论研究人员。

责任编辑：彭小华　　　　**责任校对**：董志英
特约编辑：汪惠芬　　　　**责任出版**：卢运霞
执行编辑：徐施峰

图书在版编目(CIP)数据

知识产权经典判例（6）/北京市高级人民法院知识产权庭编．—北京：知识产权出版社，2010.12

ISBN 978－7－5130－0225－7

Ⅰ.①知…　Ⅱ.①北…　Ⅲ.①知识产权－审判－案例－中国　Ⅳ.①D923.405

中国版本图书馆 CIP 数据核字（2010）第 201414 号

知识产权经典判例（6）

北京市高级人民法院知识产权庭　编

主编　王振清

出版发行：知识产权出版社

社　　址：北京市海淀区马甸南村1号	邮　　编：100088
网　　址：http://www.ipph.cn	邮　　箱：bjb@cnipr.com
发行电话：010－82000860 转 8101/8102	传　　真：010－82005070/82000893
责编电话：010－82000889	责编邮箱：pengxiaohua@cnipr.com
印　　刷：北京市凯鑫彩色印刷有限公司	经　　销：新华书店及相关销售网点
开　　本：720mm×960mm　1/16	印　　张：40
版　　次：2011年1月第一版	印　　次：2011年1月第一次印刷
字　　数：759千字	定　　价：68.00元

ISBN 978－7－5130－0225－7/D·1104（3170）

知识产权经典判例（6）

主　编：王振清

副主编：张鲁民

编　委：宿　迟　淳于国平　陈锦川　靳学筠
　　　　刘双玉　杨柏勇　邵明艳　宋鱼水
　　　　林子英

编　辑：张雪松　张冬梅　焦　彦　潘　伟
　　　　刘晓军　钟　鸣　毕　怡

目　录

专　利

商　标

著　作　权

反不正当竞争

其他知识产权

专　利

1. “方便快餐粉丝的加工方法”发明专利无效行政纠纷案

——四川光友实业集团有限公司诉国家知识产权局专利复审委员会、四川白家食品有限公司

原告（被上诉人）：四川光友实业集团有限公司
被告（上诉人）：国家知识产权局专利复审委员会
第三人（被上诉人）：四川白家食品有限公司
案由：发明专利权无效行政纠纷

原审案号：北京市第一中级人民法院（2007）一中行初字第1286号
原审合议庭成员：任进、邢军、董晓敏
原审结案日期：2007年11月26日
二审案号：北京市高级人民法院（2008）高行终字第46号
二审合议庭成员：刘继祥、莎日娜、焦彦
二审结案日期：2008年3月20日

判决要旨

在判断一项权利要求是否具有创造性时，应当将权利要求的技术方案与最接近的现有技术进行比较，找出二者的区别技术特征，并判断现有技术整体上是否给出了将这些区别技术特征应用到该最接近的现有技术以解决其存在的技术问题的启示。如果现有技术存在这种启示，则该方案是显而易见的。

起诉与答辩

原告四川光友实业集团有限公司（以下简称光友公司）诉称：（1）本专利无须“装模前干燥”，“装模前干燥”反而不利于本专利解决技术问题和达到相应的技术效果。第9924号决定认定“本专利权利要求1省略了装模前干

燥的步骤”是错误的。（2）第9924号决定认为本专利熟化成型后的粉丝在切割时会发生粘连，缺乏事实根据，忽略了本领域的公知常识、常规技术。①本专利权利要求1，在粉丝熟化成型—切割—称量分装步骤之间，在室温下待粉丝老化至表面不粘连时再切割，则切割的粉丝自然不会粘连。②本领域中以冷却方式促进粉丝的老化，粉丝冷却后搓散的方法，采用可促进淀粉老化、防止粉丝粘连的配料，是公开的常规技术。本专利权利要求1完全可以利用前述公开的常规技术及配料、方法，有效地防止在切割熟化成型后的粉丝发生粘连。（3）第9924号决定将证据4作为与本专利最接近的现有技术，明显有误。本专利与证据4的发明目的、技术思路完全不同，不具有可比性。（4）本专利与证据4相比具有创造性。证据4采用了“三次干燥、一次高温真空膨化”的工艺流程，与本专利权利要求1采取的“粉丝湿态下切割称量、一次干燥成型、无膨化”的工艺流程之间存在显著区别。与证据4相比，本专利具有切割容易、整齐、不易断裂、成型产品形状规范、能耗更低、容易包装封口、粉饼整齐、美观等优点。而且，由于证据4反复干燥的处理方式，人为地阻止了粉丝的老化过程，故其产品与本专利产品在品质上也存在重要区别。专利复审委员会认为本专利熟化成型后的粉丝在切割时会发生粘连，缺乏事实根据，忽略了本领域的公知常识、常规技术。（5）本专利产品获得了商业的巨大成功，说明本专利具有创造性。综上，请求法院依法撤销专利复审委员会第9924号决定，判令维持本专利权全部有效。

被告国家知识产权局专利复审委员会（以下简称专利复审委员会）辩称：第9924号决定认定事实清楚，适用法律正确。（1）第9924号决定对本专利和公知常识都进行了正确理解。原告声称本专利产品在装模前不需要进行任何干燥，并且本专利因为采用了适量添加剂而能防止熟化成型后在切割时发生粘连。但是根据本专利说明书的描述，本专利要求解决的技术问题是要克服现有技术中干燥后成直条状的粉丝分装入直径较小的容器中较不方便，且装入时容易断裂从而影响产品质量的问题。在该说明书中明确记载：在熟化成型后，粉丝或者粉片经冷却后可以再经挤压或机械震荡，以防止粘连，也可以经手工搓散；并且在实施例9~12中，在熟化成型后都采取了冷却或冷却后震荡搓散的步骤。而且，本专利权利要求1中所述的添加剂在说明书中被明确描述为现有技术中采用的常规添加剂，因此本专利的粉丝在熟化成型后显然需要经过冷却或者冷却和搓散以防止粘连，即经历干燥过程。所以，本专利要解决的技术问题实际上是在粉丝柔软的情况下进行切割和装入容器，而不是避免干燥步骤和选择添加剂。证据4采用的方案虽然在挤压出粉丝后进行高温中温干燥，但其目的是使粉丝表面形成胶膜以防止粘连，并且在装入成形模中时，粉丝中的水分含量为30%。根据常识，水分含量为30%的粉丝显然仍处于湿润状态，切割和装入容器显然也不会发生容易断裂问题，这一点与本专利相同，本专利不进行防粘连操作，其发生粘连的可能性显然高于证据4。因此，专利复审委员会对专利和公知常识的理解是正确的。（2）专利复审委员会对最接近的现有技术的认定正确。证据4所述的干燥膨化是因为真空情况下粉丝自然膨胀产生的，而非特殊的制备膨化食品的工艺。（3）本专利产品的商业成功不能表明本专利具有创造性。（4）本专利与证据4相比，不具备突出的实质性特点和显著的进步，不符合《专利法》第22条第3款的规定。综上，请求法院维持第9924号决定。

第三人四川白家食品有限公司（以下简称白家公司）述称：（1）证据4的装模前干燥步骤的技术效果是，将粉丝中的水分含量减少至30%左右，使粉丝的韧性良好、脆性不大，可以经过多次反复弯折而不断，甚至可以波纹成型，而且具有足够的支撑力保持形状不变，以利于粉丝成型。可见，证据4的装模前干燥步骤具有明显的技术效果，即达到最利于成型的含水率水平，既避免了熟化成型后粉丝之间的粘连，又使粉丝的韧性、硬度达到成型的要求。而本专利缺少装模前干燥步骤，则失去了相应的技术效果。（2）由原告口头审理记录可知，本专利不存在所谓的自然时间延续过程。起诉书所述的冷却后搓散解决粘连的问题，是本领域公知常识，缓慢的冷却一般伴随着脱水缩合现象的发生，显然也是一种干燥的方式。起诉书所述的粉丝配料问题，证据1的相关说明表明，即使使用该配料，在熟化成型后依然需要采取相应的技术步骤以避免发生粘连。（3）证据4与本专利属于相同的技术领域，二者加工方法基本相同，技术方案实质上相同。因此，将证据4作为本专利最接近的现有技术是适宜的。（4）证据4以及其与其他证据的结合，提供了本专利技术方案的启示，表明本专利不具备突出的实质性特点和显著的进步，不具有创造性。（5）本专利产品的商业成功与本专利技术特征之间没有关联性。综上，请求法院维持第9924号决定。

原审查明事实

原审法院查明：

邹光友于2000年5月23日向国家知识产权局专利局申请了名称为“方便快餐粉丝的加工方法”的发明专利（即本专利），于2003年9月3日被授权公告，专利号为第00112963.5号。2004年9月8日，专利权人变更为光友公司。本专利授权公告的权利要求书如下：

“1. 一种方便快餐粉丝的加工方法，加工步骤包括：

a. 合粉：取淀粉，与适量添加剂和水混合搅拌均匀；

b. 熟化成型：将混匀后的混合物经粉丝机或手工加工成型为粉丝或粉片；

其特征还包括下列加工步骤：

c. 切割：将熟化成型的粉丝或粉片切断成 30～1 000 毫米长度；

d. 称量分装：切割后的粉丝或粉片按每份 50～300 克称量，再分别装入成型干燥碗或盒中；

e. 干燥：将装入成型干燥碗或盒中的粉丝或粉片干燥至重量百分含水率≤30%；

f. 包装：将成型干燥碗或盒中的粉丝或粉片转移至方便碗或盒、袋中，再将密封的调味料小袋、密封的调味油小袋，叉子或筷子装入方便碗或盒、袋中，封口即得产品。

“2. 按权利要求 1 所述的方便快餐粉丝的加工方法，其特征是：所述成型干燥碗或盒的底部及周壁分布有通气孔。

“3. 按权利要求 1 或 2 所述的方便快餐粉丝的加工方法，其特征是：所述步骤 e 的干燥方式为自然晾干、烘干或/和热空气干燥。

“4. 按权利要求 1 所述的方便快餐粉丝的加工方法，其特征是：所述熟化成型或切割后的粉丝或粉片经连续运动的输送机带转移并冷却。

“5. 按权利要求 4 所述的方便快餐粉丝的加工方法，其特征是：所述粉丝或粉片经冷却后再经挤压。

“6. 按权利要求 1 所述的方便快餐粉丝的加工方法，其特征是：所述淀粉是红薯、马铃薯、木薯、玉米、豌豆、绿豆、蚕豆、葛根、蕨根、莲藕、荸荠、荞麦、莜麦、芭蕉淀粉中的一种或两种或两种以上的混合物。”

针对本专利，白家公司于 2006 年 11 月 14 日向专利复审委员会提出无效宣告请求，并提交了下述证据：

证据 1：申请号为 97107724. X 的发明专利申请公开说明书，公开日为 1998 年 4 月 1 日，复印件共 10 页；

证据 2：专利号为 98218556. 1 的实用新型专利说明书，授权公告日为 1999 年 9 月 15 日，复印件共 8 页；

证据 3：申请号为 92113305. 7 的发明专利申请公开说明书，公开日为 1994 年 5 月 25 日，复印件共 8 页；

证据 4：申请号为 98112157. 8 的发明专利申请公开说明书，公开日为 1999 年 3 月 3 日，复印件共 4 页，其公开了一种速食方便粉丝的生产方法，其方法为：A）淀粉加水搅匀后用自熟粉丝机挤压成丝；B）对丝体进行高温气流强制干燥，使粉丝表面迅速干燥而形成胶膜；C）继续进行中温逆风干燥，使粉丝含水量进一步减小后将粉丝卷折放入成型模中；D）在成型模中继续干燥；E）对模盒作远红外加热及真空处理，使粉丝干燥膨化至含水量为3%左右，开模取出，即为产品。

光友公司于2006年12月18日提交了以下附件：

附件1：由四川永衡会计师事务所有限责任公司出具的四川光友薯业有限公司自1999年1月1日至2003年12月31日的销售收入审计报告以及四川永衡会计师事务所的企业法人营业执照和执业证书，复印件共7页；

附件2：四川光友薯业有限公司和四川光友实业集团有限公司的相关荣誉证书，复印件共9页；

附件3：由四川光友实业集团有限公司和四川光友薯业有限公司共同出具的证明书，用于证明四川光友薯业有限公司是本专利的实施单位，复印件共1页。

白家公司于2006年12月11日向专利复审委员会提交了补充的意见陈述和证据1~11，其中证据1~4与白家公司提出无效请求时提交的证据1~4相同，新增的证据5~11如下：

证据5：申请号为97106822.4的发明专利申请公开说明书，公开日为1998年2月11日，复印件共6页；

证据6：申请号为91106780.9的发明专利申请公开说明书，公开日为1993年3月10日，复印件共14页；

证据7："方便米粉一步成型新工艺研究报告"，载《食品科技》1999年第1期，第16~18页，复印件共3页；

证据8~11，专利复审委员会未予采信，本案关不涉及。

2007年6月7日，专利复审委员会作出第9924号决定，认定：

（一）无效的理由和范围

根据白家公司在口头审理中的确认，其请求宣告本专利权无效的理由及其范围是：本专利权利要求1~6不符合《专利法实施细则》第20条第1款的规定，说明书不符合《专利法》第26条第3款的规定，权利要求1相对于证据4、证据6、证据8或证据9不具备新颖性，不符合《专利法》第22条第2款的规定，权利要求1相对于证据4、证据6、证据1和4的结合或证据6和7的结合不具备创造性，不符合《专利法》第22条第3款的规定，权利要求2相对于证据1和2的结合、证据1、2和4的结合、证据4和5的结合、证据4和2的结合、或证据4和10的结合不具备创造性，不符合《专利法》第22条第3款的规定，权利要求3相对于证据4或证据4和2的结合不具备创造性，不符合《专利法》第22条第3款的规定，权利要求4和5均相对于证据1、3

和4的结合或证据1、2和3的结合不具备创造性，不符合《专利法》第22条第3款的规定，权利要求6相对于证据1和4的结合不具备创造性，不符合《专利法》第22条第3款。因此，专利复审委员会仅针对上述无效理由进行审查。

（二）证据的认定

证据12是白家公司于2007年4月30日提交的，其举证时间超出了提出无效宣告请求日起1个月内的举证期限，虽然证据12是为了证明证据7~11与原件相符的公证书，但其不是在口头审理辩论终结前提交的，不属于《审查指南》第四部分第三章第4.3.1节规定的可以考虑的例外情形，因此，专利复审委员会对证据12不予接受。

白家公司提交的证据1~6是专利文献，光友公司对其真实性予以认可，且其公开日均早于本专利的申请日，因此证据1~6属于本专利的现有技术，可用于评价本专利的新颖性和创造性。

白家公司提交的证据7~10是中国期刊文献，白家公司在口头审理过程中出示了证据7~10的复印件，其中仅在证据7的首页盖有“四川省内江市科学技术情报研究所”的公章，光友公司对证据7第1页的真实性予以认可，对证据7的其他页和证据8~10的真实性不予认可。专利复审委员会对证据7第1页的真实性予以确认，证据7第1页上印有“1999年第一期”，公开日期是在1999年，早于本专利的申请日，因此，证据7第1页所公开的内容属于本专利的现有技术，可用于评价本专利的新颖性和创造性。对于证据7其他页和证据8~10，由于无法与原件进行核对，真实性无法确认，专利复审委员会不予采信。

白家公司在口头审理过程中明确声明放弃证据11，故对证据11不予考虑。

因此，专利复审委员会仅以证据1~6以及证据7第1页作为对比文件来评价本专利的新颖性和创造性。

光友公司在口头审理过程中对其所提交的附件1和附件3出示了原件，白家公司对其真实性没有异议，专利复审委员会予以采信。

光友公司所提交的附件2是四川光友薯业有限公司和四川光友实业集团有限公司的相关荣誉证书的复印件，白家公司对其真实性不予认可，由于光友公司未提交原件，附件2的真实性无法核实，因此，专利复审委员会对附件2不予采信。

（三）关于《专利法实施细则》第20条第1款

白家公司认为本专利权利要求1中所述的“取淀粉，与适量的添加剂和水混合搅拌均匀”中淀粉、添加剂、水的用量以及添加剂的种类均不清楚，由此导致权利要求1~6的保护范围不清楚。

专利复审委员会认为，淀粉、添加剂和水是制备粉丝的原料，对所属领域的技术人员来说，已知有多种添加剂可用于粉丝的制备，而选择不同量的淀粉、添加剂和水以及选择不同的添加剂会获得怎样的质量和口感是所属领域的技术人员所掌握的普通技术知识，因此对所属领域的技术人员来说，可以清楚地理解“取淀粉，与适量的添加剂和水混合搅拌均匀”这一步骤，而且根据说明书的描述，本专利对现有技术的改进并不在于淀粉、添加剂和水的用量以及添加剂的种类上，在本专利权利要求1的技术方案中，选择所属领域的技术人员所知晓的或者通过常规手段可获得的原料用量和种类即可，因此，白家公司关于本专利权利要求1~6的保护范围不清楚的主张不能成立，本专利权利要求1~6符合《专利法实施细则》第20条第1款的规定。

（四）关于《专利法》第26条第3款

白家公司认为说明书对于合粉步骤中所述的“取淀粉，与适量的添加剂和水混合搅拌均匀”中淀粉、添加剂、水的用量没有清楚说明，“搅拌均匀”的含义也不清楚，由此导致权利要求1~6的技术方案在说明书中公开不充分。专利复审委员会认为，淀粉、添加剂和水是制备粉丝的原料，选择不同量的淀粉、添加剂和水会获得怎样的质量和口感是所属领域的技术人员所掌握的普通技术知识，所属领域的技术人员只需通过常规手段就可以根据需要确定淀粉、添加剂和水的用量；而“均匀”的含义是物质在各部分的分布是相同的，对于淀粉、水、添加剂组成的混合物而言，则是指各个原料在混合物各部分的分布是相同的，无论在该混合物中淀粉和水的含量为多少，是稀还是干，只要分布相同，就可称之为“均匀”，这是所属领域的普通技术人员所知晓的，因此所属领域的技术人员只需通过常规手段就可实现“取淀粉，与适量的添加剂和水混合搅拌均匀”这一步骤，而且根据说明书的描述，本专利对现有技术的改进并不在于淀粉、添加剂和水的用量以及添加剂的种类上。在本专利中，选择所属领域的技术人员所知晓的或者通过常规手段可获得的原料用量和种类就可以实现本发明的技术方案，因此白家公司关于本专利说明书公开不充分、不符合《专利法》第26条第3款的主张不能成立。权利要求1~6的技术方案在说明书中得到了清楚、完整地说明，符合《专利法》第26条第3款的规定。

（五）关于《专利法》第22条第3款

1. 权利要求1相对于证据4不具有创造性

本专利权利要求1要求保护的是一种方便快餐粉丝的加工方法，加工步骤包括合粉、熟化成型，特征在于还包括切割、称量分装、干燥和包装的步骤。权利要求1要求保护的技术方案与证据4公开的生产方法相比，其区别在于：（1）权利要求1相对于证据4少了在粉丝加工成型后、放入成型模前的高温干燥和中温逆风干燥步骤；（2）证据4的该方法没有将粉丝放入成型模前的切割和称量步骤以及没有规定切割的具体长度和计量的具体重量；（3）证据4的该方法没有在粉丝中加入添加剂，也没有在包装袋中加入调味料、调味油小袋，叉子或筷子，并封口；（4）权利要求1中干燥后即包装，而证据4中在干燥后包装前还要进行干燥膨化。对于上述区别特征（1），专利复审委员会认为，第一，本专利与证据4中粉丝都要在成型模中进行干燥，即在未定型之前将粉丝置于成型模中，以使其在成型模中干燥成型，在证据4的方法中，熟化成型的粉丝在装模前须进行干燥以防止粉丝粘连（证据4说明书第1页倒数第1行），但权利要求1省略了装模前干燥的步骤，而本领域的普通技术人员都知道，熟化成型后的粉丝由于温度高表面黏性大，如果直接切断会造成粘连，权利要求1的技术方案虽然省略了装模前干燥的步骤，但也丧失了不会产生粘连的效果，在这种情形下，对于本领域技术人员而言，该步骤省略的技术方案是显而易见的，尽管光友公司强调本专利的成型效果更好，而且通过控制产品成分也不会粘连，但根据本专利说明书的记载以及证据4的说明书的记载，光友公司的上述主张没有事实依据，显然不成立。第二，对于区别特征（2）而言，在证据4的实施例部分提及将粉丝计量切断，再置于成型模中进行干燥（证据4说明书第2页第2行），其中计量切断的作用与在权利要求1的技术方案中的作用相同，都是为了使粉丝在放入成型模干燥之前先进行定量，可见证据4给出了在粉丝置入成型模干燥前进行切割和称量的启示，而切割的具体长度、计量的具体重量均是为了使粉丝以适当的量进行分装而选择的，是所属领域的技术人员根据具体的包装的需要通过常规技术即可获得的，而且从本专利的说明书中看不出选择权利要求1中所述切割的具体长度、计量的具体重量能够获得预料不到的技术效果。第三，对于区别特征（3）而言，在粉丝食品中加入添加剂是所属领域的技术人员所知晓的普通技术知识，由于方便快餐粉丝的食用方法是开水浸泡即可，与方便面类似，为方便食用，所属领域的技术人员根据生活常识即可想到可在包装袋中放入调味料、调味油小袋，叉子或筷子；而出于卫生和方便保存的目的对产品进行密封也是所属领域的技术人员所知晓的常规技术；而且，从本专利的说明书中看不出在包装袋中加入调味料、调味油小袋，叉子或筷子，并且进行密封能够获得预料不到的技术效果，因此上述区别特征不能为权利要求1的技术方案带来突出的实质性特点和显著的进步。第四，对于区别特征（4）而言，权利要求1相对于证据4

少了包装前的干燥膨化步骤，同时也少了这一步骤带来的效果，因此，该区别特征也不能为权利要求1的技术方案带来突出的实质性特点和显著的进步。综上所述，在证据4的基础上获得权利要求1的技术方案对所属领域的技术人员来说是显而易见的，权利要求1相对于证据4不具备突出的实质性特点和显著的进步，不符合《专利法》第22条第3款有关创造性的规定。

2. 权利要求1相对于证据1和4的结合不具有创造性

白家公司提出的无效宣告理由还包括本专利的权利要求1相对于证据1和4的结合不具备创造性。

如上所述，权利要求1相对于证据4已不具备创造性，在权利要求1的技术方案与证据4公开的技术方案的区别特征中，添加剂的加入，规定切割的具体长度、计量的具体重量，在包装袋中加入调味料、调味油小袋，叉子或筷子，并封口的特征不仅是本领域的技术人员可以根据实际需要按照所知晓的普通技术知识进行选择的，而且这些区别特征都已在证据1中公开，其在证据1中所起的作用与其在本专利中所起的作用也都相同，因此，权利要求1相对于证据1和4的结合也不具备突出的实质性特点和显著的进步，不符合《专利法》第22条第3款有关创造性的规定。

3. 权利要求2相对于证据4和2的结合不具有创造性

本专利权利要求2的附加技术特征是“所述成型干燥碗或盒的底部及周壁分布有通气孔”，其作用是便于置于其中的粉丝的水分排出即干燥，该附加技术特征已在证据2中公开。证据2（证据2说明书第2页倒数第1段）中公开了一种高温膨化类方便面成型模具，在该模具的6个面中，两侧面和上、下表面都开有透气孔。根据证据2（说明书第1页倒数第4段）所述“提供一种使如玉米面条这样的高温膨化类面条经外力压缩后而使之成型的一种特别模具”以及证据2（说明书第2页第1~2行）所述“使之可达到含水量在11%以下的面块”，可见证据2的模具的作用是对面条进行外力压缩成型，并降低其含水量，模具上分布的透气孔的作用是使水分蒸发，与权利要求2中底部和周壁分布的通气孔的作用相同，因此证据2给出了将上述特征应用于证据4以解决其技术问题的启示，因此，在证据4的基础上结合证据2获得权利要求2的技术方案是显而易见的，在其引用的权利要求1相对于证据4不具备创造性的基础上，权利要求2相对于证据4和2的结合也不具备创造性，不符合《专利法》第22条第3款的规定。

4. 权利要求3相对于证据4，或相对于证据4和2的结合不具有创造性

本专利权利要求3引用权利要求1或权利要求2，并进一步限定干燥方式为自然晾干、烘干和/或热空气干燥，由于这几种干燥方式均是所属领域的技

术人员公知并常用的干燥方式，而说明书中也没有证明利用这几种干燥方式取得了预料不到的技术效果，因此，在其所引用的权利要求1相对于证据4不具备创造性的基础上，权利要求3相对于证据4也不具备创造性，不符合《专利法》第22条第3款的规定。在其所引用的权利要求2相对于证据4和2的结合不具备创造性的基础上，权利要求3相对于证据4和2的结合也不具备创造性，不符合《专利法》第22条第3款的规定。

5. 权利要求4和5相对于证据1、3和4的结合不具有创造性

本专利权利要求4引用权利要求1，其附加技术特征是："所述熟化成型或切割后的粉丝或粉片经连续运动的输送机带转移并冷却"，其作用是使经粉丝机熟化成型的粉丝或粉片老化，即进一步固化成型，降低黏性，并提高产品生产的机械自动化程度。证据3公开的技术方案（证据3说明书第2页第1段）是将经挤出成型后的粉丝在牵引机的作用下立刻进入凝固甬道固化凝胶，固化后的粉丝经牵引机送入切割机切割成一定的长度后由收集装置收集，其凝固甬道可以是通高温或低温风的方式或者冷冻式，并指出最好为冷冻式（证据3说明书第2页第2~3段），其中的通低温风或冷冻都是一种冷却方式。这些特征在证据3中所起的作用也是使粉丝老化，并使粉丝的生产实现连续化，同时也可使粉丝黏性降低，防止粘连，与其在权利要求4的技术方案中所起的作用相同，因此，在权利要求1相对于证据1和4的结合不具备创造性的前提下，权利要求4相对于证据1、3和4的结合也不具备创造性，不符合《专利法》第22条第3款有关创造性的规定。

本专利权利要求5引用权利要求4，其附加技术特征是："所述粉丝或粉片经冷却后再挤压"。根据说明书的记载，"再挤压"的作用是使粉丝或粉片松散，防止其粘连。由于粉丝是由淀粉制成，淀粉糊化后具有一定的黏性，有时会粘连在一起，对于所属领域的技术人员来说，将粘连的粉丝搓散是公知并常用的技术，搓散可以在粉丝发生粘连的任何时候进行，"再挤压"则是本领域中用于将粉丝搓散的常规技术，而说明书中也并没有证明在熟化成型并冷却后搓散，并且利用"再挤压"这种方式达到搓散的目的具有何种预料不到的技术效果，因此，在其引用的权利要求4相对于证据1、3和4的结合不具备创造性的基础上，权利要求5相对于证据1、3和4的结合也不具备创造性，不符合《专利法》第22条第3款的规定。

6. 权利要求6相对于证据1和4的结合不具有创造性

本专利权利要求6引用权利要求1，如上所述，权利要求1相对于证据4不具备创造性，而权利要求6的附加技术特征，即制备粉丝所用淀粉的具体种类已在证据1中公开（证据1说明书第2页倒数第3段），因此，在其引用的

权利要求1相对于证据4不具备创造性的基础上，权利要求6相对于证据1和4的结合也不具备创造性，不符合《专利法》第22条第3款的规定。

7. 附件1和附件3不能证明本专利具备创造性

尽管光友公司认为附件1和附件3可以证明本专利技术的使用大幅提升了光友公司产品的销售份额，在商业上取得了显著的成功，但是附件1仅仅是四川光友薯业有限公司对本专利产品的销售数据，附件3仅能表明四川光友薯业有限公司是本专利的实施单位，不能表明所述的商业上的成功是由于发明的技术特征直接导致的，因此，附件1和附件3不能证明本专利具备创造性。

据此，专利复审委员会宣告第00112963.5号发明专利权无效。

原审审理结果

原审法院认为：

一、第9924号决定对本专利的理解是否正确。

原告认为本专利产品在装模前不需要进行任何干燥，并且本专利采用了适量添加剂而防止了熟化成型后在切割时发生粘连。对此本院认为，在本专利说明书中明确记载："在熟化成型后，粉丝或者粉片经冷却后可以再经挤压或机械震荡，以防止粘连，也可以经手工搓散"。可见，本专利的粉丝在熟化成型后显然需要经过冷却后经机械震荡或搓散以防止粘连的步骤，此过程中粉丝或者粉片显然经过了干燥。而且，本专利权利要求1中所述的添加剂在说明书中被明确描述为"可以是申请号为97107724.X的发明专利申请权利要求1步骤a合粉中除淀粉和水以外的组分，也可以是现有技术中采用的添加剂"，而本案中光友公司未能举证证明现有技术中采用的常规添加剂具有防止粉丝或粉片熟化成型后在切割时发生粘连的功能。在本案庭审中原告亦表示本专利要解决的技术问题不是避免干燥步骤和选择添加剂，而是在粉丝柔软的情况下进行切割和装入容器。故原告关于第9924号决定对本专利理解错误的主张不能成立，本院不予支持。

二、本专利权利要求1相对于证据4是否具有创造性。

根据本专利说明书的记载，本专利要解决的技术问题是在粉丝或粉片柔软的情况下进行切割和装入容器并进行干燥成粉饼。证据4采用的方案是在装入成形模中时，粉丝或粉片中的水分含量为30%。根据常识，水分含量为30%时的粉丝或粉片仍处于柔软状态，将之切割和装入容器显然也不会发生容易断裂的问题。可见，证据4已经给出了解决本专利技术问题的启示。

权利要求1与证据4的区别技术特征是：(1) 权利要求1相对于证据4少了在粉丝加工成型后放入成形模前的高温干燥和中温逆风干燥步骤；(2) 证

据4的该方法没有将粉丝放入成形模前的切割和称量步骤以及没有规定切割的具体长度和计量的具体重量；（3）证据4的该方法没有在粉丝中加入添加剂，也没有在包装袋中加入调味料、调味油小袋，叉子或筷子，并封口；（4）权利要求1中干燥后即包装，而证据4中在干燥后包装前还要进行干燥膨化。对于上述区别特征（1），证据4采用的方案在挤压出粉丝后进行高温中温干燥，其目的是使粉丝表面形成胶膜以防止粘连。而本专利未进行高温中温干燥，而是采用冷却后经机械震荡或搓散以防止粘连的步骤，虽然二者的目的相同，但本专利显然不能达到证据4形成胶膜以防止粘连等技术效果。对于本领域的技术人员而言，该步骤省略的技术方案是显而易见的。光友公司起诉称证据4反复干燥的处理方式人为阻止了粉丝老化过程，故其产品与本专利产品在品质上存在重要区别，但本专利及证据4说明书并未记载上述区别，光友公司亦无其他证据对此予以证明，故其上述主张没有事实依据，本院不予采信。对于区别特征（2），光友公司在起诉书中对此并未提出异议，本院对此不予涉及。对于区别特征（3），光友公司所争议的问题是“在粉丝食品中加入添加剂是所属领域的技术人员所知晓的普通技术知识”，光友公司认为本专利正是采用了申请号为97107724.X的发明专利申请权利要求1中记载的添加剂，有效防止了熟化成型后的粉丝在切割时粘连。对此本院认为，如前所述，本专利权利要求1中所述的添加剂并未限于申请号为97107724.X的发明专利申请权利要求1中记载的添加剂，也可以是常规添加剂。光友公司未能举证证明在现有技术中采用的常规添加剂具有防止粉丝或粉片熟化成型后在切割时发生粘连的功能。因此对光友公司提出的该理由，本院不予支持。对于区别特征（3）中所列的其他区别，光友公司并未提出争议，本院不予涉及。对于区别特征（4），光友公司起诉称证据4多了包装前膨化步骤，因此属于膨化食品。本院认为，证据4的粉丝在装模后进行高温和膨化处理，其目的是使粉丝进一步干燥膨化，以符合成品要求，而并非生产膨化食品的加工步骤，故证据4的粉丝并不属于膨化食品。同时该步骤的减少并不能为权利要求1的技术方案带来进步。综上所述，对本领域的技术人员而言，在证据4的基础上获得权利要求1的技术方案是显而易见的，本专利权利要求1不符合《专利法》第22条第3款的规定。

关于第9924号决定对于本专利其他权利要求的评述，光友公司并未提出异议，本院对此不予涉及。

综上，原告光友公司的诉讼请求缺乏事实和法律依据，本院不予支持。被告专利复审委员会作出的第9924号决定认定事实清楚，程序合法，应予维持。依照《中华人民共和国行政诉讼法》第54条第（1）项之规定，本院判决如下：

维持被告国家知识产权局专利复审委员会作出的第 9924 号无效宣告请求审查决定。

光友公司不服原审判决并提起上诉，请求撤销原审判决及无效决定，维持本专利权有效。其理由主要为：（1）“在粉丝柔软的情况下进行切割和装入容器”是本专利解决技术问题的手段，并非本专利所要解决的技术问题，原审判决对本专利理解有误。（2）证据 4 的粉丝经高温、中温两次干燥水分含量为 30% 时，已经不具有本专利解决技术问题所要求的柔软状态，不能给出解决本专利技术问题的启示，原审判决认定事实错误。（3）本专利说明书关于粉丝经连续运动的输送机带转移并冷却、再经挤压的记载内容，是针对权利要求 4、5 的附加技术方案的说明，原审判决认定事实不清。（4）防止粉丝之间发生粘连，是本领域的公知常识和公开的常规技术可以解决的技术问题，不是本专利所解决的技术问题的必要技术特征，本专利权利要求 1 未记载有关解决粉丝粘连的技术特征，并无不妥。（5）原审判决适用证据不当。原审判决以上诉人“未能举证证明现有技术中采用的常规添加剂具有防止粉丝或粉片熟化成型后在切割时发生粘连的功能”为由，认为上诉人在一审中举证不能，明显适用证据不当。此外，证据 4 获得的是膨化食品，与本专利不具可比性，原审判决认为证据 4 中干燥膨化并非生产膨化食品的加工步骤，适用证据不当。（6）本专利权利要求 1 相对于证据 4 具有《专利法》所要求的创造性，不是省略的技术方案，原审判决适用法律错误。

专利复审委员会、白家公司服从原审判决。

二审查明事实

二审法院查明事实与原审相同。

二审审理结果

二审法院认为：

本案争议的焦点是本专利权利要求 1 相对于证据 4 是否具有创造性。创造性，是指同申请日以前已有的技术相比，该发明有突出的实质性特点和显著的进步。判断一项权利要求是否具有创造性时，应当将权利要求的技术方案与最接近的现有技术进行比较，找出二者的区别技术特征，并判断现有技术整体上是否给出了将这些区别技术特征应用到该最接近的现有技术以解决其存在的技术问题的启示。如果现有技术存在这种启示，则该方案是显而易见的。

证据4涉及一种速食方便粉丝的生产方法，虽然其披露的技术方案中最后一项技术特征为膨化工艺，但就其技术方案整体而言仍然是速食方便粉丝的生产方法，并非膨化食品的生产方法，因此，证据4可以作为本专利最接近的现有技术。上诉人光友公司关于证据4并非本专利最接近的现有技术的上诉主张于法无据，本院不予支持。

本专利解决的技术问题是“将干燥后的呈直条状的粉丝或粉片分装入直径较小的碗中较不方便”等，采取的技术手段是“在粉丝柔软的情况下进行切割和装入容器”。证据4采用的方案披露了在粉丝或粉片装入成型模中时，其中的水分含量为30%。根据常识，水分含量为30%时的粉丝或粉片仍处于柔软状态，将之切割和装入容器显然也不会发生容易断裂的问题。可见，证据4已经给出了解决本专利技术问题的启示。上诉人光友公司没有提交任何证据证明粉丝水分含量为30%时已经不具有本专利要解决的技术问题所要求的柔软状态，因此，光友公司关于原审判决对本专利理解有误的上诉主张没有事实依据，本院不予支持。

本专利权利要求1要求保护一种方便快餐粉丝的加工方法，加工步骤包括合粉、熟化成型，特征在于还包括切割、称量分装、干燥和包装的步骤。权利要求1要求保护的技术方案与证据4公开的生产方法相比，其区别在于：（1）权利要求1相对于证据4少了在粉丝加工成型后放入成型模前的高温干燥和中温逆风干燥步骤；（2）证据4的该方法没有将粉丝放入成型模前的切割和称量步骤以及没有规定切割的具体长度和计量的具体重量；（3）证据4的该方法没有在粉丝中加入添加剂，也没有在包装袋中加入调味料、调味油小袋，叉子或筷子，并封口；（4）权利要求1中干燥后即包装，而证据4中在干燥后包装前还要进行干燥膨化。

对于上述区别特征（1），证据4采用的方案为在挤压出粉丝后进行高温、中温干燥，其目的是使粉丝表面形成胶膜以防止粘连。而本专利权利要求1的技术方案没有记载进行干燥或冷却的技术特征，但是在说明书中明确记载了采用冷却后经机械震荡或搓散以防止粘连的步骤。虽然二者的目的相同，但采用冷却或高温、中温干燥是本领域惯常技术手段的替换，而且，本专利显然不能达到证据4形成胶膜以防止粘连的技术效果。对于本领域技术人员而言，该步骤省略的技术方案是显而易见的。对于区别特征（2），光友公司在上诉中对此并未提出异议，本院对此不予涉及。对于区别特征（3），光友公司已经承认“在粉丝食品中加入添加剂是所属领域技术人员所知晓的普通技术知识”，认为本专利正是采用了申请号为97107724.X的发明专利权利要求1中记载的添加剂，有效防止了熟化成型后的粉丝在切割时粘连。对此本院认为，既然本专利权利要求1中所述的添加剂为公知常识，故增加添加剂也不能认定本专利具有突出的实质性的特点。对于区别特征（3）中所列的其他区别，光友公司并未提出争议，本院不予涉及。对于区别特征（4），光友公司称证据4多了包装前的膨化步骤，因此属于膨化食品。但是，证据4的粉丝在装模后进行高温和膨化处理，目的是使粉丝进一步干燥膨化，以符合成品要求，而并非生产膨化食品的加工步骤。同时，该步骤的减少并不能为权利要求1的技术方案带来突出的实质性特点和显著的进步。综上所述，对本领域技术人员而言，在证据4的基础上获得权利要求1的技术方案是显而易见的，本专利权利要求1不符合《专利法》第22条第3款的规定。原审判决对此认定正确，应予维持。上诉人光友公司关于本专利权利要求1具有创造性的上诉主张没有事实和法律依据，本院不予支持。

综上，原审判决认定事实清楚，适用法律正确，应当予以维持。上诉人光友公司的上诉主张于法无据，本院不予支持。依照《中华人民共和国行政诉讼法》第61条第1款第（1）项之规定，判决如下：

驳回上诉，维持原判。

一、二审案件受理费各100元，均由四川光友实业集团有限公司负担（已交纳）。

2. “电动玩具自行车”外观设计专利无效行政纠纷案

——陈小满诉国家知识产权局专利复审委员会、李汉明

原告（上诉人）： 陈小满
被告（被上诉人）： 国家知识产权局专利复审委员会
原审第三人： 李汉明
案由： 外观设计专利无效行政纠纷

原审案号： 北京市第一中级人民法院（2007）一中行初字第1393号
原审合议庭成员： 仪军、王晫、高伟
原审结案日期： 2007年12月28日
二审案号： 北京市高级人民法院（2008）高行终字第119号
二审合议庭成员： 刘辉、岑宏宇、焦彦
二审结案日期： 2008年4月24日

判决要旨

同一个公司的同一个货号的产品其外观设计并不一定相同，特别是现有证据可以证明存在同一货号对应了不同外观的产品的情况下更是如此。以在先公开为理由宣告一个有效的专利权无效需要提供完整而且严谨的证据链予以证明。

起诉与答辩

原告陈小满诉称：(1)（2005）一中行初字第395号判决书中认定“仅以该证据不能证明本专利在申请日前已经出版公开”，故（2005）一中行初字第395号判决书并不否决《玩具总汇》的证据效力，也不排斥《玩具总汇》作为本案证据，即不排斥《玩具总汇》与其他证据结合证明本专利在申请日前已经出版公开，更不排斥《玩具总汇》与其他证据结合证明本专利在申请日前已经使用公开。但《审查决定》曲解（2005）一中行初字第395号判决书，完全否决了《玩具总汇》的证据效力，明显不公。(2)“美佳玩具网”与《玩具总汇》均是美佳公司宣传、广告其所经营的玩具产品的工具。本案《玩具总汇》的封面、封底均印有美佳公司的简介。全书内容部分有176页（共

351 页，分为 27 类玩具，超 7 000 种玩具产品）自始至终都是美佳公司经营的玩具产品的彩色图片。每一种玩具产品均标注有货号。任意挑选《玩具总汇》上注明的货号在美佳玩具网上进行检索，均可以搜索到相同的玩具产品。该书的每一页均多处印有美佳公司联系电话及美佳公司标志。而且，《玩具总汇》自 2001 年持续、公开发行至今。因此，前述事实证明本案《玩具总汇》是由美佳公司投资出版的。“美佳玩具网”与《玩具总汇》均是美佳公司宣传、广告其经营的玩具产品的工具。（3）将公证书与《玩具总汇》中货号为 MK0314271 的玩具自行车图片相结合，足以证明本案专利在申请日之前已经使用公开。法院判决书所认定的三份公证书足以证明货号为 MK0314271、品名为窗盒电动音乐自行车 8808 的玩具产品已于 2002 年 12 月 19 日在美佳玩具网上公开。鉴于“美佳玩具网”与《玩具总汇》均是美佳公司宣传、广告其经营的玩具产品的工具，美佳公司宣传、广告之目的就是销售其经营的玩具产品。鉴于（2005）一中行初字第 395 号判决书已认定《玩具总汇》第 1505 页印有货号为 MK0314271 的玩具自行车图片，尽管本案电子证据未能清楚完整地反映货号为 MK0314271 的玩具自行车的外观设计，但将公证书与《玩具总汇》中货号均为 MK0314271 的玩具自行车图片相结合，就能清楚完整地反映货号为 MK0314271 的玩具自行车的外观设计，据此，足以证明本案专利在申请日之前已经使用公开；本案的“公开”就是与李汉明相关联的雅得公司在申请日之前已经生产、销售本案外观设计产品，美佳玩具网上销售的“窗盒电动音乐自行车 8808”就是雅得公司专利产品“8808#电动音乐自行车”。综上，陈小满请求法院依法撤销第 10159 号决定。

被告专利复审委员会辩称：首先，关于附件 1 能否和附件 2、3 结合评述本专利是否在申请日前已公开。附件 1 是公开出版物，（2006）高行终字第 245 号行政判决书中已明确认定附件 1 不能证明本专利在申请日前已经出版公开，因此不能证明附件 1 公开的电动音乐车的结构在申请日前公开。虽然附件 1 和附件 2、3 中货号为 MK0314271 的玩具音乐车型号相同，但附件 2、3 没有完整清楚地公开电动音乐自行车，因此无法证明附件 1 和附件 2、3 中电动音乐车产品结构是否改进，因此附件 1 和附件 2、3 不能形成证据链证明货号为 MK0314271 的玩具自行车在申请日前已公开。其次，附件 1 原件是否交还原告和涉案决定没有关联性。最后，（2006）高行终字第 245 号行政判决书中已明确认定附件 5～16 不予采信，因此决定中没有将其作为证据使用符合法律规定。综上所述，第 10159 号决定认定事实清楚、适用法律正确、审理程序合法，陈小满的诉讼理由不能成立，请求法院驳回原告请求，维持专利复审委员会的第 10159 号决定。

第三人李汉明未提交答辩意见。

原审查明事实

原审法院查明：

名称为“电动玩具自行车”的外观设计专利（即本专利）由李汉明于2003年2月25日向国家知识产权局提出申请，于2003年9月17日被授权公告，专利号为03319770.9。

2003年11月18日，陈小满以本专利产品在申请日前已在国内公开使用过和在出版物上公开发表过，且不是新设计，故不符合《专利法》第23条、《专利法实施细则》第2条第3款之规定为由，向专利复审委员会提出无效宣告请求。同时，陈小满提交了以下证据。

附件1：由香港标准出版社印刷出版的《玩具总汇》一书，该书封面印有“美佳玩具 PERFECT TOYS”字样，封面页背后有英文的关于“澄海市美佳玩具有限公司”（以下简称美佳公司）的介绍，版权页记载该书的印刷时间为2003年2月。该书第1505页印有标号为MK0314271的玩具自行车图片。该书第1504页印有标号为MK0343233的玩具汽车图片，该组图片共有四件外观明显不同玩具汽车产品。

2003年12月18日，陈小满提交意见陈述书，坚持其原有观点，并认为本专利在其申请日以前已在互联网上公开过，同时补充了以下15个附件作为证据：

附件2：汕头市公证处于2003年11月12日作出的“（2003）汕市证经字第434号公证书”，内附操作过程和网页打印件2个附件。其上显示，公证员于2003年11月10日登录美佳玩具网：（1）在玩具搜索的名称关键字一栏中键入玩具货号MK0314271，在发布日期栏键入326天之内，网页显示“未找到符合查询条件的记录”，而将发布日期改为327天之内时，网页显示找到了符合该货号的名称为“窗盒电动音乐自行车8808”的记录。（2）返回美佳玩具网主页，在玩具搜索的名称关键字一栏中重新键入玩具名称“自行车”，重复上述其他操作，网页显示在查询结果中增加了名称为“窗盒电动音乐自行车8808”的记录。

附件3：汕头市公证处于2003年11月24日作出的“（2003）汕市证经字第442号公证书”，内附操作过程和网页打印件4个附件。其上显示，公证员于2003年11月17日登录美佳玩具网：（1）在玩具搜索的名称关键字一栏中键入玩具货号MK0314271，在发布日期栏键入333天之内，网页显示“未找到符合查询条件的记录”，而仅将发布日期改为334天之内时，网页显示找到了符合该货号的名称为“窗盒电动音乐自行车 8808”的记录。（2）返回美佳玩具网主页，在玩具搜索的名称关键字一栏中重新键入玩具名称“自行车”，重复上述其他操作，网页显示在查询结果中增加了名称为“窗盒电动音乐自行车 8808”的记录。（3）返回美佳玩具网主页，在产品种类一栏中选择“电动车”，重复上述其他操作，网页显示在查询结果中增加了名称为“窗盒电动音乐自行车 8808”的记录。

附件4：汕头市公证处于2003 年 12 月 15 日作出的“（2003）汕市证经字第463 号公证书”，内附操作过程和网页打印件 2 个附件。其上显示，公证员于2003 年 12 月 11 日登录美佳玩具网：（1）在玩具搜索的名称关键字一栏中键入玩具货号 MK0314271，在发布日期栏键入 357 天之内，网页显示“未找到符合查询条件的记录”，而将发布日期改为 358 天之内时，网页显示找到了符合该货号的名称为“窗盒电动音乐自行车 8808”的记录，但该记录的图片已被删除。（2）返回美佳玩具网主页，在玩具搜索的名称关键字一栏中重新键入玩具名称“自行车”，重复上述其他操作，网页显示在查询结果中增加了名称为“窗盒电动音乐自行车 8808”的记录，该记录的图片已被删除。（3）返回美佳玩具网主页，在产品种类一栏中选择“电动车”，重复上述其他操作，网页显示在查询结果中增加了名称为“窗盒电动音乐自行车 8808”的记录，该记录的图片已被删除。

附件5：广东龙湖律师事务所签章和两自然人签字的陈述书。其上载明：在两次对美佳玩具网上货号为 MK0314271 的电动玩具自行车进行网络证据保全公证后的2003 年 11 月 21 日，广东龙湖律师事务所的苏泳生、张海亮律师就美佳玩具网上的该电动玩具自行车的发布日期及 2003 年 2 月刊的《玩具总汇》印刷完毕日期或公开日期等问题向美佳公司的谢惠俊总经理进行调查，谢惠俊答复：（1）货号为 MK0314271 的电动玩具自行车于 2002 年 12 月 19 日在美佳玩具网上发布，并提供了该公司电脑系统中的该玩具的记录打印资料两页；（2）2003 年 2 月刊行的《玩具总汇》于 2003 年 1 月份印刷完毕并出厂发行。但谢惠俊拒绝为上述证言出具书面证明。

附件6：李汉明和澄海市雅得塑胶玩具有限公司（以下简称雅得公司）于2003 年 9 月 18 日签订的《专利实施许可合同》，其中专利使用费为人民币 20 万元。

附件7：“雅得玩具”样页复印件，其上载明的是编号为 No. 8808 及 No. 8816 的玩具及其包装图片。

附件8：产品包装盒照片，所示两种货号为 No. 8808 的产品外包装的区别在于一种包装盒的正面玩具上方标注了“本产品申请国家专利：专利号：ZL

03319770.9”字样。

其他附件专利复审委员会未予采信，本案不涉及。

专利复审委员会于2004年11月24日作出第6596号无效宣告请求审查决定，维持本专利权有效。其理由是：附件1所示的《玩具总汇》一书上标明该书印刷于2003年2月，因此其公开日期应视为2003年2月的最后一天，即属于本专利申请日（2003年2月25日）以后公开的出版物，不适用于本案，虽然附件5中由两位律师对该书的实际公开日期作了陈述，但其内容仅是转述他人的意见，在未能对相关知情人进行质证并且缺少其他证据的有力支持下，不足以作为认定事实的依据，专利复审委员会不予采信；而附件2~4所示公证书的公证事项均为网络证据保全，虽然通过公证书能够认定公证当时的网络信息资源状态，但由于在实际生活中对网络数据实施变动的可操作性很强，网络信息资源处于极不稳定的状态，且三份公证书的公证日期均在本专利申请日后，公证的内容是通过网络追溯以前的事实，因此仅凭公证书不足以确定本专利申请日以前的真实的网络信息资源状态，在没有其他证据的支持下，陈小满仅依靠附件5中转述的他人证言加以补充，由于转述证言本身未经质证，不能作为有效证据，因此专利复审委员会对陈小满提出的上述主张不予支持。附件6的签订日期在本专利申请日后，附件7和附件8本身未能体现其上所示产品的公开日期，因此均不能作为本案的有效证据，专利复审委员会对此不予认定。

据此，专利复审委员会认为陈小满提交的证据既不能证明本专利不符合《专利法》第23条的规定，又没有其他证据证明本专利不符合《专利法实施细则》第2条第3款的规定，因此陈小满提交的证据均不能支持其无效宣告请求的理由。故作出维持本专利权有效的第6596号无效宣告请求审查决定。

陈小满不服第6596号无效宣告请求审查决定，向北京市第一中级人民法院提起行政诉讼。北京市第一中级人民法院经审理，于2005年12月7日作出(2005)一中行初字第395号行政判决书。(2005)一中行初字第395号行政判决书认为第6596号决定对附件2~4所示三份公证书的认定存在错误。(2005)一中行初字第395号行政判决书认为，附件2~4为三份公证书，公证事项均为网络证据保全。根据最高人民法院《关于行政诉讼证据若干问题的规定》第64条的规定，以有形载体固定或显示的电子数据交换、电子邮件以及其他数据资料，其制作情况和真实性经对方当事人确认，或者以公证等其他有效方式予以证明的，与原件具有同等的证明效力。而且附件2、附件3是在无效程序开始前形成的证据，在没有相反证据证明记载的内容是非真实的情况下，应推定该记载系真实的。另外，美佳玩具网是一家独立经营的网站，在没有相反证据证明的情况下，应认定其上载明的内容具有客观真实性。附件2～4显示，原告（陈小满）分三次于不同时间登录美佳玩具网，通过在玩具搜索的名称关键字一栏中键入玩具货号为MK0314271或键入玩具名称“自行车”，以及在产品种类一栏中选择“自动车”等三种方式进行查询，其结果均可以证明如附件2、3图片所显示的名称为“窗盒电动音乐自行车8808”的外观设计已于本专利申请日前（即2002年12月19日）在网络上公开。虽然附件4中产品图片已被删除，但其他产品信息与附件2、3吻合。被告（专利复审委员会）以附件2～4中三份公证书不足以确认本专利申请日前的真实网络信息资源状态为由对该三份证据不予采信的做法错误。专利复审委员会应将本专利与附件2、3中的产品图片进行对比，以判断本专利是否符合《专利法》第23条的规定。

专利复审委员会不服（2005）一中行初字第395号判决，向北京市高级人民法院提起上诉。北京市高级人民法院经审理于2006年6月12日作出（2006）高行终字第245号行政判决书。（2006）高行终字第245号行政判决书的观点与（2005）一中行初字第395号行政判决书的内容基本相同。（2006）高行终字第245号行政判决书认为，美佳玩具网系一家独立经营的网站，在没有相反证据证明附件2～4记载的内容不真实的情况下，应认定该网站上载明的内容具有真实性。故北京市第一中级人民法院对三份公证书及附件予以采信的认定正确，法院应予维持。由于附件2～4三份公证书记载的操作过程载明，在不同的时间三次登录美佳玩具网网站，在玩具搜索的名称关键字一栏中键入玩具货号MK0314271或键入玩具名称“自行车”，或在产品种类一栏中选择“电动车”等三种方式进行查询，网页上均显示了如附件2、3图片所显示的名称为“窗盒电动音乐自行车8808”，表明该外观设计已于本专利申请日前在网络上公开。此外，虽然第一份公证书搜索出的自行车为49项，第三份公证书搜索出的自行车为51项，但是，数据的变化只能表明该网络经营商对上载项目的调整，并不足以证明在该时间段没有登载“窗盒电动音乐自行车8808”或登载的“窗盒电动音乐自行车8808”不具真实性。此外，网络信息本身具有信息更新快、查阅便捷的特点，但网络信息的稳定性并非确认其是否具有真实性的必要条件。北京市高级人民法院驳回上诉，维持原判。

为此，专利复审委员会重新成立合议组对本专利无效宣告请求重新进行审理。

2007年6月26日，专利复审委员会作出第10159号无效审查决定，维持本专利权有效。该决定认为，本专利为一种“电动玩具自行车”的外观设计，附件2、3所示“窗盒电动音乐自行车8808”中公开了一个包装盒中包装的电动音乐自行车，二者均属于电动玩具自行车，属于相同类别的产品。但专利复审委员会注意到，附件2、3公开的置于包装盒中的电动自行车有些部分被包装盒遮挡，如电动自行车把手及转向部、脚镫等部位，因此，附件2、3没有完整清楚地公开电动音乐自行车的外观。而对于电动自行车而言，车把手并非该类产品在使用状态下不会被一般消费者关注的部位，而且本专利的车把手及转向部设计又非该类产品的惯常设计，不属于2006年版《审查指南》（以下简称《审查指南》）第四部分第五章第5.5.3节中规定的可以进行对比的情形，在附件2、3没有清楚完整地公开已有外观设计的情况下，不能对本专利的“电动玩具自行车”与附件2、3公开的“窗盒电动音乐自行车8808”外观设计进行整体观察、综合判断，从而不能得出二者是否相同或者相近似的结论，在此情况下，不能依据附件2、3公开的电动自行车证明本专利不符合《专利法》第23条的规定。

关于第一组证据（附件1~8）中的其他证据，（2006）高行终字第245号行政判决书已经认定附件1不能证明本专利在申请日前已经出版公开；对附件5的内容不予采信；附件6不能证明本专利在申请日前已处于公开状态；附件7和附件8不能证明编号为No.8808的玩具产品在本专利申请日前已经公开。关于第二组证据（附件9~16）及口头审理当庭提交的补充证据，第245号判决认定附件9~11尚不足以认定相关产品已于本专利申请日前在国内市场上公开销售；对附件12、13不予采信，并认定附件14~16没有形成完整的证据链，证明如附件15图片中的产品于本专利申请日前已处于公开的状态。对于陈小满在口头审理过程中当庭提交的两份补充证据，由于均为陈小满自行制作，在没有其他证据予以佐证的情况下，对其证明效力不予认可。第245号判决进一步认定，陈小满在口头审理后提交的《汕头特区晚报》及联合国决议与本案没有直接关联。而口头审理后提交的由雅得公司出具的该公司产品报价单是无效宣告请求提出之日起一个月后提交的新证据，已超出提交期限，对此不予考虑。

综上所述，陈小满提交的证据既不能证明本专利不符合《专利法》第23条的规定，又没有其他证据证明本专利不符合《中华人民共和国专利法实施细则》第2条第3款的规定，因此专利复审委员会作出第10159号无效审查决定维持本专利权有效。

原审审理结果

原审法院认为：

综合各方当事人的诉辩主张，本案的焦点问题为本专利是否符合《专利法》第 23 条的规定。

《专利法》第 23 条规定，授予专利权的外观设计，应当同申请日以前在国内外出版物上公开发表过或者在国内公开使用过的外观设计不相同和不相近似，并不得与他人在先取得的合法权利相冲突。

本案中，原告主张附件 1 和附件 2 ~ 4 形成了一个证据链，证明本专利在申请日前已在“美佳玩具网”上公开过；附件 1 和附件 7、8 形成一个证据链，证明雅得公司在本专利申请日之前公开销售了本专利产品。

附件 1 为香港标准出版社印刷出版的《玩具总汇》一书，在无效程序中，李汉明对其真实性没有异议。从该书封面及其背面可以认定该书系对美佳公司产品的介绍，该书第 1505 页印有标号为 MK0314271 的玩具自行车图片。附件 2 ~ 4 为三份公证书，（2006）高行终字第 245 号行政判决书已经终审认定附件 2、3 图片显示的名称为“窗盒电动音乐自行车 8808”的外观设计产品已于本专利申请日（即 2002 年 12 月 19 日）前在网络上公开，该产品图片上方也印有标号 MK0314271。李小满认为将附件 1 与附件 2 ~ 4 结合，可以认定美佳公司在本专利申请日之前已经在“美佳玩具网”上公开销售本专利产品。对此法院认为，《玩具总汇》和“美佳玩具网”上对于“窗盒电动音乐自行车 8808”外观设计产品虽然都印有标号 MK0314271，但由于“美佳玩具网”上公开的该产品照片为置于包装盒中的电动自行车，其中有些部分被包装盒遮挡，如电动自行车把手及转向部、脚蹬等部位，与《玩具总汇》中的产品照片无法确定是否为同一产品。并且，同一个公司的同一个货号并不一定对应同一个产品，宣传美佳公司产品的《玩具总汇》中就有一个货号对应一系列玩具产品的情形，其也可以佐证同一个货号对应的产品外观并不一定完全相同。陈小满认为同一个公司的同一个货号的产品其外观一定相同的起诉理由缺乏事实依据，法院不予支持。

对于附件 7、8，已经生效的第 6596 号决定已经认定该两份证据本身未能体现其上所示产品的公开日期，均不能作为本案的有效证据，因此陈小满将附件 1 和附件 7、8 结合起来证明本专利已经在先使用公开的起诉理由不能成立，法院不予支持。

综上所述，被告作出的第 10159 号决定认定事实清楚，适用法律正确，应予维持。据此，依照《中华人民共和国行政诉讼法》第 54 条第（1）项之规定，法院判决如下：

维持被告国家知识产权局专利复审委员会第 10159 号无效宣告请求审查决定。

陈小满不服原审判决，提起上诉，请求撤销原审判决及第 10159 号决定，判令专利复审委员会重新作出无效宣告请求审查决定。其理由是：原审判决严重违背事实，严重违背行政诉讼证据的认定原则，《玩具总汇》第 1504 页内容不是第 10159 号决定的依据之一，因此，原审判决以第 10159 号决定未涉及的内容作为认定专利复审委员会具体行政行为合法的依据是错误的。附件 7、附件 8 应当被采信，与其他证据相结合支持上诉人的主张。

专利复审委员会、李汉明服从原审判决。

二审查明事实

二审法院查明的事实与原审相同。

二审审理结果

二审法院认为：本案争议的焦点在于附件 1 与附件 2～4、附件 7、8 是否能形成证据链证明本专利已在申请日之前公开。

专利复审委员会在第 10159 号决定中认为在附件 2、3 没有清楚完整地公开已有的外观设计的情况下，不能对本专利的“电动玩具自行车”与附件 2、3 公开的“窗盒电动音乐自行车 8808”外观设计进行整体观察、综合判断，从而不能得出二者是否相同或者相近似的结论。对此，陈小满未提出异议。而根据已生效的第 245 号判决认定仅凭附件 1 本身所载信息不能证明本专利在申请日前已经出版公开。在上述认定的基础上，陈小满欲证明附件 1 和附件 2～4 形成了一个证据链，就必须证明附件 1 与附件 2～4 之间的关联性具有唯一性、确定性。陈小满认为同一个公司的同一个货号的产品其外观一定相同，但其提交的《玩具总汇》（即附件 1）一书所体现的客观事实却给出了相反的信息，即同一货号下有可能对应不同外观设计的玩具产品，因此，附件 1 与附件 2～4 之间的关联性是不确定的，不能认定《玩具总汇》第 1505 页中公开的货号为 MK0314271 的玩具自行车与附件 2、3 图片所示名称为“窗盒电动音乐自行车 8808”的玩具自行车是具有同一外观设计的产品。一审法院关于《玩具总汇》中就有一个货号对应同一系列玩具产品的情形，可以佐证同一个货号对应的产品并非一定完全相同的认定并无不当。对于附件 7、8，已经生效的第 245 号判决已经认定该两份证据本身未能体现其上所示产品的公开日期，结合附件 1 仍不能证明本专利外观设计已经在申请日之前被使用公开或出版公开。

综上所述，陈小满的上诉理由缺乏事实和法律依据，均不能成立，其上诉请求法院不予支持。原审判决认定事实清楚，适用法律正确。依照《中华人民共和国行政诉讼法》第 54 条第（1）项之规定，判决如下：

驳回上诉，维持原判。

一审案件受理费 100 元，由陈小满负担；二审案件受理费 100 元，由陈小满负担。

3. “交通工具的座椅”外观设计专利权侵权纠纷案

——（西班牙）车辆座位制造工业公司诉金龙联合汽车工业（苏州）有限公司、北京金通宝龙汽车销售有限公司

原告（上诉人）：（西班牙）车辆座位制造工业公司
被告（被上诉人）：金龙联合汽车工业（苏州）有限公司
被告（被上诉人）：北京金通宝龙汽车销售有限公司
案由：侵犯外观设计专利权纠纷

原审案号：北京市第二中级人民法院（2008）二中民终字第2232号
原审合议庭成员：何暄、周晓冰、罗胜华
原审结案日期：2007年12月19日
二审案号：北京市高级人民法院（2008）高民终字第307号
二审合议庭成员：刘辉、岑宏宇、焦彦
二审结案日期：2008年5月21日

判决要旨

被告生产的客车内的被控侵权座椅系自案外人处以总成形式购买。现有证据不能证明被告实施了制造涉案车辆座椅，或实施了组装涉案座椅零部件的行为。被告是将座椅作为客车的一部分随客车整体予以销售，被告的行为实质上是以销售客车的形式，继续销售该座椅的行为。

外观设计的侵权判断，必须结合产品实际使用方式和状态综合判断。座椅产品的主视图对于整个外观的美感具有决定性的意义。同时，鉴于涉案车辆座位公司涉案专利系以两个座位为一组的连排座椅整体的设计，在确定该专利的保护范围及进行专利侵权比对时，除了单个座位的设计外，两个座位的连接或组合部分也对整个专利设计的美感起到了重要的作用。

起诉与答辩

原告车辆座位制造工业公司（以下简称车辆座位公司）诉称：原告系“交通工具的座椅”外观设计专利权人，被告金龙联合汽车工业（苏州）有限公司（以下简称苏州金龙公司）制造、销售，被告北京金通宝龙汽车销售有

限公司（以下简称金通宝龙公司）销售的海格客车内的座椅与原告专利设计极其近似，侵犯了原告的外观设计专利权，给原告造成了巨大的经济损失，故诉至法院，请求判令：被告苏州金龙公司停止制造、销售侵犯原告专利权的产品，被告金通宝龙公司停止销售侵犯原告专利权的产品；被告苏州金龙公司赔偿原告经济损失50万元；二被告连带赔偿原告因诉讼支出的合理费用150 413.03元；被告苏州金龙公司销毁用于生产侵权产品的模具及库存侵权产品；由二被告连带承担本案的诉讼费用。

被告苏州金龙公司辩称：该公司生产的客车上使用的座椅是从案外人苏州工业园区雅式汽车零部件有限公司（以下简称雅式公司）合法采购的，该公司无侵权行为，不应承担侵权责任；该公司客车上使用的座椅系雅式公司依据其专利生产的，该座椅外观与原告专利存在显著区别，未侵犯原告的涉案外观设计专利权；该公司没有制造车辆座椅的行为，原告要求该公司销毁模具和库存产品没有事实依据。综上，请求法院驳回原告的诉讼请求。

被告金通宝龙公司辩称：该公司依据与苏州金龙公司签订的《苏州金龙特约经销商经销协议》经销涉案海格客车，该公司对客车内座椅是否存在侵权的情况并不知情，没有侵权的事实和故意；该公司有合法的进货来源，即使涉案座椅系侵权产品，该公司也不应承担侵权赔偿责任。

原审查明事实

原审法院查明：2005年3月2日，经中华人民共和国国家知识产权局授权，车辆座位公司取得了“交通工具的座椅”外观设计专利权，专利号为ZL200430003776.6。车辆座位公司主张其自2006年始，在厦门由其他企业代工生产涉案专利产品，即GALA系列车辆座椅，生产的座椅同时在欧洲和中华人民共和国市场销售。目前，其每月生产GALA座椅约1 000个，单价约为800元，利润率约为20%。

苏州金龙公司成立于1998年12月31日，经营范围包括：开发、生产、销售中、高档客车及配件等产品及售后服务，商品汽车发送业务等。2007年1月22日，苏州金龙公司与雅式公司签订《供货合同》，约定由雅式公司向苏州金龙公司提供座椅、窗帘、地板革产品。该合同附件《配套产品明细清单》中显示：雅式BM01座椅，单价354元；雅式BM01不侧移座椅，单价324元；雅式BM01不可调座椅，单价324元；雅式BM01靠背可调侧移仿皮革座椅，单价374元。

苏州金龙公司主张其自2007年1月至2007年3月共使用雅式公司提供的雅式BM系列座椅1 938个，进货总价款为637 422元，2007年3月之后又进货BM01座椅356件，BM01不侧移座椅344件，但未能提供具体使用数量和库存数量。

苏州金龙公司主张其生产的海格客车根据车长可分为6～10米等不同型号，每辆客车座椅数量从17～45个不等。苏州金龙公司同时主张涉案海格客车年产量约为1万辆，其中约有60%～70%使用了雅式公司的座椅。苏州金龙公司提供的雅式公司座椅客户点单样图中，共有20种不同外观的座椅。

金通宝龙公司成立于2005年10月28日，经营范围包括：销售汽车（不含小轿车）、货物进出口、技术进出口、代理进出口。金通宝龙公司于2007年1月18日与苏州金龙公司签订《苏州金龙特约经销商经销协议》，约定由金通宝龙公司在中华人民共和国北京市区域内专营销售苏州金龙公司制造的海格牌系列客车（不含专用车）。金通宝龙公司主张其仅销售1辆带有涉案座椅的海格客车，车牌号码为京AB9448。

雅式公司成立于2002年5月8日，经营范围包括：设计、制造汽车座椅及其他零部件，销售本公司所生产的产品，自有多余厂房出租。2006年9月27日，经中华人民共和国国家知识产权局授权，雅式公司取得了“客车乘客座椅靠背背部装饰板”外观设计专利权和“客车乘客座椅扶手”外观设计专利权，专利号分别为ZL200530167943.5和ZL200530167944.X；2007年2月21日，雅式公司取得了“汽车座椅横向移动装置”实用新型专利权，专利号为ZL200620001243.8。2007年11月28日，雅式公司向苏州金龙公司出具附图证明，证明2007年度其与苏州金龙公司签订的《供货协议》产品明细表中的BM系列座椅外观与附图相同，其以座椅总成形式向苏州金龙公司供货。经比较，该证明附图中显示的座椅外观与苏州金龙公司生产的海格客车内的涉案座椅外观相同。

2007年3月14日，上海市邦信阳律师事务所的委托代理人俞中德在上海市龙阳路2345号上海新国际博览中心有限公司E3展厅，对陈列在该展厅的海格客车的全貌及车内座椅的扶手进行了拍照。上海市金山区第一公证处对上述过程进行了公证，并出具了（2007）沪金证经字第36号公证书。

2007年3月21日，北京邦信阳专利商标代理有限公司的委托代理人赖凯军、聂亚兰在北京市朝阳区安外北苑五号院四区，对停放在该院门口的车牌号码为京AB9448的客车外观及车内座椅扶手部位进行了拍摄。长安公证处对上述过程进行了公证，并出具了（2007）长证内经字第1909号公证书。

2007年6月15日，上海市邦信阳律师事务所北京分所王茅律师代表车辆座位公司向苏州金龙公司寄送了律师函，邮件号码为EQ006186144CN。苏州金龙公司认可该邮件底单显示地址系其公司地址，但称未收到该邮件。本院于

2007 年 12 月 6 日通过邮政特快专递服务电话 11185 查询，该邮件已于 2007 年 6 月 16 日妥投。

车辆座位公司主张其因本案诉讼支出的合理费用共 150 413.03 元。根据其提供的票据显示，上述费用包括：调查费 22 841.70 元，律师费 123 790.33 元，查询服务费 770 元，翻译费 503 元，公证费 2 500 元，以上合计共 150 405.03元。

2007 年 12 月 3 日，本院组织双方当事人在北京市丰台区亦庄宏达北路 8 号宏达工业园，对停放在该处的车牌号码为京 AC1268 的海格客车内的座椅进行了现场勘验。

车辆座位公司主张涉案外观设计专利有三个设计要部，分别为：扶手部分；外侧扶手壳部分；座椅靠背部分。

经比对，苏州金龙公司生产的海格客车内的涉案座椅的外观与车辆座位公司的涉案专利设计存在以下相同或相近似之处：

（1）扶手及扶手壳部分。①扶手柄呈弧形设计；②扶手柄前端有长三角形扶手；③扶手壳整体呈不规则的椭圆形；④扶手壳上有类似三角形的装饰凹槽；⑤调节手柄位于扶手壳前端上部，形状呈三角形。

（2）座椅靠背部分。⑥靠背侧视图呈现贴合人体背部生理结构的弧线形；⑦靠背主视图下侧中部凹陷，两侧凸起；⑧靠背后视图上部有“V”字形装饰线；⑨“V”字形装饰线两侧呈对称结构，右侧有凹陷，安装有把手；⑩靠背后视图中下部有兜状结构；⑪靠背后视图下部的坐垫后封板呈包裹式结构。

苏州金龙公司生产的海格客车内的涉案座椅的外观与车辆座位公司的涉案专利设计存在以下差异之处：

（1）主视图部分。⑫原告专利的座椅靠背和坐垫主视图呈纵向双弧线形搭配图案；涉案座椅无纵向双弧线形搭配图案，靠背上部有弧形头枕布结构。⑬原告专利一组两个座位中，每个座位两侧均有相同的扶手；涉案座椅一组两个座位仅外侧有一个扶手。⑭原告专利一组两个座位之间有较大空隙，两个坐垫之间有储物装置；涉案座椅一组两个座位结合相对紧密，两个坐垫之间没有储物装置。⑮原告专利座椅上有三点式安全带装置；涉案座椅上无安全带装置。

（2）扶手及扶手壳部分。⑯涉案座椅扶手存在拉出状态和收缩状态两种外观。⑰涉案座椅扶手壳的左上部有一椭圆形凹槽。

（3）座椅靠背部分。⑱原告专利靠背后部上方的“V”字形装饰线上部和下部呈镶嵌式结构；涉案座椅靠背后部上方的“V”字形装饰线上部和下部呈对接式结构。⑲原告专利的靠背后部仅右侧安装有把手，左侧对应部位有类似形状的装饰结构；涉案座椅靠背后部“V”字形装饰线两侧均安装有把手。⑳原告专利的把手呈弧形结构；涉案座椅把手呈反“7”字结构，中间有装配孔。㉑原告专利靠背中下部的兜状结构为弧形盖板；涉案座椅靠背中下部的兜状结构为透明的网兜。㉒原告专利靠背下部的坐垫后封板呈平滑的包裹式结构；涉案座椅靠背下部的坐垫后封板有一配合脚踏板收缩状态的凹陷结构。

（4）座椅底部。㉓原告专利一组两个座位由底部两个支架支撑；涉案座椅一组两个座位由外侧座位下端的一个支架与车体侧面的连接部共同支撑。㉔原告专利座位底部支架呈板状结构；涉案座位底部支架有镂空的椭圆形结构及装饰凹槽。㉕原告专利座椅下部后侧脚踏板有凹纹；涉案座椅下部后侧脚踏板为镂空造型。

另外还有，㉖涉案座椅部分结构的形状、弧度与原告专利设计存在一定差异。

原审审理结果

原审法院认为：车辆座位公司经中华人民共和国国家知识产权局授权取得涉案外观设计专利权，其所享有的专利权应受到中华人民共和国法律的保护，他人未经许可，不得为生产经营目的制造、销售、进口其外观设计专利产品。

本案涉及的第一个焦点问题是，苏州金龙公司的涉案行为是否为制造、销售被控侵权车辆座椅产品的行为。

本案中，车辆座位公司指控苏州金龙公司实施了制造、销售侵犯其专利权的车辆座椅的行为，但根据苏州金龙公司提供的《供货合同》、雅式公司的营业执照副本复印件，以及雅式公司出具的证明，可以认定，苏州金龙公司生产的海格客车内的涉案 BM 系列座椅系自案外人雅式公司处以总成形式购买。现有证据不能证明苏州金龙公司实施了制造涉案车辆座椅，或实施了组装涉案座椅零部件的行为。鉴于苏州金龙公司并非涉案 BM 系列座椅的实际使用者，而是将座椅作为客车的一部分随客车整体予以销售，因此，针对涉案 BM 系列座椅而言，苏州金龙公司的行为实质上是以销售客车的形式，继续销售该座椅的行为。综上，本院认定，苏州金龙公司涉案行为是《专利法》所规定的销售行为。同理，鉴于金通宝龙公司实施了销售带有涉案 BM 座椅的客车的行为，本院认定，金通宝龙公司的涉案行为亦是《专利法》所规定的销售行为。

本案涉及的第二个焦点问题是，涉案车辆座椅的外观是否与原告专利设计相同或相近似，苏州金龙公司、金通宝龙公司销售涉案车辆座椅的行为是否侵犯了车辆座椅公司所享有的外观设计专利权。

对于涉案外观设计专利的侵权比对，本院采取“要部比较、整体观察、综合判断”的方法。本案中，涉案座椅扶手及扶手壳的外观与原告专利相应部分的设计存在本院查明部分所述的第①～⑤项相同或相近似之处。尽管二者在曲线弧度上存在一定差异，且存在本院查明部分所述的第⑯、⑰两项差异，但上述差异均是细微、局部的差异，因此，涉案座椅扶手及扶手壳部分的外观与原告专利的扶手及扶手壳部分的设计构成相近似。

涉案座椅靠背后部的外观与原告专利相应部分的设计存在本院查明部分所述的第⑧～⑪项相同或相近似之处。尽管二者存在本院查明部分所述的第⑱～㉒项差异，但上述差异均是细微、局部的差异，从座椅后视图或立体视图2观察，涉案座椅靠背后部的外观与原告专利的座椅靠背后部的设计相近似。

原告还主张涉案座椅的靠背部分与原告专利设计存在以下相同之处：“⑥靠背侧视图呈现贴合人体背部生理结构的弧线形；⑦靠背主视图下侧中部凹陷，两侧凸起”。本院认为，对于第⑥项，鉴于靠背侧视图的弧线形结构在一定程度上受到座椅靠背功能的限制，同时靠背呈弧线形也属于座椅外观中的通用设计，因此，该设计要素应排除在原告专利权保护范围之外。对于第⑦项，鉴于该相同点仅为一个设计要素，无法构成外观设计专利比对中的要部，因此，关于该要素的比对，必须结合整个靠背前部，甚至结合主视图的除靠背外的其他部分综合进行判断。

在对被控侵权产品进行整体观察时，应该从本领域的普通设计人员的角度，结合该产品实际使用方式和状态作出综合判断。对于车辆座椅产品而言，考虑到其实际的使用方式和状态，座椅的主视图对于整个外观的美感具有决定性的意义。同时，鉴于本案原告涉案专利系以两个座位为一组的连排座椅整体的设计，在确定该专利的保护范围及进行专利侵权比对时，除了单个座位的设计外，两个座位的连接或组合部分也对整个专利设计的美感起到了重要的作用。

本案中，涉案座椅的外观与原告专利设计在主视图部分存在本院查明部分所述的第⑫～⑮项差异，座椅底部存在本院查明部分所述的第㉓～㉕项差异。上述差异，特别是第⑫～⑭项差异，对涉案车辆座椅的主视图外观产生了重要的影响，使得涉案车辆座椅的外观与原告专利设计产生不同的美感。上述差异使本领域的普通设计人员能够将涉案车辆座椅与原告专利设计相区别。因此，尽管涉案车辆座椅在扶手及扶手壳、座椅靠背后部两个部分的外观，与原告专利的相应要部设计是相近似的，但从整体上观察，涉案车辆座椅的外观与原告专利设计不相近似。因此，涉案车辆座椅并非是侵犯车辆座位公司涉案专利权的产品，苏州金龙公司、金通宝龙公司销售涉案车辆座椅的行为未侵犯车辆座位公司享有的涉案外观设计专利权。

综上，原告车辆座位公司提出的被告苏州金龙公司、金通宝龙公司的涉案行为构成对其专利权的侵犯的诉讼主张不能成立，其要求被告苏州金龙公司、金通宝龙公司承担停止侵权行为、销毁模具及库存产品、赔偿经济损失的法律责任的诉讼请求，缺乏事实与法律依据，本院不予支持。依照《中华人民共和国专利法》第11条第2款、第56条第2款的规定，判决如下：

驳回（西班牙）车辆座位制造工业公司的诉讼请求。

车辆座位公司不服原审判决，提起上诉。理由是：一审判决认定事实错误，苏州金龙公司、金通宝龙公司销售的车辆座椅与车辆座位公司的外观设计专利构成近似；一审判决适用法律错误，应按照《审查指南》的规定，在判断外观设计是否构成相同或相近似时，以外观设计产品的一般消费者是否容易混淆为判断标准；一审判决偏袒苏州金龙公司、金通宝龙公司，对车辆座位公司极为不公。请求撤销一审判决；判令苏州金龙公司停止生产、销售侵犯涉案专利权的产品，金通宝龙公司停止销售侵犯涉案专利权的产品；判令苏州金龙公司赔偿车辆座位公司经济损失人民币50万元；判令苏州金龙公司、金通宝龙公司连带赔偿车辆座位公司为制止侵权而支出的合理费用，包括公证费、调查费、律师费、差旅费等；判令苏州金龙公司立即销毁用于生产侵权产品的各种模具及已经制造的库存侵权产品；判令苏州金龙公司、金通宝龙公司承担全部诉讼费用。

苏州金龙公司、金通宝龙公司服从一审判决。

二审查明事实

二审法院查明的事实与原审相同。

二审审理结果

二审法院认为：车辆座位公司是本专利的专利权人，他人未经许可，不得为生产经营目的制造、销售、进口其外观设计专利产品。

苏州金龙公司生产的海格客车内的涉案座椅系自案外人雅式公司处以总成形式购买，苏州金龙公司并未实施组装涉案座椅零部件的行为，也未制造涉案座椅。苏州金龙公司作为海格汽车的制造者，其是将涉案座椅作为海格汽车的组成部分，随海格汽车整体销售。苏州金龙公司从雅式公司购买涉案座椅后并非是为实际使用涉案座椅，其行为实质上是以销售客车的形式，继续销售该座椅。苏州金龙公司所实施的是销售涉案座椅的行为。金通宝龙公司亦未实施制造涉案座椅或组装涉案座椅零部件的行为，该公司作为金龙汽车公司海格汽车的经销商，其亦是将涉案座椅作为海格汽车的组成部分，随海格汽车整体销售，因此，金通宝龙公司的行为是销售涉案座椅的行为。

在判断涉案座椅与本专利是否构成相同或相近似时，应当以一般消费者的观察能力为标准，对本专利与涉案座椅进行整体观察、综合判断。并应考虑涉案座椅与本专利的实际使用方式和状态。

涉案座椅扶手及扶手壳的外观与本专利相应部分的设计存在第①～⑤项相同或相近似之处。尽管二者在曲线弧度上存在一定差异，且存在第⑯～⑰项差异，但上述差异均是细微、局部的差异，因此，涉案座椅扶手及扶手壳部分的外观与本专利的扶手及扶手壳部分的设计构成相近似。

涉案座椅靠背后部的外观与本专利相应部分的设计存在第⑧～⑪项相同或相近似之处。尽管二者存在第⑱～㉒项差异。但上述差异均是细微、局部的差异，从本专利后视图或立体视图 2（见本判决书附图 2）及涉案座椅相同角度、部位观察，涉案座椅靠背后部的外观与本专利的座椅靠背后部的设计相近似。

涉案座椅与本专利相同或相近似的第⑥项，由于靠背侧视图的弧线形结构在一定程度上受到座椅靠背功能的限制，同时靠背呈弧线形也属于座椅外观中的通用设计，因此，该设计要素应排除在本专利权的保护范围之外。涉案座椅与本专利相同或相近似的第⑦项，由于该相同点仅为一个设计要素，不能构成外观设计专利比对中的要部，因此，关于该要素的对比，必须结合整个靠背前部，以及结合主视图的除靠背外的其他部分进行判断。

本专利的主视图对于整个外观的视觉效果具有决定性的作用。由于本专利是以两个座位为一组的连排座椅整体的设计，因此，在确定本专利的保护范围及与涉案座椅进行是否相同或相近似的对比时，除了单个座位的设计外，两个座位的连接或组合部分，也对整个外观的视觉效果起到重要作用。

涉案座椅与本专利在主视图部分存在第⑫～⑮项差异，座椅底部存在第㉓～㉕项差异。上述差异，特别是第⑫～⑭项差异，对涉案座椅的外观产生了重要的影响，使涉案座椅与本专利产生不同的视觉效果，以一般消费者的标准不会将涉案座椅与本专利混淆。虽然涉案座椅在扶手及扶手壳、座椅靠背后部等部分与本专利的相应部分相近似，但以一般消费者的标准，涉案座椅与本专利在整体上并不构成相同或相近似，涉案座椅未落入本专利权的保护范围。苏州金龙公司、金通宝龙公司销售涉案座椅的行为不构成对车辆座位公司所有的专利权的侵犯。

在判断涉案座椅与本专利是否构成相同或相近似时，应当以一般消费者的观察能力为标准，一审判决以本领域普通设计人员的标准进行判断不妥，对此本院予以纠正。但一审判决对涉案座椅与本专利是否相同或相近似的判断结果是正确的。本案是民事纠纷案件，车辆座位公司主张依据《审查指南》规定，以一般消费者的标准判断涉案座椅与本专利是否相同或相近似，但《审查指南》是国家知识产权局及国家知识产权局专利复审委员会在外观设计专利的授权程序及复审、无效宣告请求审查程序中所遵循的部门规章，并不是人民法院审理民事侵权纠纷案件的法律依据。

车辆座位公司所提上诉理由不能成立，对其上诉请求本院不予支持。

综上，一审判决认定事实清楚，适用法律正确。依据《中华人民共和国民事诉讼法》第 153 条第 1 款第（1）项的规定，判决如下：

驳回上诉，维持原判。

一、二审案件受理费各 10 304 元，均由（西班牙）车辆座位制造工业公司负担。

4. “双桶洗衣机”发明专利无效行政纠纷案

——方益民诉国家知识产权局专利复审委员会、慈溪市顺达实业有限公司、金羚电器有限公司

原告（上诉人）： 方益民
被告（被上诉人）： 国家知识产权局专利复审委员会
原审第三人： 慈溪市顺达实业有限公司
原审第三人： 金羚电器有限公司
案由： 发明专利无效行政纠纷

原审案号： 北京市第一中级人民法院（2008）一中行初字第295号
原审合议庭成员： 刘海旗、佟姝、高伟
原审结案日期： 2008年3月20日
二审案号： 北京市高级人民法院（2008）高行终字第335号
二审合议庭成员： 刘辉、岑宏宇、焦彦
二审结案日期： 2008年6月18日

判决要旨

权利要求书应当以说明书为依据，说明要求专利保护的范围。每一项权利要求所要求保护的技术方案在说明书中都应当有清楚、充分的记载，是所属技术领域的技术人员能够从说明书充分公开的内容中得到或概括得出的技术方案，并且不得超出说明书公开的范围。

起诉与答辩

原告方益民诉称：（1）在本案口头审理中，被告允许没有当庭提交金羚电器有限公司（以下简称金羚公司）委托手续的代理人董咏宜参加口头审理，程序违法。由于董咏宜没有在规定的期限内提交委托手续，其自始至终没有作为金羚公司代理人的代理资格，专利复审委员会没有重新进行口头审理而直接作出决定，严重损害原告的利益。（2）原告认为《专利法》第26条第4款包括两个方面的含义，即权利要求应该在形式上和实质上得到说明书的支持。形式上的支持并不是要求权利要求书中表述某一技术特征所采用的措辞必须与说

明书完全相同，而是不能允许在仔细阅读说明书后，所属领域的技术人员仍不能理解权利要求中某一表述的含义。实质上的支持是要求权利要求的保护范围不能过宽，以至于与发明人的贡献不相称。本案中，权利要求保护的脱模斜度1∶100～1∶500是为了克服现有技术中存在的对比文献所述的矩形桶体在实际生产的脱模中几乎无法实施的技术问题，所属领域的技术人员能理解其含义。1∶500的斜度与说明书记载的1∶150相差仅仅千分之几，并且是现有技术脱模斜度的边界点之一，在本领域技术人员的合理预测的范围之内，不存在保护范围过宽的问题。因此，第10594号决定对事实认定不清，对《专利法》第26条第4款的理解错误，本专利符合《专利法》第26条第4款的规定，请求人民法院撤销第10594号决定并维持本专利权有效。

被告国家知识产权局专利复审委员会（以下简称专利复审委员会）辩称：（1）针对原告认为专利复审委员会允许没有提交金羚公司委托手续的代理人董咏宜参加口头审理属于程序违法的问题，其认为，为了节约程序和调查事实，让其先参加口头审理，事后补交委托书并无不当，并且在口头审理记录中明确记载了第二请求人应自口头审理之日起7日内提交董咏宜的代理委托书，否则视为其未出席口头审理。因此原告的上述主张不成立。（2）本专利权利要求1～15不符合《专利法》第26条第4款规定的事实和理由在第10594号决定中已经进行了详细的评述，专利复审委员会坚持在第10594决定中的意见。综上所述，第10594号决定认定事实清楚、适用法律正确、审理程序合法，原告的诉讼理由不能成立，请法院驳回原告的诉讼请求，维持第10594号决定。

第三人慈溪市顺达实业有限公司（以下简称顺达公司）述称：（1）原告认为第10594号决定认定事实错误的理由不成立。①本专利权利要求1中的斜度1∶100～1∶500与说明书中的斜度1∶100～1∶150是两个范围完全不同的斜度，1∶100～1∶500比1∶100～1∶150的范围大3倍以上，因此本专利权利要求书得不到说明书的支持，不符合《专利法》第26条第4款的规定。②权利要求书中的斜度1∶100～1∶500也不能从说明书中概括出来。③专利权人在专利实质审查及曾经的无效审查过程中强调了斜度数据的重要性，在指控他人构成专利侵权时也坚持1∶100～1∶500是其权利要求书请求保护的范围，因此斜度1∶100～1∶500不是斜度1∶100～1∶150的等同替代或明显变型的方式，本领域的普通技术人员也不能确定1∶100～1∶500是否是适用于本专利的双桶洗衣机桶体的脱模斜度。④没有任何证据证明1∶500是笔误，原告在无效程序中也从来没有说存在笔误。（2）第10594号决定程序合法。温旭是顺达公司及金羚公司的委托代理人及无效审查过程中的第一发言人，其发言共同代表两个请求人，被告作出的决定程序合法，董咏宜作为顺达公司的委托代理人，参与到被告合并审理的口头审理程序中并发言，符合法律规定，其是否代表金羚公司并不影响案件的审理。综上所述，第10594号决定程序合法、认定事实清楚、法律适用正确，原告的起诉理由不成立，为此请求法院驳回原告的诉讼请求，维持第10594号决定。

第三人金羚公司未提交书面陈述意见。

原审查明事实

原审法院查明：原告于1999年10月19日向国家知识产权局提出了名称为“双桶洗衣机”的发明专利申请，2002年11月20日被授权公告，专利权人为方益民，专利号为99121835.3。本专利授权公告文本载明的权利要求为：

“1. 一种双桶洗衣机，包括上框1、波轮7、减速部件8、机座4等，其特征在于所述双桶洗衣机的外壳、洗涤桶和脱水桶为一体化注塑的整体式桶体，所述的桶体为外凸四角圆弧、四边弧形、大小圆弧平滑过渡，所述的桶体的前圆角的圆弧半径为R80～90，桶体四边弧形的圆弧半径为R2500～6000；在桶体正面的外壳、洗涤桶和脱水桶的壁与壁之间的交点线处至少对应设有两条加强筋，桶体的直边（面）采用1∶100～1∶500的斜度。

“2. 根据权利要求1所述的双桶洗衣机，其特征在于桶体的高度约500～600mm，优选550mm。

“3. 根据权利要求1所述的双桶洗衣机，其特征在于所述的四角中的前二角的弧度大于后二角的弧度。

“4. 根据权利要求1或3所述的双桶洗衣机，其特征在于所述的桶体的圆弧形四角的圆弧半径为R80～90，四角和四边的大小圆弧平滑相切过渡。

“5. 根据权利要求1所述的双桶洗衣机，其特征在于所述的在洗涤桶的左后角设有具有加强作用同时又兼具非正常溢水口和去洗涤死角作用的弧形加强筋。

“6. 根据权利要求1所述的双桶洗衣机，其特征在于所述的上框的倒“U”形结构将桶体壁上沿夹住。

“7. 根据权利要求1所述的双桶洗衣机，其特征在于所述的桶体的外壳、洗涤桶和脱水桶的壁与壁之间的交点线处设有一一对应的加强筋。

“8. 根据权利要求1所述的双桶洗衣机，其特征在于所述的加强筋数多于所述的交接线处。

“9. 根据权利要求1或7或8所述的双桶洗衣机，其特征在于所述的加强筋可以是弧形、矩形或三角形的凹筋。

“10. 根据权利要求所述的双桶洗衣机，其特征在于所述的外壳在洗涤桶、脱水桶后面之间开有缺口，配以相应后盖板。

“11. 根据权利要求1所述的双桶洗衣机，其特征在于所述的正面机座凸缘宽度为12～15mm，其余三面凸缘宽度为5mm左右，正面凸缘与其余两侧凸缘交接处为平滑过渡；正面机座凸缘内设有螺钉凹孔，用螺钉把机座与外壳连接固定起来，其余三面为机座内凹插接配合机座开长直凹筋用螺钉与外壳固接。

“12. 根据权利要求12所述的双桶洗衣机，其特征在于所述的桶体下沿及机座上沿的四面设置至少四处以上采用螺钉连接紧固的凹凸配合搭子。

“13. 根据权利要求1所述的双桶洗衣机，其特征在于在桶体正面的外壳、洗涤桶和脱水桶的壁与壁之间形成的前交接通孔中设有一可防止上框前沿变形及拉脱的上框安装螺钉搭子孔。

“14. 根据权利要求1或5所述的双桶洗衣机，其特征在于在洗涤桶左后角通孔处的内侧面弧面上方配有一防溅罩。

“15. 一种双桶洗衣机，其特征在于所述双桶洗衣机的外壳、洗涤桶和脱水桶为一体化注塑的整体式桶体，所述的桶体为外凸四角圆弧、四边弧形、大小圆弧平滑过渡，所述的桶体的前圆角的圆弧半径为R80～90，桶体四边弧形的圆弧半径为R2 500～6 000；在桶体正面的外壳、洗涤桶和脱水桶的壁与壁之间的交点线处至少对应设有两条加强筋，桶体的直边（面）采用1∶100～1∶500的斜度，所述的外壳在洗涤桶、脱水桶后面之间开有缺口，配以相应后盖板。”

针对本专利，顺达公司、金羚公司分别于2006年9月12日及同年10月11日向专利复审委员会提出无效宣告请求，无效理由均为本专利不符合《专利法》第26条第3、4款、《专利法实施细则》第20条第1款和《专利法》第22条第3款的规定。

专利复审委员会在无效程序中依照《审查指南》的规定，向本案的原告和第三人进行了转文，并于2007年5月30日进行了口头审理。温旭、董咏宜作为顺达公司及金羚公司的委托代理人参加了口头审理。由于金羚公司未向专利复审委员会提交董咏宜的授权委托书，故专利复审委员会当庭告知其自口头审理之日起7日内提交授权委托书，否则视为其未出席口头审理。口头审理后，董咏宜未能提交金羚公司为其出具的授权委托书。

2007年10月8日，专利复审委员会作出第10594号决定，宣告本专利权全部无效。该决定认为：根据本专利说明书第4页第2段的记载，即“本发明的研究人员在桶壁一体化的设计中，将桶体的脱模问题和桶体的设计联系起来，主要直边（面）采用1∶100～1∶150的斜度”本领域的技术人员无法确定将该范围扩大到1∶100～1∶500时是否仍能解决桶体的脱模问题，并且由于脱模问题是和桶体设计相联系的，本领域的技术人员也无法确定如果斜度扩大到该范围是否和桶体的其他设计相冲突，因此本领域的技术人员从说明书中充分公开的内容中无法得到或概括得出上述包含斜度为1∶100～1∶500的技术方案，故包括上述斜度范围的本专利权利要求1和15得不到说明书的支持，不符合《专利法》第26条第4款的规定。此外，上述数值范围是否能从说明书中概括得出和其与说明书公开的范围有多大的差别没有关系，而且尽管斜度的绝对值相差了千分之四，但其实际的斜度上限却比说明书中公开的上限增加了三倍以上。虽然1∶500的斜度在《塑料工业实用手册》中已经公开，但只能说明它是塑料工业中一般的脱模斜度，本领域的普通技术人员并不能确定它是适用于本专利的双桶洗衣机桶体的脱模斜度。其次，由于权利要求书中其他位置未出现有斜度的其他内容以证明并得出斜度1∶500为笔误的结论，故也不能认为斜度1∶500为笔误。鉴于权利要求1不符合《专利法》第26条第4款的规定，因此直接或间接引用权利要求1的权利要求2～14也不符合《专利法》第26条第4款的规定。综上所述，本专利的权利要求1～15不符合《专利法》第26条第4款的规定。故对顺达公司、金羚公司提出的其他无效理由和证据不再予以评述。据此，专利复审委员会宣告本专利权全部无效。

在本案庭审过程中，专利复审委员会确认，顺达公司、金羚公司所提出的无效理由相同，但证据存在差别。原告确认在口头审理前已经收到温旭作为金羚公司的委托代理人就本专利不符合《专利法》第26条第4款的问题所出具的书面意见，该书面意见有温旭签字。

原审审理结果

原审法院认为：根据当事人的诉辩主张，本案争议的焦点问题仅限于：(1)专利复审委员会在本案的无效程序中是否存在程序违法的事实，并导致第10954号决定错误。(2)本专利授权公告文本是否符合《专利法》第26条第4款的规定。

根据查明的事实可以确认，温旭出席口头审理已经获得金羚公司的授权，且温旭作为金羚公司的委托代理人在向专利复审委员会提交的书面意见上签字确认，该书面意见可以并且应当作为专利复审委员会在无效程序中审理的诉由之一。虽然顺达公司和金羚公司提出的无效理由相同，在提交的证据上存在差别，但由于温旭具有顺达公司和金羚公司的授权，因此其在口头审理中的发言既代表顺达公司又代表金羚公司。此外，专利复审委员会已向董咏宜明示，要求其在口头审理之日起7日内提交金羚公司为其出具的授权委托书，否则视为其未出席口头审理，该做法并没有违反《审查指南》的相关规定。由于董咏宜没有在专利复审委员会规定的时间内提交金羚公司的授权委托书，故其在口头审理期间只能作为顺达公司的委托代理人，其所作的发言并没有导致原告实体权利的损害。由于顺达公司和金羚公司提出的无效理由相同，且原告没有证据证明董咏宜系金羚公司的第一发言人，同时确认其收到的金羚公司就本专利无效请求而出具的书面意见为温旭签字，因此原告对专利复审委员会在无效程序中违反程序原则的指控没有事实和法律依据，法院不予支持。

《专利法》第26条第4款规定，权利要求书应当以说明书为依据，说明要求专利保护的范围。本专利权利要求1在特征部分有如下描述："所述双桶洗衣机的外壳、洗涤桶和脱水桶为一体化注塑的整体式桶体，……桶体的直边（面）采用1:100~1:500的斜度"。在本专利说明书第4页第2段记载的相关内容为"……本发明的研究人员在桶壁一体化的设计中，将桶体的脱膜问题和桶体的设计联系起来，主要直边（面）采用1:100~1:150的斜度，……"。由于权利要求1设定的斜度比例与说明书给出的斜度比例存在较大差异，虽然1:500的斜度在《塑料工业实用手册》中已经公开，但只能说明它是塑料工业中一般的脱膜斜度，本领域的普通技术人员并不能确定它是否适用于本专利的双桶洗衣机桶体的脱膜斜度，本领域的普通技术人员也难以确定将斜度比例的范围扩大到1:100~1:500时是否仍能解决桶体的脱膜问题。且脱膜系在注塑成形后进行，其必须与桶体设计紧密相连，在斜度比例扩大后，桶体的相关设计之间是否会发生冲突亦难以确定。本领域的普通技术人员从说明书中公开的内容中无法得到或概括得出斜度比例为1:100~1:500的技术方案，因此权利要求1得不到说明书的支持，同时包括上述斜度比例范围的权利要求15也得不到说明书的支持，不符合《专利法》第26条第4款的规定。而且，由于权利要求1和权利要求15中均描述有1:100~1:500的内容，令人难以得出1:500系笔误的结论，因此法院不能认定斜度1:500为笔误。鉴于权利要求1不符合《专利法》第26条第4款的规定，因此直接或间接引用权利要求1的权利要求2~14也不符合《专利法》第26条第4款的规定。故本专利的权利要求1~15不符合《专利法》第26条第4款的规定。北京市第一中级人民法院依照《中华人民共和国行政诉讼法》第54条第（1）项之规定，判决如下：

维持专利复审委员会作出的第10594号决定。

方益民不服原审判决，提出上诉，请求撤销原审判决和第10594号决定，由专利复审委员会承担本案诉讼费。其理由是：（1）专利复审委员会允许没有当庭提交金羚公司委托手续的代理人董咏宜参加口头审理，程序违法，严重损害方益民的利益。（2）第 10594 号决定及原审判决对事实认定不清，对《专利法》第 26 条第 4 款理解错误。

专利复审委员会、顺达公司、金羚公司服从原审判决。

二审查明事实

二审法院查明的事实与原审相同。

二审审理结果

二审法院认为：在无效宣告请求审查程序中，顺达公司、金羚公司均提出本专利权不符合《专利法》第 26 条第 4 款的无效理由。温旭作为顺达公司、金羚公司的共同委托代理人，其发表的意见可以同时代表两个公司。且金羚公司向专利复审委员会提交的书面意见上有温旭的签字，该书面意见是专利复审委员会在无效宣告请求审查程序中审理的无效请求理由之一，也是作出第 10594 号决定的依据。专利复审委员会已向董咏宜明示，要求其在口头审理之日起 7 日内提交金羚公司为其出具的授权委托书，否则视为其未出席口头审理，并将该事实记载在第 10594 号决定中，该做法没有违反《审查指南》的相关规定，也没有损害方益民的实体权利。方益民关于专利复审委员会在无效宣告请求审查过程中违反程序规定的上诉主张没有事实和法律依据，法院不予支持。

《专利法》第 26 条第 4 款规定，权利要求书应当以说明书为依据，说明要求专利保护的范围。每一项权利要求所要求保护的技术方案在说明书中都应当有清楚、充分的记载，是所属技术领域的技术人员能够从说明书充分公开的内容中得到或概括得出的技术方案，并且不得超出说明书公开的范围。

本专利授权的权利要求 1 中记载了桶体的直边（面）采用 1∶100～1∶500 的斜度的技术特征，而在本专利说明书中记载的相关内容却是主要直边（面）采用 1∶100～1∶150 的斜度。可以看出，本专利权利要求 1 的保护范围大于说明书公开的范围。由于本专利权利要求 1 设定桶体直边（面）的斜度是为了解决脱模的技术问题，本领域的技术人员通过阅读本专利说明书不能确定当洗衣机桶体的脱模斜度小至 1∶500 时仍能实现发明的目的，因此，本专利权利要求 1 得不到说明书的支持，同时记载上述斜度比例范围的本专利权利要求 15 也得不到说明书的支持，不符合《专利法》第 26 条第 4 款的规定。鉴于本专利权利要求 1 不符合《专利法》第 26 条第 4 款的规定，故直接或间接引用本专利权利要求 1 的权利要求 2～14 也不符合《专利法》第 26 条第 4 款的规定。

综上，方益民的上诉理由缺乏事实和法律依据，不能成立，其上诉请求法院不予支持。原审判决认定事实清楚，适用法律正确。依照《中华人民共和国行政诉讼法》第 61 条第 1 款第（1）项之规定，判决如下：

驳回上诉，维持原判。

一、二审案件受理费各 100 元，均由方益民负担。

5. “一种防近视书簿”发明专利无效行政纠纷案

——大庆市智胜文具办公设备有限公司诉
国家知识产权局专利复审委员会、陆乃炽

原告（上诉人）：大庆市智胜文具办公设备有限公司
被告（被上诉人）：国家知识产权局专利复审委员会
原审第三人：陆乃炽
案由：发明专利无效行政纠纷

原审案号：北京市第一中级人民法院（2007）一中行初字第1322号
原审合议庭成员：仪军、王晫、侯占恒
原审结案日期：2007年12月6日
二审案号：北京市高级人民法院（2008）高行终字第256号
二审合议庭成员：刘辉、岑宏宇、焦彦
二审结案日期：2008年6月19日

判决要旨

单纯的科学发现不能被授予专利权，但利用科学发现制造出的产品是可以被授予专利权的。

在确定专利权的保护范围时，未记载在权利要求书中的技术特征不能作为该专利的必要技术特征。

起诉与答辩

原告大庆市智胜文具办公设备有限公司（以下简称智胜公司）诉称：（1）专利复审委员会没有将本次决定依据的理由证据和认定的事实通知智胜公司，违反了听证原则。在作出决定之前，专利复审委员会没有将本次决定的依据的理由和通过口头审理认定的事实通过书面或者口头形式通知智胜公司，而是直接作出对智胜公司不利的决定，这种做法违反法定程序，应当予以撤销。（2）专利复审委员会没有询问智胜公司是否申请书记员回避，违反了程序。书记员的口头审理记录也存在多处错记和遗漏之处。（3）专利复审委员会证据认定有误。证据1、2、3是中国造纸方面的权威网站对中国传统文化的介绍，专利复

审委员会以可以改动为由，不予采纳是错误的；证据 4 是一份检验结果，是在我国光学检测处于领先地位的哈尔滨工业大学作出的，使用的是国内最先进的航天用的监测仪器，是对某一产品的物理表现进行的客观真实的测定，并附有检测单位的公章和检验人的签章，符合证据规则中作为证据的法定要件；证据 5 是 1974 年北京制本厂印制的塑料日记，即使封皮和内页分开了，和被检验的内页（主波长包含在本案专利频谱范围内的）连接在一起的出版页仍然清楚地显示着 1974 年北京制本厂印制的字样，应当仍然能证明所要证明的问题。专利复审委员会以外皮和内页分开，作为不予采纳的理由是错误的；证据 10 是大庆市萨尔图区举月轩书画装裱店在申请日前销售毛边纸和元书纸的销售凭证，上面清楚地记载了销售行为发生的时间、地点和销售单位，被销售的客体，符合证据规则的法定要件。使用这种收据，只有单位购买后回单位记账时，才会存在记账单位经手的会计出纳和同意报销的领导签字，以及购买经手人的签字。个人购买未经财务入账手续，自然不会有记账的痕迹。专利复审委员会以其上面签章不完整为由，认为其不具有真实性的证据不足。对具备证据条件的证据不予采纳，并且由此不采纳与之关联的证据 8 和证据 9，是完全错误的，作出这种否定的证据不足，也没有法律依据；证据 14 是相关证据送检到黑龙江省造纸产品质量监督检验站的检验结果。专利复审委员会以所使用的纸张是由黑龙江省造纸工业研究所印制为由，认为智胜公司没有证明检验单位和所用纸张的印制单位属于同一单位，或者智胜公司没有证明是检验单位委托所使用的纸张的印制单位进行了本次检验，因此，对该证据不予采纳的观点是错误的。（4）本专利是一种科学发现，违反了《专利法》第 25 条的规定，不应被授予专利权。本专利是发现了黄纸的练习本“具有预防近视的功能”，而不是发明了黄颜色进而利用黄颜料制作了练习本。（5）本专利不能再现，不具备实用性，违反了《专利法》第 22 条第 4 款的规定。（6）本专利不具备新颖性和创造性，不符合《专利法》第 22 条第 2、3 款的规定。（7）本专利按照说明书的教导无法再现本专利，不符合《专利法》第 26 条第 3 款的规定。综上，专利复审委员会作出的行政行为不当，原告据此请求人民法院撤销第 9918 号决定。

被告专利复审委员会辩称：（1）关于审查决定违反了听证原则。实际上通过口头审理程序及口头审理前的转送文件，专利复审委员会已经把决定所依据的理由、事实和证据告知了双方当事人。至于在决定中具体哪些证据被采信或采用，这属于审查结论的内容，专利复审委员会则不必在作出决定前通知任何当事人。（2）关于决定要点。专利复审委员会认为：由于附件 1 中的网站为中华纸业网，该网站的制作或者维护人员均可以通过一定权限来修改网页上的内容，而附件3为博客内容，博客的撰写者或者博客网站的管理人员也可以通过一定权限来修改网页上的内容，因此对其真实性不予认可；附件2为中华人民共和国文化部外联局的网站内容，但是由于智胜公司未能提交证明其与中华人民共和国文化部外联局网页上内容完全相同的证据，因此专利复审委员会认为该复印件是可以通过一定技术手段修改网页上的内容来获得的，对其真实性不予认可。对于原告对“公开使用或者公开销售的产品不能依据生产日期来认定其已经公开使用或者公开销售”提出的异议，专利复审委员会认为生产和公开是两个不同的概念，生产出来的产品未必处于任何人想得知就能得知其技术内容的状态，因此上述结论是正确的。关于本专利相对于现有技术中黄色纸张印制书籍的新颖性和创造性，专利复审委员会认为附件16采用黄色纸张印刷并不是为了解决防治近视的技术问题，本领域的普通技术人员并不能以此想到利用其黄色纸张制成练习本来达到防治近视的目的，并且其未给出任何黄色纸张可用于防治近视的技术启示。因此本专利权利要求1相对于附件16具有新颖性和创造性。（3）关于未采用附件6评述新颖性的问题。专利复审委员会认为，附件6与附件11和14为一组证据，其中附件11和14用来证明附件6所采用的纸的波长范围，由于无法确定附件14的真实性，所以该组证据不能形成完整的证据链证明本专利不具有新颖性。（4）关于证据的认定。决定中关于证据的认定并无不当。（5）关于本专利不符合《专利法》第25条的问题。专利复审委员会认为：本专利请求保护一种练习本，该练习本具有防近视的功能，本专利是利用专利权人发现的在一定频谱范围内的黄色纸张的反射光相对安全舒适来防治近视，因此本发明是利用科学发现所制成的产品，是可以获得专利保护的。（6）关于请求原则。由于原告在无效请求书及其补充意见陈述中并未提出过《专利法》第26条第3款的无效理由，因此在口头审理时专利复审委员会拒绝审理原告的该项无效理由符合审查指南的相关规定。（7）关于合案审理。根据审查指南的规定，为了提高审查效率和减少当事人的负担，针对一项专利权的多个无效宣告案件，专利复审委员会可以进行合并审理。综上，专利复审委员会认为第9918号决定认定事实清楚，适用法律法规正确，审理程序合法，原告的诉讼理由不能成立，请求人民法院驳回原告诉讼请求，维持第9918号决定。

第三人陆乃炽述称：智胜公司的起诉理由均不能成立，第9918号决定认定事实清楚，适用法律正确，请求人民法院维持第9918号决定。

原审查明事实

原审法院查明：名称为“一种防近视书簿”的发明专利（即本专利）由

陆乃炽于1995年6月9日向国家知识产权局专利局提出申请，于2000年1月5日被授权公告，专利号为95111654.1，专利权人为陆乃炽。本专利权利要求书如下：

"1. 一种练习本，其特征在于：其制作采用黄色纸张，该黄色纸张的反射光波频谱为波长550～610纳米内的色光。"

本专利说明书记载了如下内容："本发明的目的在于提供一种防近视的书簿，通过改善视觉环境来防治近视。为了实现上述目的，本发明采用如下技术方案：一种防近视的书簿，其特征在于改变用白色纸张印制书簿的传统做法，改用特定黄色纸张印制，该黄色纸张的反射光为波长550～610纳米内的色光。……实施例：本发明的书簿主要是教学用的教科书和练习本，用黄色纸张代替原来的白色纸张印制，该黄色纸张的反射光为波长550～610纳米内的色光。"

针对本专利，智胜公司于2005年9月2日向专利复审委员会提出了宣告本专利权无效的请求，提交了如下附件作为证据：

附件1："古纸的分类"，中华纸业网下载打印件3页，其中介绍了我国唐宋以后的几种名纸；

附件2："常用书画用纸介绍"，中华人民共和国文化部外联局网站下载打印件2页，其中介绍了宣纸、毛边纸和连史纸等常用的书画用纸；

附件3："文房四宝—纸"，网站下载打印件11页，其标注发表日期为2005年1月4日，其为一篇博客文章，其中介绍了我国关于纸的历史；

附件4：声称是普通白纸的频谱曲线和主波长，复印件1页；

附件5：塑料日记本，复印件2页，1974年北京制本厂印制；

附件6：小学语文课本（试用本）《写字》，封面、封底、目录页、第1～3页、第8～9页、第16页复印件，人民教育出版社出版，1984年4月第2版，1992年10月黑龙江第15次印刷；

附件7：《孩子的画》，出版信息页及第201、216页的复印件3页，沈阳出版社出版，1988年8月。

智胜公司的无效理由是：（1）在明朝末年发明到现在一直使用的毛边纸的制造中就加入了黄色颜料，黄色的频谱范围就是550～600纳米，其复合光的频率的主波长范围应当在550～600纳米之内，并且证据中的毛边纸练习本证明了具有黄度的"白纸"的主波长落入了本专利权利要求的范围，那就是自古以来的纸张都落入了本专利的保护范围，因此本专利不具有新颖性；（2）黄色颜料加入纸中制成黄纸，不是陆乃炽发明的，将造出的黄纸作为练习本使用也不是专利权人发明的，黄色或者发黄颜色的纸的频谱波长包括550～610纳米波段也是客观事实，不是通过陆乃炽的技术改进而得到的，陆乃炽只是将普通使用者没有进行检测的黄色波长标定在黄色的纸张上，因此本专利不具有创造性；（3）纸张反射的是复合光，限于目前的造纸技术，不能将纸张的频谱制成两端点恰好在550～610纳米的点上，或者在两端点范围内，由于陆乃炽不能制造出仅在特定频谱范围内的纸张，违背了自然规律，不能实施，本专利是没有实用性的。

智胜公司于2005年9月29日向专利复审委员会寄交了意见陈述书，并补充提交了附件8～16、18～21，其中附件8～16、18～21分别为：

附件8：黄色元书纸，复印件1页；

附件9：黄色纸，复印件1页；

附件10：盖有“大庆市萨尔图区举月轩书画装裱店财务专用章”的购买纸张的收据，复印件1页，其开具日期为1994年4月6日；

附件11：附件6的检验页，复印件1页；

附件12：附件5的检测页，复印件1页；

附件13：《毛笔练习本》，底页印有“河北省故城县胜利印刷厂1994年5月印制”字样，复印件3页；

附件14：盖有“黑龙江省造纸产品质量监督检验站章”的检验结果通知单，复印件1页；

附件15：江苏省质量技术监督局纸张印刷产品质量检验站出具的检验报告，复印件3页；

附件16：《细说巩俐》一书的封皮、出版信息页、第62～65页等复印件5页，江苏文艺出版社出版，1992年11月第1版第1次印刷；

附件18：专利权人授权制作的产品，封皮复印件1页，其中页1页；

附件19：声称是附件18的频谱曲线图，复印件1页；

附件20：北京市第一中级人民法院行政判决书（2005）一中行初字第207号，复印件3页；

附件21：“眼”，网络打印件4页。

陆乃炽于2005年9月29日向专利复审委员会寄交了意见陈述书以及附件（1）～（7），其中附件（1）～（7）分别为：

附件（1）：撤销专利权请求的审查决定书表格页及撤销专利权请求的审查决定书正文复印件4页；

附件（2）：国家知识产权局专利复审委员会第6487号无效宣告请求审查决定书表格页及无效宣告请求审查决定复印件11页；

附件（3）：北京市第一中级人民法院行政判决书（2005）一中行初字第207号双面复印件12页；

附件（4）：江苏省南京市中级人民法院民事判决书（2002）宁知初字第80号复印件6页；

附件（5）：江苏省高级人民法院民事判决书（2002）苏民三终字第075号复印件14页；

附件（6）："改善视觉环境防治近视"，陆乃炽，《中国学校卫生》，1996年第17卷第4期，第292页的复印件1页；

附件（7）：陕西省教育厅等部分省市教育厅文件复印件共14页。

智胜公司于2005年10月8日再次向专利复审委员会寄交了意见陈述书，并补充提交了附件22～24，其中附件22～24分别为：

附件22：江苏省质量技术监督局纸张印刷产品质量检验站出具的检验报告复印件4页；

附件23：咨询函和专家意见复印件2页；

附件24：专利申请案查询单及专利审查文档复印件9页。

智胜公司进一步陈述的事实和理由为：（1）由于纸张的颜色和主波长落入本专利频谱范围内，因此本专利不具有新颖性和创造性。（2）由于书和练习本属于相近的技术领域，而书和练习本均是用于写字；并且由于陆乃炽并不能证明其在申请时已经获得本专利所达到的技术效果，因此本专利不具有创造性。（3）经江苏省技术监督局检测部门检测，反射光主波长小于560纳米的纸张的颜色呈现为浅绿色而不是黄色，复合光构成的反射光的主波长在550～560纳米的被界定为绿色，560～600纳米的为黄色，在600～610纳米为橙色，本专利的黄色纸张的反射光频谱波长为550～610纳米，两侧各有10纳米的主波长频率不属于黄色，纸张的颜色取决于主波长的颜色，在黄色以外的频谱范围中无法制成黄色；并且由于无法制造出本专利的产品，因此本专利不具有实用性。

专利复审委员会于2006年9月7日向智胜公司和陆乃炽发出口头审理通知书，定于2006年11月7日对本案举行口头审理，同时随口头审理通知书将专利权人于2005年9月29日寄交的意见陈述书及附件（1）～（7）的副本转送智胜公司。在口头审理通知书中，专利复审委员会明确告知双方当事人：由于智胜公司在意见陈述中并未对本专利不符合《专利法》第26条第3款的具体理由进行说明，在口头审理中将不予审理。

针对本专利，常州三灵印刷有限公司（以下简称三灵公司）于2006年3月29日向专利复审委员会提出了无效宣告请求，专利复审委员会于2006年9月7日向三灵公司和陆乃炽发出口头审理通知书，定于2006年11月7日举行口头审理。

在口头审理中，专利复审委员会告知各方当事人：由于智胜公司在几次提出的意见陈述书中没有反映出《专利法》第26条第3款的具体实施，因此《专利法》第26条第3款不在审理范围之内；另外，专利复审委员会询问了各方当事人对合议组成员有无回避请求，各方当事人回答没有回避请求。

专利复审委员会于2007年6月6日作出第9918号决定，维持本专利权有效。该决定认定：

一、关于证据的认定

由于陆乃炽对附件6～9、11～12、15～16、20、22、24以及三灵公司提交的附件1′～2′、5′～8′的真实性没有异议，并且专利复审委员会也未发现上述证据存在明显不真实之处，因此专利复审委员会对这些证据予以采信。

二、关于《专利法》第5条

专利复审委员会认为智胜公司并未提供相应证据证明本专利不具有防止近视的功能，也未能提供证据证明长期使用黄色纸张的练习本会造成红绿色盲。因此不能够认为本专利会给公众或社会造成危害，因此本专利符合《专利法》第5条的规定。

三、关于《专利法》第25条

智胜公司认为本专利请求保护的练习本具有防近视的效果仅仅属于科学发现，因此不属于专利法予以保护的客体。陆乃炽认为利用科学发现制造成的产品是可以获得专利法保护的客体。

专利复审委员会认为：本专利请求保护一种练习本，该练习本具有防近视的功能，本专利是利用陆乃炽发现的在一定频谱范围内的黄色纸张的反射光相对安全舒适来防治近视，因此本发明是利用科学发现所制成的产品，其是可以获得专利保护的。

四、关于《专利法》第26条第3款

三灵公司认为本专利的专利权人陆乃炽在答复实审审查员发出的审查意见通知书时所指出的特定视觉亮度和色度在说明书中并未公开。

专利复审委员会认为：《专利法》第26条第3款所说的说明书公开不充分并不涉及陆乃炽在审查过程中的意见陈述书中的内容，而仅仅是要求说明书作出清楚、完整的说明，以使所属技术领域的技术人员能够实现该专利。三灵公司认为本专利不符合《专利法》第26条第3款的理由不能成立。

五、关于《专利法》第22条第4款

智胜公司认为，陆乃炽现有产品均是全频谱有色光反射的产品，并不能制造出特定频谱范围的产品，因此本专利不具有实用性。智胜公司仅是结论性地认定陆乃炽无法制造出本专利请求保护的产品，并未提供进一步证据并且结合证据来具体说明本专利不具有实用性。专利复审委员会认为：在本专利说明书中已经记载了用黄色纸张制造练习本的技术方案，在智胜公司没用进一步证据来证明不能制造的情况，不能认定本专利请求保护的产品无法制造。

专利复审委员会认为：附件1′仅仅是证明了浅绿色纸张的反射光的平均主波长位于550～560纳米范围内，其并不能证明不存在黄色纸张的反射光的平均主波长位于550～560纳米范围内，而本发明权利要求1中请求保护的是反射光波频谱为波长550～610纳米范围内的色光的黄色纸张，附件1′并不能证明权利要求1限定的反射光波频谱为波长550～610纳米范围内的色光的黄色纸张无法制造出来。

六、关于《专利法》第22条第2款和《专利法》第22条第3款

智胜公司提交的证据中，目前形成证据链来评价本专利新颖性和创造性的是附件15和附件16。附件16为江苏文艺出版社于1992年11月出版的《细说巩俐》一书，附件15为江苏省质量技术监督局纸张印刷产品质量检验站出具的对附件16的反射光谱平均主波长的检验报告。

专利复审委员会认为：虽然附件16与本专利权利要求1属于相近的技术领域，附件15证明附件16的黄色纸张的反射光谱平均主波长位于550～610纳米范围内，但是附件16并未给出其采用黄色纸张的目的和作用，即附件16采用黄色纸张印刷并不是为了解决防治近视的技术问题，本领域普通技术人员并不能以此想到利用黄色纸张制成练习本来达到防治近视的目的，并且其未给出任何黄色纸张可用于防治近视的技术启示。因此本专利权利要求1相对于附件16具有新颖性和创造性。

原审审理结果

原审法院认为：

一、关于本案审理范围的问题

由于智胜公司当庭明确不再坚持本专利不符合《专利法》第26第3款的起诉理由，因此，本案将不再审理本专利是否符合《专利法》第26条第3款的问题。

二、关于听证原则问题

《审查指南》规定，听证原则是指在作出审查决定之前，应当给予审查决定对其不利的当事人针对审查决定所依据的理由、证据和认定的事实陈述意见的机会。换言之，审查决定对其不利的当事人已经通过通知书、转送文件或者口头审理被告知过审查决定所依据的理由、证据和认定的事实，并且具有陈述意见的机会。

在本专利无效审查阶段，针对智胜公司提出的无效理由和证据以及陆乃炽的意见和证据，专利复审委员会都已经给予智胜公司充分的陈述意见的机会，智胜公司通过意见陈述书和口头审理中陈述意见等方式对第 9918 号决定中所依据的理由、证据和认定的事实都充分发表了意见。智胜公司认为专利复审委员会在口头审理结束后决定作出之前，要将决定所依据的理由告知智胜公司的主张是对《审查指南》有关听证原则规定的曲解，法院不予支持。

三、关于专利复审委员会书记员回避问题

《专利法实施细则》第 38 条规定，在初步审查、实质审查、复审和无效宣告程序中，实施审查和审理的人员有下列情形之一的，应当自行回避，当事人或者其他利害关系人可以要求其回避：(1) 是当事人或者其代理人的近亲属的；(2) 与专利申请或者专利权有利害关系的；(3) 与当事人或者其代理人有其他关系，可能影响公正审查和审理的；(4) 专利复审委员会成员曾参与原申请的审查的。

《审查指南》规定，复审或者无效宣告案件合议组成员有《专利法实施细则》第 38 条规定情形之一的，应当自行回避；合议组成员应当自行回避而没有回避的，当事人有权请求其回避。

专利复审委员会口头审理记录表载明，合议组组长向双方当事人介绍了合议组成员和口头审理书记员，并询问了双方当事人对合议组成员有无回避请求，该程序符合《审查指南》的规定。《审查指南》未强制要求专利复审委员会需要询问当事人是否申请口头审理书记员回避，并且在口头审理结束后，专利复审委员会也给予智胜公司充足的查阅、修改口头审理记录的时间，并且智胜公司在口头审理记录表中也作出了多处修改、补正，口头审理书记员的记录也没有出现明显不公之处。因此，口头审理书记员未给智胜公司的权利造成影响，智胜公司的该起诉理由不能成立，法院不予支持。

四、关于本案是否应当并案审理问题

《审查指南》规定，为了提高审查效率和减少当事人负担，专利复审委员会可以对案件进行合并审理。合并审理的情形包括针对一项专利权的多个无效宣告案件，尽可能合并口头审理。

针对本专利，智胜公司和案外人三灵公司分别于 2005 年 9 月 2 日和 2006 年 3 月 29 日向专利复审委员会宣告本专利无效，其属于针对一项专利权的多个无效宣告案件，专利复审委员会将这两个无效宣告案件都安排在 2006 年 11 月 7 日进行口头审理并无不当，并且在第 9918 号决定中，专利复审委员会对于上述两个无效宣告请求人的无效宣告理由和证据均分别进行了充分的阐述，该做法没有对智胜公司的权利造成任何影响。因此，智胜公司认为专利复审委员会不应合并审理的起诉理由不能成立，法院不予支持。

五、关于证据的认定问题

《审查指南》规定，专利复审委员会应当根据案件的具体情况，从证据是否为原件，复印件与原件是否相符等方面审查书证的真实性。

智胜公司在无效审查阶段提交的附件1～3均为网络打印件，由于网页本身具有易修改的属性，并且智胜公司并未对网络下载过程进行公证，因此这几份证据的真实性不能认定；附件4由于智胜公司未提交能够证明该机构是具有正规检验资质的机构的证明，而从检验机构的名称以及其出具的测试报告上来推断，其应当是不具有出具检验报告的资质的单位，因此附件4不具有法律效力；附件14为盖有“黑龙江省造纸产品质量监督检验站章”的检验结果通知单，此检验结果通知单左下方印有“黑龙江省造纸工业研究所”字样，右上方为“纸研检字第2005－192号”字样，此处的“纸研”显然应为黑龙江省造纸工业研究所的简称，因此该检验结果通知单应为黑龙江省造纸工业研究所的检验结果通知单，而其上却盖有黑龙江省造纸产品质量监督检验站的公章，在形式上存在瑕疵。而且，智胜公司未就此举证说明原因。因此专利复审委员会对附件14的真实性不予认可并无不当。由于智胜公司提交的附件5、8、9、13都是与附件14结合来评价本专利的新颖性和创造性，在附件14真实性无法认可的情况下，法院对附件5、8、9、13的证明效力不再作出评判。由于附件10是用于证明附件8、9的公开销售日期早于本专利的申请日，因此法院对附件10的证明效力亦不再作出评判；综上，专利复审委员会对证据的认定并无不当，智胜公司的该起诉理由无事实依据，法院不予支持。

六、关于本专利是否符合《专利法》第25条的规定

《专利法》第25条第1款第（1）项规定，科学发现不授予专利权。2006年版《审查指南》规定，科学发现，是指对自然界中客观存在的物质、现象、变化过程及其特征和规律的揭示。

科学发现和发明存在紧密的联系，很多发明都是建立在科学发现的基础上的，虽然单纯的科学发现不能被授予专利权，但利用科学发现制造出的产品是可以被授予专利权的。本专利是一产品发明，在一定频谱范围内的黄色纸张的反射光相对安全舒适可以防治近视属于陆乃炽的科学发现，但本专利请求保护的是一种练习本，该练习本具有防近视的功能，因此本专利是利用科学发现所制成的产品，是可以获得专利保护的。智胜公司的该起诉理由无事实和法律依据，法院不予支持。

七、关于本专利是否符合《专利法》第22条第4款的规定

《专利法》第22条第4款规定，实用性，是指该发明或者实用新型能够

制造或者使用，并且能够产生积极效果。《审查指南》规定，《专利法》第22条第4款所说的“能够制造或使用”是指发明或者实用新型的技术方案具有在产业中能够被制造或使用的可能性。满足实用性要求的技术方案不能违背自然规律并且应当具有再现性。因不能制造或使用而不具备实用性是由技术方案本身固有的缺陷引起的，与说明书公开的程度无关。

首先，本专利技术方案并未明显违背自然规律；其次，智胜公司作为无效请求人，其如果认为本专利不具有实用性，应当提交相应的证据证明。智胜公司认为按照本专利说明书的教导无法再现本专利，但该主张属于《专利法》第26条第3款有关专利说明书公开是否充分的问题，不属于本专利是否具有实用性的问题。本案中，智胜公司只是认为无法制造出本专利请求所保护的产品，并没有提交证据证明本专利不具有实用性，专利复审委员会在此基础上认为本专利符合《专利法》第22条第4款的规定并无不当，智胜公司的该起诉理由不能成立，法院不予支持。

八、关于本专利是否符合《专利法》第22条第2、3款的规定

我国《专利法》第22条第2款规定，新颖性是指在申请日以前没有同样的发明或实用新型在国内外出版物公开发表过、在国内公开使用过或者以其他方式为公众所知，也没有同样的发明或者实用新型由他人向国务院专利行政部门提出过申请并且记载在申请日以后公布的专利申请文件中。

我国《专利法》第22条第3款规定，发明专利的创造性是指同申请日以前已有的技术相比，该发明有突出的实质性特点和显著的进步。

在评价本专利的新颖性、创造性之前，首先应当确定本专利所保护的技术方案。《专利法》第56条第1款规定，专利权的保护范围以权利要求书为准，说明书和附图可以解释权利要求。本专利的主题名称为“一种防近视书簿”。本专利的发明目的是提供一种防近视的书簿，通过改善视觉环境来防治近视。在本案庭审过程中，专利复审委员会也认可在确定本专利的技术方案时应当考虑“防近视”的功能。因此，根据本专利说明书的内容，在确定本专利的技术方案时应当考虑练习本具有“防近视”的功能，并将其作为确定本专利保护范围的技术特征之一。

根据上述对本专利技术方案的确定，智胜公司提交的证据中能够评价本专利新颖性和创造性的是附件15和附件16。附件16与本专利权利要求1属于相近的技术领域，附件15证明附件16的黄色纸张的反射光谱平均主波长位于550~610纳米范围内，但是附件16并不具备“防近视”这一技术特征，因此本专利相对于附件16具备新颖性；其次，附件16采用黄色纸张印刷并不是为了解决防治近视的技术问题，本领域的普通技术人员并不能以此想到利用黄色

纸张制成练习本来达到防治近视的目的，并且其未给出任何黄色纸张可用于防治近视的技术启示。因此本专利权利要求1相对于附件16具有创造性。综上，法院在确定本专利所保护范围的基础上维持专利复审委员会对本专利新颖性和创造性的评判。

综上，第9918号决定证据充分，适用法律正确，程序合法，应予维持。原告的诉讼理由不能成立，其诉讼请求法院不予支持。依照《中华人民共和国行政诉讼法》第54条第（1）项之规定，法院判决如下：

维持被告国家知识产权局专利复审委员会第9918号无效宣告请求审查决定。

智胜公司不服原审判决，提出上诉，请求撤销原审判决，撤销第9918号决定。其理由是：（1）专利复审委员会没有将本次决定依据的理由、证据和认定的事实通知智胜公司，违反了听证原则。（2）专利复审委员会没有询问智胜公司是否申请书记员回避，违反了法定程序。（3）第9918号决定要点部分的归纳没有事实和法律依据，此外，专利复审委员会将本案与案外人三灵公司的无效案件合案审理没有法律依据。（4）原审判决将没有列入权利要求的技术内容（预防近视）加入到权利要求的保护范围是没有法律根据的。（5）专利复审委员会证据认定有误。证据1、2、3是中国造纸方面的权威网站对中国传统文化的介绍，专利复审委员会以可以改动为由，不予采纳是错误的；证据4是一份检验结果，符合证据规则中作为证据的法定要件；证据5是1974年北京制本厂印制的塑料日记，能证明所要证明的问题；证据10清楚地记载了销售行为发生的时间、地点和销售单位，被销售的客体，符合证据规则的法定要件。专利复审委员会对具备证据条件的证据不予采纳，并且不采纳与之关联的证据8和证据9，是完全错误的；专利复审委员会不采纳证据14是错误的。（6）原审判决关于本专利的新颖性的认定与本专利是否符合《专利法》第25条规定的认定相互矛盾。

专利复审委员会、陆乃炽服从原审判决。

二审查明事实

二审法院查明的事实与原审相同。

二审审理结果

二审法院认为：

一、关于程序问题

听证原则是指在作出审查决定之前，应当给予审查决定对其不利的当事人针对审查决定所依据的理由、证据和认定的事实陈述意见的机会。行政机关在其所作出的行政裁决中依据的理由和对证据的认定，属于其依法行使行政职权的行为，无须征得当事人同意。在本专利无效宣告请求审查阶段，针对智胜公司提出的无效理由和证据以及陆乃炽的意见和证据，专利复审委员会都给予了智胜公司充分的陈述意见的机会，智胜公司通过书面意见陈述和口头审理中陈述意见等方式对第9918号决定中所依据的理由、证据和认定的事实亦充分发表了意见。智胜公司认为专利复审委员会违背听证原则的规定的上诉主张没有事实依据，法院不予支持。

《专利法实施细则》第38条规定，在初步审查、实质审查、复审和无效宣告程序中，实施审查和审理的人员有下列情形之一的，应当自行回避，当事人或者其他利害关系人可以要求其回避：（1）是当事人或者其代理人的近亲属的；（2）与专利申请或者专利权有利害关系的；（3）与当事人或者其代理人有其他关系，可能影响公正审查和审理的；（4）专利复审委员会成员曾参与原申请的审查的。《审查指南》中规定，当事人请求合议组成员回避，应以书面方式提出，并且说明理由，必要时附具有关证据。根据上述规定，在无效案件审理中，回避的对象应当指合议组成员，书记员属于无效案件审查辅助人员，且现有证据也不能证明智胜公司向专利复审委员会书面提交过要求书记员回避的请求。智胜公司关于专利复审委员会没有履行书记员回避的程序的上诉主张不能成立，法院不予支持。

为了提高审查效率和减少当事人负担，专利复审委员会可以就相互关联的案件进行合并审理。针对本专利，智胜公司和三灵公司分别于2005年9月2日和2006年3月29日向专利复审委员会申请宣告本专利无效，其属于针对一项专利权的多个无效宣告案件，专利复审委员会将这两个无效宣告案件合并审理并无不当。此外，在第9918号决定中，专利复审委员会对于上述两个无效宣告请求人的无效宣告理由和证据均分别进行了充分的阐述，该做法并没有对智胜公司的权利造成任何影响。因此，智胜公司认为专利复审委员会不应合并审理的上诉主张不能成立，法院不予支持。

二、实体问题

（一）关于无效宣告请求审查决定要点问题

无效宣告请求审查决定要点是专利复审委员会就无效宣告请求审查决定理由部分所作的实质性概括和核心论述，包括就案件争论点或难点所采用的判断性标准，就所适用的《专利法》、《专利法实施细则》条款所作的进一步解释，以及根据该案的特定情况得出具有指导性意义的结论。专利无效行政案件的司法审查内容为无效宣告请求审查决定所依据的事实和理由是否充分、所依据的法律是否正确以及程序是否违法，其决定要点不属于司法审查范围，智胜公司以第 9918 号决定要点部分错误为由提起诉讼于法无据，应予驳回。

（二）证据的认定问题

证明案件事实的证据应当具有真实性，证据真实性的审查应当根据案件的具体情况，从证据是否为原件，复印件与原件是否相符等方面进行。

智胜公司在无效审查阶段提交的附件 1～3 均为计算机网络下载的打印件，由于网页本身具有易修改的属性，并且智胜公司并未对计算机网络下载过程进行公证，因此这几份证据的真实性不能认定；附件 4 由于智胜公司未提交能够证明该机构是具有正规检验资质的机构的证明，而从检验机构的名称以及其出具的测试报告上来推断，其应当是不具有出具检验报告的资质的单位，因此附件 4 不具有法律效力；附件 14 为盖有"黑龙江省造纸产品质量监督检验站章"的检验结果通知单，此检验结果通知单左下方印有"黑龙江省造纸工业研究所"字样，右上方为"纸研检字第 2005－192 号"字样，此处的"纸研"显然应为黑龙江省造纸工业研究所的简称，因此该检验结果通知单应为黑龙江省造纸工业研究所的检验结果通知单，而其上却盖有黑龙江省造纸产品质量监督检验站的公章，在形式上存在瑕疵，而且智胜公司未就此举证说明原因。因此专利复审委员会对附件 14 的真实性不予认可并无不当。由于智胜公司提交的附件 5、8、9、13 都是与附件 14 结合来评价本专利的新颖性和创造性，在附件 14 真实性无法认可的情况下，对附件 5、8、9、13 的证明效力已无须再作出评判。由于附件 10 是用于证明附件 8、9 的公开销售日期早于本专利的申请日，因此对附件 10 的证明效力亦不再作出评判。综上，原审判决对证据的认定并无不当，智胜公司的上诉主张无事实依据，法院不予支持。

（三）关于智胜公司主张原审判决关于本专利的新颖性的认定与本专利是否符合《专利法》第 25 条规定的认定相互矛盾的问题

《专利法》第 25 条第 1 款第（1）项规定，科学发现不授予专利权。科学发现，是指对自然界中客观存在的物质、现象、变化过程及其特征和规律的揭示。《专利法》第 22 条第 2 款规定，新颖性是指在申请日以前没有同样的发明或实用新型在国内外出版物公开发表过、在国内公开使用过或者以其他方式为公众所知晓，也没有同样的发明或者实用新型由他人向国务院专利行政部门提出过申请并且记载在申请日以后公布的专利申请文件中。

单纯的科学发现不能被授予专利权，但利用科学发现制造出的产品是可以被授予专利权的。本专利是一产品发明，在一定频谱范围内的黄色纸张的反射光相对安全舒适可以防治近视属于科学发现的范畴，但本专利请求保护的是一种练习本，该练习本具有防近视的功能，因此本专利是利用科学发现制成的产品，是可以获得专利保护的。判断本专利相对于对比文件是否具有新颖性应当综合考虑两者的技术领域、所解决的技术问题、技术方案和预期效果实质上是否相同。本专利的主题名称为“一种防近视书簿”，其功能、用途及发明目的是提供一种防近视的书簿，通过改善视觉环境来防治近视，而附件16未披露相关技术内容，因此综合考虑本专利与附件16的功能、效果、技术方案等，法院认为本专利相对于附件16具备新颖性。由上述分析可知，原审判决关于本专利的新颖性的认定与本专利是否符合《专利法》第25条规定的认定并未存在矛盾之处，智胜公司的该项上诉主张没有事实和法律依据，法院不予支持。

《专利法》第56条第1款规定，专利权的保护范围以权利要求书为准，说明书和附图可以解释权利要求。本案中，本专利权利要求并未记载“防近视”这一技术特征，原审判决将发明名称视为本专利权利要求中的必要技术特征错误，法院予以纠正，但原审判决的认定并未影响本专利新颖性的判断结果。原审判决关于本专利具有新颖性的认定结果，法院予以认可。

综上，智胜公司的上诉理由不能成立，其上诉请求法院不予支持。原审判决认定事实基本清楚，适用法律正确。依照《中华人民共和国行政诉讼法》第61条第1款第（1）项之规定，判决如下：

驳回上诉，维持原判。

一审案件受理费100元，由大庆市智胜文具办公设备有限公司负担；二审案件受理费100元，由大庆市智胜文具办公设备有限公司负担。

6. “强化的自行车避震前叉装置”实用新型专利无效行政纠纷案

——武琛诉国家知识产权局专利复审委员会、林杰克

原告（被上诉人）：武琛
被告（上诉人）：国家知识产权局专利复审委员会
原审第三人：林杰克
案由：实用新型专利无效行政纠纷

原审案号：北京市第一中级人民法院（2007）一中行初字第1192号
原审合议庭成员：任进、邢军、郝建欣
原审结案日期：2007年12月13日
二审案号：北京市高级人民法院（2008）高行终字第00115号
二审合议庭成员：刘辉、岑宏宇、焦彦
二审结案日期：2008年6月19日

判决要旨

域外形成的证据需经过公证认证，目的在于确认域外证据形式上的真实性，是否经过公证认证不能作为证据实质真伪的判断依据。域外形成的证据本身可以初步确认为真实存在的证据，对方又不能提出相反的证据予以质疑，则该证据无须办理公证认证手续。

起诉与答辩

原告武琛诉称：（1）第9616号决定认定事实不清。原告在口头审理程序中，向国家知识产权局专利复审委员会（以下简称专利复审委员会）提交了附件4的原件和有关公证资料的原件，上述证据具有合法来源，完全可以作为真实、有效的证据被采信。最高人民法院法发［2007］1号《关于全面加强知识产权审判工作为建设创新型国家提供司法保障的意见》中明确指出：“对于域外形成的公开出版物等可以直接初步确认其真实性的证据材料，除非对方当事人对其真实性能够提出有效质疑而举证方又不能有效反驳，无须办理公证认证等证明手续。”故被告没有采信附件4是错误的。综上，原告请求法院依法撤销专利复审委员会第9616号决定，判决本专利无效。

被告专利复审委员会辩称：附件4作为在台湾地区形成的证据，原告并未履行相关的证明手续，不符合《审查指南》中的相关规定，因而附件4的真实性无法确认，不应被采信。另外，在行政程序中，被告并未收到附件4的相关公证资料，该公证资料是在诉讼中提交的，请求法院对该证据不予审理。综上所述，专利复审委员会第9616号决定认定事实清楚、适用法律法规正确、审理程序合法，审查结论正确，请求法院维持第9616号决定。

第三人林杰克未提交书面意见陈述，其当庭述称：同意被告专利复审委员会的意见，请求法院维持第9616号决定。

原审查明事实

原审法院查明：林杰克于2002年7月10日向国家知识产权局专利局申请了名称为“强化的自行车避震前叉装置”的实用新型专利（即本专利）。本专利于2003年7月23日被授权公告，专利号为第02241617. X号。本专利授权公告的权利要求书的内容为：

“1. 一种强化的自行车避震前叉装置，包括设于两侧的前叉管，于该前叉管内部设有避震装置，其特征在于：两前叉管的顶端分别具有一开口，两套接管下端经由该开口分别伸设于该两前叉管之中，两套接管上端固定连接于一叉肩部，一桥梁部连接于两前叉管相对内侧之间。

“2. 如权利要求1所述的强化的自行车避震前叉装置，其特征在于：该桥梁部与两前叉管的顶端内侧连成一体。

“3. 如权利要求1所述的强化的自行车避震前叉装置，其特征在于：该叉肩部、桥梁部与两前叉管的轴线是位在同一直线上。

“4. 如权利要求1所述的强化的自行车避震前叉装置，其特征在于：于两前叉管上分别设有刹车座。

“5. 如权利要求1所述的强化的自行车避震前叉装置，其特征在于：该叉肩部两侧设有穿孔，并且每一穿孔各伸设一螺合元件，该螺合元件分别与套接管螺合。”

针对上述专利权，武琛于2006年5月17日向专利复审委员会提出无效宣告请求，其理由是该专利的权利要求1~5不符合《专利法》第22条第3款有关创造性的规定，请求宣告本专利全部无效，同时提交了如下证据：

附件1：专利号为ZL 99248183. X号中国实用新型专利说明书复印件，授权公告日为2000年10月11日（以下称证据1）；

附件2：专利号为ZL 00265400. 8号中国实用新型专利说明书复印件，授权公告日为2001年11月7日（以下称证据2）；

附件3：专利号为 ZL 00232971.9 号中国实用新型专利说明书复印件，授权公告日为2001年5月2日（以下称证据3）；

附件4：台湾轮彦国际有限公司于2003年12月23日出具的声明书及相关材料复印件，该相关材料涉及《台湾自行车产品导览》2000～2001年版（武琛声称其于2000年4月5日出版公开）封面、第40、208页、封底及《台湾自行车产品导览》2002～2003年版（武琛声称其于2002年4月8日出版公开）封面，第21、242、273、274页，封底（以下称证据4）；

附件5：广东省深圳市公证处出具的（2003）深证内贰字第9731号公证书复印件（以下称证据5）；

附件6：专利号为 ZL 00205172.9 号中国实用新型专利说明书复印件，授权公告日为2000年11月29日（以下称证据6）。

经形式审查合格，专利复审委员会于2006年5月17日受理了上述无效宣告请求。

口头审理如期举行，双方当事人均参加了口头审理。

2007年3月28日，专利复审委员会作出第9616号决定。专利复审委员会在第9616号决定中认定：

1. 关于证据

证据1～3、6为专利文献，属于公开出版物，它们的公开日期早于本专利申请日，其公开的技术内容均可以作为评价本专利创造性的现有技术。

关于证据4～5：在口头审理过程中，林杰克认为证据4中所涉及的出版物为我国台湾地区出版，属于域外形成的证据，但未办理相应的证明手续，对其真实性无法确认；证据5的公证日在本专利申请日之后，该网络证据所公开的内容不能作为本专利的现有技术使用。

对上述质疑，武琛的解释为：证据4是出版商作出的声明，有我国台湾“地方”法院进行的公证并有公证人签字盖章。另外，武琛主张证据5是为了进一步证明证据4中所涉及产品的结构。

在《审查指南》第四部分第八章第2.2.2节中明确规定：当事人向专利复审委员会提供的证据是在我国香港、澳门、台湾地区形成的，应当履行相关的证明手续。具体地说：对当事人提交的在台湾地区形成的证据，应当先由当事人在台湾地区进行公证，并取得公证书正本，再通过中国公证员协会或有关省、自治区、直辖市公证员协会与台湾海基会寄送的副本进行比对，相互认证后确认其真实性。无须在无效宣告程序中办理相关证明手续的三种情况为：(1) 该证据是能够从除香港、澳门、台湾地区外的国内公共渠道获得的，如从专利局获得的国外专利文件，或者从公共图书馆获得的国外文献资料；

(2) 有其他证据足以证明该证据真实性的；(3) 对方当事人认可该证据的真实性的。

对于证据4和5，专利复审委员会认为：证据4明显不是其中的第1)、3)两种情况，并且除了证据5之外，武琛也没有提出其他足以证明证据4真实性的证据。证据5是公证日在本专利申请日之后的网络证据，鉴于网络内容本身的易变性和不稳定性，证据5不能与证据4一起构成完整的证据链，单凭证据5不足以证明证据4的真实性。由于武琛所提供的证据4既没有履行上述相关的证明手续，证据4又不属于不需在无效宣告程序中办理相关证明手续的三种情况，故专利复审委员会对该证据4的真实性无法确认，因此，证据4不能作为本案定案的依据。并且，由于证据5是公证日在本专利申请日之后的网络证据，所以证据5所公开的内容不能作为本专利的已有技术使用。

2. 关于权利要求1～5的创造性

武琛在口头审理时确认，在评述本专利的创造性时最接近的对比文件是证据1，证据2和证据3的作用与证据1一样，而证据6用来评价权利要求5的创造性。故专利复审委员会仅对证据1、2、3是否分别单独影响本专利权利要求1～4的创造性、证据1、2、3分别与证据6的组合是否影响本专利权利要求5的创造性予以评述。

证据1公开了一种快速组装避震簧的自行车前叉，包括设于两侧的外管，外管内部设有避震结构，两外管的顶端分别具有一开口，两内管下端经由外管开口分别插入两外管内，两内管上端固定连接于横向肩座，一桥梁部连接于两外管之间。

证据2公开了一种复合套组吊线架的前叉，包括设于两侧的外管，外管内部设有缓冲结构，两外管分别套设于内管底部外，两内管分别穿置锁设于前叉肩部上，一吊线架连接于两外管之间。

证据3公开了一种前叉避震装置，包括设于两侧的外管，外管内部设有缓冲块和缓冲器，两外管分别轴套在内管的外围，两内管上端固定连接于上叉架，一桥杆跨接联结两个外管。

证据6公开了一种自行车前叉调整螺栓，其中自行车前叉调整螺栓借由一外接螺帽置于前叉管最顶端螺纹中，外接螺帽内、外环面上分别制有内、外螺纹，外接螺帽用来压紧或松弛前叉管内弹簧圈及避震元件的调整螺栓。

将本专利的权利要求1与证据1的技术方案（以下称对比技术方案1）相比，证据1中的外管、避震结构、内管和横向肩座分别相应于本专利的前叉管、避震装置、套接管和叉肩部，其作用是相同的，只是名称的表述不同。本专利的权利要求1与对比技术方案1的区别在于：桥梁部连接于两前叉管相对内侧之间。证据2、3、6未公开亦未启示出上述区别技术特征。通过权利要求1所述的技术方案及说明书和附图对权利要求书的解释，本领域普通技术人员不难理解到，本专利由于该区别技术特征的存在而使得避震前叉的结构强度有所提高，具有赛车前叉的双重定位功能，且外观简洁利落，不会有多余的突出结构来造成安全顾虑。本领域技术人员无论将证据1、2、3、6单独使用还是以任何方式组合使用，在不花费创造性劳动的情况下，均无法获得本专利权利要求1所要求保护的技术方案。由此可见，本专利权利要求1相对于武琛提供的证据1~3和6中的已有技术及其任何组合方式均具有实质性特点和进步，具备《中华人民共和国专利法》（以下简称《专利法》）第22条第3款规定的创造性。

由于本专利权利要求1具备《专利法》第22条第3款规定的创造性，故该独立权利要求1的从属权利要求2~5也具备创造性。

综上，专利复审委员会第9616号决定宣告维持02241617.X号实用新型专利权有效。

另查，在本案庭审过程中，武琛出示了证据4，即《台湾自行车产品导览》2000~2001年版及2002~2003年版原件，专利复审委员会当庭确认武琛在口头审理中曾出示过该证据原件。该证据原件显示：《台湾自行车产品导览》版权人为台湾轮彦国际有限公司，出版文号为“局版台省业字第283号”，该书在每页页脚编有页码，且有“Taiwan Bicycle Source 2000~2001”或“Taiwan Bicycle Source 2002~2003”字样。该书几乎全部为彩页，页数均达一千页以上，且装订、印刷正规、完善、比较精美，显示为符合常规出版物形态。

原审审理结果

原审法院认为：根据各方当事人的诉辩主张，本案争议的焦点是：附件4是否是真实、有效的证据，可否作为本专利的对比文件。

根据本案查明的事实，附件4是《台湾自行车产品导览》2000~2001年版的封面，第40、208页，封底及2002~2003年版封面，第21、242、273、274页，封底的复印件，并由台湾轮彦国际有限公司于2003年12月23日出具声明书确认复印件与原件内容无误。专利复审委员会在本案庭审中亦明确在口头审理中武琛曾出示过《台湾自行车产品导览》2000~2001年版及2002~2003年版原件。对此法院认为，当事人提交域外形成的证据需进行公证认证手续，其目的在于确认该域外证据形式上的真实性，不能作为证据实质真伪的判断依据。如果该域外形成的证据本身可以初步确认为真实存在的证据，而对方又不能提出相反的证据予以质疑，则该证据无须办理公证认证手续。本案中，从证据4公开出版物的原件可以看出，该出版物属于全面介绍涉及自行车领域的技术、零部件、相关产品等的刊物，有相应的版权页，全书几乎全部为彩页，其页数达一千页以上。在此情况下，尽管该域外形成的证据未履行公证认证手续，但该公开出版物有明确的出版文号且装订印刷精美、内容量很大，已经能够初步证明其真实性，他人自行编造或仿制该书的可能性不大，故可以认定武琛已经完成证明证据4为真实的证明责任。在此情况下，如果对方不能提出相反证据，则该证据可以不经公证认证手续而认定其真实性。而第三人林杰克在复审程序中及本案诉讼程序中，均未提交相反证据否定证据4的真实性。故专利复审委员会仅以证据4不符合域外形成的证据应当履行公证认证手续为理由，对证据4的真实性不予确认，法院认为该认定不妥，依法予以纠正。

综上，证据4可以作为评价本专利创造性的现有技术，第9616号决定对证据4的认定有误，法院予以改判。依照《中华人民共和国行政诉讼法》第54条第（2）项第1目之规定，判决如下：

一、撤销被告中华人民共和国国家知识产权局专利复审委员会作出的第9616号无效宣告请求审查决定；

二、被告中华人民共和国国家知识产权局专利复审委员会重新作出无效宣告请求审查决定。

专利复审委员会不服原审判决，上诉称：证据4作为在我国台湾地区形成的证据，被上诉人并未履行相关的证明手续，不符合最高人民法院《关于行政诉讼证据若干问题的规定》及《审查指南》中的相关规定，因而证据4的真实性无法确认，不应被采信。另外，被上诉人对其提交的证据4的真实性负有举证责任。请求撤销原审判决，维持第9616号决定。

武琛、林杰克服从原审判决。

二审查明事实

二审法院查明事实与原审相同。

二审审理结果

二审法院认为：

本案争议的焦点是证据4是否是真实、有效的证据。证明案件事实的证据应当具有真实性，对证据真实性的审查，应当考察证据的形成过程，即包括证据来源以及证据内容两个方面。根据最高人民法院相关司法解释，对于在我国香港、澳门、台湾地区形成的证据，应当履行相关的证明手续，方可作为证据使用。对于能够从官方或公共渠道获得的公开出版物、专利检索文献等证据材料，一般无须办理公证认证等证明手续，但是，简单地以证据本身所具有的特殊性而认为无须履行相关的证明手续的做法是不妥的。

根据本案查明的事实，证据4系署名为台湾轮彦国际有限公司的《台湾自行车产品导览》2000～2001年版的封面、第40、208页、封底及2002～2003年版封面、第21、242、273、274页、封底的复印件。该证据系在我国台湾地区形成的出版物，应当履行相关的证明手续，方可作为证据使用。在本案无效程序中，武琛提交了《台湾自行车产品导览》2000～2001年版及2002～2003年版原件，并提交了台湾轮彦国际有限公司于2003年12月23日出具的确认复印件与原件内容无误的声明书。该声明书经过我国台湾地区"彰化地方法院"的认证。虽然武琛所提交的相关证明手续有所欠缺，但是，其在本案原审审理期间已经提交了新的证据对该证明手续进行补充。法院认为，从节约诉讼成本，提高案件审理效率的角度出发，该证据的真实性可予认可。但原审法院以该公开出版物有明确的出版文号且装订印刷精美、内容量很大为由，认定已经能够初步证明其真实性不妥，法院予以纠正。鉴于林杰克在本案审理过程中未提出相反证据，法院认定该证据具备真实性，可以作为本专利的对比文件。

综上所述，原审判决认定事实基本清楚，适用法律正确，应予维持。上诉人专利复审委员会的上诉主张于法无据，法院不予支持。依照《中华人民共和国行政诉讼法》第61条第1款第（1）项之规定，判决如下：

驳回上诉，维持原判。

一、二审案件受理费共计200元，由专利复审委员会负担。

7. “隐形耳机探测器”实用新型专利无效行政纠纷案

——北京蓝元高科信息技术有限公司诉
国家知识产权局专利复审委员会、凌子龙

原告（上诉人）： 北京蓝元高科信息技术有限公司
被告（被上诉人）： 国家知识产权局专利复审委员会
原审第三人： 凌子龙
案由： 实用新型专利无效行政纠纷

原审案号： 北京市第一中级人民法院（2007）一中行初字第1331号
原审合议庭成员： 任进、邢军、唐晓君
原审结案日期： 2007年12月20日
二审案号： 北京市高级人民法院（2008）高行终字第262号
二审合议庭成员： 刘辉、岑宏宇、焦彦
二审结案日期： 2008年6月19日

判决要旨

专利的权利要求是采用功能性限定的技术特征进行表述的，其保护范围应当解释为仅仅涵盖了说明书中记载的具体实现方式及其等同方式，不应当解释为覆盖了能够实现该功能的任何方式。在实用新型专利的创造性判断中，采用功能性限定的技术特征的权利要求与对比文件相比，也应当具有实质性特点和进步。

起诉与答辩

原告北京蓝元高科信息技术有限公司（以下简称蓝元公司）诉称：（1）被告作出的第10330号决定违背了听证原则，没有将本次决定所依据的理由、证据和认定的事实通知原告，也没有给予原告陈述意见的机会。（2）第10330号决定的要点部分没有事实根据，违背了法律和法规的规定。没有法律或者法规规定只要与现有技术存在区别特征就能带来创造性。（3）本专利缺少必要的技术特征。本专利说明书中没有给出构成产品的元器件之间确定的连接关系。专利复审委员会将电路中电流的流向人为推断成连接关系，没有事实和法

律依据。权利要求 2～10 也存在类似问题。（4）本专利不符合《专利法》关于新颖性和创造性的规定。并且，专利复审委员会对本专利和被探测隐形耳机之间的关系存在重大理解错误。证据 1～5 包含了权利要求 1、2、4 中的所有构件及其电信号的流向，并通过电路图清楚地给出了这种连接关系，以及专利要求中所体现的功能性描述。在权利要求 1～4 中，没有进行探测的发射部件，其仅仅具有被动的接收功能，用来接收给隐形耳机发射信号的信号源所发射的信号，通过与隐形耳机同步接收信号来发现该信号源的位置，其功能和作用与耳机是完全一致的。第 10330 号决定中认为本专利采用了不同要求的放大电路和电感，在专利的权利要求中并没有记载。第 10330 号决定根据权利要求中关于用途的描述，即认定本专利具有新颖性和创造性，不符合《审查指南》第二部分第二章 3.1 的规定。第 10330 号决定认定：（证据中）没有动机设计一种探测器来探测上述耳机发出的音频信号。而本案中被探测的隐形耳机并没有发射音频信号的功能。可见专利复审委员会对技术方案的理解是完全错误的。综上所述，请求法院依法撤销专利复审委员会第 10330 号决定。

被告专利复审委员会辩称：（1）关于听证原则，第 10330 号决定审查程序合法，未违反听证原则。（2）第 10330 号决定的要点部分符合相关法律规定。（3）关于本专利缺少必要的技术特征，参见第 10330 号决定。（4）关于新颖性、创造性，原告提交的证据均公开的是耳机，并未涉及探测的内容。本专利的用途是探测隐形耳机，该限定实质上对所要求保护的产品带来影响，其与对比文件属于不同的技术领域，且技术效果不同，同时各对比文件均未给出技术启示，故本专利具有新颖性、创造性。综上，请求法院维持第 10330 号决定。

第三人凌子龙述称：（1）关于新颖性，对比文件的技术领域、所解决的技术问题和效果均与本专利不同。（2）关于创造性，对比文件公开的技术方案没有给出设计一种探测器的动机即技术启示。（3）关于本专利缺少必要的技术特征，本领域的技术人员可以通过说明书和附图中记载的电信号的传递过程，实现本专利各个部件的连接。（4）关于听证原则，专利复审委员会通过听取双方当事人的意见，进行合议组的合议，在决定中对双方的证据和理由进行评述，完全符合法律规定。综上，请求法院维持第 10330 号决定。

原审查明事实

原审法院查明：凌子龙于 2006 年 1 月 4 日向国家知识产权局专利局申请了名称为“隐形耳机探测器”的实用新型专利。本专利于 2006 年 9 月 27 日被授权公告，专利号为 200620025104.9 号。本专利授权公告的权利要求书的内

容为:

“1. 一种隐形耳机探测器，其特征在于，包括音频电磁波接收部件、音频电磁波还原电路和声波输出部件，其中，

所述音频电磁波接收部件用于探测音频电磁波，并输出电信号；

所述音频电磁波还原电路用于将从上述的音频电磁波接收部件输入的电信号还原放大成声波电信号；

所述声波输出部件用于将音频电磁波还原电路输出的声波电信号转换为声波并输出。

“2. 根据权利要求1所述的隐形耳机探测器，其特征在于，所述音频电磁波接收部件为音频电磁波收发线圈或电感。

“3. 根据权利要求1所述的隐形耳机探测器，其特征在于，所述隐形耳机探测器还包括与音频电磁波接收部件串联的电流表或与其并联的电压表。

“4. 根据权利要求1所述的隐形耳机探测器，其特征在于，所述声波输出部件为耳机或扬声器。

“5. 根据权利要求1至4任意一项所述的隐形耳机探测器，其特征在于，所述隐形耳机探测器还包括金属探测电路或带有磁敏元件的磁敏开关电路。

“6. 根据权利要求1至4任意一项所述的隐形耳机探测器，其特征在于，所述隐形耳机探测器还包括音频电磁波发射部件、定频发射电路、声波接收部件、选频声控电路，其中，

定频发射电路，能够输出至少一种音频驱动信号；

音频电磁波发射部件，受定频发射电路发出的音频驱动信号的驱动，发射音频电磁波；

声波接收部件，用于接收由隐形耳机在上述的音频电磁波驱动下所产生的向耳外辐射的声波，并将其转换成电信号；

选频声控电路，其输入端与声波接收部件的输出端相连，其激活频率与定频发射电路同时或交替发射的音频电磁波频率相同。

“7. 根据权利要求6所述的隐形耳机探测器，其特征在于，还包括主控制电路，用于控制定频发射电路输出的音频信号，并根据由选频声控电路输入的电信号作出判断。

“8. 根据权利要求6所述的隐形耳机探测器，其特征在于，所述定频发射电路为一种录音芯片或一种振荡电路。

“9. 根据权利要求6所述的隐形耳机探测器，其特征在于，所述音频电磁波发射部件和接收部件为同一个音频电磁波收发线圈或电感。

“10. 根据权利要求6所述的隐形耳机探测器，其特征在于，所述声波接

收部件为一种麦克风。”

针对上述专利权，蓝元公司于2006年11月23日向专利复审委员会提出了无效宣告请求，并提交了如下证据：

证据1:《电子报》1991年合订本封面页、版权信息页、第56页、第60页、第152页及第168页的复印件，共6页。其中，第60页公开了一种音频感应耳机，该耳机包括：线圈L，为一电感元件，用于接收音频信号；放大器T1－T3，构成一还原电路；部件Y，为一喇叭，用于输出音频信号；第56页公开了一种自制音频感应耳机；第152页公开了一种实用音频无线传呼器；第168页公开了一种用LM386组装的无线感应耳机及一种音频耳机。

证据2:《电子报》1992年合订本封面页、版权信息页、第28页及第141页的复印件，共4页。其中，第28页公开了一种可消除低频噪音的无线耳机；第141页公开了一种简单的音频感应耳机。

证据3：公告号为CN2083819U的实用新型专利申请说明书，公开了一种分离型头戴感应式无线耳机，公告日为1991年8月28日；

证据4：ZL200420000898.4号实用新型专利说明书，公开了一种外语教学听力用无线耳机，授权公告日为2005年1月5日；

证据5：公告号为CN2105805U的实用新型专利申请说明书，公开了一种音频无线耳机，公告日为1992年5月27日；

证据6:《哈尔滨学院学报》第22卷第5期《无线电磁听音原理》复印件共4页，作者为李作晏、甘云祥，公开日为2001年9月；

证据7：页眉标有“电声技术8/1999”、文章名称为《无绳耳机在语音教学中的应用研究》的复印件共2页，作者为张军；

证据8:《无线电“猎狐”》封面页、版权信息页、目录页、第34~41页及第62~73页的复印件，共12页，印刷日期为1985年2月；

证据9：本专利授权公告文本；

证据10：ZL01264064.6号实用新型专利说明书，授权公告日为2002年8月28日。

2007年8月10日，专利复审委员会作出第10330号决定。该决定认定：

1. 关于证据和现有技术。

证据1是《电子报》1991年的合订本封面页、版权信息页、第56页、第60页、第152页及第168页的复印件，证据2是《电子报》1992年的合订本封面页、版权信息页、第28页及第141页的复印件，证据8是1985年2月印刷的《无线电“猎狐”》封面页、版权信息页、目录页、第34~41页及第62~73页的复印件。蓝元公司于口头审理当庭提交了它们的原件，凌子龙核实后表示其原件与复印件一致，但认为来源不明，不认可其真实性。专利复审委员会经审查认为，证据1、证据2、证据8均为国内公开出版物，蓝元公司提交了原件，凌子龙经核实认可复印件与原件一致，因此专利复审委员会对上述证据的真实性予以认可，上述证据可以作为本案证据使用。上述证据的公开日均在本专利申请日之前，其上公开的内容构成本专利的现有技术。

证据3~5、9为实用新型专利说明书，凌子龙对证据3~5、9的真实性无异议，专利复审委员会经审查认为，证据3~5、9可以作为本案证据使用；其中证据3~5的公开日均在本专利申请日之前，其上公开的内容构成本专利的现有技术；证据9是本专利授权公告文本，在其第6页第12行、第6页倒数第2行、第7页第4行、第7页倒数第4~2行记载金属探测电路、定频发射电路、选频声控电路及音频电磁波接收部件、音频电磁波还原电路和声波输出部件、报警信号电路属于已有技术，专利复审委员会经审查认为，证据9中记载的上述金属探测电路、定频发射电路、选频声控电路及音频电磁波接收部件、音频电磁波还原电路和声波输出部件、报警信号电路在本专利申请日前确已存在，并为公众所知，因此构成了本专利的现有技术。

蓝元公司没有提交网上下载的证据6、7的原件，凌子龙不认可其真实性。专利复审委员会经审查认为，由于蓝元公司没有提供证据6、7的原件，也未提供相关证据证明证据6、7从何处下载得到，因此对证据6、7的真实性无法确定，专利复审委员会对其不予采信。

蓝元公司在口头审理中当庭明确表示放弃证据10作为证据使用，故不再对证据10进行评述。

蓝元公司在口头审理当庭表示其于无效宣告请求日起1个月内补充提交过证据11，由于专利复审委员会并未收到该证据11，因此专利复审委员会在口头审理当庭告知蓝元公司需于口头审理后15日内提交相关证据，以证明其于无效宣告请求日起1个月内提交过证据11的事实，逾期不提交相关证据，视为证据11未提交。但蓝元公司并未在口头审理后提交任何证据来证明其提交过证据11，因此专利复审委员会认为蓝元公司并未在无效宣告请求日起1个月内提交过证据11。

2. 关于本专利权利要求1~10是否符合《专利法实施细则》第21条第2款的规定。

蓝元公司认为，本专利缺少对各部件连接关系的描述，缺少必要技术特征，不能形成清楚完整的技术方案。

专利复审委员会经审查认为，本专利的目的是针对现有技术中存在的问题提出了一种对人体不会造成危害、成本低廉、使用便捷的隐形耳机探测器的解决方案，本专利权利要求1提供的解决方案如下：一种隐形耳机探测器，其特征在于，包括音频电磁波接收部件、音频电磁波还原电路和声波输出部件；其中，所述音频电磁波接收部件用于探测音频电磁波，并输出电信号；所述音频电磁波还原电路用于将从上述的音频电磁波接收部件输入的电信号还原放大成声波电信号；所述声波输出部件用于将从音频电磁波还原电路输出的声波电信号转换为声波并输出。可见，本专利权利要求1除了记载了组成隐形耳机探测器的部件“音频电磁波接收部件”、“音频电磁波还原电路”和“声波输出部件”外，还明确记载了上述部件之间的信号流向关系，即“所述音频电磁波接收部件”用于探测音频电磁波，其输出送给“所述音频电磁波还原电路”的输入，“所述音频电磁波还原电路”的输出送给“所述声波输出部件”，最后由“所述声波输出部件”输出声波信号。在电路中信号流向关系也体现出各部件之间的连接关系。因此本专利权利要求1记载了解决技术问题的必要技术特征，符合《专利法实施细则》第21条第2款的规定。

权利要求2~10从属于权利要求1，也包含了部件间的连接关系，因此将权利要求2~10都上升为独立权利要求时，权利要求2~10也符合《专利法实施细则》第21条第2款的规定。

3. 关于本专利权利要求1、2、4~10是否符合《专利法实施细则》第2条第2款的规定和本专利权利要求1、2、4是否符合《中华人民共和国专利法》（以下简称《专利法》）第22条第2款关于新颖性的规定。

（1）本专利权利要求1、2、4是否具备新颖性。

蓝元公司认为权利要求1、2、4相对于证据1~7不具备新颖性。由于如上所述证据6、7的真实性无法确定，专利复审委员会对它们均不予采信，因此以下仅对本专利权利要求1、2、4相对于证据1~5是否具备新颖性进行评述。

蓝元公司认为，证据1~5均为接收装置，包括了音频电磁波接收部件、音频电磁波还原电路、声波输出部件三个部件，本专利权利要求1、2、4不包括探测部分，仅有接收功能，因此二者是相同的。

经审查，证据1第60页公开了一种音频感应耳机，该耳机包括：线圈L，为一电感元件，用于接收音频信号；放大器T1－T3，构成一还原电路；部件Y，为一喇叭，用于输出音频信号。

此外，证据1中的第56页公开了一种自制音频感应耳机，证据1第152页公开了一种实用音频无线传呼器，证据1第168页公开了一种用LM386组装的无线感应耳机及一种音频耳机；证据2第28页公开了一种可消除低频噪音的无线耳机，证据2第141页公开了一种简单的音频感应耳机；证据3公开了一种分离型头戴感应式无线耳机；证据 4 公开了一种外语教学听力用无线耳机；证据 5 公开了一种音频无线耳机。上述证据所公开的内容与证据 1 第 60 页所公开的音频感应耳机的内容基本相似，均是接收装置。

专利复审委员会认为，本专利权利要求 1 保护的主体为一种隐形耳机探测器，该主题限定了该探测器不是任意一种接收装置，而是一种用于探测隐形耳机是否存在的接收装置，作为探测隐形耳机的探测器，其目的是找到耳机而不是听清楚声音，最重要的是找到信号源，其虽然采用了与证据 1 ~ 5 中的各种耳机结构中相似名称的部件，但是其对放大电路、电感等元件的要求与耳机是不同的。因此本专利权利要求 1 与证据 1 ~ 5 相比，采用了不同的结构，解决了不同的技术问题，其相对于证据 1 ~ 5 具备新颖性，符合《专利法》第 22 条第 2 款的规定。

由于本专利权利要求 1 相对于证据 1 ~ 5 具备新颖性，因此从属于本专利权利要求 1 的权利要求 2、4 相对于证据 1 ~ 5 也具备新颖性，符合《专利法》第 22 条第 2 款的规定。

（2）关于本专利权利要求 1、2、4 ~ 10 是否符合《专利法实施细则》第 2 条第 2 款的规定。

如上所述，本专利权利要求 1 相对于证据 1 ~ 5 具备新颖性，是对产品形状、构造或其结合所提出的适于实用的新的技术方案，因此符合《专利法实施细则》第 2 条第 2 款的规定。

由于本专利权利要求 1 是一个新的技术方案，符合《专利法实施细则》第 2 条第 2 款的规定，因此从属于本专利权利要求 1 的权利要求 2、4 ~ 10 也符合《专利法实施细则》第 2 条第 2 款的规定。

4. 本专利权利要求 1 ~ 10 是否具备创造性。

（1）本专利权利要求 1 是否具备创造性。

如上所述，证据 1 ~ 5 均公开的是耳机，其中仅给出了多种耳机的结构，本领域的技术人员从证据 1 ~ 5 公开的内容中没有动机设计一种探测器来探测上述耳机发出的音频信号，即证据 1 ~ 5 均没有给出如何设计探测器对隐形耳机进行探测的技术启示。因此本专利权利要求 1 相对于证据 1 ~ 5 中的任意一份证据具备创造性。

证据 8 中第 62 ~ 66 页公开了与“短波波段测向机”有关的内容。证据 8 仅能证明接收、还原和输出部件均是已有技术，而其没有给出将上述部件应用于探测器来探测隐形耳机是否存在技术启示。因此本专利权利要求 1 相对于证据 8 或者证据 8 与证据 1 ~ 5 之一的结合均具备创造性。

证据 9 是本专利的授权公告文本，本专利说明书第 6 页第 12 行、第 6 页倒数第2行、第7页第4行、第7页倒数第4～2行记载的金属探测电路、定频发射电路、选频声控电路及音频电磁波接收部件、音频电磁波还原电路和声波输出部件、报警信号电路是本专利的现有技术。但上述内容只是涉及各个组成部件，而将各个现有的组成部件结合得到隐形耳机探测器正是本专利所要解决的技术问题，本领域的技术人员也不能从上述说明书中记载的现有技术中得到将上述部件应用到隐形耳机探测器中的技术启示。本专利权利要求1相对于上述现有技术或上述现有技术与证据8、证据1～5之一的结合均具备创造性。

（2）本专利权利要求2～10是否具备创造性。

由于本专利权利要求1具备创造性，因此从属于权利要求1的权利要求2～10也具备创造性。

综上所述，本专利权利要求1～10相对于证据1～5、证据8、证据9中记载的现有技术或上述证据的结合均具备实质性特点和进步，符合《专利法》第22条第3款规定的创造性。

综上，专利复审委员会在第10330号决定中维持200620025104.9号实用新型专利权有效。

原审审理结果

原审法院认为：蓝元公司起诉称第10330号决定违背了听证原则，没有给予原告就不利事实进行陈述的机会，但原告未能具体明确被告采用的哪些证据未听取其陈述，对其主张，法院认为，行政机关在其所作出的行政裁决中所依据的理由和对证据的认定，属于其依法行使行政职权的行为，无须征得当事人同意。蓝元公司的此诉讼理由，缺乏事实及法律依据，法院不予支持。蓝元公司起诉称本案口头审理时，专利复审委员会没有履行书记员回避的程序，对此法院认为，蓝元公司并未提交证据证明其在口审程序中曾提出过对书记员的回避申请，亦未证明该书记员有必须回避的事由以及蓝元公司因该书记员没有回避而致使其利益受到损害，现其仅以专利复审委员会存在上述程序问题为由要求撤销第10330号决定，法院对此不予支持。

蓝元公司起诉称第10330号决定的要点部分没有事实及法律依据，第10330号决定的要点部分载明："如果一项权利要求相对于现有技术存在区别技术特征，并且现有技术中没有给出技术启示，则应当认为该项权利要求具备《专利法》第22条第3款规定的创造性"。法院认为，第10330号决定中认定现有技术中没有给出本专利的技术启示，并为此作了详细的评述。而且，由于本专利相对于现有技术具有不同的技术效果，故第10330号决定关于本专利相对于现有技术具有创造性的结论是正确的，其决定要点部分的总结并未脱离其内容，故对蓝元公司的该诉讼理由，法院不予支持。

根据各方当事人的诉辩主张，本案争议的焦点是：（1）本专利是否缺少必要的技术特征。（2）本专利是否具有新颖性和创造性。

（1）蓝元公司认为，本专利缺少对各部件连接关系的描述，缺少必要技术特征。法院认为，本专利权利要求1载明："一种隐形耳机探测器，其特征在于，包括音频电磁波接收部件、音频电磁波还原电路和声波输出部件，其中，所述音频电磁波接收部件用于探测音频电磁波，并输出电信号；所述音频电磁波还原电路用于将从上述的音频电磁波接收部件输入的电信号还原放大成声波电信号；所述声波输出部件用于将音频电磁波还原电路输出的声波电信号转换为声波并输出"。可见，本专利权利要求1除了记载了组成隐形耳机探测器的部件外，还记载了部件之间的信号流向关系，上述信号流向关系已经体现出各部件之间的连接关系。因此本专利权利要求1记载了解决技术问题的必要技术特征。本专利符合《专利法实施细则》第21条第2款的规定。

（2）关于新颖性、创造性。关于新颖性。蓝元公司认为证据1～5包含了权利要求1、2、4中的所有构件及其电信号的流向，并通过电路图清楚地给出了这种连接关系，而本专利权利要求1～4仅仅具有被动接收功能，其功能和作用和耳机完全一致。对此法院认为，本专利作为隐形耳机探测器，其目的是找到隐形耳机的发射设备，而不是与隐形耳机听到同样的声音。因此，本专利权利要求1～4虽然包括与证据1～5相类似的功能部件，但其功能和作用与普通隐形耳机并不一样，由此决定了其结构必然与普通隐形耳机不一致。证据1～5公开的是普通耳机的结构，本专利权利要求1与证据1～5相比，在结构、目的、效果上均不相同，其相对于证据1～5具备新颖性。由于本专利权利要求1相对于证据1～5具备新颖性，因此从属于本专利权利要求1的权利要求2、4相对于证据1～5也具备新颖性，故本专利权利要求1、2、4符合《专利法》第22条第2款的规定。

关于创造性。蓝元公司认为，本专利权利要求1～4的功能和作用与普通耳机完全一致，其电路的组成和其中电流的流向也与证据1～5以及证据8是一样的，因此不具备创造性。对此法院认为，如前所述，证据1～5均公开的是耳机，没有给出如何设计探测器对隐形耳机进行探测的技术启示。因此本专利权利要求1相对于证据1～5中的任意一份证据或其结合具备创造性。证据8中第62～66页公开了与"短波波段测向机"有关的内容。证据8仅能证明接收、还原和输出部件均是已有技术，而其没有给出将上述部件应用于探测器来探测隐形耳机是否存在的技术启示。综上，本专利权利要求1与证据1～5以及证据8相比，在功能、效果上明显不同，因此证据1～5以及证据8无法给出实现本专利权利要求1的技术启示。本专利权利要求1相对于证据1~5以及证据8具有创造性。由于本专利权利要求1具备创造性，因此从属于权利要求1的权利要求2~10也具备创造性。

综上，被告专利复审委员会作出的第10330号决定认定事实清楚，程序合法，应予维持。依照《中华人民共和国行政诉讼法》第54条第（1）项之规定，法院判决如下：

维持被告国家知识产权局专利复审委员会作出的第10330号无效宣告请求审查决定。

蓝元公司不服，提起上诉称：（1）专利复审委员会作出的第10330号决定违背了听证原则，没有将依据的理由、证据和认定的事实通知蓝元公司，没有给予蓝元公司陈述意见的机会。此外，第10330号决定没有告知是否要求履行书记员回避的程序。（2）本专利权利要求1不符合《专利法》关于新颖性和创造性的规定。本专利所有权利要求的技术特征都在耳机的技术方案中出现过；专利复审委员会所述的由于参数的不同，所以具有新颖性的观点也不能成立，因为这种参数的不同并没有记载在权利要求中，评价新颖性不是看参数，而是看权利要求记载的技术特征。本专利是产品专利，不是一种耳机的技术方案在隐形耳机或者其他无线电波检测领域的应用，一审法院将新的应用判定为新的产品不符合《专利法》和《审查指南》的规定。因此，本专利权利要求1、2、4不具有创造性。（3）即便原审法院认定的关于其中所谓的参数不同可能成立，那么这种参数的不同并没有记载在权利要求中，并且，本专利权利要求1中没有给出构成产品的元器件之间的确定的连接关系。专利复审委员会将电路中电流的流向人为推断成连接关系，没有事实和法律依据。因此，本专利权利要求1~10不符合《专利法实施细则》第21条第2款规定。专利复审委员会、凌子龙服从原审判决。

二审查明事实

二审法院查明事实与原审相同。

二审审理结果

二审法院认为：

一、专利复审委员会第10330号决定是否违反听证原则及回避规定

听证原则是指在作出审查决定之前，应当给予审查决定对其不利的当事人针对审查决定所依据的理由、证据和认定的事实陈述意见的机会。专利复审委

员会在其所作出的无效宣告请求审查决定中依据的理由和对证据的认定，属于其依法行使行政职权的行为，无须征得当事人同意。在本专利无效审查阶段，针对蓝元公司提出的无效理由和证据以及凌子龙的意见和证据，专利复审委员会都给予了蓝元公司充分的陈述意见的机会，蓝元公司通过意见陈述书和口头审理中陈述意见等方式对第10330号决定中所依据的理由、证据和认定的事实充分发表了意见。蓝元公司所提专利复审委员会作出第10330号决定前没有给予其就不利事实进行陈述的机会，违背听证原则的上诉主张没有事实依据，法院不予支持。

《专利法实施细则》第38条规定，在初步审查、实质审查、复审和无效宣告程序中，实施审查和审理的人员有下列情形之一的，应当自行回避，当事人或者其他利害关系人可以要求其回避：（1）是当事人或者其代理人的近亲属的；（2）与专利申请或者专利权有利害关系的；（3）与当事人或者其代理人有其他关系，可能影响公正审查和审理的；（4）专利复审委员会成员曾参与原申请的审查的。《审查指南》中规定，当事人请求合议组成员回避，应以书面方式提出，并且说明理由，必要时附具有关证据。根据上述规定，在无效案件审理中，回避的对象应当指合议组成员，书记员属于无效案件审查辅助人员，且现有证据也不能证明蓝元公司向专利复审委员会提交过要求书记员回避的书面请求。蓝元公司关于专利复审委员会没有履行书记员回避的程序的上诉主张不能成立，法院不予支持。

二、本专利权利要求1是否缺少必要的技术特征，不符合《专利法实施细则》第21条第2款的规定

《专利法实施细则》第21条第2款规定，独立权利要求应当从整体上反映发明或者实用新型的技术方案，记载解决技术问题的必要技术特征。

蓝元公司认为，本专利缺少对各部件连接关系的描述，缺少必要技术特征。对此，法院认为，本专利权利要求1载明：一种隐形耳机探测器，其特征在于，包括音频电磁波接收部件、音频电磁波还原电路和声波输出部件，其中，所述音频电磁波接收部件用于探测音频电磁波，并输出电信号；所述音频电磁波还原电路用于将从上述的音频电磁波接收部件输入的电信号还原放大成声波电信号；所述声波输出部件用于将音频电磁波还原电路输出的声波电信号转换为声波并输出。可见，本专利权利要求1除了记载了组成隐形耳机探测器的部件外，还记载了部件之间的信号流向关系，上述信号流向关系已经体现出各部件之间的连接关系。因此本专利权利要求1记载了解决技术问题的必要技术特征。蓝元公司认为本专利权利要求1缺乏必要技术特征的上诉主张并无事实依据，法院不予支持。

三、本专利权利要求 1 是否具有新颖性和创造性

《专利法》第 22 条第 2 款规定的新颖性是指，在申请日以前没有同样的发明或者实用新型在国内外出版物上公开发表过、在国内公开使用过或者以其他方式为公众所知，也没有同样的发明或者实用新型由他人向国务院专利行政部门提出过申请并且记载在申请日以后公布的专利申请文件中。在判断本专利所披露的技术方案是否与对比文件属于同样的实用新型时应当首先判断本专利披露的技术方案与对比文件是否实质上相同。

蓝元公司认为证据 1 ~ 5 包含了本专利权利要求 1、2、4 中的所有构件，及其电信号的流向，并通过电路图清楚地给出了这种连接关系，而本专利权利要求 1 ~ 4 仅仅具有被动接收功能，其功能、作用和耳机完全一致。法院认为，本专利作为隐形耳机探测器，其目的是找到隐形耳机的发射设备，而不是与隐形耳机听到同样的声音。因此，本专利权利要求 1 ~ 4 虽然包括与证据 1 ~ 5 相类似的功能部件，但其功能和作用与普通隐形耳机并不一样，由此决定了其结构必然与普通隐形耳机不一致。证据 1 ~ 5 公开的是普通耳机的结构，本专利权利要求 1 与证据 1 ~ 5 相比，在结构、目的、效果上均不相同，其相对于证据 1 ~ 5 具备新颖性。蓝元公司关于本专利权利要求 1 没有新颖性的上诉主张于法无据，法院不予支持。

《专利法》第 22 条第 3 款规定："创造性，是指同申请日以前已有的技术相比，该实用新型有实质性特点和进步。"

蓝元公司认为，本专利权利要求 1 ~ 4 的功能和作用与普通耳机完全一致，其电路的组成和其中电流的流向也与证据 1 ~ 5 以及证据 8 是一样的，因此不具备创造性。法院注意到，本专利权利要求 1 是采用功能性限定的技术特征进行表述的，其保护范围应当解释为仅仅涵盖了说明书中记载的具体实现方式及其等同方式，不应当解释为覆盖了能够实现该功能的任何方式。在实用新型专利的创造性判断中，采用功能性限定的技术特征的权利要求与对比文件相比，也应当具有实质性特点和进步。本案中，证据 1 ~ 5 均公开的是耳机，没有给出如何设计探测器对隐形耳机进行探测的技术启示。因此本专利权利要求 1 相对于证据 1 ~ 5 中的任意一份证据或其结合具备创造性。证据 8 中第 62 ~ 66 页公开了与"短波波段测向机"有关的内容。证据 8 仅能证明接收、还原和输出部件均是已有技术，而其没有给出将上述部件应用于探测器来探测隐形耳机是否存在的技术启示。综上，本专利权利要求 1 与证据 1 ~ 5 以及证据 8 相比，在功能、效果上明显不同，因此证据 1 ~ 5 以及证据 8 无法给出实现本专利权利要求 1 的技术启示。本专利权利要求 1 相对于证据 1 ~ 5 以及证据 8 具有创造性。蓝元公司关于本专利权利要求 1 不具备创造性的上诉主张没有事实和法

律依据，法院不予支持。

综上，原审判决认定事实清楚，适用法律正确，应予维持。蓝元公司的上诉理由不能成立，其上诉请求法院不予支持。依照《中华人民共和国行政诉讼法》第61条第1款第（1）项之规定，判决如下：

驳回上诉，维持原判。

一、二审案件受理费共计200元，由北京蓝元高科信息技术有限公司负担。

8. “摩托车油箱夜间警示装置”实用新型专利无效行政纠纷案

——梁东诉国家知识产权局专利复审委员会、红豆集团公司红豆摩托车油箱厂

原告（被上诉人）：梁东
被告（上诉人）：国家知识产权局专利复审委员会
第三人（被上诉人）：红豆集团公司红豆摩托车油箱厂
案由：实用新型专利权无效行政纠纷

原审案号：北京市第一中级人民法院（2007）一中行初字第1450号
原审合议庭成员：赵静、姜庶伟、高伟
原审结案日期：2007年12月20日
二审案号：北京市高级人民法院（2008）高行终字第251号
二审合议庭成员：刘继祥、刘晓军、潘伟
二审结案日期：2008年6月20日

判决要旨

证据1未公开的技术特征已经构成了专利法所要求的实质性特点。专利复审委员会和一审法院没有考虑到区别技术特征为权利要求1技术方案所带来的优于或不同于证据1的技术效果。现有的证据1不足以否定和破坏权利要求1的创造性。

起诉与答辩

原告梁东诉称：（1）本专利的授权完全符合《专利法》及《专利法实施细则》的有关规定。从来没有同样的实用新型在国内外出版物上公开发表过、在国内公开使用过或者以其他方式为公众所知，也没有同样的实用新型由他人向国务院专利行政部门提出过申请并且记载在申请日以后公布的专利申请文件中。并且，同申请日以前已有的技术相比，本专利有实质性特点和进步。（2）第10368号决定以不具有创造性为由宣告本专利全部无效，没有事实和法律依据。1. 否定本专利权利要求1的创造性没有事实和法律依据。第10368号决定引用证据1公开的装置是应用于自行车上，而权利要求1请求保护的装置应

用于摩托车上。第 10368 号决定关于“在证据 1 公开了在自行车上采用反光灯作为夜间警示装置的情况下，本领域技术人员很容易将其应用到摩托车上”的观点与事实不符。证据 1 公开的技术方案与本专利权利要求 1 请求保护的装置系出于不同目的，解决不同问题，两者不具有可比性。证据 1 公开的一种自行车安全反光灯的安装方式与本专利权利要求 1 请求保护的装置具有完全不同的构造。第 10368 号决定中的有关陈述均是事后诸葛亮，没有任何事实依据。证据 1 并未公开本专利权利要求 1 的技术特征，否定本专利权利要求 1 的创造性没有事实依据。2. 否定本专利权利要求 2 的创造性没有事实依据。第 10368 号决定引用证据 2 公开的装置不含有装饰压盖。第 10368 号决定对证据 2 附图 2 中所示标号 2 部分的作用进行了错误的认定，这种认定已经超出了该部分结构的本来作用，并导致对本专利权利要求 2 是否具备创造性的判断错误。证据 2 并未公开本专利权利要求 2 的技术特征，以此否定本专利权利要求 2 的创造性没有事实依据。3. 否定该实用新型专利权利要求 3、4 的创造性没有事实依据。为否定本专利权利要求 3 的创造性而引用的证据 2 并不含有托架结构，将证据 2 中反射片座位于反射片背面的部分等同于托架的观点与事实不符，以此否定本专利权利要求 3 的创造性没有事实依据。由于证据 2 根本没有装饰压盖，更谈不上在压盖中部是否设有空腔。以此否定本专利权利要求 4 的创造性没有事实依据。4. 否定本专利权利要求 5 的创造性没有事实依据。证据 1 公开的反光膜与本专利权利要求 5 请求保护的反光材料具有不同的物理属性，以此否定本专利权利要求 5 的创造性没有事实依据。综上，请求法院判决撤销第 10368 号决定，维持本专利有效。

被告专利复审委员会坚持其在第 10368 号决定中的意见，并针对原告的起诉理由进一步辩称：梁东提交的《公证书》以及广东省佛山市中级人民法院（2006）佛中法民三初字第 220 号民事判决书在无效程序当中没有提交，并且其仅能用于证明梁东与红豆摩托车油箱厂之间的侵权纠纷，与本案无关，故不能用于评价第 10368 号决定的作出是否合法。关于创造性问题，申请日前没有同样产品的出现只能证明其具有新颖性，而无法证明其具有创造性。摩托车和自行车都是常见的双轮驾驶工具，在证据 1 公开了在自行车上采用反光灯作为夜间警示装置的情况下，本领域的技术人员很容易将其应用到摩托车上，并且不需要付出创造性劳动即可在证据 1 的基础上结合公知常识得出本专利权利要求 1 请求保护的技术方案，权利要求 1 不具备创造性。关于权利要求 2 ~5 的创造性，专利复审委员会坚持第 10368 号决定的认定。综上，第 10368 号决定认定事实清楚，适用法律正确，审理程序合法，梁东的诉讼请求无法律和事实依据，请求法院判决驳回其诉讼请求、维持第 10368 号决定。

第三人红豆集团公司红豆摩托车油箱厂（以下简称红豆摩托车油箱厂）称：同意专利复审委员会的意见。

原审查明事实

原审法院查明：

2002 年 12 月 19 日梁东向国家知识产权局申请了 02250579.2 号“摩托车油箱夜间警示装置”实用新型专利，该专利申请于 2003 年 12 月 17 日被授予实用新型专利权，专利权人为梁东。经授权的权利要求为：

“1. 一种摩托车油箱夜间警示装置，包括油箱体，其特征在于：在所述油箱体两侧面对称位置冲有凹槽，该凹槽底面固装有支架，托架嵌在凹槽上，并通过螺钉螺纹连接固定在支架上，在托架外表面粘贴有反光材料层。

“2. 根据权利要求 1 所述的摩托车油箱夜间警示装置，其特征在于：在所述反光材料层外表面还装有装饰压盖，并通过螺钉固定在托架和支架上。

“3. 根据权利要求 1 所述的摩托车油箱夜间警示装置，其特征在于：所述托架外形呈凸拱形。

“4. 根据权利要求 2 所述的摩托车油箱夜间警示装置，其特征在于：所述装饰压盖中部至少设有一个空腔。

“5. 根据权利要求 1 所述的摩托车油箱夜间警示装置，其特征在于：所述反光层材料为反光膜或反光布或反光漆或反光橡塑。”

2006 年 12 月 31 日红豆摩托车油箱厂以不具备创造性为由，请求专利复审委员会宣告该专利权无效。红豆摩托车油箱厂共提交了两份证据，证据 1 是 1995 年 11 月 29 日公开的 94242675.4 号中国实用新型专利，其中公开了一种自行车安全反光灯，涉及如下技术内容：底盘后面有支架，其上有螺孔，用以与车体联结，在底盘的上面，用黏接剂固定一块反光薄膜。证据 2 是 1991 年 7 月 10 日公开的 90212559.1 号中国实用新型专利，其中公开了一种自行车防震反射器，涉及如下技术内容：“可将反射片镶嵌在反射片座中，反射片座形成一个空腔将反射片包纳其中，该反射片座由两个部分组成，即图 1 中的位于反射片右侧的部分和图 1 中位于反射片左侧的部分。”专利复审委员会经审查认为，摩托车和自行车都是常见的双轮驾驶工具，在证据 1 公开了在自行车上采用反光灯作为夜间警示装置的情况下，本领域的技术人员很容易将其应用到摩托车上；为了达到向两侧来往车辆进行警示的目的将警示装置安装于侧面的油箱体上，对于本领域的技术人员来说不需要付出创造性劳动；螺钉螺纹的连接方式是本领域常用的连接方式；油箱体是摩托车的必备装置，为了使托架安装到油箱体上后，其外表面能形成一个线条流畅并且稳固的整体，而在油箱上冲有凹槽，并将托架与之嵌接，是本领域的技术人员不需要付出创造性劳动就能获得的。在证据1公开了将支架和车体相连的技术特征后，为了将反光装置应用到摩托车侧面的油箱上，将支架固装到油箱的凹槽上同样是本领域的技术人员不需要付出创造性劳动就能获得的。故权利要求1不具备创造性。权利要求2进一步限定了反光材料层外面有装饰压盖，并采用螺钉方式固定在托架和支架上。证据2公开的反射片座的右侧部分即是压制在反光材料层的外部，尽管名称不同，但客观上起了装饰压盖的作用，证据2公开了在反光材料层外面装有装饰压盖这一技术特征，而采用螺钉的方式来固定装饰压盖对于本领域的技术人员而言是常用的技术手段，故权利要求2不具备创造性。权利要求3进一步限定托架外形呈凸拱形，凸拱形即突出呈弧形的形状。证据2中公开了反射片座的靠近附图标记1的部分有三个平面构成的凸出形状，权利要求3的附加技术特征和证据2的区别在于：权利要求3的外形是呈平滑曲线的弧形，而证据2是由3个平面构成的非平滑曲线的凸出形状。这二者都是常见的凸出形状，本领域技术人员在证据2的基础上，将其稍作变化，成为平滑曲线的凸拱形，不需要付出创造性劳动，故权利要求3不具备创造性。权利要求4的附加技术特征进一步限定了所述装饰压盖中部至少设有一个空腔。证据2已公开托架外面中部有一个空腔，该附加技术特征已为证据2所公开，故权利要求4不具备创造性。权利要求5进一步限定了反光材料的具体材料类型。证据1公开了在底盘上固定一层反光薄膜，权利要求5所限定的其他反光材料“反光布、反光漆、反光橡塑”等作为现有的反光材料，用其代替反光膜，起到与反光膜同样的反光效果，对本领域的技术人员来说不需要付出创造性劳动，故权利要求5不具备创造性。2007年7月20日，专利复审委员会作出第10368号无效决定，宣告梁东的02250579.2号实用新型专利无效。

原审审理结果

原审法院认为：

依据《专利法》第22条第3款的规定，创造性，是指同申请日以前已有的技术相比，该实用新型有实质性特点和进步。就本案而言，本专利权利要求1与证据1相比存在如下区别：（1）本专利请求保护的装置是应用于摩托车，而证据1公开的装置是应用于自行车；（2）权利要求1中托架和支架通过螺钉螺纹固定连接，其支架固装在凹槽底面，而证据1中没有明确底盘和支架间的连接方式，其支架本身和车体联结；（3）权利要求1还包括油箱体、油箱体两侧面对称位置冲有凹槽以及“托架嵌在凹槽上”等证据未公开的技术特征。

针对上述区别1，本专利要求保护的技术方案为“摩托车油箱夜间警示装置”，而证据1公开了一种“自行车安全反光灯”的技术方案，虽然二者相应的技术载体有所不同，但摩托车和自行车均系日常生活中最为常见的两轮交通工具，且证据1公开的安全反光灯同样可以作为夜间警示装置，与本专利相比，二者原理均为利用反光材料的反光性能起到警示作用，达到保护交通工具及其驾驶者安全的目的，本领域的技术人员无须付出创造性劳动就可将证据1公开的技术方案应用到摩托车上，专利复审委员会将证据1作为比对的基础用以评价本专利权利要求1的创造性并无不当。针对上述区别2和3，权利要求1中支架和托架之间的螺钉螺纹连接方式是本领域常用的连接方式，谈不上实质性特点和进步。梁东否认证据1中的底盘相当于本专利权利要求1中的托架，本院认为上述底盘和托架均起到两个作用：首先，为覆盖反光材料提供支撑面；其次，通过支架与车体相连。因此二者实质上是相同的。同理，证据1和权利要求1中的支架都是起到连接底盘（托架）和车体的作用。至于梁东指出权利要求1的支架安装在凹槽上而证据1的支架安装在车体上的不同，本院认为，具体安装位置的不同取决于该技术的具体实施环境，不能作为支架本身存在区别的理由。为达到利用反光装置向垂直方向往来车辆示警的目的而将相应的警示装置对称安装在摩托车的两侧，本领域的普通技术人员无须付出创造性劳动就会选择摩托车油箱体的两个侧面作为安装位置。在此基础上，为了使覆盖反光材料层的托架安装到油箱体上后其外表面形成一个线条流畅且稳固的整体，在油箱体上冲有凹槽，并将托架嵌接在凹槽上，也是本领域的普通技术人员无须付出创造性劳动就能够获得的。在证据1公开了将支架和车体联结的技术特征之后，为了将反光装置应用到摩托车油箱的侧面上，相应的将支架固装到油箱的凹槽上同样是本领域的技术人员不需要付出创造性劳动就能获得的。

综上，专利复审委员会在第10368号决定中认定在证据1的基础上结合公知常识得到本专利权利要求1请求保护的技术方案，对本领域的技术人员来说不需要付出创造性的劳动，权利要求1不具有实质性特点和进步，不符合《专利法》第22条第3款规定的创造性，并无不当。

本专利权利要求2与证据2相比：证据2公开了一种自行车防震反射器（俗称“自行车尾灯”），证据2中的反射片相当于权利要求2中的反光材料层。尽管名称不同，但从在各自技术方案中所起到的作用来看，证据2中由两部分组成的反射片座中反射片外的部分结构相当于权利要求2中的装饰压盖。梁东庭审中主张装饰压盖所起到的保护反光层和美学效果等作用，首先，在本专利说明书中没有明确提及；其次，梁东没有证据否认证据2中的相关结构亦能够对反光层起到一定的保护作用；最后，是否具有美学效果不是实用新型专利创造性判断中所要考虑的因素。梁东上述主张本院不予支持。将反射片嵌入反射片座中，反射片座形成一个空腔将反射片包纳于中的结构已为证据2所公开。至于权利要求2中的通过螺钉将装饰压盖固定在托架和支架上，对于本领域的普通技术人员而言是常用的技术手段。综上，在权利要求2所引用的权利要求1不具备创造性的情况下，从属权利要求2相对于证据1、2与公知常识的结合也不具有《专利法》第22条第3款规定的创造性。

本专利权利要求3与证据2相比：权利要求3进一步限定本专利托架外形呈凸拱形，专利复审委员会应梁东和红豆摩托车油箱厂双方的要求确认“拱形”是指“建筑物呈弧形”，并进一步认定权利要求3中的“凸拱形”是指“突出呈弧形的形状”，上述认定并不违反常理，本院亦予以确认。权利要求3中托架的作用是为反光材料层提供一个和车体连接的安置面，而证据2中靠近安装座部分的反射片座也是用于在其上安置反光材料——反射片，并和车体连接，二者实质上相同。基于此，权利要求3与证据2的区别在于前者外形是呈平滑曲线的弧形而后者相关部分是由三个平面构成的非平滑曲线的凸出形状。上述二者都是常见的凸出形状，本领域的技术人员在掌握证据2公开技术方案的情况下，只要稍加变化、无须付出创造性劳动即可获得平滑曲线“凸拱形”托架的技术启示。至于梁东所提本专利托架和油箱之间存在空间，而证据1、2的技术方案中均不存在空间的主张，权利要求3中并未限定托架和油箱之间存在空间，说明书中也没有明确记载，梁东这一主张与专利保护范围以其权利要求书的记载为准相矛盾，本院不予支持。综上，在权利要求3所引用的权利要求1不具备创造性的情况下，从属权利要求3相对于证据1、2与公知常识的结合也不具有《专利法》第22条第3款规定的创造性。

本专利权利要求4与证据2相比：权利要求4的附加技术特征进一步限定装饰压盖中部至少设有一个空腔。在上述分析本专利权利要求2创造性时已经认定证据2中由两部分组成的反射片座中反射片外的部分结构相当于本专利的装饰压盖，证据2公开的附图2显示了该部分反射片座中部有一个空腔，可见该附加技术特征已经被证据2公开，在权利要求4所引用的权利要求2不具备创造性的情况下，从属权利要求4相对于证据1、2与公知常识的结合也不具有《专利法》第22条第3款规定的创造性。

本专利权利要求5与证据1相比：权利要求5的附加技术特征进一步限定了反光层材料的具体类型为反光膜或反光布或反光漆或反光橡塑。证据1公开的在底盘上面用黏接剂固定一块反光薄膜的技术特征已经公开了权利要求5附加技术特征中的“反光膜”，而其中其他“反光布、反光漆、反光橡塑”等作为现有的反光材料同样是利用其自身的反光特性，起到与反光膜相同的反光效果，与材料本身的硬性软性没有关系，本领域的技术人员无须付出创造性劳动就能够获得用“反光布、反光漆、反光橡塑”替代“反光膜”的技术启示，因此在权利要求5所引用的权利要求1不具备创造性的情况下，从属权利要求5也不具有《专利法》第22条第3款规定的创造性。

对于梁东在本案诉讼中向本院补充提交的（2006）佛南内经证字第413号公证书和（2006）佛中法民三初字第220号民事判决书两份文件，本院认为不能作为本案的定案依据。理由如下：首先，上述公证书的出具时间为2006年9月16日，早于红豆摩托车油箱厂向专利复审委员会申请宣告本专利无效的时间，但梁东在专利无效宣告请求行政审查过程中未向专利复审委员会提交上述文件，而且并未就此向本院作出合理解释；其次，上述判决仅为一审判决，不能确定其是否生效；最后，上述文件中所载内容仅涉及他人是否侵犯本专利的专利权，与本专利是否具备创造性并无关系。

综上所述，本专利权利要求1~5不具有《专利法》第22条第3款规定的创造性。梁东的诉讼理由不能成立，其诉讼请求本院不予支持。专利复审委员会作出的第10368号决定认定事实清楚，适用法律正确，审理程序合法，依法应当予以维持。依照《中华人民共和国行政诉讼法》第54条第（1）项之规定，本院判决如下：

维持被告国家知识产权局专利复审委员会作出的第10368号无效宣告请求审查决定。

梁东不服原审判决并提起上诉，请求撤销一审判决和专利复审委员会第10368号无效决定，维持02250579.2号专利权有效。梁东上诉称：第一，本专利权利要求1与证据1在应用领域、连接方式、安装位置及方式上均有区别，一审判决认定事实有误。本专利申请日前，从未有人在摩托车上安装夜间警示装置，而且连接方式及安装位置的不同直接导致了本专利具有优于证据1的技术效果，权利要求1具有创造性。第二，在权利要求1具有创造性的基础上，权利要求2~5也具有创造性。第三，一审判决审查、认定本专利创造性时，没有综合考虑技术方案本身、所属技术领域、所要解决的技术问题和技术效果，有失公正。

二审查明事实

二审法院查明事实与原审相同。

二审审理结果

二审法院认为：

权利要求1技术方案与证据1的区别在于：（1）权利要求1中要求保护的装置用于摩托车，证据1公开的装置用于自行车；（2）权利要求1中在油箱体两侧分别装有托架和支架，托架和支架通过螺钉螺纹固定连接，证据1中未明确说明底盘（相当于权利要求1中的托架）和支架间的连接方式，权利要求1中的两支架分别固装在两凹槽底面，证据1中的支架与车体相连；（3）权利要求1中包含了一两侧面对称位置冲有凹槽的油箱体，托架嵌装在凹槽上，证据1中未公开该技术特征。专利复审委员会和一审法院均认为，摩托车和自行车都是常用的双轮驾驶工具，本领域的技术人员很容易想到将自行车上的夜间警示装置用于摩托车，螺钉螺纹是本领域常用的连接方式，在此基础上进一步认定相对于证据1，上述区别1、2未构成权利要求1的实质性特点，本院对此不持异议。但本院认为，证据1中并未公开一两侧面对称位置冲有凹槽的油箱体且托架嵌装在凹槽上这一技术特征，该技术特征已经构成了专利法所要求的实质性特点。专利复审委员会和一审法院认为在摩托车油箱体两侧对称位置冲有凹槽，将托架与之嵌接，并将证据1中的自行车上的夜间警示装置用于摩托车油箱两侧对于本领域的技术人员来说均属于显而易见，这一认定忽略了权利要求1技术方案与证据1在安装位置及方式上的区别，即前述区别3，没有考虑区别3为权利要求1技术方案所带来的优于或不同于证据1的技术效果。现有的证据1不足以否定和破坏权利要求1的创造性，专利复审委员会和一审法院认为权利要求1不具备创造性缺乏证据支持，难以令人信服。在权利要求1具备创造性的前提下，从属于权利要求1的权利要求2～5也具备创造性。综上，一审判决及专利复审委员会第10368号无效决定认定事实、适用法律均有错误，本院予以纠正。上诉人梁东的上诉理由成立，其上诉请求应予支持。据此，依照《中华人民共和国行政诉讼法》第61条第（3）项之规定，判决如下：

一、撤销北京市第一中级人民法院（2007）一中行初字第1450号行政判决；

二、撤销国家知识产权局专利复审委员会第10368号无效决定。

一、二案件受理费共计200元，均由国家知识产权局专利复审委员会负担（本判决生效之日起七日内交纳）。

9. “圆珠笔”外观设计专利侵权纠纷案

——派通株式会社诉上海乐美文具有限公司、广东乐美文具有限公司、北京旺市百利商业有限公司飘亮购物中心

原告： 派通株式会社

被告： 上海乐美文具有限公司

被告： 广东乐美文具有限公司

被告： 北京旺市百利商业有限公司飘亮购物中心

案由： 侵犯外观设计专利权纠纷

一审案号： 北京市第二中级人民法院（2008）二中民初字第6624号

一审合议庭成员： 刘薇、梁立君、冯刚

一审结案日期： 2008年6月20日

判决要旨

被控侵权产品在形状上与原告的专利产品完全相同，虽然在笔身部分、按压部分和笔尖部分没有采用和原告的专利产品一样的透明设计，但这种改动是微弱的，并不能带来较大的视觉改变，二者构成相近似。

起诉与答辩

原告派通株式会社诉称：原告是在日本国注册的一家专门生产书写工具的文具公司。原告于2007年8月22日在中国获得了一项名称为“圆珠笔”（专利号为200330127203. X）的外观设计专利权。原告发现被告上海乐美文具有限公司（以下简称上海乐美公司）和广东乐美文具有限公司（以下简称广东乐美公司）生产、销售的“2202A真彩超细按动圆珠笔”产品与涉案专利的整体形状、轮廓完全相同，且笔夹、握持部等富有美感的主要结构要素完全相同。普通消费者极难将两者区分开，容易造成混淆，因此该圆珠笔产品与本案专利构成近似，侵犯了原告享有的专利权。北京旺市百利商业有限公司飘亮购物中心（以下简称飘亮购物中心）销售了该圆珠笔产品，同样构成侵权。故原告起诉至法院，请求法院判令：（1）上海乐美公司及广东乐美公司停止生产、销售“2202A真彩超细按动圆珠笔”产品并处理其库存产品；（2）上海

乐美公司及广东乐美公司废弃用于生产“2202A 真彩超细按动圆珠笔”产品的模具及设备；（3）上海乐美公司及广东乐美公司联合在全国性报纸上刊登道歉声明；（4）上海乐美公司及广东乐美公司连带赔偿原告人民币50万元；（5）飘亮购物中心停止销售“2202A 真彩超细按动圆珠笔”产品；（6）上海乐美公司及广东乐美公司连带承担本案诉讼费及原告为此诉讼支出的公证费用共计2 052元。

被告上海乐美公司辩称：我公司销售的涉案产品不是我公司生产的，而是我公司委托上海真彩文具有限公司（以下简称上海真彩公司）加工生产，上海真彩公司又委托慈溪市观海卫镇升华制笔厂（以下简称升华制笔厂）加工生产的，该厂后更名为宁波百乐文具有限公司（以下简称宁波百乐公司），宁波百乐公司向上海真彩公司出具了有关涉案产品的外观设计专利证书等法律文书。我公司在主观上没有侵权的故意，并能够提供合法来源，不应承担任何责任。且该款笔自2006年6月正式上市销售，市场反映较差，当年7月即停止供货，没有给原告造成损失。原告提出的要求我公司停止侵权、赔礼道歉、赔偿损失等诉讼请求，缺乏法律依据，请求法院依法驳回。

被告广东乐美公司辩称：我公司于2004年7月28日与上海乐美公司签订了《注册商标许可合同》，约定将“真彩”、“TRUE COLOR”商标许可给上海乐美公司使用，并约定因产品设计而引发的知识产权纠纷与我公司无关。故原告诉我公司侵权没有事实及法律依据，请求法院驳回原告的诉讼请求。

被告飘亮购物中心辩称：我中心不知道所销售的“2202A 真彩超细按动圆珠笔”产品侵犯了原告的专利权，我公司有合法的进货渠道，不应承担赔偿责任，请求法院驳回原告对我中心的诉讼请求。

一审查明事实

一审法院查明：

原告是1966年3月1日在日本国注册的一家专业生产书写工具的文具公司。2003年12月13日，百龙企业有限公司向中华人民共和国国家知识产权局申请了一项名称为“圆珠笔”的外观设计专利（见附图1），2004年9月22日获得授权，专利号为ZL200330127203. X。2007年8月22日专利权人变更为原告。现该专利为有效专利。

被告上海乐美公司成立于1999年2月21日，经营范围为：生产笔、美术用品及文具，销售公司自产产品。（涉及行政许可的，凭许可证经营）。被告广东乐美公司成立于2000年9月19日，经营范围为：生产（由分公司另办执照经营）、销售：文化用品，办公用品；销售：纸（不含新闻纸）及纸制品，塑料制品。

2007 年 9 月 13 日，在中华人民共和国北京市公证处监督下，原告的委托代理人邢琪以普通消费者身份从被告飘亮购物中心处购买了商品名称标识为“真彩超细按动圆珠笔”产品 10 盒。当场取得了购物小票一张和加盖有飘亮购物中心发票专用章的商品专用发票一张。原告共付款 52 元，圆珠笔的售价为 2.6 元/支。中华人民共和国北京市公证处出具了（2007）京证经字第 18974 号《公证书》。原告为此支出公证费 2 000 元。

法院当庭对公证处封存的圆珠笔产品进行了拆封、勘验，勘验结果为：包装盒正反面均印有“真彩”文字商标和“TRUE COLOR”文字商标，正面右下角印有“LOTUS 乐美文具”字样，背面印有“生产商：上海乐美文具有限公司”字样及相应的英文译文，背面下部印有“www. lotuspen. com”，经查询其主办单位名称为“上海乐美文具有限公司”。另，被控侵权的圆珠笔的笔身和笔夹部分印有“真彩”和“TRUECOLOR”商标。

法院当庭将公证处封存的被控侵权的圆珠笔产品（见附图 2）与原告的专利产品进行了对比，结论为：被控侵权产品在形状上与原告的专利产品完全相同，所不同的是原告的专利产品在笔身部分、按压部分、笔尖部分是透明的，而被控侵权产品在相应部位均为非透明。

原告主张被控侵权产品与专利产品是相近似的，构成侵权。被告则不予认可，认为透明和非透明的设计在消费者眼中会产生很大的视觉差异。

上海乐美公司出具了其与上海真彩公司于 2004 年 8 月 18 日签订的《加工承揽合同》、上海真彩公司与升华制笔厂于 2005 年 12 月 8 日签订的《购销（加工承揽）合同》、上海真彩公司结账检查表、上海真彩公司给宁波百乐公司付款的电汇凭证、上海真彩公司的增值税发票、方鹏华取得外观设计专利权的证明文件和方鹏华出具的《授权书》，用以证明上海乐美公司销售的涉案被控侵权产品不是其生产的，而是其委托上海真彩公司加工生产，上海真彩公司又委托升华制笔厂加工生产的。上海乐美公司是经方鹏华授权，并按照方鹏华于 2005 年 8 月 26 日申请、于 2006 年 11 月 29 日获得授权的一项名称为“活动铅笔”的外观设计专利（专利号为 ZL200530118992. X）的产品外观，委托上海真彩公司制造的。上海乐美公司在主观上没有侵权的故意，并能够提供合法来源，不应承担任何责任。上海乐美公司还提交了一份 2006 年 7 月 6 日给“各客户”发出的《停货通知书》，内容为“2202A 款圆珠笔 2006 年 6 月上架试销售，反映不好，将不再补货，不再供应”等，用以证明涉案被控侵权产品自试销售后，因客户反映不好随即停止销售，没有给原告造成损失。

原告对被告的上述主张不予认可，并认为根据上海乐美公司提供的加工承揽合同可以看出，上海真彩公司是按照上海乐美公司提供的图纸或样品接受委托、安排生产的，升华制笔厂又是按照上海真彩公司提供的图纸或样品接受委托、安排生产的，而上海乐美公司使用的方鹏华的外观设计专利是在原告涉案专利被公告授权后才申请的，方鹏华的外观设计专利产品与原告的涉案专利构成相近似，上海乐美公司使用方鹏华的专利仍然构成侵权。原告还指出上海乐美公司虽主张升华制笔厂更名为宁波百乐公司，但没有提供相应证据。原告还对上海乐美公司提出的销售数额及《停货通知书》不予认可。

法院经核查，根据上海乐美公司提供的升华制笔厂给上海真彩公司出具的增值税发票显示，2006 年，升华制笔厂向上海真彩公司共销售了 524 299 支涉案被控侵权的圆珠笔产品，总销售金额为 150 119. 79 元，每只笔的销售价格约为 0. 286 元。

上海乐美公司和广东乐美公司还向法院提交了双方于 2004 年 7 月 28 日签订的《注册商标使用许可合同》，该合同约定："广东乐美公司许可上海乐美公司使用其注册的第 1386556 号'真彩'文字商标和第 1383595 号'TRUE COLOR'文字商标，许可性质为普通许可，使用上述商标的产品由上海乐美公司自行设计并生产，上海乐美公司须确保产品设计的独立性、原创性和合法性，如因上海乐美公司的产品设计而引发的有关知识产权的法律责任由上海乐美公司承担，与广东乐美公司无关"。

飘亮购物中心没有提交证据材料，但上海乐美公司认可飘亮购物中心销售的涉案圆珠笔产品是由其供货的。

一审审理结果

一审法院认为：

原告是依日本国法律注册的公司，其经中华人民共和国国家知识产权局审查，合法受让的"圆珠笔"外观设计专利权（专利号为 ZL200330127203. X）仍在有效期内，受我国《专利法》保护。我国《专利法》规定，外观设计专利权被授予后，任何单位或者个人未经专利权人许可，都不得实施其专利，即不得为生产经营目的制造、销售、进口其外观设计专利产品。

外观设计专利权的保护范围以表示在图片或者照片中的该外观设计专利产品为准。根据法院的对比，涉案被控侵权的"2202A 真彩超细按动圆珠笔"产品在形状上与原告的专利产品完全相同，虽然该种产品在笔身部分、按压部分和笔尖部分没有采用和原告的专利产品一样的透明设计，但这种改动是微弱的，并不能带来较大的视觉改变，故二者构成相近似，该"2202A 真彩超细按动圆珠笔"产品侵犯了原告的外观设计专利权。

虽然上海乐美公司提供了证据，证明涉案侵权产品不是由其制造的，而是委托他人为其加工制造的，但上海乐美公司提交的加工承揽合同中明确约定受委托人是按照上海乐美公司提供的图纸和样品进行的加工生产，且方鹏华也是给上海乐美公司出具的授权书，现该产品出现了侵权的情形，责任当然应由上海乐美公司承担。

上海乐美公司虽出具了方鹏华的外观设计专利文件和授权书，主张涉案侵权产品是按照方鹏华的专利制造的，但方鹏华的外观设计专利是在原告涉案专利公告授权后才申请的，又由于我国的外观设计专利在授权时，中华人民共和国国家知识产权局只进行形式审查而不作实质审查，所以上海乐美公司以该份外观设计专利文件作为不侵权的抗辩依据，不能成立，法院不予支持。

综上，根据我国《专利法》的规定，上海乐美公司委托他人制造并销售了侵犯原告专利权的“2202A 真彩超细按动圆珠笔”产品，应承担停止侵权、赔偿原告经济损失及合理的诉讼支出的法律责任。上海乐美公司提交的《停货通知书》是其单方出具的一份书证，在没有其他证据佐证的情况下，法院不予认可。上海乐美公司根据上述《停货通知书》主张其已于 2006 年停止给客户供货，很快就停止了销售，但根据法院查明的事实原告于 2007 年 9 月尚能在市场上购买到侵权产品，故在上海乐美公司没有其他证据予以证明的情况下，法院对其主张不予采信。关于上海乐美公司所应承担的赔偿数额，法院将根据其侵权情节、性质、程度，侵权产品的销售价格，考虑上海乐美公司委托加工生产的规模，以及原告于 2007 年 8 月 22 日才受让涉案专利权，原告只能就该时间之后的侵权行为来主张赔偿等因素酌情确定。原告所提公证费及购买侵权产品的费用是原告为本案诉讼所支出的合理费用，上海乐美公司应予赔偿。

广东乐美公司与上海乐美公司是商标许可与被许可的关系，广东乐美公司并没有参与商品的制造和销售。我国《商标法》第 40 条第 1 款只规定了商标许可人应当对被许可人使用其注册商标的商品质量进行监督，对非商品质量之外的问题未作规定，故原告主张广东乐美公司应与上海乐美公司就侵犯其专利权的行为承担连带责任的主张缺乏法律依据。

飘亮购物中心销售了侵权产品，但因上海乐美公司认可飘亮购物中心销售的产品是由其供货的，故根据法律规定飘亮购物中心可以不承担赔偿责任，但其仍应承担停止销售侵权产品的法律责任。

关于原告所提要求广东乐美公司与上海乐美公司联合向其赔礼道歉的请求，因本案不涉及精神损害和商誉损害，故原告此请求缺乏法律依据，法院不予支持。

关于原告所提处理库存侵权产品、弃用生产模具和设备的请求，因法院已责令上海乐美公司和飘亮购物中心立即停止制造、销售侵权产品，足以制止侵权行为，故原告所提此项请求法院不予支持。

综上，法院依照《中华人民共和国专利法》第 11 条第 2 款、第 56 条第 2 款、第 60 条、第 63 条第 2 款之规定，判决如下：

一、被告上海乐美文具有限公司于本判决生效之日起立即停止制造、销售侵犯原告派通株式会社所享有的第 ZL200330127203. X 号外观设计专利权的涉案“2202A 真彩超细按动圆珠笔”产品；

二、被告上海乐美文具有限公司于本判决生效之日起十日内，赔偿原告派通株式会社经济损失人民币 20 万元及为诉讼支出的合理费用人民币 2 052 元；

三、被告北京旺市百利商业有限公司飘亮购物中心于本判决生效之日起立即停止销售侵犯原告派通株式会社所享有的第 ZL200330127203. X 号外观设计专利权的涉案“2202A 真彩超细按动圆珠笔”产品；

四、驳回原告派通株式会社其他诉讼请求。

一审案件受理费 8 800 元，由派通株式会社负担 1 000 元，上海乐美文具有限公司、广东乐美文具有限公司负担 7 700 元，北京旺市百利商业有限公司飘亮购物中心负担 100 元。

各方当事人均服从一审判决。

10. “多功能榨汁机”外观设计专利无效行政纠纷案

——中山市特立电器有限公司诉国家知识产权局专利复审委员会、广州申昌电器有限公司

原告（被上诉人）：中山市特立电器有限公司
被告（上诉人）：国家知识产权局专利复审委员会
第三人（被上诉人）：广州申昌电器有限公司
案由：外观设计专利权无效行政纠纷

原审案号：北京市第一中级人民法院（2007）一中行初字第81号
原审合议庭成员：彭文毅、江建中、马晓亚
原审结案日期：2007年9月13日
二审案号：北京市高级人民法院（2008）高行终字第222号
二审合议庭成员：刘继祥、莎日娜、刘晓军
二审结案日期：2008年9月12日

判决要旨

虽然本专利的主机、部件1～4均不能单独使用，但主机可以分别与部件1和2、部件3、部件4组装并分别构成具有独立使用价值的三件产品，即部件1和2与部件3、部件4可以非同时共用同一个主机，而这三件产品习惯上又是同时出售的产品，所以，本专利的产品应当是上述三种组合后分别形成的三件产品，而不是本专利附图中的主机、部件1、部件2、部件3、部件4本身，应当根据上述三种组合分别确定本专利的保护范围。本专利的保护范围应由主机与部件1和2的组装、主机与部件3的组装、主机与部件4的组装共同形成。

起诉与答辩

原告中山市特立电器有限公司（以下简称特立公司）诉称：（1）第8490号决定书认定事实存在明显的逻辑错误。第8490号决定书认定本专利是成套产品，包含两个推理：一个是由“没有独立使用价值的产品”，推理出是“有独立使用价值并且在习惯上是同时出售的产品”，另一个是“有独立的使用价

值并且在习惯上同时出售的产品”推出是“成套产品”。将上述两个推理补充之后明显发现，第一个推理错误是中项在两个肯定判断中均不周延；第二个犯了逻辑推理中四概念错误。（2）认定本专利为成套产品明显与《专利法》及其《实施细则》和《审查指南》的相关规定相背离，属认定事实错误。本专利不具备认定为成套产品的前提条件：本专利组成部分的主机、附件1~4不符合成套产品中“同一类别”的要求，本专利不符合成套产品中各产品的设计构思相同，并且习惯上是同时出售、同时使用的要求，相关认定结论属被告主观臆断，本专利也不具备成套产品中各部分能分别获得授权的条件。（3）将三件产品的使用状态参考图作为无效宣告中是否近似或相同的比对对象无事实及法律依据。依《专利法实施细则》第27条第3款规定，本专利中的三幅使用状态参考图不能成为本专利的保护对象；本专利的主机、附件1~4不符合一项申请一件产品的基本要求，不能成为保护对象；本专利五个部分的每一个部分均非具有独立使用价值的产品，不能以成套产品的名义进行合案申请。综上，被告认定事实错误，适用法律不当，请求人民法院撤销第8490号决定并判决本专利全部无效。

被告专利复审委员会辩称：《审查指南（2001）》第一部分第三章4.2.1.2对成套产品的概念作了规定：“成套产品是由两件以上各自独立的产品组成，其中每一件产品都有独立的特性和使用价值，而各件产品组合在一起又能体现出其组合使用的价值。对于一些由数件物品组合为一体的产品，其中每一件单独的构成部分没有独立的使用价值，组合成一体时才能使用，这些物品应当视为一件产品，只能作为一项申请提出。”根据《审查指南》的上述规定，原告的逆向推理是不恰当的。另外原告在无效宣告请求过程中明确其无效宣告请求的理由仅是本专利不符合《专利法》第23条的规定，因此本案不涉及本专利是否符合《专利法》其他规定的情况。综上，专利复审委员会认定事实清楚，适用法律法规正确，原告的诉讼请求没有事实和法律依据，请求人民法院在查明事实的基础上，依法驳回原告的诉讼请求，维持第8490号决定。

第三人广州申昌电器有限公司（以下简称申昌公司）经公告送达起诉状后未提交意见陈述书，未提交证据。

原审查明事实

原审法院查明：

1998年12月1日，申昌公司向国家知识产权局提出名称为“多功能榨汁机”的外观设计专利（即本专利）申请，并于1999年8月4日获得授权公告（见本判决附图），专利号为98333604.0。

2004年12月16日，特立公司请求专利复审委员会宣告本专利无效，其理由是：在先专利与本专利具有相同的外观设计，本专利为现有技术中公知产品的组合，其不符合《专利法》第23条的规定。特立公司同时提交了两份附件作为证据以支持其无效宣告请求：

附件1：第489931号日本外观设计公报及其译文，第489931号的类似1的日本外观设计公报（下称对比文件1，见本判决附图）及其译文，公开日分别为1978年12月6日和1980年6月26日；

附件2：国家知识产权局专利信息中心针对本专利出具的检索报告。

2005年9月20日，专利复审委员会对本案进行了口头审理。在口头审理过程中，特立公司明确表示：仅以对比文件1及其译文与本专利进行比较；请求宣告本专利部件1、2使用状态参考图、部件3使用状态参考图和部件4使用状态参考图所表示的三件产品的外观设计专利全部无效。

2005年11月19日，专利复审委员会作出第8490号决定。专利复审委员会在第8490号决定中认定：（1）对比文件1内容属实，其公开日早于本专利的申请日，二者均为榨汁机，可以作为评价本专利是否符合《专利法》第23条规定的证据使用。（2）本专利主机、部件1～4均不能单独使用，即没有独立的使用价值，因此主机与部件1和2的组合、主机与部件3组合、主机与部件4组合分别构成具有独立使用价值的三件产品，而这三件产品又是习惯上同时出售的产品，所以属于成套产品；主机与部件1和2的组合构成的产品外观与对比文件1公开的相近似，主机与部件3的组合、主机与部件4的组合分别构成的产品外观与对比文件1公开的既不相同也不相近似。据此，专利复审委员会作出第8490号决定，宣告本专利部分无效，即主机与部件1和2的组合构成的一件产品外观设计专利权无效，维持主机与部件3组合、主机与部件4组合构成的两件产品的外观设计专利权有效。

在本案一审诉讼过程中，特立公司表示对第8490号决定第3页中“3、关于《专利法》第23条”部分的第一段“《审查指南》第一部分第三章4.2.1.2对成套产品的概念作了规定……只能作为一项申请提出。”和第二段“本专利主机、部件1～4均不能单独使用，……，所以属于成套产品。”所述内容存有异议，对于决定的案由、决定的理由部分中所涉及的对专利的形状、对比文件1的描述以及对比的情况没有异议，本院对此亦不持异议。

《审查指南（2001）》尚未对“组件产品”给出明确的定义，相关概念被描述为：“对于一些由数件物品组合为一体的产品，其中每一件单独的构成部分没有独立的使用价值，组合成一体时才能使用，例如，扑克牌、积木、插接组件玩具等，这些物品应当视为一件产品（参见《审查指南（2001）》第一部分第三章4.2.1.2)”;《审查指南(2006)》对“组件产品”进行了明确定义:“由数件物品组合为一体的产品,其中每一件单独的构成部分没有独立的使用价值,组合成一体时才能使用的产品为组件产品(参见《审查指南(2006)》第一部分第三章6.2.1.2)”,并在其第四部分第五章5.4.1中增加了有关组件产品具体内容的规定。

原审审理结果

原审法院认为:

(1)关于本专利被认定为“成套产品”是否存在认定事实明显错误,违反相关规定。鉴于第8490号决定的决定作出日为2005年11月19日,在《审查指南(2006)》实施之前,因而应当适用《审查指南(2001)》的相关规定作为本案审理的依据,不应以《审查指南(2006)》中新增的有关“组件产品”的定义及规定来要求被告作出决定时的行为,承担其在过去不能合理预期到的责任。

成套产品是由两件以上各自独立的产品组成,其中每一件产品有独立的特性和使用价值,而各件产品组合在一起又能体现出其组合使用的价值。成套产品的产品组成中并不排斥包含组合产品的情况,此时每一个组合产品视为构成成套产品的一个独立的产品单元。本专利涉及的多功能榨汁机,包括主机、部件1~4,虽然其中每一个单独的构成部分没有独立的使用价值,但是将其按照一定的组装关系(主机与部件1和2组合、主机与部件3组合、主机与部件4组合)组合后即可形成三件各自具有独立特性和使用价值的产品,而该三件组合产品组合在一起又能体现出其组合使用的价值。本专利的特殊性在于:部件1~4需要分别与主机组配后才可构成三件具有独立使用价值的产品,由于部件1~4可公用同一个主机,因此,按照生活习惯和常理,在一台榨汁机中只需配备一个主机而无须配备三个相同的主机,该三件产品符合同时出售或者使用、各产品的设计构思相同的要求,因此,被告将其认定为“成套产品”未与相关法律法规的规定相背离,并无不当。原告诉称的“本专利不具备认定为成套产品的前提条件”缺乏事实及法律依据,本院不予支持。

(2)关于在本专利中以使用状态参考图所示产品的外观设计作为相同或相近似判断的比对对象是否违反相关规定。《专利法》第56条第2款规定,外观设计专利的保护范围以表示在图片或照片中的该外观设计专利产品为准。从该条款表述的内容上看并没有将使用状态(参考)图的情况予以完全排除,而且,《审查指南(2001)》中给出了以使用状态图作为外观设计相同或相近似判断比对对象的例子,例如《审查指南(2001)》第四部分第五章7.3.2中在对变化状态的产品的相同或相近似判断时就是以被比外观设计的使用状态图所示的外观设计作为与在先设计进行比较的对象，产品的相同和相近似取决于产品使用状态的外观设计的相同和相近似性。由此可见，在《专利法》及《审查指南》均没有明确禁止以产品的使用状态（参考）图来作为相同或相近似的比对对象的情况之下，不能仅因其被冠以“参考图”的字样而一概否认，本院认为，鉴于外观设计保护客体的复杂和多样性且不经过实审程序，针对不同情况，不宜简单一概而论，而应当在《专利法》及《审查指南》有关规定的框架下，具体分析、合理适用。

对于涉案多功能榨汁机来说，一般消费者在购买和使用这类产品时会对该组合后的产品的整体外观留下印象，所以应当以其组合状态下的整体外观设计为比对对象，而不是以所有单个部件的外观设计为对象来判断相同或相近似，因此，被告主要采用能够体现组合状态下整体外观设计的使用状态参考图所示产品的外观设计作为相同或相近似判断的比对对象，没有违背相关法律以及《审查指南》的精神要旨，况且在实际比对过程中被告并没有完全脱离单个部件的视图（见前述审理查明部分的最后），由此可见，原告的有关不能以产品的使用状态参考图作为无效宣告中外观设计是否相同或相近似的比对对象的主张缺乏事实及法律依据，本院不予支持。

（3）原告所诉称的本专利不符合《专利法》第 31 条第 2 款及《实施细则》第 36 条第 1 款的有关规定，其实际上是对于两项以上外观设计合案作为一件申请提出的要求，由于不具有“单一性”并不是提起无效宣告请求的理由，且鉴于被诉决定是在已经作为一件申请提出且是已授权公告的外观设计专利的事实基础上，仅对本专利是否符合《专利法》第 23 条的规定所作出的审查，因此，原告在本案中所诉及的本专利不符合除《专利法》第 23 条规定之外的其他规定，不属于本院审理的范围。

综上，被告作出的第 8490 号决定审查程序合法，认定事实清楚，适用法律法规正确，应当予以维持。原告的诉讼请求缺乏事实与法律依据，本院不予支持。依据《中华人民共和国行政诉讼法》第 54 条第（1）项之规定，本院判决如下：

维持被告国家知识产权局专利复审委员会作出的第 8490 号无效宣告请求审查决定。

特立公司不服原审判决并向二审法院提出上诉，请求撤销专利复审委员会作出的第 8490 号决定。特立公司的上诉理由是：原审判决以偏概全，认定事实缺乏针对性且有臆断之嫌，第 8490 号决定缺乏法律依据，本专利不属于成套产品，其将产品使用状态参考图作为比对对象无法律依据。

专利复审委员会和申昌公司服从原审判决。

二审查明事实

二审法院查明事实与原审相同。

二审审理结果

二审法院认为：

成套产品通常是指由两件以上各自独立的产品组成的产品，其中每一件产品有独立的特性和使用价值，而各件产品组合在一起又能体现出其组合使用的价值。专利复审委员会在第8490号决定中一方面认定本专利主机、部件1~4均不能单独使用，即没有独立的使用价值，另一方面又认定本专利属于成套产品，显然不当，原审法院维持专利复审委员会将本专利认定为成套产品的结论亦有不当，上诉人有关本专利不属于成套产品的上诉理由成立。

本专利的特殊性在于，虽然本专利的主机、部件1~4均不能单独使用，但主机可以分别与部件1和2、部件3、部件4组装并分别构成具有独立使用价值的三件产品，即部件1和2与部件3、部件4可以非同时共用同一个主机，而这三件产品习惯上又是同时出售的产品。本专利的产品实际上应当是上述三种组合后分别形成的三件产品，而不是本专利附图中的主机、部件1、部件2、部件3、部件4本身，故应当根据上述三种组合分别确定本专利的保护范围。因此，本专利的保护范围应由主机与部件1和2的组装、主机与部件3的组装、主机与部件4的组装共同形成。由于这三种组装的外观设计与本专利附图中的三幅使用状态参考图相对应，故专利复审委员会确定比对对象并无不当，上诉人有关本案比对对象错误的上诉主张不能成立，本院不予支持。

由于本专利主机与部件1和2的组合所构成的产品外观与对比文件1在先公开的外观设计相近似，主机与部件3的组合、主机与部件4的组合分别形成的产品外观与对比文件1公开的外观设计不相同也不相近似，故主机与部件1和2的组合应不属于本专利的保护范围，专利复审委员会在第8490号决定中宣告本专利主机与部件1和2的组合构成的一件产品外观设计专利权无效，维持主机与部件3的组合、主机与部件4的组合的构成的两件产品的外观设计专利权有效的结论正确，上诉人的相应诉讼主张不能成立，本院不予支持。

综上，虽然上诉人有关本专利不应被认定为成套产品的部分上诉理由成立，但其主要上诉理由及上诉主张不能成立，本院不予支持。原审判决认定事实基本清楚，适用法律正确，应予维持。依据《中华人民共和国行政诉讼法》

第 61 条第（1）项之规定，判决如下：

驳回上诉，维持原判。

一审案件受理费 1 000 元，由中山市特立电器有限公司负担（已交纳）；二审案件受理费 100 元，由中山市特立电器有限公司负担（已交纳）。

附图：

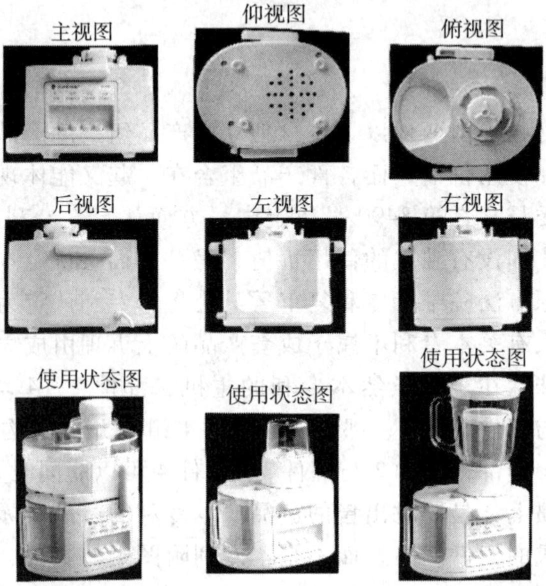

本专利

对比文件1

11. “用5－α还原酶抑制剂治疗雄激素引起的脱发的方法”发明专利无效行政纠纷案

——默克公司诉国家知识产权局专利复审委员会、河南天方药业股份有限公司

原告（上诉人）： 默克公司

被告（被上诉人）： 国家知识产权局专利复审委员会

原审第三人： 河南天方药业股份有限公司

案由： 发明专利无效行政纠纷

原审案号： 北京市第一中级人民法院（2007）一中行初字第854号

原审合议庭成员： 刘海旗、佟姝、乔平

原审结案日期： 2008年3月20日

二审案号： 北京市高级人民法院（2008）高行终字第378号

二审合议庭成员： 刘辉、岑宏宇、焦彦

二审结案日期： 2008年9月12日

判决要旨

在制药用途权利要求中，给药方式或者用量等特征只有在能够对制药过程产生限定作用的时候才予以考虑，仅仅体现在用药过程中的技术特征不能使该用途具有新颖性。

起诉与答辩

原告默克公司诉称：（1）关于程序问题。根据《审查指南》的相关规定，被告应当将其审查决定所依据的理由、证据和认定的事实告知专利权人，但被告在第9508号决定中所认定的用途权利要求等同于方法权利要求、药物的服用剂量不会对适应症等产生限定性影响及对药物中有效成分和含量进行选择是本领域的常规技术等理由和事实认定均未告知专利权人，被告的该行为违反了《审查指南》的相关程序性规定。（2）关于实体问题。被告忽视了《审查指南》对于“用途权利要求”的规定有别于“化学方法权利要求”的规定，在

判断创造性时没有按照“三步法”和“已知产品用途发明的创造性”的规定来评价本专利权利要求1的创造性。而且，被告还错误地将权利要求1的有关药剂含有更低剂量的非那甾胺这一技术特征认定为技术效果，由此进一步认定“低剂量”与“口服”之间有关联性才能确立创造性。事实上，剂量大小由药物的药效决定，而是否口服则由药物的物化性质决定，“剂量”与“口服”两者在性质上没有必然的关联性。原告认为，药剂的给药方式和使用剂量均是技术手段，其技术效果是治疗疾病。相对于附件3，本专利使用的药剂适用于口服给药和含有更低剂量的非那甾胺，能够达到治疗雄性脱发的治疗效果，而潜在的毒副作用得以降低。本专利的上述技术手段和技术效果使得其相对于现有技术具有突出的实质性特点和显著的进步，具有创造性。综上所述，被告认定事实不清，适用法律错误，程序违法，原告据此请求人民法院撤销第9508号决定，并判令被告重新作出无效宣告请求审查决定。

被告专利复审委员会辩称：（1）关于程序问题。关于剂量特征能否对于制药用途的权利要求起到限定作用是一个法律问题而不是事实问题，双方当事人也在无效程序当中对此进行了充分的意见陈述，不存在违反程序性规定的问题。（2）关于医药用途权利要求与制药方法权利要求的关系以及剂量特征能否对制药用途权利要求产生限定作用的问题。权利要求只有产品权利要求和方法权利要求两类，物质的医药用途权利要求属于方法权利要求的一种，其涉及的是制备这一时间过程，并不涉及制备完毕之后用药的过程，故物质的医药用途的权利要求实质上就是制药方法权利要求，而《审查指南》中已经明确规定了使用剂量不能对制药用途权利要求产生限定作用。（3）关于对药物有效成分含量进行选择是否是常规技术。正如第9508号决定已经指出的，为了达到一定的使用剂量，可以多次服用低剂量的药物，也可以较少次地服用高剂量的药物，药物的有效成分含量与使用剂量无关，使用剂量的改进不会导致有效成分含量的选择具备创造性。（4）关于法律适用问题。原告认为被告将权利要求内容与说明书内容进行比较的方法存在法律适用的错误，根据审查指南的规定，发明相对于现有技术实际解决的技术问题是根据区别特征所能达到的技术效果来确定的，并且发明的技术效果可以作为重新确定技术问题的基础，只要本领域的技术人员从该说明书所记载的内容中能够得知该技术效果即可，即对技术效果的发现应该在本专利的说明书中寻找。降低口服剂量这一现象虽然不构成区别技术特征，但可以作为一个待选技术效果，而根据本专利说明书的记载，降低剂量与口服给药并无任何关系。综上所述，请求人民法院维持第9508号决定。

第三人河南天方药业股份有限公司（以下简称天方药业公司）述称：

(1) 原告认为“物质的医药用途不同于药品的制备方法”，但原告混淆了“医药用途”与“制药用途”两个概念，本专利属于“制药用途”专利而非笼统的“医药用途”专利，被告将其认定为药品的制备方法类权利要求并无不妥。(2) 剂量特征不能构成对制药类权利要求的限定，如果将剂量特征作为化合物制药应用的技术特征，则会导致保护范围的不合理扩展，影响公众的合法权利。(3) 被告对于权利要求6中药物组合物中活性成分含量的限定并无创造性的认定是正确的。(4) 关于程序问题。第三人在提出无效请求时已经明确就“剂量”能否构成对制药方法类权利要求的限定问题陈述了意见，原告也对此进行过答复，被告并不存在违反程序性规定的问题。(5) 关于法律适用问题。在考虑区别技术特征是否带来预料不到的效果时，当然要考虑本专利说明书的内容，因为说明书是用来解释和说明权利要求的，被告在考察发明效果时借助于说明书的内容并不存在法律适用错误的问题。综上所述，第三人认为被告作出第9508号决定程序合法，认定事实清楚，适用法律正确，请求人民法院驳回原告的诉讼请求，维持第9508号决定。

原审查明事实

原审法院查明：名称为“用5－α还原酶抑制剂治疗雄激素引起的脱发的方法”的发明专利（即本专利）由默克公司于1994年10月11日向原中国专利局提出申请，于2002年12月25日被授权公告，专利号为94194471.9。本专利的授权权利要求为：

“1. 17β－（N－叔丁基氨基甲酰基）－4－氮杂－5α－雄甾－1－烯－3－酮在制备适于口服给药用以治疗人的雄激素引起的脱发的药剂中的应用，其中所述的药剂包含剂量为约0.05～3.0mg的17β－（N－叔丁基氨基甲酰基）－4－氮杂－5α－雄甾－1－烯－3－酮。

“2. 权利要求1的应用，其中该剂量为约0.05～1.0mg。

“3. 权利要求2的应用，其中该剂量为约1.0mg。

“4. 权利要求3的应用，其中雄激素引起的脱发是男性型秃头。

“5. 权利要求1的应用，其中雄激素引起的脱发是男性型秃头。

“6. 一种用于治疗雄性激素引起的脱发并促进头发生长的药物组合物，它含有0.05～3.0mg单位剂量的17β－（N－叔丁基氨基甲酰基）－4－氮杂－5α－雄甾－1－烯－3－酮和可药用载体。

“7. 权利要求6的药物组合物，其中雄激素引起的脱发是男性型秃头。

“8. 权利要求6的药物组合物，其中所述组合物经口服给药。

“9. 权利要求6～8之任一项的药物组合物，其中单位剂量为约

0.05～1.0mg。

"10. 权利要求6～8之任一项的药物组合物，其中单位剂量为约1.0mg。

"11. 权利要求6～8之任一项的药物组合物，其中组合物为片剂。

"12. 权利要求10的药物组合物，其中组合物为片剂。

"13. 权利要求6～8之任一项的药物组合物，其中药用载体选自磷酸钙、乳糖、玉米淀粉和硬脂酸镁。

"14. 权利要求13的药物组合物，其中药用载体选自乳糖和硬脂酸镁。

"15. 权利要求13的药物组合物，其中的片剂还含有下列的一种或多种：黏结剂、润滑剂、崩解剂和着色剂。

"16. 权利要求15的药物组合物，其中的黏结剂选自：淀粉、明胶、天然糖、玉米甜味剂、树胶、羧甲基纤维素、聚乙二醇和蜡。

"17. 权利要求16的药物组合物，其中的黏结剂选自淀粉和明胶。

"18. 权利要求15的药物组合物，其中的润滑剂选自油酸钠、硬脂酸钠、硬脂酸镁、苯甲酸钠、乙酸钠及氯化钠。

"19. 权利要求18的药物组合物，其中的润滑剂为硬脂酸镁。

"20. 权利要求15的药物组合物，其中的崩解剂选自淀粉、甲基纤维素、琼脂、膨润土和合成生物聚合胶。

"21. 权利要求20的药物组合物，其中的崩解剂为淀粉。"

在本专利说明书中有如下记载：非那甾胺（17β－（N－叔丁基氨基甲酰基）－4－氮杂－5α－雄甾－1－烯－3－酮）……也具有提供用于本发明新的治疗方法的合适的系统，口服、肠胃外和局部药物制剂的目的，含有5－α还原酶2抑制剂化合物作为活性成分，用于治疗上述过量雄性激素病的组合物可以广泛的治疗剂量形式以普通载体系统给药。……同样的，它们也可静脉内（快速浓注bolus和输注）、腹膜内、皮下、局部伴随或没有吸留（occlusion）或肌内形式，以所有普通药学专业人员所熟知的形式给药。对于口服给药，例如，可以提供含有0.01mg、0.05mg、0.1mg、0.2mg、1.0mg、2.0mg和3.0mg的活性成分的刻痕或未刻痕的片剂形式的组合物作为对被治疗患者的症状的剂量调节。

2004年6月18日，天方药业公司以本专利不符合《专利法》第26条第3～4款，第33条，第22条第2～3款及《专利法实施细则》第20条第1款的规定为由，向专利复审委员会提出无效宣告请求并提交了相应的证据，其中：

附件3为专利号EP0285382A2的欧洲专利说明书复印件及其中文译文共计11页，该专利的公开日为1988年10月5日。附件3的名称为用17β－N－

单取代－氨甲酰基－4－氮－5α－雄烷－1－烯－3－酮治疗雄性脱发，该专利包括8项权利要求。权利要求5的内容为："17β－（N－叔丁基甲酰胺基）－4－氮－5α－雄烷－1－烯－3－酮的用途是供生产用于使雄性脱发停止和逆转的药物"。权利要求6内容为："上述任何权利要求所述的用途，其中雄性脱发是指男性型脱发"。权利要求7内容为："上述任何权利要求所述的用途，其中生产的药物含有0.10%～15%化合物和一种可以药用的载体"。

2006年2月16日，专利复审委员会对本案进行了口头审理。在口头审理过程中，天方药业公司将无效理由明确为：权利要求1～3、6、9、10、16、20不符合《专利法》第33条的规定，其余权利要求引用这些权利要求，导致权利要求1～21不符合《专利法》第33条的规定；依据附件9，说明书公开不充分，不符合《专利法》第26条第3款的规定；依据附件1和9，权利要求1～21不符合《专利法》第23条第4款的规定；权利要求1～5中"剂量"的使用导致保护范围不清楚，不符合《专利法实施细则》第20条第1款的规定；根据附件3，权利要求1～21不符合《专利法》第22条第2款规定的新颖性；权利要求1～5相对于附件6没有新颖性，不符合《专利法》第22条第2款的规定；权利要求1～21相对于附件3、附件6、附件6与7结合、附件6与8结合、附件3、6与7结合不符合《专利法》第22条第3款规定的创造性。天方药业公司放弃了权利要求6～21不符合《专利法实施细则》第20条第1款的无效理由和权利要求6～21相对于附件6没有新颖性的无效理由。

专利复审委员会于2007年2月6日作出第9508号决定。专利复审委员会在该决定中认为：

（1）关于《专利法》第33条。默克公司对于本专利授权文本的修改符合《专利法》第33条的规定，天方药业公司的相关无效理由不能成立。

（2）关于《专利法》第26条第3款的问题。基于说明书中的记载，本领域的技术人员能够实现权利要求1～5所述的制药用途的技术方案，并且可以预期其技术效果，达到发明目的。剂量是用药的技术特征，权利要求1～5请求保护的是制药用途，因此"剂量"对权利要求1～5不起限定作用，天方药业公司关于以剂量为特征限定药品的活性成分在制药中无法实现的理由的基础已不存在。权利要求6～21请求保护的是药物组合物，虽然说明书中没有具体实施方式，也没有详细记载所述组合物的制备方法，但是说明书中指出上述组合物可以用现有技术常规的方法来制备且大量列举了组合物中所使用的各种辅料，本领域的技术人员在此基础上能够制备得到权利要求6～21的药物组合物。

（3）关于《专利法》第26条第4款的规定。权利要求1～5的制药方法中限定的是用药的剂量，而非药物中有效成分的含量，剂量对于制药用途权利要求不起限定作用，而根据说明书中的记载可以概括出权利要求6~21的药物组合物权利要求。

（4）关于《专利法实施细则》第20条第1款的规定。剂量对于制药用途的保护范围不起限定作用，所以权利要求1~5不会因为其中的“剂量”这一术语而不清楚，故天方药业公司的该无效理由不能成立。

（5）关于《专利法》第22条第2款。本专利权利要求1与附件3相比区别在于①本专利限定该药物的使用剂量为约0.05~3.0mg和②口服给药方式。但上述两个区别均为用药的特征，对于制药方法的技术方案不起限定作用，因为物质的制药用途实际上等同于药品的制备方法，作为药品的制备方法，能直接对其起到限定作用的特征只能是原料、制备步骤和条件、药物产品形态或成分等特征，用药是药物制备完成之后的下一步骤，制药与用药是不同的两个步骤，其时间域并无重合。但如果特定的用药过程客观上对制药提出了一定要求，如对制药方法的原料选择、制备步骤以及产品成分等特征产生了影响，则可以视同为制药的技术特征。上述的区别①为本专利的药物能以约0.05~3.0mg的剂量使用，为满足上述服用剂量，患者可以多次服用较低含量的药物或者较少次地服用较高含量的药物，这是一般的生活常识。从本专利的说明书中也可以看出剂量与活性成分含量并无必然联系，药物的服用剂量更不会对制药的原料、制造方法以及适应症等产生限定性的影响。所以，该区别特征对权利要求1不具备限定作用，在新颖性、创造性的评价中视为不存在。对于区别②，其虽然涉及的也是药物产品的使用方法，但是一般其隐含一定的产品技术特征，如口服给药要求其辅料必须适于口服，这就对辅料的选择起到了限定作用，即上述区别②在一定程度上对药物产品起限定作用。因此，本专利权利要求1与附件3中权利要求5的区别技术特征仅在于本专利限定了给药方式为口服，附件3没有限定给药方式。综上，本专利权利要求1因与附件3存在区别技术特征而具有新颖性，权利要求2~5作为权利要求1的从属权利要求，其相对于附件3也具备新颖性。权利要求6请求保护含有非那甾胺的药物组合物，其中非那甾胺的含量为0.05~3.0mg单位剂量，附件3中没有公开该含量的药物组合物，权利要求6与附件3相比存在区别技术特征，所以，权利要求6相对于附件3具备新颖性。权利要求7~21均直接或间接引用了权利要求6，其相对于附件3也具备新颖性。

（6）关于《专利法》第22条第3款的规定。本专利权利要求1与附件3的区别特征仅在于本专利权利要求1还限定了给药方式为口服，而口服给药是一种本领域技术人员所熟知的给药形式，其对辅料的选择也是公知的，若认定权利要求1具有创造性，就要求其具有基于给药方式的改变而非其他原因所产生的出人意料的技术效果，即如果有证据表明，非那甾胺在制成其他剂型时只能以较高剂量使用，而制成口服剂型后却可以以较低剂量服用并达到与高剂量使用其他剂型相同的效果，则权利要求1也就具有了基于剂型改变所产生的出人意料的技术效果。但从本专利的说明书中可以看到，权利要求1的方法所制得的产品除具有口服剂型通常所具有的特点外，不存在其他相对于附件3中权利要求5的方法所制得的产品而言出人意料的技术效果。因此，权利要求1相对于附件3不具备创造性。权利要求2、3对权利要求1进一步限定的特征均涉及“剂量”，由于剂量对于制药用途的权利要求不具有限定作用，故权利要求2、3相对于附件3也不具备创造性。权利要求4、5分别引用权利要求3、1，限定其中雄激素引起的脱发是男性型秃头，附件3的权利要求6同样也限定雄激素性脱发为男性型秃头，故权利要求4、5也不具备创造性。权利要求6请求保护一种药物组合物，权利要求6与附件3相比请求保护的药物组合物中含有0.05~3.0mg单位剂量的非那甾胺，而附件3中相应含量为0.10%~1.5%。由于对药物中有效成分的含量进行选择是本领域的常规技术，而从说明书中又不能看出将有效成分限定为0.05~3.0mg有何出人意料的技术效果，因此，权利要求6的技术方案不具备创造性。权利要求7引用权利要求6，附加技术特征为将适应症限定为男性型秃头，附件3的权利要求6也相应地将雄激素引起的脱发限定为男性型脱发，因此权利要求7相对于附件3也不具备创造性。权利要求8引用权利要求6，附加技术特征为所述组合物经口服给药，基于口服给药这一技术特征不能为权利要求1带来创造性的原因，权利要求8也不具备创造性。权利要求9、10进一步限定了单位剂量的范围，其也不具备创造性。权利要求11、12限定了药物组合物的剂型为片剂，权利要求13~21分别对药物的辅料进行了限定，但这些均是本领域的公知常识，未能使得本专利具备创造性。因此，本专利所有权利要求相对于附件3不具备创造性，不符合《专利法》第22条第3款的规定。综上所述，专利复审委员会作出第9508号决定宣告本专利权无效。

另查明，默克公司在庭审过程中对于专利复审委员会所认定的本专利权利要求1与附件3相比存在的两点区别即本专利限定该药物的使用剂量为0.05~3.0mg及本专利限定了给药方式为口服给药而附件3未限定给药方式并无异议。同时，默克公司认为，权利要求1和权利要求6为独立权利要求，对于其他从属权利要求的创造性评价问题，依赖于权利要求1和权利要求6这两项独立权利要求创造性的存在与否，即如果权利要求1和权利要求6具备创造性，其他从属权利要求亦具有创造性，在权利要求1和权利要求6不具备创造性的前提下，其他从属权利要求亦不具备创造性。

此外，对于在本专利授权公告文本中所标明的专利权人“麦克公司”，各方当事人在庭审当中均认可即为本案的原告默克公司。

原审审理结果

原审法院认为：

一、关于被告所作出的第9508号决定是否存在程序违法的问题

原告认为被告在作出第9508号决定之前并没有将决定中所涉及的诸如对于用途权利要求的理解、药物的服用剂量是否会对适应症等产生限定性的影响等问题告知原告并给予其陈述意见的机会从而违反了《审查指南》中所规定的请求原则和听证原则，对此法院认为，作为无效请求人的第三人在提出本案的无效宣告请求时已经明确将本专利不符合《专利法》第22条第2、3款的规定即新颖性和创造性问题作为无效理由，双方当事人在转文及口头审理过程中都对上述问题充分陈述了意见。原告所提未告知其的相应问题，均只是在新颖性和创造性评判的过程中所进一步论述的一些具体法律理解的问题，在原告已经对于本专利的新颖性和创造性问题充分陈述了意见的情况下，第9508号决定并不存在违反请求原则和听证原则的程序性错误，原告与此相关的诉讼理由法院不予支持。

二、关于本专利的新颖性评价问题

我国《专利法》所称的新颖性是指在申请日以前没有同样的发明或者实用新型在国内外出版物上公开发表过、在国内公开使用过或者以其他方式为公众所知，也没有同样的发明或者实用新型由他人向国务院专利行政部门提出过申请并且记载在申请日以后公布的专利申请文件中。附件3的公开日早于本专利的申请日，构成了本专利的现有技术，可以用于评价本专利的新颖性。

首先，关于权利要求1及其从属权利要求相对于附件3的新颖性问题。

根据法院已经查明的事实，本专利权利要求1与附件3存在的两点区别是：（1）本专利限定了药物的使用剂量为约0.05～3.0mg；（2）本专利限定了给药方式为口服给药，而附件3未限定给药方式。上述两项区别均属于用药特征，对于反映在制药用途权利要求当中的用药特征，应当判断其是否能够对制药用途本身产生影响，即要考虑是否有证据证明上述区别的限定能给制药用途本身带来任何功能、性质上的改变。

对于区别1即对于给药剂量的限定，法院认为，在作为方法类型权利要求之一的物质的医药用途权利要求中，给药剂量是治病过程中活性成分的使用量，即药物的使用方法，与所制备的药物产品中活性成分的含量之间没有直接

的关系，它是医生针对个体病人，选择服用特定药物的药物剂量以符合病人的特定需要并在个体病人中获得所需的治疗效果。给药剂量的确定不仅依赖于制药过程中对药物单位剂量的选择而且更依赖于医生在治疗过程中根据个体病人的特定需要而进行的选择。由此可见，给药剂量的限定并不能在制药过程中予以完全体现，其还涵盖了医生的治病行为，而制药用途权利要求的保护范围并不包括医生以何种剂量给予患者该药物对其进行治疗的行为，否则会限制医生在诊断和治疗过程中选择各种方法和条件的自由，从而损害公众利益，也有违我国《专利法》的立法宗旨。由此可见，给药剂量这一特征不能体现在制药过程中而只是治病的技术特征，被告关于其对于权利要求1不具备限定作用进而在新颖性、创造性评价中视为不存在的观点正确，法院予以支持。

鉴于权利要求1与附件3相比仍然存在口服给药方式这一区别，如果口服给药的形式能够为本专利带来意料不到的技术效果，这一区别特征在一定程度上即能够对于制药用途权利要求起到限定作用。基于这一区别技术特征的存在，权利要求1相对于附件3具有新颖性。在此基础上，权利要求1的从属权利要求2~5相对于附件3也具备新颖性。

其次，关于权利要求6及其从属权利要求的新颖性问题。

权利要求6请求保护的是含有0.05~3.0mg单位剂量的非那甾胺药物组合物，附件3并未公开含有上述单位剂量的药物组合物，故权利要求6相对于附件3具有新颖性。在此基础上，直接或者间接引用权利要求6的权利要求7~21相对于附件3也具有新颖性。

三、关于本专利的创造性评价问题

根据我国《专利法》第22条第3款的规定，创造性是指同申请日以前已有的技术相比，该发明有突出的实质性特点和显著的进步。

首先，关于权利要求1及其从属权利要求的创造性。

根据法院在关于本专利的新颖性部分所评述的内容可知，权利要求1与附件3相比所存在的区别技术特征为权利要求1中还限定了给药方式为口服给药。作为一种辅料的选择已为公知的常规给药方式，只有在口服给药这一给药形式而非其他因素为本专利带来了意料不到的技术效果的情况下，才能够认为权利要求1相对于附件3具备创造性。也就是说，专利权人必须证明是基于选用口服给药这一方式，本专利才得以实现以较低剂量使用非那甾胺并能够实现与使用高剂量相同的治疗效果这一技术效果。但是，通过阅读本专利的说明书可以发现，非那甾胺在本专利中可以以所有普通药学专业人员所熟知的形式给药，并均可以以权利要求1中所称的0.05~3.0mg/天的低剂量使用。由此可见，口服给药这一区别技术特征并没有给本专利带来任何意料不到的技术效果，或者说，本专利所称的任何意料不到的技术效果并非是口服给药这一方式所带来的，故权利要求1相对于附件3不具备创造性。

权利要求2和权利要求3是在权利要求1的基础上对于使用剂量的进一步限定，基于法院已经认定使用剂量对于本专利不具有限定作用，在权利要求1相对于附件3不具备创造性的基础上，权利要求2和权利要求3同样不具备创造性。

权利要求4和权利要求5进一步限定了雄激素引起的脱发是男性型秃头，附件3同样限定雄激素性脱发为男性型秃头，在权利要求1相对于附件3不具备创造性的基础上，权利要求4和权利要求5同样不具备创造性。

其次，关于权利要求6及其从属权利要求的创造性。

权利要求6所要保护的是一种含有0.05～3.0mg单位剂量活性成分非那甾胺的药物组合物，附件3公开了一种含有0.10%～1.5%非那甾胺的药物组合物，二者均是用于治疗雄激素引起的脱发。也就是说，二者的区别在于权利要求6公开的是单位剂量而附件3所公开的是重量百分数。虽然药物的单位剂量是制药过程中的一个技术特征，但本领域技术人员根据实际需要以及常规的制药工艺可以选择不同单位剂量的药物，而且由一种单位剂量的药物组合物制成另外一种单位剂量的药物组合物并不需要克服任何的技术难题，也就是说，对于药物中有效成分含量的选择是所属技术领域的技术人员的常用技术手段。更为重要的是，从本专利的说明书中亦不能看出将药物的有效成分限定为0.05～3.0mg赋予了本专利何种有益效果。因此，权利要求6相对于附件3不具备创造性。

权利要求7进一步将权利要求6中的适应症限定为男性型秃头，由于附件3作出了相同的限定，在权利要求6不具备创造性的基础上，权利要求7亦不具备创造性。

权利要求8在权利要求6基础上限定的附加技术特征为给药方式为口服给药，由于法院已经确定口服给药的方式未能够给本专利带来意料不到的技术效果，权利要求8在权利要求6不具备创造性的基础上亦不具备创造性。

权利要求9和权利要求10是对于单位剂量的具体限定，在权利要求6不具备创造性的基础上，这种对于单位剂量的具体限定亦不具备创造性。

权利要求11和权利要求12是对于药物组合物剂型的限定，权利要求13～21是对于药物辅料的进一步限定，被告认定上述附加技术特征均属于公知常识，原告亦未对此提出异议，法院对于被告的认定予以支持，即在权利要求6不具备创造性的基础上，权利要求11和权利要求12以及权利要求13～21均不具备创造性。

综上所述，第9508号决定认定事实清楚，适用法律、法规正确，审查程序合法，法院应当予以维持。依照《中华人民共和国行政诉讼法》第54条第（1）项之规定，判决如下：

维持被告中华人民共和国国家知识产权局专利复审委员会作出的第9508号无效宣告请求审查决定。

上诉人默克公司不服提起上诉称：（1）专利复审委员会在第9508号决定中所认定的用途权利要求等同于方法权利要求、药物的服用剂量不会对适应症等产生限定性影响及对药物中有效成分和含量进行选择是本领域的常规技术等理由和事实认定均未告知专利权人，违反了《审查指南》的相关程序性规定。（2）给药剂量可以用以限定医药用途权利要求，而且医药用途权利要求的保护范围由其全部必要技术特征界定，对医生的治疗行为没有法律约束力，原审判决关于“给药剂量不能体现在制药过程中而只是制药的技术特征”这一认定的推理过程是错误的。（3）原审判决在创造性判断中不考虑剂量方面的区别技术特征是错误的。相对于附件3，本专利使用的药剂适用于口服给药和含有更低剂量的非那甾胺，能够达到治疗雄性脱发的治疗效果，而潜在的毒副作用得以降低。本专利的上述技术手段和技术效果使得其相对于现有技术具有突出的实质性特点和显著的进步，具有创造性。

专利复审委员会、河南天方药业公司服从一审判决。

二审查明事实

二审法院查明事实与原审相同。

二审审理结果

二审法院认为：

一、关于专利复审委员会所作出的第9508号决定是否存在程序违法的问题

专利复审委员会作出无效决定时应当给予当事人就这些具体的事实和理由进行解释和申述理由的适当机会，特别是作为作出审查决定所依据的事实和理由，必须要给予当事人进行解释和申诉理由的机会。天方药业公司在提出本案的无效宣告请求时已经明确将本专利不符合《专利法》第22条第2~3款的规定即新颖性和创造性问题作为了无效理由，双方当事人在转文及口头审理过程中都对上述问题充分陈述了意见。故在默克公司已经对于本专利的新颖性和创造性问题充分陈述了意见的情况下，专利复审委员会并不存在违反听证原则

的程序性错误。默克公司认为专利复审委员会违反听证原则的上诉主张不能成立，法院不予支持。

二、关于本专利的新颖性问题

《专利法》所称的新颖性是指在申请日以前没有同样的发明或者实用新型在国内外出版物上公开发表过、在国内公开使用过或者以其他方式为公众所知，也没有同样的发明或者实用新型由他人向国务院专利行政部门提出过申请并且记载在申请日以后公布的专利申请文件中。附件 3 的公开日早于本专利的申请日，构成了本专利的现有技术，可以用于评价本专利的新颖性。

本专利权利要求 1 与附件 3 存在两个区别技术特征：（1）本专利限定了药物的使用剂量为约 0.05 ~3.0mg；（2）本专利限定了给药方式为口服给药，而附件 3 未限定给药方式。鉴于本专利权利要求 1 与附件 3 相比存在上述两个区别技术特征，权利要求 1 相对于附件 3 具有新颖性。在此基础上，权利要求 1 的从属权利要求 2 ~5 相对于附件 3 也具备新颖性。由以上分析也可以得出本专利权利要求 6 相对于附件 3 具有新颖性。在此基础上，直接或者间接引用权利要求 6 的权利要求 7 ~21 相对于附件 3 也具有新颖性。

专利复审委员会认为，上述两项区别技术特征均属于用药特征，而作为一个一般的原则，用药特征本身对于制药方法的技术方案不起限定作用。而默克公司则主张物质的制药用途与药品的制备方法不同。法院均不同意上述两个观点。

本专利是化合物的医药用途发明，其采用的权利要求撰写方式为“化合物 X 作为制备治疗 Y 病药物的应用”这种典型的医药用途权利要求。这种方式是为了解决“化合物 X 用于治疗 Y 病”为疾病治疗方法不能授予专利权这一《专利法》的困境，其真正保护的是化合物 X 的医药用途。如果化合物 X 的医药用途落实到药品的制备上，则可以视为药品的制备方法，效果与“治疗 Y 病的药物的制备方法，其特征在于应用化合物 X”等同。因此，默克公司的上述主张是不能成立的。

医药用途发明本质上是药物的使用方法发明，如何使用药物的技术特征，即使用剂型和剂量等所谓的“给药特征”，应当属于化合物的使用方法的技术特征而纳入其权利要求之中。实践中还有在使用剂型和剂量等所谓“给药特征”方面进行改进以获得意想不到的技术效果的需要。此外，药品的制备并非活性成分或原料药的制备，应当包括药品出厂包装前的所有工序，当然也包括所谓使用剂型和剂量等“给药特征”。本专利即属于对剂量所做的改进而申请的医药用途发明专利。当专利权人在所使用的剂型和剂量等方面作出改进的情况下，不考虑这些所谓“给药特征”是不利于医药工业的发展及人民群众的健康需要的，也不符合《专利法》的宗旨。所以，专利复审委员会的上述观点也是难以令人信服的。

原审法院认为，医药用途权利要求的保护范围并不包括医生以何种剂量给予患者该药物对其进行治疗的行为，否则会限制医生在诊断和治疗过程中选择各种方法和条件的自由，从而损害公众利益，也有违我国《专利法》的立法宗旨。法院认为这种担心是不必要的。第一，医生的治疗行为并非以经营为目的，其行为不会构成侵犯专利权；第二，医药用途发明权利要求通常包括药品物质特征、药品制备特征及疾病适应症特征，而医生的治疗行为仅涉及如何使用药物的技术特征，不涉及药品制备特征，不会侵犯专利权。因此，将剂型、使用剂量等技术特征纳入医药用途发明权利要求不会限制医生治疗行为自由的。

三、关于本专利的创造性评价问题

根据《专利法》第22条第3款的规定，创造性是指同申请日以前已有的技术相比，该发明有突出的实质性特点和显著的进步。

(1) 关于本专利权利要求1及其从属权利要求的创造性问题。

根据法院在关于本专利的新颖性部分所评述的内容可知，权利要求1与附件3相比存在两个区别技术特征。

针对区别技术特征1，本专利说明书中公开了现有技术的剂量为5～2 000mg,而本专利选用的范围为0.05～3mg，由此可见，现有技术最小使用剂量为5mg，而本专利最大使用剂量为3mg。作为一个公知常识，本领域的普通技术人员均知晓要想确定药物的用量，只需根据教科书的教导找出引起药理效应的最小剂量以及出现不良反应的最小剂量即可，因此，本领域的普通技术人员在现有技术的基础上得到低剂量的技术方案是无须创造性劳动的，而且专利权人提交的证据尚不足以证明本专利取得了预料不到的技术效果。

针对区别技术特征2，本专利权利要求1中限定了给药方式为口服给药。在药物发明专利中，每种剂型都具有该剂型本身所赋予的特征、优点或性能，同时也具有该剂型本身所产生的不足或缺陷，选取何种剂型是本领域的技术人员根据药物的特点及适应症等因素来确定的。除非是该剂型的选择而非其他因素为本专利带来了意料不到的技术效果，通常常规剂型的选择是没有创造性的。本案中，通过阅读本专利的说明书可以发现，非那甾胺在本专利中可以以所有本领域的普通技术人员熟知的形式给药，口服剂型的选择是常规的，也没有任何证据证明该口服剂型的选择为本专利带来了何种意想不到的技术效果，因此，本专利权利要求1相对于附件3不具备创造性。由此可见，口服给药这一区别技术特征并没有给本专利带来任何意料不到的技术效果。由上述分析可知，本专利权利要求 1 相对于附件 3 不具备创造性。

权利要求 2 和权利要求 3 是在权利要求 1 的基础上对于使用剂量的进一步限定，基于法院已经认定使用剂量对于本专利而言没有产生意想不到的效果，在权利要求 1 相对于附件 3 不具备创造性的基础上，权利要求 2 和权利要求 3 同样不具备创造性。

权利要求 4 和权利要求 5 进一步限定了雄激素引起的脱发是男性型秃头，附件 3 同样限定雄激素性脱发为男性型秃头，在权利要求 1 相对于附件 3 不具备创造性的基础上，权利要求 4 和权利要求 5 同样不具备创造性。

（2）关于权利要求 6 及其从属权利要求的创造性问题。

权利要求 6 所要保护的是一种含有 0.05 ~ 3.0mg 单位剂量活性成分非那甾胺的药物组合物，附件 3 公开了一种含有 0.10% ~ 1.5% 非那甾胺的药物组合物，二者均用于治疗雄激素引起的脱发。也就是说，二者的区别在于权利要求 6 公开的是单位剂量而附件 3 所公开的是重量百分数。对于药物中有效成分含量的选择是所属技术领域的技术人员常用的技术手段，而且，从本专利的说明书中亦不能看出将药物的有效成分限定为 0.05 ~ 3.0mg 赋予了本专利何种有益效果。因此，权利要求 6 相对于附件 3 不具备创造性。

权利要求 7 进一步将权利要求 6 中的适应症限定为男性型秃头，由于附件 3 作出了相同的限定，在权利要求 6 不具备创造性的基础上，权利要求 7 亦不具备创造性。

权利要求 8 在权利要求 6 的基础上限定的附加技术特征的给药方式为口服给药，由于法院已经确定口服给药的方式未能够给本专利带来意料不到的技术效果，权利要求 8 在权利要求 6 不具备创造性的基础上亦不具备创造性。

权利要求 9 和权利要求 10 是对于单位剂量的具体限定，在权利要求 6 不具备创造性的基础上，这种对于单位剂量的具体限定亦不具备创造性。

权利要求 11 和权利要求 12 是对于药物组合物剂型的限定，权利要求13 ~ 21 是对于药物辅料的进一步限定，上述附加技术特征均属于公知常识，在权利要求 6 不具备创造性的基础上，权利要求 11 和权利要求 12 以及权利要求 13 ~ 21 均不具备创造性。

综上所述，原审判决认定事实基本清楚，适用法律正确。默克公司的上诉主张不能成立，法院予以驳回。依照《中华人民共和国行政诉讼法》第 61 条第 1 款第（1）项之规定，判决如下：

驳回上诉，维持原判。

一、二审案件受理费共计 200 元，均由默克公司负担。

12. “垄鑫综合土壤消毒剂”侵犯专利权纠纷案

——BASF公司诉南通施壮化工有限公司、北京阳光克劳沃生化技术有限公司

原告（上诉人）：BASF公司
被告（上诉人）：南通施壮化工有限公司
被告（原审被告）：北京阳光克劳沃生化技术有限公司
案由：侵犯发明专利权纠纷

原审案号：北京市第二中级人民法院（2007）二中民初字第12860号
原审合议庭成员：张晓津、宋光、张剑
原审结案日期：2007年12月20日
二审案号：北京市高级人民法院（2008）高民终字第164号
二审合议庭成员：刘辉、岑宏宇、焦彦
二审结案日期：2008年10月9日

判决要旨

新产品是指在国内第一次生产出的产品，该产品与专利申请日之前已有的同类产品相比，在产品的组分、结构或者其质量、性能、功能方面有明显区别。是否属于新产品，应由原告举证证明。

起诉与答辩

原告BASF公司诉称：原告拥有中华人民共和国国家知识产权局授予的专利号为ZL 92115325.2的“基本无粉尘四氢-3，5-二甲基-1，3，5-噻二嗪-2硫酮颗粒的制备”发明专利。原告于2006年11月15日发现被告南通施壮化工有限公司（以下简称南通施壮公司）未经许可，以生产经营为目的，生产、销售了依原告的专利方法直接得到的产品“垄鑫综合土壤消毒剂”（98%棉隆微粒剂）；被告北京阳光克劳沃生化技术有限公司（以下简称阳光克劳沃公司）未经许可，销售了上述产品。原告认为，两被告的上述行为侵犯了涉案专利权，故诉至法院，请求判令：（1）被告南通施壮公司停止使用涉案专利方法、停止销售并销毁涉案侵权产品，赔偿原告经济损失及诉讼合理

支出人民币 50 万元；（2）被告阳光克劳沃公司停止销售涉案侵权产品；（3）两被告共同承担本案诉讼费用。

被告南通施壮公司辩称：原告的专利方法涉及的产品并非新产品，被告南通施壮公司不应就此承担举证责任，原告无证据证明被告南通施壮公司使用了涉案专利方法。被告南通施壮公司依其《棉隆微粒剂生产操作规程》生产涉案产品，没有加入亚烷基二胺，而是通过使用十二烷基磺酸钠等其他助剂和改变反应器内部结构来生产涉案产品，与涉案专利方法不同。被告南通施壮公司并未侵犯原告的专利权，未给原告造成损害，原告的赔偿请求没有依据，因此请求法院驳回原告对其的诉讼请求。

被告阳光克劳沃公司辩称：该公司销售的涉案产品是自被告南通施壮公司合法取得，有合法来源。且该公司不知道涉案产品是未经专利权人许可而制造并售出的依照涉案专利方法直接获得的产品，其销售涉案产品的行为不构成侵权。因此，请求法院驳回原告对其的诉讼请求。

原审查明事实

原审法院查明：1991 年，中华人民共和国农业部农药检定所发布的农药登记公告载明：临时登记号 LS 91011 是 BASF 公司登记的中文名为“必速灭98% 颗粒剂”的农药，该农药的化学名称为“3，5－二甲基－四氢－2H－1，3，5－噻二嗪－2 硫酮”，同时还登记了该农药的化学结构式。

1992 年 12 月 21 日，BASF 公司向中华人民共和国专利局提出“基本无粉尘四氢－3，5－二甲基－1，3，5－噻二嗪－2 硫酮颗粒的制备”发明专利申请，并于 1997 年 2 月 19 日被授予专利权（专利号为 ZL 92115325.2），该专利权至今有效。该专利的权利要求书载明：1. 一种制备基本无粉尘的下式（Ⅰ）所示四氢－3，5－二甲基－1，3，5－噻二嗪－2 硫酮颗粒的方法，

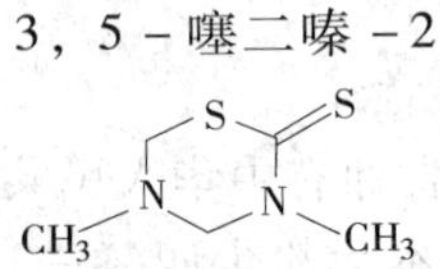

I

其中将甲基胺（Ⅱ）与二硫化碳（Ⅲ）和甲醛（Ⅳ）反应或将 N－甲基二硫代氨基甲酸的甲基铵盐（Ⅴ）与甲醛（Ⅳ）反应，所述反应在以化合物（Ⅱ）为基础计为 0.1－10 摩尔% 的至少一种下式（Ⅵ）所示亚烷基二胺存在下进行，

R1－NH－A－NH－R2

（Ⅵ）

式中 R1 和 R2 相互独立地代表氢或 C1－C4 烷基，A 是 1，2－亚乙基，1，

3－亚丙基或1，4－亚丁基桥，而且这些桥可带有1～4个C1－C4烷基。

该专利的说明书中载有如下内容："本发明的目的是要提供一种更简便的方法来制备颗粒状的四氢－3，5－二甲基－1，3，5－噻二嗪－2硫酮"。

中华人民共和国北京市海淀第二公证处于2006年11月23日出具的（2006）京海民证字第4371号公证书，对BASF公司的委托代理人于2006年11月15日自阳光克劳沃公司购买涉案产品的过程进行了公证。阳光克劳沃公司销售的"垄鑫综合土壤消毒剂"的外包装箱上标注生产商为南通施壮公司，代理商为阳光克劳沃公司。阳光克劳沃公司出具的发票载明，涉案产品的销售单价为每公斤45元，数量为20公斤，金额为人民币900元。此外，BASF公司的委托代理人还在上述购买过程中取得了阳光克劳沃公司的宣传册。

BASF公司于2007年5月3日完成的检验报告显示，BASF公司农业化学产品部农业中心对邮寄至该公司的上述公证购买的涉案产品进行了高效液相色谱分析。分析结果表明，南通施壮公司生产的涉案产品含有登记号为277939、277940、277455的三种典型杂质，上述杂质中的两个棉隆型杂环是通过乙烯基桥相连的。BASF公司据此主张，上述特征是使用涉案专利方法生产棉隆产品时会出现的典型特征，南通施壮公司的涉案产品使用了涉案专利方法。

上海市农药研究所检测中心于2007年5月21日出具的巴斯夫（中国）有限公司委托检验上述公证购买的涉案产品的检验报告显示，南通施壮公司生产的涉案产品的色谱分析图出现了一个主峰和三个次峰，分别与BASF公司生产的棉隆产品的色谱图出现的一个主峰和三个次峰相对应。BASF公司据此主张，上述三个次峰对应的就是涉案三种典型杂质。

另查，南通施壮公司与阳光克劳沃公司于2006年7月4日签订了《代理协议》，南通施壮公司授权阳光克劳沃公司在云南省、广东省代理销售南通施壮公司生产的涉案"垄鑫综合土壤消毒剂"产品。双方约定：2006年的销售数量为1吨，2007年的销售数量为3吨，2008年的销售数量为5吨，单价均为每吨人民币24 000元。在合同履行期间，2006年9月至2007年7月，南通施壮公司供应阳光克劳沃公司"垄鑫综合土壤消毒剂"3 000公斤，阳光克劳沃公司于2007年7月16日退货500公斤。

BASF公司为本案诉讼支出购买物证费人民币900元、公证费人民币2 500元、检测费人民币4 740元及律师费人民币35 715元。

原审审理结果

原审法院认为：原告BASF公司作为涉案"基本无粉尘四氢－3，5－二甲基－1，3，5－噻二嗪－2硫酮颗粒的制备"发明专利权人，其所享有的专利权应当受到《专利法》的保护。任何单位或者个人未经原告 BASF 公司许可，都不得实施其专利，即不得为生产经营目的使用其专利方法以及使用、许诺销售、销售、进口依照该专利方法直接获得的产品。

本案双方当事人争议的焦点问题是原告 BASF 公司涉案专利方法涉及的产品是否为新产品；被告南通施壮公司是否使用涉案专利方法制造、销售了涉案“垄鑫综合土壤消毒剂”产品以及是否应承担相应的法律责任；被告阳光克劳沃公司是否应就销售涉案“垄鑫综合土壤消毒剂”产品的行为承担相应的法律责任。

第一，关于原告 BASF 公司涉案专利方法涉及的产品是否为新产品问题。

根据我国《专利法》的相关规定，专利侵权纠纷涉及新产品制造方法的发明专利的，制造同样产品的单位或者个人应当提供其产品制造方法不同于专利方法的证明。而新产品是指在国内第一次生产出的产品，该产品与专利申请日之前已有的同类产品相比，在产品的组分、结构或者其质量、性能、功能方面有明显区别。是否属于新产品，应由原告 BASF 公司举证证明。依据本案现有证据，在涉案专利申请日前，我国农业部农药检定所发布的农药登记公告中包括原告 BASF 公司涉案专利涉及的产品，而原告涉案专利说明书中也说明该专利的发明目的是提供一种更为简便的棉隆产品的制备方法，因此涉案专利涉及的产品并非新产品。原告 BASF 公司以涉案专利方法所涉及的产品含有三种特征性杂质为由提出该产品属于新产品，故应由被告南通施壮公司承担相关举证责任的主张，依据不足，法院不予支持。

第二，关于被告南通施壮公司是否使用涉案专利方法制造、销售了涉案“垄鑫综合土壤消毒剂”产品以及是否应承担相应的法律责任问题。

原告 BASF 公司指控被告南通施壮公司生产、销售的涉案“垄鑫综合土壤消毒剂”产品使用了涉案专利方法，而该产品并非新产品，故原告 BASF 公司应对此承担相应举证责任。根据原告 BASF 公司及上海市农药研究所检测中心分别出具的检验报告，被告南通施壮公司生产、销售的涉案“垄鑫综合土壤消毒剂”产品中含有三种特征杂质，且杂质中的两个棉隆型杂环通过乙烯基桥相连。虽然被告南通施壮公司提出上述检验报告系原告自行检测或自行委托检测的，但所检测的产品均系经公证购买的涉案产品，且两个检验报告能够相互印证，故被告南通施壮公司的上述抗辩主张，依据不足，法院不予采信。

原告 BASF 公司提出上述三种特征杂质系使用涉案专利方法制备棉隆产品过程中出现的典型杂质，即由于在制备过程中加入涉案专利方法中的亚烷基二胺，才形成上述三种杂质。被告南通施壮公司虽主张其在生产涉案产品时并未加入亚烷基二胺，而是通过使用十二烷基磺酸钠等其他助剂和改变反应器内部结构来制备棉隆颗粒剂，但其并未举证证明加入十二烷基磺酸钠等助剂会形成上述三种特征杂质，故法院对其上述抗辩主张不予采纳。被告南通施壮公司还提出储存容器存在残留物、设备未彻底清洗等原因都可能导致杂质的残存，但其未能就此进一步举证证明。故法院认定，被告南通施壮公司生产、销售的涉案“垄鑫综合土壤消毒剂”产品使用了与涉案专利方法基本相同的方法，侵犯了涉案专利权，被告南通施壮公司应就此承担停止侵权、赔偿损失及诉讼合理支出的法律责任。

第三，关于被告阳光克劳沃公司是否应就销售涉案“垄鑫综合土壤消毒剂”产品的行为承担相应的法律责任问题。

根据我国《专利法》的相关规定，为生产经营目的销售不知道是未经专利权人许可而制造并售出的依照专利方法直接获得的产品，能证明其产品合法来源的，不承担赔偿责任。被告阳光克劳沃公司已举证证明其销售的涉案产品系自被告南通施壮公司合法取得的，被告南通施壮公司亦对此予以认可，故被告阳光克劳沃公司不应就其涉案行为承担赔偿责任，但应承担停止销售涉案产品的法律责任。

综上，原告BASF公司请求法院判令被告南通施壮公司承担停止侵权、赔偿经济损失及诉讼合理支出的法律责任，以及请求法院判令被告阳光克劳沃公司承担停止销售的法律责任，理由正当，法院予以支持。鉴于判令被告南通施壮公司停止生产、销售使用涉案专利方法制造的涉案产品足以制止涉案侵权行为，故原告BASF公司提出销毁涉案产品的主张，依据不足，法院不予支持。关于赔偿经济损失的数额问题，原告所提赔偿请求数额过高，其亦未提交充分证据予以证明，法院对此不予全额支持。法院将根据被告南通施壮公司涉案侵权行为的性质、持续时间、主观过错程度等因素予以酌定。

法院依据《中华人民共和国民法通则》第134条第（1）项、第（7）项，《中华人民共和国专利法》第11条第1款、第57条第2款、第60条、第63条第2款之规定，判决如下：

一、南通施壮化工有限公司于本判决生效之日起，停止生产、销售使用涉案专利方法制造的涉案“垄鑫综合土壤消毒剂”产品；

二、北京阳光克劳沃生化技术有限公司于本判决生效之日起，停止销售涉案“垄鑫综合土壤消毒剂”产品；

三、南通施壮化工有限公司于本判决生效之日起十日内，赔偿BASF公司经济损失人民币20万元及因本案诉讼支出的合理费用人民币13 000元；

四、驳回BASF公司的其他诉讼请求。

BASF公司不服原审判决，提起上诉，请求维持原审判决第一、二项；变更原审判决第三项为南通施壮公司赔偿其经济损失及制止侵权的合理支出等费用人民币50万元；撤销原审判决第四项，判决南通施壮公司销毁涉案“垄鑫综合土壤消毒剂”产品；认定涉案专利产品为新产品。理由为：原审判决确定的赔偿数额过低，南通施壮公司侵权持续时间长、种类繁多、侵权规模广泛，BASF公司受到严重的损失，为本案诉讼实际支出了相当的调查费和律师费；被控侵权产品应当销毁，若不销毁，不足以制止涉案侵权行为；涉案专利产品为新产品的事实应予认定，涉案专利产品的组分、性能与已知的产品不同。

南通施壮公司不服原审判决，提起上诉，请求撤销原审判决，依法驳回BASF公司的诉讼请求。理由为：一审法院以单方委托的鉴定报告认定案件事实没有法律依据；即使不考虑鉴定报告的程序瑕疵，BASF公司的鉴定意见也不能说明南通施壮公司的生产方法侵权；一审法院已认定BASF公司的专利产品不是新产品，BASF公司应举证证实南通施壮公司的生产方法使用了涉案专利方法，否则BASF公司应承担举证不能的法律后果；原审判决确定的赔偿数额没有事实与法律依据。

阳光克劳沃公司服从原审判决。

二审查明事实

二审法院查明的事实与原审相同。

二审审理结果

二审法院认为：BASF公司是涉案专利权人，其所享有的专利权受我国《专利法》的保护。任何单位或者个人未经BASF公司许可，不得实施其专利，即不得为生产经营目的使用其专利方法以及使用、许诺销售、销售、进口依照该专利方法直接获得的产品。

根据我国《专利法》的相关规定，专利侵权纠纷涉及新产品制造方法的发明专利的，制造同样产品的单位或者个人应当提供其产品制造方法不同于专利方法的证明，但是BASF公司首先应当举证证明按照涉案专利方法生产的产品为新产品。

所谓“新产品”应当是指在我国国内第一次生产出的产品，该产品与专利申请日之前已有的同类产品相比，在产品的组分、结构或者其质量、性能、功能方面有明显区别。涉案专利涉及的是一种制备基本无粉尘的四氢-3，5-二甲基-1，3，5-噻二嗪-2硫酮颗粒的方法，而涉案专利说明书中也说明该专利的发明目的是提供一种更为简便的棉隆产品的制备方法，在涉案专利申请日前，农药检定所发布的农药登记公告中包括BASF公司涉案专利涉及的产品，即“3，5-二甲基-四氢-2H-1，3，5-噻二嗪-2硫酮”，因此，涉案专利所生产的产品与专利申请日之前已有的同类产品相比，在产品的组分、结构或者其质量、性能、功能方面没有明显区别，不属于新产品。

由于使用涉案专利方法制造的产品不属于新产品，故应当由BASF公司承担举证责任，证明南通施壮公司生产的被控侵权产品是使用了涉案专利方法制造的。BASF公司提交了两份检验报告，一份是BASF公司自行作出的，另一份是由BASF公司单方委托上海市农药研究所检测中心作出的，两份报告结论是一致的。由于上海市农药研究所检测中心与本案当事人并无利害关系，南通施壮公司如对其作出的检测结论持有异议，应当提交相反证据加以证明。虽然南通施壮公司提出其在生产涉案产品时并未加入涉案专利方法中使用的亚烷基二胺，而是通过使用十二烷基磺酸钠等其他助剂和改变反应器内部结构来制备棉隆颗粒剂，但其并未举证证明加入十二烷基磺酸钠等助剂会形成检验报告中涉及的三种特征杂质。南通施壮公司还提出储存容器存在残留物、设备未彻底清洗等原因都可能导致杂质的残存的抗辩理由，但均没有证据予以支持。因此，BASF公司提交的证据足以证明南通施壮公司生产、销售的涉案“垄鑫综合土壤消毒剂”产品使用了与涉案专利方法基本相同的方法，侵犯了涉案专利权，南通施壮公司应就此承担停止侵权、赔偿损失及诉讼合理支出的法律责任。

一审法院判令南通施壮公司停止生产、销售使用涉案专利方法制造的涉案产品，足以制止涉案侵权行为，南通施壮公司已无法从中获取非法利益，故BASF公司提出销毁涉案产品的上诉请求依据不足，法院不予支持。一审法院根据南通施壮公司涉案侵权行为的性质、持续时间、主观过错程度等因素酌定的赔偿数额并无不当。

综上所述，BASF公司、南通施壮公司的上诉理由均不能成立，上诉请求法院不予支持。原审判决认定事实清楚，适用法律正确。依照《中华人民共和国民事诉讼法》第153条第1款第（1）项之规定，判决如下：

驳回上诉，维持原判。

一审案件受理费人民币8 800元，由BASF公司负担人民币2 000元，由南通施壮化工有限公司负担人民币6 000元，由北京阳光克劳沃生化技术有限公司负担人民币800元；二审案件受理费8 800元，由BASF公司负担人民币4 500元，由南通施壮化工有限公司负担人民币4 300元。

13. “一种带硬质加强层的轻质发泡材料填充件”实用新型专利侵权纠纷案

——北京东方京宁建材科技有限公司、徐炎诉北京锐创伟业房地产开发有限公司、北京锐创伟业科技发展有限公司、北京睿达华通化工材料技术有限责任公司

原告（上诉人）：北京东方京宁建材科技有限公司

被告（被上诉人）：北京锐创伟业房地产开发有限公司

被告（被上诉人）：北京锐创伟业科技发展有限公司

被告（被上诉人）：北京睿达华通化工材料技术有限责任公司

原审原告：徐炎

案由：侵犯实用新型专利权纠纷

原审案号：北京市第二中级人民法院（2008）二中民初字第120号

原审合议庭成员：何暄、张剑、樊静馨

原审结案日期：2008年6月18日

二审案号：北京市高级人民法院（2008）二中民终字第1165号

二审合议庭成员：刘继祥、刘晓军、潘伟

二审结案日期：2008年11月20日

判决要旨

在侵犯实用新型专利权诉讼中，当被控侵权人主张公知技术抗辩时，既可在先判定被控侵权技术与专利技术相同或等同的基础上进一步判定被控侵权技术是否属于公知技术，也可先行判定被控侵权技术是否属于公知技术。所谓被控侵权技术属于公知技术，是指被控侵权技术使用的技术与公知技术相同或等同。只要判定被控侵权技术使用的是公知技术，就可判定侵权不成立，而无须进一步判定被控侵权技术与专利技术是否构成相同或等同。

起诉与答辩

原告北京东方京宁建材科技有限公司（以下简称东方京宁公司）、徐炎共

同起诉称：徐炎是“一种带硬质加强层的轻质发泡材料填充件”实用新型专利的权利人，该专利属于LPM空心楼盖结构技术中的核心，LPM空心楼盖结构技术已在多个建筑项目中使用，因其具有良好性能而获得了极好的社会声誉。徐炎已将上述专利权许可东方京宁公司实施。在北京锐创伟业房地产开发有限公司（以下简称锐创伟业房地产公司）准备开发、建设的“中关村电子城西区（望京科技创业园）E6/E7地块研发中心”项目中，选择使用了由北京睿达华通化工材料技术有限责任公司（以下简称睿达华通公司）制造、销售的“轻质发泡材料建材”。上述产品是侵犯原告专利权的产品，为此，徐炎曾向锐创伟业房地产公司送达了告知函。原告现已公证取得了被控侵权产品的实物，故提起诉讼，请求判令：（1）睿达华通公司停止制造、销售侵权产品；（2）锐创伟业房地产公司和北京锐创伟业科技发展有限公司（以下简称锐创伟业科技发展公司）停止使用侵权产品；（3）睿达华通公司赔偿因侵权行为给东方京宁公司、徐炎造成的经济损失100万元；（4）锐创伟业房地产公司和锐创伟业科技发展公司对睿达华通公司的侵权行为承担连带赔偿责任。

被告锐创伟业房地产公司辩称：锐创伟业房地产公司不是“中关村电子城西区（望京科技创业园）E6/E7地块研发中心”项目的开发商，故不是本案适格主体，不同意原告提出的诉讼请求。

被告锐创伟业科技发展公司辩称：原告没有证据证明锐创伟业科技发展公司实施了侵权行为，不应承担侵权责任。请求驳回原告提出的诉讼请求。

被告睿达华通公司辩称：原告的专利技术特征不具备创造性，不符合《专利法》的规定，不应当受到法律保护。睿达华通公司已向国家知识产权局专利复审委员会申请宣告本案专利权无效，本案应中止审理。另外，睿达华通公司实施的是现有技术，不符合侵权的构成要件。综上，不同意原告提出的诉讼请求。

原审查明事实

原审法院查明：徐炎是“一种带硬质加强层的轻质发泡材料填充件”实用新型专利（以下简称本专利）的权利人，专利申请日是2004年7月16日，专利授权日是2005年8月10日，专利号ZL200420077923.9。专利年费已交至2008年7月16日。本专利权利要求1记载的内容为：“一种带硬质加强层的轻质发泡材料填充件，包括一个本体，其特征在于本体四周具有一个密封层，密封层与本体之间具有加强层。”

2007年7月15日，徐炎与东方京宁公司签订了专利实施许可合同，双方约定东方京宁公司以普通实施许可方式使用本专利技术。合同有效期为7年，使用费及支付方式为：按年度基本使用费+工程量提成使用费。

睿达华通公司参与了“中关村电子城西区（望京科技创业园）E6/E7地块研发中心”项目中LPM空心楼盖工程项目的施工。在施工过程中，睿达华通公司使用了由其制造、销售的“PCM内膜”。东方京宁公司与徐炎指控该“PCM内膜”为本案被控侵权产品。2007年10月29日，北京市国立公证处根据徐炎的申请，到“中关村电子城西区（望京科技创业园）E6/E7地块研发中心”项目工地，对现场放置的“PCM内膜”进行了证据保全，并当庭出示了保全的证物。现认定被控侵权的“PCM内膜”的全部必要技术特征包括：a.轻质发泡材料即本体；b.本体四周缠绕有胶带；c.胶带与本体之间是水泥浆和网格状纤维布的组合体。

睿达华通公司提供的现有技术证据包括两组：第一组即《现浇混凝土空心楼盖结构技术规程》。该份证据中没有记载制造带硬质加强层的轻质发泡材料填充件的具体实施方案。第二组证据与专利无效宣告证据相同。其中，有一份是名称为“具有多种截面形状用于混凝土中的轻质多孔材料填充体”实用新型专利（以下简称对比文件1），该专利的申请日为2002年12月24日，授权公告日为2004年2月25日，专利号02293406.5。该专利权利要求1记载的内容为：“具有多种截面形状用于混凝土中的轻质多孔材料填充体，其特征在于该填充体由轻质多孔材料、隔离层、加强层组成。”在该专利说明书中的发明内容部分和具体实施方式部分中记载了以下内容：“在主材外壁涂刷或缠绕一层或数层隔离材料……”，“轻质多孔材料可以是聚苯乙烯泡沫塑料……膨胀珍珠岩……”，“隔离材料可以是灰浆类材料（如水泥浆）、纤维类（如纤维布）……胶带类（如塑料胶带）其中一种或几种的组合”，“当轻质多孔材料强度较高或施工现场能对填充管采取良好的保护措施时，加强层可以取消。”

诉讼中，锐创伟业科技发展公司称该公司是“中关村电子城西区（望京科技创业园）E6/E7地块研发中心”项目的建设单位，工程中使用的“PCM内膜”由睿达华通公司提供。睿达华通公司在庭审中认可其参与的工程量为18万平方米，每平方米产品销售价格为10.50元。东方京宁公司称该公司与徐炎签订的实施许可合同因受本案侵权纠纷的影响未能实际履行。东方京宁公司在本案中主张的合理诉讼支出包括律师费5万元、公证费1 000元。

原审审理结果

原审法院认为：原告徐炎作为“一种带硬质加强层的轻质发泡材料填充件”的专利权人，其依法享有的专利权合法有效，受《专利法》的保护。原告东方京宁公司作为本专利的普通实施被许可人，在其被许可地域范围内可以与专利权人共同提起专利侵权诉讼。

本案需要解决的焦点问题包括：在被告提出专利无效申请后，本案是否应当中止审理；公证机关保全的证物是否可以认定为被控侵权产品；被控侵权产品是否属于公知技术。

（一）关于在被告提出专利无效申请后，本案是否应当中止审理

在专利侵权诉讼中，被告有权向专利复审委员会提出申请，宣告本案专利权无效。根据司法解释的相关规定，被告在答辩期内提出上述申请后，人民法院有权根据案件的实际情况，决定不中止案件的审理。因此，法院根据本案的具体情况，对被告睿达华通公司提出的中止审理的申请，不准予。

（二）关于公证机关保全的证物是否可以认定为被控侵权产品

在被告睿达华通公司委托代理人手抄的昌平派出所询问记录中，记录有原告徐炎在接受调查时曾陈述参与现场公证的人员郝敏是原告徐炎的妻子单位的人员，而不是公证处的人员，三被告据此认为公证书存在瑕疵，公证书中公证的内容不应被采信。对此，法院认为，虽然法庭认定了该份证据的真实性，但是，它只能证明原告徐炎的陈述是真实的，并不能凭借这份单一证据认定郝敏的真实身份，需要结合其他证据进行确认。经法院向出具公证书的北京市国立公证处调查，已查明郝敏确系该公证处人员，且与原告不存在有利害关系，三被告对此亦无异议，故法院对公证书的真实性和证明效力予以确认，并据此认定在该公证书中记载的、由二原告当庭提交的“PCM 内膜”实物系被告睿达华通公司制造、销售的被控侵权产品。

（三）关于被控侵权产品是否属于公知技术

根据专利侵权判断原则，如果被告能够证明被控侵权产品与一项公知技术相同或者等同，则被告的行为不构成侵权。在具体运用上述抗辩原则时，只需要对被控侵权产品与公知技术是否构成相同或者等同作出判断。

在被告睿达华通公司提供的《现浇混凝土空心楼盖结构技术规程》中，因没有记载制造带硬质加强层的轻质发泡材料填充件的具体技术方案，不属于可进行对比的公知技术。被告睿达华通公司提供的对比文件 1 的申请日早于本专利的申请日，该证据构成可进行对比的公知技术。根据对比文件 1 记载的内容，由于加强层是可以被取消的，因此，对比文件 1 的全部必要技术特征包括轻质多孔材料即本体（简称 A 特征）和隔离层（简称 B 特征）。从结构顺序上，隔离层应处在本体外部。由于上述技术特征均体现为功能性的，因此，对该技术方案的保护范围应以其实施例中记载的具体实施方式予以限定。根据对比文件 1 记载的内容，轻质多孔材料可以选择聚苯乙烯泡沫塑料、膨胀珍珠岩等，它们都属于轻质发泡材料，因此，A 特征与被控侵权产品的 a 特征相同

B特征体现为：构成隔离层的隔离材料包括塑料胶带，并缠绕在本体外壁。不仅如此，根据对比文件1记载的内容，B特征还包括把水泥浆与纤维布、塑料胶带组合使用的形式，对本领域的普通技术人员而言，将水泥浆和纤维布的组合体放置在胶带与本体之间是他们不需要付出创造性劳动就可以联想到的。因此，B特征与被控侵权产品的b、c特征等同。

综上，本案被控侵权产品属于公知技术，被告睿达华通公司制造、销售该产品的行为不构成对“一种带硬质加强层的轻质发泡材料填充件”实用新型专利权的侵犯。对原告东方京宁公司、徐炎指控被告锐创伟业房地产公司、锐创伟业科技发展公司和睿达华通公司侵犯了其专利权，并要求判令三被告停止侵权、赔偿损失的请求，依据不足，法院不予支持。

法院依照《中华人民共和国专利法》第11条第1款、第22条、第56条第1款之规定，判决如下：

驳回北京东方京宁建材科技有限公司和徐炎的诉讼请求。

东方京宁公司不服原审判决，提出上诉，请求撤销原审判决并支持其诉讼请求。东方京宁公司的上诉理由为：原审判决认定被控侵权产品属于公知技术属于认定事实错误。被控侵权产品不属于公知技术，其加强层并不是对比文件1的隔离层，其保护层所在的位置为受力面上，而对比文件1即使加入网格布、水泥浆也是在轻质多孔材料整体上全部涂抹。本领域的普通技术人员在对比文件1的技术启示下，仍然需要付出创造性劳动才能获得被控侵权技术。被控侵权产品与本专利技术方案完全一致，已经构成侵权。

锐创伟业房地产公司、锐创伟业科技发展公司、睿达华通公司、徐炎均服从原审判决。

二审查明事实

二审法院除查明原审法院查明的事实外，还另查明：2006年2月6日，国家知识产权局根据专利权人的申请针对本专利出具检索报告，其初步结论为本专利符合《专利法》第22条有关新颖性和创造性的规定。

在二审过程中，睿达华通公司的委托代理人认可其曾向专利复审委员会请求宣告本专利无效，但目前已撤回该无效请求。

睿达华通公司在本案二审过程中提交了授权公告日为2004年6月30日、名称为“一种现浇钢筋砼楼盖用模壳构件”的实用新型专利，东方京宁公司以该证据未在一审诉讼期间提交且不属于新证据为由拒绝质证，法院对该证据不予采信。

2008年10月9日，东方京宁公司及徐炎以锐创伟业房地产公司不存在生产、销售、使用被控侵权产品的行为为由，申请放弃对锐创伟业房地产公司的全部诉讼请求。

二审审理结果

二审法院认为：在侵犯实用新型专利权诉讼中，当被控侵权人主张公知技术抗辩时，既可在先判定被控侵权技术与专利技术相同或等同的基础上进一步判定被控侵权技术是否属于公知技术，也可先行判定被控侵权技术是否属于公知技术。所谓被控侵权技术属于公知技术，是指被控侵权技术使用的技术与公知技术相同或等同。只要判定被控侵权技术使用的是公知技术，就可判定侵权不成立，而无须进一步判定被控侵权技术与专利技术是否构成相同或等同。

原审法院认定被控侵权产品具有三个必要技术特征：a. 轻质发泡材料即本体；b. 本体四周缠绕有胶带；c. 胶带与本体之间是水泥浆和网格状纤维布的组合体。经法院当庭勘验，被控侵权产品的胶带与本体之间并非全部都是水泥浆和网格状纤维布的组合体，而是仅有一面之间是水泥浆和网格状纤维布的组合体，故 c 特征应为胶带与本体之一面之间是水泥浆和网格状纤维布的组合体，原审法院认定被控侵权产品的 c 特征不准确。上诉人虽主张该 c 特征应为水泥砂浆和网格状纤维布的组合体，但并未提供相应证据予以证明，且水泥浆与水泥砂浆仅仅是材料的不同，对技术效果、功能并无实质性影响，故上诉人的主张不能成立。法院认定被控侵权产品的全部必要技术特征为：a. 轻质发泡材料即本体；b. 本体四周缠绕有胶带；c. 胶带与本体之一面之间是水泥浆和网格状纤维布的组合体。

原审法院未注意到相关技术特征的功能性特点，仅根据对比文件 1 说明书中有关加强层是可以被取消的记载，认定对比文件 1 的全部必要技术特征为轻质多孔材料即本体和隔离层，是不恰当的。实用新型专利权的保护范围以其权利要求的内容为准，说明书及附图可以用于解释权利要求，但不能将说明书记载的内容直接搬进权利要求，否则将影响对专利权保护范围的准确界定。对比文件 1 的权利要求 1 中的隔离层及加强层都属于功能性技术特征，其保护范围应当受到专利说明书中记载的实现该功能的具体方式的限制，即该功能性限定特征应解释为仅涵盖了说明书中记载的具体实施方式及其等同方式。因此，根据对比文件 1 的权利要求 1 及说明书的记载，对比文件 1 的权利要求 1 记载的技术方案（简称 A 技术方案）的必要技术特征至少应包括：A. 轻质多孔材料；B. 经涂刷或缠绕一层或数层由灰浆类材料（如水泥浆）、纤维类（如纤维布）……胶带类（如塑料胶带）其中一种或几种的组合构成的隔离材料形成的隔离层；C. 在隔离层外周圈由螺旋筋或钢筋笼构成的加强层。

但是，对比文件1的说明书除了说明权利要求1记载的A技术方案外，还揭示了其他技术方案。如对比文件1的说明书明确记载“当轻质多孔材料强度较高或施工现场能对填充管采取良好的保护措施时，加强层可以取消”；“隔离层的做法是涂刷或缠绕一层或数层隔离材料”；“隔离材料可以是灰浆类材料（如水泥浆）、纤维类（如纤维布）……胶带类（如塑料胶带）其中一种或几种的组合”。本领域的普通技术人员在认真阅读了对比文件1的权利要求书及说明书后，无须付出创造性劳动就可以直接得出没有加强层，只有本体及隔离层，且该隔离层可以是灰浆类材料（如水泥浆）、纤维类（如纤维布）、胶带类（如塑料胶带）的一种或几种的组合的技术方案（简称B技术方案）。B技术方案的技术特征为：A. 本体即轻质多孔材料；B. 由灰浆类材料（如水泥浆）、纤维类（如纤维布）、胶带类（如塑料胶带）或其组合共同构成的隔离层。显然，上述A技术方案与B技术方案的差异在于A技术方案必须包括加强层这一必要技术特征，而B技术方案则可省略加强层这一技术特征。《专利法》第56条第1款规定：“发明或者实用新型专利权的保护范围以其权利要求的内容为准，说明书及附图可以用于解释权利要求”，故A技术方案才是对比文件1的专利保护技术方案，B技术方案只是A技术方案在获得专利保护的同时贡献给社会公众的技术方案，而无论是A技术方案还是B技术方案，都属于本专利的公知技术。

将被控侵权产品与对比文件1所揭示的B技术方案进行比较：首先，可以看到被控侵权产品的a特征与B技术方案的A特征是相同的，各方当事人对此亦无异议；其次，被控侵权产品b特征为本体四周缠绕有胶带，c特征为胶带与本体之一面之间是水泥浆和网格状纤维布的组合体，两者共同构成B技术方案所揭示的隔离层。显然，本领域的普通技术人员无须付出创造性劳动即可由对比文件1公开的B技术方案得出被控侵权物所使用的技术方案。

基于上述理由，法院判定被控侵权物使用的技术方案系公知技术。上诉人有关被控侵权物不属于公知技术的上诉理由及全部诉讼主张均不能成立，法院不予支持。原审法院虽然未能准确判定对比文件1的权利要求1所记载的A技术方案的必要技术特征，但其正确地判定了对比文件1的说明书所揭示的同属本专利公知技术的B技术方案，且其有关被控侵权物系使用同为公知技术的B技术方案的判定结果正确，故法院在纠正原审判决相关错误的同时，对其判决结果予以维持。

此外，在本案二审过程中，锐创伟业房地产公司主张其不存在生产、销售、使用被控侵权产品的行为，东方京宁公司及徐炎亦认可该主张并申请放弃对锐创伟业房地产公司的全部诉讼请求。经法院审查，东方京宁公司及徐炎放弃对锐创伟业房地产公司全部诉讼请求的申请系其真实意思，且不存在违法情形，故准许东方京宁公司及徐炎放弃对锐创伟业房地产公司的全部诉讼请求。

综上，一审判决认定事实基本清楚，适用法律准确，判决结果正确，依法应予维持。依据《中华人民共和国民事诉讼法》第153条第1款第（1）项之规定，判决如下：

驳回上诉，维持原判。

一审案件受理费13 800元，由北京东方京宁建材科技有限公司和徐炎负担；二审案件受理费13 800元，由北京东方京宁建材科技有限公司负担。

14. “带托梁的组合支架”等三项实用新型专利实施许可合同纠纷案

——北京宇田世纪矿山设备有限公司、北京诚田恒业煤矿设备有限公司、北京辉越景新矿山支护设备有限公司诉北京蓝畅机械有限公司

原告（被上诉人）：北京宇田世纪矿山设备有限公司
原告（被上诉人）：北京诚田恒业煤矿设备有限公司
原告（被上诉人）：北京辉越景新矿山支护设备有限公司
被告（上诉人）：北京蓝畅机械有限公司
案由：专利实施许可合同纠纷

原审案号：北京市第二中级人民法院（2008）二中民初字第4352号
原审合议庭成员：刘薇、冯刚、周晓冰
原审结案日期：2008年8月13日
二审案号：北京市高级人民法院（2008）高民终字第1384号
二审合议庭成员：刘辉、岑宏宇、焦彦
二审结案日期：2008年12月10日

判决要旨

合同约定的专利实施许可费用是按照被许可人实施该项专利技术生产出的产品所获得的利润进行分成，在计算许可费时不应考虑该专利在实施过程中哪些为通用零部件获得的利润，哪些为专利特有零部件获得的利润。

起诉及答辩

原告北京宇田世纪矿山设备有限公司（以下简称宇田世纪公司）、北京诚田恒业煤矿设备有限公司（以下简称诚田恒业公司）、北京辉越景新矿山支护设备有限公司（以下简称辉越景新公司）诉称：2004年4月6日，高学敏、李诚、李长增与被告签订了一份《专利技术使用合同书》，按照该合同的约定，被告可以使用高学敏、李诚、李长增享有专利权的三项技术制造支架，使

用期为5年。被告应按销售额的8%向高学敏、李诚、李长增支付专利技术使用费。被告应每月通报一次销售价格，每半年提交一次销售清单。但被告却始终未能依约定按时完成上述合同义务，且恶意隐瞒销售数量，经多次催告，被告仅支付技术使用费100万元，对剩余应付的技术使用费至今未能给付。

2008年1月1日，高学敏、李诚、李长增发表《声明》，将与被告签订的《专利技术使用合同书》中自己的全部权利转让给三原告。该《声明》已送达给被告。鉴于被告的严重违约行为，三原告于2008年1月16日向被告发出书面通知，要求被告在收到该通知7日内，按照合同约定履行义务，支付全部迟延履行的专利使用费，否则，前述《专利技术使用合同书》自该通知书规定的7日履行期限届满之日起解除。但被告对三原告的合法正当的要求仍然置之不理，故三原告起诉至法院，要求法院判令：（1）解除《专利技术使用合同书》；（2）被告向三原告支付截至2007年9月的专利技术使用费395万元；（3）被告向三原告支付因迟延支付专利技术使用费而产生的利息共9.085万元（自被告最晚应支付专利技术使用费之日2007年10月4日起至本案起诉之日止）。因被告拒不提供2007年9月后的销售数据，原告无法主张该部分专利技术使用费具体数额，但原告保留继续追索该部分使用费的权利。

被告北京蓝畅机械有限公司（以下简称蓝畅公司）辩称：第一，《专利技术使用合同书》的签订人是高学敏、李诚、李长增，不是三原告。按照法律规定，只有合同的当事人才享有合同的解除权。三原告要求与被告解除合同的行为表明，高学敏、李诚、李长增是将合同的全部权利义务概括性转让给了三原告，但是，按照我国《合同法》第88条的规定，当事人一方只有经过合同对方当事人的同意，才可以将自己在合同中的权利和义务一并转让给第三人。而本案中，高学敏、李诚、李长增单方发表的《声明》并没有经过被告的同意，因此，该《声明》对被告不产生法律约束力，三原告据此没有法律效力的《声明》主张合同权利缺乏法律依据。第二，根据我国《专利法》的规定，只有专利权人才有权许可他人实施其专利。而本案的三原告不是专利权人，如果专利权人将自己的合同权利和义务一并转让，那么，在本案《专利技术使用合同书》这份合同还在有效期的前提下，三原告提出解除合同就免除了专利权人高学敏、李诚、李长增提供技术资料、进行技术指导等合同义务，即便三原告能够履行上述义务，在专利权属于自然人的情况下，被告的制造行为也是侵犯专利权的行为。因此，被告认为本案中的专利技术使用合同根据合同性质属于《合同法》第79条规定的根据合同性质不得转让的情形，专利权人不能将自己的合同权利和义务概括性转让给他人。故请求法院驳回三原告的诉讼请求。

原审查明事实

原审法院查明：

2004年4月6日，高学敏、李诚、李长增与被告签订了一份《专利技术使用合同书》。该合同约定：被告可以使用高学敏、李诚、李长增享有专利权的三项专利技术，使用期为5年。三项专利技术为：（1）带托梁的组合支架，专利号为：02200778.4；（2）托梁同步移动的组合支架，专利号为：02204903.7；（3）支柱共用底盘的支架，专利号为：02233267.7。被告使用上述专利技术制造支架，按照市场规则，被告付给高学敏、李诚、李长增专利技术使用费为销售额的8%，税金由高学敏、李诚、李长增承担。高学敏、李诚、李长增在产品制造过程中应提供指导服务。被告改动图纸要向高学敏、李诚、李长增通报，因选型不当或制造质量或代用材料发生事故由被告负责，因设计而发生的问题，由高学敏、李诚、李长增承担责任。专利技术使用费于交货后30天内付给高学敏、李诚、李长增。高学敏、李诚、李长增每月向被告通报一次销售价格，销售价格按统一价格执行。被告每半年向高学敏、李诚、李长增提交一次销售清单，清单包括购买单位、架数、单价、总价、订货期、交货期，高学敏、李诚、李长增有权查阅被告销售合同及销售账目。

2007年6月23日，被告与李长增、李信斌又签订了一份《协议》，该协议约定，根据被告与高学敏、李诚、李长增于2004年4月6日签订的《专利技术使用合同书》，被告应按销售额的8%向高学敏、李诚、李长增交付专利使用费。为了方便操作，双方协商决定，高学敏、李诚、李长增的税金由被告代缴，付给高学敏、李诚、李长增的专利使用费由8%改为6.4%。其他条款不改。2008年4月8日，高学敏、李诚、李长增共同签写了《说明》，表示对该《协议》予以认可。

上述合同签订后，被告一直未向高学敏、李诚、李长增提交销售清单，只在2007年向高学敏、李诚、李长增支付了一次专利技术使用费50万元。但高学敏、李诚、李长增取得了一份被告2007年10月22日的投标文件，该投标文件的内容是被告近两年的销售业绩，该销售业绩表中显示被告销售了“整体顶梁组合悬移液压支架”产品2 109架。高学敏、李诚、李长增认为按照此表的记载，被告应向高学敏、李诚、李长增支付专利技术使用费300余万元，而被告给付的50万元技术使用费的数额远远不够。

2008年1月1日，高学敏、李诚、李长增共同签写了一份《声明》，内容为：“本人于2004年4月6日与被告签署了《专利技术使用合同书》，现本人决定将该专利技术使用合同中我方的全部权利，包括但不限于请求支付使用费、主张违约金及解除或续签合同等合同权利全部转让给三原告。三原告可依自己之意愿以自己的名义通过诉讼等方式主张前述权利。”2008年4月8日，高学敏、李诚、李长增在共同签署的《说明》中再次强调：“我三人在与被告签订《专利技术使用合同书》后，即已将全部相关资料交付被告，并给予了其应有的技术指导。被告早已生产出合格产品并行销海内外的事实即为证明。我方在此合同中的义务已全部完成。在此情况下，我三人将合同中我方的全部权利包括合同解除权转让给了三原告。”

2008年1月16日，三原告向被告发出了一份《通知书》，内容为：“2004年4月6日，贵公司与高学敏、李诚、李长增签署了《专利技术使用合同书》。合同签订后，贵公司未能按合同约定履行义务，虽经高学敏、李诚、李长增多次催要，贵公司仅于2007年支付技术使用费50万元，剩余的技术使用费至今未付。”2008年1月1日，高学敏、李诚、李长增发表声明，将该专利技术使用合同中三人的全部权利转让给我三公司，同时声明：“我三公司可依自己之意愿以自己的名义通过诉讼等方式主张前述权利。基于此我三公司正式通知贵公司请自收到本通知书之日起7日内提交自合同书签订之日至今的全部销售清单，并按清单支付全部技术使用费。若贵公司不能如实提交销售清单或不能支付全部技术使用费，《专利技术使用合同书》自本通知书规定的7日履行期限届满之日起解除。同时，我三公司将保留通过诉讼方式主张贵公司承担全部违约责任的权利。”

被告在收到上述高学敏、李诚、李长增的《声明》和三原告的《通知书》后，向高学敏、李诚、李长增寄出了两份销售业绩表，一份为2007年7月12日生成的销售业绩表，一份为2008年1月11日生成的销售业绩表，根据该两份销售业绩表，被告主张其应向高学敏、李诚、李长增支付的技术使用费为218.58万元。被告于2008年1月19日通过中国工商银行向李长增汇出了50万元的专利技术使用费。高学敏、李诚、李长增接受了此次汇款，但三原告认为被告提供的上述两份销售业绩表严重隐瞒了被告的实际销售量。

在法院审理期间，被告向法院提交了2006、2007两年的销售合同、销售发票及财务记账凭证等资料。被告主张截至2008年2月13日其实际销售回款额为2 634.67万元，其中有外购的立柱、千斤顶、操纵阀、高压胶管等配套产品，属于非专利产品，共983.94万元，不应计入专利使用费。实际被告应支付高学敏、李诚、李长增专利技术使用费为105.65万元。被告已向高学敏、李诚、李长增支付了100万元专利技术使用费，尚欠5.65万元。

三原告对被告上述主张不予认可，其主张根据被告向法院提交的销售合同、销售发票等资料，经其核对，截至2007年末，被告与客户签订的销售合同共 24 份（见附表），该 24 份合同的销售数额共 5 944.6650 万元，故被告应向三原告支付专利技术使用费 380.4585 万元。扣除被告已向高学敏、李诚、李长增支付的 100 万，被告尚欠 280.4585 万元未支付。另外，三原告指出其计算出来的上述被告的销售额，均为在被告与客户签订的销售合同中明确记载的"整体顶梁组合悬移液压支架"产品的销售额，没有其他非专利产品在内。而被告所谓外购的立柱、千斤顶、操纵阀、高压胶管等产品都是制造"整体顶梁组合悬移液压支架"产品的必要配件，高学敏、李诚、李长增授权被告使用的三项专利技术是制造带托梁的组合支架的一个整体的技术，在双方签订的《专利技术使用合同书》中约定的被告按支架的销售额来支付专利使用费，所以不能扣除所谓通用产品部分。

被告对附表中所列内容无异议，但被告提出应按其实际收回货款的数额来计算应该给付高学敏、李诚、李长增三人的专利技术使用费，不应按合同约定货款数额来计算。三原告对此也不予认可，三原告认为合同约定交货后 30 天付款而非被告实际收回货款后付款，被告的主张没有依据，交货日期在合同上写的很明确。

原审审理结果

原审法院认为：

高学敏、李诚、李长增与被告于 2004 年 4 月 6 日签订的《专利技术使用合同书》，是双方真实意思表示，符合法律规定，是有效的合同。被告与李长增、李信斌于 2007 年 6 月 23 日签订的《协议》是对上述《专利技术使用合同书》中某一条款的变更，虽然高学敏、李诚未在该《协议》上签字，但二人在法院审理期间均明确表示对该《协议》条款予以认可，被告也无异议，故法院认定该《协议》有效。

根据上述两份合同的约定，被告可以使用高学敏、李诚、李长增享有专利权的三项技术制造支架产品，但要向高学敏、李诚、李长增三人支付销售额的 6.4% 作为专利技术使用费。为此，被告需每半年向高学敏、李诚、李长增三人提交一次销售清单。但被告只于 2007 年向高学敏、李诚、李长增三人支付了一次技术使用费 50 万元，对于其他合同义务并没有履行，故被告已构成违约。被告虽主张高学敏、李诚、李长增也未尽到合同义务，没有进行技术指导，但被告并未提供相关证据，而且被告已经按照高学敏、李诚、李长增三人享有专利权的技术制造出了合格产品并进行了销售，故法院对被告主张高学敏、李诚、李长增三人没有尽到合同义务不予采信。

我国《合同法》规定，债权人可以将合同的权利全部或者部分转让给第三人。债权人转让权利的，应当通知债务人。未经通知，该转让对债务人不发生效力。

2008 年 1 月 1 日，高学敏、李诚、李长增三人将其所享有的全部合同权利转让给了三原告，包括但不限于请求支付使用费、主张违约金及解除或续签合同等权利，还允许三原告以自己的名义通过诉讼等方式主张前述权利。高学敏、李诚、李长增三人转让合同权利的《声明》及三原告的《通知书》被告已经收到，故根据《合同法》的相关规定法院认定三原告有权以自己的名义提起本案诉讼，向被告追索专利技术使用费及因被告迟延给付而产生的利息。

被告提出高学敏、李诚、李长增三人发表的《声明》是将合同的全部权利义务概括性地转让给了三原告，该转让行为没有经过被告同意，故该转让无效，而三原告不是涉案合同的当事人，三原告提起的涉案诉讼请求应被驳回。对此，法院认为，高学敏、李诚、李长增三人在《声明》中已经表明其转让的是合同权利而非合同义务，合同的解除权及续约权都是合同当事人的权利，并不存在高学敏、李诚、李长增三人将全部合同权利和义务一并转让的情况，而且高学敏、李诚、李长增三人在转让合同权利时也已履行了合同义务，所以被告提出的高学敏、李诚、李长增三人的转让无效的主张缺乏依据。故法院对被告的主张不予采信。

根据被告提供的其与客户签订的销售合同、销售发票、财务账册等资料，法院组织双方进行了核查，双方在销售数额上达成一致，但对应按合同约定的货款计算专利技术使用费，还是应按被告实际收到的货款计算专利技术使用费发生分歧。法院认为根据涉案《专利技术使用合同书》及补充《协议》中的约定，被告应按其与客户签订的合同销售额的 6.4% 在交货后 30 天内支付专利技术使用费，合同没有约定要在被告实际收回货款后才支付专利使用费，故被告这一主张缺乏合同依据。另外，被告还提出在支架产品中的液压支柱、液控阀组、高压胶管等为通用产品非专利产品，是其外购的，不应计入销售数额内，但根据《专利技术使用合同书》的约定，被告使用高学敏、李诚、李长增三人享有专利权的技术制造的是支架产品，被告是按其制造的该支架产品的销售额以该销售额的 6.4% 支付专利技术使用费，并没有将该支架产品拆分为专利部分和非专利部分计算专利技术使用费的约定，而且高学敏、李诚、李长增三人许可被告使用的三项专利技术是制造支架的完整技术，液压支柱、液控阀组、高压胶管等是被告制造支架产品必须使用的配件，无论是被告自行制造还是外购，都要计入该支架产品的成本，故被告提出的此项主张法院不予采信。

因三原告未掌握被告 2007 年 9 月以后是否还有销售的证据，故三原告在本案中只请求截至2007年9月被告因销售支架产品所应支付的专利技术使用费，故法院对2007年9月之后被告再有销售涉案产品而应支付的技术使用费在本案中不做处理。根据三原告及被告的核对，法院确认被告在2007年9月前签订的涉案支架产品销售合同共有19份（见附表第1－19号合同）。虽然第16份合同没有签订日期，但根据交货日期可以确定合同的签订日期在2007年9月之前。对于这19份合同，被告确认已经履行完毕，故法院将依据该19份合同订立的销售数额计算被告应该向三原告支付专利技术使用费，并扣除被告已经向高学敏、李诚、李长增三人支付的100万元专利技术使用费。

三原告提出要求被告支付因其迟延支付技术使用费而产生的利息，符合法律规定，法院予以支持。

关于三原告提出的解除合同的请求，法院认为被告虽有违约行为，但尚未导致合同完全无法履行，被告与客户在2007年9月以后签订的合同也正在履行中，此时解除合同会造成市场经济活动的不稳定，故法院对三原告此项请求不予支持。在合同有效存续期间被告仍可继续销售合同约定的使用高学敏、李诚、李长增享有专利权的技术制造的支架产品，但合同期限届满后，被告在未能续约的情况下应停止使用高学敏、李诚、李长增三人享有专利权的技术。

综上，法院依据《中华人民共和国合同法》第60条、第79条、第80条第1款、第107条、第109条之规定，判决如下：

一、北京蓝畅机械有限公司于本判决生效之日起十日内，向北京宇田世纪矿山设备有限公司、北京诚田恒业煤矿设备有限公司、北京辉越景新矿山支护设备有限公司支付专利技术使用费人民币1 692 470元；

二、北京蓝畅机械有限公司于本判决生效之日起十日内，向北京宇田世纪矿山设备有限公司、北京诚田恒业煤矿设备有限公司、北京辉越景新矿山支护设备有限公司支付因其迟延支付专利技术使用费而产生的利息（自2007年10月4日至2008年2月13日止，按中国人民银行同期贷款利率计算）；

三、驳回北京宇田世纪矿山设备有限公司、北京诚田恒业煤矿设备有限公司、北京辉越景新矿山支护设备有限公司的其他诉讼请求。

附表：

截至2007年末被告签订的合同及收款情况

序号	时　间	名　称	数量（架）	合同额（万元）	收款额（万元）	合同中的发货日期
1	2006.5.7	沁水县湘峪煤矿	70	197.4	186.66	2006年5月31日

续表

序号	时　间	名　称	数量（架）	合同额（万元）	收款额（万元）	合同中的发货日期
2	2006.8.2	山西汇海能源股份有限公司	86	202.1	202.1	2006年8月25日
3	2006.12.10	晋城市兰花公司万里矿有限责任公司	90	211.5	211.5	2006年12月25日
4	2006.12.29	长子县色头镇赵家庄村煤矿	50	120	118	2007年2月10日
5	2007.1.8	山西靖丰煤业有限公司	60	140.4	130	2007年4月25日
6	2007.1.13	山西省泽州县巴公镇来村煤矿	53	124.55	99	2007年3月10日
7	2007.3.13	山西盂县兴峪煤矿有限责任公司	102+4	279.68（2006年12月26日的销售发票）	279.68	矿上交货
8	2006.4.2	山西阳泉市郊区鸿泰煤矿	122	390.4	370.88	矿上交货
9	2007.4.11	山西省静忻州市静和县干连沟煤矿	41	115.005	100	预付款到账30天
10	2007.5.9	晋城中嘉煤炭实业有限公司	120+4	474.6（2007年7月7日销售发票）	379.68	50%款到账
11	2007.6.28	山西古交市嘉乐泉乡平定窑煤矿	103	329.6	320	2007年8月5日
12	2007.8.25	新疆呼图壁县东沟煤炭责任有限公司	58	185.6	155	2007年9月30日
13	2007.8.14	山西汇海能源股份有限公司	5	11.75	11.75	
14	2007.9.12	晋城市兰花公司万里矿有限责任公司	30	72	72	2007年9月22日
15	2007.9.21	山西昔阳峪丰贸易有限责任公司	12	29.4	8.82	2007年10月10日
16	无合同日期	山西省高平市柳村底煤矿	110	267.3	183.85	2007年7月22日前

续表

序号	时　间	名　称	数量（架）	合同额（万元）	收款额（万元）	合同中的发货日期
17	2007.9.4	山西省翼城县河寨煤矿	106	365.7	350	2007年10月19日前
18	2007.9.4	山西省翼城县东沟煤矿	106	360.4	100	2007年10月9日前
19	2007.9.11	鸿森矿业	103	329.6	150	2007年11月10日前
小　计			1 435	4 206.985	3 428.92	
2007年9月以后所签合同						
20	2007.11.19	灵石南关镇（山西鑫鼎泰）	142	489.9	195.96	2008年2月22日前
21	2007.11.3	泽州华阳	165	627	175	2007年12月25日前
22	2007.11.16	山阴县张家沟	73	259.15	78	2007年12月28日前
23	2007.10.10	山西三晋鸿泰	15	145	43.5	2007年12月31日前
24	2007.11.25	山西隆源煤业	83	216.63	10	预付款到账一个月发货（07.11月收到预付款）
小　计			478	1 737.68	502.46	

蓝畅公司不服原审判决，提出上诉，请求撤销原审判决，依法驳回宇田世纪公司、诚田恒业公司、辉越景新公司的诉讼请求，上诉费用由宇田世纪公司、诚田恒业公司、辉越景新公司承担。其理由是：原审判决以专利权人高学敏、李诚、李长增出具的《说明》作为认定其三人履行了合同义务及表明其转让的是合同权利而非合同义务的事实的证据是错误的，该《说明》不能作为认定案件事实的证据加以使用。原审判决认定《声明》是债权的转让并非是合同权利义务的概括转移是错误的。原审判决认定专利技术使用费按“支架产品”的销售额计算是错误的，合同约定的“支架”与原审判决中认定的“支架产品”是两个完全不同的概念，对于“支架产品”中外购的通用产品不应计算在销售额当中。

宇田世纪公司、诚田恒业公司、辉越景新公司服从原审判决。

二审查明事实

二审法院查明的事实与原审相同。

二审审理结果

二审法院认为：

高学敏、李诚、李长增与蓝畅公司签订的涉案《专利技术使用合同书》，是双方的真实意思表示，合法有效，双方均应依约履行。2007 年 6 月 23 日签订的《协议》是对涉案《专利技术使用合同书》中相关条款的变更，亦合法有效。

根据合同约定，蓝畅公司有义务向高学敏、李诚、李长增三人支付涉案专利技术使用费，并每半年向高学敏、李诚、李长增三人提交一次销售清单。蓝畅公司虽主张高学敏、李诚、李长增未尽到合同义务，即没有交付技术资料、没有进行技术指导，但其并未提供相关证据加以佐证，而且蓝畅公司事实上已经按照涉案专利技术制造出了合格产品并进行了销售，并两次向高学敏、李诚、李长增三人支付了专利技术使用费，未对高学敏、李诚、李长增提出任何异议，可以认定高学敏、李诚、李长增三人出具的《说明》中所作出的陈述是真实的。因此，蓝畅公司以高学敏、李诚、李长增三人没有尽到合同义务拒绝继续支付涉案专利技术使用费没有事实和法律依据。

根据《合同法》的规定，债权人可以将合同的权利全部或者部分转让给第三人。债权人转让权利的，应当通知债务人。未经通知，该转让对债务人不发生效力。债权人转让权利的，受让人取得与债权有关的从权利，但该从权利专属于债权人自身的除外，从权利包括请求利息及违约金的权利。

由于债权人转让合同权利不需要经过债务人同意，因此，当蓝畅公司收到高学敏、李诚、李长增三人转让合同权利的《声明》及宇田世纪公司、诚田恒业公司、辉越景新公司向其发出的《通知书》之时，宇田世纪公司、诚田恒业公司、辉越景新公司即依法取得了以自己的名义向蓝畅公司追索涉案专利技术使用费及因蓝畅公司迟延给付而产生的利息的权利。该《声明》中关于债权的转让符合《合同法》的规定，已发生法律效力。宇田世纪公司、诚田恒业公司、辉越景新公司有权向蓝畅公司主张其受让的债权。

蓝畅公司主张在支架产品中的液压支柱、液控阀组、高压胶管等为通用产品而非专利产品，是其外购的，不应计入销售数额内，但根据《专利技术使用合同书》的约定，蓝畅公司使用涉案专利技术制造的是完整的支架产品，销售的也是支架产品，合同中的销售额并未明确扣除通用产品的价值，故蓝畅公司要求扣除通用配件的销售额部分后再计算专利使用费没有合同依据，法院不予支持。

合同的解除权是专属于合同当事人的权利，只能由合同当事人行使，宇田世纪公司、诚田恒业公司、辉越景新公司虽受让了《专利技术使用合同书》及《协议》中的债权，但该三公司并非涉案合同的当事人，宇田世纪公司、诚田恒业公司、辉越景新公司无权请求解除高学敏、李诚、李长增与蓝畅公司签订的《专利技术使用合同书》及《协议》。一审法院关于不支持宇田世纪公司、诚田恒业公司、辉越景新公司解除合同的诉讼请求的理由虽有不妥，但不影响本案的处理结果。

综上所述，蓝畅公司的上诉理由缺乏事实和法律依据，其上诉请求法院不予支持。原审判决认定事实清楚，适用法律正确。依照《中华人民共和国民事诉讼法》第 153 条第 1 款第（1）项之规定，判决如下：

驳回上诉，维持原判。

一审案件受理费 39 606 元，由北京宇田世纪矿山设备有限公司负担 9 606 元，由北京蓝畅机械有限公司负担 30 000 元；二审案件受理费 20 033 元，由北京蓝畅机械有限公司负担。

15.“探纱器”发明专利无效行政纠纷案

——IROPA 股份公司诉国家知识产权局专利复审委员会、慈溪市太阳纺织器材有限公司

原告（被上诉人）：IROPA 股份公司
被告（上诉人）：国家知识产权局专利复审委员会
第三人（被上诉人）：慈溪市太阳纺织器材有限公司
案由：发明专利权无效行政纠纷

原审案号：北京市第一中级人民法院（2006）一中行初字第 56 号
原审合议庭成员：彭文毅、江建中、陈源
原审结案日期：2007 年 12 月 5 日
二审案号：北京市高级人民法院（2008）高行终字第 260 号
二审合议庭成员：刘继祥、刘晓军、钟鸣
二审结案日期：2008 年 12 月 12 日

判决要旨

判断新颖性时，应当将发明专利的各项权利要求分别与每一项现有技术或申请在先公布在后的发明的相关技术内容单独进行比较，而不得将其与几项现有技术或者申请在先公布在后的发明内容的组合、或者与一份对比文件中的多项技术方案的组合进行对比。

专利复审委员会判定对比文件中公开了一种相当于本专利的机构，但未进一步论述对比文件所公开的机构如何“相当于”本专利的机构，而是直接判定本专利的权利要求 1 相对于对比文件不具有新颖性，忽视了本专利权利要求 1 所记载的技术方案与对比文件记载的技术方案之间存在的差异。

起诉与答辩

原告 IROPA 股份公司（以下简称 IROPA 公司）诉称：（1）由于本专利产品的特殊性，原告在被告审理的过程中，提出了对于应当维持专利有效的事实和理由，并进行了详细的阐述，但被告在决定书中根本没有对此进行陈述，也没有说明对于原告所提出的事实和理由不予认可的理由。被告的决定书在程序

上存在严重错误。（2）在事实的认定上，被告对本专利作片面理解，割断了技术特征之间的关联性以及适用的前提条件，导致对本专利的错误认识，作出了错误的决定。本专利与对比文件相比，它们的适用前提是不一样的。本专利是对于现有外置式探纱器的一种改进，与对比文件相比，本专利具有新颖性和创造性，应当维持本专利有效。（3）被告适用法律存在错误。《专利法》赋予被告在审理案件时享有自由裁量权，但在行使自由裁量权时应当以事实为根据，然被告违背事实和法律原意，适用法律存在错误。综上所述，第 7469 号决定违反法律相关规定，认定事实错误，适用法律错误，请求人民法院依法予以撤销。

被告专利复审委员会坚持其在第 7469 号决定中的相关评述理由，认为该决定认定事实清楚，适用法律正确，请求人民法院予以维持。

第三人慈溪市太阳纺织器材有限公司（以下简称太阳公司）述称，对比文件 1 公开了一种纱线存储和喂给装置，由图 1 可见，位于纱线存储体轴向凹槽 16 内的最大纱圈数探测元件 18 和最小纱圈数探测元件 19，便是本专利权利要求 1 所述的用于喂纱器中的纱线检测设备的探纱器。被告根据对比文件公开的相应内容，认定本专利权利要求 1 ~ 5 不具备新颖性并无不当。同时，对比文件 1 的图 2b 清楚示出，最大纱圈数探测元件 18 和最小纱圈数探测元件 19 的接触面外边缘是经过修圆的，其目的显然也在于防止纱线越过外边缘时，危及纱线的安全。而将机械零件的锐边倒棱成斜面，是机械零件设计的常规设计范式，是本领域的技术人员容易想到的，不具有突出的实质性特点和显著的进步。被告认定本专利权利要求 6 不具备创造性，具有充分的事实和法律依据。从对比文件 1 说明书第 15 页倒数第 6 ~ 7 行的说明可以看出，其中最大值和最小值探测元件由单金属弹簧片 66 构成，因而是实心的模制件，其接触面区的不间断表面必然与模制件成形为一体。而采用塑料或者空心结构，均属本领域的技术人员的技术常识，并未产生新的预料不到的技术效果，不具有突出的实质性特点和显著进步。被告认定本专利权利要求 7 不具有创造性，同样具有充分的事实和法律依据。综上，被告作出的第 7469 号决定认定事实清楚，适用法律正确，审理程序合法，请求人民法院予以维持。

原审查明事实

原审法院查明：

名称为“探纱器”的发明专利（即本专利）的优先权日为 1997 年 12 月 17 日，公开日为 2000 年 4 月 5 日，授权公告日为 2003 年 5 月 28 日，专利号为 98803150.7，申请人及专利权人均为 IROPA 公司。本专利权授权公告的权利要求书如下：

“1. 用于喂纱器中的纱线检测设备的探纱器，它有一个触脚（A），触脚构成一个可与纱线（Y）接触基本上平的接触面（B），其特征为：触脚（A）至少在其接触面（B）区有一不间断的表面（P）。

“2. 按照权利要求1所述的探纱器，其特征为：触脚（A）有一个相对于接触面（B）主平面折弯的与接触面（B）连接的柄（6）；以及，表面（P）可从接触面（B）一直延长至柄（6）内。

“3. 按照权利要求1所述的探纱器，其特征为：表面（P）有一根基本上平行于纱线轴大体上直的母线。

“4. 按照权利要求3所述的探纱器，其特征为：表面（P）沿垂直于母线的方向相对于纱线弯曲成凸状的，或由多个互相折弯成隆凸的表面段（12）组成。

“5. 按照权利要求1所述的探纱器，其特征为：支承（B）在触脚端部有一个与纱线（4）运动方向基本平行和大体上平的部分，这部分的尺寸能覆盖至少两根并列的纱线或两个纱线线圈。

“6. 按照权利要求1所述的探纱器，其特征为：封闭的表面（P）沿其外边缘修圆或成斜面。

“7. 按照权利要求1所述的探纱器，其特征为：触脚（A）是实心或空心的最好用金属或塑料制成的模制件，表面（P）组合在模制件内成一整体。

“8. 按照权利要求1所述的探纱器，其特征为：在柄（6）和在触脚（A）内设两个相隔一定距离的边（2、3；2′、3′），它们的外轮廓形状互相平行地或沿着朝接触面（B）的延伸方向会聚地从柄（6）过渡到触脚（A）内。

“9. 按照权利要求1所述的探纱器，其特征为：触脚（A）由一线材段（1）双边式地构成并且在边（2、3）之间有一空间（5）；以及，至少在接触面（B）区内一个空心或实心的插入件（11）填满此空间（5），表面（P）设在此插入件（11）上。

“10. 按照权利要求9所述的探纱器，其特征为：表面（P）和接触面（B）设在插入件（11）上。

“11. 按照权利要求1所述的探纱器，其特征为：触脚（A）由一线材段（1）双边式地构成并且在边（2、3）之间有一空间（5）；以及，在接触面（B）区内在触脚（A）上装有一鞋状护套（7"），所述鞋状护套构成接触面（B）和表面（P）。

“12. 按照权利要求1所述的探纱器，其特征为：触脚（A）设计为双边式的并且边（2、3）之间有一空间（5）；以及，空间（5）用至少一个薄膜状平面的构件（7、7′、7"）覆盖，所述构件构成表面（P）并且或布置在边（2、3）上或插入边（2、3）之间。

“13. 按照权利要求1所述的探纱器，其特征为：触脚（A）是一个滑撬形扁平构件（7′），它有表面（P）和接触面（B），以及，它自由悬臂地装在柄（6）上，最好装在边（2、3）上。

“14. 按照权利要求1所述的探纱器，其特征为：在触脚（A）中的空腔含有填充物（10）。”

本专利说明书载明：“本发明涉及一种探纱器，它有一个触脚，此触脚构成一个可与纱线接触基本上平的接触面。在纱线加工工艺中采用机械地作用在纱线上的探纱器，例如用于在喂纱器中探测基本上横向于纱线轴线运动的纱线线圈。在成为标准设计的探纱器中，探纱器用线材段弯曲而成，它的触脚形成一个大体U形的舌，舌的纵轴线基本上垂直于纱线轴定向，要探测的纱线沿触脚的下表面掠过。……在喂纱器工作时触脚的U形底部聚集污垢，尤其是棉绒，直至可能形成挂在触脚上的棉绒拖尾。在U形底部的这种棉绒聚集和棉绒拖尾不仅会干扰纱线探测功能，而且当这种聚集物断落并随纱线进行运动时会干扰探纱器下游并导致织物疵点。由这种聚集物带来干扰的危险在无故障工作期间持续靠放在纱线卷绕上的探纱器中更加严重。……本发明提供一种用于喂纱器中的纱线检测设备中的探纱器，它有一个触脚，触脚构成一个可与纱线接触基本上是平的接触面，其特征为：触脚至少在其接触面区有一不间断的表面。本专利至少在触脚支承区内无间断的表面消除了污垢和棉绒在触脚内的聚集，并因而也排出了形成危险的棉绒拖尾的可能。此外，由于接触面区内无间断的表面，使纱线非常柔和地受探纱器接触压力的作用，这对于敏感的纱线质量和/或高的纱线速度是有利的……”

本专利说明书中有10个附图。本专利说明书对图9的描述是：“图9中……表面P也可以沿纱线纵轴线方向基本上呈平的，或是凹形或凸形地弯曲的。表面P的外边缘区最好修圆或成斜面（在15或15′处）。表面P一直延长到柄16的根部，并在那里以横边14和横壁13结束。……这种结构形式同样用于图2~8的实施例中，尤其是鉴于在喂纱器内使用探纱器臂时，在喂纱器内（例如引纱时），纱线首先侧向地接触其中一个边，然后必须在其内部存在的张力的作用下自动拉到接触面B下面，不应缠结在探纱器臂或触脚上。例如轻金属可用来制造触脚A……图9中表示了喂纱器D的一个与固定的储纱筒T相邻的卷绕件21，纱线Y在储纱筒上卷绕成并列的线圈，在使用时纱线由图10的右方储纱筒的上方引出。喂纱器在此区域内有三个探测设备S1、S2、S3，每一个都有探纱器臂F和例如按图9的触脚A。触脚A从外部的探测设备外壳20起朝储纱筒T的方向延伸，储纱筒在此区域内制有一个沿纵向延伸的槽22，纱线Y跨过此槽。第一个探测设备S1是一个纱线断裂传感器，它监测储纱器的前几圈是否按规定存在。第二个探测设备S2是一个最小储量传感器，它监测在储纱筒T中储纱量的最小允许尺寸，并在此区域内没有纱线时发出一个信号，根据这一信号卷绕件21的驱动装置接通或加速，以便补充储纱量。第三个探测设备S3是最大储量传感器，它监测储纱量的最大允许尺寸。”各方当事人均认可本专利说明书中图10的探纱器系外置式。

2004年5月19日，太阳公司请求专利复审委员会宣告本专利无效，理由是本专利权利要求1~5、7不符合《专利法》第22条第2~3款的规定、权利要求6不符合《专利法》第22条第3款的规定。太阳公司还提交了四份对比文件支持其无效请求，其中：

对比文件1系名称为“纱线存储和喂给装置”的中国发明专利申请审定说明书CN1009912B，审定公告日为1990年10月10日。根据对比文件1说明书的记载，该发明的目的是提供一种纱线存储和喂给装置，在该装置中，存储纱线的数量的控制和监测是在不干扰从存储体上退绕纱线的情况下完成的。作为对比文件1发明的一个实施例，将两个探测元件装在沿轴向一前一后的存储体上，用以监视线圈的最大值和最小值。作为对比文件1发明的一个实施例，所述探测元件是一块用塑料材料制成的具有楔形顶部的块状物，而所述永久磁铁嵌入塑料材料中，这样由于探测元件是简单形状，使其造价低廉，而且在存储体内的安装、定位方便，还保证了对纱线圈的任何接触的快速反应。作为对比文件1发明的一个实施例，将两个探测元件由所述金属片的两端弯成实际上为U形的结构——具有两腿的端部向外弯曲的特点，两个探测元件均由单片弹簧制成。在对比文件1的图2A和2B的实例中，最大纱圈数和最小纱圈数探测元件18、19是由一个单金属弹簧片66的两端65、65′组成。簧片66有一个平底部分67，通过螺钉68可拆卸地固定在凹槽16内。端部65′以一定角度和以下方式连至中间部分70：在其松弛状态时，不完全伸出表面15，以便形成一个斜坡。端部65′的摇摆轴69′也可位于后脚柱71的较低端与底部67连接处。在本案诉讼中，各方当事人均认可对比文件1说明书所记载的图2A为内置式探纱器。

对比文件2是美国专利文件US5211207以及相关部分中文译文，其公开日为1993年5月18日。

2005年8月9日，专利复审委员会进行了口头审理。在口头审理中，太阳公司放弃对比文件3、4作为本案的证据，IROPA公司对对比文件1、2的真实性无异议。

2005 年 8 月 31 日，专利复审委员会作出第 7469 号决定。专利复审委员会在第 7469 号决定中认定：（1）对比文件 1 的审定公告日与对比文件 2 的公告日均在本专利申请日之前，其所公开的技术方案与本专利均涉及同一技术领域，因此对比文件 1、2 均可用于评价本专利的新颖性与创造性。（2）对比文件 1 图 2a、2b 中公开了一种相当于本专利的“用于喂纱器中的纱线检测设备的探纱器”（图 2a 中标号 18 所指）的机构，其中标号 66 所指零件的两翼部分均相当于本专利的“触脚”，从图 2b 中可见零件 66 与纱线 27 的接触面基本上是平而不间断的，故本专利权利要求 1 的技术方案已被对比文件 1 所公开，不具备新颖性。（3）对比文件 1 图 2a、2b 中标号 71 所指部位即相当于本专利的“柄”，从图 2a 中并可看出其中零件 66 也具有与本专利的“表面（P）可从接触面（B）一直延长至柄（6）内”这一结构特征相同的结构，故在其所引用的权利要求 1 不具备新颖性的前提下，从属权利要求 2 也不具备新颖性。（4）对比文件 1 图 2a 中可看出其中零件 66 也具有与本专利的“表面（P）有一根基本上平行于纱线轴大体上直的母线”这一结构特征相同的结构，故在其所引用的权利要求 1 不具备新颖性的前提下，该从属权利要求 3 也不具备新颖性。（5）对比文件 1 图 2a 中可看出其中零件 66 的左翼的端部 65′与中间部 70 处的二表面“沿垂直于母线的方向相对于纱线”“互相折弯成隆凸”，故在其所引用的权利要求 3 不具备新颖性的前提下，该从属权利要求 4 也不具备新颖性。（6）对比文件 1 图 2a，其中标号 70 所指部分即具有本专利权利要求 5 限定部分所述技术特征，故在其所引用的权利要求 1 不具备新颖性的前提下，该从属权利要求 5 也不具备新颖性。（7）对比文件 1 图 2b，其中可见与上述“封闭的表面（P）”对应的以标号 65 所指示的表面的外边缘是修圆的。因为该表面与纱线表面在工作时密切接触，此时在其外边缘上制作出斜面以防刮伤纱线亦为本领域的技术人员所易于想到的，故在其所引用的权利要求 1 不具备新颖性的前提下，该从属权利要求 6 不具备创造性。（8）对比文件 1 说明书第 15 页倒数第 6 行，其中指出具有与本专利“触脚（A）”对应部分的零件 66 为一“单金属弹簧片”，即相当于本权利要求中所述的“整体金属模制件”，至于其可以改用“塑料”制造、制作成“空心的”等也均属于本领域技术人员的常识，故在其所引用的权利要求 1 不具备新颖性的前提下，该从属权利要求 7 也不具备创造性。据此，专利复审委员会作出第 7469 号决定，宣告本专利权利要求 1 ~ 7 无效，在本专利权利要求 8 ~ 14 的基础上维持本专利有效。

原审审理结果

原审法院认为：

《专利法》第22条规定，发明的新颖性是指在申请日以前没有同样的发明在国内外出版物上公开发表过、在国内公开使用过或者以其他方式为公众所知，也没有同样的发明由他人向国务院专利行政部门提出过申请并且记载在申请日以后公布的专利申请文件中。发明的创造性，是指同申请日以前已有的技术相比，该发明有突出的实质性特点和显著的进步。

就本案而言，本专利为检测纱线的探纱器，属于纱线存储和喂给装置的一部分，与对比文件1所属的技术领域相同。本专利说明书已经指出可以在喂纱器内使用探纱器臂，原告关于本专利的探纱器外置而对比文件1的探纱器内置的主张没有事实依据，法院不予支持。再者，无论探纱器是内置还是外置均不影响二者属于相同的技术领域。关于本专利权利要求1。对比文件1图2a、2b中公开的探测元件18相当于本专利的探纱器，其中单金属弹簧片的两翼相当于本专利的触角A。对比文件1的图2b显示，弹簧片与纱线接触的面基本上是平而不间断的。因此，本专利权利要求1的技术方案已被对比文件1所公开，权利要求1不具备新颖性。关于本专利权利要求2。对比文件1的脚柱71相当于本专利权利要求2中的柄。从图2a中可见，金属弹簧片66具有与本专利的“表面（P）可从接触面（B）一直延长至柄（6）内”相同的结构特征。因此，在权利要求1不具备新颖性的前提下，从属权利要求2也不具备新颖性。关于本专利权利要求3。对比文件1图2a中显示，金属弹簧片66形成的表面也具有一根基本上平行于纱线轴大体上直的母线的结构。因此，在其引用的权利要求1不具备新颖性的前提下，权利要求3也不具有新颖性。关于本专利权利要求4。从对比文件1的图2a中可见，金属弹簧片的两翼与中间处形成“表面（P）沿垂直于母线的方向相对于纱线弯曲成凸状”、“互相折弯成隆凸”并形成了相应的表面段，因此，本专利权利要求4的附加技术特征已被公开，在其所引用的权利要求不具有新颖性的前提下，权利要求4也不具备新颖性。关于本专利权利要求5。从对比文件1的附图2a中可见，其中中间部分70公开了权利要求5的限定部分所述的技术特征，故在本专利权利要求1不具备新颖性的前提下，权利要求5也不具备新颖性。关于本专利权利要求6。对比文件1的图2b中显示，65′及71指示的表面的外边缘是修圆的。另外，由于该表面与纱线表面在工作时接触密切，本领域的普通技术人员为了防止金属刮伤纱线，容易想到在其外边缘上制作出斜面，并将外边缘修圆。因此，在权利要求1不具备新颖性的前提下，从属权利要求6不具备创造性。关于本专利权利要求7。对比文件1公开了探测元件由一个单金属弹簧片的两端组成，相当于本专利权利要求7所述的“整体金属模制件”，同时，表面（P）亦组合在模制件内成一整体。另外，对比文件1也披露了探测元件可以用塑料制成，而制作成空心的模制件属于本领域普通技术人员的常识，故在权利要求1不具备新颖性的前提下，从属权利要求7不具备创造性。综上，本专利权利要求1~5不符合《专利法》第22条第2款的规定，权利要求6、7不符合《专利法》第22条第3款的规定。

综上所述，被告作出的第7469号决定认定事实清楚，适用法律正确，审理程序合法，审查结论正确，依法应当予以维持。原告的诉讼理由不能成立，其诉讼请求法院不予支持。依照《中华人民共和国行政诉讼法》第54条第（1）项之规定，法院判决如下：

维持中华人民共和国国家知识产权局专利复审委员会作出的第7469号无效宣告请求审查决定。

IROPA公司不服原审判决并提出上诉，请求撤销第7469号决定并判决维持本专利有效。IROPA公司的上诉理由是：（1）一审判决认定事实错误，本专利与对比文件1在技术领域、所要解决的技术问题、技术方案以及技术效果方面均存在明显不同；（2）一审判决适用法律错误，本发明涉及外置式探纱器，而对比文件1中技术方案的探纱器属于内置式，原审法院和专利复审委员会没有正确适用《专利法》关于说明书可以对权利要求进行解释的规定，其对权利要求书的解释完全孤立了权利要求本身的内在含义，毫无根据地扩大解释了本专利权利要求的保护范围；（3）原审法院违反法定程序，上诉人在无效审理过程中对应当维持本专利有效的事实和理由进行了详细的阐述，明确指出本专利属于外置式，而对比文件1属于内置式，但专利复审委员会未在第7469号决定中进行相关陈述，也没有说明对上诉人所提出的事实和理由不予认可的理由，上诉人在一审诉讼中再次进行了相关陈述，但原审法院未作评论和解释。

专利复审委员会与太阳公司服从一审判决。

二审查明事实

二审法院查明事实与原审相同。

二审审理结果

二审法院认为：

《专利法》第56条规定：“发明或者实用新型专利权的保护范围以其权利

要求的内容为准，说明书及附图可以用于解释权利要求。”因此，在仅凭权利要求无法确定发明专利权的保护范围时，说明书及附图可以发挥其解释权利要求的功能，以帮助确定发明专利权的保护范围。本专利的权利要求书及说明书中均未以明确的文字表述本专利的探纱器系内置式、外置式或者同时包括内置式和外置式，各方当事人对本专利的探纱器究竟系内置式还是同时包括内置式和外置式各持异议。本专利的权利要求1中虽然使用了“用于喂纱器中”的描述，但这并不表明本专利的探纱器必然为内置式。因此，仅从权利要求书无法断定本专利的探纱器应为内置式还是应同时包括内置式和外置式。根据《专利法》的前述规定，此时可以用说明书及附图解释权利要求。本专利说明书中图10所记载的探纱器为外置式，且将本专利的探纱器解释为外置式不仅不会扩大本专利的保护范围，反而会限制和缩小本专利的保护范围。因此，法院判定本专利的探纱器为外置式，原审法院对本专利探纱器的位置判定有误，应予纠正。上诉人相关上诉理由成立，法院予以支持。

根据《专利法》第22条的规定，授予专利权的发明应当具备新颖性、创造性和实用性。发明专利的新颖性是指在申请日以前没有同样的发明在国内外出版物上公开发表过、在国内公开使用过或者以其他方式为公众所知，也没有同样的发明由他人向国务院专利行政部门提出过申请并且记载在申请日以后公布的专利申请文件中。《审查指南》第二部分第三章第3.1节规定，判断新颖性时，应当将发明专利的各项权利要求分别与每一项现有技术或申请在先公布在后的发明的相关技术内容单独进行比较，而不得将其与几项现有技术或者申请在先公布在后的发明内容的组合、或者与一份对比文件中的多项技术方案的组合进行对比。如果发明专利与现有技术或申请在先公布在后的发明在技术领域、所要解决的技术问题、技术方案和预期效果实质上相同，则认为两者属于同样的发明。

将本专利与对比文件1进行比较：首先，本专利权利要求1所描述的探纱器具有一个触脚、由触脚构成的可与纱线接触的基本上平的接触面、触脚在其接触面有不间断的表面等技术特征，其中由触脚构成的与纱线的接触面无论是否与纱线接触，其都处于“基本上平的”状态。而对比文件1图2A零件66与纱线27的接触面明显是不平的，只有在与纱线27接触时因受到纱线27的挤压才可能形成如图2B所示的基本上是平的接触面。其次，本专利权利要求1中的一个重要技术特征是触脚在其与纱线的接触面有一不间断的表面，而对比文件1并不存在相同或类似的“不间断的表面”这一结构。因此，本专利权利要求1所记载的技术方案与对比文件1所记载的技术方案不属于同样的发明创造。专利复审委员会在第7469号决定中判定对比文件1图2a、2b中公开了一种相当于本专利的“用于喂纱器中的纱线检测设备的探纱器”的机构，其中标号66所指零件的两翼部分均相当于本专利的“触脚”，但其并未进一步论述对比文件1图2a、2b中公开的机构如何“相当于”本专利的“用于喂纱器中的纱线检测设备的探纱器”的机构，其中标号66所指零件的两翼部分如何“相当于”本专利的“触脚”，而是直接判定本专利的权利要求1相对于对比文件1不具有新颖性，忽视了本专利权利要求1记载的技术方案与对比文件1记载的技术方案的差异，该决定显然是不恰当的。原审法院因袭了专利复审委员会的做法，其判定本专利的权利要求1相对于对比文件1不具有新颖性的结论错误，法院依法予以改判。上诉人相应上诉主张成立，法院予以支持。由于权利要求2~7均为权利要求1的从属权利要求，且专利复审委员会是在权利要求1不具备新颖性的基础上评述权利要求2~7，在法院认定本专利权利要求1相对于对比文件1具备新颖性的基础上，专利复审委员会应当重新审查太阳公司针对本专利提出的无效请求及相应理由，故法院不再对专利复审委员会在第7469号决定中就本专利权利要求2~7所作出的审查结论进行评判。

上诉人在一审诉讼中对应当维持本专利有效的事实和理由的阐述，尤其对本专利属于外置式而对比文件1属于内置式的论述，原审判决对此有明确的记载和评述。上诉人有关原审法院违反法定程序的上诉主张与事实不符，法院不予支持。

综上，上诉人IROPA公司的上诉理由部分成立，其相应上诉主张应予支持。专利复审委员会对本专利权利要求1相对于对比文件1不具有新颖性的判定有误，其应当就太阳公司的无效理由重新进行审查并作出无效决定。原审判决认定事实基本清楚，但其适用法律错误，法院依法予以改判。依据《中华人民共和国行政诉讼法》第61条第（2）项之规定，判决如下：

一、撤销中华人民共和国北京市第一中级人民法院（2006）一中行初字第56号行政判决；

二、撤销中华人民共和国国家知识产权局专利复审委员会于2005年8月31日作出的第7469号无效宣告请求审查决定；

三、中华人民共和国国家知识产权局专利复审委员会重新就名称为“探纱器”、专利号为98803150.7的发明专利权作出无效宣告请求审查决定。

一审案件受理费1 000元，由中华人民共和国国家知识产权局专利复审委员会负担（于本判决生效之日起七日内交纳）；二审案件受理费100元，由中华人民共和国国家知识产权局专利复审委员会负担（于本判决生效之日起七日内交纳）。

16. “抽水马桶”外观设计专利侵权纠纷案

——TOTO 株式会社诉上海维娜斯洁具有限公司、上海维娜斯洁具有限公司北京分公司

原告（被上诉人）：TOTO 株式会社
被告（上诉人）：上海维娜斯洁具有限公司
被告（上诉人）：上海维娜斯洁具有限公司北京分公司
案由：侵犯外观设计专利权纠纷

原审案号：北京市第二中级人民法院（2008）二中民初字第 10428 号
原审合议庭成员：张晓津、宋光、张剑
原审结案日期：2008 年 9 月 17 日
二审案号：北京市高级人民法院（2008）高民终字第 1386 号
二审合议庭成员：刘继祥、刘晓军、潘伟
二审结案日期：2008 年 12 月 17 日

判决要旨

被控侵权产品与涉案专利存在局部的细微差别，存在差异的部分通常在使用时是不容易看到的部位，对产品整体视觉效果不具有显著影响，亦不足以使一般消费者将二者相区别。从整体视觉效果上看，被控侵权产品的外观与本专利相近似。

起诉与答辩

原告 TOTO 株式会社诉称：原告为涉案“抽水马桶”外观设计专利权人，该专利于 2002 年 9 月申请，于 2003 年 5 月取得授权，专利号为 ZL 02345213.7。后原告在北京“居然之家”北四环店的“欧路莎专卖店”购买了被告上海维娜斯洁具有限公司（以下简称维娜斯公司）生产、被告上海维娜斯洁具有限公司北京分公司（以下简称维娜斯公司北京分公司）销售的智能座便器两台，型号分别为 OLS－0601 和 OLS－0601S。原告认为上述产品与涉案外观设计专利相近似，容易引起一般消费者的混淆，侵犯了其外观设计专利权。故诉至法院，请求判令被告维娜斯公司停止生产、销售涉案产品并销毁

库存产品以及相关模具和设备；判令被告维娜斯公司北京分公司停止销售涉案产品并销毁库存产品；判令两被告连带赔偿原告经济损失人民币 58 万元及因调查、制止侵权所支出的合理费用人民币 11 600 元；判令两被告在《法制日报》、《中国消费者报》、《中国建材报》上刊登道歉声明以消除影响；判令两被告承担本案诉讼费用。

被告维娜斯公司、维娜斯公司北京分公司辩称：第一，涉案专利的授权不符合我国《专利法》第 23 条的规定，为此，维娜斯公司和维娜斯公司北京分公司曾分别就涉案专利向中华人民共和国国家知识产权局专利复审委员会提出无效宣告请求，并已分别于 2008 年 1 月 25 日和 6 月 19 日予以受理，故请求中止本案审理；第二，涉案被控侵权产品与涉案专利设计存在很多区别，不会引起一般消费者的混淆，不构成侵权；第三，原告提出的赔偿请求数额没有法律依据，不应予以支持。因此，请求法院驳回原告的诉讼请求。

原审查明事实

原审法院查明：2002 年 9 月 24 日，东陶机器株式会社向中华人民共和国国家知识产权局提出“抽水马桶”外观设计专利申请，2003 年 5 月 28 日取得外观设计专利授权，专利号为 ZL 02345213.7。2007 年 5 月 15 日，东陶机器株式会社更名为 TOTO 株式会社。2007 年 10 月 10 日，经中华人民共和国国家知识产权局批准，涉案专利权人由东陶机器株式会社变更为 TOTO 株式会社。

2008 年 1 月 25 日，中华人民共和国国家知识产权局专利复审委员会受理维娜斯公司对涉案专利提出的无效宣告请求。维娜斯公司认为涉案专利与申请日前已有的外观设计专利相近似，不符合《中华人民共和国专利法》第 23 条的外观设计专利授权条件，并提交了专利号为 ZL00337008.9 的“马桶”外观设计专利对比文件。

2008 年 6 月 19 日，中华人民共和国国家知识产权局专利复审委员会受理维娜斯公司北京分公司对涉案专利提出的无效宣告请求。维娜斯公司北京分公司提出的无效宣告理由与前述维娜斯公司的理由相同，除提交专利号为 ZL00337008.9 的“马桶”外观设计专利对比文件外，还提交了专利号分别为 ZL00337014.3 、ZL00337018.6 和 ZL00337003.8 的“带座圈的马桶盖”外观设计专利对比文件。

2008 年 3 月 13 日，北京市方正公证处出具了（2008）京方正内经字第 01565 号公证书。该公证书对 TOTO 株式会社委托他人于 2008 年 3 月 12 日自北京市朝阳区北四环东路 65 号居然之家洁具厅 3－1－044“欧路莎专卖店”购买马桶的过程进行了公证，购买过程中所取得的名片上印有维娜斯公司北京分公司的名称，维娜斯公司北京分公司出具了发票。其中型号为 OLS－0601 的智能座便器售价为 6 000 元，该产品标贴上标注有“生产编号：0601002486”字样；型号为 OLS－0601S 的智能座便器售价为 5 600 元，该产品标贴上标注有“生产编号：0601002577”字样。上述两产品的标贴及外包装箱上均标明维娜斯公司的名称。在本案审理过程中，维娜斯公司认可上述产品由其生产，维娜斯公司北京分公司认可其销售了上述产品。维娜斯公司还主张产品标贴上的生产编号与生产数量无关，仅仅是管理编号。

2006 年 9 月 27 日，上海市公证处出具了（2006）沪证经字第 10497 号公证书，对广东永维商标代理有限公司委托他人于 2006 年 9 月 18 日自上海好美家吴中装潢建材有限公司购买马桶的过程进行了公证。所购买的型号为 OLS－0601 和 OLS－0602 的智能座便器产品的外包装箱上标注有维娜斯公司的名称。

在本案审理期间，TOTO 株式会社主张维娜斯公司、维娜斯公司北京分公司生产销售的型号为 OLS－0601 和 OLS－0601S 涉案智能座便器与涉案“抽水马桶”外观设计专利相近似，并提交了对比图。TOTO 株式会社认为二者虽然存在细微差别，但在整体视觉效果上容易使一般消费者产生混淆；且马桶通常是安装在地面且后部紧贴墙壁的，其底部和后部在使用过程中不被一般消费者关注，相关设计变化对整体视觉效果影响较小，因此经整体观察二者构成近似。

维娜斯公司、维娜斯公司北京分公司主张涉案 OLS－0601 和 OLS－0601S 智能座便器仅存在功能上的不同，二者外观相同，并对 TOTO 株式会社提交的对比图中涉案智能座便器的外观予以认可，但主张涉案被控侵权产品与涉案专利存在以下区别：（1）从主视图看，①涉案专利桶体两侧轮廓为外凸弧形，而被控侵权产品为内倾斜线；②涉案专利桶体两侧有与桶体轮廓呈三角形的向外突出的两个斜线，而被控侵权产品没有该斜线。（2）从左视图看，③涉案专利桶体左侧有向下弯折的水管，而被控侵权产品没有该水管；④涉案专利桶体左侧的轮廓为双内收折线，而被控侵权产品为一外凸的弧线；⑤涉案专利桶体右侧轮廓为外凸弧线，而被控侵权产品为内凹弧线；⑥涉案专利有自桶体后面向前下方的深而长的收缩带，而被控侵权产品为浅而短的凹陷弧线。（3）从右视图看，⑦涉案专利水箱下部的黑色三角形百叶窗的右侧有一近似矩形的线条，而被控侵权产品没有该矩形线条；⑧被控侵权产品水箱右上角有一包括两个按钮的方框，而涉案专利没有该方框；此外，右视图也存在前述 4、5 两点区别。（4）从俯视图看，⑨涉案专利后顶部中间有两个矩形线条，而被控侵权产品没有该线条；⑩涉案专利左侧有一水管接头，而被控侵权产品没有该接头；⑪涉案专利弓形长条中间有一柳叶形饰物，而被控侵权产品没有该饰物；

⑫涉案专利水箱和便盖的轮廓线为双线，而被控侵权产品为单线。（5）从后视图看，⑬涉案专利上部箱体的中央部分具有矩形凸出部分，而被控侵权产品为平滑、光洁圆润形状；⑭涉案专利与被控侵权产品下部形状不同。（6）从仰视图看，⑮涉案专利与被控侵权产品完全不相同也不相近似。

TOTO株式会社对维娜斯公司、维娜斯公司北京分公司的上述主张不予认可，主张外观设计是否相近似的对比原则为“整体观察、综合判断”，因此应当比对二者的整体视觉效果，而不应将六面视图割裂开来观察；涉案专利的六面视图已经清楚地表明了产品的外观，俯视图中的双线是由于该产品采用圆滑设计带来的，是机械制图的需要；维娜斯公司、维娜斯公司北京分公司所主张的不同之处多集中在一般消费者不容易看到或是看不到的马桶的后部和下部，不会对整体视觉效果产生显著影响；而且这些不同之处均为细微差别，消费者很难注意到，会造成消费者的混淆。

TOTO株式会社还向法院提交了其自2003年8月至2004年3月及自2007年5月至2008年5月的相关媒介计划排期表、相关产品广告宣传页等，证明维娜斯公司及维娜斯公司北京分公司在明知的情况下实施涉案侵权行为，属于恶意侵权；TOTO株式会社还提交了中国建筑材料工业年鉴社编辑出版的《中国建筑材料工业年鉴（2007）》，其中卫生陶瓷制品制造行业的主营业务收入为159.22亿元，利润总额为13.79亿元，据此TOTO株式会社主张行业平均利润率约为8.66%。维娜斯公司和维娜斯北京分公司对该利润率予以认可，但主张其经营的产品品种多样，涉案产品仅为其中一部分，为此维娜斯公司北京分公司提交了超市专供产品、泳池、座便器、淋浴屏、整体房、电脑蒸汽房、浴室柜等产品目录清单。

原审审理结果

原审法院认为：原告TOTO株式会社作为涉案“抽水马桶”外观设计专利权人，其所享有的专利权应当受到《专利法》的保护。任何单位或者个人未经原告TOTO株式会社许可，都不得实施其专利，即不得为生产经营目的制造、销售、进口其外观设计专利产品。虽然被告维娜斯公司、维娜斯公司北京分公司主张涉案专利的授权不符合相关法律规定，并已就此提出无效宣告请求，但法院认为其所提供的对比文件并不充分，而对该专利有效性的审查尚在处理过程中，故法院依据涉案专利的现有状态进行审理。被告维娜斯公司、维娜斯公司北京分公司提出中止本案审理的请求，依据不足，法院不予支持。

根据我国《专利法》的有关规定，外观设计专利权的保护范围以表示在图片或者照片中的该外观设计专利产品为准。本案中，体现涉案外观设计美感的主要设计部分应为抽水马桶便盖与水箱构成的特定的前低后高的曲面形状、水箱与便盖相连的贯通的弓形长条、水箱右侧的前部为百叶窗的三角形框和左侧的横排操作按钮及特定的圆润罐状桶体部分。经比对，维娜斯公司生产、维娜斯公司北京分公司销售的涉案智能座便器与涉案专利均采用了抽水马桶便盖与水箱构成的特定的前低后高的曲面形状、水箱与便盖相连的贯通的弓形长条、水箱右侧三角形百叶窗和左侧的横排操作按钮等设计。涉案被控侵权产品虽在桶体等部分与涉案专利存在局部的细微差别、在产品底部和后部与涉案专利存在差异，但涉案产品的底部和后部通常在使用时是属于不容易看到的部位，而使用时容易看到的上述主要设计部分的设计通常对整体视觉效果更具有显著的影响，相关局部的细微差别亦不足以使一般消费者将二者相区别，易使消费者产生混淆。因此，经整体观察、综合判断，法院认定被告维娜斯公司生产的涉案智能座便器的外观与涉案专利相近似，涉案产品为侵犯原告涉案外观设计专利权的产品。本案被告维娜斯公司未经原告 TOTO 株式会社许可，制造、销售涉案 OLS－0601、OLS－0601S 智能座便器侵权产品，构成了对原告涉案外观设计专利权的侵犯，应承担停止侵权、赔偿损失的法律责任。

根据我国《专利法》的规定，为生产经营目的使用或者销售不知道是未经专利权人许可而制造并售出的专利产品或者依照专利方法直接获得的产品，能证明其产品合法来源的，不承担赔偿责任。本案被告维娜斯公司北京分公司未经原告许可，销售了侵犯涉案外观设计专利权的智能座便器产品，构成了对原告涉案外观设计专利权的侵犯。鉴于被告维娜斯公司北京分公司销售的涉案智能座便器产品系由被告维娜斯公司制造的，维娜斯公司对此亦予以认可，能够证明被告维娜斯公司北京分公司销售的涉案产品有合法来源，因此其不应就此承担赔偿责任。原告 TOTO 株式会社要求两被告承担连带赔偿责任，缺乏依据，法院不予支持。

综上，原告 TOTO 株式会社主张被告维娜斯公司和维娜斯公司北京分公司的涉案行为侵犯了涉案外观设计专利权，请求法院判令被告维娜斯公司承担停止侵权、赔偿损失及诉讼合理支出的法律责任，判令被告维娜斯公司北京分公司承担停止侵权的法律责任的主张，理由正当，法院予以支持。关于停止侵权的具体方式，法院将根据本案的具体情况予以确定。鉴于停止生产、销售涉案产品已足以制止两被告的侵权行为，故法院对原告提出的销毁库存产品以及相关模具和设备的诉讼请求，不予支持；鉴于涉案外观设计专利权属财产性权利，并不具有人身权的属性，原告要求两被告承担公开赔礼道歉以消除影响的法律责任，缺乏依据，法院不予支持；关于赔偿经济损失的数额问题，原告所提赔偿请求数额过高，法院不予全额支持。法院将根据本案的具体情况，综合考虑被告维娜斯公司侵权的方式、范围、主观过错程度、侵权行为持续的时间及因涉案外观设计专利而获利的状况等因素，酌情予以确定；原告还提出要求被告维娜斯公司支付因诉讼购买涉案物证费用的主张，鉴于该费用属于合理支出，故法院对此予以支持。

法院依照《中华人民共和国专利法》第11条第2款、第56条第2款、第60条、第63条第2款的规定，判决如下：

一、上海维娜斯洁具有限公司于本判决生效之日起，停止生产、销售侵犯TOTO株式会社“抽水马桶”外观设计专利权的涉案OLS－0601和OLS－0601S智能座便器产品；

二、上海维娜斯洁具有限公司北京分公司于本判决生效之日起，停止销售侵犯TOTO株式会社“抽水马桶”外观设计专利权的涉案OLS－0601和OLS－0601S智能座便器产品；

三、上海维娜斯洁具有限公司于本判决生效之日起十日内赔偿TOTO株式会社经济损失人民币10万元；赔偿TOTO株式会社因本案诉讼支出的合理费用人民币11 600元；

四、驳回TOTO株式会社的其他诉讼请求。

维娜斯公司及维娜斯公司北京分公司不服原审判决，提起上诉，请求撤销原审判决。理由为：(1) 原审判决适用法律有误，被上诉人已向上海市知识产权局申请行政调处，相关处理决定目前正处于行政诉讼中，原审法院理应不予受理或者驳回被上诉人的诉讼请求。(2) 上诉人已经申请宣告本专利无效，并请求原审法院中止本案的审理，故原审法院未支持上诉人有关中止本案审理的请求，缺乏事实及法律依据。(3) 被控侵权产品与本专利既不相同也不相似。(4) 原审判决确定的赔偿额度没有法律依据。

TOTO株式会社服从原审判决。

二审查明事实

二审法院查明的事实与原审相同。

二审审理结果

二审法院认为：虽然TOTO株式会社曾就与本案被控侵权产品，即型号为OLS－0601的智能座便器请求行政调处，但由于行政调处的当事人与本案当事人并不完全相同，该行政处理决定尚在司法审查程序中，属于未生效的行政决定，且该行政决定未涉及赔偿责任的问题，故TOTO株式会社有权提起本案诉讼。二上诉人以被上诉人已向上海市知识产权局申请行政调处，相关处理决定目前正处于行政诉讼中为由，提出的原审判决适用法律有误，原审法院理应不予受理或者驳回被上诉人诉讼请求的上诉请求及理由无法律依据，法院不予支持。

根据最高人民法院《关于审理专利纠纷案件适用法律问题的若干规定》的相关规定，在侵犯专利权诉讼中，是否中止诉讼应由人民法院审查。二上诉人虽然已请求专利复审委员会宣告本专利无效，但由于该无效请求尚在专利复审委员会的审查之中，原审法院通过对二上诉人提交的相关证据材料的审查，认为二上诉人提供的对比文件并不充分，故其决定不中止本案审理并无不当。二上诉人有关本案应中止审理的上诉理由及请求不能成立，法院不予支持。

根据我国《专利法》第56条第2款的规定，外观设计专利权的保护范围以表示在图片或者照片中的该外观设计专利产品为准。表达本专利外观设计的主要设计部分应为抽水马桶便盖与水箱构成的特定的前低后高的曲面形状、水箱与便盖相连的贯通的弓形长条、水箱右侧的前部为百叶窗的三角形框和左侧的横排操作按钮及特定的圆润罐状桶体部分。被控侵权产品与本专利均采用了抽水马桶便盖与水箱构成的特定的前低后高的曲面形状、水箱与便盖相连的贯通的弓形长条、水箱右侧三角形百叶窗和左侧的横排操作按钮等设计。被控侵权产品虽在桶体等部分与本专利存在多处差异，但这些差异均属于局部的细微差别，其中产品底部和后部在使用时通常是不容易看到的部位，被控侵权产品与本专利在产品底部和后部存在的细微差异对产品整体视觉效果不具有显著影响，亦不足以使一般消费者将二者相区别。从整体视觉效果上看，被控侵权产品的外观与本专利相近似，二上诉人有关被控侵权产品与本专利既不相同也不相似的上诉理由不能成立，其相应上诉主张法院不予支持。

由于被上诉人所提赔偿请求数额过高且缺乏充分证据支持其主张的赔偿数额，原审法院根据本案的具体情况，综合考虑维娜斯公司侵权的方式、范围、主观过错程度、侵权行为持续的时间及因侵犯本专利的获利状况等因素，酌情予以确定的本案的赔偿数额并无不当，二上诉人有关原审判决确定的赔偿额度没有法律依据的上诉理由不能成立，其相应主张法院不予支持。

综上，上诉人上诉请求因缺乏事实及法律依据不能成立，法院亦不予支持。一审判决认定事实清楚，适用法律正确，依法应予维持。依据《中华人民共和国民事诉讼法》第153条第1款第（1）项之规定，判决如下：

驳回上诉，维持原判。

一审案件受理费9 716元，由TOTO株式会社负担人民币2 716元，由上海维娜斯洁具有限公司负担人民币 6 500 元，由上海维娜斯洁具有限公司北京分公司负担人民币 500 元；二审案件受理费 3 282 元，由上海维娜斯洁具有限公司负担人民币 2 532 元，由上海维娜斯洁具有限公司北京分公司负担人民币 750 元。

17. “紫砂陶瓷脱模异型垫盘”实用新型专利专利无效行政纠纷案

——江西省简氏紫砂科技发展有限公司诉国家知识产权局专利复审委员会、熊禄生

原告（被上诉人）： 江西省简氏紫砂科技发展有限公司
被告（上诉人）： 国家知识产权局专利复审委员会
第三人（被上诉人）： 熊禄生
案由： 实用新型专利权无效行政纠纷

原审案号： 北京市第一中级人民法院（2008）一中行初字第293号
原审合议庭成员： 任进、邢军、郝建新
原审结案日期： 2008年6月16日
二审案号： 北京市高级人民法院（2008）高行终字第718号
二审合议庭成员： 刘辉、岑宏宇、焦彦
二审结案日期： 2008年12月17日

判决要旨

使用公开包括由于制造、使用、销售、进口、交换、馈赠、演示、展出等方式而导致技术方案处于公众想得知就能够得知的状态，不取决于是否有公众得知。专利权人将专利产品转让给受让人，受让人的任何员工均可轻易接触到专利产品。由于专利的技术特征并不复杂，对于本领域的技术人员而言轻易就能掌握，专利权人未与受让人签订保密协议，专利技术方案处于公众想得知就能够得知的状态，构成使用公开。

起诉与答辩

原告江西省简氏紫砂科技发展有限公司（以下简称简氏公司）起诉称：(1) 2004年6月18日简广与第三人熊禄生签订了《陶瓷生产设备转让合同书》，同日原告投资人富来国际有限公司与熊禄生签订《员工聘用合同书》，两份合同同日签订，但无法得出第10650号决定中“基于合作或者聘用关系而达成转让本专利产品的约定”的事实认定，更无法得出“转让之后，双方形成一个利益共同体”的结论。(2) 没有证据表明原告聘用第三人是购买设备

的先决条件。在当时的条件下，并不排除其他人在相同的条件下也能购买该设备。故第10650号决定认定原告不是专利法意义上的“公众”缺乏证据支持。(3)《陶瓷生产设备转让合同书》并未约定简广有附随的保密义务，第三人主张及被告认定或推定原告有默示保密义务亦与事实不符。涉案专利产品大量堆放在厂房中，处于全体员工、来访人员都可以接触的状态，而本专利的技术特征轻而易举就可以掌握。故本专利产品的生产使用行为，使本专利的技术方案处于公众想得知就能得知的状态，构成公开使用。综上，请求法院依法撤销专利复审委员会第10650号决定。

简称专利复审委员会辩称：(1) 由于双方签订了《员工聘用合同书》，显然双方构成了合作或者聘用关系。(2) 本专利产品的受让方显然属于特定人，而非《专利法》意义上的公众。原告认为“不排除其他人在相同的条件下也能购买该设备”，是一种为公众所知的可能性，而且缺乏证据支持。(3) 虽然没有证据显示双方存在明示的保密义务，但基于双方共同进行紫砂陶瓷的生产，根据商业习惯，应推定双方对本专利具有默示保密的义务。其次，虽然双方存在使用本专利产品进行生产的行为，但显然属于企业内部的使用行为，不应认为对公众具有公开性。综上，原告的证据不足以证明本专利产品在申请日前处于为公众所知的状态，请求法院维持第10650号决定。

第三人熊禄生述称：(1) 双方是一个利益共同体。(2) 本专利转让的对象为特定人。(3) 本专利一直处于第三人直接控制下，并非任何人想得知就能得知。故请求法院维持第10650号决定。

原审查明事实

原审法院查明：

熊禄生于2005年7月14日向国家知识产权局申请了名称为“紫砂陶瓷脱模异型垫盘”的实用新型专利（即本专利）。本专利于2006年8月30日被公告授权，专利号是200520097217.5。本专利授权公告的权利要求书如下：

“1. 一种紫砂陶瓷脱模异型垫盘包括盘体（1），盘体（1）中部开有通气孔（2），其特征在于：盘体（1）的上部为支撑平台（4），支撑平台（4）的周边设圆环形模板支撑台（3）。

“2. 根据权利要求1所述的紫砂陶瓷脱模异型垫盘，其特征在于：圆环形模板支撑台（3）距支撑平台（4）的高度为4~7毫米。”

针对本专利权，简氏公司于2007年6月1日向专利复审委员会提出无效宣告请求，认为本专利权利要求1、2不符合《专利法》第22条第2款的规定，同时提交了如下附件作为证据：

附件1：江西省宜春市中级人民法院的（2006）宜中民三初字第35号民事判决书复印件，共12页。

附件2：（2006）宜中民三初字第35号民事案件中被告申请质证的证据清单复印件1页，其中附有：

附件2-1：《紫砂陶瓷脱模异形垫盘》自动脱模新工艺技术可行性论证报告，复印件，共1页。

附件2-2：照相日期为2004年6月8日的“小简虹艳照相馆取相凭证”与照片，复印件，共3页。

附件2-3：2004年6月18日简广与熊禄生签署的“陶瓷生产设备转让合同书”及转让生产陶瓷设备清单一览表，复印件，共2页；该合同约定熊禄生将含有“石膏脱模托板”（即本专利的“紫砂陶瓷脱模异型垫盘”）在内的成型车间设备及原材料以23万元的价格一次性卖给简广。

附件2-4：2006年8月30日国家知识产权局颁发的ZL200520097217.5号实用新型专利证书，复印件，共1页。

附件2-5：江西省高安市公证处（2006）高证字第1724号公证书，复印件，共7页；该公证书显示本专利的紫砂陶瓷脱模异型垫盘产品堆放于简氏公司成型车间内，该车间内有几十名工作人员在工作。

附件2-6：熊禄生转让原材料、配件等清点情况，复印件，共2页。

附件2-7：2007年1月6日严尖辉等29人出具的证明，复印件，共1页。

附件2-8：2007年1月16日潘著根出具的证明，复印件，共1页。

附件3：简氏公司称其所使用的石膏脱模托板的实物照片复印件，共1页。

熊禄生于2007年8月8日提交了意见陈述书和证据，其中熊禄生提交的证据为：

证据1：国家知识产权局2006年12月25日完成的ZL200520097217.5号实用新型专利检索报告复印件，共4页。

2007年11月12日，专利复审委员会作出第10650号决定，维持本专利权有效。该决定认定：关于本专利的新颖性。专利法意义上的使用公开是指由于制造、使用、销售、进口、交换、馈赠、演示、展出等方式而导致技术方案处于“公众”想得知就能够得知的状态。虽然早在2004年6月18日即本专利申请日以前，熊禄生与简氏公司的法定代表人简广签订了“陶瓷生产设备转让合同书”，熊禄生将含有“石膏脱模托板”（即本专利的“紫砂陶瓷脱模异型垫盘”）在内的成型车间设备一次性卖给简广，但经双方当事人认可以及江西省宜春市中级人民法院关于本专利权属纠纷的生效判决查明，双方在签署上述转让合同的同时，还签订了一份“员工聘用合同”，熊禄生受聘在简氏公司的企业中从事生产和技术管理工作。显然上述的转让合同具有特定的前提和背景，即本专利产品的转让方和受让方是基于合作或者聘用关系而达成转让本专利产品的约定的，转让之后，双方形成一个利益共同体。因此，就目前的证据来看，上述转让行为以及简氏公司企业内部的使用行为还不足以推定出本专利的技术方案处于一个他人通过类似的形式也能够得知的状态。另外，双方当事人都是从事紫砂陶瓷产品生产的企业或个人，所转让的“石膏脱模托板”并不是生产出来用来销售的终端产品，而是在企业内部用于生产紫砂陶瓷的设备，因此，从这个意义上来说，目前的证据也不能证明企业内部的使用以及紫砂陶瓷的销售使得本专利的技术方案处于一个公众想得知就能得知的状态。简氏公司所提出的本专利因熊禄生在申请日前的销售行为而导致公众可以得知的主张不予支持。简氏公司的附件 1 – 3 并不足以证明本专利的产品由于在申请日之前使用、销售而为公众所得知，因此其据以提出的本专利不具备新颖性的主张专利复审委员会不予支持。

简氏公司在本案原审诉讼程序中提交了以下证据：（1）富来国际有限公司与熊禄生签订的《员工聘用合同书》，熊禄生受聘在简氏公司的企业中从事生产和技术管理工作；（2）简氏公司与熊禄生签订的《技术保密合同》，约定熊禄生保证不向第三方泄露该公司的技术资料（配方、图纸、操作工艺），不携带公司的技术数据、图纸出厂；（3）简氏公司《规章制度》；（4）2004 年 2 月 18 日签订的《关于组建中外合资高安市简氏紫砂科技发展有限公司合同》及公司章程，该合同甲方为佛山市顺德区简氏家用电器厂，乙方为富来国际有限公司，丙方为熊禄生，其中约定丙方熊禄生以机械设备折价 100 万元作为其出资，该合同未实际履行。

原审审理结果

原审法院认为：

熊禄生与简氏公司的法定代表人简广于 2004 年 6 月 18 日（即本专利申请日以前）签订了《陶瓷生产设备转让合同书》，熊禄生将含有“石膏脱模托板”（即本专利的“紫砂陶瓷脱模异型垫盘”）在内的成型车间设备一次性卖给简广。同日，富来国际有限公司与熊禄生还签订了一份《员工聘用合同书》，熊禄生受聘在简氏公司的企业中从事生产和技术管理工作。（2006）高证字第 1724 号公证书表明，本专利的紫砂陶瓷脱模异型垫盘产品堆放于简氏公司成型车间内，该车间内有几十名工作人员在工作。

《审查指南》规定，使用公开包括由于制造、使用、销售、进口、交换、馈赠、演示、展出等方式而导致技术方案处于公众想得知就能够得知的状态，而不取决于是否有公众得知。本案中熊禄生将本专利产品转让给简氏公司，简氏公司的任何员工均可轻易接触到本专利产品。由于本专利的技术特征并不复杂，对于本领域的技术人员而言轻易就能掌握，而熊禄生并未与简氏公司签订保密协议，故本专利技术方案处于公众想得知就能够得知的状态，已经构成使用公开。熊禄生虽与简氏公司签订《员工聘用合同书》，但其中并无要求简氏公司保守本专利秘密的条款，故简氏公司对其并不负有保密义务。第10650号决定对熊禄生和简氏公司“是基于合作或者聘用关系而达成转让本专利产品的约定的，转让之后，双方形成一个利益共同体”的认定于法无据，法院不予支持。综上所述，本专利在申请日以前已经在国内公开使用过，不符合《专利法》第22条第2款的规定，不具有新颖性。

熊禄生称其曾与简氏公司签订关于本专利产品的保密协议，但仅限于其口头陈述，并未提交初步证据证明存在此保密协议，故法院对该主张不予采信。熊禄生还称简氏公司的《规章制度》中规定公司员工不得泄露公司商业技术秘密，但该《规章制度》系于本专利申请日之后的2008年起执行，且无证据表明简氏公司已将本专利作为该公司商业秘密要求公司员工保密，故对熊禄生上述主张，法院不予支持。专利复审委员会辩称本专利产品的受让方属于特定人，而非专利法意义上的公众，对此法院认为，本专利产品的转让使得简氏公司的任何员工均可轻易接触，而本专利的技术特征并不复杂的特性已经使本专利技术方案处于公众想得知就能够得知的状态。故对该抗辩主张，法院不予支持。

综上所述，第10650号决定对本专利的评判有误，法院予以改判。依照《中华人民共和国行政诉讼法》第54条第（2）项第1目之规定，判决如下：

一、撤销被告国家知识产权局专利复审委员会作出的第10650号无效宣告请求审查决定。

二、被告国家知识产权局专利复审委员会针对第200520097217.5号实用新型专利重新作出无效宣告请求审查决定。

专利复审委员会、熊禄生均不服原审判决，向法院提出上诉，请求撤销原审判决，维持第10650号决定。专利复审委员会的上诉理由是：《审查指南》规定，处于保密状态的技术内容不属于现有技术，所谓保密状态，不仅包括受保密规定或协议约束的情形，还包括社会观念或者商业习惯上被认为应当承担保密义务的情形。本案转让合同的双方基于合作或者聘用关系而达成转让陶瓷生产设备的协议，应推定双方对所转让的设备具有默契保密的义务，对公众不具有公开性。第10650号决定认定事实清楚，适用法律正确，应予维持。熊禄生的上诉理由是：现有证据证明本专利产品在申请日之前仅在一家企业内部使用，没有在国内其他任何地方、任何企业被任何人使用，因此，一审法院认定本专利产品使用公开显属错误。简氏公司对本专利承担保密义务完全是基于其自身利益驱使使然。熊禄生提交的简氏公司的《规章制度》以及与员工签订的劳动合同、保密协议均能证明该公司有保密的要求。

简氏公司服从原审判决。

二审查明事实

二审法院查明事实与原审相同。

二审审理结果

二审法院认为：

根据《专利法》的规定，实用新型的新颖性是指在申请日以前没有同样的实用新型在国内外出版物上公开发表过、在国内公开使用过或者以其他方式为公众所知，也没有同样的实用新型由他人向国务院专利行政部门提出过申请并且记载在申请日以后公布的专利申请文件中。《审查指南》规定，使用公开包括由于制造、使用、销售、进口、交换、馈赠、演示、展出等方式而导致技术方案处于公众想得知就能够得知的状态，而不取决于是否有公众得知。

本案中，简氏公司与熊禄生签订的是陶瓷生产设备转让合同，熊禄生交付的标的物是生产设备，其中包括本专利产品，简氏公司取得的是物的所有权，没有因此获得相关的技术秘密，熊禄生也并未明确地向简氏公司提出就转让的设备所涉及的技术秘密予以保密的要求，简氏公司也就无从知晓哪些生产设备属于技术秘密，更无为熊禄生保守技术秘密的义务。熊禄生提出《关于组建中外合资高安市简氏紫砂科技发展有限公司合同》及公司章程可以证明与简氏公司存在合作关系，但是该合同及章程未实际履行，熊禄生没有成为公司的股东，熊禄生转让生产设备不是基于合作关系，因此，生产设备的买受方不是特定的主体。熊禄生虽与简氏公司签订《员工聘用合同书》及《技术保密合同》，但其中涉及技术秘密的条款是指配方、图纸、工艺流程，并无要求简氏公司保守本专利秘密的条款，故简氏公司对此并不负有明示或默示的保密义务。根据江西省高安市公证处（2006）高证字第1724号公证书载明的事实可以看出，简氏公司的任何员工均可轻易接触到本专利产品，而本专利的技术特征并不复杂，对于本领域的技术人员而言轻易就能掌握，故本专利技术方案已处于公众想得知就能够得知的状态，构成使用公开，不符合《专利法》第22条第2款的规定，不具有新颖性。

综上所述，专利复审委员会、熊禄生的上诉理由缺乏事实和法律依据，不能成立，其上诉请求法院不予支持。原审判决认定事实清楚、适用法律正确。依照《中华人民共和国行政诉讼法》第61条第1款第（1）项之规定，判决如下：

驳回上诉，维持原判。

一审案件受理费100元，由国家知识产权局专利复审委员会负担（于本判决生效之日起七日内交纳）。二审案件受理费100元，由国家知识产权局专利复审委员会负担50元（已交纳），由熊禄生负担50元（已交纳）。

18. “充电式枪钻（双头）”外观设计专利无效行政纠纷案

——宁波南方浦立工具有限公司诉国家知识产权局专利复审委员会、袁海明

原告（被上诉人）：宁波南方浦立工具有限公司
被告（上诉人）：国家知识产权局专利复审委员会
第三人（被上诉人）：袁海明
案由：外观设计专利权无效行政纠纷

原审案号：北京市第一中级人民法院（2008）一中行初字第589号
原审合议庭成员：仪军、周云川、佟姝
原审结案日期：2008年6月20日
二审案号：北京市高级人民法院（2008）高行终字第519号
二审合议庭成员：刘辉、岑宏宇、焦彦
二审结案日期：2008年12月19日

判决要旨

外观设计专利权的保护范围以表示在图片或照片中的该外观设计专利产品为准。图片或照片仅是表示保护范围的方式，并非产品的外观本身，不能以图片本身来测量并确定所谓夹角的度数。

起诉与答辩

原告宁波南方浦立工具有限公司（以下简称浦立公司）诉称：（1）本专利的两个钻头筒、枪体、保护杆、底座等与在先设计1和2相同，手柄部位虽有一些差异，但对整体视觉效果不具有显著影响，本专利与在先设计1和2相近似，不符合《专利法》第23条的规定。（2）被告在第10838号决定所认定的本专利与在先设计1和2的区别仅仅是局部的细微差别，双头的设计才对外观设计的整体视觉效果具有显著的影响，除双头以外的设计都是惯常设计。因此，原告请求人民法院判决撤销第10838号决定并责令被告重新作出无效宣告请求审查决定。

被告专利复审委员会辩称：本专利与在先设计1和2在枪体、底座、手柄

的形状上存在区别，枪体与底座的夹角、手柄与底座的夹角存在差异，这些差异对二者的整体视觉效果具有显著的影响，二者不相同也不相近似。原告关于“双头设计以外的设计为惯常设计”的主张没有事实依据。综上，第10838号决定认定事实清楚、适用法律法规正确、审查程序合法，请求人民法院予以维持。

第三人袁海明述称：原告在无效程序中没有提出“双头设计以外的设计为惯常设计”的主张，第10838号决定所认定的本专利与在先设计的六点区别特征都是描述充电式枪钻的整体形状的差异特征，这些差异对二者的整体视觉效果具有显著的影响，二者不相近似。第10838号决定认定事实清楚，适用法律正确，请求人民法院驳回原告的诉讼请求。

原审查明事实

原审法院查明：

本专利名称为“充电式枪钻（双头）”，专利号为200430036540.2，申请日为2004年8月5日，授权公告日为2005年3月9日，专利权人是袁海明。本专利授权公报有8幅视图（见本判决书附图1）。

浦立公司于2007年6月9日以本专利不符合《专利法》第23条的规定为由，向专利复审委员会提出无效宣告请求，并提交了证据，其中：

附件1为经中华人民共和国驻丹麦王国大使馆领事部认证的丹麦工业联盟第DNK-00018462号公证书复印件及其中文译文，书刊《Enhver ny idé》首页、第72、73页的复印件共6页。公证书证明书刊《Enhver ny idé》于2000年出版，该书刊第72、73页有一副双头钻的插图（下称在先设计1，见本判决书附图2）。

附件2为经中华人民共和国驻丹麦王国大使馆领事部认证的丹麦工业联盟第DNK-00018462号公证书复印件及其中文译文，标有1992年2月的出版物《ID prisen 1999》的首页、第2、3页的复印件共6页。公证书证明出版物《ID prisen 1999》是于1999年出版，该书第2、3页的插图是“双头钻”（下称在先设计2，见本判决书附图3）。

专利复审委员会于2007年11月5日对上述无效宣告请求进行了口头审理。在口头审理过程中，袁海明对附件1和附件2的真实性无异议。

2007年11月25日，专利复审委员会作出第10838号无效决定，维持本专利权有效。专利复审委员会认为，（1）本专利和在先设计1及在先设计2均为双头钻，三者用途相同，属于相同种类的产品，具有可比性。（2）将本专利与在先设计1进行比较，二者虽然都包括枪体、两个钻头、手柄、底座、保护杆等组成部件，但其区别在于：①本专利的枪体中部有收腰设计，而在先设计1的枪体前端及中部较光滑，大致呈圆柱状；②本专利的枪体前端有一个凸起的倒梯形的推块，而在先设计1没有；③本专利的手柄没有适合手握的防滑槽，而在先设计1中有；④本专利枪体与底座之间呈大约30°夹角，在先设计1枪体与底座大致平行；⑤本专利手柄与底座基本垂直，而在先设计1的手柄与底座有约70°的夹角；⑥本专利的底座呈近似长方体，而在先设计1的底座呈近似圆柱体。充电式枪钻为一立体外观设计产品，立体产品本身的形状是一般消费者较注意的部分，其枪体、底座、手柄的形状构成了充电式枪钻的主体设计和基本形状，枪体与底座的夹角、手柄与底座的夹角，这些部位构形的差别足以导致二者的整体外观设计产生显著的视觉差异，由于请求人提供的在先设计1与本专利在枪体、底座、手柄的形状上存在区别，且枪体与底座的夹角、手柄与底座的夹角存在差异，这些差异对二者的整体视觉效果具有显著的影响，二者不相同也不相近似，因此本专利相对于在先设计1符合《专利法》第23条的规定。（3）将本专利与在先设计2进行比较，二者虽然都包括枪体、两个钻头、手柄、底座、保护杆等组成部件，但其区别在于①本专利的枪体中部有收腰设计，而在先设计2的枪体前端及中部较光滑，大致呈圆柱状；②本专利的枪体前端有一个凸起的倒梯形的推块，而在先设计2没有；③本专利的手柄没有适合手握的防滑槽，而在先设计2中有；④本专利枪体与底座之间呈大约30°夹角，在先设计2枪体与底座大致平行；⑤本专利手柄与底座基本垂直，而在先设计2的手柄与底座有约70°的夹角；⑥本专利的底座呈近似长方体，而在先设计2的底座呈近似圆柱体。充电式枪钻为一立体外观设计产品，立体产品本身的形状是一般消费者较注意的部分，其枪体、底座、手柄的形状构成了充电式枪钻的主体设计和基本形状，枪体与底座的夹角、手柄与底座的夹角，这些部位构形的差别足以导致二者的整体外观设计产生显著的视觉差异，由于请求人提供的在先设计2与本专利在枪体、底座、手柄的形状上存在区别，且枪体与底座的夹角、手柄与底座的夹角存在差异，这些差异对二者的整体视觉效果具有显著的影响，二者不相同也不相近似，因此本专利相对于在先设计2符合《专利法》第23条的规定。基于以上理由，专利复审委员会作出第10838号无效决定。

浦立公司不服专利复审委员会作出的第10838号无效决定，向一审法院提起诉讼。在一审法院公开开庭审理本案过程中，浦立公司明确表示对于第10838号无效决定所认定本专利与在先设计1的区别点①~③没有异议，但对区别点④~⑥不认可。浦立公司主张：区别点④所述的大约30°夹角是没有依据的，通过对本专利视图延长线夹角的测量，该夹角最大不超过14°；区别点

⑤本专利手柄与底座外侧曲线与底座有77°，并非基本垂直，而在先设计1的手柄与底座有80°的夹角，近似垂直，而非专利复审委员会认定的70°，专利复审委员会有意通过角度的对比扩大二者的区别；区别点⑥中在先设计1的底座呈近似圆柱体是错误的，应为长方体，形状与本专利一致，只是长度不同。浦立公司还主张对于在先设计2的观点与在先设计1相同。

原审审理结果

原审法院认为：

《专利法》第23条规定：授予专利权的外观设计，应当同申请日以前在国内外出版物上公开发表过或者国内公开使用过的外观设计不相同和不相近似，并不得与他人在先取得的合法权利相冲突。

根据附件1和附件2的公证书，可知其公开日早于本专利的申请日，因此其中的在先设计1和2可以用来评价本专利是否符合《专利法》第23条的规定。在先设计1和2为双头钻，与本专利属于相同种类的产品，因此具有可比性。进行比较时，如果一般消费者经过对比，本专利与在先设计的差别对于产品的整体视觉效果具有显著的影响，则二者既不相同，也不相近似。

由于原告对第10838号决定所认定的本专利与在先设计1的区别点①～③没有异议，故本院予以确认，即①本专利的枪体中部有收腰设计，而在先设计1的枪体前端及中部较光滑，大致呈圆柱状；②本专利的枪体前端有一个凸起的倒梯形的推块，而在先设计1没有；③本专利的手柄没有适合手握的防滑槽，而在先设计1中有。对于区别点④和⑤，根据《专利法》第56条的规定，外观设计专利权的保护范围以表示在图片或照片中的该外观设计专利产品为准。图片或照片仅是表示保护范围的方式，并非产品的外观本身，不能以图片本身来测量并确定所谓夹角的度数。因此原告关于本专利枪体与底座之间的夹角不超过14°及本专利手柄外侧曲线与底座的夹角为77°等主张没有法律依据。从本专利的视图和在先设计的图片看，本专利枪体与底座之间确实存在一定的角度，手柄与底座基本垂直，而在先设计枪体与底座大致平行，手柄与底座之间有一夹角。对于区别点⑥，本院认为本专利的底座呈近似长方体，棱角分明，而在先设计的底座线条圆滑过渡，与本专利有一定差异。

对于本专利与在先设计1存在的上述差异，本院认为在判断两项外观设计是否相近似时，在整体观察的前提下，应当考虑产品在外观方面存在的产生变化的空间大小。本案中，本专利与在先设计均是充电式双头枪钻，由于受功能限制，充电式枪钻的枪体、手柄、底座之间的连接关系基本一致，变化空间不大。在该种情况下，一般消费者会更关注具体部位设计上的变化及各部位之间对应关系的差异。本专利与在先设计1在枪体腰部、推块、手柄、底座及枪体与底座的夹角、手柄与底座的夹角等方面的差别足以导致二者的整体外观设计产生显著的视觉差异，因此本专利与在先设计1既不相同也不相近似。原告关于除双头以外的设计均为惯常设计的主张没有事实和法律依据，不能仅以本专利与在先设计1均为双头钻就认定二者相近似。由于原告对于本专利与在先设计2相近似的理由与在先设计1相同，基于前述理由，本院认为本专利与在先设计2既不相同也不相近似。

综上所述，被告作出的第10838号决定认定事实清楚，适用法律正确，程序合法，应予维持。原告的诉讼请求不能成立，本院不予支持。依照《中华人民共和国行政诉讼法》第54条第（1）项之规定，判决如下：

维持国家知识产权局专利复审委员会作出的第10838号无效宣告请求审查决定。

浦立公司不服一审判决，向本院提起上诉。理由是：一审判决认定“本专利与在先设计均是充电式双枪钻头，由于受功能限制，充电式枪钻的枪体、手柄、底座之间的连接关系基本一致，变化空间不大。该种情况下，一般消费者会更关注具体部位设计上的变化及各部位之间对应关系的差异”、“从本专利的视图和在先设计的图片看，本专利枪体与底座之间确实存在一定的角度，手柄与底座基本垂直；而在先设计枪体与底座大致平行，手柄与底座之间有一夹角”以及“在该种情况下，一般消费者会更关注具体部位设计上的变化及各部位之间对应关系的差异。本专利与在先设计1在枪体腰部、推块、手柄、底座及枪体与底座的夹角、手柄与底座的夹角等方面的差别足以导致二者的整体外观设计产生显著的视觉差异，因此，本专利与在先设计1既不相同也不相近似”的认定是错误的。请求撤销一审判决，并撤销第10838号无效决定；由专利复审委员会承担本案的诉讼费用。专利复审委员会、袁海明服从一审判决。

二审查明事实

二审法院查明事实与原审相同。

二审审理结果

二审法院认为：

本院认为，授予专利权的外观设计，应当同申请日以前在国内外出版物上公开发表过或者国内公开使用过的外观设计不相同和不相近似，并不得与他人在先取得的合法权利相冲突。进行比较时，如果一般消费者经过对比，本专利与在先设计的差别对于产品的整体视觉效果具有显著的影响，则二者既不相同也不相近似。在先设计1和2为双头钻，与本专利属于相同种类的产品，因此具有可比性。由于浦立公司、专利复审委员会、袁海明对第10838号无效决定中所认定的本专利与在先设计1的区别点①~③均无异议，对该3点区别本院予以确认。

外观设计专利权的保护范围以表示在图片或照片中的该外观设计专利产品为准。图片或照片仅是表示保护范围的方式，并非产品的外观本身，不能以图片本身来测量并确定所谓夹角的度数。浦立公司关于本专利枪体与底座之间的夹角不超过14°及本专利手柄外侧曲线与底座的夹角为77°等主张没有事实依据。本专利与在先设计相比，本专利枪体与底座之间确实存在一定的角度，手柄与底座基本垂直，而在先设计枪体与底座大致平行，手柄与底座之间有一夹角。因此，本专利与在先设计1相比，存在第10838号无效决定中认定的区别点④、⑤。本专利的底座呈近似长方体，棱角分明，而在先设计的底座线条圆滑过渡，与本专利有一定差异。本专利与在先设计1相比存在第10838号无效决定中认定的区别点⑥。

判断两项外观设计是否相近似，应从一般消费者的角度，采取整体观察、综合判断的方法进行判断。本专利与在先设计均是充电式双头枪钻，由于受功能限制，充电式枪钻的枪体、手柄、底座之间的连接关系基本一致，一般消费者会更关注具体部位设计上的变化及各部位之间对应关系的差异。本专利与在先设计1在枪体腰部、推块、手柄、底座及枪体与底座的夹角、手柄与底座的夹角等存在前述6个区别点，这些区别足以导致一般消费者对本专利与在先设计在整体上产生显著的视觉差异，因此本专利与在先设计1既不相同也不相近似。由于浦立公司对于本专利与在先设计2是否相近似的上诉理由与在先设计1相同，且本专利与在先设计2的区别点与本专利与在先设计1的区别点一致，基于前述理由，本专利与在先设计2也属于既不相同也不相近似的外观设计。

综上，浦立公司的上诉理由不能成立，其上诉请求本院不予支持。一审判决认定事实清楚，适用法律正确。依据《中华人民共和国行政诉讼法》第61条第1款第（1）项的规定，判决如下：

驳回上诉，维持原判。

一、二审案件受理费各100元，均由宁波南方浦立工具有限公司负担。

19. “穴位拔罐器”发明专利侵权纠纷案

——北京康达五洲医疗器械中心诉北京冠儒医疗器械有限公司、太和保兴大药房连锁有限公司

原告：北京康达五洲医疗器械中心
被告：北京冠儒医疗器械有限公司
被告：太和保兴大药房连锁有限公司
案由：侵犯发明专利权纠纷

一审案号：北京市第二中级人民法院（2008）二中民初字第18231号
一审合议庭成员：刘薇、冯刚、周晓冰、韩羽枫、樊静馨
一审结案日期：2008年12月20日

判决要旨

在专利侵权案件中，被控侵权产品与涉案专利技术的对比应该比较两者的技术方案或者说是技术手段，而不是某个部件的名称。被控侵权人如果仅仅以某些部件的名称不同而提出不侵权抗辩，但不能证明二者具有实质上的差异，则其抗辩主张不能成立。

起诉及答辩

原告北京康达五洲医疗器械中心诉称：原告是名称为“穴位拔罐器”发明专利（专利号为：ZL00103555.X）的专利权人，该专利的申请日为2000年3月24日，授权公告日为2005年7月27日。本发明专利涉及的是一种穴位拔罐器，是通过抽气的方式来减少罐体内的气压差，然后利用内外气压差将拔罐器固定于人体上，同时利用了拔罐器内与人体内的压强差而实现疏通经络去除病痛的目的，具有方便、可调节和持久的特点。本发明专利产品投入市场后，销售状况一直良好。原告发现冠儒公司在未经专利权人许可的情况下，擅自生产和销售侵犯了原告专利权的侵权产品。原告于2008年1月15日在太和保兴大药房处购买到了由冠儒公司生产的侵权产品“北京冠儒负压罐”（12只装），原告的购买过程已由北京市精诚公证处公证。原告将该被控侵权产品与原告专利的权利要求进行对比后发现，被控侵权产品落入了原告专利权利要求

1 的保护范围，同时，被控侵权产品也落入到了权利要求 2 的保护范围之中。原告认为冠儒公司的行为已经侵犯了原告所享有的专利权，太和保兴大药房销售侵权产品的行为也侵犯了原告所享有的专利权。原告请求法院依法判令：(1) 冠儒公司停止生产、销售侵犯原告 ZL00103555. X 发明专利权的侵权产品“北京冠儒负压罐”；(2) 太和保兴大药房停止销售侵犯原告 ZL00103555. X 发明专利权的侵权产品“北京冠儒负压罐”；(3) 冠儒公司赔偿因侵权行为给原告造成的损失 50 万元（包括原告维权的合理费用）；(4) 太和保兴大药房对冠儒公司的侵权行为承担连带赔偿责任；(5) 本案的诉讼费用和合理费用由二被告承担。

被告冠儒公司辩称：“(1) 原告提供的证据实物不能证明是冠儒公司生产的，因为原告没有提供证据证明该产品在我公司的生产过程，也没有证据证明该产品确系我公司提供给销售单位的。在原告现有证据不能充分证明该产品是我公司生产的情况下，我公司不能承担侵权的法律责任。(2) 原告所提供的证据实物与原告的专利不同，原告专利权利要求 1 的技术特征并不能在产品实物中完全找到。(3) 我公司提供的相关专利文件可以证明原告所持有的专利不具备《专利法》所要求的新颖性、创造性的条件。我公司已依法向专利复审委员会提出了无效宣告请求，请求法院中止审理本案。(4) 原告提供的证据不能证明其损失，对其请求法院不应支持。故请求法院驳回原告的诉讼请求。”

太和保兴大药房未作答辩。

一审查明事实

一审法院查明：案外人方玉柱于2000 年 3 月 24 日向国家知识产权局申请了一项名称为“穴位拔罐器”的发明专利，2005 年 7 月 27 日获得授权（专利号为：ZL00103555. X)。2005 年 4 月 1 日方玉柱与原告签订了一份《专利独占实施许可合同》，将该专利独占地许可给原告实施。2008 年 3 月 21 日，该专利的专利权人变更为原告。该专利至今有效。

该专利的权利要求为：

“1. 一种穴位拔罐器，由罐体、皮碗、压簧、拉杆、手柄、枪筒、胶堵、活塞、固定套、前堵和后堵组成，罐体、枪筒分别通过连接柄、连接套和连通管路的胶管互相连通，罐体后端有带孔的锥柄，连通管路另一端有枪筒、手柄和拉杆，枪筒和手柄螺纹连接，皮碗装入枪筒内腔，枪筒内手柄和后堵之间有压簧，罐体后端的锥柄有阀口，胶堵的锥体顶堵阀口，活塞前端有锥端、缩颈和凸台，活塞后端有球柄，活塞的锥端装入胶堵孔内，活塞缩颈被胶堵小口包住并使胶堵小口卡于活塞锥端和凸台之间，锥柄内孔和活塞后部之间装有固定套，拉杆前端螺纹连接有前堵和套装有后堵，前、后堵之间夹装有皮碗，其特征在于，后堵直径比前堵直径小。

“2. 根据权利要求1所述的穴位拔罐器，所述的连通管路包括胶管、连接柄和连接套，连接柄后端的锥头和连接套前端的锥头分别插装入胶管内孔，连接柄插装入枪嘴锥孔，枪嘴锥孔套装于罐体锥柄外，连接套后内腔装有胶堵、活塞和固定套，其特征在于连接套后端插装于枪嘴锥孔位于枪筒前端。”

2008年1月15日，原告的委托代理人在北京市精诚公证处公证人员的监督下，来到位于北京市丰台区芳群园二区12－1号太和保兴大药房，以普通消费者身份购买了冠儒公司的“北京冠儒负压罐”一盒（内装12只），销售价65元。当场取得销售小票一张，销售发票一张。原告的委托代理人在公证员的监督下，打开包装对该产品的外包装和包装内的产品进行了拍照。被控侵权产品的外包装上印有“北京冠儒负压罐”的产品名、冠儒公司的厂名、厂址、电话、传真、邮编、生产许可证号、产品注册证号等。在产品说明书上也印有冠儒公司厂名、厂址、电话、传真、邮编、生产许可证号、产品注册证号等。冠儒公司不认可该产品为其生产、销售的产品。北京市精诚公证处出具了（2008）京精诚内民证字第0251号《公证书》。原告花费公证费2 000元。

将原告公证购买的被控侵权产品与原告的专利技术特征进行了对比，原告认为被控侵权产品完全落入了原告专利的保护范围。冠儒公司则指出了3点差异：（1）专利是“拉杆前端螺纹连接有前堵和套装有后堵，前、后堵之间夹装有皮碗”、被控侵权产品是“拉杆有前堵，后堵套在前堵上”；（2）被控侵权产品在罐体后端的锥柄内活塞与固定套之间有一个半压缩状弹簧，专利则没有该项技术特征；（3）被控侵权产品连接套后没有胶堵和活塞，与专利权利要求2不同。原告对冠儒公司提出的第（3）点差异表示认可，原告不再主张被控侵权产品落入权利要求2的保护范围。原告对冠儒公司主张的第（1）～（2）点差异均不予认可，原告认为经现场比对，被控侵权产品拉杆前端螺纹连接有前堵，并在前堵后端装有后堵，前堵、后堵之间有皮碗，与专利的产品部件及连接方式是完全一致的，冠儒公司所主张的不同只是在描述的用词上的不同。至于被控侵权产品虽比专利在活塞与固定套之间多了一个半压缩状弹簧的技术特征，也仍然落入了原告专利的保护范围。

冠儒公司在答辩期届满后向专利复审委提出宣告涉案专利权无效申请，现专利复审委已经受理其申请。冠儒公司向法院提交了4份申请日早于涉案专利的专利文件，用以证明涉案专利权不具有新颖性和创造性，并请求法院中止审理本案。原告认为冠儒公司提交的上述专利文件都不足以破坏涉案专利的专利性，不同意本案中止审理。

太和保兴大药房向法院提交了2张冠儒公司的销售单，以证明其所售产品的进货情况，但该两张销售单是复印件，且没有冠儒公司的印章。原告对该两张销售单的真实性予以认可。冠儒公司对该两张销售单的真实性不予认可。

原告为本案诉讼支出律师费5万元。

一审审理结果

一审法院认为：原告经受让取得的专利号为ZL00103555.X的“穴位拔罐器”发明专利权，现仍有效，受法律保护。任何单位或者个人未经专利权人许可，都不得实施其专利，即不得为生产经营目的制造、使用、许诺销售、销售、进口其专利产品。被告冠儒公司虽不认可被控侵权产品是其生产、销售的，但根据产品包装盒、产品说明书等处显示的生产厂商的信息，该产品为冠儒公司制造、销售。

我国《专利法》规定，发明或者实用新型专利权的保护范围以其权利要求的内容为准，说明书及附图可以用于解释权利要求。经法院审查，被控侵权产品与原告专利权利要求1中所记载的技术特征完全相同，落入了原告专利保护范围，构成侵犯原告的专利权。冠儒公司虽提出了被控侵权产品与原告专利技术特征存在2点不同，但其所提主张事实及法律依据不足，冠儒公司的抗辩理由不能成立。冠儒公司应对其侵权行为承担停止侵权、赔偿原告损失及为诉讼支出的合理费用的民事责任。具体的赔偿数额法院将依据冠儒公司侵权的性质、情节、生产规模、销售时间、产品售价等因素，予以酌定。

太和保兴大药房虽提交了两张冠儒公司的销售单，但该两份证据均为复印件，且没有冠儒公司的印章或签字，不能成为证明其主张的事实依据，冠儒公司又不认可其向太和保兴大药房销售过涉案侵权产品，故法院对太和保兴大药房提交的关于证明其进货来源的证据不予认定。鉴于太和保兴大药房没有举证证明其进货来源，故其应就销售侵权产品的行为承担停止销售、赔偿原告经济损失的民事责任。具体数额，法院将依据太和保兴大药房的侵权行为的性质、情节及产品售价等因素，予以酌定。原告所提太和保兴大药房应与冠儒公司承担连带赔偿责任的请求，缺乏法律依据。

冠儒公司在答辩期届满后才向专利复审委员会提出宣告涉案专利权无效的请求，且法院审查了冠儒公司所提交的证据，认为冠儒公司所提中止本案审理的请求，事实及法律依据不足。

综上，依据《中华人民共和国民法通则》第134条第1款第（1）项、第（7）项、《中华人民共和国专利法》第11条第1款、第56条第1款、第60

条、第63条第2款之规定，法院判决如下：

一、被告北京冠儒医疗器械有限公司于本判决生效之日起，立即停止生产、销售侵犯原告北京康达五洲医疗器械中心专利权（专利号为ZL00103555.X）的“北京冠儒负压罐”产品；

二、被告北京太和保兴大药房连锁有限公司于本判决生效之日起，立即停止销售侵犯原告北京康达五洲医疗器械中心专利权（专利号为ZL00103555.X）的“北京冠儒负压罐”产品；

三、被告北京冠儒医疗器械有限公司于本判决生效之日起十日内，赔偿原告北京康达五洲医疗器械中心经济损失及合理诉讼支出107 000元；

四、被告北京太和保兴大药房连锁有限公司于本判决生效之日起十日内，赔偿原告北京康达五洲医疗器械中心经济损失650元；

五、驳回原告北京康达五洲医疗器械中心其他诉讼请求。

一审案件受理费8 800元，由北京康达五洲医疗器械中心负担1 800元，北京冠儒医疗器械有限公司负担6 900元，太和保兴大药房连锁有限公司负担100元。

各方当事人均服从一审判决。

商　标

20. 侵犯“DUNHILL”商标专用权纠纷案

——艾尔弗雷德·邓希尔有限公司诉广州市登喜世家皮具有限公司、百荣世贸商城管理有限公司

原告（被上诉人）： 艾尔弗雷德·邓希尔有限公司（ALFRED DUNHILL LIMITED）

被告（上诉人）： 广州市登喜世家皮具有限公司

被告（原审被告）： 百荣世贸商城管理有限公司

案由： 侵犯商标专用权纠纷

原审案号： 北京市第二中级人民法院（2007）二中民初字第10177号

原审合议庭成员： 张晓津、葛红、何暄

原审结案日期： 2007年9月20日

二审案号： 北京市高级人民法院（2008）高民终字第6号

二审合议庭成员： 张冰、莎日娜、钟鸣

二审结案日期： 2008年3月18日

判决要旨

市场的经营管理者负有依照法律、行政法规管理、审查其市场内的经营者所经销的商品的来源和商标授权的真实合法有效证明文件的义务。未对商户所销售商品的来源和商标品牌进行审查，未尽到其作为市场管理者所负担的管理义务的，应当承担相应的法律责任。

起诉与答辩

原告艾尔弗雷德·邓希尔有限公司（以下简称邓希尔公司）诉称：“dunhill登喜路”品牌在国内外享有较高知名度。原告自1984年起先后在我国第

18类和第25类上注册了第209338号、第531133号、第754711号、第3330100号和第3098366号“登喜路”和“dunhill”等文字、图形及文字图形组合商标。国家工商行政管理总局于2000年编制的“全国重点商标保护名录”将该商标收入其中。被告广州市登喜世家皮具有限公司（以下简称登喜世家公司）未经许可，在其生产、销售的与原告涉案注册商标核定使用的商品类别相同的商品上，使用与原告第3098366号、第209338号、第754711号注册商标相同或者极为近似的“denghaoli”和“d”商标标识，构成对其涉案上述注册商标专用权的侵犯。

同时，被告广州市登喜世家皮具有限公司（以下简称登喜世家公司）在其企业名称中使用与原告注册商标“登喜路”相似的“登喜世家”作为字号，并在其企业网站和产品包装上进行虚假宣传，将其产品与原告创始人艾尔弗雷德·登喜路（Alfred Dunhill）先生相联系，并声称其产品均由法国登喜路世家（香港）国际有限公司监制，使消费者误认为被告登喜世家公司与原告为同一市场主体，或者具有特定联系，构成不正当竞争。

被告百荣世贸商城管理有限公司（以下简称百荣世贸公司）在其经营场所销售上述被控侵权产品，未尽到合理审查义务，与被告登喜世家公司构成共同侵权，应当承担连带责任。

故诉至法院，请求依法判令：（1）二被告停止侵权，被告登喜世家公司停止在企业名称中使用“登喜世家”字号，停止使用“denghaoli”商标；删除其网站上登载的带有“登喜路”字样的虚假宣传内容；销毁带有“法国登喜路世家（香港）国际有限公司监制”字样的产品外包装和商标标牌等，以及带有“denghaoli”商标及原告注册商标的产品。（2）二被告在《中国工商报》上向原告赔礼道歉，并在其经营场所和被控侵权产品的主要销售场所说明情况，消除影响。（3）二被告连带赔偿原告商誉及经济损失共计人民币150 000元和原告为制止侵权支付的合理费用人民币55 343元，并承担本案诉讼费用。

被告登喜世家公司未答辩。

被告百荣世贸公司辩称：涉案被控侵权商品系百荣世贸商城中的租赁商户所销售，其是百荣世贸商城的管理者，不是涉案被控侵权商品的销售者；其作为百荣世贸商城的管理者，要求租赁商户提交了涉案被控侵权产品的商标注册证书和授权证书等材料，对经营品牌来源的合法性进行了形式审查，已经尽到了合理审查义务；原告发现百荣世贸商城中存在被控侵权行为但并未通知其公司予以制止，其对此并不知情；其在收到涉案诉讼材料后已经采取措施制止销售者继续销售涉案被控侵权产品，并予以妥善封存以等待本案审理结果，已经尽到市场管理者的责任；被控侵权商品为第 25 类，原告在该类商品上注册的商标与涉案被控侵权商品上使用的商标，并不构成相同或者近似，故不同意原告的诉讼请求。

原审查明事实

原审法院查明：经国家工商行政管理局商标局核准，邓希尔公司于 1984 年 6 月 15 日注册了“d”字母及图形组合商标，商标注册证号为第 209338 号，核定使用商品为第 18 类皮、革、衣箱、手提包、小钱包等；经 1994 年、2004 年两次续展，有效期至 2014 年 6 月 14 日止。1990 年 10 月 10 日注册了“登喜路”文字商标，商标注册证号为第 531133 号，核定使用商品为第 18 类全部或部分为皮革或人造革的制品，即衣箱、手包、钱袋等；2000 年经续展，有效期至 2010 年 10 月 9 日止。1995 年 7 月 7 日注册了“dunhill”文字商标，商标注册证号为第 754711 号，核定使用商品为第 18 类全部或部分为皮革或人造革的制品，即箱、衣箱、旅行袋、手提包、钱包等；2005 年经续展，有效期至 2015 年 7 月 6 日止。2004 年 5 月 28 日注册了“DUNHILL”文字商标，核定使用商品为第 25 类服装、腰带、围巾等，有效期至 2014 年 5 月 27 日止。2005 年 4 月 21 日注册了“d”文字及图形组合商标，核定使用商品为第 25 类服装、腰带、围巾等，有效期至 2015 年 4 月 20 日止。

2000 年 6 月的《全国重点商标保护名录》中收入“登喜路 Dunhill”商标。在 2004 年 10 月 25 日的上海市工商行政管理局的通告中将“dunhill”文字商标、“DUNHILL”文字商标和“d”文字及图形组合商标列为涉外高知名度商标。2005 年 3 月 14 日的北京市工商行政管理局第 2 号通告，将“登喜路”文字商标、“dunhill”文字商标和“d”文字及图形组合商标列入外国知名品牌。同年 8 月 3 日的天津市工商行政管理局通告，将“登喜路”文字商标、“dunhill”文字商标、“d”文字及图形组合商标和“DUNHILL”文字商标列为涉外知名商标。

登喜世家公司于 2003 年 7 月 3 日成立。2005 年 1 月 25 日，北京市智慧谷知识产权代理有限责任公司对网址为“http：//www. Denghaoli. com”的网站相关内容进行公证下载。该网站相关网页的正下方均标注“denghaoli”标识，右下方均标注“版权所有：广州市登喜路世家皮具有限公司”字样；相关网页含有“公司还专门成立礼品部，为中国大陆各大机关、单位、团体、外资企业量身定做皮具礼品、皮带、钱包、手袋、箱包等系列产品”、“法国登喜路世家（香港）国际有限公司监制”、“‘登喜路’这一品牌是以公司创始人阿尔弗雷德·登喜路（Alfred Dunhill）命名的”、“1902 年，登喜路先生其经营理念不断创新，他将皮具制品分为几大系统。其中，'denghaoli''登喜世家'皮具专为皇室人员设计和开发适合他们使用的皮具精品"等内容；网站的"在线订购"和"联系我们"的网页右侧均标注"广州市登喜世家皮具有限公司"以及电话、传真和电子邮箱地址。

2007 年 3 月 13 日，邓希尔公司的代理人在广东省广州市白云区梓元岗路一家标有"denghaoli 登喜世家"标识的商铺，以 433 元的价格公证购买到手包和皮带各一个。手包外侧使用了"d"文字及图形标识，拉链头、手包内部夹层、合格证、价签以及外包装盒均使用了"denghaoli"标识，其中字母"d""h""l"和"i"上半部向上明显延伸。手包内有"合格证"和"保养说明卡"各一张，背面均注明"广州市登喜世家皮具有限公司"；手包外包装盒标注"广州市登喜世家皮具有限公司（中国总经销）"字样。

皮带的皮带头、价签、包装盒、外包装袋、外包装盒均使用了"denghaoli"标识，其中字母"d""h""l"和"i"上半部向上明显延伸，皮带头上还使用了"d"标识，"d"的上半部向上明显延伸；皮带包装盒盖内侧标注"'denghaoli'（登喜世家）源自法国巴黎气息的品牌，由阿尔弗雷德·登喜路（Alfred Dunhill）先生从 1983 年开始创立……"，并声明该公司所有产品质量均由法国登喜路世家（香港）国际有限公司监制。皮带附有"保养说明"和"售后服务承诺书"两块吊牌，背面均标注"广州市登喜世家皮具有限公司"；皮带外包装盒标注"广州市登喜世家皮具有限公司（中国总经销）"字样。

2007 年 5 月 14 日，邓希尔公司在百荣世贸商城五层 A 区 296 号摊位以 210 元的价格购买皮带一根，百荣世贸公司开具《北京市集贸市场专用发票》一张，并在该发票上加盖"百荣世贸商城管理有限公司代开发票专用章（1）"。该皮带的标签、包装盒和外包装盒上均使用了"denghaoli"标识，其中字母"d""h""l"和"i"上半部向上明显延伸，皮带包装盒盖内侧标注"'denghaoli'（登喜世家）源自法国巴黎气息的品牌，由阿尔弗雷德·登喜路（Alfred Dunhill）先生从 1983 年开始创立……"，并声明该公司所有产品质量均由法国登喜路世家（香港）国际有限公司监制。该皮带盒内附有"北京市百荣世贸商城 吴来发"的名片一张。

个体工商户吴来发租赁百荣世贸商城五层 A 区 296 号摊位进行经营，租赁期自 2007 年 4 月 29 日起至 2008 年 4 月 28 日止。百荣世贸公司主张其在吴来发进驻经营时，要求其提供了所销售商品的商标注册证、商标权利人给登喜世家公司出具的销售代理授权书、特许经销证、登喜世家公司的营业执照、组织机构代码证、税务登记证等商品来源和品牌授权使用材料。上述商标注册证号为第 1472920 号，商标为"denghaoli"文字，其中"d"、"h"、"l"和"i"

的上半部向上明显延伸，注册人为永嘉县詹得利箱包皮革实业公司，核定使用商品为第18类钱包、手提包、公文包等，注册有效期限自2000年11月14日至2010年11月13日止。经向国家工商行政管理局商标局核实，第1472920号商标注册证的商标为“denghaoli”文字，其中“d”、“h”、“l”的上半部向上明显延伸，但是“i”的上半部并未向上延伸。2003年，国家工商行政管理总局商标局作出（2003）商标异字第01645号“登好利DENGHAOLI及图”商标异议裁定书，认为该商标中的显著识别部分“denghaoli”在书写方式等方面与邓希尔公司的“dunhill”商标如出一辙，系对邓希尔公司上述商标的抄袭和模仿，故裁定不予核准注册“登好利DENGHAOLI及图”商标。

2007年7月3日，百荣世贸公司向5层A区296号摊位发出“关于‘denghaoli’（登好利）商品下架通知”，通知该商户立即将其所经营的标有“denghaoli”商标的商品撤下货架，不得再行销售，并妥善保管；逾期不执行，将扣留涉案商品并给与该商户停业整顿处罚。

另查，2006年1月1日，北京市崇文区国家税务局向百荣世贸公司发放《委托代征税款证书》，委托百荣世贸公司代征增值税、消费税税款。2006年6月6日，北京市国家税务局下发通知，要求集贸市场作为北京市集贸市场专用发票的受托代征市场，按照发票开具的规定据实为市场业户代开发票，并加盖受托代征市场代开发票专用章。

原审审理结果

原审法院认为：本案的争议焦点是被告登喜世家公司是否为涉案被控侵权商品的生产者和销售者；被告登喜世家公司和被告百荣世贸公司的涉案行为是否侵犯了原告的涉案注册商标专用权以及是否应当承担相应的法律责任；二被告的涉案行为是否构成了不正当竞争以及是否应当承担相应的法律责任问题。

（一）被告登喜世家公司是否为涉案被控侵权商品的生产者和销售者问题

根据本案查明的事实，涉案经公证登录的网址为“http://www. Denghaoli. com”的网站相关网页的右下方均标注“版权所有：广州市登喜路世家皮具有限公司”字样；网站的“在线订购”和“联系我们”的网页右侧均标注“广州市登喜世家皮具有限公司”以及电话、传真和电子邮箱地址，因此，该网站即为被告登喜世家公司的网站。该网站相关网页包括“公司还专门成立礼品部，为中国大陆各大机关、单位、团体、外资企业量身定做皮具礼品、皮带、钱包、手袋、箱包等系列产品”等内容；原告邓希尔公司公证购买的手包和皮带的相关标牌中均标注有“广州市登喜世家皮具有限公司”字样，在上述证物的内包装盒和外包装袋以及原告邓希尔公司在百荣世贸公司购买的皮带的内包装盒外侧均标注有“广州市登喜世家皮具有限公司（中国总经销）”，因此，综合本案现有证据，被告登喜世家公司为涉案标有“denghaoli”商标标识的被控侵权产品的生产者和销售者。

（二）被告登喜世家公司和被告百荣世贸公司的涉案行为是否侵犯了原告的涉案注册商标专用权以及是否应当承担相应的法律责任问题

本案原告邓希尔公司依法注册取得涉案“登喜路”系列注册商标，其对涉案注册商标所享有的注册商标专用权应当受到我国法律的保护。

根据我国法律的相关规定，未经商标注册人的许可，在同种或者类似商品上使用与其注册商标相同或者相近似的商标的，属于侵犯注册商标专用权的行为。原告涉案第3098366号和第209338号“d”文字及图形组合商标核定使用商品分别为第18类皮革等和第25类服装、腰带等。被告登喜世家公司生产并销售的涉案商品为手包和皮带，与原告涉案注册商标核定使用的商品为同种商品。经比对，被告登喜世家公司生产并销售的涉案手包上使用的“d”文字及图形标识与涉案第3098366和第209338号注册商标相同，被告登喜世家公司生产并销售的涉案皮带头上使用的“d”标识与上述两注册商标中的显著部分，即“d”字母，在书写方式上完全相同，二者构成相近似。

原告涉案第754711号“dunhill”文字商标核定使用商品为第18类皮革、钱包等。被告登喜世家公司生产并销售的涉案商品为手包和皮带，与原告涉案注册商标核定使用的商品在商品使用功能、用途及销售渠道等方面相同，属同种或者类似商品。经比对，被告登喜世家公司生产并销售的涉案手包和皮带上使用的“denghaoli”文字商标标识在书写方式上，具有与原告上述注册商标所特有的“相关字母上半部明显向上延伸”这一特性完全相同的显著特征，容易使相关公众对二者的商品来源或者二者是否具有关联关系产生误认或者混淆，所以，被告登喜世家使用的“denghaoli”文字商标标识与原告涉案“dunhill”文字商标相近似。因此，被告登喜世家公司在与原告第3098366号、第209338号、第754711号涉案注册商标相同或者类似商品上使用了与原告上述涉案注册商标相同或者相近似的商标标识，构成对原告上述涉案注册商标专用权的侵犯，应当承担相应的法律责任。

被告百荣世贸公司所经营的市场内的商户销售了侵犯原告注册商标专用权的商品，被告百荣世贸公司作为市场开办单位和市场管理者，虽然为其市场内的商户销售的涉案侵权商品开具了相关发票，但不是涉案侵权商品的生产、销售者，原告亦未证明其与被告登喜世家公司生产销售涉案侵权商品的行为具有共同的侵权故意，故原告以被告百荣世贸公司未尽到合理审查义务为由，要求被告百荣世贸公司与被告登喜世家公司承担连带赔偿责任，依据不足，法院不予支持。但是，根据工商行政管理的相关规定，百荣世贸公司作为市场的经营管理者，负有严格管理，严格审查其市场内的经营者所经销的商品来源和商标授权的真实合法有效证明文件的义务。但是本案被告百荣世贸公司提交的涉案商品的商品来源和商标授权手续存在商标注册证系伪造、商标注册证的核定使用商品类别与商户实际经营商品类别不同等瑕疵，其未对商户所销售商品的来源和商标品牌进行严格审查，未尽到其作为市场管理者的管理义务，应当承担相应的法律责任。

（三）被告登喜世家公司和百荣世贸公司的涉案行为是否构成了不正当竞争，以及是否应当承担相应的法律责任的问题

根据我国《反不正当竞争法》及其他相关规定，经营者在市场交易中，应当遵循自愿、平等、公平、诚实信用的原则，遵守公认的商业道德。在处理注册商标与注册使用企业名称冲突纠纷案件中，应当遵循诚实信用，保护在先合法权益的原则。根据本案查明的事实，原告邓希尔公司"登喜路"文字商标早于1990年即经注册，经过近20年的经营和较为广泛的宣传，该公司及其注册商标在我国相关公众中具有了一定的知名度，被我国相关工商机关列为知名品牌。被告登喜世家公司于2003年7月成立，其企业名称中的字号为"登喜世家"。原告邓希尔公司和被告登喜世家公司均为生产销售皮具、箱包产品的经营者，而涉案手包和皮带作为一种普通消费品，相关消费者针对该产品的特点往往在购买时仅施以一般注意力，容易引起消费者对产品来源的误认和混淆；被告登喜世家公司的字号"登喜世家"与原告涉案"登喜路"文字商标相比，具有显著区别功能的文字的主要部分相同，属于相近似的名称。综合考虑全案事实，被告登喜世家公司在涉案产品包装和相关网站上使用"广州市登喜世家皮具有限公司"字样，显然具有利用他人商誉的故意，足以使相关消费者对涉案产品的来源以及不同经营者之间是否具有关联关系产生混淆误认，违反了诚实信用的基本原则，构成不正当竞争。

另外，根据我国《反不正当竞争法》的相关规定，经营者不得利用广告或者其他方法，对商品的质量、生产者、产地等作引人误解的虚假宣传。根据本案查明的事实，被告登喜世家公司系于2003年在中国注册成立的公司，其亦未提交证据证明其与原告邓希尔公司、邓希尔公司的创始人或者邓希尔公司的关联公司具有任何关联关系。被告登喜世家公司在其网站上和产品包装中，将其产品与原告邓希尔公司的创始人联系起来进行宣传，并声称其产品由"法国登喜路世家（香港）国际有限公司监制"。被告登喜世家公司的上述行为显然具有利用他人商誉的故意，容易使相关公众对于产品来源产生误认，或者使相关公众误认为该字号与原告具有许可使用或者关联企业关系等特定联

系，因此，被告登喜世家公司在被告网站和产品上进行虚假宣传，构成不正当竞争，应当承担相应的法律责任。

被告百荣世贸公司作为市场开办者和市场管理者，未尽到合理审查义务致使其市场内存在销售涉案侵权商品的行为，亦应承担相应的法律责任。但是原告要求被告百荣世贸公司与被告登喜世家公司承担连带赔偿责任，依据不足，不予支持。

因此，被告登喜世家公司的涉案行为侵犯了原告邓希尔公司的涉案注册商标专用权并构成不正当竞争。本案原告请求法院判令被告百荣世贸公司承担停止侵权、赔偿损失的法律责任，被告登喜世家公司承担停止侵权、消除影响、赔偿损失的法律责任，理由正当，法院予以支持。关于停止侵权的具体方式，法院将结合本案的具体情况酌情确定。关于消除影响的具体方式，法院将结合涉案侵权行为的影响和范围等因素酌情确定。在具体的赔偿数额方面，鉴于原告索赔请求数额过高，亦未提交相关证据予以证明，法院对此不予全额支持。法院将综合考虑原告涉案注册商标的公众认知程度、侵权行为的持续时间范围及被告登喜世家公司、百荣世贸公司的主观过错程度等因素酌情确定。对原告所主张的因本案诉讼支出费用的合理部分，亦予以支持。鉴于注册商标专用权是财产性权利，且原告邓希尔公司并未举证证明二被告的涉案行为侵害了其公司商誉，故其关于二被告向其公开赔礼道歉的主张，缺乏依据，不予支持。原告邓希尔公司要求被告百荣世贸公司承担消除影响、与被告登喜世家公司连带赔偿原告经济损失的法律责任，缺乏依据，不予支持。

综上所述，依据《中华人民共和国商标法》第52条第（1）项、第（2）项、第（5）项，第56条；《中华人民共和国商标法实施条例》第50条第（2）项；《中华人民共和国民法通则》第130条，第134条第（1）项、第（7）项、第（9）项；《中华人民共和国反不正当竞争法》第9条；《最高人民法院关于审理不正当竞争民事案件应用法律若干问题的解释》第1条、第4条、第6条、第8条；《中华人民共和国民事诉讼法》第130条之规定，于2007年9月20日，判决：

一、广州市登喜世家皮具有限公司于本判决生效后，停止涉案侵犯艾尔弗雷德·邓希尔有限公司涉案注册商标专用权的行为；

二、广州市登喜世家皮具有限公司于本判决生效后，停止涉案不正当竞争行为，在从事与艾尔弗雷德·邓希尔有限公司涉案“登喜路”注册商标核准使用的商品相同或类似商品的经营活动中，停止使用涉案含有“登喜世家”字样的企业名称，并删除网址为“http：//www.Denghaoli.com”的网站上与艾尔弗雷德·邓希尔有限公司有关的虚假宣传内容；

三、广州市登喜世家皮具有限公司于本判决生效后三十日内，在《中国工商报》上就涉案侵犯注册商标专用权和不正当竞争行为刊登声明，以消除影响；

四、广州市登喜世家皮具有限公司于本判决生效之日起十日内，赔偿艾尔弗雷德·邓希尔有限公司经济损失人民币10万元及因本案诉讼支出的合理费用人民币9 000元；

五、百荣世贸商城管理有限公司于本判决生效之日起，停止侵犯艾尔弗雷德·邓希尔有限公司涉案注册商标专用权和不正当竞争行为；

六、百荣世贸商城管理有限公司于本判决生效之日起十日内，赔偿艾尔弗雷德·邓希尔有限公司经济损失人民币3 000元及因本案诉讼支出的合理费用人民币1 000元；

七、驳回艾尔弗雷德·邓希尔有限公司的其他诉讼请求。

登喜世家公司不服原审判决，提起上诉，请求撤销原审判决，并改判驳回邓希尔公司的原审诉讼请求。其主要理由是：（1）邓希尔公司对www. Denghaoli. com网站进行公证的时间是2005年1月，其提起诉讼的时间是2007年6月，超过了诉讼时效期间；（2）邓希尔公司对www. Denghaoli. com网站的公证证据只能证明网站上文字说明的实际情况，不能证明网站的注册人或者实际使用人是登喜世家公司；（3）原审法院在判决赔偿数额时仅凭公证购买的433元的物品就判决登喜世家公司赔偿10万元，显然缺乏事实依据。

邓希尔公司和百荣世贸公司服从原审判决。

二审查明事实

二审法院查明的事实与原审相同。

二审审理结果

二审法院认为：原审诉讼中，原审法院传票传唤登喜世家公司出庭应诉，登喜世家公司无正当理由拒不出庭应诉，也未提出诉讼时效抗辩，因此对其关于邓希尔公司针对www. Denghaoli. com网站内容提起诉讼超过诉讼时效期间的上诉请求，法院不予支持。

www. Denghaoli. com网站简介中明确提到了登喜世家公司为相关商品在中国大陆地区的经营者，网站版权信息中也已明确注明网站内容版权归登喜世家公司所有，在线订购商品的联系人也是登喜世家公司并标明了登喜世家公司的联系方式，虽然网站中出现了“广州市登喜路世家皮具有限公司”，但并不足以否定原审判决关于该网站为登喜世家公司网站的认定，登喜世家公司关于此认定依据不足的上诉主张缺乏事实依据，法院对此不予支持。

登喜世家公司所提原审判决其赔偿 10 万元过高的上诉理由，亦因缺乏依据，法院对此亦不予支持。

综上，原审判决认定事实清楚，适用法律正确，应予维持。登喜世家公司所提上诉请求及其理由均缺乏事实和法律依据，法院不予支持。依照《中华人民共和国民事诉讼法》第 153 条第 1 款第（1）项之规定，判决如下：

驳回上诉，维持原判。

一审案件受理费 4 380 元，由艾尔弗雷德·邓希尔有限公司负担 980 元，广州市登喜世家皮具有限公司负担 3 300 元，百荣世贸商城管理有限公司负担 100 元；二审案件受理费 2 480 元，由广州市登喜世家皮具有限公司负担。

21. 侵犯"伟哥"商标权及不正当竞争纠纷案

——辉瑞有限公司、辉瑞制药有限公司诉北京健康新概念大药房有限公司、上海东方制药有限公司破产清算组、广州威尔曼药业有限公司

原告（上诉人）： 辉瑞有限公司

原告（上诉人）： 辉瑞制药有限公司

被告（被上诉人）： 北京健康新概念大药房有限公司

被告（被上诉人）： 上海东方制药有限公司破产清算组

被告（被上诉人）： 广州威尔曼药业有限公司

案由： 侵犯商标专用权及不正当竞争纠纷

原审案号： 北京市第一中级人民法院（2005）一中民初字第11352号

原审合议庭成员： 姜颖、仪军、周云川

原审结案日期： 2006年12月30日

二审案号： 北京市高级人民法院（2007）高民终字第1684号

二审合议庭成员： 张冰、程霞、李燕蓉

二审结案日期： 2008年3月20日

判决要旨

认定驰名商标的目的在于确定对该商标予以保护的范围、程度和力度，驰名商标的认定与否并非是案件的最终目的，而是解决纠纷的途径和手段，是案件处理的事实基础。我国对驰名商标的认定采取"个案认定、被动保护"的原则，在非必要的情况下，不予认定驰名商标。确认驰名商标不属于民事诉讼请求的范畴。

起诉与答辩

原告辉瑞有限公司、辉瑞制药有限公司（以下简称辉瑞制药公司）诉称：原告辉瑞有限公司是一家著名的大型跨国药品生产公司，其于1989年在中国设立了子公司——辉瑞制药公司。原告在其研制的专用于男性勃起障碍疾病的

"枸橼酸西地那非"上使用的商标为"VIAGRA"。辉瑞有限公司于1998年4月即开始将该药品推向美国市场，于2000年6月正式在中国推出该药品。在使用中文的地区和国家，媒体早自1998年起就采用"伟哥"一词进行大篇幅的报道，并特别指向原告的"枸橼酸西地那非"药品，"VIAGRA"与"伟哥"具有对应性和一致性。经过广泛的宣传和产品销量的增加，"伟哥"商标已经成为未在中国注册的驰名商标。被告广州威尔曼药业有限公司（以下简称威尔曼公司）明知"伟哥"是原告的未注册驰名商标，却抢先向中华人民共和国工商行政管理总局商标局（以下简称商标局）提出注册申请，其行为具有主观恶意。被告威尔曼公司不仅大肆宣传原告的未注册驰名商标"伟哥"系其商标，且将该商标许可被告上海东方制药有限公司使用在药品上，并通过被告北京健康新概念大药房有限公司（以下简称新概念公司）进行销售，三被告的行为构成不正当竞争和侵犯商标权。综上，原告根据《民法通则》第4条、《反不正当竞争法》第2条、《商标法》第13条第1款、《保护工业产权巴黎公约》第10条之二以及有关驰名商标认定的规定，请求法院判令：（1）认定"伟哥"为原告辉瑞有限公司未在中国注册的驰名商标；（2）被告新概念公司和被告东方公司立即停止侵害原告辉瑞有限公司的未注册驰名商标权的行为，即立即停止销售带有"伟哥"商标药品的行为；（3）被告东方公司和被告威尔曼公司立即停止印刷和使用"伟哥"商标，并销毁全部"伟哥"商标标识、有关的包装、广告和促销材料以及用于印刷"伟哥"商标标识等的模具和工具；（4）被告威尔曼公司立即停止对"伟哥"商标进行许可和广告宣传等不正当竞争行为；（5）三被告共同赔偿原告经济损失50万元；（6）三被告共同承担原告因本案支出的相关费用；（7）三被告采取发布经原告同意、澄清事实的公告等有效措施消除影响，并在《中国医药报》、《法制日报》和《人民日报》（海外版）等媒体上向原告赔礼道歉。

被告北京健康新概念大药房有限公司（以下简称新概念公司）未提交书面答辩意见，其在开庭过程中辩称：（1）辉瑞制药公司不是本案利害关系人，不是适格原告；（2）原告对"伟哥"商标无任何正当权益，我公司不构成侵权；（3）我公司经销的涉案药品有合法来源，即使构成侵权，作为经销商也只应承担停止侵权的责任，不应当承担损害赔偿的民事责任。因此，不同意原告的诉讼请求。

被告上海东方制药有限公司破产清算组（以下简称东方公司破产清算组）辩称：东方公司曾受威尔曼公司的委托，为其加工甲磺酸酚妥拉明分散片，但其仅负责加工，在产品上使用"伟哥"的责任应由威尔曼公司承担，与东方公司无关。

被告广州威尔曼药业有限公司（以下简称威尔曼公司）辩称：（1）辉瑞制药公司不是本案利害关系人，不是适格原告；（2）本案与原告起诉的（2005）一中民初字第11350号、第11351号和第11354号民事案件属于重复起诉，不应予以受理；（3）驰名商标的认定属于事实认定，不属于诉讼请求，故原告请求认定“伟哥”为辉瑞有限公司在中国未注册的驰名商标的诉讼请求不能成立；（4）原告不能证明其对“伟哥”享有商标专用权，也不能证明其对“伟哥”商标进行了实际的使用和宣传，不能提供“伟哥”作为驰名商标受保护的记录，故“伟哥”不具备驰名商标应当具备的要素。因此，请求驳回原告的全部诉讼请求。

原审查明事实

原审法院查明：

一、关于辉瑞有限公司与辉瑞制药公司之间关系的事实

2005年7月28日，辉瑞有限公司与辉瑞制药公司订立《商标授权协议第三次修订案》，辉瑞有限公司授权辉瑞制药公司使用其在中国申请的商标，其中包括申请号为9800091916号“伟哥”商标。双方未明确许可方式。

二、关于第11350号、第11351号和第11354号案的基本情况

第11350号、第11351号和第11354号案系本院于2005年10月11日同时受理的诉讼。其中：在第11350号和第11351号案件中，原告系辉瑞产品有限公司（Pfizer Products Inc.）和辉瑞制药公司，主张的权利是蓝色菱形药片立体商标专用权，指控被告的侵权行为是侵犯注册商标专用权；在第11354号案件中的原告与本案相同，主张的权利是未注册驰名商标权，指控被告威尔曼公司的侵权行为是许可江苏联环药业股份有限公司（以下简称联环公司）使用“伟哥”商标，指控被告联环公司的侵权行为是在其生产的商品上使用“伟哥”商标，指控被告新概念公司的侵权行为是销售由联环公司生产的使用“伟哥”商标的商品。

三、关于“伟哥”是否为辉瑞有限公司在中国的未注册驰名商标的证据和事实的认定

为证明“伟哥”系辉瑞有限公司在中国未注册的驰名商标，两原告在举证期限内向本院提交了如下证据：

第一组：

1.1 TRADE MARKS ORDINANCE/CERTIFICATE OF REGISTRATION复印件，文件的内容系英文其中有繁体“伟哥”字样。原告主张该文件系香港地区的商标注册证，载明的主要内容是：辉瑞有限公司于1998年5月29日提出

繁体“伟哥”文字商标注册申请，1999年9月7日获得商标注册。

1.2 台湾地区商标注册证复印件，其中载明：商标注册号为00980328的繁体“伟哥”文字商标的专用权人为辉瑞产品有限公司（Pfizer Products Inc.），其专用期限自2002年1月16日至2012年1月15日。原告在庭审过程中明确辉瑞产品有限公司系辉瑞有限公司的子公司，该商标系2001年提出申请。

第二组：

2.1 美国《世界日报》1998年4月30日《伟哥吹响冲锋号全美药房大畅销》报道复印件，报道中提及“伟哥”（Viagra）；

2.2 马来西亚《星洲日报》1998年5月24日《服用“伟哥”后遗症多》报道复印件，报道中认为“伟哥”（Viagra）制造商是美国的辉瑞药厂（Pfizer Labs）；

2.3 香港《天天日报》1998年6月8日《美继“伟哥”后再制“半边天”高潮丸》报道复印件，报道中载有“美国辉瑞药厂率先推出功效卓著的治阳痿药‘伟哥’”；

2.4 香港《东方日报》1998年6月8日《伟哥药厂新献临床效果妙极》报道复印件，报道中载有“阳痿圣药‘伟哥’的始作俑者辉瑞药厂正密谋乘胜追击”。

第三组：

3.《健康报》1998年9月29日《“痿哥”慎用“伟哥”》报道剪报复印件，报纸名称和时间系另行打印在该复印件上，该报道中认为伟哥（Viagra）是枸橼酸西地非尔的商品名，是1992年美国辉瑞制药厂开发的一种治疗心绞痛的新药；

4.《南方都市报》1998年10月8日《IT大亨染指壮阳药》报道复印件，报道中提及“伟哥”（VIAGRA），并提到“伟哥”的生产者为辉瑞有限公司；

5.《浙江经济日报》1998年10月22日《诺贝尔奖与“伟哥”》报道剪报复印件，报纸名称和时间系另行打印在该复印件上，报道认为Viagra（伟哥）是美国辉瑞药厂制造；

6.《南方日报》1998年10月26日《“伟哥”，想说爱你不容易》报道剪报复印件，报纸名称和时间系另行打印在该复印件上，报道中认为“伟哥”（Viagra）原是美国辉瑞制药公司1992年开发的用于治疗心绞痛的新药；

7.《重庆晚报》1998年11月7日《伟哥：笑傲江湖》报道剪报复印件，报纸名称和时间系另行打印在该复印件上，报道认为“伟哥”的英文名称VIAGRA由VIGOR（活力）与NIAGARA（尼亚加拉瀑布）两字合成；

8.《信息时报》1998 年 11 月 21 日《也谈“伟哥”》报道剪报复印件，报纸名称和时间系另行打印在该复印件上，报道中提及“伟哥”（Viagra）；

9.《中国青年报》1998 年 11 月 25 日《“伟哥”是什么，怎么样?》报道复印件，报道认为“伟哥”是英文 Viagra 音译，化学名称是枸橼酸西地非尔，是美国辉瑞制药公司生产的一种治疗心绞痛的药物。

第四组：

10.《新时代汉英大词典》2000 年版第 1601 页和 2002 年版第 1232 页复印件，其中对“伟哥”词条的解释为：也称“威尔刚”Viagra、“万艾可”Viagra，用于治疗男性功能障碍的美国药品商标，词典名称及版次等系手写于复印件上；

11. 中华人民共和国国家药品监督管理局（以下简称国家药监局）国药管市［1999］72 号文件“关于查处假药‘伟哥’的紧急通知”（以下简称第 72 号文件）复印件，其中载有如下内容：“近来，国内一些省市出现了销售‘伟哥’（英文名：VIAGRA）的情况，并有不断扩大的趋势，一批未经审批的药品‘伟哥’进入了市场……‘伟哥’为美国辉瑞制药有限公司生产的药品，该药品在我国正处于临床研究阶段……目前，国内除有关医院正用于临床实验的该药品外，市场销售的‘伟哥’均为假药……”，该文件上无发文单位的印章和发文时间；

12. 商标申请书件受理通知书复印件，载明：申请日期为 1998 年 8 月 12 日，申请人为辉瑞有限公司，商标为“伟哥”，辉瑞有限公司承认该商标申请已被驳回，现在商标驳回复审阶段；

13. 商标异议请求受理通知书，载明：2002 年 10 月 18 日，商标局受理辉瑞有限公司就威尔曼公司经初步审定公告的“伟哥”商标提出的异议；

14. 郭寿康教授的证人证言，其内容为有关“伟哥”商标的法律意见；

15. 郑胜利教授的证人证言，其内容为有关“伟哥”商标的法律意见。

被告新概念公司和威尔曼公司对上述证据的质证意见为：

第一组证据系在香港和台湾地区形成，原告未履行相关证明手续，对外文证据也未提供中文译文，不具备证据的法定形式和要求；并且证据 1.2 的权利主体并非原告，两商标的申请日均晚于威尔曼公司申请注册“伟哥”商标的时间，不能用于支持原告的主张。

第二组证据系复印件，形成于国外，未履行相关证明手续，系无效证据；从报纸内容看，其报道并非原告宣传或委托宣传；中国未批准这些报纸在中国境内发行；这些报道反映的是报道者本人的意思，并不具有法律意义。

第三组证据均为复印件，对真实性不予确认；从报纸内容看，其报道并非原告宣传或委托宣传；这些报道反映的是报道者本人的意思，并不具有法律意义；报道中使用“伟哥”字样仅仅是对“西地那非”产品的临时和民间称谓，而非法律意义上的商标；这些报道均在威尔曼公司于1998年5月20日申请注册“伟哥”商标之后形成，不能证明原告的主张。

第四组中的证据10为复印件，对真实性存有异议；词典的出版者的理解和表述仅代表一家之词，其无权就“伟哥”与其他商标之间的法律关系作出认定。对证据11的真实性没有异议，被告有反证可证明中国药品最高管理当局已正式确认：“伟哥”并非是对美国辉瑞制药有限公司“西地那非”通用名或商品名的认定。由于原告申请的“伟哥”商标被驳回，故证据12和证据13可证明媒体报道中所称的“伟哥”并非指向原告。证据14和证据15的性质并非证人证言，而是法律意见书，不应作为证据采信。

被告威尔曼公司为反驳原告的主张，提供了如下证据：

反证1：辉瑞制药公司发布的《律师声明》，其包含如下内容：“由美国辉瑞制药公司研发生产的药品Viagra已由国家药品监督管理局批准，正式进入市场，万艾可为正式的商品名。万艾可是经国家工商行政管理局商标局批准注册的商标。辉瑞制药有限公司是万艾可商标的拥有者……”。

反证2：中国药科大学、威尔曼国际新药开发中心和威尔曼公司致国家药监局“请求国家药品监督管理局澄清有关药名的请示报告”，内容为询问第72号文件中所说的“伟哥”是否指当时“西地那非”的商品名或通用名。

反证3：国家药监局药管市函［2000］19号文件“关于对请求国家药品监督管理局澄清有关药名的请示的复函”（以下简称第19号文件），其主要内容为：在第72号文件中采用了以带引号的“伟哥”和英文名“VIAGRA”的标注等指当时在中国市场上出现的此种假药，以便于各地药品监督管理部门的查处，并非是对美国辉瑞制药有限公司“西地那非”通用名或商品名的认定。

原告对上述反证的真实性予以认可，但认为从证据的内容上看，原告并不排斥对“伟哥”主张权利，国家药监局也没有排除“伟哥”是原告辉瑞有限公司的商标。

根据双方当事人提交的证据的形式、内容以及双方当事人的举证和质证意见，本院认为：

原告提交的第一组和第二组证据形成于中国领域外或者香港和台湾地区，根据最高人民法院《关于民事诉讼证据的若干规定》（以下简称《证据规则》），域外证据应当履行相关的公证和认证手续，形成于香港、台湾地区的，应当履行相关的证明手续，原告既未提交这些证据的原件，也未履行相关证明手续，且被告对这些证据的真实性提出了异议，故不能证明这些证据具备真实性，本院对这些证据不予采信；证据1.1为外文证据，根据《民事诉讼法》第68条第2款和《证据规则》第12条的规定，应当提交中文译文，原告未提交中文译文，不能确定证据的内容；即便原告在香港地区申请了“伟哥”商标，根据《商标法》的地域性，原告也不能当然地在中国大陆地区享有对“伟哥”商标的权益；证据1.2的商标专用权人为辉瑞产品有限公司，并非本案原告，在原告未提供证据证明其与该公司的关系的情况下，无法看出该证据与本案争议的关联性；第二组证据均系中国大陆以外出版、发行的报纸报道，原告并无证据证明这些报纸在中国大陆可以购买和阅读，不能证明这些报道能够对中国相关公众产生影响。

第三组证据为剪报的复印件，根据《民事诉讼法》第68条第1款的规定，书证应当提交原件，原告未提供原件，也未提交其他证据证明这些剪报的真实性，在被告存有异议的情况下，本院对这些证据的真实性不予确认。

第四组证据中的证据10为复印件，原告未提供原件，也未提供其他证据以证明其真实性，在被告提出质疑的情况下，本院对这些证据的真实性不予确认；即便证据10真实，也仅可以证明该词典的编者对“伟哥”商标的认识，并不能证明公众对该商标的认知；当事人对证据11～13和反证1～3的真实性均无异议，这些证据可以用于证明本案事实；反证1虽然不能证明原告排除对“伟哥”主张权利，但可以证明药品Viagra系美国辉瑞制药公司研发，对应“Viagra”使用的中文名称是“万艾可”。证据14和15系郭寿康、郑胜利等专家出具的法律意见，带有其个人的主观认识，并非就其了解的案件事实进行的客观陈述，不属于中国《民事诉讼法》规定的证人证言，不能用于证明案件事实，在被告提出异议的情况下，本院不予采信。

根据本院采信的证据11～13及反证1～3，结合本案争议的问题，本院确认如下事实：

1998年8月12日，辉瑞有限公司向商标局申请“伟哥”商标，被商标局驳回，辉瑞有限公司不服提出复审，现该商标处于驳回复审审理阶段。

国家药监局曾于1999年下发文件查处假药“伟哥”，在文件中载有如下内容：“国内一些省市出现了销售‘伟哥’（英文名：VIAGRA）的情况，……‘伟哥’为美国辉瑞制药有限公司生产的药品”，国家药监局于2000年明确指出“伟哥”并非是对美国辉瑞制药有限公司“西地那非”通用名或商品名的认定。

在辉瑞制药公司的《律师声明》中，该公司主张药品Viagra系美国辉瑞制药公司研发，对应“Viagra”使用的中文名称是“万艾可”。

在开庭过程中，原告承认其在中国大陆地区未使用过“伟哥”商标。

四、原告指控被告侵权的证据和事实的认定

为证明三被告实施了被控侵权行为，两原告提交了如下证据：

16. 长安公证处于2005年7月7日出具的（2005）长证内经字第77754号和第77755号公证书；

17. 东方公司的律师声明；

18. 东方公司产品包装；

19. 长安公证处于2005年8月3日出具的（2005）长证内经字第3808号公证书及公证处加封后由原告自行保管的“伟哥”产品3盒。

原告提供上述证据16和证据17用以证明威尔曼公司的侵权行为；证据18的产品包装与证据19中的产品包装相同，这两份证据用以证明东方公司和新概念公司生产、销售的侵权产品。被告新概念公司和威尔曼公司对上述证据16、证据18和证据19的真实性不持异议，但认为不能证明被告侵权；威尔曼公司提出，证据16中提及的网站并非其所有，不能证明其是网站所有者和内容发布者，但承认东方公司使用的“伟哥”商标确系威尔曼公司授权；威尔曼公司对证据17的真实性提出异议，认为证据来源不明，不能证明是东方公司发布。

在开庭审理过程中，本院对证据19中所涉“伟哥”产品进行了勘验，被告新概念公司和威尔曼公司对产品的真实性没有异议，新概念公司承认该产品系其销售。

根据原告提交的证据16～19的形式、内容，以及双方当事人的举证和质证意见，本院认为，证据16、19为公证证据，被告对证据16、证据18和证据19的真实性均没有异议，可以用于证明相关的案件事实；证据17并非正规出版物，原告未举证证明该证据的来源，在被告提出异议的情况下，不能确认该证据的真实性。根据本院采信的证据16、证据18和证据19，本院确认如下事实：

2005年3月17日，中国国际贸易促进委员会专利商标事务所的代理人邱宏彦在新概念公司购买了“伟哥”药品4盒。该购买过程由长安公证处进行了证据保全公证。经当庭勘验，“伟哥”药品的包装盒、药品说明书、药片包衣上均标有“伟哥”字样和东方公司企业名称，药片上亦标有“伟哥”字样。该“伟哥”产品系由东方公司生产，新概念公司销售。东方公司系经威尔曼公司授权使用“伟哥”商标。

在地址为http：//www.welman.com.cn的威尔曼国际新药开发中心集团的网站上标注有“伟哥”商标，在网页中有东方公司和威尔曼公司的企业名称。在“威尔曼简介”栏目中载有：“威尔曼国际新药开发中心集团的国内总部设在广州，海外总部设香港，分别在广州、上海、南京设三个研究所，下辖上市公司江苏联环药业股份有限公司、扬州制药集团、香港医药集团公司、广州威尔曼新药开发中心、上海东方制药有限公司等工厂、公司”。“威尔曼新闻”中名为《勇于创新造福大众》的文章载有：“威尔曼制药集团下辖香港医药集团公司、广州威尔曼药业有限公司、上海东方制药有限公司等工厂、公司”。

五、被告抗辩不侵权的证据及事实的认定

威尔曼公司于 1998 年 6 月 2 日向商标局提出“伟哥”商标的注册申请，并于 2002 年 6 月 22 日获得初步审定公告，初步审定号为 1911818，指定使用商品为人用药、生化药品等。2002 年 9 月 20 日，辉瑞有限公司就威尔曼公司申请注册的“伟哥”商标向商标局提出商标异议申请，商标局就此尚未作出处理决定。

2003 年 8 月 20 日，东方公司与广东药之星医药有限公司、威尔曼公司订立《【伟哥】药品区域总经销协议》，约定：“【伟哥】药品，指甲磺酸酚妥拉明分散片，由威尔曼公司独家研制开发并由东方公司生产；东方公司系威尔曼公司【伟哥】药品的授权生产单位；合同有效期至 2005 年 9 月 30 日止”。

2004 年 4 月 7 日，商标局核准第 1911818 号“伟哥”商标转让注册，受让人为广州威尔曼新药开发中心有限公司（以下简称威尔曼新药公司）。

六、与本案有关的其他证据和事实的认定

东方公司于 2005 年 7 月 19 日被中华人民共和国上海市南汇区人民法院裁定宣告破产，于 2005 年 7 月 20 日成立破产清算组，进行破产清算。

原审审理结果

原审法院认为：

一、关于本案与本院受理的其他案件是否属于重复起诉

重复起诉是指相同原告就相同的事实和理由针对相同的被告提起多个诉讼。

在本院受理的第 11350 号和第 11351 号案件中，原告是辉瑞产品有限公司和辉瑞制药公司，主张的是蓝色菱形药片立体注册商标专用权，指控被告的侵权行为是侵犯注册商标专用权；而在本案中，原告是辉瑞有限公司和辉瑞制药公司，主张的是对未注册驰名商标“伟哥”享有合法权益，指控被告侵犯的是未注册驰名商标权和不正当竞争。因此，本案与第 11350 号和第 11351 号案的原告不同，主张的权利和指控被告的侵权行为亦不相同，本案诉讼与第 11350 号和第 11351 号案并非相同原告就相同的事实和理由提起的多个诉讼，不构成重复起诉。

虽然原告在本案中主张的权利与在本院受理的第11354号案件中主张的权利相同，起诉的被告部分相同，但是原告在本案中和第11354号案件中指控被告的侵权行为并不相同。原告在本案中指控被告威尔曼公司的侵权行为是许可东方公司使用“伟哥”商标，指控被告东方公司的侵权行为是在其生产的商品上使用“伟哥”商标，指控被告新概念公司的侵权行为是销售由东方公司生产的使用“伟哥”商标的商品。原告在第11354号案件中指控被告威尔曼公司的侵权行为是许可联环公司使用“伟哥”商标，指控被告联环公司的侵权行为是在其生产的商品上使用“伟哥”商标，指控被告新概念公司的侵权行为是销售由联环公司生产的使用“伟哥”商标的商品。因此，上述两案所针对的被告的侵权行为并不相同，并非原告针对同一事实和理由提起的多个诉讼，不构成重复起诉。

综上，本案与本院受理的第11350号、第11351号和第11354号案件均不属于重复起诉，被告威尔曼公司关于本院不应重复受理的主张没有事实根据，不能成立，本院不予支持。

二、关于原告辉瑞制药公司是否属于本案的适格原告

根据我国《民事诉讼法》第108条的规定，提起诉讼的原告应当与本案有直接的利害关系。本案中，原告主张对“伟哥”享有未注册驰名商标权，故主张对“伟哥”商标享有权益的利害关系人还应当包括商标权的独占许可使用合同、排他许可使用合同的被许可人。普通许可使用合同的被许可人经权利人明确授权的，也可以提起诉讼。

在本案中，辉瑞有限公司就其申请的9800091916号“伟哥”商标许可辉瑞制药公司使用，在双方未明确许可方式的情况下，可以视为普通许可。鉴于本案系辉瑞有限公司和辉瑞制药公司共同起诉，可视为辉瑞有限公司已明确授权辉瑞制药公司就本案提起诉讼，故辉瑞制药公司属于本案适格原告。被告新概念公司和威尔曼公司的此项抗辩理由，本院不予支持。

三、关于“伟哥”是否构成原告辉瑞有限公司在中国的未注册驰名商标以及原告有关认定“伟哥”为辉瑞有限公司未在中国注册的驰名商标的诉讼请求是否应予支持

驰名商标是指在中国为相关公众广为知晓并享有较高声誉的商标。驰名商标的认定应当根据我国《商标法》第14条的规定，考虑以下因素：相关公众对该商标的知晓程度、该商标使用的持续时间、该商标的任何宣传工作的持续时间、程度和地理范围、该商标作为驰名商标受保护的记录以及该商标驰名的其他因素。

根据我国《民事诉讼法》第64条的规定，当事人就自己的主张有义务提

供证据。原告辉瑞有限公司主张“伟哥”为其在中国未注册的驰名商标，因此，根据驰名商标的认定标准，辉瑞有限公司有义务证明：其一，其为“伟哥”商标的权利主体，其二，“伟哥”商标在中国为相关公众熟知并有较高声誉。

针对原告提供的证据，本院认为：

1. 原告提供的证据 1～10 均为复印件，且没有其他证据证明这些证据的真实性，不能用于证明原告的主张；

2. 台湾地区“伟哥”商标的注册人并非本案原告辉瑞有限公司，并且，即便原告在其他国家和地区申请注册了“伟哥”商标，根据商标独立保护原则，原告在中国内地也不能当然对“伟哥”商标享有权益；

3. 有关媒体的报道虽然多将“伟哥”与“Viagra”相对应，但原告并未举证证明其是“Viagra”商标的合法权利人，且在报道中，媒体认为的“伟哥”的生产者亦并非针对本案原告辉瑞有限公司，而多指向“美国辉瑞制药公司”、“美国辉瑞药厂”，故，即便这些报道是真实的，亦不能证明辉瑞有限公司是“伟哥”商标的权利人，在辉瑞制药公司的《律师声明》中，该公司主张药品 Viagra 系美国辉瑞制药公司研发，该事实亦与原告的主张相矛盾；

4. 第三组证据中 7 篇报道的时间局限在 1998 年 9 月至 11 月，这些报道并非原告对“伟哥”商标的宣传，且仅以该 7 篇报道亦不足以证明“伟哥”商标在中国内地已具有较高的知名度；

5. 有关媒体的报道均是对“伟哥”的药效、销售情况、副作用的一些介绍、评论性文章，不能证明“伟哥”在中国已具有较高声誉；

6.《新时代汉英大词典》中对“伟哥”词条的解释，只能代表编者的意见，即便该词典是真实的，亦不能证明“伟哥”的权利人是辉瑞有限公司，也无法证明该商标为中国内地的相关公众熟知并有较高声誉；

7. 国家药监局的第 72 号文件并不能证明辉瑞有限公司对“伟哥”享有权益。

综上，由于原告从未实际使用“伟哥”商标，亦未举证证明其对“伟哥”商标进行了广告宣传，且不能提供“伟哥”商标在中国内地作为驰名商标受保护的记录以及其他可以证明“伟哥”驰名的证据，不能证明“伟哥”是原告辉瑞有限公司的未注册驰名商标。

针对原告的第 1 项诉讼请求，即认定“伟哥”为原告辉瑞有限公司未在中国注册的驰名商标的诉讼请求，本院认为：首先，确认之诉确认的应该是一种确定的法律关系，不应该具有不确定性，一旦经过司法确认，即具有既判力，当事人不得再诉。而商标是否驰名在不同的时间范围会随着当事人的使用、宣传及社会环境的变化而发生变化，具有不确定性，故驰名商标的认定不属于诉讼请求的范畴。其次，认定驰名商标的目的在于确定对于该商标予以保护的范围、程度和力度，因此，驰名商标的认定与否并非是案件的最终目的，而是解决纠纷的途径和手段，是案件处理的事实基础。再次，我国对驰名商标的认定采取“个案认定、被动保护”的原则，即在非必要的情况下，不予认定驰名商标。如果将对驰名商标的认定作为一项诉讼请求予以支持，则对其他案件具有既判力，有违“个案认定”的基本原则。因此，确认驰名商标不属于诉讼请求的范畴。并且，原告提供的证据亦不能证明“伟哥”已构成其在中国内地未注册的驰名商标，故原告的第1项诉讼请求因无事实和法律依据，本院不予支持。

四、关于三被告的行为是否侵犯原告主张的“伟哥”未注册驰名商标权以及是否构成不正当竞争

中国《商标法》就注册商标专用权的保护作出了明确规定，就未注册的商标是否享有专用权，可否主张获得民事侵权救济未作规定。《商标法》第13条第1款规定：“就相同或者类似商品申请注册的商标是复制、摹仿或者翻译他人未在中国注册的驰名商标，容易导致混淆的，不予注册并禁止使用”。在《最高人民法院关于审理商标民事纠纷案件适用法律若干问题的解释》第2条中规定，根据《商标法》第13条第1款的规定，复制、摹仿、翻译他人未在中国注册的驰名商标或其主要部分，在相同或者类似商品上使用，容易导致混淆的，应当承担停止侵害的民事法律责任。从上述规定的内容可以看出，给予未注册商标停止侵害的民事侵权救济的前提是该商标构成驰名。

由于原告不能证明“伟哥”为其未注册驰名商标，故其对“伟哥”商标并不享有《商标法》规定的合法权益，被告威尔曼公司许可东方公司使用“伟哥”商标，东方公司和新概念公司生产、销售使用“伟哥”商标的药品的行为，并不侵犯原告的未注册驰名商标权。

中国《民法通则》第4条规定，民事活动应当遵循自愿、公平、等价有偿、诚实信用的原则。《反不正当竞争法》第2条第1款规定，经营者在市场交易中，应当遵循自愿、平等、公平、诚实信用的原则，遵守公认的商业道德。原告在本案中根据上述法律规定指控被告违反了诚实信用原则，构成不正当竞争，其有义务举证证明其存在合法的权益，并且被告的行为侵犯了其合法的权益。根据原告提供的证据，不能证明原告就“伟哥”商标享有合法的权益，因此，其无权禁止他人使用。

此外，被告威尔曼公司于1998年6月即提出“伟哥”商标的注册申请，2002年该商标被初审公告。被告东方公司经该“伟哥”商标的合法权利人威

尔曼公司许可使用“伟哥”商标，新概念公司销售的是东方公司经合法授权使用“伟哥”商标的商品，三被告的行为具有正当性和合理性，未违反市场竞争中应当遵循的诚实信用原则，因此，不构成不正当竞争。

在地址为 http：//www. welman. com. cn 的网站上显示的网站经营者为威尔曼国际新药开发中心集团，并非被告威尔曼公司，虽然网站内容上提及了被告威尔曼公司的企业名称，但原告提供的证据不能证明被告威尔曼公司实施了大肆宣传原告的未注册驰名商标“伟哥”系其商标的行为，结合本院就原告对“伟哥”商标并不享有合法权益的事实认定，原告对被告威尔曼公司的商标侵权和不正当竞争指控亦无事实和法律依据，不能成立。

鉴于原告提供的证据不能证明三被告的行为构成侵犯商标权和不正当竞争，对于原告提出三被告承担侵权的民事责任的第 2 ~ 7 项诉讼请求，因无事实和法律依据，本院不予支持。

综上，本院依照《中华人民共和国民法通则》第 4 条，《中华人民共和国反不正当竞争法》第 2 条，《中华人民共和国商标法》第 13 条、第 14 条，《最高人民法院关于审理商标民事纠纷案件适用法律若干问题的解释》第 2 条，《中华人民共和国民事诉讼法》第 64 条之规定，判决如下：

驳回原告辉瑞有限公司和辉瑞制药有限公司的全部诉讼请求。

辉瑞有限公司和辉瑞制药有限公司不服，提起上诉，请求依法改判。新概念公司、东方公司破产清算组、威尔曼公司服从原审判决。

二审查明事实

二审法院查明的事实与原审相同，另查明：

1998 年 8 月 12 日，辉瑞有限公司向商标局提出“伟哥”文字商标的注册申请，该商标申请已被驳回，现处于商标驳回复审阶段。2005 年 7 月 28 日，辉瑞有限公司与辉瑞制药公司订立《商标授权协议第三次修订案》，授权辉瑞制药公司使用其在中国申请的“伟哥”商标。

东方公司于 2005 年 7 月 19 日被中华人民共和国上海市南汇区人民法院裁定宣告破产，2005 年 7 月 20 日成立破产清算组进行破产清算。

辉瑞制药公司系 1989 年 10 月 7 日经核准登记成立的中外合资经营企业，其生产经营范围为化学药品原料药、制剂药等。

二审审理结果

二审法院认为，驰名商标是指在中国为相关公众广为知晓并享有较高声誉的商标。驰名商标的认定应当根据中国《商标法》第14条的规定，考虑以下因素：相关公众对该商标的知晓程度、该商标使用的持续时间、该商标的任何宣传工作的持续时间、程度和地理范围、该商标作为驰名商标受保护的记录以及该商标驰名的其他因素。本案中，其一，虽然辉瑞有限公司在香港地区申请了“伟哥”繁体文字商标注册、辉瑞有限公司的子公司辉瑞产品有限公司在台湾地区申请了“伟哥”文字商标的注册，但是，根据商标独立保护原则，辉瑞有限公司在中国内地并不对“伟哥”商标享有权益。其二，法院审理中，两上诉人辉瑞有限公司、辉瑞制药公司虽然证明了美国《世界日报》、香港《天天日报》、《东方日报》的真实性，但因两上诉人无证据证明上述出版物在中国内地发行，故上述证据缺乏与本案的关联性和证明力。其三，1998年9月29日《健康报》等7篇报道、珠海出版社出版的《伟哥报告－蓝色精灵Viagra》以及《海口晚报》等26份媒体的报道中虽然多将“伟哥”与“Viagra”相对应，但因上述报道均系媒体所为而并非两上诉人所为，辉瑞制药公司在其发布的《律师声明》中声称其研发生产的药品“Viagra”的正式商品名为“万艾可”，故媒体在宣传中将“Viagra”称为“伟哥”，亦不能确定为反映了两上诉人当时的真实意思，且媒体的报道均是对“伟哥”的药效、销售情况、副作用的一些介绍、评论性文章，因此上述媒体的报道不足以证明“伟哥”在中国内地有较高的知名度和声誉。其四，国家药监局的第72号文件并不能证明辉瑞有限公司对“伟哥”享有权益；《新时代汉英大词典》中对“伟哥”词条的解释也有称为“威尔刚”Viagra、“万艾可”的情形，故该词典的解释亦不足以证明“Viagra”即为“伟哥”。其五，辉瑞有限公司的“Viagra”注册商标已于2001年经核准转让与辉瑞产品公司，辉瑞有限公司对“Viagra”商标不再享有相关的权益。综上，由于两上诉人在中国大陆既未实际使用“伟哥”商标，也未举证证明其对“伟哥”商标进行了广告宣传，且不能提供“伟哥”商标在中国内地作为驰名商标受保护的记录以及其他可以证明“伟哥”驰名的证据，仅有媒体的报道尚不足以证明“伟哥”商标在中国大陆已具有较高的知名度及已具有较高声誉，故两上诉人所提“伟哥”已构成其在中国未注册的驰名商标的主张因缺乏事实和法律依据，本院不予支持。

根据《商标法》的有关规定，工商行政管理部门商标局负有认定驰名商标的职责。关于驰名商标的认定是否属于一项独立的民事诉讼请求。首先，在民事侵权纠纷案件中认定驰名商标的目的在于确定对于该商标予以保护的范围、程度和力度，因此，驰名商标的认定与否并非是案件的最终目的，而是解决纠纷的途径和手段，是案件处理的事实基础。其次，我国对驰名商标的认定采取“个案认定、被动保护”的原则，即在非必要的情况下，不予认定驰名商标。因此，确认驰名商标不属于民事诉讼请求的范畴，两上诉人所提驰名商标的认定应属于一项独立的民事诉讼请求的主张不能成立，法院不予支持。

《商标法》第13条第1款规定，“就相同或者类似商品申请注册的商标是复制、摹仿或者翻译他人未在中国注册的驰名商标，容易导致混淆的，不予注册并禁止使用”。最高人民法院《关于审理商标民事纠纷案件适用法律若干问题的解释》第2条规定，“根据《商标法》第13条第1款的规定，复制、摹仿、翻译他人未在中国注册的驰名商标或其主要部分，在相同或者类似商品上使用，容易导致混淆的，应当承担停止侵害的民事法律责任”。本案中，由于两上诉人不能证明“伟哥”为其未注册的驰名商标，故其对“伟哥”商标并不享有《商标法》规定的合法权益，威尔曼公司许可东方公司使用“伟哥”商标，东方公司和新概念公司生产、销售使用“伟哥”商标的药品的行为，并未构成上述法律所规定的应当承担停止侵害的民事法律责任的情形。

《反不正当竞争法》第2条第1款规定，“经营者在市场交易中，应当遵循自愿、平等、公平、诚实信用的原则，遵守公认的商业道德”。由于两上诉人不能证明其就“伟哥”商标享有合法的权益，因此威尔曼公司提出“伟哥”商标注册申请的行为具有正当性和合理性，两上诉人关于威尔曼公司申请“伟哥”商标的注册构成不正当竞争的主张无事实及法律依据，对此本院不予支持。

鉴于两上诉人不能证明新概念公司等三被上诉人的行为构成侵犯商标权和不正当竞争，对于两上诉人提出新概念公司等三被上诉人承担侵权的民事责任的第2~7项诉讼请求，原审法院不予支持是正确的。

综上，原审判决认定事实基本清楚，适用法律正确，本院予以维持。两上诉人的上诉理由均不能成立，其上诉请求本院不予支持。依据《中华人民共和国民事诉讼法》第153条第1款第（1）项之规定，判决如下：

驳回上诉，维持原判。

一审案件受理费10 010元，由辉瑞有限公司和辉瑞制药有限公司负担；二审案件受理费10 010元，由辉瑞有限公司和辉瑞制药有限公司负担。

22. “路易威登”、“LV”等注册商标专用权侵权纠纷案

——路易威登马蒂利股份有限公司诉王军

原告（被上诉人）：路易威登马蒂利股份有限公司
被告（上诉人）：王军
案由：侵犯商标专用权纠纷

原审案号：北京市第一中级人民法院（2007）一中民初字第4873号
原审合议庭成员：姜颖 苏杭 芮松艳
原审结案日期：2007年12月14日
二审案号：北京市高级人民法院（2008）高民终字第114号
二审合议庭成员：张冰 钟鸣 程霞
二审结案日期：2008年4月3日

判决要旨

根据《专利法实施细则》第65条第3款规定，人民法院关于权利冲突的判决已经成为当事人以此为理由请求宣告外观设计专利权无效的前提条件。人民法院应当遵循诚实信用、保护在先取得的合法权利的原则，为外观设计与在先取得的合法权利的冲突提供民事解决途径，以保障相关法律规定的贯彻实施，切实保护在先权利人的合法权益。

无论专利权人是否将该外观设计专利实际使用，只要其与他人在先取得的合法权利相冲突，该专利就应被宣告无效。人民法院可以对专利权人未投入实际使用的外观设计专利是否与他人在先取得的合法权利相冲突作出判决。

起诉与答辩

原告路易威登马蒂利股份有限公司（以下简称路易威登马利蒂公司）诉称：原告是第241000号、第241081号、第1106237号、第1106302号注册商标的商标权人，上述商标在中国具有极高知名度。被告未经原告许可，抄袭原告的上述注册商标，将其简单附加在手提袋上，申请了第02367907.7号外观设计专利。鉴于被告的外观设计专利对原告多个知名商标突出醒目地加以使用，该外观设计专利一旦投入市场使用，将导致一般消费者对商品来源产生混

淆和误认。如不及时制止被告的行为，将会对原告商标权造成难以弥补的损害。据此，请求法院判令被告不得使用第 02367907.7 号外观设计专利产品并承担本案原告律师费。庭审中，原告放弃要求被告承担其律师费的诉讼请求。

被告王军未提交书面答辩意见，亦未出庭。

原审查明事实

原审法院查明：

1985 年 2 月 18 日，原告向中华人民共和国国家工商行政管理总局商标局（以下简称商标局）申请注册了第 241000 号、第 241081 号商标。上述二商标经续展后的有效期至 2016 年 1 月 14 日，核定使用商品均为第 18 类，其中包括旅行包、女用小手袋、购物袋等。

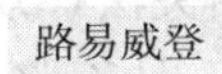

第241000号

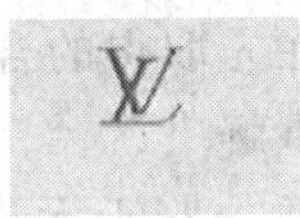

第241081号

1996 年 8 月 9 日，原告向商标局申请注册了第 1106237 号、第 1106302 号商标，核定使用商品均为第 18 类，其中包括旅行包、女用小手袋、购物袋等。上述二商标的有效期至 2007 年 9 月 20 日，2007 年 7 月 6 日，原告已向商标局提出续展申请。

第1106237号

第1106302号

2002 年 12 月 4 日，被告向中华人民共和国国家知识产权局申请了名称为“手提袋”的 02367907.7 号外观设计专利，该专利于 2003 年 10 月 8 日被授权公告。

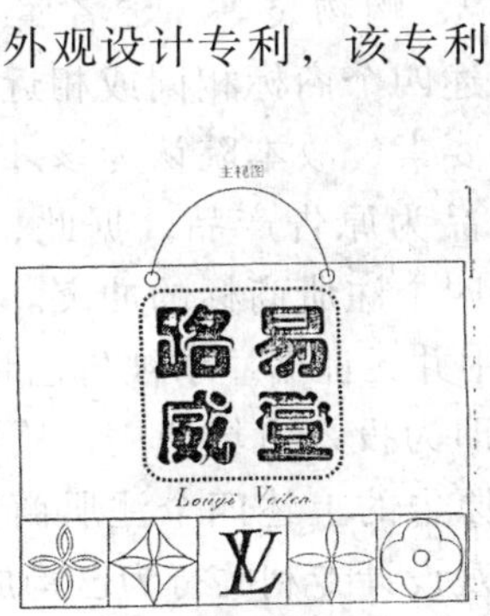

02367907.7号外观设计专利

原审审理结果

原审法院认为：

《专利法》第 23 条规定，“授予专利权的外观设计不得与他人在先取得的合法权利相冲突，该规定的目的在于保护在先权利人的合法权益，对于与他人在先取得的合法权利相冲突的外观设计不授予专利权，已经授权的，应当宣告该专利权无效”。《专利法实施细则》第 65 条第 3 款规定，以授予专利权的外观设计与他人在先取得的合法权利相冲突为理由请求宣告外观设计专利权无效，但是未提交生效的能够证明权利冲突的处理决定或者判决的，专利复审委员会不予受理。从该规定可以看出，人民法院关于权利冲突的判决已经成为当事人以此为理由请求宣告外观设计专利权无效的前提条件。因此，人民法院应当遵循诚实信用、保护在先取得的合法权利的原则，为外观设计与在先取得的合法权利的冲突提供民事解决途径，以保障相关法律规定的贯彻实施，切实保护在先权利人的合法权益。鉴于无论专利权人是否将该外观设计专利实际使用，只要其与他人在先取得的合法权利相冲突，该专利就应被宣告无效，故人民法院可以对专利权人未投入实际使用的外观设计专利是否与他人在先取得的合法权利相冲突作出判决。

本案中，鉴于原告涉案四个商标的注册时间均早于被告专利的申请时间，故相对于被告专利而言，原告涉案的四个注册商标专用权为在先权利。在此基础上，对被告外观设计专利是否与原告在先注册商标权相冲突予以判断。鉴于商标是用以区分商品或服务来源的标识，故判断上述冲突是否存在的关键在于一般消费者是否会将被告该外观设计产品误认为是原告产品，从而对原告注册商标专用权造成损害。

鉴于被告外观设计专利产品为手提袋，原告涉案注册商标核定使用商品为第 18 类旅行包、女用小手袋、购物袋等，二者属于同类商品，同时，被告外观设计中不仅含有与原告上述四个商标相同或相近似的标识，且上述标识为被告外观设计中最主要的设计要素，故本院认为该外观设计产品一旦投入使用足以使一般消费者误认为该产品为原告产品。据此，被告 02367907.7 号外观设计专利已构成与原告的上述四个注册商标的冲突。

在此基础上，虽然本案中并无证据显示被告已将该外观设计产品投入使用，但因该外观设计申请的目的即为投入市场使用，故该产品必然会在市场中实际使用，为避免该使用行为对原告的上述四个注册商标专用权造成侵害，本院认为被告申请 02367907.7 号外观设计专利的行为已构成《商标法》第 52 条第（5）项中“其他侵犯注册商标专用权的行为”。虽然法院在民事案件中无权对专利权是否有效作出判定，但在被告外观设计专利与原告涉案四个注册商标专用权相冲突的情况下，本院依法有权责令被告不得使用涉案外观设计专利。据此，对于原告要求被告停止使用涉案外观设计专利的诉讼请求本院予以支持。

综上，本院依据《中华人民共和国专利法》第23条、《中华人民共和国专利法实施细则》第65条第3款、《中华人民共和国商标法》第52条第（5）项之规定，判决如下：

被告王军不得使用名称为“手提袋”的02367907.7号外观设计专利产品。

王军不服原审判决，提起上诉，请求驳回路易威登马利蒂公司的诉讼请求。路易威登马利蒂公司服从原审判决。

二审查明事实

二审法院查明的事实与原审相同。

二审审理结果

二审法院认为：

我国《专利法》第23条规定，授予专利权的外观设计，不得与他人在先取得的合法权利相冲突。我国《专利法实施细则》第65条第3款规定：“以授予专利权的外观设计与他人在先取得的合法权利相冲突为理由请求宣告外观设计专利权无效，但是未提交生效的能够证明权利冲突的处理决定或者判决的，专利复审委员会不予受理。”上述规定表明，授予专利权的外观设计侵犯在先权利的，可以不经宣告外观设计专利无效而直接认定其侵权，不受经行政程序取得的权利须经行政程序方可否定其效力的一般规则的限制，其经行政程序取得的权利不能成为阻却违法的事由，而宣告该外观设计专利权无效恰恰以“提交生效的能够证明权利冲突的处理决定或者判决”为前提条件或者前置程序。另外，对于当事人之间的民事争议，人民法院当然有权也必须受理并进行审理。本案中，路易威登马利蒂公司以王军申请并获得授权的02367907.7号外观设计专利与其在先注册商标专用权相冲突、侵犯其注册商标专用权为主要理由提起本案诉讼，原审法院将其作为侵犯商标权纠纷案件受理并对是否构成权利冲突作出认定，符合《民事诉讼法》和《专利法》及《专利法实施细则》的上述规定，而且原审法院在适用《专利法》及《专利法实施细则》的上述规定时已经明确指出，按照上述规定，人民法院对权利冲突的处理已经成为宣告外观设计专利权无效的前提条件，只要存在权利冲突，人民法院就可以对此作出判决。因此王军关于原审法院不应对权利冲突作出认定、应先通过行政程序解决权利冲突、原审判决错误适用《专利法》及《专利法实施细则》的上述规定、其权利由国家知识产权局授予如认定侵权则会导致《专利法》的立法目的不能实现等上诉理由显然是对《专利法》及《专利法实施细则》上述规定的错误理解，对此本院不予支持。

路易威登马利蒂公司的第 241000 号、第 241081 号、第 1106237 号和第 1106302 号注册商标核定使用的商品为旅行包、背包、手提包、购物袋、公文包（箱）等，王军的 02367907.7 号外观设计专利的名称为“手提袋”，虽然上述注册商标核定使用的商品中有的限定为皮制或人造革制，但上述注册商标核定使用的商品总体上与王军外观设计专利产品“手提袋”在功能、用途、消费对象、销售渠道等方面均相同，应认定为类似商品。《商标注册用商品和服务国际分类表》的主要功能在于商标注册申请时方便注册审查和行政管理，不能作为判断商品是否类似的唯一依据，因此王军关于其外观设计专利产品与路易威登马利蒂公司上述注册商标核定使用的商品不属于相同或者类似商品的上诉理由，于法无据，本院不予支持。

王军的 02367907.7 号外观设计专利产品主视图上突出使用的文字和图形分别与路易威登马利蒂公司的第 241000 号、第 241081 号、第 1106237 号和第 1106302 号注册商标的文字和图形相同，王军在其外观设计专利产品上的这种突出使用行为起到了标示商品来源的作用，已经构成了在同一种和类似商品上使用与路易威登马利蒂公司上述注册商标相同商标的行为，虽然本案中并无证据显示王军已实际将其外观设计专利产品投入市场使用，但其一旦投入市场即不可避免地会造成相关公众的混淆误认，对路易威登马利蒂公司的上述注册商标专用权造成侵害，因此原审判决判令王军不得使用其 02367907.7 号外观设计专利产品以避免实际侵害结果的发生并无不当。《商标法实施条例》第 50 条和最高人民法院《关于审理商标民事纠纷案件适用法律若干问题的解释》第 1 条分别对《商标法》第 52 条第（5）项规定的内容所做的具体行为的列举只是对《商标法》中未规定的某些比较突出的侵害商标权的行为加以明确，以便更有效的保护商标权，并非对《商标法》的上述规定内容的穷尽式列举，王军关于《商标法实施条例》和最高人民法院上述司法解释已经对《商标法》第 52 条第（5）项规定的内容做了穷尽式列举，而其行为不属于其中任何一种因此原审判决适用法律错误的上诉理由，显然是对商标法律、法规和司法解释的错误理解，对此本院不予支持。

最高人民法院《关于以法院专递方式邮寄送达民事诉讼文书的若干规定》第 2 条规定：“以法院专递方式邮寄送达民事诉讼文书的，其送达与人民法院送达具有同等法律效力。”原审法院在向王军核实了向其邮寄送达诉讼文书的通讯地址后，依该地址以法院专递的形式向其送达了开庭传票等诉讼文书符合司法解释的上述规定，因此原审法院对此并无程序不当之处。王军在本案中并未提供任何证据证明原审判决的合议庭组成人员发生过变更，即使原审法院可能违反程序未向王军告知合议庭成员变更的情况，也没有影响到本案的正确判决，因此王军关于原审判决变更合议庭组成人员未向其告知而影响本案正确判决的上诉理由缺乏事实和法律依据。综上，原审判决并无违反法定程序可能影响案件正确判决的情况，王军的上诉理由缺乏事实和法律依据，本院不予支持。

综上，原审判决认定事实清楚，适用法律正确，应予维持。王军所提上诉请求及其理由均缺乏事实和法律依据，本院对此不予支持。依照《中华人民共和国民事诉讼法》第 153 条第 1 款第（1）项之规定，判决如下：

驳回上诉，维持原判。

一、二审案件受理费各 500 元，均由王军负担。

23. “海洋”商标专用权转让合同纠纷案

——青岛海洋焊接材料有限公司诉北京集佳知识产权代理有限公司、陈刚、李庆森

原告（被上诉人）：青岛海洋焊接材料有限公司

被告（原审被告）：北京集佳知识产权代理有限公司

被告（上诉人）：陈刚

被告（上诉人）：李庆森

案由：商标专用权转让合同纠纷

原审案号：北京市朝阳区人民法院（2007）朝民初字第10239号

原审合议庭成员：普翔、吕贺芬、李智勇

原审结案日期：2007年9月24日

二审案号：北京市第二中级人民法院（2008）二中民终字第1064号

二审合议庭成员：张晓津、宋光、张剑

二审结案日期：2008年6月20日

判决要旨

注册商标作为公司的无形资产，其转让和注销属于公司的重大事项，应由公司股东会或董事会决定。

起诉与答辩

原告青岛海洋焊接材料有限公司（以下简称海洋焊接公司）诉称：我公司成立于1998年，分别是第140236号、第1725501号、第1729583号注册商标的商标专用权人。2006年6月，我公司经查询发现，在我公司不知情的情况下，陈刚利用为我公司曾经办理商标业务时多盖我公司公章的空白商标代理手续，并假冒我公司原法定代表人孔繁绪的签名，委托北京集佳知识产权代理有限公司（以下简称集佳代理公司）将我公司所有的第1725501号注册商标转让至孔繁绪名下。此后，陈刚和李庆森又恶意串通，假冒孔繁绪的签名将第1725501号注册商标转让至李庆森名下。同时，在办理上述转让的过程中，陈刚还使用假冒的手续委托集佳代理公司将我公司持有的第140236号、第

1729583号注册商标注销。我公司认为，陈刚和李庆森恶意串通，采取虚假手续和欺骗手段进行的上述注册商标转让和注销行为，不是我公司的真实意思表示，应当依法认定转让行为是侵权行为，注销行为是无效行为。集佳代理公司在代理涉案商标转让和注销时，未尽其审查义务，也损害了我公司的权益。为此我诉至法院，请求判令：确认集佳代理公司、陈刚和李庆森非法转让第1725501号注册商标的行为系侵权行为；确认我公司系第1725501号注册商标的权利人；确认集佳代理公司、陈刚、李庆森注销第140236和第1729583号注册商标的行为系无效行为。

被告集佳代理公司辩称：第一，海洋焊接公司将我公司列为被告，于法无据。本案实施侵权行为的系陈刚和李庆森，与我公司无关。第二，我公司的商标代理行为合理合法。我公司严格按照陈刚的指令，代理第1725501号注册商标的转让和第140236号和第1729583号注册商标的注销事宜，所有手续均符合商标局的要求和规定，并无任何违规之处。海洋焊接公司主张我公司未尽审查义务，没有依据。第三，根据法律规定，代理人没有过错的情况下，代理行为的法律后果由被代理人承担。我公司在涉案商标代理业务中无任何过错，故我公司不应承担代理行为的法律后果。综上，我公司请求法院驳回海洋焊接公司对我公司的诉讼请求。

被告陈刚辩称：第一，我基于职务委托，办理第1725501号注册商标转让的时间是2002年4月12日，而办理海洋焊接公司商标续展的时间是2003年2月25日，前后时间相隔一年，我不可能利用多盖海洋焊接公司公章的手续办理一年前的商标转让。第二，按照国家商标局办理商标事务的要求，只有在商标持有人在"转让注册商标申请书"、"商标注销申请书"、"商标续展注册申请书"上签字或盖章，才能使商标得以转让、注销和续展。涉案商标的转让和注销，海洋焊接公司均加盖公章认可。第三，第1725501号注册商标转让至孔繁绪名下，是海洋焊接公司真实意思的表示。2002年4月，我接受海洋焊接公司当时法定代表人孔繁绪的指派，到集佳代理公司办理第1725501号注册商标转让事宜，将孔繁绪签名的授权书和孔繁绪的身份证复印件，交到集佳代理公司处，并在集佳代理公司打印的"商标代理委托书"和"转让注册商标申请书"上代孔繁绪签名。此后海洋焊接公司又在我代为签名的"转让注册商标申请书"上加盖公章。我的代签行为是我有授权的体现，而海洋焊接公司加盖公章则是对我代签名的认可。第四，将孔繁绪名下的第1725501号注册商标转让到李庆森名下，是孔繁绪的真实意思表示。孔繁绪在2003年12月取得第1725501号注册商标后，就与李庆森联系转让事宜，商定以10万元的价格将该商标转让给李庆森。此后，孔繁绪将上述转让情形告知我，并书面授权我代其办理商标转让事宜。正是基于此次转让，李庆森才将10万元转让费支付给了海洋焊接公司的主管部门青岛市机械工业总公司。故海洋焊接公司称我假冒孔繁绪的签名，将商标转让给李庆森的主张不能成立。综上，我接受委托代为办理涉案商标的转让和注销均是经相关权利人授权和认可的代理行为，我在授权的范围内履行了代理人的职责。故海洋焊接公司对我的诉讼请求，无任何事实和法律依据，请求法院驳回其诉讼请求。

被告李庆森辩称：第一，海洋焊接公司诉称我与陈刚恶意串通取得第1725501号注册商标的主张，不能成立。我取得该商标，完全是合法的。2003年年底，海洋焊接公司原法定代表人孔繁绪与陈刚找到我，有意将第1725501号注册商标转让，问我是否有意有偿取得。我认为该商标具有一定价值，经协商以10万元的价格受让该商标。支付转让费的时间为该商标经核准后的10日内。2005年底，我收到陈刚代办的第1725501号注册商标"核准商标转让证明"。但是当时，青岛焊条厂已破产，孔繁绪已去世。2006年青岛市机械工业总公司告知我其是青岛焊条厂及海洋焊接公司的主管部门，第1725501号注册商标的转让费应归其所有。我将10万元转让费支付给了青岛市机械工业总公司，该公司向我出具了收款收据。上述行为可以证实，并不存在我和陈刚恶意串通转让第1725501号注册商标的事实。第二，本案中，海洋焊接公司的诉讼主体资格不适格。海洋焊接公司在2003年11月前系国有公司，财产管理和投入人为青岛市机械工业总公司。2002年，海洋焊接公司对第1725501号注册商标的转让行为是一种对国有资产的处分。2003年11月以后，海洋焊接公司已经成为私人入资的有限公司。因此其对原海洋焊接公司对国有资产的处置，没有权利提出主张。第三，本案海洋焊接公司的诉讼主张已经超过了诉讼时效。海洋焊接公司认为本案是侵权案件，诉讼时效就应当从2002年4月起算或者从2003年11月起算。无论哪个时间，均超过了法律规定的诉讼时效。综上，我取得第1725501号注册商标系我与孔繁绪的真实意思表示，而且我支付了对价，系合法取得。请求法院驳回海洋焊接公司对我的诉讼请求。

原审查明事实

原审法院查明：1998年3月8日，海洋焊接公司成立，企业类型是有限责任公司。成立时公司的股东是青岛金海洋焊接技术开发公司、青岛四方联发工贸公司、青岛金鹰焊接材料工贸中心。2001年，海洋焊接公司的股东变更为青岛市机械工业总公司和青岛机电工业经贸总公司。2003年10月，海洋焊接公司的股东变更为青岛市机械工业总公司、王宝书、牟敦廷等九人。孔繁绪在2002年3月到2003年11月23日期间任海洋焊接公司的法定代表人。

1998 年 8 月 28 日，经商标局核准海洋焊接公司自山东省机械设备进出口公司处受让第 140236 号“OCEAN 及图”组合商标，该商标核定使用商品种类是第 11 类。2003 年经续展该商标注册有效期为 2003 年 3 月 1 日至 2013 年 2 月 28 日。

2001 年 3 月 19 日，海洋焊接公司向商标局申请注册“OCEAN 及图”组合商标，经商标局核准予以注册，注册号为第 1729583 号，核定使用商品种类为第 6 类。

2001 年 3 月 20 日，海洋焊接公司向商标局申请注册“海洋及图”组合商标，经商标局核准予以注册，注册号为第 1725501 号，核定使用商品种类为第 6 类。

上述三个注册商标，第 140236 号注册商标的商标有效期续展申请和第 1729583 号注册商标、第 1725501 号注册商标的注册申请，均由陈刚作为海洋焊接公司的代理人委托北京集佳专利商标事务所申请。

2002 年 4 月 12 日，陈刚作为孔繁绪的代理人委托北京集佳专利商标事务所办理第 1725501 号注册商标转让事宜，作为转让人，海洋焊接公司在《转让注册商标申请书》上的转让人处加盖公章。2004 年 3 月 16 日，陈刚又代理李庆森委托集佳代理公司办理第 1725501 号注册商标由孔繁绪转让给李庆森的申请。上述两次商标转让申请书上孔繁绪的签名均是陈刚签署。上述转让均经过商标局的核准。现第 1725501 号注册商标的专用权人是李庆森。

2003 年 10 月 10 日，陈刚代理海洋焊接公司委托北京集佳专利商标事务所申请注销第 140236 号和第 1729583 号注册商标，在《商标代理委托书》和《商标注销申请书》上加盖有海洋焊接公司的印章。此两注册商标的注销申请，经商标局核准已经予以注销。

2006 年 10 月 23 日，李庆森向海洋焊接公司股东之一——青岛市机械工业总公司支付了标明为“海洋牌商标转让费”10 万元。

原审审理结果

原审法院认为，本案双方当事人争议的焦点是：第 1725501 号注册商标的转让以及第 140236 号和第 1729583 号注册商标的注销行为是否系有效的民事法律行为。

海洋焊接公司是第 140236 号、第 1725501 号和第 1729583 号注册商标的商标权人，海洋焊接公司对这 3 个注册商标享有的商标专用权，包括向他人转让商标的权利，依法受到保护。

商标作为公司的无形资产，与公司的经营与发展有着密切的关系，商标的转让和注销直接影响到公司的经营与发展，并影响到股东的利益，故商标的转让属于公司决策上的重大事项，应由公司股东会或董事会决定。对于第1725501号注册商标的转让行为和对于第140236号和第1729583号注册商标的注销行为，均涉及海洋焊接公司的重大经营利益，应由海洋焊接公司股东会或者有授权的董事会的同意。本案中，由于孔繁绪受让商标时系海洋焊接公司的法定代表人，其与海洋焊接公司之间发生的交易，应当经过海洋焊接公司股东会同意，现仅有申请转让商标和注销商标文件上海洋焊接公司的公章，不足以说明涉案商标的转让和注销是经过海洋焊接公司股东会同意的，也不足以说明该转让和注销是海洋焊接公司真实意思的表示，故均不应产生法律效果。由于海洋焊接公司转让给孔繁绪的第1725501号注册商标的行为系无效民事法律行为，故孔繁绪再次转让第1725501号注册商标给李庆森的行为也为无效行为。

而对于海洋焊接公司对集佳代理公司的诉讼请求，法院认为，现有证据不能表明集佳代理公司在办理涉案商标事务的过程中存在过错，从而导致侵权结果的发生。因此，对海洋焊接公司对集佳代理公司的诉讼请求，法院不予支持。

综上，依据《中华人民共和国民法通则》第96条，1999年12月25日修正的《中华人民共和国公司法》第4条第1款、第61条第2款，《中华人民共和国商标法》第3条第1款之规定，判决如下：

一、确认第1725501号注册商标由青岛海洋焊接材料有限公司转让至孔繁绪及由孔繁绪转让至李庆森的行为无效；

二、确认青岛海洋焊接材料有限公司为第1725501号注册商标的商标专用权人；

三、确认青岛海洋焊接材料有限公司为第140236号和第1729583号注册商标的商标专用权人。

陈刚、李庆森不服原审判决，提起上诉，请求驳回海洋焊接公司的诉讼请求。海洋焊接公司、集佳代理公司服从原审判决。

二审查明事实

二审法院查明的事实与原审相同，另查明：

2001年，海洋公司的股东变更为青岛四方联发工贸公司（现名称为青岛五方联发工贸公司）和青岛机电工业经贸总公司。

1996年10月28日，经商标局核准，青岛电焊条厂自山东省机械设备进出口公司处受让了第140236号“OCEAN及图”组合商标。1998年8月28日，经商标局核准，海洋公司自青岛电焊条厂处受让了第140236号“OCEAN

及图”组合商标，该商标核定使用商品类别是第 11 类。2003 年经续展该商标注册有效期为 2003 年 3 月 1 日至 2013 年 2 月 28 日。

集佳公司原名称为北京集佳专利商标事务所，2003 年 7 月 8 日变更为现名称。

在二审审理期间，上诉人陈刚、李庆森为支持其上诉主张，提交了 2002 年 4 月时海洋公司的股东——青岛四方联发工贸公司和青岛机电工业经贸总公司于 2007 年 12 月出具的证明，主要内容为：其对当时海洋公司将涉案 1725501 号注册商标转让给孔繁绪同意认可，此后海洋公司股东再发生变化时该公司全部资产中已无此商标。

被上诉人海洋公司认为出具证明的两单位早已不是海洋公司的股东，该两单位在二审审理期间出具的此证明不能说明 2002 年 4 月涉案第 1725501 号注册商标转让给孔繁绪时经过了股东会或董事会的决定。

在二审审理期间，经二审法院委托山东省青岛市中级人民法院调查，海洋公司的现股东之一青岛市机械工业总公司确认：（1）涉案第 1725501 号注册商标转让给孔繁绪时系经得海洋公司当时的两个股东——青岛四方联发工贸公司和青岛机电工业经贸总公司的同意认可，但当时没有及时给付对价。（2）后孔繁绪将涉案第 1725501 号注册商标转让给李庆森，转让费 10 万元，此款应付给 2002 年第一次转让时的海洋公司的股东，即青岛四方联发工贸公司和青岛机电工业经贸总公司。但由于当时青岛四方联发工贸公司已将其在海洋公司的股份转让给了青岛机电工业经贸总公司，青岛机电工业经贸总公司也已歇业，青岛市机械工业总公司作为青岛机电工业经贸总公司的上级，收取了此 10 万元转让费。（3）2003 年 10 月海洋公司股东变更时海洋公司的资产中已不包含涉案第 1725501 号注册商标。

在二审审理期间，上诉人陈刚主张涉案第 1725501 号注册商标转让给孔繁绪是为了避免海洋公司的财产因其他债务纠纷而被法院执行。

二审审理结果

二审法院认为：被上诉人海洋公司作为第 140236 号、第 1725501 号、第 1729583 号注册商标的商标权人，其对这 3 个注册商标享有的注册商标专用权，依法受到保护。

被上诉人海洋公司的股东虽然在 2003 年 11 月发生变化，但该公司的主体、名称、性质并未改变，因此，该公司有权就涉案 3 注册商标主张权利。上诉人陈刚、李庆森关于由新股东接手的海洋公司无权就涉案 3 个注册商标提起本案诉讼的主张，缺乏依据，本院不予支持。

涉案3个注册商标作为海洋公司的无形资产，其转让和注销属于该公司的重大事项，应由该公司股东会或董事会决定。本案现有证据不能证明涉案第1725501号注册商标转让给孔繁绪及第140236号、第1729583号注册商标的注销系由当时的海洋公司的股东会或董事会决定。

虽然上诉人陈刚、李庆森二审提交了海洋公司前股东——青岛四方联发工贸公司和青岛机电工业经贸总公司在二审期间追认转让涉案第1725501号注册商标的证明，但由于该两公司目前已不再是海洋公司的股东，其事后追认的内容还需相应证据予以佐证，故仅凭上述证明不能认定涉案第1725501号注册商标转让给孔繁绪系经过海洋公司股东会或董事会的决定。且孔繁绪作为海洋公司的法定代表人，其将海洋公司的无形资产转让至自己名下却没有相应的转让对价，则更需该公司董事会或股东会决定认可。

从涉案第1725501号注册商标的转让过程可以确定，陈刚同时作为海洋公司和孔繁绪的代理人，参与了涉案第1725501号注册商标的转让，自始至终代孔繁绪在申请文件上签字，且其未举证证明其已取得孔繁绪的授权，故该转让行为亦不具有形式上的合法性。

基于以上理由，应认定涉案3个注册商标的转让和注销均应属于无效行为。在此前提下，孔繁绪再次将涉案第1725501号注册商标转让给李庆森的行为也为无效行为。因此，陈刚参与转让的涉案第1725501号注册商标应归属海洋公司所有。

本案现有证据不能证明集佳公司在涉案3个注册商标的转让、注销过程中存在过错，因此原审判决关于集佳公司不承担法律责任的认定正确。

综上，上诉人陈刚、李庆森的上诉理由不能成立，其上诉请求，本院不予支持。原审判决认定事实基本清楚，适用法律正确，应予维持。依照《中华人民共和国民事诉讼法》第153条第1款第（1）项之规定，判决如下：

驳回上诉，维持原判。

一、二审案件受理费各750元，均由陈刚、李庆森负担。

24. 侵犯“无敌”商标专用权纠纷案

——北京光海文化用品有限公司诉河北教育出版社

原告：北京光海文化用品有限公司

被告：河北教育出版社

案由：侵犯商标专用权纠纷

一审案号：北京市西城区人民法院（2008）西民初字第2243号判决书

一审合议庭成员：田燕、武彧、李岳鹏

一审结案日期：2008年7月14日

判决要旨

书名从韩文直译为中文并非“无敌英语语法”，即便被告将词义引申，其在选择书名时也应对原告的“无敌”注册商标合理避让，否则应认定构成侵犯商标专用权。

起诉与答辩

原告北京光海文化用品有限公司（以下简称光海公司）诉称：该公司于2001年1月14日成为“无敌”文字商标的商标专用权人，为经营“无敌”商标品牌，曾于2001年3月2日在公开媒体发表法律声明向公众告知该商标的归属，并在此后投入大量人力、物力进行品牌宣传，得到广大读者的认可。原告先后授权外文出版社和海豚出版社出版发行“无敌”英语系列图书。2007年7月24日原告在北京图书大厦发现被告违法使用原告的注册商标出版发行《无敌英语语法》一书。为此，原告于2007年9月29日委托律师向被告发出律师函，要求被告立即停止侵权行为，收回侵权出版物，赔偿经济损失等。但被告对此置之不理，双方无法协商解决纠纷。原告认为，被告在未经原告许可的情况下，擅自使用原告的注册商标出版发行图书，其行为侵犯了原告的商标专用权。为此，原告起诉至法院，要求被告支付赔偿金9万元，停止侵权并在《中国图书商报》上公开赔礼道歉，承担维权的合理支出6 335元和本案诉讼费用。

被告河北教育出版社辩称，其出版的图书名称为《动漫无敌英语语法》，

该书使用的是被告经合法授权取得的“星火”商标，没有使用“无敌”商标。被告的行为不足以误导公众，从涉案图书封面字体、色彩、版式、装帧设计等方面与原告的书籍《无敌英语语法》区别显著，不会造成相关公众对商品来源的混淆误认。被告出版的图书是从韩国引进，图书名称是从韩文翻译得来，故被告在主观上没有侵权的故意。此外，原告所主张的被告获利数额不准确，被告获利很低。综上，请求法院驳回原告的诉讼请求。

一审查明事实

一审法院查明：经国家工商行政管理局商标局核准，光海公司于 2001 年 1 月 14 日获得“无敌”文字注册商标专用权。该商标核定使用商品的类别为第 16 类，包括书籍、印刷出版物，有效期截止至 2011 年 1 月 13 日。

2001 年 3 月 2 日，光海公司在《中国新闻出版报》上就其经国家工商行政管理局商标局核准取得“无敌”商标一事发表声明。此后，《中国新闻出版报》、《北京青年报》、《中国图书商报》、《出版参考》等多家媒体刊登了有关“无敌”系列丛书的报道和宣传。

原告向本院提交“无敌”系列图书，其中包括 2004 年 1 月海豚出版社出版的《无敌新课标系列 · 初中英语语法》、2006 年 8 月外文出版社出版的《无敌初中英语语法：精品版》、2007 年 4 月外文出版社出版的《无敌英语语法：初中版》。在图书的封面、封底、书脊上均标有“无敌”注册商标，2006 年 8 月外文出版社出版的《无敌初中英语语法：精品版》和 2007 年 4 月外文出版社出版的《无敌英语语法：初中版》的版权页上均记载：“无敌”商标专用权经国家工商行政管理局商标局核准由光海公司享有。以上图书定价均为 45 元。

河北教育出版社于 2006 年 4 月 10 日与韩国公司签订翻译出版合同，该合同在河北省版权局进行了著作权合同登记，合同登记号为 03 – 2006 – 040。合同第 1 页正文第 14 行，翻译书名《无敌英语语法》，第 3 页第 5 条约定版税支付以销售册数为依据，版税率 7%，预付金 1 500 美金，封面以及图片使用费 200 美金。

2007 年 8 月，河北教育出版社依以上合同翻译出版了图书，图书版权页记载：书名为《无敌英语语法》，书号 ISBN 978 – 7 – 5434 – 6429 – 2，版权登记号冀图登字 03 – 2006 – 040，由山东鸿杰印务有限公司印刷，印数 1 ~ 5 000，定价 45 元。该书封面最上端标注了图形商标，颜色为深蓝色，中间横向排列书名“无敌英语语法”，“无敌英语语法”6 个字为白色，书名上方有蓝色字体“动漫”二字，书名下方标注“初中版”，封面最下端白色字体标注“河北教育出版社”。

诉讼中，原告光海公司申请本院对上述翻译出版合同中的韩文书名进行翻译，双方当事人均同意由本院指定翻译机构进行翻译。本院指定中国对外翻译出版公司对翻译出版合同中第1页正文起第13行的7个韩文字符进行了翻译，翻译公司译为《神奇的英语语法》或《奇迹般的英语语法》。

图形商标的注册人为济南星火图书发行有限公司，注册有效期限为2004年3月28日至2014年3月27日。商标权人曾为该商标进行了宣传工作。2004年9月21日，济南星火图书发行有限公司将其上述商标转让给山东星火文化发展有限公司。2008年3月17日，山东星火文化发展有限公司许可河北教育出版社在《无敌英语语法》一书中使用上述商标。

山东星火书业有限公司出具证明，其于2007年8月从河北教育出版社购进《无敌英语语法》一书，单书定价45元，数量5 000册，双方商议折扣4折，共计购书款9万元。山东鸿杰印务有限公司出具证明，2007年8月受河北教育出版社委托，印刷《无敌英语语法》一书，印张为10.75，印量为5 000册，双方商议工价为0.371元/印张，印刷费总额为19 941元。

2007年9月29日，原告光海公司就侵权一事向被告河北教育出版社发出律师函。

2007年9月24日，原告光海公司在北京图书大厦有限责任公司购买被告出版的《无敌英语语法》一书，支付购书款45元。2007年11月，原告光海公司为维权聘请律师与北京市中经律师事务所签订诉讼代理法律服务协议，并为此支付律师费6 290元。

一审审理结果

一审法院认为：光海公司作为“无敌”文字注册商标专用权人，其所享有的注册商标专用权应当受到我国法律的保护。根据我国法律规定，在同一种或者类似商品上，将与他人注册商标相同或者近似的标志作为商品名称或者商品装潢使用，误导公众的行为属于侵犯注册商标专用权的行为。在本案中，原告光海公司注册的“无敌”商标核定的类别为第16类，包括书籍、印刷出版物，被告河北教育出版社在涉案图书封面将“无敌英语语法”作为图书的名称加以使用，容易导致相关消费者认为其出版的图书与光海公司的“无敌”英语系列丛书之间存在一定的联系，从而对图书的来源产生混淆。因此，河北教育出版社的行为侵犯了光海公司的注册商标专用权，应当承担停止侵权、赔偿损失的法律责任。

被告河北教育出版社抗辩认为，其出版的图书名称为《动漫无敌英语语法》，该书使用的是“星火”商标，没有使用“无敌”商标，其行为不足以误导公众，涉案图书是从韩国引进，图书名称是从韩文翻译得来，被告在主观上没有侵权的故意。本院认为，依据版权页记载，被告出版的涉案图书名称为《无敌英语语法》，在图书封面书名下方标注了“初中版”，虽然该书上端也标注了自己的“星火”图形商标，但该商标与书名“无敌英语语法”6个字相比，书名“无敌英语语法”更为显著，该行为容易使相关公众对其出版的图书与原告光海公司提供的《无敌英语语法：初中版》一书的来源发生混淆、误认。被告河北教育出版社出版的涉案图书虽然是从韩文版图书翻译而来，但书名经翻译并非“无敌英语语法”，即便被告将词义引申，其在选择书名时也应对原告光海公司的“无敌”商标作出合理避让，故河北教育出版社的抗辩缺乏法律依据，不予支持。故依据《中华人民共和国民法通则》第134条第1款第（1）项、第（7）项，《中华人民共和国商标法》第52条第（5）项，《中华人民共和国商标法实施条例》第50条第（1）项之规定，判决如下：

一、被告河北教育出版社于本判决生效之日起立即停止出版发行涉案的《无敌英语语法》一书；

二、被告河北教育出版社于本判决生效之日起十日内赔偿原告北京光海文化用品有限公司经济损失5万元及因本案诉讼而支出的合理费用6 335元；

三、驳回原告北京光海文化用品有限公司的其他诉讼请求。

案件受理费2 208元，由原告北京光海文化用品有限公司负担208元，由被告河北教育出版社负担2 000元。

各方当事人均服从一审判决。

25. “博奥 BOAO 及图形”商标撤销复审行政纠纷案

——青岛博奥商贸有限公司诉国家工商行政管理总局商标评审委员会、博奥生物有限公司

原告（原审原告）： 青岛博奥商贸有限公司

被告（被上诉人）： 国家工商行政管理总局商标评审委员会

第三人（上诉人）： 博奥生物有限公司

案由： 商标撤销复审行政纠纷

原审案号： 北京市第一中级人民法院（2007）一中行初字第891号

原审合议庭成员： 姜颖、姜庶伟、乔平

原审结案日期： 2007年12月28日

二审案号： 北京市高级人民法院（2008）高行终字第334号

二审合议庭成员： 张冰、莎日娜、钟鸣

二审结案日期： 2008年8月4日

判决要旨

在《商标法实施条例》施行之前，商标局对于商标注册人在一项核定使用商品上使用了复审商标的，均视为复审商标在其他商品上也进行了使用。这一执法标准是商标注册人可以预见的法律后果，已经使商标注册人形成了合理的预期和信赖。本案涉及的系在1999年7月22日至2002年7月21日之间复审商标是否使用的判断及处理，应当按照《商标法实施条例》施行之前的执法标准进行处理，否则有违公平原则。

起诉与答辩

原告青岛博奥商贸有限公司（以下简称博奥商贸公司）诉称：本案涉及的是复审商标在1999年7月22日至2002年7月21日期间的使用情况，应当适用修改前的《商标法》及《商标法实施细则》，商标局对本案的法律适用是正确的。《商标法实施细则》第29条并未规定在针对“连续三年不使用”提供证明时，应当就全部还是部分商品上的使用提出证明。而在2002年9月15日开始实施的《商标法实施条例》中才有了部分撤销的概念，也就是才有了

在部分商品上撤销复审商标的立法本意和法律依据。在1999年7月22日至2002年7月21日期间，《商标法实施条例》尚未施行，不应予以适用，应当适用《商标法实施细则》第29条的规定进行评审。受当时法律法规及政策的影响，对于提供了商标在一项商品上使用的证据的情况，均视为商标在其他商品上也进行了使用。因此，被告在第1679号决定中适用《商标法》及《商标法实施条例》第41条进行评审，属适用法律错误，其撤销复审商标在部分商品上的注册没有法律依据。综上，原告认为被告适用法律错误，请求法院撤销被告第1679号决定，判决维持在全部核定使用商品上注册的复审商标继续有效。

被告国家工商行政管理总局商标评审委员会（以下简称商标评审委员会）辩称：《商标法》第44条第（4）项之所以规定注册商标"连续三年停止使用的"，"由商标局限令改正或者撤销其注册商标"，其目的在于鼓励商标权人将注册商标投入使用，防止商标资源闲置浪费。在经核准使用的商品上使用注册商标是商标注册人的法定义务。在法律本身未发生变化的情况下，该条款的立法意图不可能如原告所称的那样由于《商标法实施细则》的废止和《商标法实施条例》的施行而发生改变。对于连续三年在部分商品上停止使用的注册商标，应当部分撤销还是全部继续有效，是对《商标法》第44条第（4）项立法意图的不同理解所产生的不同处置方式，并不是立法意图本身。在《商标法实施细则》第29条未明确规定此类情形的注册商标应当部分撤销还是全部继续有效的情况下，原告关于复审商标应当全部继续有效的观点是否正确，关键在于这种理解是否符合《商标法》第44条第（4）项的立法意图。很明显，由于注册商标核定使用的商品往往不止一种，如果商标注册人仅仅在某种或者某些商品上对注册商标进行了使用，仍然会产生商标资源闲置的现象，而这正是《商标法》第44条第（4）项所制止的。由此可见，原告的理解并不符合立法意图。《商标法实施条例》第41条明确规定部分撤销的处置方式，是基于对《商标法》第44条第（4）项等条款的立法意图的正确理解所作的具体化规定，与《商标法实施细则》第29条的规定并无矛盾，原告将两者根本对立起来是错误的。为了最大限度地保护商标注册权人的权益，被告在复审程序中给予了原告提交使用证据的机会，但原告未提供复审商标在"避孕用具、人造胸部、矫形用物品"等商品上的使用证据。在此情形之下，无论是依据《商标法实施细则》还是《商标法实施条例》的规定，复审商标在上述商品上的注册均应予以撤销，被告作出的第1679号决定的结论符合法律规定。综上，第1679号决定认定事实清楚，适用法律正确，审理程序合法，请求人民法院予以维持。

第三人博奥生物有限公司述称：（1）由于第三人的撤销申请在2002年7月22日提出，《商标法》已经实施，《商标法实施条例》作为《商标法》的配套规则，其规定和原则应当被适用，因此，本案应该适用《商标法实施条例》的规定来理解撤销的问题。（2）即使适用《商标法实施细则》处理本案，因原告仅在核定使用的多项商品中的一项商品上使用了复审商标，其后果应当是对复审商标在全部核定使用的商品上予以撤销。据此，第三人请求人民法院驳回原告的诉讼请求，维持第1679号决定。

原审查明事实

原审法院查明：1999年7月14日，复审商标经商标局核准注册，核定使用商品为第10类中的"振动按摩器、医用体育活动器械、健美按摩设备、医用电热毯、失眠用催眠枕头、婴儿奶瓶橡皮奶头（乳头）、奶瓶、避孕用具、人造胸部、矫形用物品"，商标注册人为博奥商贸公司，复审商标的有效期至2009年7月13日止。

2002年7月22日，商标局受理了北京博奥生物芯片有限责任公司（以下简称博奥生物芯片公司）以连续三年停止使用为由请求撤销复审商标的申请。商标局要求博奥商贸公司提交1999年7月22日至2002年7月21日使用复审商标的证据。博奥商贸公司提交了复审商标在上述期间在奶瓶商品上的使用证据。2004年7月5日，商标局根据《商标法》第44条第（4）项及《商标法实施细则》第29条的规定，作出撤200200439号《关于第1294337号"博奥BOAO及图"注册商标继续有效的决定》（以下简称第200200439号决定）："博奥生物芯片公司申请撤销复审商标的理由不能成立，复审商标继续有效"。

博奥生物芯片公司不服该决定，于2005年3月23日向法院提起行政诉讼，法院于2005年5月9日作出（2005）一中行初字第406号行政裁定书，以博奥生物芯片公司应当先向商标评审委员会申请复审，而不应当直接向人民法院起诉为由，驳回了博奥生物芯片公司的起诉。

2005年5月13日，博奥生物芯片公司向商标评审委员会提出撤销注册商标复审申请，认可博奥商贸公司在奶瓶一项商品上使用复审商标的事实，但认为该公司并无在其他商品上使用复审商标的证据，请求撤销复审商标在除奶瓶以外的其他商品上的注册。

2005年8月25日，商标评审委员会向博奥商贸公司发出答辩通知书。2007年1月，商标评审委员会向博奥商贸公司发出了补充证据通知书，要求博奥商贸公司提供复审商标在除奶瓶以外的其他商品上的使用证据。

2007年5月28日，商标评审委员会在对博奥商贸公司补充证据进行了审查的基础上，作出第1679号决定。该决定认为：《商标法》之所以规定“注册商标连续三年停止使用且无正当理由的，由商标局撤销该注册商标”，目的在于鼓励商标权人对商标的使用，充分发挥商标的作用，同时也是为了防止商标资源的闲置浪费。商标的使用必须基于具体的商品或服务，在一种商品或服务上的使用，可以视为在同一种或类似商品或服务上的使用，但不能视为在非类似商品上的使用。无论是《商标法实施细则》第29条第1款，还是《商标法实施条例》第39条第2款的规定，均符合上述立法本意及原则。由于2001年10月27日修改前《商标法》及《商标法实施细则》对于因连续三年不使用而撤销的规定中并无部分撤销商品的规定，在实践中，商标局对于复审商标提供了在一项商品上使用证据的情况，均视为复审商标在其他商品上也进行了使用，该做法并不符合《商标法》的立法本意。因此，为了查明事实，商标评审委员会要求博奥商贸公司提供其在除奶瓶商品外的其他商品上的使用证据。根据查明的事实，博奥商贸公司提供的使用证据相互佐证，形成了一个完整的证据链条，可以证明博奥商贸公司在1999年7月22日至2002年7月21日期间，在振动按摩器、医用电热毯、失眠用催眠枕头、健美按摩机和婴儿奶瓶橡皮奶头商品上使用了复审商标。鉴于复审商标核定使用的医用体育活动器械与振动按摩器在功能、用途等方面基本相同，因此，复审商标在振动按摩器商品的使用，可以视为其在医用体育活动器械上的使用。而复审商标核定使用的避孕用具、人造胸部、矫形用物品与博奥商贸公司已提交使用证据的商品在功能、用途等方面均差别较大，不属于类似商品，因此，博奥商贸公司提供的使用证据不能证明复审商标在上述三商品上进行了使用，使用在上述三商品上的复审商标应予以撤销。综上，商标评审委员会依据《商标法》第49条和《商标法实施条例》第41条的规定决定：（1）博奥商贸公司在第10类奶瓶、振动按摩器、医用电热毯、医用体育活动器械、健美按摩设备、失眠用催眠枕头、婴儿奶瓶橡皮奶头（乳头）商品上注册的复审商标，予以维持。（2）博奥商贸公司在第10类避孕用具、人造胸部、矫形用物品商品上注册的复审商标，予以撤销。

另查，北京博奥生物芯片有限责任公司于2006年2月7日经北京市工商行政管理局核准，变更企业名称为博奥生物有限公司。

在本案庭审过程中，商标评审委员会明确在《商标法实施条例》施行前，商标局在审查实践中，对于能够证明复审商标在一种核定使用商品上使用的，维持该商标在全部核定使用商品上的注册。

原审审理结果

原审法院认为：由于本案具体行政行为审查的对象为在1999年7月22日至2002年7月21日之间原告是否在核定使用的商品上使用了复审商标，因此，除相关法律、法规另有规定的以外，对复审商标是否在上述期间进行了使用以及是否应当予以撤销这一实体问题而言，应当适用在该期间内有效的法律、法规。

现行《商标法》于2001年12月1日起施行，本案的涉诉行为跨越了新、旧《商标法》，而调整本案法律关系的《商标法》相应规定分别对应于修改前《商标法》第30条第（4）项和现行《商标法》第44条第（4）项中，由于上述两条款表述内容相同，即连续三年停止使用的注册商标，由商标局责令限期改正或者撤销其注册商标，因此，本案不存在分阶段适用不同时期的《商标法》的问题。

2002年9月15日起施行的《商标法实施条例》系根据现行《商标法》制定的行政法规，除非法律、法规有明文规定，根据法不溯及既往的原则，《商标法实施条例》的相关规定对其施行前的实体问题不具有溯及力。本案涉及复审商标在1999年7月22日至2002年7月21日之间是否使用的判断及处理，该期间在《商标法实施条例》施行之前，因此，该条例不应被适用。被告在第1679号决定中适用《商标法实施条例》第41条的规定撤销复审商标在部分核定使用商品上的注册属适用法律不当。被告提出，《商标法实施条例》第41条关于部分撤销在核定使用商品上的注册商标的规定，反映了修改前《商标法》第30条第（4）项即现行《商标法》第44条第（4）项规定的避免商标资源闲置浪费的立法本意，故《商标法实施条例》第41条可以溯及适用于该条例施行之前的行为。对于被告的该项主张，法院认为，虽然《商标法实施条例》第41条的规定确实符合《商标法》的立法本意，但在该条例颁布施行前，商标注册人无法预知该条例规定的内容，无法预见其行为的法律后果，如果适用该条例的规定，将会损害商标注册人的合法权利，据此，被告的这一抗辩理由不能成立，法院不予支持。

在《商标法实施条例》施行之前，无论是《商标法》还是《商标法实施细则》，均没有明确规定对于在多种商品上注册的商标，如果连续三年在部分商品上停止使用，可以撤销该部分商品上的商标注册，也就是说并无撤销部分核定使用商品上的商标注册的明文规定。根据《商标法实施细则》第29条的规定，商标注册人不提供商标使用证明或者证明无效的，商标局撤销其注册商标。该规定没有明确注册商标仅在部分核定商品上使用的，应当在全部核定商品上维持注册还是撤销注册。在法律、行政法规的规定存在多种解释可能的情况下，应当以维持权利而不是限制权利的解释作为理解法律的一般规则。注册商标专用权作为一项法定权利，在法律、行政法规没有明文规定的情况下，不得予以剥夺或者限制。因此，第三人关于应当撤销复审商标在全部核定使用商品上注册的主张不能成立。此外，在《商标法实施条例》施行之前，商标局在实践中对于商标注册人在一项核定使用商品上使用了复审商标的，均视为复审商标在其他商品上也进行了使用。也就是说，对于注册商标仅在部分核定使用商品上进行了使用的，行政机关在2002年9月15日之前的执法中实行的是维持该商标在全部核定使用商品上注册的标准。行政机关的这一执法标准是商标注册人可以预见的法律后果，已经使商标注册人形成了合理的预期和信赖。由于本案涉及的系在1999年7月22日至2002年7月21日之间复审商标是否使用的判断及处理，应当按照《商标法实施条例》施行之前的执法标准进行处理，否则有违公平原则。由于原告提供的证据可以证明其于上述期间在奶瓶上使用了复审商标，根据当时有效的法律规定及行政执法标准，应当在所有核定使用商品上维持复审商标的注册。被告在第1679号裁定中撤销复审商标在部分核定使用商品上的注册没有法律根据，法院不予支持。

综上所述，被告作出的第1679号裁定适用法律、法规有误，依法应当予以撤销。原告请求撤销该裁定的理由成立，其诉讼请求法院予以支持。依照《中华人民共和国行政诉讼法》第54条第（2）项第2目之规定，法院判决如下：

一、撤销被告国家工商行政管理总局商标评审委员会作出的商评字［2007］第1679号《关于第1294337号“博奥BOAO及图形”商标撤销复审决定书》；

二、被告国家工商行政管理总局商标评审委员会就第1294337号“博奥BOAO及图形”商标重新作出复审决定书。

博奥生物有限公司不服，提起上诉，请求撤销一审判决及撤销复审商标。理由是：（1）在部分商品上使用注册商标的，仅应在该部分商品上维持注册商标有效（简称“部分使用，部分维持”）。这一标准是三年不使用撤销注册商标的应有标准，无论从现行《商标法》、《商标法实施条例》还是修改前《商标法》、原《商标法实施细则》中都能得出上述结论。（2）在原《商标法实施细则》关于三年不使用撤销注册商标的规定中并无“部分使用、部分维持”的规定，该规定在字面上存在以下三种可能的解释：①仅在部分商品上使用注册商标即可在全部核定使用商品上维持该商标有效；②在部分商品上未使用注册商标，即可在全部核定使用商品上撤销该商标；③“部分使用、部分维持”。原审判决认为在上述规定存在多种解释的情况下应当作出维持权利的解释显然是忽视了上述第③种附加条件最少、最公平的解释，仅在第①、②种解释中进行选择，对上诉人是不公平的。（3）原审判决认为商标局在《商标法实施条例》施行前一直在实践中采用上述第①种解释，因此博奥商贸公司已经对此产生信赖，再改变标准就对其不公平；上诉人认为这是一种“因为一直都是错的，所以只能错下去”的逻辑，是站不住脚的。而且对“连续三年不使用撤销注册商标”的规定，商标局和商标评审委员会之间也存在解释上的差异，商标注册人不可能只对商标局“在一种商品使用即可在全部商品上维持注册”的信赖而对商标评审委员会的不同解释不信赖，因此原审判决关于保护商标注册人信赖利益的理由也是站不住脚的。

商标评审委员会和青岛博奥商贸有限公司均服从原审判决。

二审查明事实

二审法院查明的事实与原审相同。

二审审理结果

二审法院认为：2001 年 12 月 1 日之前施行的《商标法》第 30 条第（4）项规定，“连续三年停止使用注册商标的，由商标局责令限期改正或者撤销其注册商标”。2001 年 12 月 1 日之后施行的《商标法》第 44 条第（4）项的规定与此相同，因此本案审查 1999 年 7 月 22 日至 2002 年 7 月 21 日间博奥商贸公司是否使用复审商标的法律依据在《商标法》修正前后是一致的。

《立法法》第 84 条规定，法律、行政法规、地方性法规、自治条例和单行条例、规章不溯及既往，但为了更好地保护公民、法人和其他组织的权利和利益而作的特别规定除外。《商标法实施条例》于 2002 年 9 月 15 日施行，因此其第 41 条规定的“商标局、商标评审委员会撤销注册商标，撤销理由仅及于部分指定商品的，撤销在该部分指定商品上使用的商标注册”，该规定并未特别规定可溯及既往，因此在审查 1999 年 7 月 22 日至 2002 年 7 月 21 日间博奥商贸公司是否使用复审商标的事实时不能适用该规定。

在《商标法实施条例》施行之前，无论是 2001 年 12 月 1 日之前或者之后施行的《商标法》还是原《商标法实施细则》均无对于在多种商品上注册的商标，如果连续三年在部分商品上停止使用的，可以撤销该部分商品上的商标注册的明文规定。在《商标法实施条例》施行之前，商标局在处理连续三年停止使用而撤销注册商标的案件中均采取“仅在部分商品上使用注册商标即可在全部核定使用商品上维持该商标有效”的做法；当时对于决定维持商标有效的案件，商标局作出决定即告终局，当事人不能向商标评审委员会申请复审，因此在当时并不存在商标局与商标评审委员会就此对商标法有不同解释的问题。

在《商标法实施条例》施行之前，为保证商标权的继续有效以及商标注册人将来经营多样化的可能性，商标局对商标注册人在部分商品使用注册商标即维持其全部有效的做法有一定的合理正当理由。而《商标法实施条例》第41条关于“部分使用、部分维持”的规定具有避免商标资源浪费、维护公平竞争、督促商标注册人真实使用自己商标的作用，也体现了对商标注册人的权利与公众利益的平衡，更符合《商标法》的立法本意。但是，在该条规定施行前，商标注册人无法预知其内容并据此调整其因信赖商标局的一贯做法而为维持自己注册商标有效而采取的行为，因此无论从《立法法》的规定还是从保护当事人的信赖利益的角度出发，只要博奥商贸公司在1999年7月22日至2002年7月21日间在其中一种核定使用商品上使用了复审商标就应当维持复审商标在全部核定使用商品上有效。本案中，博奥生物公司对博奥商贸公司在奶瓶商品上使用复审商标的事实并无异议，因此博奥商贸公司的复审商标应在全部核定使用商品上维持有效。博奥生物公司所提上诉理由缺乏事实和法律依据，法院不予支持。综上，原审判决认定事实清楚，适用法律正确，应予维持。依照《中华人民共和国行政诉讼法》第61条第（1）项之规定，判决如下：

驳回上诉，维持原判。

一审案件受理费人民币100元，由国家工商行政管理总局商标评审委员会负担；二审案件受理费人民币100元，由博奥生物有限公司负担。

26. 侵犯“苏富比”商标权纠纷案

——苏富比拍卖行诉四川苏富比拍卖有限公司

原告（被上诉人）：苏富比拍卖行（SOTHEBY'S）

被告（上诉人）：四川苏富比拍卖有限公司

案由：侵犯商标权纠纷

原审案号：北京市第二中级人民法院（2007）二中民初字第11593号

原审合议庭成员：何暄、葛红、罗盛华

原审结案日期：2007年12月19日

二审案号：北京市高级人民法院（2008）高民终字第322号

二审合议庭成员：张冰、莎日娜、钟鸣

二审结案日期：2008年8月7日

判决要旨

境外拍卖机构虽然限于我国目前的法律规定尚不能在我国境内进行商业性的拍卖活动，但是其通过义卖、拍卖预展、广告宣传等活动，已经在中国境内商业性地使用了涉案未注册的商标标志“苏富比”，并且该商标标志符合《商标法》第14条关于驰名商标的条件，应当认定为未注册驰名商标。

起诉与答辩

原告苏富比拍卖行诉称：原告于1744年在伦敦成立，是世界上最古老的拍卖行，也是目前世界上最具规模和影响力的两家拍卖行之一。拍卖的内容除艺术品外，还包括名贵乐器、珍贵手稿、名酒等共70多个拍卖项目，总成交额达十多亿美元。

“SOTHEBY'S”是原告的字号，“苏富比”是原告正式使用的中文字号名称。原告在中国大陆第35类拍卖服务上注册了“SOTHEBY'S”文字商标，并先后在相关类别上注册了该商标以及“蘇富比”文字商标；原告已提出在第35类拍卖服务上注册“苏富比”文字商标的申请，但尚未被核准。在世界其他多个国家和地区原告在第35类等类别上注册了“SOTHEBY'S”商标，在香港、台湾等地区原告注册了“苏富比”商标。

原告涉案注册商标“SOTHEBY'S”和未注册商标“苏富比”在中国大陆均享有极高知名度，未注册“苏富比”文字商标在第35类拍卖服务上符合驰名商标条件。自1988年起，原告及其关联公司在中国大陆以主持慈善拍卖、举办拍卖会预展、“传家宝鉴定日”等活动的形式，持续使用其涉案注册商标“SOTHEBY'S”和未注册商标“苏富比”。在同期各种媒体报道中，“苏富比”、“SOTHEBY'S”总是被作为最知名的拍卖行加以介绍，在各种关于文物拍卖、艺术收藏的文章里多有提及。

被告四川苏富比拍卖有限公司（以下简称四川苏富比公司）未经许可，在其拍卖经营活动、宣传材料、网站和名片中大量突出性地使用“苏富比”、“苏富比拍卖”、“苏富比及图”以及书法版的“苏富比”等标识，与原告未注册驰名商标“苏富比”构成混淆性近似；被告在拍卖活动中使用“SOTHEBY”，与原告注册商标“SOTHEBY'S”构成混淆性近似，侵犯了原告涉案商标权。

原告认为，被告的上述行为具有“搭便车”的主观故意，违反诚实信用原则和公认的商业道德，损害了原告的合法权益，扰乱了社会经济秩序，造成相关公众的混淆和误认，而且被告利用原告的商标和商誉，在短时间内获得了巨额非法利润。故诉至法院，请求依法判定被告四川苏富比公司：立即停止所有侵犯原告“苏富比”和“SOTHEBY'S”商标权的行为，包括但不限于停止在拍卖活动、印刷品、网站和名片上使用与原告商标“苏富比”相同或相近似的“苏富比”、“苏富比拍卖”、“苏富比及图”等标识，停止在拍卖活动中使用与原告注册商标“SOTHEBY'S”相近似的“SOTHEBY”标识；在《光明日报》、《四川早报》、网址为“www.hkssb.com”的网站上向原告公开赔礼道歉并发表声明以消除影响；赔偿原告经济损失及因诉讼支出的律师费、公证费、复印费等合理费用共计人民币50万元并承担本案诉讼费用。

被告四川苏富比公司辩称：四川苏富比公司是依法设立、合法存续的中国企业；被告依法、善意使用其企业名称和字号，主观上不具有侵犯原告商标权的故意，而且客观上亦未造成相关公众的混淆和误认；被告从未实施过侵犯原告注册商标专用权的行为，中国苏富比拍卖集团的行为不是被告的行为；原告未在35类上注册“苏富比”商标，亦未在中国大陆实际商业性地使用过该商标，苏富比香港有限公司的行为不能视为原告的行为，“苏富比”亦不是原告的字号或者涉案注册商标“SOTHEBY'S”在国内公认的翻译，故“苏富比”不符合驰名商标条件。因此，请求法院驳回原告的诉讼请求。

原审查明事实

原审法院查明：苏富比拍卖行于1744年在伦敦成立，是世界上历史悠久的拍卖行，也是目前具有影响力的国际性拍卖行之一，主要经营古董、字画等高端艺术品的拍卖。苏富比拍卖行的企业名称为“SOTHEBY'S”，“苏富比拍卖行”是其正式使用的中文企业名称，其中“苏富比”为其正式使用的中文字号。由于翻译的问题，国内部分媒体、辞典也把“SOTHEBY'S”翻译成“索斯比”或者“索思比”。苏富比拍卖行于1995年1月21日注册了“SOTHEBY'S”文字商标，商标注册证号为第776055号，核定服务项目为第35类拍卖，注册有效期限自1995年1月21日至2005年1月20日止。经核准，该注册商标有效期续展至2015年1月20日止。此外，苏富比拍卖行还自1995年起先后在第36、37等类别上注册了“SOTHEBY'S”文字商标。1999～2000年间，苏富比拍卖行先后在16、19、21、24、27类商品类别上注册了“蘇富比”文字商标。2006年5月15日，苏富比拍卖行向中华人民共和国国家工商行政管理总局商标局（以下简称国家商标局）提交在第35类等26个类别上分别注册“苏富比”和“SOTHEBY'S”文字商标的申请，国家商标局于2006年9月12日对上述申请核发《注册申请受理通知书》。现上述申请正在审查过程中。

1974年5月7日，“SOTHEBY PARKE BERNET（HONG KONG）LIMITED”在香港成立。1984年6月6日，该公司更名为“苏富比香港有限公司”（“SOTHEBY'S HONG KONG LIMITED”）。苏富比拍卖行主张苏富比香港有限公司系其全资设立的办事处，用于推广其在亚洲地区的拍卖业务；后来，由于资本组合的原因，苏富比拍卖行和苏富比香港有限公司现同为美国苏富比公司的子公司；苏富比拍卖行与苏富比香港有限公司是关联公司，其授权苏富比香港有限公司在中国大陆和香港使用商标和字号“苏富比”和“SOTHEBY'S”。

1988年6月5日，苏富比香港有限公司作为首家国际性拍卖行，在北京劳动人民文化宫主持“马可·波罗归来”国际性艺术品拍卖，该次拍卖作为“1988年国际拯救威尼斯及修复长城活动”的组成部分，其拍卖收入全部用于修复长城和拯救威尼斯。1988年5月27日和6月6日的《人民日报》均对此进行了报道，其中5月27日的报道中指出主持拍卖的是“英国苏富比拍卖行”，而6月6日的报道中则指出拍卖机构是“世界著名拍卖行——国际苏富比拍卖公司”。该次拍卖活动散发的宣传材料中使用了“苏富比”和“SOTHEBY'S”商标标识。

1994年5月17日，苏富比香港有限公司在上海设立代表处，经营范围为

“从事工艺品进出口贸易的业务联络”。1994 年 10 月，上海代表处在上海举办名为“传家宝鉴定日”的活动，由苏富比的专家为中国市民带来的古玩物件作免费鉴定。1997 年 5 月 25 日，苏富比香港有限公司为庆祝香港回归在香港举办了“沪港列车首开纪念品拍卖会”，并在上海举行了预展。1997 年 10 月 22 日，苏富比香港有限公司在上海主拍 1997 上海艺术博览会组委会组织的中国书画、油画专场拍卖会，拍卖会所得佣金全部捐赠给上海文化发展基金会。该活动的宣传材料中使用了“SOTHEBY'S”和书法版的“蘇富比”商标标识。上海代表处自成立至今，每年均在中国北京和上海举办一到两次苏富比香港有限公司春秋两季拍卖会前的预展活动，在活动现场以及散发的拍品图录、宣传材料、邀请函等中使用了“SOTHEBY'S”、“苏富比”和书法版“蘇富比”商标标识。2003 年 1 月 26 日，上海代表处在《天府早报》上刊登声明：“国际拍卖行 SOTHEBY'S 之正确中文名称为苏富比。在中国仅于上海设有代表处。”上海代表处在 2003 年 4 月《艺术市场》、2006 年 9 月 8 日《东方早报》、2006 年第 9 期《文物天地》等报刊、杂志上发布广告，宣传苏富比香港有限公司拍卖、预展活动以及相关拍品。为了组织预展及开展其他相关活动，上海代表处在中国境内还实施了租赁房屋和进口过期拍卖图录等行为。

1990 年 5 月 29 日《人民日报》的第 7 版“国际专页”刊登题为《英国拍卖旧战机》的消息，其中提及“今年 3 月，英国苏富比拍卖行被顾客围了个水泄不通。”2000 年 2 月 18 日《上海商报》的“商情专刊”发表《〈独立宣言〉打响苏富比旗舰网页头炮》一文，其中提到“有 256 年历史的著名拍卖行苏富比日前正式推出旗舰拍卖网页，并以一份美国《独立宣言》副本作为头炮，受到有关方面的关注……”。2000 年 4 月 30 日出版的《收藏》杂志中刊登《走近苏富比》一文，其中提到“提到拍卖，圈内外人士都知道苏富比拍卖公司……邦德街与头轴最负盛名的商业街——牛津街仅一步之遥，地段价值金贵，苏富比拍卖公司在这条街上的 24 号……”。“全球 CEO”网站（“http://ceoglobal.net”）在一篇标题为《苏富比 富可敌国》的文章中提到：“它诞生于伦敦，是全世界历史最悠久的艺术品拍卖商之一……它创造了许多创纪录的艺术品拍卖价格，至今仍无人超越……它是第一家在网络上举办拍卖会的国际级拍卖公司……它就是享誉全世界的知名国际拍卖公司——苏富比……已经 262 岁的苏富比一直是拍卖业的符号和风向标，对于收藏圈的人来说，不知道苏富比，就好比画画的不知道毕加索一样……”此外，《荣宝斋——中国苏富比》、《香港苏富比二十周年》、《古董拍卖集成》、《古董拍卖年鉴》、《中国拍卖》、《收藏家》、《艺术市场》、《文物天地》、《东方早报》、《中国文物报》等书籍、报刊、杂志和《宋、明、清官窑瓷》DVD 封面以及网络媒体，均刊登有大量文章，介绍苏富比拍卖行、苏富比香港有限公司以及其拍卖活动和拍品。

2006 年 8 月 22 日，苏富比拍卖行向中国国际经济贸易仲裁委员会域名争议解决中心（以下简称域名争议解决中心）投诉，要求对宁波汇亚投资有限公司恶意抢注“苏富比.中国”和“苏富比.公司”域名问题进行裁决。同年 12 月 15 日，域名争议解决中心作出（2006）中国贸仲域裁字第 0205 号裁决书，认为苏富比拍卖行的字号“苏富比”“已在中国具有了一定的知名度”，宁波汇亚投资有限公司的注册行为系恶意抢注，故裁决争议域名转移给苏富比拍卖行。2007 年 10 月 12 日，北京市文物局向苏富比香港有限公司发函，邀请其参加首届“北京·中国文物国际博览会”。2007 年 12 月，北京市文物局市场处出具说明，认为“英国苏富比拍卖行为世界最具规模和影响力的著名拍卖企业……多年来苏富比在中国每年均举行非拍卖性的巡展，与中国大陆收藏界及艺术品收藏方面均有密切关系”。

四川苏富比公司于 2003 年 12 月 5 日由李绍宁和周雅玲出资成立，其经营范围为“司法机关强制执行的物品的拍卖；金融机构抵货资产的拍卖；破产企业资产的拍卖；国有土地使用权的拍卖；邮电部门、运输部门无主物品的拍卖；无形资产的拍卖；委托人委托的其他动产、不动产的拍卖”。2003 年 12 月 2 日，四川省公安厅向四川苏富比公司核发《特种行业许可证》；2005 年 9 月 30 日，四川省商务厅向四川苏富比公司核发《拍卖经营批准证书》。2004 年以来，四川苏富比公司从事了石榴独家经销权、手机号码、神五搭载邮票冠名权、神六搭载品《长城万里图》以及普通书画作品、房地产等拍卖活动。

2006 年 3 月 13 日，北京市安伦律师事务所委派代理人赵克峰，在长安公证处公证员的监督下，使用该公证处的计算机，进入网址为“http://www.hkssb.com”的网站，下载相关网页，并将相关页面刻录在两张光盘上。其中第二页出现“中国苏富比拍卖集团 来自香港的国际著名品牌拍卖企业”。该网站关于“苏富比中国五千年第一次神五搭载邮票捐资助学冠名拍卖会”的视频中出现“神舟五号搭载邮票成功拍卖 四川苏富比又攀中国拍卖新高峰”字样，同时显示该次拍卖会活动上的一块使用中英文对照文字的宣传牌中使用了“SOTHEBY”标识。四川苏富比公司主张这是由于饭店工作人员制作指路牌时出现的翻译问题，并非其商业性使用原告涉案注册商标标识的行为，同时，也不会导致相关公众的混淆和误认。该网站关于“石榴拍卖会”的视频中显示拍卖现场悬挂了“中国苏富比视买受人名扬四海”的横幅。此外，该网站还多处使用了“苏富比”、“中国苏富比拍卖”、“四川苏富比”等标识。

2006 年 10 月 12 日，北京市安伦律师事务所委派人员，在中华人民共和国长安公证处（以下简称长安公证处）公证员的监督下，在北京市东城区华侨大厦一层大厅领取《中国拍卖》等宣传材料及手提袋一个，并对现场进行了摄像和拍照。《中国拍卖》版权页注明总编和策划均为李绍宁，每页主文上方均标有“中国苏富比”及“蘇富比及图”标识，并多处使用了“苏富比拍卖”及书法版“苏富比”标识。其中的“中国苏富比拍卖集团”体系图显示：中国苏富比拍卖集团包括四川苏富比公司和四川索斯比文化传播有限公司等四家全资公司以及中国苏富比出版集团有限公司、香港苏富比国际拍卖有限公司、香港苏富比金融投资有限公司和广西北海索斯比商务有限公司等四家控股公司。在《中国拍卖》中关于“中国飞天第一图《长征万里图》”的彩页广告下方，主办单位落款为中国苏富比拍卖集团和四川苏富比公司。手提袋上使用了“苏富比及图”和“苏富比拍卖”标识。

此外，四川苏富比公司在其散发的红色宣传册中，在其封面、封二以及折页上有“苏富比及图”、“中国苏富比”和书法版的“苏富比”标识，并在其中的文章中提到“‘苏富比’是一个有着280多年悠久历史的世界品牌”。李绍宁在其名片上印制有“中国苏富比拍卖集团”等名称及“苏富比及图”和“中国苏富比”标识。

另，苏富比拍卖行主张其在中国大陆以外的许多国家和地区注册了大量“SOTHEBY'S”和“苏富比”商标，并在中国大陆以外的许多国家和地区开展了极具影响的拍卖活动，其商标在全世界的相关公众中均享有极高的知名度。苏富比拍卖行主张被告曾经提出商标“苏富比”的注册申请，被告的法定代表人李绍宁曾经提出商标“苏富比拍卖”的注册申请，李绍宁任法定代表人的北海索斯比商务有限公司曾经提出与“索斯比”、“SOTHEBY’S”相关的商标的注册申请，原告均已采取了相应的法律行动；此外，李绍宁还曾经使用国际知名拍卖行“佳士得”拍卖行的字号在香港注册公司，并将德国纳高拍卖行的字号“纳高”作为商标申请注册。苏富比拍卖行还主张被告还曾在香港《大公报》、《香港商报》等报刊上刊登被控侵权广告，并在广告中自称与《人民日报》共同举办相关拍卖活动，苏富比拍卖行与相关媒体进行了交涉，并获得相关媒体不再刊登被控侵权广告的承诺。苏富比拍卖行还主张其获得了第四届“胡润百富最佳拍卖行”称号。

另查，2002年12月18日，李绍宁和周雅玲共同出资1万港元，在香港成立香港佳士得国际拍卖有限公司，2004年12月1日，该公司更名为香港苏富比金融投资有限公司（HK SOFTBILL FINANCIAL INVESTMENT LIMITED）；2002年11月20日，李绍宁和周雅玲共同出资1万港元，在香港成立香港索斯比集团有限公司，2004年11月22日，该公司更名为中国苏富比出版集团有限公司（CHINA SOFTBILL PUBLICATION GROUP LIMITED）；2003 年 10 月 3 日，李绍宁和周雅玲共同出资 1 万港元，在香港成立香港苏富比国际拍卖有限公司（H. K. SOFTBILL INTERNATIONAL AUCTION LIMITED）。中国苏富比拍卖集团是香港苏富比国际拍卖有限公司的分支机构。四川索斯比文化传播有限公司系由李绍宁和周雅玲共同出资 100 万元于 2003 年 8 月 26 日在四川省成都市成立，法定代表人为李绍宁。广西北海索思比商务有限公司于 2000 年在广西壮族自治区北海市成立，法定代表人为李绍宁。2007 年 5 月 22 日，香港特别行政区高等法院判决香港苏富比国际拍卖有限公司、香港苏富比金融投资有限公司、中国苏富比出版集团有限公司永久停止使用“苏富比”或者相近似的名称，并停止侵犯香港注册商标“苏富比”的行为。

苏富比拍卖行主张其为本次诉讼支出律师费人民币 128 688 元，公证费人民币 18 500 元，复印费人民币 10 370.05 元，翻译费人民币 10 000 元。

原审审理结果

原审法院认为：中国和英国同为《保护工业产权巴黎公约》的成员国，依据该公约，原告可以在中国提出保护其未注册商标权利。

本案争议的焦点问题是原告苏富比拍卖行涉案“苏富比”文字商标是否为未注册驰名商标；被告四川苏富比公司的涉案行为是否侵犯了原告的涉案注册商标和未注册商标权以及是否应承担相应的法律责任。

第一，关于原告涉案“苏富比”文字商标是否为未注册驰名商标的问题。

原告涉案“苏富比”标识属于未注册商标。根据《中华人民共和国商标法》及相关法律的规定，复制、摹仿、翻译他人未在中国注册的驰名商标或其主要部分，在相同或者类似商品上作为商标使用，容易导致混淆的，应当承担停止侵害的民事责任。认定未注册驰名商标应当考虑以下因素：（1）相关公众对该商标的知晓程度；（2）该商标使用的持续时间；（3）该商标的任何宣传工作的持续时间、程度和地理范围；（4）该商标作为驰名商标受保护的记录；（5）该商标驰名的其他因素。

根据本案查明的事实，原告及其关联公司苏富比香港有限公司自 1988 年开始就在中国大陆境内持续使用“苏富比”文字商标标识。1988 年，苏富比香港有限公司在北京劳动人民文化宫主持“马可·波罗归来”国际性艺术品慈善拍卖。1994 年，苏富比香港有限公司在上海设立代表处，同年 10 月，上海代表处在上海举办“传家宝鉴定日”活动。1997 年 5 月，苏富比香港有限公司为庆祝香港回归在香港举办“沪港列车首开纪念品拍卖会”，并在上海进行预展。同年 10 月，苏富比香港有限公司主拍 1997 上海艺术博览会组委会组织的中国书画、油画专场义务拍卖会。在上述活动中以及相关宣传材料中均使用了“苏富比”或者书法版的“苏富比”以及“SOTHEBY'S”商标标识。上海代表处自成立至今，每年均在中国北京和上海举办一到两次苏富比香港有限公司春秋两季拍卖会前的预展活动，在活动现场以及散发的拍品图录、宣传材料、邀请函等中均使用了“SOTHEBY'S”和书法版“蘇富比”字样。上海代表处还在中国境内实施了房屋租赁、广告发布、进口过期拍卖图录等行为。

经过原告及其关联公司的持续使用和宣传，涉案“苏富比”商标标识在中国大陆地区已经具有较高的知名度。《人民日报》、《上海商报》、《荣宝斋——中国苏富比》、《古董拍卖集成》、《古董拍卖年鉴》、《中国拍卖》、《收藏家》、《艺术市场》、《文物天地》、《东方早报》、《中国文物报》等书籍、报刊、杂志和《宋、明、清官窑瓷》DVD封面以及网络媒体，均刊登有大量文章或者广告，介绍苏富比拍卖行、苏富比香港拍卖有限公司以及其拍卖活动和拍品。

相关争议解决机构和文物主管机关对原告涉案“苏富比”商标和字号的知名度给予了肯定。在2006年8月域名争议解决中心出具的相关裁决书中，认为苏富比拍卖行的字号“苏富比”“已在中国具有了一定的知名度”。2007年10月，北京市文物局邀请苏富比香港有限公司参加首届“北京·中国文物国际博览会”。同年12月，北京市文物局市场处出具说明，认为“英国苏富比拍卖行为世界最具规模和影响力的著名拍卖企业”。

综上，可以认定原告苏富比拍卖行的服务标识“苏富比”自1988年起即开始在我国持续使用，宣传的持续时间较长和覆盖的地域范围较广，在我国相关公众中已经具有较高的知名度。故本院依据现有证据，对原告主张涉案“苏富比”文字商标在第35类拍卖服务类别上为未注册驰名商标的事实予以确认。原告苏富比拍卖行对“苏富比”文字商标所享有的相应权利，应当受到我国法律的保护。

本案被告主张原告与苏富比香港有限公司并非同一主体，后者的活动不能视为前者的活动；苏富比香港有限公司在中国大陆进行的预展等活动不属于拍卖活动，该商标从未在中国境内进行过商业性使用和宣传，而且“苏富比”也不是“SOTHEBY'S”公认的翻译，因此不属于驰名商标。其一，商标权的主体问题。原告主张苏富比香港有限公司系其全资设立的办事处，用于推广苏富比在亚洲的拍卖业务，二者属于关联公司关系，原告作为涉案商标的所有权人，授权苏富比香港有限公司使用涉案商标，并且通过苏富比香港有限公司在中国大陆地区实际使用和宣传其涉案商标标识。在被告未有反证的情况下，本院对于原告权利主体资格予以确认。其二，涉案商标的“商业性使用”问题。

在如何理解涉案商标的“商业性使用”问题上，本院认为应当综合考虑以下因素：(1) 原告及其关联公司没有在中国大陆举行正式的拍卖活动，是由我国大陆目前的法律规定所决定的，但原告一直在大陆进行与拍卖相关的种种市场宣传；(2) 原告及其关联公司在现有法律框架内开展的慈善性拍卖、预展等活动，根本目的都是为了推广苏富比的服务品牌，为苏富比拍卖会吸引中国内地的买家和客户，从而开拓中国内地的市场；(3) 预展活动作为拍卖活动的重要组成部分，对于实现拍卖活动的商业利润具有重要的作用；(4) 原告及其关联公司还在中国大陆实施了发布广告等具有商业性质的活动。综上，本院认为虽然原告及其关联公司没有在中国大陆进行正式的拍卖活动，但其仍然通过相关行为，在中国大陆商业性地使用了其涉案商标。其三，原告商标“SOTHEBY'S”的翻译问题。原告及其关联公司在中国大陆正式使用的中文字号和商标标识均为“苏富比”，国内相关公众和媒体多以“苏富比”指代原告的字号和商标，虽然有部分国内媒体在报道原告及与其相关的拍卖活动或者拍品时，使用“索斯比”或者“索思比”，但是不能证明“苏富比”在国内不具有知名度。因此，被告的上述抗辩主张均缺乏依据，本院均不予采纳。

第二，关于被告四川苏富比公司的涉案行为是否构成侵犯原告涉案商标权以及是否应当承担相应的法律责任的问题。

被告主要从事动产、不动产、普通书画等拍卖，原告主要从事高端艺术品的拍卖。虽然具体拍卖标的不同，但是二者在服务类别上同属于“拍卖”，属于相同的服务类别。

被告在其拍卖活动、宣传材料、网站和法定代表人的名片中，突出性地使用了“苏富比”及书法版的“苏富比”、“苏富比拍卖”、“中国苏富比”、“苏富比及图”等标识，与原告未注册的“苏富比”驰名商标构成相同或者相近似，侵犯了原告涉案商标权，应当承担相应的法律责任。

原告在我国注册了第776055号“SOTHEBY'S”文字商标，其对该注册商标所享有的专用权应当受到我国法律的保护。被告在其举办的“苏富比中国五千年第一次神五搭载邮票捐资助学冠名拍卖会”中使用了“SOTHEBY”标识，与原告涉案注册商标构成相近似，侵犯了原告对涉案注册商标所享有的权利，应当承担相应的法律责任。被告提出其在上述拍卖活动中使用“SOTHEBY”标识并非商业性使用原告涉案注册商标标识行为的主张，依据不足，本院不予采纳。

被告抗辩称相关侵权行为均系“中国苏富比拍卖集团”的行为，并非被告的行为；原告目前根本不可能进入中国拍卖市场，因此相关公众不可能对二者的服务产生任何混淆和误认，实际上也没有产生混淆和误认，被告不应当承担侵权责任。其一，关于侵权责任主体问题。根据本案查明的事实，中国苏富比拍卖集团实际上只是香港苏富比国际拍卖有限公司的分支机构，而“有下属四家全资公司和四家控股公司”的所谓“中国苏富比拍卖集团”则是虚构出来的。另据查，该“集团”中的所有公司均由李绍宁任法定代表人，由李绍宁主要出资设立，并且由李绍宁实际操控，其中在拍卖服务中有实体经营活动的只有被告四川苏富比公司。因此，在被告未能提供相应证据的前提下，该“集团”行为的相应后果应当由被告承担。其二，关于混淆和误认。原告的字号和商标“苏富比”并非普通或者常见的中文词汇，通过原告的使用和宣传，相关公众已经将“苏富比”与原告的拍卖服务建立起直接的联系。被告四川苏富比公司在明知原告字号及其服务商标的前提下，在其拍卖活动、宣传材料、网站和名片中使用“苏富比”等商标标识，且不能说明其合理理由，显然具有借助他人的商誉，使相关公众对原告和被告二者的服务发生混淆和误认的主观故意；客观上也会造成相关公众的混淆或者误认为被告与原告存在某种联系。因此，被告相关抗辩主张均缺乏依据，本院均不予采纳。

综上所述，被告四川苏富比公司的涉案行为侵犯了原告涉案注册商标和未注册驰名商标专用权，原告主张被告停止侵权、消除影响、赔偿因诉讼支出的合理费用，理由正当，本院予以支持。关于消除影响的具体方式，本院将结合被告侵权行为的范围、持续时间、所产生的影响等因素具体确定。原告要求被告承担赔偿损失的法律责任，但并未举证证明被告涉案行为给其造成相应经济损失，鉴于被告从事拍卖活动所涉及的拍卖物种类与原告差异较大，原告尚不能在中国大陆进行商业性拍卖活动，及我国对未注册驰名商标保护的法律规定，本院在酌情考虑合理费用的基础上，对原告其他的赔偿请求，不予支持。鉴于涉案注册商标专用权系财产性权利，原告要求被告赔礼道歉的主张，缺乏依据，本院不予支持。

本院依据《中华人民共和国商标法》第 14 条、第 52 条第 1 款、第 56 条，《最高人民法院关于审理商标民事纠纷案件适用法律若干问题的解释》第 2条，《中华人民共和国民法通则》第 134 条第 1 款第（1）项、第（9）项之规定，判决如下：

一、四川苏富比拍卖有限公司于本判决生效之日起，停止其在拍卖和相关宣传活动中使用与苏富比拍卖行涉案“SOTHEBY'S”注册商标和“苏富比”商标相同或相近似的标识；

二、四川苏富比拍卖有限公司于本判决生效之日起三十日内，在《光明日报》上就涉案侵权行为刊登声明，消除影响；

三、四川苏富比拍卖有限公司于本判决生效之日起十日内，赔偿苏富比拍卖行因诉讼支出的合理费用人民币 65 000 元；

四、驳回苏富比拍卖行的其他诉讼请求。

四川苏富比公司不服一审判决，提起上诉，请求撤销原审判决，并改判驳回苏富比拍卖行的原审诉讼请求。其主要理由是：（1）原审法院违反法定程序，原审法院在法庭辩论终结后又重新组织对苏富比拍卖行的补充证据进行质证并在原审判决中采纳其补充证据，属于违反法定程序。（2）原审判决认定事实错误，“苏富比”文字不构成《商标法》意义上的商标，因为苏富比拍卖行从未在拍卖活动中使用过“苏富比”文字；苏富比拍卖行也没有就“苏富比”文字申请商标注册，同时其也因我国法律规定不可能在我国大陆从事拍卖活动，因此苏富比拍卖行对“苏富比”文字不享有商标专用权，实际上并无证据支持苏富比拍卖行、苏富比香港有限公司及其上海代表处是否在我国大陆地区在拍卖服务上使用了“苏富比”文字，也无证据证明“苏富比”文字已经成为具有较高知名度的驰名商标。四川苏富比公司并未突出使用过“苏富比”文字，所谓“中国苏富比”、“中国苏富比拍卖集团”等称谓与四川苏富比公司无关，因此四川苏富比公司既不构成侵权，也不应当对“中国苏富比拍卖集团”的行为承担责任。（3）原审判决没有适用《拍卖法》、《文物保护法》的规定确定当事人的行为性质和法律地位，也没有正确适用《商标法》、《民法通则》、《公司法》、《民事证据规定》等导致适用法律错误、审判程序违法。

被上诉人苏富比拍卖行服从原审判决。

二审查明事实

二审法院查明的事实与原审相同。

二审审理结果

二审法院认为：最高人民法院《关于审理商标民事纠纷案件适用法律若干问题的解释》第 2 条规定，依据《商标法》第 13 条第 1 款的规定，复制、摹仿、翻译他人未在中国注册的驰名商标或其主要部分，在相同或者类商品上作为商标使用，容易导致混淆的，应当承担停止侵害的民事法律责任。

《商标法》意义上的商标使用行为是在商业活动中为表示服务来源、使相关公众区分同种服务的不同提供者的行为。苏富比拍卖行虽然因为我国《拍卖法》、《文物保护法》等法律的限制未在我国大陆实际从事商业性拍卖活动，但是通过义卖、慈善性拍卖、预展、广告宣传等活动已经能够使相关公众知晓其为拍卖服务的提供者，因此足以认定苏富比拍卖行在我国大陆已经实际使用“苏富比”商标，而且苏富比拍卖行上述使用“苏富比”商标的行为并未违反我国《拍卖法》、《文物保护法》的禁止性规定。

苏富比拍卖行在我国大陆有关拍卖或拍卖信息的相关报道中多被简称为“苏富比”，而且苏富比拍卖行在1995年向商标局申请注册商标时就使用“苏富比”作为其企业名称的字号，由其授权使用其注册商标和企业字号的苏富比香港有限公司自1984年开始就将“苏富比”作为企业字号和商标使用，因此苏富比香港有限公司及其上海代表处使用“苏富比”商标的行为应被认定为是苏富比拍卖行对“苏富比”商标的使用行为。苏富比香港有限公司上海代表处自1994年成立后为宣传香港苏富比有限公司的拍卖活动，一直在我国大陆通过举办预展、向相关公众散发拍品目录等活动进行宣传，在宣传过程中均使用了“苏富比”或“蘇富比”文字。虽然“苏富比”或“蘇富比”文字在我国尚未在拍卖服务上注册，但是苏富比拍卖行自1988年以来在中国大陆举行的艺术品义卖、慈善性拍卖、预展、广告宣传等活动已经使中国大陆相关公众了解其在拍卖市场中的地位。2006年和2007年域名争议解决中心和香港高等法院分别作出裁定和判决保护苏富比拍卖行的企业字号和商标，域名争议解决中心的裁定更进一步指出，“苏富比”在中国有一定的知名度。综合以上事实，原审判决关于“苏富比”标识构成苏富比拍卖行在拍卖服务上的未注册驰名商标的认定是正确的，本院予以确认。四川苏富比公司关于苏富比拍卖行没有在我国大陆使用“苏富比”商标、没有证据证明“苏富比”为驰名商标等上诉理由缺乏事实和法律依据，本院不予支持。

苏富比拍卖行的“苏富比”商标构成在拍卖服务上的未注册驰名商标。四川苏富比公司在拍卖服务上突出使用“苏富比”、“四川苏富比”、“中国蘇富比”、“蘇富比及图”、“中国苏富比拍卖”等字样实际起到了区分服务来源的商标功能，容易导致相关公众将其服务误认为属于苏富比拍卖行所提供的拍卖服务，因此构成侵犯苏富比拍卖行“苏富比”未注册驰名商标权，四川苏富比公司关于其并未突出使用“苏富比”文字、不构成侵权的上诉理由缺乏事实和法律依据，本院不予支持。

《中国拍卖》上所谓“包括四川苏富比公司等四家全资公司以及中国苏富比出版集团有限公司、香港苏富比国际拍卖有限公司、香港苏富比金融投资有限公司等四家控股公司”的“中国苏富比拍卖集团”与香港苏富比国际拍卖有限公司分支机构的“中国苏富比拍卖集团”因投资关系、机构层级的不同而应当被认定为是不同主体。四川苏富比公司虽主张其与“中国苏富比拍卖集团”并非同一主体，但并未提供“中国苏富比拍卖集团”作为独立民事主体存在的证据；而且所谓“中国苏富比拍卖集团”下的全资公司和控股公司等均由李绍宁任法定代表人，也均由李绍宁主要出资，其中在我国大陆实际从事拍卖经营的只有四川苏富比公司，因此以“中国苏富比拍卖集团公司”或“中国苏富比拍卖集团公司四川苏富比公司”名义在我国大陆从事的与拍卖有关的行为后果均应由四川苏富比公司承担。四川苏富比公司关于“中国苏富比拍卖集团公司”与其系不同主体，不应当对“中国苏富比拍卖集团公司”的行为承担责任的上诉主张，缺乏事实和法律依据，本院不予支持。

我国法律、法规和司法解释并不禁止当事人在一审法庭辩论终结后提供新的证据，因此原审法院根据案件审理的需要接受苏富比拍卖行在一审法庭辩论终结后提交的证据，并经双方当事人质证后采纳其中部分证据的做法并未违反《民事诉讼法》及相关司法解释的规定，四川苏富比公司关于原审法院程序违法的上诉主张于法无据，本院不予支持。

综上，原审判决认定事实清楚，适用法律正确，应予维持。上诉人四川苏富比公司所提上诉请求及其理由均缺乏依据本院不予支持。依照《中华人民共和国民事诉讼法》第 153 条第 1 款第（1）项之规定，判决如下：

驳回上诉，维持原判。

一审案件受理费 8 800 元，由苏富比拍卖行负担 3 000 元，四川苏富比拍卖有限公司负担 5 800 元；二审案件受理费 1 425 元，由四川苏富比拍卖有限公司负担。

27. 侵犯“万慧达知识产权”商标专用权纠纷案

——北京万慧达知识产权代理有限公司诉北京慧达知识产权代理有限公司

原告：北京万慧达知识产权代理有限公司
被告：北京慧达知识产权代理有限公司
案由：侵犯商标专用权及不正当竞争纠纷

一审案号：北京市第一中级人民法院（2008）一中民初字第4574号
一审合议庭成员：仪军、王晫、侯占恒
一审结案日期：2008年8月12日

判决要旨

“万慧达”作为原告的字号在知识产权法律服务领域具有一定的知名度，经营范围相近似的被告选择与“万慧达”仅有一字之差的文字作为企业字号有违诚实信用的市场竞争原则，容易导致相关公众的混淆、误认，属于擅自使用他人企业名称的不正当竞争行为。

起诉与答辩

原告北京万慧达知识产权代理有限公司（以下简称万慧达公司）诉称：原告成立于1997年，经营范围包括商标代理、专利代理和版权代理。原告于1999年获国家工商行政管理总局批准，取得商标代理资格；2001年获国家知识产权局批准成为专利代理机构。现在，原告已经发展成为颇具规模和特色的知识产权代理公司。作为国际商标协会（INTA）以及国际保护知识产权协会（AIPPI）中国分会会员，原告与多个国家和地区的知识产权机构和知识产权事务所保持着密切合作，并多次派员参加相关国际研讨会。原告是中华商标协会（CTA）、北京商标协会（BTA）以及中国知识产权研究会（知识产权）理事会的常务理事单位，中华全国专利代理人协会（ACPPA）的会员单位，以及中华商标协会指定的商标监测合作机构。

原告从2001年开始就注册了系列商标。其中，第1587758号“万慧达知识产权”文字商标和第1587747号“WAN HUI DA INTELLECTUAL PROPER-

TY AGENCY”图文商标在知识产权业具有很高的知名度。

被告于2006年6月成立，经营范围包括商标代理和版权代理。被告的字号与原告的字号仅一字之差，极易混淆。并且，被告的字号与原告的注册商标也极其近似，容易引起误认或混淆。作为同一行政区域的同业经营者，被告对原告及其注册商标的知名度当然也很清楚。本来，被告应该尽量避免选择与已有公司相近似的文字作为自己的字号，以免产生混淆或误认。可是，被告不仅选择与原告注册商标和字号相近似的文字作为其字号，而且还在其经营活动中突出使用其字号。被告的行为不仅是一种侵犯原告注册商标专用权的行为，而且是一种违反诚实信用原则的不正当竞争行为，在知识产权业界给原告造成了很严重的影响。

为了维护自己的合法权益，原告曾致函被告要求其更名，但被告不予理睬，现只得根据《商标法》、《反不正当竞争法》、最高人民法院《关于审理商标民事纠纷案件适用法律若干问题的解释》（以下简称《商标法司法解释》）、《关于审理不正当竞争民事案件应用法律若干问题的解释》（以下简称《不正当竞争案件司法解释》）和《关于审理注册商标、企业名称与在先权利冲突的民事纠纷案件若干问题的规定》具状诉讼，请求法院依法判令：（1）被告立即停止其侵犯原告注册商标专用权及不正当竞争行为，停止在其企业字号中使用“慧达”文字；（2）被告就其侵犯原告注册商标专用权及不正当竞争行为在《中国知识产权报》上刊登启事，为原告消除影响；（3）被告赔偿原告损失1万元。

被告北京慧达知识产权代理有限公司（以下简称慧达公司）辩称：原告原名称是北京万慧达知识产权咨询服务有限公司，自2001年8月27日变更为现在的名称。原告提交的证明其商标具有一定知名度的证据也不充分。被告使用的商标是“H及图形”，与原告注册的商标在含义、外观和读音上都不同，因此不存在侵犯原告商标权的问题。我方没有违反诚实信用原则，不构成不正当竞争行为。被告的企业名称是依法核准注册，因此并没有侵权，原告的知名度被告也不知晓。综上，请求法院驳回万慧达公司的诉讼请求。

一审查明事实

一审法院查明：北京万慧达知识产权咨询服务有限公司于2001年8月27日将其企业名称变更为北京万慧达知识产权代理有限公司。

北京慧达知识产权代理有限公司成立于2006年6月9日，其经营范围为商标代理、版权代理、知识产权信息咨询等。

第1587758号“万慧达知识产权”商标由北京万慧达知识产权咨询服务

有限公司向国家工商行政管理局商标局（以下简称商标局）提出注册申请，于2001年6月14日被核准注册，其中“知识产权”放弃专用权，核定使用服务为第42类知识产权许可、知识产权咨询、法律服务、法律研究、版权管理、专利实施、非贸易业务的专业咨询等。2005年10月31日，第1587758号“万慧达知识产权”商标经商标局核准转让给北京万慧达知识产权代理有限公司。

第1587747号“WAN HUI DA INTELLECTUAL PROPERTY AGENCY”商标由北京万慧达知识产权咨询服务有限公司向商标局提出注册申请，于2001年6月14日被核准注册，其中“INTELLECTUAL PROPERTY AGENCY”放弃专用权，核定使用服务为第42类知识产权许可、知识产权咨询、法律服务、法律研究、版权管理、专利实施、非贸易业务的专业咨询等。2005年10月31日，第1587758号“万慧达知识产权”商标经商标局核准转让给北京万慧达知识产权代理有限公司。

万慧达公司为了证明其注册商标和企业字号的知名度，提交了如下四类证据，其中慧达公司认可真实性的证据包括：

第一类，万慧达公司介绍、资质方面的证据，包括证据1：《中华商标》2003年第3期许莺、李斌著的介绍万慧达公司的《为客户提供全方位、一体化服务》的文章；证据2：中华人民共和国国家工商行政管理总局向万慧达公司颁发的《商标代理机构证书》；证据3：中华人民共和国国家知识产权局向万慧达公司颁发的《专利代理机构注册证》；证据7：中华商标协会颁发的“中华商标协会常务理事单位”匾额一块；证据8：《知识产权》理事会向万慧达公司颁发的《担任常务理事》匾额一块；证据10：北京商标协会颁发的《北京商标协会常务理事单位》匾额一块；证据11：北京市海淀工商分局商标科和北京商标协会海淀工作站于2006年1月16日向万慧达公司联合颁发的荣誉证书，内容为：“贵单位列入2005年度商标管理工作甘于奉献荣誉榜，颁发此证，以资祝贺。”证据12：北京市国家税务局和北京市地方税务局于2007年1月1日颁发的“纳税信用A级企业”证书，有效期至2008年12月31日；证据13：中华商标协会于2006年10月颁发的证书，内容为“北京万慧达知识产权代理有限公司，为我会指定的商标检测合作机构，合作期限：2006年10月日至2010年12月31日。”证据14：《中国商标报告》第3卷发布的2003年商标代理机构统计分析报告，其中万慧达公司排名第18位。

第二类：万慧达公司代理的案件方面的证据，包括证据15：《中国知识产权报》2006年4月26日刊登的一篇名为《“酸酸乳”的驰名之路》的文章，该篇文章是对内蒙古自治区呼和浩特市中级人民法院判决的我国第一件司法认定的未注册驰名商标案进行的报道，该文章中载有“该案中原告方代理律师，北京万慧达知识产权代理有限公司合伙人，中国社科院知识产权中心兼职研究员黄晖表示…”等内容；证据17:《中华商标》第12期于2004年12月15日刊登的《寻求法律保护的最大化——“吉列GILLETTE”认定中国驰名商标纪实》，该文载有“代理美国吉列公司申请驰名商标认定的北京万慧达知识产权公司，在不到一年的时间为客户完成了从准备到申请认定驰名商标的全过程，为吉列公司维权赢得了宝贵的时间。”并且该文中多次出现“万慧达”和“万慧达公司”字样；证据21:《中国对外贸易》杂志2006年12月刊载的《商标与企业字号冲突“阿迪达斯”赢得商标侵权和不正当竞争案》，该文载有“本刊记者为此专访了本案代理律师，我国首位商标法博士、北京万慧达观勤律师事务所合伙人黄晖”等内容；证据22:《中国知识产权报》2008年3月7日刊登的《德国大众赠匾长沙中院表谢意》，该文载有“德国大众汽车集团的品牌保护经理许金辉在万慧达律师事务所律师的陪同下专程前往湖南长沙，向长沙市中级人民法院副院长陈建文递交了一封感谢信…”

第三类：万慧达公司广告宣传方面的证据。证据23：《中华商标》2003年到2008年的部分封面复印件以及其中的“环球资讯”栏目的复印件，封面上载有“万慧达知识产权代理有限公司向部分省市工商局赠阅本刊”，“环球资讯”栏目上载有“本栏目由万慧达知识产权代理有限公司协办”；证据24:万慧达公司在《中国知识产权报》上刊登的广告；证据28：《中国工商报》2004年4月24日刊登的《以法为盾，仗剑直行——访北京万慧达知识产权代理有限公司首席合伙人白刚》的文章。

第四类：万慧达公司律师著作及其文章。证据30:《商标法》，21世纪法学规划教材，黄晖著，法律出版社出版，在作者简介部分载明“2002年加盟万慧达知识产权代理公司”；证据34:《中国商标报告》，中信出版社出版，其中执行主编：黄晖，万慧达知识产权代理公司合伙人。

2007年11月30日，万慧达公司代理人崔丽静登录http://www.google.com网站，在搜索栏处输入“万慧”，显示出下拉菜单，其中包括“万慧达，3540结果”、“万慧达知识产权代理有限公司，107000结果”、“万慧达知识产权，203000结果”、“万慧达白刚，343000结果”、“万慧达知识产权代理公司，126000结果”、“万慧达观勤律师事务所，3200结果”。在空白栏处输入“慧达知识产权”，点击“Google搜索”，进入搜索结果页面显示第一位为“万慧达知识产权 www.wanhuida.com”，第二位为“慧达知识产权代理有限公司www.hdipa.com”。点击“慧达知识产权代理有限公司”，进入到慧达公司的网页，在首页最上方有两行文字，分别为“北京慧达知识产权代理有限公司”和

"Beijing Huida Intellectual property Rights agency Co. , Ltd"。在首页中部的"公司简介"，载明："北京慧达知识产权代理有限公司是经中华人民共和国国家工商行政管理总局商标局授权批准成立的知识产权代理专业服务机构。慧达荟萃了一批专业精……慧达还聘请了国内外……因此慧达不仅能……慧达均已具备了良好的资源。慧达业务领域包括……慧达代理人……慧达服务方式包括……基于慧达认真严谨的工作作风……慧达代理人成功地完成了……慧达愿不断提高自身的……"。在首页的左方还有"慧达代理人出席第十届京港"的链接标题。北京市国信公证处对上述过程进行了公证并出具（2007）京国证经字第3045号公证书，万慧达公司为此支付公证费1 000元。

2007年11月30日，万慧达公司代理人崔丽静登录http：//www. chinalaw-job. com网站，该网站首页左上角图案有三行文字，分别为"诚聘英才"、"北京慧达知识产权"、"代理有限公司"。北京市国信公证处对上述过程进行了公证并出具（2007）京国证经字第3046号公证书，万慧达公司为此支付公证费1 000元。

慧达公司在本案中提交的证据主要证明其合法使用申请号为6635077的未注册商标以及万慧达公司经常变动经营范围等事实，上述事实与本案缺乏关联性，本院不予认可。

在庭审过程中，万慧达公司明确其指控慧达公司实施的被控侵权行为包括：（1）慧达公司在其公司网站上使用的"慧达"和"慧达知识产权"侵犯了万慧达公司的注册商标专用权；（2）慧达公司在使用其企业名称时突出使用"北京慧达知识产权"，侵犯了万慧达公司的注册商标专用权；（3）慧达公司将与原告注册商标相近似的文字"慧达"作为企业字号，违反诚实信用原则，构成不正当竞争；（4）慧达公司与万慧达公司的企业名称近似，属于擅自使用万慧达公司企业名称的行为，构成不正当竞争。

一审审理结果

一审法院认为：

一、慧达公司的行为是否构成侵犯商标专用权

1. 慧达公司在其公司网站上使用"慧达"和"慧达知识产权"的行为是否侵犯了万慧达公司的商标专用权

《商标法》第52条规定："有下列行为之一的，均属侵犯注册商标专用权：（一）未经商标注册人的许可，在同一种商品或者类似商品上使用与其注册商标相同或者近似的商标的……"

在判断是否构成侵犯注册商标专用权之前，首先应当判断慧达公司在其网

站上使用“慧达”、“慧达知识产权”是否系作为商标而使用。《商标法实施条例》第3条规定：“商标法和本条例所称商标的使用，包括将商标用于商品、商品包装或者容器以及商品交易文书上，或者将商标用于广告宣传、展览以及其他商业活动中”。另外，作为商标而使用还要求其使用是为了表示商品或服务的来源，以及通过使用能够使相关公众区分不同商品或服务的来源。

本案中，慧达公司在其公司网站的公司简介中大量使用“慧达”和“慧达知识产权”，但结合上下文综合分析，这是一篇有关慧达公司的人员构成、业务领域、服务方式等方面的介绍性文章，在文章的起始部分使用的是慧达公司的企业名称的全称，后面使用的“慧达”以及“慧达知识产权”应理解为在叙述过程中对慧达公司企业名称的简称，不是作为商标而使用，因此慧达公司在其公司网站上使用“慧达”和“慧达知识产权”的行为不构成对万慧达公司注册商标专用权的侵犯。

2. 慧达公司在网站上发布广告时将其企业名称分两行标示的行为是否侵犯了万慧达公司的“万慧达”商标专用权

《商标法司法解释》第1条第（1）项规定，将与他人注册商标相同或者近似的文字作为企业字号在相同或者类似商品上突出使用，容易使相关公众产生误认的，属于《商标法》第52条第（5）项规定的给他人注册商标专用权造成其他损害的行为。所谓突出使用通常包括文字字体的放大、颜色的加深等方式。

本案中，慧达公司在“法律人才网”上发布招聘广告时将其企业名称分为两行标示，对于其字号慧达并没有进行字体的放大、颜色的加深或者字形的改变等，只是因版面的限制分成了两行标示，故属于正常使用企业名称的情形，不属于突出使用与万慧达公司的“万慧达”注册商标相近似的企业字号的行为，不构成侵犯万慧达公司的注册商标专用权。

同理，慧达公司在其公司网站上使用“Beijing Huida Intellectual property Rights agency Co.，Ltd”的行为也并不侵犯万慧达公司享有的第1587747号“WAN HUI DA INTELLECTUAL PROPERTY AGENCY”注册商标专用权。

二、慧达公司注册和使用其企业名称的行为是否构成擅自使用他人企业名称的不正当竞争行为

《反不正当竞争法》第5条规定：“经营者不得采用下列不正当手段从事市场交易，损害竞争对手：……（三）擅自使用他人的企业名称或者姓名，引人误认为是他人的商品”。《不正当竞争案件司法解释》第6条第1款规定，企业登记主管机关依法登记注册的企业名称，以及在中国境内进行商业使用的外国（地区）企业名称，应当认定为《反不正当竞争法》第5条第（3）项规

定的“企业名称”。具有一定的市场知名度、为相关公众所知悉的企业名称中的字号，可以认定为《反不正当竞争法》第5条第（3）项规定的“企业名称”。

本案中，万慧达公司举出了大量的关于其公司荣誉、经营业绩、宣传广告以及公司合伙人的著作等方面的证据，这些证据中都出现了大量的万慧达公司的企业名称、“万慧达”等字样，可以证明在慧达公司成立之前，作为字号的“万慧达”具有一定的知名度。而慧达公司的字号“慧达”与万慧达公司的字号“万慧达”仅有一字之差，并且“慧达”并没有形成新的含义，因此，相关公众容易对万慧达公司与慧达公司产生混淆与误认。

另一方面，慧达公司与万慧达公司同处北京地区，且两公司的经营范围同为知识产权方面的法律服务等，在这种情况下，企业名称登记在后的慧达公司应当主动避免选择可能与在先登记注册的“万慧达”构成混淆的文字作为企业字号，这也符合企业在市场竞争中应当遵循的诚实信用原则。

综上，由于“万慧达”作为万慧达公司的字号在知识产权法律服务领域具有一定的知名度，因此经营范围相近似的“慧达”公司选择与“万慧达”仅有一字之差的文字作为企业字号有违诚实信用的市场竞争原则，容易导致相关公众的混淆、误认，该行为属于擅自使用他人企业名称的不正当竞争行为，应当承担停止侵权、消除影响、赔偿损失的民事责任。

综上所述，法院依照《中华人民共和国反不正当竞争法》第5条第（3）项，最高人民法院《关于审理不正当竞争民事案件应用法律若干问题的解释》第6条第1款的规定，本院判决如下：

一、被告北京慧达知识产权代理有限公司自本判决生效之日起三十日内，停止在企业名称中使用“慧达”字样的行为；

二、被告北京慧达知识产权代理有限公司自本判决生效之日起十日内，在《中国知识产权报》上刊登声明，为原告北京万慧达知识产权代理有限公司消除影响（逾期不履行，本院将在《中国知识产权报》上公布判决主要内容，费用由北京慧达知识产权代理有限公司负担）；

三、被告北京慧达知识产权代理有限公司自本判决生效之日起十日内，赔偿原告北京万慧达知识产权代理有限公司经济损失10 000元人民币；

四、驳回原告北京万慧达知识产权代理有限公司的其他诉讼请求。

案件受理费750元，由被告北京慧达知识产权代理有限公司负担。

各方当事人均服从一审判决。

28. 侵犯“跤王”商标专用权纠纷案

——北京贺博体育经纪有限责任公司诉国家体育总局举重摔跤柔道运动管理中心

原告（上诉人）：北京贺博体育经济有限责任公司
被告（被上诉人）：国家体育总局举重摔跤柔道运动管理中心
案由：侵权商标专用权纠纷

原审案号：北京市第二中级人民法院（2008）二中民初字第61号
原审合议庭成员：张晓津、宋光、张剑
原审结案日期：2008年3月20日
二审案号：北京市高级人民法院（2008）高民终字第990号
二审合议庭成员：张冰、莎日娜、钟鸣
二审结案日期：2008年8月13日

判决要旨

人们通常对在某个行业具有高超技艺者尊称为王，如“球王”、“拳王”等。以“××王”命名的赛事活动在许多地区由来已久。“跤王”二字体现了摔跤高手及摔跤比赛获奖者的特点，被告在组织“中国跤王争霸赛”、“中国重汽杯中国2005跤王争霸赛”时虽然使用了“跤王”二字，但属于《商标法》所规定的正当使用，不构成对原告“跤王”注册商标专用权的侵犯。

起诉与答辩

原告北京贺博体育经济有限责任公司（以下简称贺博公司）诉称：原告于1998年依法注册了“跤王”文字商标并用于自身经营。该注册商标核定的服务项目为第41类上的组织竞赛（教育或文娱）、组织体育运动竞赛、电视节目编排、录像带制作、电视文娱节目等。被告国家体育总局举重摔跤柔道运动管理中心（以下简称举重摔跤柔道运动中心）于2004年、2005年连续两年主办了“中国跤王争霸赛”。被告未经原告许可使用涉案“跤王”注册商标的行为已构成对原告注册商标专用权的侵犯，原告就此与被告交涉未果，故诉至法院，请求判令被告：（1）就其侵权行为公开向原告赔礼道歉；（2）赔偿原

告经济损失 82 万元；（3）承担本案全部诉讼费用。

被告国家体育总局举重摔跤柔道运动管理中心（简称举重摔跤柔道运动中心）辩称：摔跤运动在我国已有几千年的历史，“跤王”二字系对具有高超摔跤技艺的获胜者的尊称，在我国民间由来已久、广为流传，属通用名称范畴。历史上，我国不同地区民间的摔跤比赛产生过“山东跤王”、“北京跤王”、“保定跤王”、“忻州跤王”、“青海跤王”等不胜枚举的“跤王”。民国年间已有“跤王争霸赛”，获胜者即被称为“跤王”。原告贺博公司虽然拥有“跤王”注册商标，但根据我国法律的规定，其无权禁止他人正当使用此通用名称。同时，被告作为国家摔跤、举重、柔道运动的管理者，依据国家法律的规定，对原告所称的 2004 年、2005 年“全国跤王争霸赛”进行了立项、审批，后交由地方体育行政部门负责具体承办。被告既没有具体主办或承办此两届比赛，也没有参与此两届比赛的商业运作，更没有获得任何收益。综上，被告没有侵犯原告的商标权，请求法院驳回原告的诉讼请求。

原审查明事实

原审法院查明：原告贺博公司成立于 1996 年 12 月 6 日，成立时的名称为北京贺博体育竞赛有限责任公司，后于 2000 年 5 月 17 日变更为现名。

1998 年 2 月 28 日，原告贺博公司经中国工商行政管理局商标局核准注册了“跤王”文字商标，注册号为第 1155841 号。该商标由“跤王”文字组成，核定服务项目为第 41 类的组织竞赛（教育或文娱）、组织体育运动竞赛、电视节目编排、录像带制作、电视文娱节目、文娱活动、体育设备出租、书籍出版、电影摄制。前述第 1155841 号“跤王”注册商标的有效期为 1998 年 2 月 28 日至 2008 年 2 月 27 日。经续展，该注册商标的有效期延至 2018 年 2 月 27 日。

1999 年 10 月下旬，首届“跤王金腰带擂台赛”在北京市石景山体育馆举行，该赛事由北京市体育竞赛管理中心主办，原告贺博公司具体承办。

被告举重摔跤柔道运动中心原名称为国家体育总局重竞技运动管理中心。

2004 年，经被告举重摔跤柔道运动中心批准，由山东省摔跤柔道运动管理中心及山东万紫巷摔跤柔道俱乐部具体承办了名称为“中国跤王争霸赛”的全国摔跤比赛。

2005 年，经被告举重摔跤柔道运动中心批准，由中国式摔跤发展管理委员会（现已撤销）具体承办了名称为“中国重汽杯中国 2005 跤王争霸赛”的全国摔跤比赛。

被告举重摔跤柔道运动中心为支持其“跤王”系通用名称的主张，提交了如下证据：（1）1991 年 8 月由群众出版社出版的窦卫华所著《一代跤王》一书，系以描写我国北方跤坛高手及跤王生活的长篇小说；（2）2006 年 9 月华龄出版社出版的王文永所著《中国掼跤名人录》一书，该书介绍了历史上我国摔跤界的多位名人，其中涉及在 20 世纪三四十年代被称为跤王的摔跤高手；（3）2007 年 9 月由华龄出版社出版的王文永所著《一代跤王》一书，系以描写我国清朝道光年间一有跤王称谓的跤坛高手生活的长篇小说；（4）2004年山西忻州摔跤节《秩序册》、2005 年山西忻州摔跤节《秩序册》、2006 年忻州区奇村镇南高村"温泉杯"首届全国跤王争霸赛及挠羊塞《秩序册》、忻州市摔跤俱乐部 2003 ~ 2005 年忻州摔跤节有关内容的档案材料、山西省地方报纸的报道，其中均涉及 2003 ~ 2005 年在忻州地区举办的"跤王争霸赛"的赛事内容；（5）晋冀鲁豫 2007 首届"新世纪"杯散打、跤王争霸赛《秩序册》；（6）《跤乡视界》画册，内容提及 1984 年忻州地区举办的"跤王杯大赛"及自 1983 年起历届比赛中获得"跤王"称号的选手的名单；（7）网页打印件，内容为下载的互联网上涉及跤王、跤王争霸赛等的文章；（8）中国摔跤协会的《证明》，内容为证明"跤王"二字为人们对高水平摔跤选手的通称，全国各地均有以"跤王"为名称的比赛，"跤王"与"拳王"、"车王"、"球王"等均为通称。

原告对被告上述证据的意见为：对证据 1、2、3 的真实性不持异议，但认为证据 2、3 产生于涉案注册商标之后，故不能对抗该注册商标，证据 1 虽然产生在涉案注册商标注册之前，但该证据针对的是摔跤高手，与涉案注册商标核准的服务项目无关，故不能达到被告的证明目的；对于证据 8 的真实性不持异议，但认为不能达到被告的证明目的；对其他证据的真实性均有异议，且认为均产生于涉案注册商标之后，故均不能达到被告的证明目的。

原审审理结果

原审法院认为：我国《商标法》规定，原告贺博公司作为涉案第 1155841 号"跤王"文字注册商标的专用权人，就该注册商标所享有的专用权应受法律保护。未经贺博公司许可，任何人均不得在相同或类似的服务项目上使用与涉案第 1155841 号"跤王"文字注册商标相同或近似的商标。

根据有关法律规定，注册商标中含有的商品或服务项目的通用名称、图形、型号，或者直接表示商品或服务项目的质量、主要原料、功能、用途、重量、数量及其他特点，或者含有地名，注册商标专用权人无权禁止他人正当使用。

被告举重摔跤柔道运动中心提交的窦卫华所著《一代跤王》一书的出版

时间早于涉案“跤王”注册商标核准注册时间。被告提交的中国摔跤协会的《证明》则说明“跤王”二字为人们对高水平摔跤选手的通称，全国各地均有以“跤王”为名称的比赛，“跤王”与“拳王”、“车王”、“球王”等均为通称。被告提交的王文永所著《中国掼跤名人录》一书，提及了在20世纪三四十年代，具有高超技艺的摔跤选手被称为“跤王”的事实。被告提交的《跤乡视界》画册的内容提及了1984年忻州地区举办的“跤王杯大赛”及自1983年起历届比赛中获胜的选手即获得“跤王”称号的事实。被告提交的2004年山西忻州摔跤节《秩序册》、2005年山西忻州摔跤节《秩序册》、2006年忻州区奇村镇南高村“温泉杯”首届全国跤王争霸赛及挠羊赛《秩序册》、忻州市摔跤俱乐部2003~2005忻州摔跤节有关内容的档案材料、山西省地方报纸的报道、晋冀鲁豫2007首届“新世纪杯”散打跤王争霸赛《秩序册》等证据材料，均说明全国许多地区均存在以“跤王”用于比赛名称及将摔跤比赛的获胜者称为“跤王”的事实。

综合以上几点，可以说明，“跤王”二字系人们对具有高超技艺的摔跤高手及摔跤比赛获胜者的称谓，名称中含有“跤王”二字的摔跤赛事在我国许多地区由来已久，故“跤王”二字应属通用名称范畴。被告举重摔跤柔道运动中心批准举办的2004年的“中国跤王争霸赛”、2005年的“中国重汽杯中国2005跤王争霸赛”系全国性摔跤赛事，以“跤王”作为此两次赛事名称的一部分属于对通用名称的正当使用，且不足以导致相关公众的误认。因此，原告贺博公司关于被告主办2004年“中国跤王争霸赛”、2005年“中国重汽杯中国2005跤王争霸赛”构成对其涉案“跤王”注册商标专用权的侵犯的主张，缺乏法律依据，不能成立，原告贺博公司本案所提判令被告公开赔礼道歉、赔偿经济损失的诉讼请求，本院不予支持。

综上，依照《中华人民共和国商标法》第51条、第52条第（1）项、《中华人民共和国商标法实施条例》第49条之规定，判决如下：

驳回北京贺博体育经纪有限责任公司的诉讼请求。

贺博公司不服原审判决提出上诉，请求撤销原审判决；判令举重摔跤柔道运动中心就侵犯“跤王”商标权的行为在相关媒体上道歉；判令举重摔跤柔道运动中心赔偿因商标侵权给上诉人造成的经济损失82万元；一、二审诉讼费用由举重摔跤柔道运动中心负担。主要理由为：原审判决认定事实不清，适用法律不当，采纳证据有误，判决显失公正。（1）认定“跤王”为通用名称证据不足。窦卫华所著《一代跤王》系长篇小说，不是新闻报道，缺乏真实性。该书中仅有一处出现过“跤王”二字，不足以作为证据使用。分别于2006年9月、2007年9月出版的《中国摔跤名人录》、《一代跤王》的作者王文永是20世纪六七十年代老北京摔跤队的摔跤运动员。其作为贵宾参加了1999年上诉人举办的首届北京“跤王”金腰带擂台赛，知晓“跤王”的名称。其对上诉人已经注册的“跤王”商标的使用行为不能证明“跤王”称谓在民间广为流传的证据。原审判决使用的其他证据均在“跤王”商标注册之后形成，不应予以采纳。其中，中国摔跤协会与被上诉人具有利害关系，其出具的《证明》不具有证据的效力，亦不应予以采纳。（2）证据表明，新中国成立前，我国摔跤比赛名称为“摔角”，没有“跤王”的称谓。《中国式摔跤教程》论述了“历史上摔跤被称为‘角抵’、‘相扑’，摔跤直到民国改为‘摔角’，比赛叫做‘国术国考’”，没有“跤王”之称。新中国成立后，对摔跤高手称为冠军、亚军、季军、第几名，或称为运动健将，没有“跤王”的记载，也没有封王之说。

举重摔跤柔道运动中心服从原审判决。

二审查明事实

二审法院另查明：二审诉讼过程中，上诉人贺博公司向本院提交了以下证据：（1）《中国式摔跤运动员技术等级标准》，以证明摔跤运动员的称谓为运动健将、一级运动员、二级运动员、三级运动员。（2）《体育报》1959年9月、1965年9月刊登的文章，以证明我国第一、二届运动会对摔跤高手和中国式摔跤没有“跤王”的称谓和以“跤王”命名的比赛。（3）《申报》1935年10月、《大晚报》1935年10月16日、《中央日报》1933年刊登的文章，以证明民国时期摔跤的叫法为“摔角”，没有“角王”的称谓和以“角王”命名的比赛，更没有“跤王”的称谓和以“跤王”命名的比赛。（4）《中国式摔跤实用教程》，以证明中国式摔跤历史上比赛的称谓及对摔跤手的称谓中无“跤王”一说。（5）《一代跤王》的作者王文永的证言，称“一代跤王”是现代的称呼，是其本人的评价。

举重摔跤柔道运动中心向本院提交了以下证据：（1）1994年的电影剧本《谁陷害了跤王》，作者为孟秀辉、窦卫华、李跃起。（2）1988年《当代体育》杂志第19页“记美国跤王布鲁斯·鲍姆加特纳”。（3）1988年《当代体育》杂志记载跤王苏荣扎布的事迹。（4）1987年《体育博览》记述了李海林、李海生、李海泉三兄弟的事迹，称其为“跤王”之家。上述证据用来证明“跤王”是通用名称。

其他本案事实与原审事实相同。

二审审理结果

二审法院认为：通用名称应当是指某一行业内通用或公众约定俗成的名称。从举重摔跤柔道运动中心在原审诉讼过程中为证明“跤王”商标为通用名称而提供证据看，窦卫华所著的小说《一代跤王》、《跤乡视界》画册不足以证明“跤王”是我国民间由来已久、广为流传的对具有高超摔跤技艺者的尊称；证据2、3、4、5、7系在“跤王”商标注册之后形成，不应作为证据使用；证据8为证人证言，所叙述的事实没有相应的证据支持，不应予以采纳。原审判决认定“跤王”商标系摔跤高手及摔跤比赛获胜者的称谓属通用名称依据不足。

《商标法实施条例》第49条规定：“注册商标中含有的商品或服务项目的通用名称、图形、型号，或者直接表示商品或服务项目的质量、主要原料、功能、用途、重量、数量及其他特点，或者含有地名，注册商标专用权人无权禁止他人正当使用”。在我国，人们通常对在某个行业具有高超技艺者尊称为王，如“球王”、“拳王”等。以“××王”命名的赛事活动在许多地区由来已久。而“跤王”二字体现了摔跤高手及摔跤比赛获奖者的特点，因此，举重摔跤柔道运动中心在组织“中国跤王争霸赛”、“中国重汽杯中国2005跤王争霸赛”时虽然使用了“跤王”二字，但属于《商标法》所规定的正当使用，不构成对贺博公司“跤王”商标权的侵犯。基于上述理由，本院对举重摔跤柔道运动中心二审诉讼过程中提供的用以证明“跤王”二字为通用名称的相关证据不予采纳，对贺博公司提交的相关证据不予评述。

综上，上诉人贺博公司上诉请求不能成立，本院不予支持。原审判决认定事实清楚，判决结果正确，应予维持。依据《中华人民共和国民事诉讼法》第153条第1款第（1）项之规定，本院判决如下：

驳回上诉，维持原判。

一审案件受理费12 000元，由北京贺博体育经纪有限责任公司负担；二审案件受理费12 000元，由北京贺博体育经纪有限责任公司负担。

29. 侵犯“艾斯特”商标专用权纠纷案

——北京德威贸易有限责任公司诉北京科隆巴赫啤酒销售有限公司、龙岩市万达贸易有限公司

原告：北京德威贸易有限责任公司
被告：北京科隆巴赫啤酒销售有限公司
被告：龙岩市万达贸易有限公司
案由：侵犯商标专用权纠纷

一审案号：北京市东城区人民法院（2008）东民初字第02356号
一审合议庭成员：才雪冬、裴桂华、亓蕾
一审结案日期：2008年9月9日

判决要旨

原告和被告所销售的啤酒均来源于同一德国公司，在该啤酒的原有包装上均标注与原告注册商标相同的的商标标志，被告能提供涉案侵权商品合法来源，故不承担损害赔偿责任。

起诉与答辩

原告北京德威贸易有限责任公司（以下简称德威贸易公司）诉称：德威贸易公司是第1804026号“艾斯特＋图形＋EINSIEDLER”商标的专用权人。该商标于2002年7月7日被核准使用在第32类“啤酒”商品上。德威贸易公司长期进口并经销德国EINSIEDLER啤酒，并将“艾斯特”商标用于该系列啤酒之上，使EINSIEDLER啤酒在国内进口啤酒销售中获得了广泛影响和认知度。2008年，德威贸易公司发现二被告在各自网站上宣传并销售贴有“艾斯特＋图形＋EINSIEDLER”标志的啤酒。被告龙岩市万达贸易有限公司（以下简称龙岩万达公司）虽然也进口并销售EINSIEDLER啤酒，但其宣称是“艾斯特”啤酒的总经销商，并在其所售产品上贴附“艾斯特＋图形＋EINSIEDLER”标识。二被告的上述行为已经造成消费者误认误购，侵犯了德威贸易公司的商标专用权，并对其商誉造成不良影响。故诉至法院，请求判令：（1）二被告立即停止侵犯商标专用权的行为，停止在其销售的产品、包装及

宣传中使用“艾斯特＋图形＋EINSIEDLER”字样。（2）二被告销毁带有“艾斯特＋图形＋EINSIEDLER”标识的产品包装，删除网站相关宣传内容。（3）二被告在《经济日报》上刊登致歉声明，消除影响。（4）被告龙岩万达公司赔偿原告经济损失30万元以及为制止侵权行为支出的合理开支6万元。（5）被告龙岩万达公司承担诉讼费用。

被告北京科隆巴赫啤酒销售有限公司（以下简称科隆巴赫公司）辩称：科隆巴赫公司通过龙岩万达公司的网站，购买了14桶桶装啤酒，已经销售3桶。原告所称啤酒的商标标识在进货时已经存在，科隆巴赫公司不知晓是否侵权。科隆巴赫公司同意停止销售剩余涉嫌侵权的啤酒，同意在《经济日报》上公开致歉。

被告龙岩万达公司提交的书面答辩意见称：龙岩万达公司销售的EINSIEDLER啤酒是由德国EINSIEDLER啤酒厂生产，并经其授权全球经销商德国IMEX Commerz公司通过合法手续出口到中国的产品。上述产品在严格履行中国海关、检验检疫部门相应程序后投入市场。龙岩万达公司作为IMEX Commerz公司代理产品在中国大陆地区的进口经销商，可在进口经销范围内行使销售管理权利，并对产品作必要的介绍和宣传。龙岩万达公司网站关于EINSIEDLER啤酒的宣传内容，均来源于德国EINSIEDLER啤酒厂的德文网站和德国IMEX Commerz公司的中文网站。龙岩万达公司在进口经销EINSIEDLER啤酒过程中，未参与包装箱生产、包装图案印刷、产品灌装、中文标签印刷及粘贴等任何环节，仅是在履行相应报关审核手续后上市销售。故原告起诉龙岩万达公司侵犯商标权，没有事实依据，不同意其诉讼请求。

一审查明事实

一审法院查明：原告与被告龙岩万达公司均系从事进出口贸易的企业法人。原告自2002年开始从德意志联邦共和国进口“艾斯特”牌啤酒，并在中国大陆地区进行销售。2002年7月7日，国家工商行政管理总局商标局向原告颁发了第1804026号商标注册证，该注册商标以文字“艾斯特”和老人头图形以及德文字母“Einsiedler”组合构成，核定使用商品为第32类“啤酒”，商标注册有效期至2012年7月6日。

2007年6月24日和2007年7月1日，德国IMEX COMMERZ公司根据其与被告龙岩万达公司于2007年4月27日签订的合同（合同号为EX/CN003/07），从德国汉堡以船舶运输方式向被告龙岩万达公司发送货物两批次。编号为350900107000036的出入境检验检疫卫生证书显示：货物品名为艾斯特农夫啤酒（规格330毫升/瓶）、艾斯特烈性黑啤酒（规格500毫升/瓶）、艾斯特农夫啤酒（规格5升/桶），数量分别为2 993升（378箱）、976升（144箱）、11 700升（780箱）。编号为350900107000037的出入境检验检疫卫生证书显示：货物品名为艾斯特圣彼得黑啤酒，数量为18 720升（1 248箱）。其中，第二批次的艾斯特圣彼得黑啤酒，有480桶发生泄漏或污染，不适宜食用，不准予销售，准予销售的数量为1 088箱。

2008年2月4日，经原告申请，北京市中信公证处进行了证据保全公证。一是对原告法定代表人采用电话方式从被告科隆巴赫公司订购“艾斯特”牌啤酒的行为进行了现场监督，并将订购的艾斯特烈性黑啤酒、艾斯特农夫啤酒、艾斯特黑啤酒各一桶封存（单价均是每桶150元，并附照片）。上述啤酒均采用原装进口的密闭桶装方式，原包装桶上部前后对称位置均标注有老人头图形以及德文字母“Einsiedler”商标标识，同时在包装桶下部贴有白色进出口食品标签，在该标签上标注有“艾斯特农夫啤酒、艾斯特黑啤酒、艾斯特烈性黑啤酒”。在原告购买的三个桶装啤酒中，“艾斯特农夫啤酒”、“艾斯特烈性黑啤酒”的外包装均带有老人头图像和“Einsiedler”德文字母的标识组合，而“艾斯特黑啤酒”的外包装上是身着军装的中年人头像和“GLüCKAUF”德文字母的标识组合。二是对原告委托代理人在互联网环境下，进入被告龙岩万达公司和被告科隆巴赫公司的网站，打印相应网页的行为进行了现场监督，并将网页作为附件保存。公证书显示，龙岩万达公司网站网址为http：//www.fjwanda.com，在该网站首页，有进口德国“艾斯特”瓶装啤酒图片，页面左侧有“德国艾斯特啤酒宣传单”图片，在其最新产品栏目，显示有多品种听装、瓶装“艾斯特”啤酒的图片。被告龙岩万达公司网站公司简介称，被告龙岩万达公司主要从事德国原装进口各种包装的啤酒的销售，是德国“艾斯特”啤酒系列在中国大陆地区的进口商，并对“艾斯特”系列啤酒进行了介绍，并附有进口产品上的圆形标识——老人头图像以及德文字母“Einsiedler BRAUHAUS”。在企业动态栏目标有“德国艾斯特啤酒大陆总代理落户福建万达贸易有限公司”字样，在最新热门图片处附有多张德国“艾斯特”啤酒宣传单（德文原版）。该网站中所有啤酒产品的图片均是进口商品原图，商品上没有中文“艾斯特”字样。在科隆巴赫公司网站首页，公司简介称被告科隆巴赫公司是销售德国啤酒的专业公司，啤酒种类包括艾斯特黑啤。产品展示图片中，有艾斯特黑啤、艾斯特烈性、艾斯特农夫等听装啤酒，上述图片展示的产品上贴有进口商品的白签，白签上端是稍大字号的“艾斯特农夫啤酒”，下面是关于原产国、净含量、原料、酒精度、灌装日期、经销商等信息，白签上的内容均以中文表示。

据此，本院确认被告龙岩万达公司系从德意志联邦共和国进口外包装标注有老人头图形以及德文字母“Einsiedler”标识的啤酒，并在进口食品标签上标注“艾斯特”文字，从事在中国大陆地区的啤酒销售行为。被告科隆巴赫公司系该品牌啤酒的零售商。同时，二被告在各自公司网站上以“艾斯特”品牌进行销售宣传。

另查，原告为销售其进口的啤酒产品，制作了各种宣传材料，其中一份材料页面有瓶装、桶装进口“艾斯特”啤酒产品图片，并在页面右上端附有老人头图像以及“Einsiedler”标识，该标识下面是中文的“德国艾斯特黑啤酒”字样，并对艾斯特啤酒公司进行了介绍，声明艾斯特啤酒公司是德国最大和最著名的啤酒公司之一，酿造艾斯特黑啤酒的水来自德国著名天然矿泉地艾斯特勒，艾斯特啤酒公司就建在此地，等等。在该宣传页底端明确原告是德国艾斯特啤酒中国总代理。其他宣传材料上，原告对德国进口的各品牌啤酒进行了介绍，包括艾斯特啤酒、威麦啤酒、科隆巴赫啤酒、慕尼黑狮啤酒等。另查，原告在2007年下半年刊和2008年上半年刊的《食品招商代理指南》杂志上，登载相应广告，内容是对原告公司业务以及进口啤酒种类的介绍，其中包括“艾斯特”啤酒。

根据《进出口食品标签管理办法》，进出口食品的经营者或代理人在进出口前，应当向指定检验检疫机构提出食品标签审核申请，国家出入境检验检疫局指定检验检疫机构对食品标签进行初审和检验。进出口食品标签审核内容包括标签的格式、版面以及标注的与质量有关的内容是否真实、准确，且进口食品标签必须为正式中文标签。原告取得的《进出口食品标签审核证书》（标签审核证书号J11000318799、J11000318800）载明：申请单位为北京德威贸易有限责任公司，品牌为德国“艾斯特”啤酒，规格为5升（0.5升）/铁罐。该证书后附《进出口食品标签审核申请书》，该申请书明确生产商为德国艾斯特啤酒公司（Einsiedler Brauhaus Privatbrauerei）。根据原告提交的进出口食品标签样品显示，进口食品预包装上的Einsiedler为“艾斯特啤酒”，landbier为“兰特比尔酿造技术”，原告的进出口食品标签（白色标签）上端注明“德国艾斯特啤酒”，下面是净含量、配料表，以及生产商为德国艾斯特啤酒公司等食品的其他信息。

一审审理结果

一审法院认为：注册商标专用权，按照商标保护的专属原则，以核准注册的商标和核定使用的商品为限。未经商标注册人许可，在同一种商品上或类似商品上使用与其注册商标相同或近似商标的行为，以及销售侵犯注册商标专用权商品的行为，均属于侵权行为。

根据《商标法》相关规定，本案原告在第32类商品啤酒上注册了包括文字“艾斯特”、老人头图像以及德文字母“Einsiedler”在内的商标，在中国境内，他人（包括在国外对老人头图像以及德文字母“Einsiedler”拥有权利的当事人）未经原告许可，均不得在啤酒商品上以商标性使用的方式使用上述文字或图形，亦不得销售带有上述商标标识的啤酒类商品。因此，二被告销售涉案啤酒的外包装印有与原告注册商标相同的老人头图像及德文字母，宣传中使用与原告注册商标中老人头图像和德文字母组合完全相同的商标标识，并在所销售啤酒的预包装所附进口食品标签上标注“艾斯特”字样，构成对原告注册商标专用权的侵犯，应当承担停止侵权的民事责任。考虑到原告享有的注册商标专用权仅是一种具有财产价值的权利，而且被告龙岩万达公司销售啤酒来源与原告进口销售啤酒来源一致，被告的销售行为不会对原告的商誉造成不良影响，故原告要求被告龙岩万达公司公开致歉、消除影响的主张，本院不予支持。但被告科隆巴赫公司同意公开致歉，本院不持异议。鉴于二被告停止销售涉案啤酒的行为足以避免对原告商标专用权的侵犯，故原告要求二被告销毁含有其注册商标标识的标签以及产品包装的主张，本院不予支持。

至于原告要求被告龙岩万达公司赔偿损失一节，本院认为原告和被告龙岩万达公司均系从事啤酒进出口贸易的公司法人，二者所销售的“艾斯特”啤酒均来源于德国艾斯特啤酒公司，在该啤酒的原有包装上均标注有老人头图像以及德文字母“Einsiedler”的商标标识，且原告对被告龙岩万达公司享有艾斯特啤酒在中国地区的代理权不持异议，故被告龙岩万达公司仅是作为销售者销售涉案侵权商品。我国《商标法》规定，销售不知道是侵犯注册商标专用权的商品，能证明该商品是自己合法取得的并说明提供者的，不承担赔偿责任。本案中，在原告并未提供证据证明其已经向被告龙岩万达公司提出商标专用权主张，且被告龙岩万达公司能提供涉案侵权商品合法来源的情况下，原告要求被告龙岩万达公司承担侵权赔偿责任，依据不足，本院不予支持。

综上，依据《中华人民共和国商标法》第51条，52条第（1）、（2）项，第56条第3款；《中华人民共和国民法通则》第134条第1款第（1）项、第（9）项；《中华人民共和国民事诉讼法》第130条之规定，判决如下：

一、被告龙岩市万达贸易有限公司、被告北京科隆巴赫啤酒销售有限公司立即停止其在啤酒包装、啤酒销售宣传活动中使用与原告北京德威贸易有限责任公司涉案注册商标标识（即文字“艾斯特”和老人头图形以及德文字母“Einsiedler”商标标识组合）相同或相近似的商标标识；

二、被告龙岩市万达贸易有限公司立即删除其网站（网址为http://www.fjwanda.com）含有与原告注册商标标识（即文字“艾斯特”和老人头图形以及德文字母“Einsiedler”商标标识组合）相同或相近似商标标识的相关内容；

三、被告北京科隆巴赫啤酒销售有限公司于本判决生效后三十日内在《经济日报》上就其侵权行为刊登向原告北京德威贸易有限责任公司的致歉声明；

四、驳回原告北京德威贸易有限责任公司的其他诉讼请求。

案件受理费6 700元，由原告北京德威贸易有限责任公司负担3 700元，被告龙岩市万达贸易有限公司负担1 500元，被告北京科隆巴赫啤酒销售有限公司负担1 500元。

各方当事人均服从一审判决。

30. “海立 HaiLi 及图形”商标争议行政纠纷案

——蒋道彪诉商标评审委员会、上海日立电器有限公司

原告（原审原告）：蒋道彪
被告（被上诉人）：国家工商行政管理总局商标评审委员会
第三人（上诉人）：上海日立电器有限公司
案由：商标争议行政纠纷

原审案号：北京市第一中级人民法院（2007）一中行初字第 1338 号
原审合议庭成员：赵静、姜庶伟、乔平
原审结案日期：2008 年 3 月 3 日
二审案号：北京市高级人民法院（2008）高行终字第 446 号
二审合议庭成员：张冰、莎日娜、钟鸣
二审结案日期：2008 年 9 月 19 日

判决要旨

认定驰名商标应当综合考虑使用该商标的商品的销售及广告的持续时间、区域、范围、对象、销售经营额等因素，请求人应当对该商标的知名度达到驰名程度的事实负举证责任。

起诉与答辩

原告蒋道彪诉称：被告作出商评字〔2007〕第 5988 号《关于第 1634023 号“海立 HaiLi 及图形”商标争议裁定书》（以下简称第 5988 号裁定），撤销争议商标的主要理由是在原告申请注册的时间即 2000 年 7 月 7 日以前，引证商标已经是驰名商标。但从原告与上海日立电器有限公司（以下简称日立公司）均认可的 2004 年 7 月日立公司致客户的《通知》内容中可知，日立公司于 2003 年才开始在空调器上使用“海立”商标（以下简称引证商标），而非被告在裁定中认定的 1995 年。日立公司的现有证据不能证明引证商标在 2000 年 7 月 7 日前就已经是驰名商标。因此，被告作出的第 5988 号裁定认定事实及法律适用均是错误的。原告请求人民法院依法判决撤销第 5988 号裁定。

被告国家工商行政管理总局商标评审委员会（以下简称商标评审委员会）

辩称：根据双方当事人的理由和证据，本案在争议程序中，以争议商标提出注册申请的日期即2000年7月7日为时间点，重点审查在此之前，第三人所有的“海立”商标是否已经长期使用和广泛宣传，为中国相关公众广为知晓并享有较高声誉。就此问题以及原告对第三人“海立”、“日立”商标使用情况的质疑，我委综合审查了第三人大量使用证据及原告证据，在第5988号裁定第9~11页查明事实部分之（四）、（五）作出了详细评述。在第三人的大量使用证据中，既有“海立”标识与“日立”标识并列排列的形式，也有单独使用“海立”标识的形式。在第三人于2004年7月致客户的《通知》中，原文表述为“计划从2004年11月1日起，在所有产品上将日立商标切换为海立商标”，该内容与此前第三人同时使用“海立”、“日立”商标并无矛盾。并且该证据中关于2003年末起半年来海立商标的使用量已经超过了300万台的表述，与上海家用电器行业协会关于日立公司使用“海立”（包括“HIGHLY”）商标压缩机产销量的证明，在数字上也相吻合。原告在诉称中片面强调孤立证据，仅由该《通知》证据主观臆测第三人在2003年以前没有使用“海立”商标，显然与其他大量证据可以证明的事实不符。综上，被告认为第5988号裁定认定事实清楚，适用法律正确，请求人民法院维持该裁定。

第三人日立公司在同意被告答辩意见的基础上述称：引证商标已经达到驰名，2004年9月13日安徽省高级人民法院作出的（2004）皖民三终字第19号判决（以下简称第19号判决）已经认定了本案引证商标驰名。这份判决在被告的裁定中也已经认定到了。我方认为该判决能作为被告在本案中认定引证商标驰名的补强证据。被告作出的第5988号裁定认定事实清楚、适用法律正确，请求人民法院予以维持，驳回原告的诉讼请求。

原审查明事实

原审法院查明：引证商标由日立公司于1996年5月30日提出注册申请，1997年7月14日获准注册，核定使用于第7类空调压缩机商品上。目前，日立公司在中国已有7件“海立”、“HIGHLY”商标在第7、37类商品或服务类别上获准注册。2000年开始，日立公司中文“海立”商标在我国香港和台湾地区、新加坡获得注册，英文“HIGHLY”商标在英国、我国香港和台湾地区、以色列、澳大利亚、沙特、伊朗、新加坡、塞浦路斯等16个国家和地区获得注册，另有7个国家的注册正在进行中。

争议商标由常熟市恒力电器有限责任公司（以下简称恒力公司）于2000年7月7日提出注册申请，2001年9月14日获准注册，核定使用于第11类空气调节器、空气调节装置、厨房用抽油烟机等商品上。2002年5月29日经商标局核准转让与海立公司，2003 年 6 月 25 日又转让与蒋道彪。

2005 年 2 月 22 日，日立公司以其引证商标对蒋道彪的争议商标提出争议裁定申请，其主要理由是：1. 引证商标应被认定为驰名商标；2. 引证商标核定使用的空调压缩机商品与争议商标核定使用的空气调节器商品属于关联商品，两商标属于近似商标，两商标已发生权利冲突。

为证明引证商标为驰名商标，日立公司向商标评审委员会提供如下证据：

印刷时间分别标注为 1998 年 9 月和 2000 年 8 月的两份《旋转式空调压缩机》产品目录册，其首页右上角在“空调压缩机”的上下方同时并列标注有“日立”、“HITACHI”与“海立”、“HIGHLY”商标标识。

大华会计师事务所有限公司于 1999 年 3 月 5 日出具的《审计报告》，该报告载明：日立公司“1998 年产品销售收入、销售利润分别达 116 798 万元和 7 313万元，出口创汇达 605 万美元”。上海海关统计处于 2005 年 6 月 2 日向日立公司出具一份《证明》，证明日立公司在 1997 年至 2004 年间每年的出口数量及出口金额。从这两份证据中看不出有关使用“海立”商标的情况。

大华会计师事务所有限公司于 2000 年 1 月 16 日出具的《审计报告》，该报告审计的是日立公司 1999 年度的经营成果及财务状况，载明日立公司“1999 年产品销售收入、销售利润分别达 128 179 万元和 11 181 万元”。该报告中写明的产品名称均为“空调压缩机”或“空调器用压缩机”。从该报告中同样看不出有关使用“海立”商标的情况。

日立公司分别于 1999 年 1 月 10 日、1999 年 5 月 12 日与青岛澳柯玛集团空调器厂、国营长虹机器厂等签订的《工矿产品购销订货合同》，其中载明的产品名称为“空调压缩机”或“压缩机”。

2000 年 1 月至 12 月的《高新技术主要经济指标月报》，其中载明的产品名称为“房间用空调器压缩机”。

上海家用电器行业协会于 2003 年 6 月 27 日出具两份《证明》。第一份《证明》载明：根据各家电生产企业报送的年度统计报表，日立公司 2001 年度使用“海立”牌的压缩机产量为 117 万台，销售量为 103 万台；日立公司 2002 年度使用“海立”牌的压缩机的年产量为 105 万台，销售量为 97 万台。第二份《证明》载明：日立公司生产的“海立”牌空调压缩机以及“日立”牌空调压缩机销售产品约占国内市场的 25%，国际市场的 12%，产品的国内主要使用客户有青岛海尔、珠海格力、广东美的、上海日立、广东科龙、青岛澳柯玛、广东华凌等；1994 年、1995 年、1996 年、1998 年、1999 年、2000 ~ 2002 年的空调压缩机产销量均位于国内同行业第一位，生产和销售位于全球同类企业前三名。可见，这两份《证明》中有关“海立”商标的使用情况均在争议商标注册申请日之后。

上海市浦东新区国家税务局于2005年5月26日出具证明，证明：日立公司2002年实际入库所得税额为26 621 743.93元、其中海立牌所得税额为3 854 024.01元，实际入库增值税额为100 308 593.83元，其中海立牌增值税额为14 521 653.06元；2003年实际入库所得税额为19 274 405.53元、其中“海立牌所得税额为3 684 118.14元，实际入库增值税额为88 615 224.69元，其中海立牌增值税额为16 937 952.07元；2004年实际入库所得税额为52 813 536.25元、其中海立牌所得税额为25 212 609.31元，实际入库增值税额为145 806 466.22元，其中海立牌增值税额为69 606 425.34元。可见，该《证明》中有关“海立”牌的产品情况也在争议商标注册申请日之后。

日立公司自1995年起陆续获得的若干行业排名证书复印件，其中并未显示引证商标。

日立公司自1996年起陆续获得的若干荣誉证书复印件，在这些荣誉证书中，明确写明“海立”牌空调压缩机的仅有2001年6月颁发的《2001上海名牌产品100强》证书。

日立公司自1997年起陆续获得的若干优秀供应商荣誉证书复印件，其中并未显示引证商标。

日立公司的报刊、户外、地铁广告。其中的户外广告图片显示的拍摄时间或由日立公司提交时加注的文字说明中标注的时间最早为2001年8月，其他大多为2002年、2003年分别在上海各处、湖北省武汉市、河南省开封市、湖北省石家庄市等。

日立公司多次参加制冷或家电行业展会的图片资料，其中有一张同时并列显示有“海立”、“HITACHI”字样的图片，日立公司主张该图片系其2000年参加北京家电展会的场景情况；其中另一张为显示有“海立集团”、旁边显示有“上海日立电器有限公司”的图片，日立公司主张该图片系其2000年11月参加上海工业博览会的情况。其他图片均为2001及以后参加展会的情况图片。

日立公司的14份广告合同及发票，合同签订时间最早的是2000年10月25日的《空调商情广告合同》。

《电器制造商》杂志社于2003年10月8日出具证明，载明：日立公司在《电器制造商》杂志上投放了大量的广告以配合整体宣传，近30处绝佳版位的广告投放确定了日立公司在同行中的重要地位，宣传了“上海日立”公司商号及“日立”、“海立”品牌的形象……。该证明详细列明了日立公司宣传“日立”、“海立”两个品牌的每期广告的刊登时间和版面，其中最早的为

2000 年第 1 期封三广告。

日立公司 1998 年度的广告费用清单，证明其 1998 年度广告费用总计 2 181 346.94元。

《消费日报社》于 2005 年 6 月 18 日出具《证明》，证明其于 1998 年收到日立公司的同时宣传其“日立”与“海立”品牌的广告宣传费用 40 万元。

日立公司的《产品说明》载明：日立公司创建于 1993 年 1 月，年生产能力1 200台空调压缩机。……公司所有产品均为使用“海立”商标。该《产品说明》列出了日立公司的所有产品编号的系列、型号及其排气量等技术指标，该《产品说明》未标明时间。

在商标评审程序中，蒋道彪为证明日立公司最早使用引证商标的时间为 2003 年末，向商标评审委员会提交了一份日立公司于 2004 年 7 月发给其客户的《通知》，该《通知》的内容为：“感谢……，正是在您的帮助下，我公司才能得以成为国内销量第一的压缩机供应商。……我公司和日本日立的十年技术协议已经到期，如果要继续使用带日立商标的压缩机，则需支付额外的商标使用费。2003 年末起，我公司推荐客户使用带海立商标的压缩机。半年以来，海立商标的使用量已经超过了 300 万台，市场反映良好。据此，我公司计划从 2004 年 11 月 1 日起，在所有产品上将日立商标切换为海立商标……”。

另查明，日立公司自 1997 年起为海尔、广东美的、上海日立、广东科龙、青岛澳柯玛、广东华凌、合肥飞歌等众多生产厂商提供空调器配套产品。根据国家统计局、中国行业企业信息发布中心按年销售额统计指标排序公布的行业排名，日立公司 1994 年在中国最大 500 家外商投资企业中列第 287 名，1995 年列第 198 名。1997 年主要经济指标在中国前 1 000 家大中型工业企业中，销售收入列第 490 名，利税列第 336 名，资产总计列第 502 名。日立公司 1998 年参加了中国制冷展览（上海）、北京家电展；1999 年参加了中国制冷展，德国、波兰制冷展，北京制冷展，上海制冷展；2000 年参加了中国制冷展，北京家电展，上海制冷展等行业展会。日立公司不仅在《文汇报》、《解放日报》、《羊城晚报》、《新民晚报》、《中国质量报》、《上海经济报》等报纸及《电器制造商》、《空调商情》等杂志上刊登广告，还以楼顶霓虹灯、立柱喷绘广告牌等形式发布户外广告。基于日立公司的经营业绩，1996 年中国质量管理协会授予日立公司“全国质量效益型先进企业”称号。1997 年、1998 年，中国外商投资企业协会连续两年授予日立公司“全国外商投资双优企业”称号。2000 年国家质量技术监督局授予日立公司“2000 年全国质量管理先进企业”称号。

在争议商标申请后，日立公司继续为青岛海信、珠海格力、四川长虹、广州华凌、广东科龙等众多生产厂商提供空调器配套产品。上海家用电器行业协会证明，日立公司2001~2002年的空调压缩机产销量均位于国内同行业第一位，全球同类企业前三名；“海立”（HIGHLY）品牌空调压缩机产销量2003~2005年（截止10月31日）在国内国有品牌中占第1位；日立公司产品1993~2005年连续12年产销量居国内同行业第一名。基于日立公司的经营业绩和“海立”商标的知名度，2001年、2002年，上海市名牌产品推荐委员会连续两年认定“海立牌空调器压缩机”为“上海名牌产品”；2005年9月，国家质量监督检验检疫总局认定“海立牌空调压缩机”为“中国名牌产品”。

苏州市常熟工商行政管理局档案查询资料证明：争议商标原注册人恒力公司、海立公司的法定代表人均为蒋道彪。海立公司2002年11月15日经核准变更企业名称为常熟阪本大金电器有限公司（以下简称阪本大金公司）。2003年6月26日，日立公司以阪本大金公司“海立”空调侵犯日立公司商标权为由，向安徽省高级人民法院提起诉讼。安徽省高级人民法院经审理于2004年9月13日作出（2004）皖民三终字第19号民事判决。在该判决中，安徽省高级人民法院认定日立公司所有的“海立”中文商标及“HIGHLY”外文商标为驰名商标，并认定阪本大金公司在第11类商品上使用争议商标已对日立公司利益构成事实上的损害，据此判决阪本大金公司立即停止在第11类商品上使用“HaiLi海立”商标。该判决已经生效。

商标评审委员会于2007年8月22日作出第5988号裁定，该裁定认定：本案的焦点问题是：一、引证商标是否已达到驰名商标所应有的广泛知晓程度及良好声誉；二、争议商标是否属于“就不相同或者不类似商品申请注册的商标是复制、摹仿或者翻译他人已在中国注册的驰名商标，误导公众，致使该驰名商标注册人的利益可能受到损害的”情形。关于问题一，商标评审委员会认为引证商标在争议商标申请注册前，经过长期使用和广泛宣传，已为中国相关公众广为知晓并享有较高声誉，依据《商标法》第14条的相关规定，可以认定为驰名商标。关于问题二，商标评审委员会认为，首先，争议商标由中文“海立”与对应拼音“HaiLi”组合构成，与引证商标对比，尽管有字体图形化等表现形式上的差别，但相关公众识别、记忆的主体部分仍为“海立”两字。争议商标整体上与引证商标的读音、含义均完全相同，同时鉴于“海立”并非汉语中既有的常用文字组合，具有一定的独创性，因此在日立公司所享有的“海立”商标已广为公众知晓的前提下，可以认定争议商标构成对日立公司驰名商标的复制、摹仿。其次，争议商标指定使用于空气调节器等商品上，引证商标指定使用于空调压缩机商品上。由于空调压缩机是空调器中最为关键的零部件，空调压缩机的用途正是为了配合空调器商品的使用功能，空调器如欠缺空调压缩机，就无法实现其功能，因此两者在功能、用途等方面具有特别密切的特定关联关系，属于关联商品。再次，日立公司证据足以证明，在蒋道彪申请注册争议商标前，日立公司使用在空调压缩机商品上的“海立”商标就已为相关公众广为知晓并享有较高声誉，蒋道彪作为家电、制冷行业的同业人员，对此理应知晓，但仍以复制、摹仿的方式将“海立”商标在空调器等商品上申请注册，容易导致相关公众对商品来源产生混淆，或者误以为蒋道彪与日立公司存在某种联系，从而致使日立公司利益可能受到损害。并且已有法院生效判决认为，蒋道彪关联企业在空气调节器等商品上使用争议商标，已对日立公司利益构成事实上的损害。综上，争议商标构成《商标法》第 13 条第 2 款所指情形，其注册应予以撤销。依据《商标法》第 41 条第 2 款、第 43 条的规定，商标评审委员会裁定争议商标注册予以撤销。

原审审理结果

原审法院认为：由查明事实可知，日立公司于 1998 年起就在其《旋转式空调压缩机》产品目录册中并列标注有“日立”与“海立”商标标识，故原告诉称日立公司实际使用“海立”商标的时间起于 2003 年的主张，不能成立，本院不予支持。

虽然，从商标的构成要素及整体状态来看，争议商标整体上与引证商标的读音、含义完全相同，尽管有字体图形化等表现形式上的差别，但相关公众识别、记忆的主体部分仍为“海立”两字，二者属于相同或近似的商标。但是，从二商标核定使用的商品类别来看，争议商标指定使用于第 11 类的空气调节器、空气调节装置、厨房用抽油烟机等商品上，引证商标指定使用于第 7 类空调压缩机商品上，故二者不属于同一种或类似的商品。基于此，正如被告所辩称，本案诉讼的争议焦点在于，在争议商标注册申请日即 2000 年 7 月 7 日之前，引证商标是否已经被长期使用和广泛宣传，达到为中国相关公众广为知晓并享有较高声誉的驰名程度。

认定驰名商标应当综合考虑使用该商标的商品的销售及广告的持续时间、区域、范围、对象、销售经营额等因素，请求人应当对该商标的知名度达到驰名程度的事实负举证责任。由于商标是否驰名在不同的时间范围会随着商标权利人的使用、宣传及社会环境的变化而发生变化。虽然，日立公司在争议程序中为证明“海立”商标驰名，向商标评审委员会提交了若干证据，但这些证据中只有极个别能证明日立公司在 1998 年、1999 年就使用了“海立”商标，大部分为证明使用“日立”商标的证据。如查明事实所述，上海家用电器行业协会、上海市浦东新区国家税务局、《电器制造商》杂志社等出具的《证明》中有关“海立”商标的使用情况均发生在争议商标注册申请日之后；日立公司提交的广告合同及发票证据的时间也均晚于争议商标注册申请日；日立公司提交的其自1995年起陆续获得的若干行业排名证书、荣誉证书、优秀供应商荣誉证书等复印件上虽同时有“日立”、“HITACHI”与“海立”、“HIGHLY”商标标识，但这些标识系日立公司提交证据复印件时添加而成，所有证书原件上并没有该标识。而由日立公司于2004年7月发给其客户的《通知》内容中可知，日立公司为不再支付“日立”商标的许可使用费，自2003年末起才推荐客户使用带“海立”商标的压缩机，自2004年11月1日起，才在所有产品上将“日立”商标切换为“海立”商标。鉴于日立公司的现有证据也即被告在第5988号裁定中采信认可的证据中大部分仅证明其“空调压缩机”产品的出口、销售、广告宣传的事实，故这些证据即使能证明“日立”商标驰名，也不能就此认定日立公司使用的“海立”商标已经在争议商标注册申请日前就达到了驰名的程度。因此，仅依据日立公司在争议程序中提交的现有证据不足以证明：在争议商标注册申请日前，日立公司已经长期使用和广泛宣传其“海立”商标并为中国相关公众广为知晓，从而达到驰名的程度。

安徽省高级人民法院于2004年9月13日作出第19号判决，认定“海立”商标驰名，这是基于个案的证据情况认定的该案纠纷发生之时的事实，并不能依此溯及前延至在争议商标注册申请日前“海立”商标也已经驰名。

综上，被告认定引证商标在争议商标注册申请日前已经驰名，缺乏证据支持，不能成立，本院对此予以纠正。依据《中华人民共和国行政诉讼法》第54条第（2）项第1~2目之规定，判决：

一、撤销商标评审委员会第5988号裁定；

二、本判决生效后，商标评审委员会重新对争议商标作出裁定。

日立公司不服原审判决，提起上诉，请求撤销原审判决，维持商标评审委员会第5988号裁定。其主要理由是：（1）日立公司在商标评审程序中已经提交大量证据证明引证商标“海立”在争议商标申请前已经驰名，原审判决关于引证商标在争议商标申请前驰名缺乏证据支持的认定是错误的。（2）日立公司提出商标争议申请依据两个理由：一是引证商标驰名，二是引证商标与争议商标构成类似商品上的近似商标，原审法院只审理了是否驰名的依据，因此应予撤销。

蒋道彪和商标评审委员会服从原审判决。

二审查明事实

二审法院查明的事实与原审相同。

二审审理结果

二审法院认为：《商标法》第 13 条第 2 款规定，就不相同或者不相类似商品申请注册的商标是复制、摹仿或者翻译他人已经在中国注册的驰名商标，误导公众，致使该驰名商标注册人的利益可能受到损害的，不予注册并禁止使用。第 14 条规定，认定驰名商标应当考虑下列因素：（1）相关公众对该商标的知晓程度；（2）该商标使用的持续时间；（3）该商标的任何宣传工作的持续时间、程度和地理范围；（4）该商标作为驰名商标受保护的记录；（5）该商标驰名的其他因素。

本案中，日立公司应当证明其引证商标在争议商标申请注册之前，即在 2000 年 7 月 7 日之前已经成为驰名商标。为此，日立公司在商标评审程序中向商标评审委员会提交了若干证据，这些证据中只有极个别能证明日立公司在 1998 年、1999 年就使用了“海立”商标，不足以证明在 2000 年 7 月之前相关公众的知晓程度。上海家用电器行业协会、上海市浦东新区国家税务局、《电器制造商》杂志社等出具的《证明》中有关“海立”商标的使用情况均发生在争议商标注册申请日之后；日立公司提交的广告合同及发票等证据的时间也晚于争议商标注册申请日；日立公司提交的其自 1995 年起陆续获得的若干行业排名证书、荣誉证书、优秀供应商荣誉证书等证据材料上并无提到其引证商标。鉴于日立公司的现有证据中的大部分仅证明其“空调压缩机”产品的出口、销售、广告宣传的事实，故上述证据尚不足以证明日立公司所使用的引证商标在争议商标申请注册前已经为中国相关公众广为知晓，从而达到驰名程度。因此，日立公司关于其引证商标应被认定为驰名商标的上诉主张缺乏事实和法律依据，本院不予支持。

商标评审委员会第 5988 号裁定仅对日立公司所主张的其引证商标为驰名商标从而争议商标的注册违反《商标法》第 13 条第 2 款规定的理由进行审理，并未对日立公司提出的争议商标和引证商标构成类似商品上的近似商标的理由进行审理，原审判决对此亦未予涉及，本院对此亦不宜审理。在引证商标不构成驰名商标的情况下，商标评审委员会应对日立公司提出的争议商标和引证商标构成类似商品上的近似商标的理由予以审理。

综上，原审判决认定事实清楚，适用法律正确，应予维持。依照《中华人民共和国行政诉讼法》第 61 条第（1）项之规定，判决如下：

驳回上诉，维持原判。

一审案件受理费人民币 100 元，由国家工商行政管理总局商标评审委员会负担；二审案件受理费人民币 100 元，由上海日立电器有限公司负担。

31. 侵犯“中信”商标专用权及不正当竞争纠纷案

——中国中信集团公司诉佛山市顺德中信家具制造有限公司、香港中信家具集团有限公司、北京蓝景丽家大钟寺家居广场市场有限公司

原告（上诉人）：中国中信集团公司

被告（被上诉人）：佛山市顺德中信家具制造有限公司

被告（被上诉人）：香港中信家具集团有限公司

被告（被上诉人）：北京蓝景丽家大钟寺家居广场市场有限公司

案由：侵犯商标专用权及不正当竞争纠纷

原审案号：北京市第一中级人民法院（2006）一中民初字第11341号

原审合议庭成员：姜颖、苏杭、董晓敏

原审结案日期：2007年9月21日

二审案号：北京市高级人民法院（2007）高民终字第1809号

二审合议庭成员：张冰、钟鸣、程霞

二审结案日期：2008年9月23日

判决要旨

驰名商标的认定是对商标权人的商标为相关公众广为知晓这一事实状态的确认。驰名商标的事实状态是一个持续的过程，并非在某一时间点突然发生的事实，不能仅因商标局在1999年12月29日作出认定“中信”商标驰名的通知就认为在1999年12月29日之前“中信”商标就不构成驰名商标，相关公众对该商标的知名度和影响力就不知晓也不应当知晓。

起诉与答辩

原告中国中信集团公司（以下简称中信集团）诉称：我公司是由邓小平同志提议，由荣毅仁先生于1979年创办的国务院直属特大型国有企业，经营范围涉及金融、实业及服务等行业。1996年，原告的“中信”商标在商品/服务国际分类第20类“家具、工作台、镜子及部件、非金属家具附件”获核准

注册；1996年，“中信”商标在第36类金融服务上注册，并于1999年被国家工商行政管理总局认定为中国驰名商标，并多次被人民法院认定为中国驰名商标。“中信”作为原告的字号和注册商标，在国内外享有很高的声誉和广泛的知名度。被告佛山市顺德中信家具制造有限公司（以下简称中信家具公司）成立于1999年，从事生产、销售家具业务，该公司在其产品外包装上突出使用“中信”字样，在店面装饰、企业网站、产品宣传彩页、产品使用说明书、销售合同中大量使用“中信”、“中信家具®”、“香港中信家具”等字样，且以“中信家具”为产品品牌名称多次在中央电视台做广告。被告香港中信家具集团有限公司（以下简称香港中信家具公司）成立于2003年，该公司与中信家具公司在店面装饰、企业网站、产品宣传彩页、产品使用说明书中称共同生产销售中信家具。被告北京蓝景丽家大钟寺家居广场市场有限公司（以下简称蓝景丽家公司）为上述两被告提供产品销售场地，对“中信家具”的销售活动未进行必要的审查，对显著位置使用“中信”、“中信家具®”等字样未予以制止。中信家具公司和香港中信家具公司还以相同的方式在北京城外城家居文化广场、北京居然之家金源店、广东省顺德乐从国际家具博览中心四楼中区11~12号商铺、广东省广州市美居中心A座二楼C区219、220商铺等地，设置户外广告，销售“中信”家具。三被告未经原告许可从事生产、销售“中信”家具活动，并在产品及宣传中突出使用“中信”字样，违反了《商标法》及相关法规，构成共同商标侵权，依法应当承担连带赔偿责任。中信家具公司和香港中信家具公司将原告的字号及“中信”驰名商标作为其企业字号登记，并假冒原告的注册商标进行“中信家具”的生产、销售活动，其行为侵犯了原告的在先权利，违反了诚实信用原则，不仅侵犯了原告的注册商标专用权，同时也构成了不正当竞争，应当共同承担不正当竞争行为的连带责任。请求判令：（1）三被告停止侵权行为，在《中国工商报》、《法制日报》上刊登致歉声明，向我公司赔礼道歉，消除影响；（2）被告中信家具公司停止在其公司名称中使用“中信”字样；香港中信家具公司不得在大陆地区以“中信”名义从事经营活动；（3）被告中信家具公司、香港中信家具公司赔偿我公司经济损失人民币500万元，蓝景丽家公司承担连带责任；（4）被告承担我公司因本案诉讼支付的合理支出人民币17 054.58元以及诉讼费用。

被告中信家具公司辩称：“一、我公司注册使用“中信”字号享有合法的权利，不存在任何恶意。（一）我公司名称中“中信”字号（商号，下同）的历史渊源比原告商标的历史悠久得多，可以追溯到50年前，那时原告不仅没有企业字号，而且连商标都没有注册。我公司的“中信”字号源于公司的创始人陈中信先生的名字，自改革开放以来，陈中信先生一直使用“中信”字号致力于商业经营活动，已形成密不可分的人身依附关系。1999年5月，陈中信先生派遣其长子陈华唐以自己的名字“中信”为字号依法登记成立了我公司，早于2002年才注册使用“中信”字号的原告。（二）商标与字号在流通领域的最终功能都是用于区别不同的生产者与经营者。字号作为企业名称的核心是不同企业的区别标志，我公司使用“中信”字号用于区别其他家具企业是合法行使权利的行为，不构成对原告的不正当竞争。（三）经过多年的苦心经营，“中信”已经成为我公司在全国家具行业的知名字号，取得了合法的使用权。我公司登记使用“中信”字号超过5年，连续使用亦达7年，为培植“中信”品牌家具的声誉付出了大量心血、劳动和投资，特别是公司股东陈中信先生经过多年的努力，使中信家具在国内家具行业享有盛誉。现在，陈中信先生是广东省家具商会的副会长，我公司也是全国家具商会的会员，广东省家具商会副会长单位。中信家具已经成为全国家具“十大品牌”之一，“中信”字号已成为具有很高知名度的知名字号和公司的巨大无形资产，得到了广大家具消费者的充分认可。二、原告关于商标专用权与企业名称权冲突的诉讼时效已过，其诉讼请求应被驳回。根据国家工商行政管理局工商标字［1999］第81号发布的《关于解决商标与企业名称中若干问题的意见》第7条和最高人民法院《关于审理涉及权利冲突的知识产权纠纷案件若干问题的指导意见（试行）》（2004年11月）第11条的规定，处理商标与企业名称混淆的相关案件，应当自商标注册之日或者企业名称登记之日起五年内提出，我公司成立至今已逾7年，且注册“中信”字号有合法原因，不具有恶意。原告主张其在金融类服务上的“中信”商标在1999年12月底被国家工商部门认定为驰名商标，根据当时的《驰名商标认定和管理暂行规定》（1998修订），原告主张权利也超过了该规定中两年的处理时效。故原告就被告与其商标相冲突的企业名称权提起诉讼，其请求权已超过诉讼时效。三、原告在20类（家具类）注册的“中信”商标已经被撤销，不能以家具类注册商标对抗我公司在家具生产经营活动中使用“中信”字号。原告在家具类注册的“中信”商标因连续多年未使用已被撤销，我公司不可能损害其利益。我公司不仅在家具类别商品上在先使用“中信”字号，而且形成了全国家具行业的知名字号，已经取得了无可争议的在先使用权。四、原告主张其“中信”商标为驰名商标缺乏依据，即使承认1999年底商标局认定原告在金融类上“中信”商标为驰名商标，也不能依据驰名商标扩大保护对抗被告在相距甚远领域的家具生产经营中使用具有较高市场声誉的“中信”字号的行为。被告生产销售的商品与原告提供的商品与服务并无关联，被告没有对原告商标在商标意义上使用，不会使公众造成混淆和被误导，并且被告使用中信字号不存在对原告中信商标的攀附：（一）原告提交的法院判决和国家工商行政管理总局的文件不能作为其商标驰名的依据。因为法院判决会因对方当事人的认诺而认定，工商部门的认定并不意味着原告商标认定以前及现在驰名；（二）我公司注册之时就不存在对原告商标的攀附，更不会淡化其商标。我公司在生产经营中使用自己的企业字号，与原告的商标不在同一商品类别，没有引起金融消费者及经营者的混淆。家具商品与原告金融服务在商标注册类别、服务方式与目的、生产与销售渠道、消费群体和场所等方面存在很大差异，即原被告两个企业的生产经营范围完全不同，家具与金融服务类之间并不存在特定联系，不会使相关公众对我公司的家具商品与原告金融服务造成误认或联想，在客观上很难造成消费者混淆，从而不能产生误导后果；（三）即使承认原告的“中信”商标的驰名效力，其扩大到非类似商品或服务的保护范围也仍然受到限制。这种限制是平衡驰名商标专用权人与其他市场主体利益的必要保障，体现在并非所有的类别上都被禁止使用，禁止使用的条件限于会对原告市场产生混淆、借用商誉等。而我公司的家具产品与原告商标使用的服务领域不在一个类别，消费者定位清晰，我公司的中信字号在全国家具行业已经取得了相当大的知名度，不可能引起混淆，也不能对原告商标构成损害和攀附。五、原告提出赔礼道歉民事责任没有合法依据。本案属于财产纠纷，不适用赔礼道歉，其第二项诉讼请求因诉讼时效已过，没有法律依据。六、原告提出的索赔数额缺乏依据。我公司没有侵犯原告的商标专用权和企业名称权，更不构成不正当竞争，不存在对原告的损害，原告要求赔偿500万元系恶意索赔。综上所述，原告的诉讼请求缺乏事实和法律依据，请求法院驳回其诉讼请求。”该公司在举证期限内向本院提交了28份证据。

被告蓝景丽家公司辩称：“一、我公司根据有关规定对北京东铁营百富家具经销部、顺德中信家具公司、香港中信家具公司的营业执照等相关企业资质进行了审查，符合有关规定。原告诉称“未经行必要的审查”与事实不符。北京东铁营百富家具经销部在经营过程中使用“中信”“香港中信家具”等字样，因其与生产企业名称相关联，我们认为并无不妥。我公司从未使用“中信”“香港中信家具”“中信家具”等字样，因此未对原告构成侵权。二、北京东铁营百富家具经销部租用我公司市场场地经营顺德中信家具公司、香港中信家具公司生产的家具，我公司并未参与生产与销售。原告诉称“三被告未经原告许可从事生产、销售中信家具活动”与事实不符。三、我公司接到原告的起诉书后，于2006年9月30日已要求销售商暂时停止使用带有“中信”、“中信家具”、“香港中信家具”字样的标识、价签、地垫等，并联系了生产厂家等待法院判决结果。综上所述，我公司作为市场开办者，对在市场内进行经营活动的经销商进行了证照审查，已经尽到了应尽的审查义务，但对是否构成对第三人的商标侵权没有鉴别及审查的职能和权力，在没有相关裁决前，亦无制止市场经销商的义务，原告的起诉与事实明显不符，其要求我公司承担连带赔偿责任没有事实和法律依据应予驳回。”

被告香港中信家具公司经本院传票传唤无正当理由未到庭应诉，亦未提交证据。

原审查明事实

原审法院查明：1979 年，中国国际信托投资公司（原告的前身）注册成立，2002 年更名为中国中信集团公司（即原告），经营范围涉及金融、实业及服务等。

1996 年 6 月 7 日，原告在商品/服务国际分类第 20 类“家具、工作台、镜子及部件、非金属家具附件”上申请取得第 845705 号“中信及图”商标注册，2003 年 7 月 28 日，经被告顺德中信家具公司提出申请，该注册商标因连续三年停止使用被商标局“撤 010528 号”决定撤销，并在 2003 年第 44 期《商标公告》上公告注销。

1996 年 6 月 14 日，原告在第 36 类“票据交换（金融）、货币兑换”等金融类服务上取得第 847836 号“中信”商标注册。

1999 年 7 月 20 日，顺德市伦教区中信家具制造有限公司注册成立，股东是陈华唐、陈华水；2004 年 4 月 5 日该公司变更名称为佛山市顺德区伦教中信家具制造有限公司，2006 年 3 月 7 日再次变更名称为佛山市顺德中信家具制造有限公司（即被告顺德中信家具公司），企业性质为有限责任，经营范围包括生产、销售家具，公司股东变更为陈华唐、陈中信。陈中信生于 1953 年 9 月 15 日，与陈华唐、陈华水系父子关系。被告于 2001 年加入广东省家具商会，2003 年 8 月，该公司股东陈中信担任该商会副会长；2005 年 8 月 20 日，被告的家具产品获得中国对外贸易广州展览公司颁发的“第十六届中国广州国际家具博览会”荣誉证书；2006 年 4 月 16 日，被告获得全国工商联家具装饰业商会颁发的“中国家居业十大品牌”证书。

2003 年 11 月 12 日，被告香港中信家具公司在香港特别行政区注册成立，投资董事是陈华唐、陈华水。

2006 年 5 月 19 日，经原告委托，长安公证处公证员对位于北京市朝阳区成寿寺路 208 号城外诚家居文化广场的西门户外广告进行了拍照；对从一层南 1 号门“圣洛克”家具商铺购买休闲椅以及取得销售合同、发票、产品说明书、宣传单和联系名片的过程；对从一层东区六通道东北角“圣洛克”家具商铺取得联系名片；对从一层东区通道04－06号“威斯豪顿”家具商铺取得名片等过程进行了现场公证，所证明的事实包括：写有“中信”字样的销售合同、“香港中信家具有限公司”、“中信家具制造有限公司”使用的家具《产品使用说明书》；标有“香港中信”、“香港中信家具有限公司”字样的产品宣传页；标有“香港中信家具有限公司”、“圣洛克”等字样的业务联系名片；标有“香港中信家具”、“中信家具”以及“圣洛克”、“维斯豪顿”、“沃伦”字样的户外以及店面广告；标有“中信家具公司”字样的认证以及检验证书；标有“圣洛克”、“佛山市顺德区伦教中信家具制造有限公司”字样的休闲椅产品包装箱以及标有“中信家具制造有限公司”和“香港中信家具有限公司”字样的产品使用说明书。

2006年5月22日，经原告委托，长安公证处公证员对从北京市海淀区居然之家金源店和北京市大钟寺蓝景丽家家具商城取得的业务名片以及对北京市大钟寺蓝景丽家家具商城店面拍摄的照片进行了公证，所证明的事实包括：标有“香港中信家具有限公司”、“圣洛克”等字样的业务名片；标有“中信家具”以及“圣洛克”等字样的店面广告。

2006年6月15日，经原告委托，长安公证处公证员从该公证处计算机进入互联网，从 http：//www. hkzhongxin. com 网址进入相关页面，公证下载了以下内容：“中信家具”文字广告、“中信家具集团制造公司版权所有”、“圣洛克”、“维斯豪顿”、“沃伦”品牌文字标志、“香港中信家具公司”企业介绍。

2006年3月至4月，被告顺德中信家具公司在中央电视台第三套节目梦想剧场、艺术人生、星光大道等7个栏目发布了由5家广告公司制作的包含“中信家具”文字内容的产品广告。

原告为诉讼支付公证、信息查询、物证购买、交通费等费用合计17 054. 58元。

原告在开庭前向本院提交了7份证据，到庭被告以该部分证据已经超过举证期限为理由对证据效力不予认可。被告顺德中信家具公司在开庭中陈述，该公司是受香港中信家具公司委托生产家具，公司注册的“中信”字号来自于陈中信的名字。原告对上述陈述未提出异议。

原审审理结果

原审法院认为：当事人提起民事诉讼，有责任证明其主张所依据的事实客观存在，当事人不能证明的，其主张不能成立，应承担因举证不能所产生的不利后果。

原告在本案中主张两项民事权利，第一项是依据《反不正当竞争法》主张保护企业字号的相关权利，涉及被告顺德中信家具公司注册并在经营中使用“中信”字号、被告香港中信家具公司在大陆地区使用“中信”字号的行为；第二项是依据《商标法》主张保护商标专用权，涉及三被告共同使用“中信”商标的行为。

一、关于被告是否侵犯了原告的名称字号，重点应当考虑相关名称字号的权利状态以及被告是否存在违反诚实信用的主观恶意

原告指控顺德中信家具公司和香港中信家具公司将原告的字号及“中信”驰名商标作为其企业字号登记。根据查明的事实，原告于1979年注册“中国国际信托投资公司”时并未使用“中信”字号，直至2002年变更其企业名称时，才将“中信”注册为企业字号。被告顺德中信家具公司使用“中信”作为企业字号始于1999年7月，早于原告将“中信”作为其企业名称中字号的时间。

被告顺德中信家具公司自登记注册后虽经多次更名，但企业名称中均使用了“中信”字号，该字号源自该公司家族股东陈华唐、陈华水的父亲陈中信的名字。由于被告顺德中信家具公司注册使用“中信”字号的时间早于原告在企业名称中使用该字号的时间，同时，被告注册使用其字号有合理的来源，因此，从保护在先权利的原则出发，被告注册使用“中信”字号不具有违反诚实信用原则的主观恶意。

1996年6月，原告注册了在金融类商品上的“中信”文字商标。虽然被告注册使用“中信”字号晚于原告注册“中信”注册商标的时间，但原告未举证证明被告注册企业名称字号时原告的商标已经处于驰名状态，故原告就被告的企业注册行为行使驰名商标的跨类保护缺乏事实基础和法律依据。此外，被告系经营家具产品，且在全国家具行业内具有一定的知名度，其经营类别与原告的金融业相去甚远，不足以在产品生产来源上对消费者产生误导。因此，被告顺德中信家具公司注册并在家具经营活动中使用“中信”文字作为其企业字号属于在先合法使用，原告向被告顺德中信家具公司主张“中信”字号的在先权利缺乏有效证据支持，所主张的事实不能成立。

被告香港中信家具公司在香港注册成立，其在香港的注册行为不受《反不正当竞争法》的调整。其在大陆经营家具过程中，使用该公司“中信”字号，因该行为系在中国大陆实施，根据涉外主体的侵权行为适用最密切联系地法律的原则，该行为应当受《反不正当竞争法》调整。香港中信家具公司是顺德中信家具公司的全体股东注册成立，两公司注册的“中信”字号均来自于该家族成员中的父辈成员的名字，有其共同的合理使用来源。可见，香港中

信家具公司在大陆经营家具产品的过程中使用其企业字号的行为不具有违反诚实信用原则的主观故意。

因此，原告既不能证明其相对于被告顺德中信家具公司对“中信”字号的使用享有在先权利，也不能证明香港中信家具公司的相关使用行为具有恶意，故原告指控两被告具有不正当竞争的主观恶意和行为，缺乏事实和法律依据，该项诉讼主张不能成立，本院不予支持。

二、关于三被告是否侵犯原告的商标专用权

原告在家具类商品类别上申请的第845705号“中信及图”注册商标，因连续三年未使用被商标局于2003年公告撤销，原告已不享有在家具类商品类别上的商标专用权，原告在本案中可就其在金融等商品类别上注册的第847836号“中信”商标专用权主张法律保护。

在本案中，原告主张被告顺德中信家具公司和香港中信家具公司在生产、销售经营家具产品以及进行家具产品广告宣传过程中突出使用“中信”文字，假冒原告的“中信”注册商标，被告蓝景丽家家居公司为上述两被告提供产品销售场地，对上述被告的销售活动未进行必要的审查，对显著位置使用“中信”、“中信家具®”等字样未予制止，共同构成商标侵权。基于上述第一部分的理由，被告在先登记取得了“中信”企业名称字号，其在生产、销售家具产品以及进行家具产品广告宣传活动中分别使用“中信家具”、“香港中信”、“香港中信家具”，在家具产品销售合同中使用“中信”仅是表明其家具产品生产者的身份，因上述行为是被告基于其在先取得的合法企业名称字号，在其生产、销售家具类产品的登记经营范围内的合理适当使用，不具有侵权的主观故意。同时，被告在长期的家具产品的生产经营中，亦已取得了在全国家具类行业的企业知名度，其行为不构成对原告在不同商品类别上的注册商标的复制或假冒，也不足以使消费者产生商标法意义上的混淆误认。同理，基于上述两被告的行为性质，被告蓝景丽家家居公司向顺德中信家具公司和香港中信家具公司提供产品销售场地，对相关企业的资质和使用企业名称字号的行为进行了必要的审查，尽到了注意义务，原告有关蓝景丽家家居公司构成连带侵权责任的主张亦缺乏事实依据不能成立。因此，三被告的行为不构成商标侵权，原告的该项诉讼主张因缺乏事实和法律依据不能成立，本院不予支持。

综上，依照《中华人民共和国民法通则》第118条；《中华人民共和国商标法》第52条第（5）项；最高人民法院《关于审理商标民事纠纷案件适用法律若干问题的解释》第1条第（1）～（2）项；《中华人民共和国反不正当竞争法》第2条，第5条第1款、第3款；《中华人民共和国民事诉讼法》第64条第1款之规定，判决如下：

驳回原告中国中信集团公司的诉讼请求。

中信集团不服，提起上诉，请求撤销原审判决并改判支持该公司原审全部诉讼请求，即判令中信家具公司、香港中信家具公司和蓝景丽家公司停止侵权并在《中国工商报》、《法制日报》上刊登致歉声明，赔礼道歉、消除影响；中信家具公司停止在其公司名称中使用“中信”字样，香港中信家具公司不得在中国大陆地区以“中信”名义从事经营活动；中信家具公司、香港中信家具公司和蓝景丽家公司连带赔偿中信集团经济损失人民币500万元并承担合理诉讼支出人民币17 054.58元。其主要理由是：（1）中国中信集团公司早在1979年成立之初就对外将“中信公司”作为其企业名称的简称，并在所属子公司名称中使用“中信”字号，因此中国中信集团公司使用中信字号的时间早于中信家具公司和香港中信家具公司；（2）中信家具公司以其“中信”字号来源于其法定代表人的父亲陈中信的名字的理由不能成立，将姓名登记为企业名称应当遵守企业名称登记规定和《反不正当竞争法》的基本原则，避免导致混淆、误认，中信家具公司成立于1999年7月，而几乎同时中国中信集团公司的“中信”商标被认定为驰名商标，因此中信家具公司的行为有主观恶意；（3）中国中信集团公司的“中信”商标在1999年就被认定为驰名商标，各方当事人对该商标的驰名持续状态并无异议，因此人民法院对此应予确认；（4）中国中信集团公司不仅只经营金融业，在信息产业、投资业务、制造业、房地产业、高新技术、资源、能源业务、贸易以及公益事业等多个领域均有涉及并具有一定的市场知名度，“中信”商标为相关公众所知悉。被上诉人以“中信”作为字号并在店面、产品、包装、广告宣传中突出使用“中信家具”、“香港中信”、“中信家具”等字样的行为会使相关公众误认为其与中信集团存在关联关系，从而发生产源误认。综上中信家具公司和香港中信家具公司在字号中突出使用“中信”构成不正当竞争和侵犯商标专用权的行为，应承担停止侵权、赔偿损失等民事责任，蓝景丽家公司作为销售商，客观上扩大了侵权行为的后果，也应承担连带责任。

中信家具公司和蓝景丽家公司服从原审判决。

二审查明事实

二审法院查明：1979年，中国中信集团公司的前身中国国际信托投资公司注册成立，2002年变更企业名称为现名，经营范围涉及金融、实业及服务等。

国务院办公厅1987年2月24日以国办函［1987］11号《关于批准〈中国国际信托投资公司章程〉的复函》批准了《中国国际信托投资公司章程》，

该章程第一条规定："中国国际信托投资公司（简称为中信公司）是社会主义全民所有制企业。"1990 年 5 月 24 日，国务院办公厅给中国国际信托投资公司的国办通［1990］18 号《国务院批复通知》中载明：国务院同意该公司名称恢复为"中国国际信托投资公司"，简称中信公司；该公司原章程第一条改为："中国国际信托投资公司（简称中信公司）是社会主义全民所有制企业。"

1990 年 12 月 17 日，中国国际信托投资公司向国家工商行政管理局提交了《关于通报我公司对所属机构使用中信名称注册登记的规定的函》，该函载明：由于中国国际信托投资公司业务和机构发展比较迅速，其所属一些子公司及其下属公司在使用"中信"名称方面较为混乱，因此决定对中信公司所属子公司及其下属公司使用"中信"名称加强管理。除中信公司的全资子公司外，其他控股子公司、归口隶属或挂靠的子公司和其他下属公司，一律不得使用"中信"名称。使用"中信"名称的子公司，均应取得中信公司的批准文件方可在工商行政管理机关办理注册登记。希望国家工商行政管理局在今后的工商登记工作中给予支持，凡遇以"中信"名称登记、注册或进行年检的公司和企业，请审查其是否有中国国际信托投资公司的批准文件或将有关情况与其沟通。1991 年 2 月 11 日，国家工商行政管理局以《关于转发中国国际信托投资公司〈关于通报我公司对所属机构使用中信名称注册登记的规定的函〉的通知》的形式，向各省、自治区、直辖市及计划单列市的工商行政管理局转发了上述函件，国家工商行政管理局在该通知中指出：中国国际信托投资公司的上述函件中提出的原则符合企业名称登记的有关规定，望地方各工商行政管理局与中国国际投资公司密切配合，认真按此办理。

1996 年 6 月 14 日，中国国际信托投资公司在第 36 类"票据交换（金融）、货币兑换"等金融类服务上经核准注册了第 847836 号"中信"商标。除上述商标外，中国国际信托投资公司在同一时期在全部 42 类商品和服务类别上均注册了"中信"、"中信及图"商标。其中，1996 年 6 月 7 日核准的在第 20 类家具等商品上注册的第 845705 号"中信及图"商标，于 2001 年 9 月 27 日被中信家具公司以该商标连续三年停止使用为由提出撤销申请，2003 年 7 月 30 日商标局作出《关于撤销 845705 号"中信"商标的决定》，对该商标予以撤销，并在 2003 年第 44 期《商标公告》上予以公告。

中国国际信托投资公司的上述所有注册商标现均已变更注册人名义为本案上诉人中国中信集团公司。

中国国际信托投资公司 1986 年年报中载明：该公司开展的国内投资义务，已投资的企业涉及冶金、矿产、建材、轻工、食品、纺织、化工、机电、交通运输、渔牧业、旅游业、餐饮服务业和新技术等领域；其在海外也同样投资了各种实业，包括澳大利亚波特兰铝厂和加拿大塞尔加纸厂，并改组美国西林公司为其全资公司，为国家提供原木；中信房地产公司于1986年10月24日开业，经营房地产投资、室内装修、装修材料生产、建筑项目承包管理等业务；中国国际信托投资公司还在美国、法国、加拿大、澳大利亚设有分支机构。

1989年，中国国际信托投资公司成立十周年画刊中载明：该公司在国内组织并参与中外合资、合作企业100家；运用自筹外资，引进技术设备，与有关部门和地方合作，投资于国内企业154家，涉及能源、交通、原材料、化工、建材、机电、轻纺、食品等行业；进入国际市场，先后在东京、我国香港、法兰克福、伦敦、新家坡等地发行不同币种债券12笔，折合约16亿美元；开办中信实业银行，经营外汇、人民币综合银行业务，并在上海、深圳、大连设立分行；成立贸易公司办理投资企业的设备进口和产品出口，承办各种防务技术设备进出口业务，在北京和10个省市兴建国际大厦等19座办公楼、公寓、宾馆；在香港成立中信（香港集团）公司，经营投资、贸易、航运、房地产等业务。

1993年，北京市朝阳区人民法院向中国国际信托投资公司发出《司法建议函》，在函中该法院认为：因中国国际信托投资公司常被简称为“中信公司”，而带有“中信”字号的其他公司在经营活动中常被误认为系其所属企业，从而有冒用其公司商业信誉和企业名称的因素，属于不正当竞争行为，希望引起重视，妥善处理。

1999年12月29日，国家工商行政管理局商标局认定中国国际信托投资公司在金融服务上的“中信”商标为驰名商标；2000年6月13日，四川省成都市中级人民法院（1999）成知初字第59号民事判决书认定中国国际信托投资公司的“中信”商标为驰名商标。2001年12月7日，北京市第一中级人民法院在（2001）一中知初字第282号民事判决书中认定，中国国际信托投资公司的“中信”商标为驰名商标。2004年6月4日，贵州省贵阳市中级人民法院在（2004）贵民三初字第12号民事判决书中认定中国中信集团公司的“中信”、“CITIC”商标为驰名商标。中国中信集团公司在本案中主张其“中信”商标为金融服务类上的驰名商标，中信家具公司和蓝景丽家公司对此并无异议。

1999年7月20日，顺德市伦教区中信家具制造有限公司注册成立，股东是陈华唐、陈华水；2004年4月5日该公司变更名称为佛山市顺德区伦教中信家具制造有限公司，2006年3月7日再次变更名称为佛山市顺德中信家具制造有限公司（即本案被上诉人中信家具公司），公司股东变更为陈华唐、陈中信。

陈中信生于1953年9月15日，与陈华唐、陈华水系父子关系。陈中信于2001年加入广东省家具商会，2003年8月担任该商会副会长，2007年8月8日担任会长。中信家具公司于2005年8月20日获得中国对外贸易广州展览公司颁发的“第十六届中国广州国际家具博览会”荣誉证书，于2006年4月16日获得全国工商联家具装饰业商会颁发的“中国家居业十大品牌”证书。中信家具公司还被评为“2007年广东家具行业品牌竞争力十强企业”。2008年1月28日，该公司的“中信家具”被评为“2007中国家具行业年度总评榜”中国家具十大最具影响力品牌。

2003年11月12日，香港中信家具公司在香港特别行政区注册成立，投资董事是陈华唐、陈华水。2006年10月9日，陈华唐、陈华水向香港特别行政区公司注册处提出注销该公司的申请，2007年3月23日，该公司被香港特别行政区第1917号宪报公告宣布撤销，并于当日解散。中信家具公司主张，其受香港中信家具公司委托生产家具，其“中信”字号来自陈中信的名字。

2006年5月19日，中信集团的代理人经公证对位于北京市朝阳区成寿寺路208号城外诚家居文化广场的西门户外广告进行了拍照，户外广告上突出使用了“中信家具”、“香港中信家具”字样。另外，从该家居文化广场一层南1号门“圣·洛克”家具商铺公证购买了休闲椅一把，取得销售合同、发票、产品说明书、宣传单、联系名片并拍照，该商铺门外突出使用“中信家具”字样、地垫上有“中信家具”字样；店内展示的证书上有“中信家具公司”、“中信家具集团有限公司”、“中信家具制造有限公司”和“佛山市顺德区伦教镇中信家具制造有限公司”等名称；所取得的名片上有“香港中信家具集团有限公司”字样；宣传单和产品说明书上有“香港中信家具有限公司”、“中信家具”、“中信公司”、“香港中信家具集团有限公司”等字样，其中“香港中信家具集团有限公司”下有“香港：香港九龙旺角登打士街32号欧美广场1602室 大陆：广东佛山市顺德区伦教羊额工业区”等字样；店内展示物品上多处使用了“中信家具”字样；销售合同中“生产厂家”一栏简写为“中信”；公证购买的商品包装上有“佛山市顺德区伦教中信家具制造有限公司”的字样，其中合格证上有“中信家具制造有限公司地址：佛山市顺德区伦教羊额工业区 TEL：0757－27738224 FAX：0757－27333670”等字样。

2006年5月22日，中信集团的代理人经公证分别从北京市海淀区居然之家金源店二层古典家具厅2010号“圣·洛克”家具商铺和北京市大钟寺蓝景丽家家具商城取得的业务名片以及对大钟寺蓝景丽家家具商城西厅一层5排6号的“圣·洛克”家具商铺取得名片并拍摄了照片，名片上均有“香港中信家具集团有限公司”字样，照片显示店铺门外均突出使用“中信家具”、地垫上均使用了“中信家具”字样。

2006 年 6 月 15 日，中信集团的代理人经公证进入网址为 http://www.hkzhongxin.com 的相关页面，进入首页前有突出的“中信家具”字样，首页上方突出使用“中信家具”、“中信家具集团制造公司”字样，“企业介绍”栏目中称，香港中信家具公司是一家具有十几年历史的专业化、规模化、系列化生产家具企业；“行业资讯”栏目中称：“……会议上中信公司董事长陈中信先生就……发表了重要讲话。……”每页的页面下方均有“版权所有：中信家具集团制造公司版权所有电话（传真）：86 - 757 - 27333670 27738224 经营许可证编号：粤 ICP 备 06029275 号”等字样，“联系中信”栏目下列明的公司地址为：广东省佛山市顺德区伦教镇羊额工业区，电话、传真分别为：86 - 757 - 27738224 27333670。

2006 年 3 月至 4 月，顺德中信家具公司在中央电视台第三套节目梦想剧场、艺术人生、星光大道等 7 个栏目发布了由 5 家广告公司制作的包含“中信家具”内容的产品广告。

蓝景丽家公司系市场开办单位，以向建材家具等销售商户提供销售场所并收取租金、从事管理为其主要业务，其与该商城西厅一层 5 排 6 号商户签订的《租赁合同书》载明：由蓝景丽家公司负责提供经营场地、设备、设施，但承租展位的装修由商户负责，蓝景丽家公司对商户的经营活动进行监督、管理，不参与商户的经营活动。

中信集团为本案诉讼共支出公证费、信息查询费、物证购买费、交通费等费用合计 17 054.58 元。

二审审理结果

二审法院认为：香港中信家具公司是在香港注册成立的公司，其民事主体资格的成立、存续和消灭均应依据香港法律判断。现有证据表明，香港中信家具公司已于 2007 年 3 月 23 日被公告撤销并于同日解散，故其已经不再具有民事诉讼主体资格，原审判决和中信集团将其列为本案当事人是错误的，中信集团关于香港中信家具公司与顺德中信家具公司、蓝景丽家公司连带承担侵权赔偿责任的上诉主张亦缺乏依据，本院对中信集团关于香港中信家具公司的上诉请求予以驳回。

本案中被控侵权商品的包装和合格证显示，该商品由顺德中信家具公司生产。公证取得的宣传单、说明书、网站等资料上虽有香港中信家具公司的名称，但其联系地址、电话和传真均与顺德中信家具公司的一致，且在网站介绍中称其董事长为陈中信，因此本院认定在我国大陆从事本案销售、宣传等被控侵权行为的主要是顺德中信家具公司。

最高人民法院《关于审理商标民事纠纷案件适用法律若干问题的解释》第1条第2款规定，复制、摹仿、翻译他人注册的驰名商标或其主要部分在不相同或者不相类似商品上作为商标使用，误导公众、致使该驰名商标注册人的利益可能受到损害的，属于《商标法》第52条第（5）项规定的给他人注册商标专用权造成其他损害的行为。我国《反不正当竞争法》及其司法解释规定，擅自使用他人的企业名称，引人误认为是他人的商品的行为属于不正当竞争行为；具有一定的市场知名度、为相关公众所知悉的企业名称中的字号，可以认定为前述的“企业名称”。

中信集团早在1986年就使用“中信”作为其企业名称的简称，并得到国务院办公厅的批准；1990年，中信集团为规范其“中信”字号的使用与管理，专门向国家工商行政管理局致函，请求在企业注册、年检中审核其企业名称中的“中信”字号的使用是否经过其许可，国家工商行政管理局支持其请求并要求下属各工商部门积极配合办理。综合本案其他事实可以认定，中信集团早在1980年代就开始使用“中信”作为其字号的一部分，并一直注意保护其“中信”字号的权益，其“中信”字号经过长时间的使用、宣传已经具有较高的知名度，原审判决关于中信集团于2002年变更企业名称时才将“中信”作为字号、中信集团使用“中信”字号晚于顺德中信家具公司企业名称注册时间的认定是错误的，本院予以纠正。

1996年，中信集团将“中信”作为商标在全部商品和服务类别上注册。1999年12月29日，中信集团的第847836号“中信”商标被商标局认定为金融服务类上的驰名商标，此后北京、成都、贵阳等地法院的判决也将其认定为驰名商标。本案中顺德中信家具公司和蓝景丽家公司对该商标为金融服务类上的驰名商标并无异议，因此中信集团关于其“中信”商标应认定为驰名商标的主张有事实和法律依据，本院对此予以确认。

驰名商标的认定实际是对商标权人的商标为相关公众广为知晓这一事实状态的确认。驰名商标的事实状态是一个持续的过程，并非在某一时间点突然发生的事实，因此不能仅因商标局在1999年12月29日作出认定“中信”商标驰名的通知就认为在1999年12月29日之前“中信”商标就不构成驰名商标，相关公众对该商标的知名度和影响力就不知晓也不应当知晓。因此，在中信集团的“中信”商标被认定为驰名商标之前大约半年的时间，即顺德中信家具公司注册成立时，中信集团的“中信”商标也应处于驰名状态，原审法院以中信集团未举证证明在顺德中信家具公司注册时中信集团的商标已经处于驰名状态为由，作出中信集团主张驰名商标跨类保护缺乏事实和法律依据的认定是错误的，本院对此予以纠正。

由于中信集团的“中信”字号在顺德中信家具公司注册成立时已经具有较高的知名度，其“中信”商标也已经达到驰名商标的状态，中信集团的经营、投资业务遍及多个不同领域，因此顺德中信家具公司在其企业名称中注册、使用“中信”，容易使人误解其所生产、销售的商品来自中信集团，因此构成擅自使用他人企业名称的不正当竞争行为。对于原审判决以顺德中信家具公司法定代表人的父亲名字为陈中信而作出的其将“中信”作为企业名称的一部分注册、使用有正当理由的认定，本院认为，将姓名作为企业名称的字号注册、使用，同样不得违反诚实信用原则并不得侵犯他人在先的企业名称权，故原审判决的上述认定是错误的，本院予以纠正。中信集团关于顺德中信家具公司注册、使用“中信”字号构成不正当竞争的上诉主张成立，本院对此予以支持。

中信集团自1979年成立以来，除在金融服务类上使用“中信”商标外，亦经营、投资于能源、交通、原材料、化工、建材、机电、轻纺、食品等多个行业，并在所有商品和服务类别上注册了“中信”商标，虽然在家具商品上的“中信”商标被顺德中信家具公司以连续三年停止使用为由撤销，但因中信集团的经营、投资业务遍及多个不同领域，故在金融服务类“中信”商标已达驰名程度的情况下，他人在家具商品上将“中信”作为商标使用，会因中信集团的商业信誉而对相关公众造成误导，使相关公众误认为该家具商品的提供者与中信集团有某种联系，从而对中信集团利益可能造成损害。顺德中信家具公司在其生产、销售的商品、商品包装、销售合同及相关宣传材料上突出使用“中信”、“中信家具”、“香港中信”，尤其是在“中信家具”字样旁加注标记，实际已经将“中信”作为区别商品来源的商标使用，这种使用方式容易使相关公众误认为标注有“中信家具”等字样的商品的提供者与中信集团有某种关联，由此可能造成中信集团利益受损，因此顺德中信家具公司的上述使用行为构成对中信集团“中信”驰名商标专用权的侵犯，应承担相应的民事责任。中信集团关于顺德中信家具公司突出使用“中信”等字样侵犯其驰名商标权的上诉主张有事实和法律依据，本院予以支持。

蓝景丽家公司作为市场开办单位，只是从事提供家具等商品销售场地的经营，并不实际从事商品的销售，故并非本案被控侵权商品的销售者，中信集团也没有证据证明其存在故意为上述侵权行为提供仓储、运输、隐匿等便利条件的行为，因此蓝景丽家公司的行为既不构成侵犯商标专用权，也不构成不正当竞争，与顺德中信家具公司也没有实施共同侵权的故意或过失。中信集团关于蓝景丽家公司为被控侵权商品销售商应与顺德中信家具公司承担连带侵权赔偿责任的上诉主张缺乏事实和法律依据，本院不予支持。

中信集团并未举证证明其商标及企业信誉因顺德中信家具公司的侵权行为受到损害或者可能受到损害，因此对其赔礼道歉、消除影响的上诉主张本院不予支持。

关于中信集团所提请求赔偿其经济损失人民币500万元的主张，因其并未提供其因上述侵权行为所遭受损失或顺德中信家具公司因上述侵权行为所获利润的证据，因此本院将结合侵权行为的性质、程度、顺德中信家具公司从事上述侵权行为的主观心理状态等因素对侵权损害赔偿数额在法定赔偿范围内予以酌定。

综上，原审判决认定事实和适用法律均有错误，本院予以纠正。上诉人中信集团的上诉请求和理由部分成立，本院予以支持。依照《中华人民共和国商标法》第52条第（5）项和第56条第1款、《中华人民共和国反不正当竞争法》第5条第（3）项、最高人民法院《关于审理商标民事纠纷案件适用法律若干问题的解释》第1条第2款和第21条第1款、最高人民法院《关于审理不正当竞争民事案件应用法律若干问题的解释》第6条第1款、《中华人民共和国民事诉讼法》第153条第1款第（3）项之规定，判决如下：

一、撤销北京市第一中级人民法院（2006）一中民初字第11341号民事判决；

二、佛山市顺德中信家具制造有限公司于本判决生效之日起立即停止在其企业名称使用含有“中信”字样的不正当竞争行为；

三、佛山市顺德中信家具制造有限公司于本判决生效之日起立即停止突出使用“中信”等标识的侵犯中国中信集团公司注册商标专用权的行为；

四、佛山市顺德中信家具制造有限公司于本判决生效之日起十日内赔偿中国中信集团公司经济损失人民币5万元；

五、佛山市顺德中信家具制造有限公司于本判决生效之日起十日内赔偿中国中信集团公司合理诉讼支出17 054.58元；

六、驳回中国中信集团公司的其他诉讼请求。

一审案件受理费35 010元，由中国中信集团公司负担15 010元，佛山市顺德中信家具制造有限公司负担20 000元；二审案件受理费46 800元，由中国中信集团公司负担20 000元，佛山市顺德中信家具制造有限公司负担26 800元。

32.“卫水宝 VESBO 及图”商标争议行政纠纷案

——上海东狮实业有限公司诉商标评审委员会、诺维普兰斯特·普兰斯蒂克·圣维蒂克股份公司

原告（原审原告）：上海东狮实业有限公司
被告（被上诉人）：国家工商行政管理总局商标评审委员会
第三人（上诉人）：诺维普兰斯特·普兰斯蒂克·圣维蒂克股份公司
案由：商标争议行政纠纷

原审案号：北京市第一中级人民法院（2006）一中行初字第 597 号
原审合议庭成员：张晓霞、姜庶伟、芮松艳
原审结案日期：2007 年 7 月 18 日
二审案号：北京市高级人民法院（2007）高行终字第 548 号
二审合议庭成员：张冰、莎日娜、钟鸣
二审结案日期：2008 年 10 月 20 日

判决要旨

与被代理人商标相似的争议商标注册使用在相同商品或服务上，或者与被代理人商标相同的争议商标注册使用在类似商品或服务上，或者与被代理人商标相似的争议商标注册使用在类似商品或服务上，均可依据《商标法》第 15 条的规定予以撤销。

起诉与答辩

原告上海东狮实业有限公司（以下简称东狮公司）诉称：（1）第 1386699 号“卫水宝 VESBO 及图”商标（以下简称争议商标）与诺维普兰斯特·普兰斯蒂克·圣维蒂克股份公司（以下简称诺维普兰斯特有限公司）“VESBO 及图”商标不构成相同、类似商品上的近似商标。①没有证据证明两商标各自使用的商品构成相同、类似商品。依据《类似商品和服务区分表》，争议商标指定使用的商品是国际分类第 19 类“非金属水管”，诺维普兰斯特有限公司的产品为国际分类第 11 类管道（水暖装置）等，该公司在中国以及国外的商标也都是注册在国际分类第 11 类上。从《类似商品和服务区分表》来看，

“非金属管道”与“管道（水暖装置）”并不属于类似商品。从商品的功能、特点、销售渠道等方面分析，争议商标与“VESBO及图”商标各自使用的商品也不相同或类似。②争议商标与“VESBO及图”商标不构成近似商标。没有证据证明两商标会使相关公众对商品的来源产生误认。争议商标是一个中英文及图形组合商标，其中中文“卫水宝”十分突出，“VESBO及图”商标是一个英文及图形组合商标，没有中文。在中国，组合商标中汉字部分的显著性要远高于字母和图形部分。“卫水宝”是我公司根据产品特点、功能、用途而独创使用的中文标识，意即“维护自来水纯净的宝”。二者在读音上也存在显著区别。“VESBO及图”商标的申请日期为1999年1月20日，而争议商标在第19类上的申请日期为1998年11月30日，当时“VESBO及图”尚不属于受中国法律保护的商标。（2）我公司没有违反《商标法》第15条的规定。商标评审委员会认定中远贸易（新加坡）有限公司（以下简称中远公司）代理人恶意抢注是错误的。①原注册人中远公司虽曾与诺维普兰斯特有限公司的经销商“CINTO TRADING PTE LTD”之间有过分销关系，但其不是《商标法》第15条所说的代理人或代表人。我公司也不是《商标法》第15条所说的代理人或代表人。②诺维普兰斯特股份公司在国外注册的类别是国际分类第11类，核定使用商品均属于水暖装置、卫生设备的配套管件，没有证据证明诺维普兰斯特有限公司在第19类非金属建筑材料的非金属水管产品上进行过注册。③争议商标始终都不属于诺维普兰斯特有限公司，也就是说不属于“被代理人或被代表人的商标”。“VESBO及图”仅限于国际分类第11类的水暖管件及其他卫生设备的附件，并不影响中远公司在不相类似的第19类上注册并使用争议商标。在我公司申请注册争议商标时，“VESBO及图”不属于《商标法》第15条所指商标，因此商标评审委员会以该条作为法律依据属于适用法律错误。（3）我公司2001年4月14日受让此商标后，投入大量人力物力经营这一品牌，优质产品畅销全国，作为善意的商标受让人，我公司的合法权益应当受到法律保护。此外，东狮公司当庭提出两点新的理由：①诺维普兰斯特有限公司向商标评审委员会提出撤销注册不当申请时未提交任何有关其资质的有效证件，并且该公司在本案诉讼中提交的资质证明中所记载的公司名称与提出撤销注册不当申请时的不一致；②诺维普兰斯特有限公司向商标评审委员会提出撤销注册不当申请的时间是2000年8月，已经超过了《商标评审规则》第59条和第60条规定的一年的期限。综上，请求法院撤销商评字〔2005〕第4697号《关于第1386699号“卫水宝VESBO及图”商标争议裁定书》（以下简称第4697号裁定），维持争议商标注册。

被告商标评审委员会辩称：1. 争议商标注册申请人中远公司属《商标法》

第15条所称的代理人，争议商标注册构成未经授权抢注被代理人商标行为。《商标法》第15条规定源于《保护工业产权巴黎公约》第6条之七的内容，其所指的代理人不仅包括《民法通则》、《合同法》中规定的代理人，也包括基于商事业务往来而可以知悉厂商商标的经销商。东狮公司向我委提交的答辩书及起诉状中均自认中远公司是诺维普兰斯特有限公司的经销商，在东狮公司、诺维普兰斯特有限公司提交的分销协议中也标明了诺维普兰斯特有限公司的"VESBO"商标，据此，我委认定中远公司属《商标法》第15条所指代理人，在未经诺维普兰斯特有限公司授权的情况下，中远公司申请注册争议商标属擅自注册被代理人商标的行为。2. 争议商标与诺维普兰斯特有限公司"VESBO及图"商标构成类似商品上的近似商标。"VESBO及图"是争议商标重要的识别部分，也是诺维普兰斯特有限公司在先使用的具有较强的独创性的商标标志，争议商标汉字"卫水宝"又可视为"VESBO"的音译，争议商标与诺维普兰斯特有限公司"VESBO及图"商标构成近似标志。诺维普兰斯特有限公司的"VESBO及图"商标使用的管道（水暖装置）等商品与争议商标核准使用的非金属水管商品功能、用途、销售渠道等方面较为接近，特别是争议商标原注册人中远公司作为诺维普兰斯特有限公司的代理人，又知悉诺维普兰斯特有限公司"VESBO及图"商标的注册及使用状况，综合考虑上述因素，争议商标与诺维普兰斯特有限公司"VESBO及图"商标已构成相同、类似商品上的近似商标。3. 我委并未否定东狮公司对争议商标的使用，但其对争议商标的使用，并不能够证明争议商标注册的正当性，并不能改变中远公司抢注诺维普兰斯特有限公司商标的事实。针对东狮公司当庭提出的两点新理由，商标评审委员会认为，诺维普兰斯特有限公司委托上海专利商标事务所向商标评审委员会提出撤销注册不当申请，商标评审委员会对此进行了书面审查；关于期限问题，修改前的《商标法》第27条第2款规定"除前款规定的情形外"才适用一年的期限，而本案涉及的争议恰恰属于修改前《商标法》第27条第1款所规定的情形之一，修改前《商标法》对此类申请的提出没有时间上的限制。综上，第4697号裁定认定事实清楚，适用法律准确，请求法院维持第4697号裁定，驳回东狮公司的诉讼请求。

第三人诺维普兰斯特有限公司述称：同意商标评审委员会在第4697号裁定中对于《商标法》第15条的适用，对《商标法》第31条的适用持保留意见。1995年11月，我方授权新加坡卫水宝公司为亚太地区总经销售，并且授权该公司在东南亚对"VESBO"商标进行注册。1998年10月14日，中远公司通过与新加坡卫水宝公司签订协议，成为代理我方"VESBO"产品在上海的独家经销商。该协议还约定中远公司如果发现有人在中国侵犯我公司商标权，要迅速维护我公司商标。但是在该协议签订之后仅一个月，中远公司未经我公司和新加坡卫水宝公司的许可，在中国抢注了争议商标。

原审查明事实

原审法院查明：诺维普兰斯特有限公司企业名称的土耳其文是“NOVA-PLAST PLAST İK SANAY İ VE T İCARET L İM İTED İIRKET İ”，该名称简写为“NOVAPLAST PLAST İK SANAY İ VE T İCARET LTD İT İ.”或“NOVA-PLAST PLAST İK SAN VE T İC LTD. İT İ.”，其曾经使用的注册地址为“Otakç1lar Paşmakç1 Çay1r1 Cad. No. 5 Eyüp/Istanbul”。诺维普兰斯特有限公司2000年8月28日被核准注册的第1439547号“VESBO及图”商标注册证上写明的注册人地址为“OTAKCILAR, PASMAKCI CA RI CAD NO. 5 EYUP 34030 ISTANBUL, TURKEY”。2003年7月24日，诺维普兰斯特有限公司的企业名称变更为“NOVAPLAST PLAST İT İK SANAY İT İ VE T İT İCARET A-NON İT İM Ş İT İRKET İT İ”，即原审第三人诺维普兰斯特股份公司，其企业名称简写为“NOVAPLAST PLAST İT İK SANAY İT İ VE T İT İCARET A. Ş.”，或“NOVAPLAST PLAST İK SANAY İK SAN VE T İK SANAY İCARET A. Ş.”。

1994年5月5日，诺维普兰斯特有限公司在土耳其注册了“VESBO”商标，指定使用商品为塑料管道、管接头等水暖管件；1996年8月12日、1996年9月6日和1997年9月24日，CINTO TRADING PTE LTD分别在新加坡、马来西亚和印度尼西亚注册了“VESBO及图”商标，指定使用商品均为管道、管道配件等水暖管件。

1995年11月1日，诺维普兰斯特有限公司给CINTO TRADING PTE LTD一封授权信，该信中称，诺维普兰斯特有限公司作为在管道、管道配件商品上的“VESBO”注册商标的所有人和制造商，授权CINTO TRADING PTE LTD自1995年11月1日起在亚太地区对“VESBO”商品进行促销并指派分销商。同时，CINTO TRADING PTE LTD也被授权代表诺维普兰斯特有限公司在以上地区注册“VESBO”商标，并代表诺维普兰斯特有限公司进行有关商标争议和其他相关事项。

1998年10月14日，CINTO TRADING PTE LTD与中远公司签订一份分销协议，该分销协议封面突出使用了“VESBO及图”商标，其中“VESBO”右上角有注册标记“®”。该协议约定：CINTO TRADING PTE LTD授权中远公司在中国上海作为VESBO品牌管道及其配件产品的独家分销商；本协议内容并不表示 CINTO TRADING PTE LTD 与中远公司之间存在任何意义上的合伙关系，也不表示中远公司因任何原因为 CINTO TRADING PTE LTD 的代理，分销商无权约束 CINTO TRADING PTE LTD，也不能以 CINTO TRADING PTE LTD 的名义签订合同，不能以任何方式为任何目的制造 CINTO TRADING PTE LTD 的义务。

1998 年 11 月 30 日，中远公司提出争议商标注册申请，该申请于 2000 年 4 月 21 日被核准，核定使用商品为第 19 类非金属水管；该商标于 2001 年 4 月 14 日被核准转让给东狮公司。

2001 年 8 月 24 日，诺维普兰斯特有限公司对争议商标向商标评审委员会提出撤销注册不当申请，主要理由为：（1）诺维普兰斯特有限公司是一家负有盛名的水暖管道设备生产商，“VESBO 及图”商标为其独创，在水管等商品上在包括中国在内的世界多国获得注册；（2）争议商标的原注册人中远公司是诺维普兰斯特有限公司在中国上海地区的分销商，在未经授权的情况，将其“VESBO 及图”商标及“VESBO”音译“卫水宝”作为一个整体即本案争议商标在非金属水管商品上申请注册，违反了 2001 年 10 月 27 日修改前《商标法》第 27 条、《商标法实施细则》第 25 条规定；（3）争议商标与诺维普兰斯特有限公司“VESBO 及图”商标虽然指定使用商品在国际分类上不同，但在功能、用途、销售渠道、消费对象等方面完全相同，两者在市场上共存，势必造成误认误购；（4）东狮公司是中远公司在上海的销售代理商，且曾意欲串通中远公司高价向诺维普兰斯特有限公司转让争议商标，争议商标的注册具有明显恶意；（5）诺维普兰斯特有限公司长期使用“卫水宝”商标。综上，请求商标评审委员会撤销争议商标注册。

东狮公司在商标评审委员会答辩的主要理由为：（1）争议商标核准使用商品与诺维普兰斯特有限公司产品不类似。诺维普兰斯特有限公司产品为管道（水暖装置）等，其第 1439547 号商标指定使用商品也正是国际分类第 11 类商品，而争议商标仅使用于非金属水管。两者在使用商品上有质的区别。（2）中远公司固然与诺维普兰斯特有限公司的经销商“CINTO TRADING PTE LTD”有代理关系，但代销产品仅限于第 11 类水暖管件，而不是第 19 类商品。（3）诺维普兰斯特有限公司在国外注册的“VESBO 及图”系列商标核定使用商品为卫生设备用水管、水暖管件等商品，从未在第 19 类非金属水管上申请注册，且其在争议商标注册前从未生产非金属水管。此外，诺维普兰斯特有限公司“VESBO 及图”商标也仅在少数国家注册，谈不上享有盛名。（4）诺维普兰斯特有限公司从未使用过“卫水宝”商标。（5）争议商标经东狮公司宣传使用已具有一定知名度，并得到有关政府部门、广大用户的认可。综上，请求商标评审委员会维持争议商标注册。

2006 年 1 月 4 日，商标评审委员会作出第 4697 号裁定，该裁定认定了如下事实：（1）争议商标系由中远公司 1998 年 11 月 30 日申请并被商标局核准注册，注册号为 1386699，并于 2001 年转让于东狮公司。（2）在争议商标申请注册前，中远公司曾作为诺维普兰斯特有限公司代理商“CINTO TRADING PTE LTD”产品在上海地区的分销商代销诺维普兰斯特有限公司的“VESBO 及图”水暖管道，东狮公司承认这一事实，据此，可以确认中远公司作为诺维普兰斯特有限公司“VESBO 及图”水暖管道产品的代理商。（3）诺维普兰斯特有限公司自 1991 年在第 11 类水管等商品上在土耳其等国申请并获准注册“VESBO 及图”系列商标。（4）东狮公司使用争议商标的管材于 2001 年 8 月 20 日被上海市卫生局批准为涉及饮用水卫生安全的国产产品、2003 年被上海市建设和管理委员会认定为上海市建设工程准用材料。

商标评审委员会第 4697 号裁定据此认为：诺维普兰斯特有限公司请求依据修改前的《商标法》第 27 条、《商标法实施细则》第 25 条规定撤销争议商标，结合当事人的陈述，上述内容体现在现行《商标法》第 15 条、第 31 条规定之中。因此，本案焦点问题在于：（1）争议商标是否属于代理人未经被代理人授权擅自注册被代理人商标的行为；（2）争议商标是否属于以不正当手段抢先注册他人已经使用并有一定影响的商标。“VESBO 及图”是争议商标重要的识别部分，也是诺维普兰斯特有限公司在先使用的具有较强独创性的商标标志，争议商标汉字“卫水宝”又可视为“VESBO”的音译，争议商标与诺维普兰斯特有限公司“VESBO 及图”商标构成近似标志。诺维普兰斯特有限公司的“VESBO 及图”商标使用的管道（水暖装置）等商品与争议商标核准使用的非金属水管商品在功能、用途、销售渠道等方面较为接近，特别是争议商标原注册人中远贸易（新加坡）有限公司（简称中远公司）又知悉诺维普兰斯特有限公司“VESBO 及图”商标的注册及使用状况，综合考虑上述因素，争议商标与诺维普兰斯特有限公司“VESBO 及图”商标已构成相同、类似商品上的近似商标。中远公司作为诺维普兰斯特有限公司的代理商，亦即现行《商标法》第 15 条所指的代理人，在知悉诺维普兰斯特有限公司“VESBO 及图”商标的注册使用状况且未得到诺维普兰斯特有限公司授权的情况下，于 1998 年 11 月申请注册与被代理人诺维普兰斯特有限公司商标近似的争议商标属现行《商标法》第 15 条所禁止的代理人恶意抢注行为。东狮公司证据 5、6 仅仅能够证明其使用争议商标的事实，并不能够证明争议商标注册的正当性，并不能改变中远公司抢注被代理人商标的事实。现行《商标法》第 31 条所指的以不正当手段抢先注册他人已经使用并有一定影响商标的情形，是指商标注册申请人采取了不正当手段在相同或类似商品上抢先注册了他人已经使用并在市场上具有较高知名度的商标标识或与该商标标识相近似标识的行为。本案中，诺维普兰斯特有限公司未提供证据证明相关公众对其“VESBO 及图”商标的知悉情况、该商标的使用范围、宣传工作的时间、方式及其他使该商标产生影响的因素，亦即诺维普兰斯特有限公司有关其“VESBO 及图”商标已构成“已经使用并有一定影响的商标”的主张缺乏事实根据。因此，诺维普兰斯特有限公司关于争议商标是东狮公司抢先注册其已经使用并有一定影响的商标的主张，商标评审委员会不予支持。综上，争议商标属于未经授权代理人注册被代理人的商标，争议商标应予撤销。依据现行《商标法》第 15 条、第 41 条第 2 款、第 43 条规定，商标评审委员会裁定，争议商标予以撤销。

另查，诺维普兰斯特股份公司在商标评审阶段向商标评审委员会提交了东狮公司于 2000 年 8 月 2 日给其的一封信函及信函所附的商标转让协议书，该信函及所附协议书的主要内容是：中远公司将本案争议商标转让给 NOVAPALST Co.，Ltd，并由后者支付转让补偿费 10 000 美元；同时 NOVAPALST Co.，Ltd 授权东狮公司上海地区 10 年的独家代理销售商资格，NOVAPALST Co.，Ltd 在授权期限内不得以任何理由终止授权。东狮公司承认该信函及其附件由其作出。

原审审理结果

原审法院认为：

一、有关诺维普兰斯特股份公司的身份

诺维普兰斯特有限公司于 2001 年 8 月委托上海专利商标事务所向商标评审委员会提出撤销争议商标申请，并向商标评审委员会递交了相关授权委托书；2003 年 7 月诺维普兰斯特有限公司的名称变更为诺维普兰斯特股份公司。现诺维普兰斯特股份公司向本院提交了经过公证认证的合法资质证明和委托代理手续，经过该公司合法授权的委托代理人到庭参加诉讼并认可诺维普兰斯特有限公司委托上海专利商标事务所参与的撤销争议商标的行为，因此，商标评审委员会受理诺维普兰斯特有限公司提出的撤销争议商标申请并无不当。东狮公司不服第 4697 号裁定向本院提起行政诉讼，原行政裁定程序中的对方当事人出现名称变更，即应以变更后的名称参加行政诉讼，诺维普兰斯特股份公司是本案诉讼适格第三人。

二、诺维普兰斯特有限公司提出撤销争议商标申请是否超过期限

修改前的《商标法》第 27 条第 1 ~ 2 款规定：“已经注册的商标，违反本法第八条规定的，或者是以欺骗手段或者其他不正当手段取得注册的，由商标

局撤销该注册商标；其他单位或者个人可以请求商标评审委员会裁定撤销该注册商标；除前款规定的情形外，对已经注册的商标有争议的，可以自该商标经核准注册之日起一年内，向商标评审委员会申请裁定”。《商标评审规则》第59条第2~3款规定：“当事人就商标法修改决定施行时注册已满一年的商标产生争议，向商标评审委员会申请评审的，适用修改前商标法第二十七条第二款规定的提出申请的期限处理；当事人就商标法修改决定施行时注册不满一年的商标产生争议，向商标评审委员会申请评审的，适用修改后商标法第四十一条第三款规定的提出申请的期限处理；有关单位或者个人在商标法修改决定施行前依照修改前商标法第二十七条及其实施细则第二十五条的规定提出评审申请，属于修改后商标法第十三条、第十五条、第十六条和第三十一条规定情形的，不适用修改后商标法第四十一条第二款规定的提出评审申请的期限规定。”最高人民法院在《关于审理商标案件有关管辖和法律适用范围问题的解释》中亦作出了性质相同的规定。

结合本案事实，诺维普兰斯特有限公司在2001年8月24日向商标评审委员会提出撤销争议商标申请时修改后的《商标法》尚未施行，其依据的修改前《商标法》第27条、《商标法实施细则》第25条提出的请求相应体现在现行《商标法》第15条、第31条规定之中，符合上述《商标评审规则》第59条第3款规定的不适用修改后《商标法》第41条第2款规定的提出评审申请期限规定的情形。争议商标的核准注册日期为2000年4月21日，距现行《商标法》施行之日的2001年12月1日注册已满一年，应当适用修改前《商标法》第27条第2款规定的提出申请的期限处理，但修改前《商标法》第27条第2款对于第1款中“以欺骗手段或者其他不正当手段取得注册的”的情形所提商标争议申请未作时间上的限制，而诺维普兰斯特有限公司向商标评审委员会提出撤销争议商标所涉及的理由正好属于“以欺骗手段或者其他不正当手段取得注册的”情形之一。综上，诺维普兰斯特有限公司提出撤销争议商标申请没有超过期限。

三、争议商标的注册是否违反现行《商标法》第15条的规定

《商标法》第15条规定，未经授权，代理人以自己的名义将被代理人的商标进行注册，被代理人提出异议的，不予注册并禁止使用。同理，代理人未经授权以自己的名义将与被代理人商标近似的商标在类似商品上进行注册的行为，同样违反诚实信用原则，侵害了被代理人的合法权益，亦应视为代理人恶意抢注的行为，被代理人提出异议的，仍应适用《商标法》第15条的规定进行处理。

首先，争议商标中的“VESBO及图”部分与诺维普兰斯特股份公司自

1991 年在土耳其等国申请并获准注册“VESBO 及图”系列商标中的相关部分从图形到“VESBO”的字母与排列顺序完全相同，而争议商标中的汉字部分“卫水宝”又与“VESBO”谐音，在呼叫上容易被理解为“VESBO”的音译。因此，商标评审委员会认为争议商标与诺维普兰斯特股份公司的“VESBO 及图”构成近似并无不当。

其次，争议商标核准使用的非金属水管商品与诺维普兰斯特股份公司“VESBO 及图”商标使用的管道（水暖装置）等商品相比，考虑生产及销售渠道、销售对象、功能用途等实际情况，商标评审委员会认为二者被核定使用的商品系类似商品并无不当。

再次，虽然东狮公司在本案中仅承认争议商标原注册人中远公司在争议商标申请注册前曾与诺维普兰斯特有限公司的经销商“CINTO TRADING PTE LTD”之间有过分销关系，而不承认其系《商标法》第 15 条规定的代理人，但在对代理关系进行界定时，应当结合《商标法》第 15 条的立法目的，即制止代理人违反诚信原则的恶意抢注行为，进行解释。因此界定的核心应当是一方是否存在利用双方业务往来中知悉的对方商标注册及使用状况而未经授权进行抢注的行为。因此符合上述界定核心的经销商或分销商亦属于《商标法》第 15 条规定的代理人。商标评审委员会认为中远公司系诺维普兰斯特有限公司的代理商并无不当。

综上，商标评审委员会认为中远公司利用其在与诺维普兰斯特有限公司及其代理人之间业务往来中知悉的“VESBO 及图”商标的注册使用状况，未经授权申请注册争议商标属于《商标法》第 15 条所禁止的代理人恶意抢注行为，并无不当。

四、虽然诺维普兰斯特股份公司在本案庭审过程中表示对于第 4697 号裁定中有关《商标法》第 31 条的适用持保留意见，但鉴于其并未在法定期限内就此提起行政诉讼，本院对此不予审理

综上依照《中华人民共和国行政诉讼法》第 54 条第（1）项之规定，判决：维持商标评审委员会第 4697 号裁定。

东狮公司不服原审判决，提起上诉，请求撤销原审判决并依法改判。其主要理由是：（1）诺维普兰斯特有限公司和诺维普兰斯特股份公司在本案中使用了多个外文名称，其不能证明两者为同一主体；（2）诺维普兰斯特有限公司仅在土耳其注册过“VESBO”商标，从未注册过“VESBO 及图”商标，在新加坡、马来西亚等国注册“VESBO 及图”商标的是 CINTO TRADING PTE LTD，因此诺维普兰斯特有限公司对“VESBO 及图”不享有任何权利，不能提起本案商标争议申请；（3）原审判决认定“卫水宝”是“VESBO”的音译

没有依据；（4）争议商标核定使用的商品非金属水管与诺维普兰斯特有限公司实际使用的水暖管件等商品分属不同的类别，原审判决认定两者为类似商品缺乏依据；（5）应根据《民法通则》和《合同法》的规定来对《商标法》第15条中的“代理人”进行界定，而《民法通则》和《合同法》遵循意思自治原则，在CINTO TRADING PTE LTD与中远公司分销协议中已经明确约定双方不存在代理关系的情况下，原审判决认定构成代理关系显属错误；即使是所谓的“代理”，中远公司或东狮公司也不是总代理商，因此不能适用《商标法》第15条；诺维普兰斯特有限公司根本没有“VESBO及图”商标，因此中远公司和东狮公司无从知悉其商标注册和使用状况，更谈不上抢注。

商标评审委员会和诺维普兰斯特股份公司服从原审判决。

二审查明事实

二审法院查明的事实与原审相同。

二审审理结果

二审法院认为：诺维普兰斯特有限公司已于2003年7月24日更名为诺维普兰斯特股份公司，其在本案中所使用的土耳其文企业名称虽有多个，但相互之间只是全称与简称的关系；而且诺维普兰斯特有限公司的名称、注册地址与第1439547号“VESBO及图”商标注册证上的商标注册人名称、地址一致，由此足以认定诺维普兰斯特有限公司与诺维普兰斯特股份公司系同一主体，为“VESBO”、“VESBO及图”商标的在先使用人。上诉人东狮公司关于本案证据不能证明诺维普兰斯特有限公司与诺维普兰斯特股份公司系同一主体的上诉主张缺乏依据，本院不予支持。

诺维普兰斯特股份公司在1994年就在土耳其注册了“VESBO”商标，其于1995年授权CINTO TRADING PTE LTD在亚太地区注册“VESBO”商标并销售“VESBO”品牌商品。随后，CINTO TRADING PTE LTD在新加坡、马来西亚、印度尼西亚等国注册了“VESBO及图”商标，并在与中远公司签订的分销协议上使用了该商标。以上事实足以认定诺维普兰斯特股份公司系“VESBO”、“VESBO及图”商标的实际权利人。上诉人东狮公司关于诺维普兰斯特股份公司不享有“VESBO及图”商标的上诉主张于法无据，本院不予支持。

争议商标中的“VESBO及图”部分与诺维普兰斯特股份公司的“VESBO及图”商标完全相同，争议商标在“VESBO及图”下方所添加的“卫水宝”

汉字并非汉语常用词组，与“VESBO”谐音且与“VESBO”一同使用，因此可以认定为“VESBO”的音译，上诉人东狮公司关于原审判决认定“卫水宝”为“VESBO”的音译缺乏依据的上诉主张不能成立，本院不予支持。

争议商标核准使用商品为非金属水管，诺维普兰斯特股份公司的“VESBO”、“VESBO 及图”商标的实际使用商品为管道、水暖管件等水暖装置，两种商品的功能、用途基本相同，生产部门、销售渠道和销售对象也无太大差异，应当认定为类似商品，上诉人东狮公司关于原审判决认定两商品类似没有依据的上诉主张不能成立，本院不予支持。

我国《商标法》第 15 条规定，未经授权，代理人以自己名义将被代理人的商标进行注册，被代理人提出异议的，不予注册并禁止使用。为制止因特殊经销关系而知悉或使用他人商标的销售代理人违背诚实信用原则、抢注他人商标的行为，本条所规定的“代理人”应当包括总经销（独家经销）、总代理（独家代理）等特殊销售代理关系意义上的代理人；“被代理人的商标”并不限于在我国注册的商标。从 CINTO TRADING PTE LTD 与中远公司签订的分销协议可知，1998 年 10 月 14 日 CINTO TRADING PTE LTD 授予中远公司在中国上海地区作为 VESBO 品牌产品的独家分销商，因此中远公司属于《商标法》第 15 条所规定的代理人；诺维普兰斯特股份公司在土耳其等国注册、使用的“VESBO”、“VESBO 及图”商标已经因分销协议的签订而为其独家经销商中远公司所知悉，因此属于本条所规定的“被代理人的商标”。

至于分销协议中关于中远公司与 CINTO TRADING PTE LTD 不存在代理关系的约定，并不影响中远公司通过与 CINTO TRADING PTE LTD 签订分销协议而知悉“VESBO”、“VESBO 及图”商标的事实。因此，中远公司作为诺维普兰斯特股份公司的代理人，在知悉其“VESBO”、“VESBO 及图”商标后，在类似商品上申请注册与其近似的争议商标，违反了《商标法》第 15 条的规定，原审判决和商标评审委员会第 4697 号裁定对此所做认定是正确的，上诉人东狮公司关于诺维普兰斯特股份公司对“VESBO 及图”商标不享有权利、争议商标的注册不构成恶意抢注、原审判决适用《商标法》第 15 条错误的上诉主张，缺乏依据，本院不予支持。

综上，依照《中华人民共和国行政诉讼法》第 61 条第（1）项之规定，判决如下：

驳回上诉，维持原判。

一审案件受理费 1 000 元，由上海东狮实业有限公司负担；二审案件受理费人民币 100 元，由上海东狮实业有限公司负担。

33. “三星堆 SANXINGDUI 及图形”商标争议行政纠纷案

——四川正联实业有限责任公司诉商标评审委员会、四川金海子文化发展有限公司

原告（原审原告）：四川正联实业有限责任公司
被告（被上诉人）：国家工商行政管理总局商标评审委员会
第三人（上诉人）：四川金海子文化发展有限公司
案由：商标争议行政纠纷

原审案号：北京市第一中级人民法院（2008）一中行初字第 438 号
原审合议庭成员：任进、邢军、郝建欣
原审结案日期：2008 年 7 月 15 日
二审案号：北京市高级人民法院（2008）高行终字第 561 号
二审合议庭成员：张冰、莎日娜、钟鸣
二审结案日期：2008 年 11 月 7 日

判决要旨

争议商标作为商标是否具有显著特征应与具体的商品和服务相联系。三星堆遗址是世界级的文化遗产，也是我国著名的旅游景点。在争议商标核定使用的商品上以“三星堆”文字为标志，直接反映了商品所表现的内容，不易使消费者将其作为商标看待，起不到商标应有的区分商品来源的作用。

起诉与答辩

原告四川正联实业有限责任公司（以下简称正联公司）诉称：商评字［2007］第 11734 号《关于第 1448282 号“三星堆 SANXINGDUI 及图形”商标争议裁定书》（以下简称第 11734 号裁定）认定事实错误。（1）第 1448282 号“三星堆 SANXINGDUI 及图形”商标（以下简称争议商标）是组合商标，具有极强的显著性。商标由文字、拼音和图形三部分组成，图形部分为原告独创，文字部分也是任意商标，与使用的商品无联系，不存在弱化显著性的问题。（2）三星堆文字没有直接反映商品所表现的内容。（3）争议商标经过原告近十年的使用，已经产生较强的显著性。请求法院撤销第 11734 号裁定。

被告国家工商行政管理总局商标评审委员会（以下简称商标评审委员会）辩称：争议商标使用在第6类金属纪念章、青铜制品（艺术品）、普通金属艺术品等商品上。原告处于三星堆遗址所在的广汉市，在争议商标使用的商品中，三星堆文物仿制品，尤其是旅游纪念品占据了很大比重。如在这些商品上仅以“三星堆”文字为标志，则直接反映了商品表现的内容，缺乏应有的显著特征。争议商标尽管还有图形部分，但依一般消费习惯，文字三星堆为相关公众的主要识记和呼叫对象，整体仍缺乏显著特征。综上，请求人民法院维持〔2007〕第11734号裁定。

第三人四川金海子文化发展有限公司（以下简称金海子公司）述称：(1) 三星堆遗址是国家重点文物保护单位，在20世纪80年代即驰名中外。原告将三星堆文字作为注册商标，不能区别其相应的商品来源。(2) 原告利用所注册的第1448282号商标，妨碍包括第三人在内的众多单位、公司正常使用三星堆名称。综上，请求法院维持第11734号裁定。

原审查明事实

原审法院查明：1999年2月4日，正联公司向国家工商行政管理总局商标局（以下简称商标局）申请注册“三星堆 SANXINGDUI 及图形”商标（即争议商标），2000年9月21日经商标局核准注册，核定使用商品为第六类金属纪念章、青铜制品、普通金属小雕像等商品上。

正联公司在评审程序中提交的证据包括：正联公司及其关联公司四川广汉三星堆艺术品有限公司对争议商标的使用情况，其中包括公司部分旅游商品的获奖情况等。

金海子公司在评审程序中提交的证据包括：正联公司妨碍金海子公司正常使用三星堆名称的证据，包括相关报纸的报道和广汉市人民政府广府发(2005) 34号文件等。

商标评审委员会于2007年12月10日作出第11734号裁定，该决定认为：“三星堆”作为商标是否具有显著特征应与具体的商品和服务相联系，从被申请人提供证据看，争议商标使用的商品中，旅游纪念品占据很大比重，在这些商品上仅以“三星堆”文字为标志，直接反映了商品所表现的内容，不易使消费者将其作为商标看待，无法起到商标应有的区分商品来源的显著特征。依据《商标法》第11条第1款第（3）项、第41条第1款和第43条的规定，裁定撤销争议商标。

在原审庭审过程中，正联公司认可三星堆遗址作为世界级文化遗产具有较高的知名度，但认为景区本身的知名度与是否可以注册为商标使用没有关联性，现实生活中存在具有很高知名度的词语作为商标使用的现象。争议商标属于任意商标，即采用社会上任意现有的词汇作为商标，而并未直接显示原告商品的特征，故可以作为商标使用。商标评审委员会认为，争议商标不属于任意商标，其指向性很明确。在审查将景区名称申请为注册商标所产生的商标争议案件时，如果注册商标所有人在使用时妨碍了他人正常使用景区名称，则不符合《商标法》的原则，应当予以撤销。

原审审理结果

原审法院认为：三星堆遗址属于世界级的文化遗产，在全世界享有很高的知名度。正联公司在第六类金属纪念章、青铜制品、普通金属小雕像等商品上申请包含“三星堆”字样的争议商标，容易使消费者误认为其商品为仿制三星堆出土文物的商品，加之正联公司地处三星堆遗址所在地四川省广汉市，更易使消费者产生误认。正联公司提交的使用争议商标的证据不足以证明其使用行为已使争议商标获得了极高的知名度，从而超出了三星堆的本来含义，以至于使公众能够将该争议商标与正联公司紧密关联。故争议商标不易被消费者认作是正联公司的商标，起不到商标应有的区分商品来源的作用，缺乏商标的显著特征，不符合《商标法》第 11 条第 1 款第（3）项的规定。正联公司称争议商标属于任意商标，并未直接显示其商品的特征的理由，缺乏事实依据。商标评审委员会作出的第 11734 号裁定认定事实清楚，适用法律正确，应予维持。依照《中华人民共和国行政诉讼法》第 54 条第（1）项之规定，判决维持商标评审委员会的第 11734 号裁定。

正联公司不服原审判决，提起上诉，请求撤销原审判决及商标评审委员会第 11734 号决定。主要理由为：（1）商标评审委员会漏审上诉人正联公司长期使用争议商标的事实，属程序错误。（2）争议商标为组合商标，由文字、拼音和图形三部分组成，具有极强的显著性。争议商标没有表达上诉人正联公司使用商品的内容、性能、特征、规格，并未直接使用于旅游或者文物上，不会与其他企业生产的此类商品发生混淆。（3）争议商标因长期使用而获得了极高的知名度，已经起到了区分不同商品提供者的作用，具有显著性。

商标评审委员会、金海子公司服从原审判决。

二审查明事实

二审法院查明的事实与原审相同。

二审审理结果

二审法院认为：《商标法》第11条第1款第（3）项规定，缺乏显著特征的标志不得作为商标注册。本案的焦点问题是争议商标是否具有商标的显著特征。争议商标作为商标是否具有显著特征应与具体的商品和服务相联系。本案中，争议商标核定使用的商品为第六类金属纪念章、青铜制品、普通金属小雕像等。而三星堆遗址是世界级的文化遗产，也是我国著名的旅游景点。在争议商标核定使用的商品上以“三星堆”文字为标志，则直接反映了商品所表现的内容，不易使消费者将其作为商标看待，起不到商标应有的区分商品来源的作用，即“三星堆”文字用于争议商标所指定使用的商品，缺乏应有的显著特征。争议商标尽管由文字“三星堆”、拼音“SANXINGDUI ”及图形组成，但其中文字“三星堆”为主要识记和呼叫对象，故争议商标仍缺乏显著特征。从正联公司提供的其使用争议商标证据看，虽然其对争议商标进行了使用并在一定范围内进行了宣传，但由于三星堆遗址在世界上享有极高的知名度，正联公司提供的证据不能证明其通过使用使争议商标的知名度超出了三星堆遗址本身，使相关公众将争议商标与正联公司相关联。因此，正联公司对争议商标的使用行为没有使争议商标产生第二含义。商标评审委员会第11734号裁定虽然对正联公司提出的争议商标经其长期使用享有一定的知名度的答辩理由没有进行充分评述，但该瑕疵没有影响本案的实体裁定结果。商标评审委员会第11734号裁定及原审判决认定争议商标不具有商标的显著特征正确，本院予以维持。上诉人正联公司认为争议商标具有显著性的上诉理由不能成立，本院不予支持。

综上，依照《中华人民共和国行政诉讼法》第61条第（1）项之规定，本院判决如下：

驳回上诉，维持原判。

一审案件受理费100元，由四川正联实业有限责任公司负担；二审案件受理费100元，由四川正联实业有限责任公司负担。

34. “NEORON 螨代治”商标驳回复审行政纠纷案

——先正达公司诉国家工商行政管理总局商标评审委员会

原告：先正达公司

被告：中华人民共和国国家工商行政管理总局商标评审委员会

案由：商标驳回复审行政纠纷

一审案号：北京市第一中级人民法院（2008）一中行初字第1084号

一审合议庭成员：仪军、周丽婷、王晫

一审结案日期：2008年12月10日

判决要旨

申请商标的显著识别部分作为一个整体构成了本商品的一种常用名称，且表示了本商品的功能、用途，相关公众在看到申请商标时无法辨识商品的提供主体的，不应予以核准注册。

起诉与答辩

原告先正达公司诉称：（1）溴螨酯是一种化工产品的通用名，而螨代治则是原告产品的商品名，被告认定螨代治是溴螨酯的常用名称，属认定事实错误，其援引《商标法》第11条第1款第（1）项属于适用法律错误。（2）申请商标“NEORON 螨代治”是一个臆造词，没有固定的含义，公众看到申请商标，并非不需要通过想象、思考和感觉就了解其指的是杀虫剂，因此申请商标并没有直接表示商品的特点，另外，先正达公司在商标复审程序中已请求对申请商标中的“螨”和“治”分别放弃专用权，仅要求保护中英文组合“NEORON 螨代治”的专用权。因此该申请商标不属于《商标法》第11条第1款第（2）项所称的不得注册的商标。综上，商标评审委员会作出的［2007］第5681号决定认定事实错误，适用法律不当，请求人民法院依法予以撤销。

被告商标评审委员会答辩坚持认为：螨代治是溴螨酯的常用名称，使用于杀虫剂等商品，表示了商品的功能特点，属于《商标法》第11条第1款第（1）～（2）项规定的不得作为商标注册的标志，［2007］第5681号决定认定事实清楚，证据充分，适用法律正确，请求人民法院予以维持，并判令由原告

承担本案的诉讼费用。

一审查明事实

一审法院查明：2002 年 11 月 8 日，先正达公司向中华人民共和国国家工商行政管理局商标局（以下简称商标局）提出“NEORON 螨代治”商标（以下简称申请商标）注册申请，申请使用的商品为第 5 类：杀害虫剂、杀真菌剂、除草剂、杀虫剂，申请号为 3363017。

2004 年 2 月 5 日，商标局发出“商标驳回通知书”，以申请商标直接表示商品的功能特点为由驳回了申请商标的注册申请。

2004 年 3 月 2 日，先正达公司向商标评审委员会提出复审申请，请求核准申请商标的注册，并明确表示对申请商标中的“螨”和“治”分别放弃专用权，仅要求保护中英文组合“NEORON 螨代治”的专用权。理由是：申请商标是一个无含义的独创性标识，并未仅仅直接表示商品的功能特点。在审查申请商标时，应当将“螨代治”视为一个整体组合，而不是割裂开的“螨”、“代”、“治”三个字。申请商标的字母部分“NEORON”已经取得了注册，表明其对商品没有描述性，而中文部分“螨代治”在表达含义方面是间接的、暗示性的，并未仅仅且直接表示了商品的功能特点，因此，从申请商标整体来看，并未违反《商标法》第 11 条第 1 款第（2）项的规定。

2007 年 8 月 22 日，商标评审委员会作出〔2007〕第 5681 号决定。该决定认定：NEORON 螨代治是“溴螨酯”的常用名称，而溴螨酯（英文通用名 bromopropylate）是一种广谱、长效、低毒杀螨剂，对害螨具有强烈触杀作用，无内吸性，对成螨、幼螨、卵都有杀伤作用。先正达公司申请注册申请商标“NEORON 螨代治”使用于杀虫剂等商品，表示了商品的功能特点，属于不得作为商标注册的标志。依据《商标法》第 11 条第 1 款第（1）～（2）项之规定，商标评审委员会决定驳回申请商标的注册申请。

商标评审委员会提交了下列证据证明螨代治是溴螨酯的常用名称：

（1）王箴主编《化工辞典》，化学工业出版社 2000 年 8 月第四版，第 1014～1015 页，其中在“溴螨酯”词条中写道“又称螨代治。为低毒杀螨剂。触杀性较强，无内吸性，对成螨、若螨和卵均有一定的杀伤作用。”

（2）周公度主编《化学辞典》，化学工业出版社 2004 年 4 月第一版，第 754～755 页，其中在“溴螨酯”词条中写道“又名螨代治。杀螨谱广，持效期长，触杀性较强，无内吸性，对成螨、若螨和卵均有一定的杀伤作用。”

（3）朱洪法主编《实用化工辞典》，金盾出版社 2004 年 12 月第一版，第 752～753 页，其中在“溴螨酯”词条中写道“又名螨代治。”

（4）百度网站（网址为 www. baidu. com）搜索页面的打印件若干，其中部分搜索结果显示“螨代治”又叫“溴螨酯”。

先正达公司提交了下列证据证明其主张：

（1）农业部农药检定所主编《农药管理信息汇编》，中国农业出版社2007年2月第一版，第32页，先正达公司称通过该页页角的显示可证明农药名称、商品名、通用名三者是不同的。

（2）农业部2005年8月29日向申请单位“瑞士先正达作物保护有限公司”颁发的农药登记证，其中农药名称一栏显示“500克/升溴螨酯乳油（螨代治）”，农药通用名一栏显示“溴螨酯/bromopropylate”，先正达公司称该证据表明螨代治是商品名称而非通用名称。

（3）张敏恒主编《新编农药商品手册》，化学工业出版社2006年9月第一版，第345～347页及第440～441页。先正达公司称该证据显示“50%溴螨酯乳油”的商品名称为“螨代治”。“溴螨酯”的其他中文名称如“新灵”也是注册商标，且“百树得”、“保得”等其他农药的中文名称也都是注册商标。

（4）包括“新灵”、“保得”等商标在内的商标注册公告若干份。

一审审理结果

一审法院认为：根据《商标法》第11条的规定，仅有本商品的通用名称、图形、型号的，或仅仅直接表示商品的质量、主要原料、功能、用途、重量、数量及其他特点的，或缺乏显著特征的，不得作为商标注册。

申请商标由英文“NEORON”及中文“螨代治”组合而成，其中中文部分为申请商标的显著识别部分。根据出版时间早于申请商标申请注册时间的《化工辞典》的有关记载，“螨代治”系“溴螨酯”（一种杀螨剂）的又一称呼。可见，在申请商标申请注册之时，有关专门性辞典已经将“螨代治”收录为“溴螨酯”的常用名称。同时，2004年4月出版的《化学辞典》、2004年12月出版的《实用化工辞典》中也均提到“溴螨酯”又名“螨代治”，这也印证了“螨代治”已成为“溴螨酯”的常用名称这一事实。综合以上证据，可以认定“螨代治”已经构成被相关领域内普遍采用的一种杀螨剂的通用名称，其指定使用于第5类杀害虫剂等商品上，不符合《商标法》第11条第（1）项对申请商标可注册性的规定。

同时，“螨代治”作为指定使用于第5类杀害虫剂等商品上的商标，其中的“螨”表示了本商品作用的对象，“治”表示了本商品作用的方式，“螨代治”作为一个整体表示了本商品的功能、用途，即针对螨虫的治疗，因此申请商标也不符合《商标法》第11条第（2）项对申请商标可注册性的规定。

综上，“螨代治”作为一个整体构成了本商品的一种常用名称，且表示了本商品的功能、用途，相关公众在看到申请商标时无法辨识商品的提供主体，因此申请商标不应予以核准注册。原告关于放弃对申请商标中的“螨”和“治”的专用权的主张，与本案中商标评审委员会评价申请商标的可注册性无直接关联，其不足以使申请商标作为一个整体产生显著性。因此原告关于在放弃对申请商标中的“螨”和“治”的专用权，仅要求保护中英文组合“NEORON 螨代治”的专用权的情况下，申请商标可以获准注册的起诉理由不能成立。另外，原告关于“溴螨酯”的其他中文名称如“新灵”也是注册商标，“百树得”、“保得”等其他农药的中文名称也均为注册商标的主张，与本案中申请商标能否获准注册没有直接关联，对其该主张不予支持。

综上，原告的诉讼请求缺乏事实与法律依据，不予支持。被告作出的［2007］第 5681 号决定审查程序合法，认定事实清楚，适用法律正确，依法应予维持。依照《中华人民共和国行政诉讼法》第 54 条第（1）项之规定，判决如下：

维持被告中华人民共和国国家工商行政管理总局商标评审委员会作出的商评字〔2007〕第 5681 号《关于第 3363017 号“NEORON 螨代治”商标驳回复审决定书》。

一审案件受理费 100 元，由先正达公司负担。

各方当事人均服从一审判决。

35. “石蛤蟆及图”商标争议行政纠纷案

——罗芝诉商标评审委员会、山东石蛤蟆餐饮娱乐有限公司

原告（原审原告）： 罗芝
被告（被上诉人）： 国家工商行政管理总局商标评审委员会
第三人（上诉人）： 山东石蛤蟆餐饮娱乐有限公司
案由： 商标争议行政纠纷

原审案号： 北京市第一中级人民法院（2007）一中行初字第628号
原审合议庭成员： 仪军、侯占恒、刘元霞
原审结案日期： 2007年9月20日
二审案号： 北京市高级人民法院（2008）高行终字第716号
二审合议庭成员： 张冰、莎日娜、钟鸣
二审结案日期： 2008年12月16日

判决要旨

明知“石蛤蟆水饺”是当地名吃、有较高知名度且未在餐饮服务上注册后，抢先在餐馆等服务上注册争议商标，侵害了引证商标在历史上积累的良好信誉，违反了《商标法》第31条的规定。

起诉与答辩

原告罗芝诉称：（1）商标评审委员会关于山东石蛤蟆餐饮娱乐有限公司（以下简称石蛤蟆餐饮公司）属于适格申请撤销争议商标的主体的认定是错误的。2001年3月，博山饭店有限公司以伪造转让人公章的手段，假冒已被注销的国有企业“博山饭店”的名义，办理了第1017307号“石蛤蟆”商标（以下简称引证商标）的转让手续。2004年4月，博山饭店有限公司又将引证商标转让给了石蛤蟆餐饮公司。因此，石蛤蟆餐饮公司以非法手段受让引证商标，不是合法的权利受让人，其不具备申请撤销第1352399号“石蛤蟆及图”商标（以下简称争议商标）的主体资格。（2）石蛤蟆餐饮公司提出撤销争议商标申请已经超过法定期限。2001年12月1日新修订的《商标法》实施时，争议商标注册已满一年。根据相关法律规定，第三人提出撤销争议商标申请的

时间已超过法律规定的期限。商标评审委员会在期限的认定方面存在适用法律错误。(3) 商标评审委员会关于石蛤蟆餐饮公司在先使用“石蛤蟆”服务商标的认定与事实不符。我方在申请注册争议商标之前，博山饭店没有注册、使用这一服务商标。石蛤蟆餐饮公司提出的证据，不能证明引证商标用于餐饮服务方面。综上，请求判令撤销商评字〔2007〕第 0642《关于第 1352399 号“石蛤蟆及图”商标争议裁定书》(以下简称第 0642 号裁定)，由商标评审委员会重新作出评审裁定。

被告商标评审委员会辩称：引证商标的转让行为是否合法不属于我委审查范围，罗芝以引证商标的转让行为无效为由提起的行政诉讼已经被法院裁定驳回。罗芝注册争议商标的行为违反诚实信用原则，已构成以不正当手段将他人已经使用并有一定影响的商标抢先注册的情形。且针对违反《商标法》第 41 条第 1 款规定的情形，《商标法》并未限定申请期限。综上，我委认为〔2007〕第 0642 号裁定书认定事实清楚，适用法律正确，请求法院予以维持。

第三人石蛤蟆餐饮公司述称：我公司受让引证商标的行为合法有效，作为该商标的权利人有权就争议商标提出撤销申请。引证商标在商标局注册后一直使用，并无罗芝所指控的注册但不使用的情形。我公司在五年内就罗芝的恶意抢注行为提出异议，并不违反《商标法》关于异议期限的规定。商标评审委员会作出的〔2007〕第 0642 号裁定书认定事实清楚，适用法律正确，请求法院予以维持。

原审查明事实

原审法院查明：石家饭铺开办于 1937 年，位于淄博市博山区河滩，店主石玉璞，从业人数 20 人，以经营水饺出名，是 1956 年前博山区的三家老字号之一。因生意兴隆，遭同行嫉妒，石玉璞被送外号“石蛤蟆”。不过，其生意反倒更加兴隆，“石家饭铺”、“石蛤蟆水饺”成为博山名吃，石玉璞作为“石蛤蟆水饺”的创始人被载入《博山区商业志》。1956 年石家饭铺进行了公私合营改造，并入博山饮食服务公司，石玉璞及其子仍在店内任职。1958 年，石家饭铺在原址重建，同时更名博山饭店。“文化大革命”期间，“石家水饺”一度断档。1986 年，博山饭店重新开业，为国有企业，并恢复了供应“石蛤蟆水饺”。1992 年，博山饭店在当年台历上对“石家水饺”进行了宣传，称“石家水饺”历史悠久，古称“石蛤蟆水饺”。在“石蛤蟆水饺”的发展历史中一直采用现包现煮现吃的传统服务方式，并在顾客就餐时送椒汤一碗，以顺应“原汤化原食”的地方民间风俗。

1995 年 11 月 27 日，博山饭店在第 30 类商品上向商标局提出引证商标的注册申请，并于1997年5月28日被核准注册。核定使用商品范围是饺子、小包子、盒饭等。1996年，博山饭店更名为淄博市博山饭店。1998年9月，经博山区人民政府批准，博山区商业总公司下属的博山市博山百货集团有限责任公司（以下简称博山百货集团）对淄博市博山饭店实施兼并。2000年6月，博山百货集团与淄博市博山区热力公司（以下简称热力公司）签订协议，将博山饭店店名及引证商标一并作价转让给热力公司。2000年12月26日，博山饭店有限公司成立。2001年4月26日，热力公司以博山饭店店名及引证商标一并作价转让博山饭店有限公司。2001年4月28日，经商标局核准，引证商标转让给博山饭店有限公司。2003年5月8日，石蛤蟆餐饮公司成立，2004年7月1日，经商标局核准，引证商标转让给石蛤蟆餐饮公司。

博山新建一路福至快餐店成立于1995年3月15日，属个体工商户，业主为罗芝。1998年8月14日，博山新建一路福至快餐店在第42类服务上向商标局提出争议商标注册申请，2000年1月7日，经商标局核准注册。核定使用服务为餐馆、自助餐馆、快餐馆、咖啡馆。

2004年7月5日，罗芝以侵犯商标专用权为由将石蛤蟆餐饮公司诉至山东省淄博市中级人民法院。经该院及山东省高级人民法院两审判决，驳回罗芝的全部诉讼请求。法院生效判决关于“石蛤蟆水饺”及石家饭铺的历史发展沿革及引证商标的注册和转让情况的事实认定与商标评审委员会查明事实一致。此外，2004年6月7日的《鲁中晨报》及9月3日的《淄博晚报》分别刊登文章称，罗芝在接受采访时认为，“石蛤蟆”知名度很大，博山老少三代人都知道“石蛤蟆水饺”，经其了解，“石蛤蟆”服务商标未被保护，因此向有关部门提交了注册申请。

2004年12月30日，石蛤蟆餐饮公司以争议商标不符合《商标法》第28条、第31条、第41条第1款、第2款之规定为由，对争议商标提出撤销注册申请。2007年3月21日，商标评审委员会作出第0642号裁定，该裁定认定：1. 石蛤蟆餐饮公司在第30类商品上注册的引证商标的转让行为是否合法不属于我委评审范围。罗芝以引证商标转让无效为由提起的行政诉讼已被法院裁定驳回。石蛤蟆餐饮公司作为引证商标的所有人，有权依照《商标法》的有关规定提出撤销争议商标的申请。2. 在2001年12月1日现行《商标法》实施时，争议商标注册已满一年。依照商标评审规则及修改前《商标法》的有关规定，石蛤蟆餐饮公司以争议商标与引证商标构成类似商品上的近似商标为由请求撤销争议商标的主张超出法定期限，我委不予支持。但其依照《商标法》第31条、第41条第1款、第2款请求撤销争议商标的申请并未超出法定期限。3. 罗芝系博山区餐饮企业的业主，与引证商标的历史无任何关联。在其明知“石蛤蟆”水饺是当地名吃，有较高知名度且未在餐饮服务上注册后，抢先在餐馆等服务上注册争议商标行为的目的是，借引证商标在历史上积累的良好信誉牟取不当利益。同时，鉴于“石蛤蟆”水饺的知名度及传统经营方式，争议商标在餐馆等服务上的注册和使用，极易使相关公众对其服务来源产生混淆误认。因此，争议商标的注册行为违反了《商标法》第31条的规定。我委对石蛤蟆餐饮公司援引《商标法》第41条第1款规定撤销争议商标的理由不再予以考虑。综上，商标评审委员会依照《商标法》第31条、第41条第2款、第43条之规定，作出〔2007〕第0642号裁定书：对罗芝在第42类餐馆等服务上注册的第1352399号“石蛤蟆及图”商标予以撤销

在本案诉讼过程中，罗芝承认引证商标转让手续从形式上看是完备的。石蛤蟆餐饮公司在庭审中向本院提交了一份证据，用以证明石蛤蟆餐饮公司为中华人民共和国商务部认定的中华老字号。该证据在行政程序中未提交。

原审审理结果

原审法院认为：

一、关于石蛤蟆餐饮公司在本案诉讼过程中提供的证据应否采信

依照我国《行政诉讼法》第5条的规定，人民法院审理行政案件，对具体行政行为的合法性进行审查。本案为罗芝不服商标评审委员会作出的〔2007〕第0642号裁定书提起的行政诉讼，故本院应当就该裁定书是否具备事实和法律依据进行审查。石蛤蟆餐饮公司在行政程序中未提交而在本案诉讼过程中提供的证据，因不是商标评审委员会作出〔2007〕第0642号裁定书的依据，不应作为本院审查其作出该裁定是否具备合法性的事实根据，本院对于石蛤蟆餐饮公司在本案诉讼过程中新提交的证据不予采信。

二、商标评审委员会关于石蛤蟆餐饮公司属于申请撤销争议商标适格主体的认定是否错误

本院认为，本案审查的具体行政行为系商标评审委员会基于石蛤蟆餐饮公司以争议商标注册不符合《商标法》第28条、第31条、第41条第1款和第2款之规定为由而提出的撤销争议商标申请作出的。对于经商标局核准的热力公司与博山饭店有限公司之间以及博山饭店有限公司与石蛤蟆餐饮公司之间就引证商标的两次转让行为是否合法，以及该行为是否危害罗芝的合法权益问题与本案属不同的法律关系，商标转让审查核准行为系另一个独立的具体行政行为。罗芝对引证商标转让审查的具体行政行为有异议，应通过其他法律途径加以解决。且罗芝在本案中承认引证商标的转让行为从形式上看是合法的，对其提出的转让主体伪造印章、证明材料的主张也未提供相关证据证明。因此，商

标评审委员会关于石蛤蟆餐饮公司有权作为引证商标的合法持有人就争议商标提起撤销申请的认定是正确的，罗芝的上述抗辩理由缺乏事实和法律依据，本院不予支持。

三、石蛤蟆餐饮公司提出撤销争议商标申请的理由是否超过法定期限

《商标评审规则》第99条规定，对《商标法修改决定》于2001年12月1日施行前发生，属于修改后《商标法》第31条所列举的情形，商标评审委员会在《商标法修改决定》施行后进行评审的，依据修改后《商标法》的相应规定进行评审。本案争议商标核准注册于2000年1月7日，而就争议商标提出撤销的时间是2004年12月30日，石蛤蟆餐饮公司提出的撤销理由包括《商标法》第31条所列举的情形，因此商标评审委员会以及修改后《商标法》的相应规定进行评审并无不当。修改后的《商标法》第41条第2款规定："已经注册的商标，违反本法第十三条、第十五条、第十六条、第三十一条规定的，自商标注册之日起五年内，商标所有人或者利害关系人可以请求商标评审委员会裁定撤销该注册商标"。本院认为，基于上述法律规定和查明的事实，石蛤蟆餐饮公司就争议商标不符合《商标法》第31条之规定所提撤销理由，并未超过法定期限，罗芝关于该条撤销理由超出法定期限的抗辩理由缺乏事实和法律依据，本院不予支持。

四、争议商标的申请注册是否构成《商标法》第31条的情形

《商标法》第31条规定，申请注册商标不得损害他人现有的在先权利，也不得以不正当手段抢先注册他人已经使用并有一定影响的商标。基于查明的事实，"石蛤蟆"是当地人给石家饭铺创始人石玉璞所起的绰号。随着石家饭铺及至博山饭店的发展逐渐成为其所经营的水饺品牌，并在博山地区享有较高知名度。"石蛤蟆水饺"作为博山名吃及其创始人石玉璞均被载入当地的历史文献。在石家饭铺及博山饭店的发展历史中，"石蛤蟆水饺"的提供一直采用在店内现包现煮现吃的传统经营方式，并依当地风俗送顾客椒汤一碗。这种传统经营方式使得"石蛤蟆水饺"商品的销售与石家饭铺及博山饭店的餐馆服务密不可分。消费者在购买"石蛤蟆水饺"的同时也必然接受了餐馆所提供的服务。因此，"石蛤蟆"不仅代表了博山饭店提供的水饺食品，也代表了其传统的餐饮服务方式，其在历史发展中所形成的良好商誉也同样及于博山饭店传统的餐饮服务。罗芝经营的博山新建一路福至快餐店系博山区的餐饮单位，与"石蛤蟆"商标的历史没有任何关联。罗芝在明知"石蛤蟆水饺"是当地名吃，享有较高知名度，且未在餐饮服务类进行商标注册的情况下，抢先在餐饮服务类上注册了争议商标，其行为目的在于，借引证商标在历史上积累的良好商誉牟取不当利益。同时，基于引证商标的知名度以及传统的经营方式，争

议商标在餐馆服务类的注册和使用，极易使相关公众对其服务来源产生混淆误认。因此，争议商标的注册已构成《商标法》第31条所规定的，以不正当手段抢先注册他人已经使用并有一定影响的商标的情形。罗芝的抗辩理由缺乏事实和法律依据，本院不予以采信。

依照《中华人民共和国行政诉讼法》第54条第（1）项之规定，判决：维持商标评审委员会第0642号裁定。

罗芝不服原审判决，提起上诉，请求撤销原审判决，撤销商标评审委员会第0642号裁定。其主要理由是：一、石蛤蟆餐饮公司以伪造转让人公章的手段非法办理引证商标转让手续的事实清楚，证据充分，原审判决对此认定事实错误；引证商标的转让是否合法有效决定了石蛤蟆餐饮公司是否为合法的权利继受人，决定了石蛤蟆餐饮公司是否具有提起本案商标争议申请的主体资格，原审判决对此却未予审理。二、石蛤蟆餐饮公司提起本案商标争议申请已经超过了法律规定的自争议商标注册之日起一年的争议期限，因此不应予以审理。三、在引证商标申请之前，在服务领域并无与之相同或者类似商标注册，因此引证商标的注册符合《商标法》的规定。

商标评审委员会和石蛤蟆餐饮公司服从原审判决。

二审查明事实

二审法院查明的事实与原审相同。

二审审理结果

二审法院认为：引证商标的两次转让是否合法已经由山东省淄博市中级人民法院进行了审理，并在该院（2004）淄民三初字第2号民事判决书中有详细的论述，而且该判决已经被山东省高级人民法院（2006）鲁民三终字第4号民事判决所维持，因此商标评审委员会和原审法院对引证商标的转让是否违法未予审理的做法并无不当，罗芝关于商标评审委员会和原审法院应当对此加以审理的上诉理由缺乏事实和法律依据，本院不予支持。

争议商标的核准注册日为2000年1月7日，《商标法修改决定》施行日为2001年12月1日，石蛤蟆餐饮公司对争议商标提起撤销申请是在2004年12月30日，依据的是《商标法》第28条、第31条和第41条第1款，其中《商标法》第31条的撤销理由应适用《商标法》第41条第2款自争议商标注册之日起五年内提起申请的规定，因此商标评审委员会和原审法院依据《商标法》的上述规定对争议商标的注册是否违反《商标法》第31条的规定进行审理的做法并无不当。罗芝关于本案应适用修改前《商标法》第 27 条第 2 款自争议商标核准注册之日起一年内提出的规定的上诉理由系对《商标法》的错误理解，本院对此不予支持。

罗芝系博山区餐饮企业的业主，与引证商标的历史无任何关联，而石蛤蟆餐饮公司是“石蛤蟆”商标和“石蛤蟆水饺”声誉的承继人。争议商标注册在餐馆等服务项目上，引证商标虽未在餐馆等服务项目上注册，但引证商标在历史上一直在餐馆中作为一种特色食品的名称使用，并为当地消费者所熟知，在罗芝明知“石蛤蟆水饺”是当地名吃、有较高知名度且未在餐饮服务上注册后，抢先在餐馆等服务上注册争议商标，其行为侵害了引证商标在历史上积累的良好信誉，因此争议商标的注册违反了《商标法》第 31 条的规定，应予撤销。罗芝关于其注册争议商标时并无他人在先在服务领域使用相同或类似商标的上诉主张缺乏事实和法律依据，本院对此不予支持。

综上，商标评审委员会第 0642 号裁定和原审判决认定事实清楚，适用法律正确，应予维持。罗芝所提上诉请求及其理由均缺乏依据，本院不予支持。依照《中华人民共和国行政诉讼法》第 61 条第（1）项之规定，判决如下：

驳回上诉，维持原判。

一、二审案件受理费人民币各 100 元，均由罗芝负担。

36. “真的好想你 ZHENDEHAOXIANGNI”商标争议行政纠纷案

——郑州市帅龙红枣食品有限公司诉国家工商行政管理总局商标评审委员会、河南省新郑奥星实业有限公司

原告（原审原告）：郑州市帅龙红枣食品有限公司

被告（被上诉人）：国家工商行政管理总局商标评审委员会

第三人（上诉人）：河南省新郑奥星实业有限公司

案由：商标争议行政纠纷

原审案号：北京市第一中级人民法院（2008）一中行初字第146号

原审合议庭成员：彭文毅、佟姝、周云川

原审结案日期：2008年6月20日

二审案号：北京市高级人民法院（2008）高行终字第512号

二审合议庭成员：张冰、莎日娜、钟鸣

二审结案日期：2008年12月16日

判决要旨

《商标法》第41条第1款规定的“以欺骗手段或者其他不正当手段取得注册”涉及的是损害公共秩序或者公共利益的行为，以争议商标的注册损害个人权益为由，依据该款撤销争议商标注册是错误的。

起诉与答辩

原告郑州市帅龙红枣食品有限公司（以下简称郑州帅龙公司）诉称：（1）国家工商行政管理总局商标评审委员会（以下简称商标评审委员会）认定事实不清。首先，郑州帅龙公司在先使用了“真的好想你”商标，其注册第1959227号“真的好想你 ZHENDEHAOXIANGNI”商标（以下简称争议商标）并不存在恶意，也不存在“以欺骗或其他不正当手段取得注册”的事实。其次，“真的好想你”与“好想你”并不构成近似商标。再次，郑州帅龙公司享有“想你”商标在第30类商品上的在先权利。沈阳恒光企业集团有限公司曾于1992年2月在第30类商品上注册了“想你”商标，郑州帅龙公司于2006年5月受让了该商标。因此，郑州帅龙公司享有“想你”商标在第30类

商品上的在先权利。（2）商标评审委员会适用法律错误。①郑州帅龙公司注册争议商标并不存在恶意，商标评审委员会在适用《商标法》第41条的情况下将保护范围扩大到不相同和不相类似的商品上的做法没有法律依据。②争议商标指定使用的第32类商品与河南省新郑奥星实业有限公司（以下简称新郑奥星公司）在先使用的商品不构成类似商品。综上，商标评审委员会适用《商标法》第41条第1款的规定将争议商标予以撤销而作出的商评字［2007］第11503号《关于第1959227号“真的好想你ZHENDEHAOXIANGNI”商标争议裁定书》（以下简称第11503号裁定），在认定事实和适用法律上均存在错误，请求人民法院依法予以撤销。

被告商标评审委员会辩称：首先，郑州帅龙公司提交的证据不足以认定其在先使用了争议商标，在第1945207号“真的好想你”商标争议裁定案中，两审法院均对此作出了明确的事实认定。争议商标“真的好想你”与“好想你”商标主要含义相同，构成近似商标。郑州帅龙公司受让“想你”商标不能证明其申请注册争议商标不存在恶意，与本案没有关联。其次，《商标法》第41条第1款所指的“基于进行不正当竞争、牟取非法利益的目的、恶意进行注册的行为”是指有充分证据证明争议商标注册人明知或应知为他人在先使用的商标而申请注册的行为。该条款是对诚实信用原则的补充，具体到本案，郑州帅龙公司是在知晓新郑奥星公司使用了“好想你”商标的事实之后，申请注册争议商标。果茶、果汁等商品与第三人在先使用的干枣等商品同属于食品加工行业，郑州帅龙公司与新郑奥星公司的实际生产经营状况可能使消费者产生混淆和误认。郑州帅龙公司注册争议商标的行为违反了诚实信用原则，损害了新郑奥星公司的合法权益，争议商标依法应予撤销。综上，第11503号裁定认定事实清楚，适用法律正确，程序合法，请求人民法院予以维持，并判令由原告承担本案的诉讼费用。

第三人新郑奥星公司述称：第11503号裁定认定事实清楚，适用法律正确，程序合法，请求人民法院予以维持。

原审查明事实

原审法院查明：争议商标“真的好想你ZHENDEHAOXIANGNI”由郑州帅龙公司于2001年8月20日向国家工商行政管理总局商标局提出注册申请，被核准注册后的专用期限自2002年12月7日起至2012年12月6日止，商标注册号为1959227，核定使用商品为第32类，包括：果茶（不含酒精）；茶饮料（水）；果汁饮料（饮料）；蔬菜汁（饮料）；酸梅汤；乳酸饮料（果制品，非奶）；矿泉水（饮料）；啤酒；汽水；饮料制剂。

2006年2月21日，新郑奥星公司以郑州帅龙公司注册争议商标的行为违反了《商标法》的相关规定为由，申请商标评审委员会撤销争议商标的注册。为证明其在先使用了与争议商标近似的“好想你”未注册商标，新郑奥星公司向商标评审委员会提交了其生产的“好想你”枣片获“1999年郑州市场畅销品牌”证书复印件及《99年郑州市场畅销品牌集锦》原件。商标评审委员会据此认定新郑奥星公司至少在1999年使用过“好想你”商标。新郑奥星公司对商标评审委员会认定的该使用时间不持异议，郑州帅龙公司对该证据的真实性并无异议，但认为该证据不能证明新郑奥星公司在1999年就使用了“好想你”商标。对于商标评审委员会所认定的“好想你”与“真的好想你”为近似商标这一结论新郑奥星公司不持异议，但郑州帅龙公司不认可二者具有近似关系。

郑州帅龙公司为证明其在先使用了争议商标，向商标评审委员会提交的证据包括六类：

第一类：中牟县卫生防疫站于1998年、1999年出具的编号为“其他30和其他12”的卫生检测结果报告单，郑州帅龙公司在评审程序和本案诉讼过程中均未提交该报告单的原件，新郑奥星公司对该证据的真实性不予认可；

第二类：郑州铁路局中心防疫站出具的编号为“99－0201”的卫生检测结果报告单；

第三类：牟（1999）03号企业产品标准备案书，该备案书的内容均由中牟县郑中楼食品厂的任晓琴负责起草，在该企业标准的第1页中有如下表述：本标准规定了本厂生产的帅龙养颜枣片、帅龙忘不了枣片、帅龙真的好想你枣片产品的技术要求……郑州帅龙公司在商标评审过程中未提交该备案书的原件，在本案诉讼过程中提交了加盖“中牟县质量技术监督局标准化专用章”的复印件；

第四类：郑州车站实业开发总公司及郑州汽车客运总公司出具的自1998年和1999年起销售郑州帅龙公司“真的好想你”枣片的证明；

第五类：中牟县郑中楼食品厂与苍南宏利彩印厂于1999年签订的“真的好想你”枣片盒加工定作合同，郑州帅龙公司在评审程序和本案诉讼过程中未提交该合同的原件，新郑奥星公司对该证据的真实性不予认可；

第六类：国家知识产权局关于撤销第00229971.2号实用新型专利的审查决定书，郑州帅龙公司认可在该决定书中并未出现“真的好想你”的字样。

中牟县郑中楼食品厂成立于1998年3月17日，是一家加工、销售大枣食品的个体工商户，业主为任晓琴，郑州帅龙公司的法定代表人李书团与任晓琴系夫妻关系。2000年7月16日，任晓琴将未注册商标“真的好想你”转让给郑州帅龙公司。在［2006］第3112号裁定中，被告认定中牟县郑中楼食品厂与郑州帅龙公司不是同一主体，但由于郑州帅龙公司受让了中牟县郑中楼食品厂的“真的好想你”商标，因此郑州帅龙公司对中牟县郑中楼食品厂“真的好想你”商标的使用具有延续性。

新郑奥星公司位于郑州市新郑国际机场工业区，经营范围为干鲜果品加工，生产销售蜂蜜、花粉、红枣酒等。郑州帅龙公司位于郑州市中牟县芦医庙工业区，经营范围包括枣制品、果蔬汁等。

2007年12月3日，商标评审委员会作出［2007］第11503号裁定。该裁定认定：“好想你”是新郑奥星公司使用在先的商标，其自1999年来对“好想你”商标进行了持续的使用和宣传，产品质量得到消费者、政府相关部门的认可，并获得了一系列的荣誉，“好想你”品牌在当地已具有一定的知名度，而郑州帅龙公司与新郑奥星公司处于同一地域、从事同一行业，并在其他纠纷中知悉新郑奥星公司的“好想你”商标，理应知晓新郑奥星公司使用“好想你”商标的情况，却在第32类果茶、果汁、茶饮料等商品上注册“真的好想你”商标，由于“真的好想你”与“好想你”文字构成相似，在含义上有递进关系，而争议商标指定使用的商品与新郑奥星公司在先使用的商品具有基本相同的功能、用途、销售渠道，均属于食品加工行业，双方实际生产经营状况可能使消费者产生混淆和误认，郑州帅龙公司的行为违反了诚实信用原则，损害了新郑奥星公司的合法权益，属于《商标法》第41条第1款规定的“以欺骗手段或其他不正当手段取得注册”的行为，争议商标应予撤销。

在本案诉讼过程中，为证明其在先使用了“真的好想你”商标，郑州帅龙公司又补充提交了如下证据：

1. 关于“真的好想你”歌曲的相关网页，为证明郑州帅龙公司注册争议商标的创意来源；

2. （2006）牟证民字第67号《公证书》，为证明中牟县郑中楼食品厂与苍南宏利彩印厂于1999年签订的“真的好想你”枣片盒加工定作合同的真实性；

3. 郑州车站实业开发总公司于2008年2月15日出具的证明及郑州市郑中楼食品厂为郑州铁路分局郑州车站旅客供应站提供的销售发票复印件16张，在编号为豫国字（12）、（99）No.2508720、开票时间为1999年8月25日的发票中，品名规格一栏有“真的好想你枣片”的字样。在编号为豫国字（12）、（99）No.2508730、开票时间为1999年10月27日的发票中，品名规格一栏有“真的好想你枣片”的字样，两张发票均加盖了“郑州市郑中楼食品厂”的椭圆形财务专用章，以证明郑州帅龙公司自1999年起就实际使用了

“真的好想你”商标；

4. 中国建设银行印签卡及户名为“郑州市郑中楼食品厂”的存款明细账5张，以证明中牟县郑中楼食品厂于1998年12月以“郑州市郑中楼食品厂”的户名在中国建设银行开户并实际使用；

5. 中牟县郑中楼食品厂与郑州铁路分局旅客供应总站于1998年7月2日签订的《供销协议》及《广告协议》，以证明中牟县郑中楼食品厂在对外经营中经常使用“郑州市郑中楼食品厂”印章签订合同。上述两份协议中没有出现“真的好想你”商标；

6. 第1426661号及1409062号《核准商标转让证明》，内容为郑州帅龙公司于2006年5月7日合法受让了指定使用在第30类和第32类商品上的图文组合商标“想你”，以证明郑州帅龙公司在第30类和第32类商品上享有“想你”商标的专有使用权。

郑州帅龙公司承认上述证据在商标评审程序中没有提交，亦未就没有提交的原因作出解释。商标评审委员会认为郑州帅龙公司提供的上述新证据不是［2007］第11504号裁定作出的依据，故不应当予以采信，新郑奥星公司亦不认可上述证据在本案当中的证明效力。

郑州帅龙公司在本案庭审过程中进一步明确：其对商标评审委员会对其在商标评审程序中提交的第一、二、六类证据未予认定的做法并无异议，而根据其在诉讼过程补充提交的证据可以证明第三、四、五类证据的真实性。

本院另查明，北京市高级人民法院在2007年6月20日作出的（2007）高行终字第80号终审判决中认定了如下事实：第四类证据郑州汽车客运总公司及郑州车站实业开发总公司出具的两公司分别自1998年和1999年起销售郑州帅龙公司的“真的好想你”枣片的证明，因无其他证据佐证，且1998年和1999年间郑州帅龙公司尚未成立，因此原审判决对该证据不予采信并无不当。诉讼中，郑州帅龙公司提交了两张发票用以证明中牟县郑中楼食品厂在上述时间内使用了“真的好想你”商标、郑州帅龙公司注册使用争议商标是对中牟县郑中楼食品厂使用“真的好想你”商标的延续。上述发票并非商标评审委员会作出裁定的依据，并且经查证上述发票系郑州市国税局销售给案外人陈义心，发票上的印章是“郑州市郑中楼食品厂”，而不是中牟县郑中楼食品厂。郑州帅龙公司虽主张“郑州市郑中楼食品厂”与中牟县郑中楼食品厂系同一主体，但并未提供证据证明。经查证，郑州市境内并无“郑州市郑中楼食品厂”的工商注册资料，上述发票上的印章也没有在公安部门进行备案，原审法院对上述两张发票不予采信的做法并无不当。

原审审理结果

原审法院认为：

一、关于原告使用争议商标与第三人使用“好想你”商标的时间先后

第三人于评审程序中所提交的“好想你”商标获“1999年郑州市场畅销品牌”的获奖证书和《1999年郑州市场畅销品牌集锦》一书，可以证明第三人的“好想你”牌产品在1999年即已经具有了一定的市场知名度，故可以认定第三人的“好想你”未注册商标至少在1999年已经进行了使用。

原告在评审程序中所提交的第一、二、六类证据，由于原告对于被告未予认定的做法不持异议，现亦无相反证据能够推翻上述认定，故本院对于上述证据亦不予采信。

原告在商标评审程序中提交的第三类证据即牟（1999）03号企业产品标准备案书，原告在商标评审程序中并未提交原件且未对未提交的原因向本院作出合理的解释。此外，仅凭由中牟县郑中楼食品厂的工作人员起草的该证据本身而无其他证据佐证的情况下，不能证明原告在备案书中显示的日期即已经实际使用了“真的好想你”商标。原告提交的第四类证据即郑州车站实业开发总公司及郑州汽车客运总公司出具的自1998年和1999年起销售郑州帅龙公司“真的好想你”枣片的证明，首先，仅凭原告所提供的销售证明不足以证明其在1999年确实销售过“真的好想你”枣片；其次，北京市高级法院作出的（2007）高行终字第80号判决已经确认了该证据不具有证明力。因此，被告对该证据未予采信的理由正确，本院予以支持。对于原告提交的第五类证据即《加工定作合同》，原告在评审程序中并未提交该证据的原件，原告在本案过程中补充提交的（2006）牟证民字第67号《公证书》系在合同显示日期的八年之后作出的证人证言，远不足以印证该合同本身的真实性。而且，仅凭该《加工定作合同》本身而无相关证据予以佐证的情况下，不能证明郑州帅龙公司在1998年即在先使用了“真的好想你”商标。

对于原告在本案诉讼过程中提交的其他新证据，本院认为，首先，原告向本院陈述其提交的新证据是对评审程序中所提交的第四类和第五类证据的补强，但如前所述，原告并未对其在评审程序中应当提交而未提交这些证据的原因作出合理的解释，且这些证据不是被告作出［2007］第11503号裁定的依据，故本院对此不应当予以采信；其次，根据北京市高级人民法院所作出的已经发生法律效力的判决中认定的事实，原告在本案诉讼中补充提交的证据3即郑州市郑中楼食品厂的发票不应予以采信。与此相关的由郑州车站实业开发总公司出具的证明及原告在本案当中补充提交的证据4即银行印签和证据5《供

销协议》和《广告协议》亦不足以推翻上述判决所作出的认定。

原告在本案诉讼过程中补充提交的证据 1 即“真的好想你”歌曲的相关网页与本案争议事实并无关联性，本院对此不予采信。对于原告补充提交的证据 7 即核准商标转让证明，原告欲以此证明其因拥有“想你”注册商标专用权而在第 30 类和第 32 类商品上享有合法的在先权利，其因此而注册争议商标的行为亦属正当。对此本院认为，第 1426661 号及第 1409062 号注册商标“想你”目前的专用权人确为原告，但原告受让上述两商标的时间是 2006 年 5 月 26 日。也就是说，在争议商标申请之日即 2001 年 8 月 20 日，两商标的相关权利人系与原告无关的案外人。原告因目前拥有“想你”的注册商标专用权而主张其享有争议商标申请时的合法权利和理由，既无事实依据且属于对于相关法律法规的错误理解，本院对此不予支持。

综上，由于原告所提供的证据均不能证明其先于第三人使用“好想你”商标使用了争议商标“真的好想你”，故被告作出的“不能认定原告早于 1999 年使用过‘真的好想你’商标”的认定正确，本院予以支持。

二、在第三人在先使用“好想你”商标的情况下，原告注册争议商标的行为是否存有恶意

根据本院已经查明的事实，原告与第三人均在河南省郑州市从事以红枣加工业务为主的商业经营活动，原告在有限的地域范围内根据正常的信息取得途径，理应知晓第三人“好想你”商标的使用情况，而其仍然抢先注册与第三人已经使用的“好想你”商标极为近似的争议商标“真的好想你”，且二者使用的商品具有基本相同的功能、用途和销售渠道，使相关公众对商标和其所标示的商品之间的关系可能或已经产生了混淆，损害了第三人和社会公众的利益，其行为违反诚实信用原则、损害了新郑奥星公司的合法权益、损害了公平竞争的市场秩序，属于《商标法》第 41 条第 1 款所称的“以欺骗手段或者其他不正当手段取得注册”的行为，争议商标应予撤销。

依照《中华人民共和国行政诉讼法》第 54 条第（1）项之规定，判决：

维持商标评审委员会第 11503 号裁定。

郑州帅龙公司不服原审判决，提起上诉。其主要理由是：（1）新郑奥星公司即使对“好想你”商标享有在先权利也仅限于在第 29 类枣片商品上，其在第 32 类相关商品上不享有合法权益，因此郑州帅龙公司在第 32 类商品上申请注册“真的好想你”商标并不会损害新郑奥星公司的任何权益。而且，新郑奥星公司和郑州帅龙公司均不生产第 32 类商品，在该类商品上不存在竞争关系，因此郑州帅龙公司注册争议商标的行为不具有任何恶意，不构成违反《商标法》第 41 条第 1 款的行为。（2）《商标法》第 41 条第 1 款中“以其他

不正当手段取得注册”的规定，特指在《商标法》第31条、第13条、第15条之外的情形，用来规制“抢先注册他人已经使用的未注册商标”的行为，其保护力度和范围也不应当超过第31条。而第31条中对恶意抢注行为的规范应当比《商标法》第13条第1款对未注册驰名商标的保护力度要低，因此应限于相同或类似商标，不能扩大至非类似商品。如果适用第41条第1款对尚不足以用第31条保护的未注册商标提供扩大保护，显然违背了《商标法》的立法本意和保护体系。新郑奥星公司的“好想你”商标即使在第29类枣片商品上有一定知名度，也只能在与枣片相同或类似商品上受到保护，在第32类等非类似商品上的保护违反了《商标法》的保护标准。（3）郑州帅龙公司提交的补充证据4郑州市郑中楼食品厂的银行印鉴，结合在评审阶段提交的郑州汽车客运总公司和郑州车站实业开发总公司出具的销售证明和发票能够证明，虽然郑州帅龙公司的前身中牟县郑中楼食品厂存在私刻公章、借用发票等违反行政法规的不规范行为，但其在先使用“真的好想你”商标的事实应予认定。

商标评审委员会和新郑奥星公司服从原审判决。

二审查明事实

二审法院查明的事实与原审相同。

二审审理结果

二审法院认为：原审诉讼中，郑州帅龙公司提交了补充证据3、4用以证明中牟县郑中楼食品厂在1999年就开始使用“真的好想你”商标、郑州帅龙公司注册使用争议商标是对中牟县郑中楼食品厂使用“真的好想你”商标的延续。但上述补充证据并未在商标评审程序中提交，补充证据3中发票上的印章是“郑州市郑中楼食品厂”，而不是中牟县郑中楼食品厂，郑州帅龙公司亦承认上述印章系未经公安机关备案而私刻的印章、发票亦系借用他人发票，故其虽然提交了建设银行的印鉴卡和明细账，但尚不足以证明“郑州市郑中楼食品厂”就是中牟县郑中楼食品厂且与郑州帅龙公司存在商标使用上的承继关系，因此原审法院对上述补充证据未予认定并无不当，郑州帅龙公司的此项上诉理由缺乏事实和法律依据，本院不予支持。

新郑奥星公司的引证商标实际使用在枣片商品上，争议商标核定使用商品是第32类的果茶（不含酒精），茶饮料（水），果汁饮料（饮料），蔬菜汁（饮料），酸梅汤，乳酸饮料（果制品，非奶），矿泉水，啤酒，汽水，饮料制剂。上述核定使用的商品与枣片虽均属于食品类，但两者在功能、用途、生产部门、消费对象和销售渠道方面存在一定差异；而且，《商标法》第41条第1款规定的“以欺骗手段或者其他不正当手段取得注册”涉及的是损害公共秩序或者公共利益的行为，商标评审委员会以争议商标的注册损害新郑奥星公司的权益为由，依据该款撤销争议商标注册的做法是错误的。郑州帅龙公司关于争议商标的注册未侵犯新郑奥星公司引证商标的合法权益、商标评审委员会第11503号裁定和原审判决适用《商标法》第41条第1款属于适用法律错误的上诉主张部分成立，本院对此予以支持。

综上，依照《中华人民共和国行政诉讼法》第61条第（3）项之规定，判决如下：

一、撤销北京市第一中级人民法院（2008）一中行初字第146号行政判决；

二、撤销国家工商行政管理总局商标评审委员会商评字［2007］第11503号《关于第1959227号“真的好想你ZHENDEHAoXIANGNI”商标争议裁定书》；

三、国家工商行政管理总局商标评审委员会就第1959227号“真的好想你ZHENDEHAoXIANGNI”商标重新作出争议裁定。

一审案件受理费人民币100元，由国家工商行政管理总局商标评审委员会负担；二审案件受理费各人民币100元，由国家工商行政管理总局商标评审委员会负担。

37. 侵犯“保时捷”系列商标专用权纠纷案

——保时捷股份公司诉北京泰赫雅特汽车销售服务有限公司

原告（被上诉人）：保时捷股份公司
被告（上诉人）：北京泰赫雅特汽车销售服务有限公司
案由：侵犯商标专用权纠纷

原审案号：北京市第二中级人民法院（2007）二中民初字第18683号
原审合议庭成员：张晓津、何暄、冯刚
原审结案日期：2007年12月19日
二审案号：北京市高级人民法院（2008）高民终字第326号
二审合议庭成员：张雪松、张冬梅、李燕蓉
二审结案日期：2008年12月19日

判决要旨

汽车改装服务作为新兴的服务行业，与汽车修理等传统服务在服务对象、服务内容等方面存在特定联系，应当认定属于类似服务。被告作为从事保时捷汽车改装服务的企业，在经营活动中突出使用与保时捷公司相关注册商标标志相同或相近似的标志，易引起相关公众误认其与保时捷公司之间存在特定的联系，容易产生混淆，侵犯了保时捷公司的商标专用权。

起诉与答辩

原告保时捷股份公司（以下简称保时捷公司）诉称：该公司享有“保时捷”、“PORSCHE”文字及“盾牌图形”等系列注册商标专用权。“PORSCHE”源自保时捷公司的创始人费迪南特·保时捷的姓氏，保时捷是“PORSCHE”的中文音译，没有既定含义，作为商标使用具有很高的显著性。而“盾牌图形”注册商标则是由保时捷公司总部所在地斯图加特地区的历史性图案组合而成。“PORSCHE”商标系保时捷公司于1990年通过国际注册领土延伸至中国，取得在第12类商品上的注册；1995年保时捷公司取得“保时捷”商标在第12类商品上的注册；通过国际注册领土延伸，保时捷公司还取得了“PORSCHE”及“盾牌图形”在多个类别上的注册。其中在“汽车及其零部

件”商品上的“PORSCHE”及“保时捷”注册商标还被中华人民共和国国家工商行政管理总局商标局（以下简称国家商标局）认定为驰名商标。因此，保时捷公司对涉案系列商标享有注册商标专用权，并对“保时捷”注册商标享有驰名商标的法律保护。

被告北京泰赫雅特汽车销售服务有限公司（以下简称泰赫雅特公司）未经原告许可，在其公司建筑物名称、销售中心名称、员工服装、产品宣传册及网站、公司运营车辆上及其他商业经营活动中使用了原告的涉案商标。鉴于原告涉案商标的驰名度，被告在汽车销售、维修等服务中使用涉案商标的行为，足以误导消费者，使消费者误认为被告是原告授权的经销商，或是与保时捷公司之间存在某种特定联系，侵犯了原告上述“PORSCHE”及“盾牌图形”注册商标专用权，并侵犯了原告对“保时捷”驰名商标享有的相关权利。故诉至法院，请求判令被告：（1）停止涉案侵犯注册商标专用权的行为，包括停止在其经营使用的建筑物上、销售中心的名称中、员工服装、产品宣传册中、商业性维修运营车辆上以及互联网上使用涉案“PORSCHE”、“保时捷”、“盾牌图形”商标；（2）赔偿原告经济损失人民币20万元及因本案诉讼支出的合理费用人民币17 079元；（3）在《中国汽车报》、《北京法制晚报》、《休闲时尚杂志》、《时尚座驾杂志》及新浪网汽车频道、车市网站和被告网站就其侵权行为发表声明，消除影响；（4）承担本案诉讼费用。

被告泰赫亚特公司辩称：第一，该公司是经中华人民共和国国家工商行政管理总局审批的品牌汽车的经销商，专业从事保时捷汽车的改装业务，改装后的品牌“泰赫雅特”在国内及世界范围内早已为相关公众所熟知和认可。被告出于善意对改装业务进行介绍、描述和说明时，使用了“保时捷”、“PORSCHE”文字及“盾牌图形”，而非将其作为商标使用。“精装保时捷”中的“精装”二字是业内人士对于汽车改装的惯常叫法，精装与保时捷连用是为了说明对于保时捷汽车高标准、个性化的改装以及改装后的车辆所具有的独特品质和特征。被告在宣传册中使用“tuning for Porsche Cayenne”以及在运营车辆上使用“盾牌图形”同样是基于说明自身业务内容的需要，且同时使用了“Techart”标识。因此这种对业务进行介绍或说明的方式符合汽车改装行业惯例，并非侵犯原告商标权的行为。第二，保时捷汽车属于高价位的奢侈消费品，相关公众应对该品牌汽车的制造商以及相关维修保养服务都具有较高的认知度，并能够与其他服务厂商加以区别，被告的涉案使用行为不会使相关公众产生混淆和误认。因此，被告对涉案商标的使用行为均系正当使用行为，未侵犯原告的涉案商标专用权，请求法院驳回原告的诉讼请求。

原审查明事实

原审法院查明：经国家商标局核准，保时捷公司于1990年10月27日注册取得第G562572号“PORSCHE”文字及图形组合商标，核定使用商品为第12类车辆及其零件、航空、航海运载器及其零件。该注册商标有效期至2010年10月27日。

经国家商标局核准，保时捷公司于1995年12月21日注册取得第800689号“保时捷”文字商标，核定使用商品为第12类“汽车及其零部件”，注册有效期限至2005年12月20日。经续展，该商标有效期至2015年12月20日。

1995年7月13日，经国家商标局核准，保时捷公司注册取得第G640976号“PORSCHE”图形及文字组合商标，核定使用服务为第36类汽车租赁信贷、第37类汽车修理和保养及赛车系列的装备、第39类汽车出租、第42类机械研究、技术开发与咨询、尤其是汽车和发动机制造方面的技术开发与咨询，注册有效期至2015年7月13日。

1995年7月13日，经国家商标局核准，保时捷公司注册取得第G641510号“盾牌图形”商标，核定使用服务为第36类汽车的租赁信贷、第37类汽车的修理与保养、成批生产的赛车设备（收听）、第39类出租汽车、第42类机械的研究、技术的开发与咨询、尤其是有关汽车与发动机制造的技术开发与咨询，注册有效期至2015年7月13日。

1999年11月12日，经国家商标局核准，保时捷公司注册取得第G730310号“盾牌图形”商标，核定使用商品包括第3、8、9、12、14、16、18、21、24、25、28、33、34类，核定使用服务包括第36、37、39、42类，注册有效期至2009年11月12日。

2006年10月13日，国家商标局在（2006）商标异字第03099号《“保时捷”商标异议裁定书》中，认定异议人保时捷公司注册并使用在“汽车及其零部件”商品上的“PORSCHE”、“保时捷”商标为驰名商标。

2003年12月9日、10日、17日，《中国汽车报》、《经济参考报》、《北京青年报》、《中华工商时报》相继对北京保时捷中心的落成进行了报道。上述报道载明，由北京百得利汽车进出口有限公司投资兴建的北京保时捷中心将在北京经济技术开发区开业，该中心是中国内地首家集整车销售、专业售后服务和全套原厂配件供应一条龙服务的保时捷3S店。这是全球顶级跑车保时捷加快进军中国市场的信号和征兆。

2005年8月4日《福建日报》、2005年总第28期《视点时尚》、2005年7

月29日《厦门日报》对厦门保时捷中心开业及相关汽车销售进行了报道，并包括对保时捷公司历史发展的介绍以及目前在中国共建立了位于北京、上海、广州、成都、杭州、厦门、青岛的8家“保时捷中心”等内容。2005年7月28日《福州晚报》对保时捷新款汽车进行了报道；2005年7月26日《厦门商报》对保时捷汽车销售进行了报道；2004年第5期《SKY LIFE 生活无限》杂志对保时捷汽车相关车型进行了报道。

泰赫雅特公司于2005年6月21日成立，其经营范围包括进口TechArt（泰赫雅特）品牌汽车销售；汽车配件；一类小型车维修；信息咨询（中介除外）；货物进出口。注册资本1 000万元。2005年7月28日，泰赫雅特公司与德国泰赫雅特汽车设计股份有限公司（以下简称德国泰赫雅特公司）签订《泰赫雅特汽车设计股份有限公司进口商与国外基地合同》。合同约定德国泰赫雅特公司授权泰赫雅特公司在中国大陆及香港、澳门地区销售、改造和经销其提供的产品，泰赫雅特公司有独家经销权和销售权，有权经许可在销售地区使用属于德国泰赫雅特公司的商标和品牌。2005年11月21日，中华人民共和国国家工商行政管理总局发布的品牌汽车总经销商名单中记载泰赫雅特公司作为授权汽车企业德国泰赫雅特公司的总经销商，经营范围为进口TechArt（泰赫雅特）品牌汽车销售。搜狐网、太平洋汽车网、车市网以及《休闲时尚》、《时尚座驾》杂志的相关报道，对TECHART改装保时捷汽车进行了报道。

2006年4月28日，德国认证理事会颁发的认证书载明，德国泰赫雅特公司在汽车部件的研发与销售、汽车装饰与改装方面建立并实施了质量管理体系。该认证书有效期至2009年3月31日。泰赫雅特公司还提交了相关用户与其签订的TechArt原厂套件订购及安装合同，表明该公司提供的系改装保时捷的服务，与保时捷公司不存在竞争关系，也不会引起消费者的混淆。

2007年4月13日，自2007上海国际汽车改装博览会组委会网站下载的相关网页中载有TechArt对保时捷汽车进行改装以及针对汽车改装业的相关报道。

2006年7月4日，经长安公证处公证，北京英特普罗知识产权代理有限公司的代理人自泰赫雅特公司汽车展厅内取得宣传册并拍摄了相关照片。其中，标注有泰赫雅特公司名称的宣传册上有“TECHART”、“泰赫雅特”标识及“TUNING FOR PORSCHE CAYENNE”（改装保时捷凯宴汽车）字样，并使用“精装保时捷4S + T中心”名称。公司简介包括“作为德国TECHART在中国区的总代理，我公司于2005年年底在北京成立了TECHART精装保时捷4S + T旗舰店。通过完整的整车销售（Sale）、专业维修（Service）、原厂配件

(Spare - part)、信息反馈（Survey）、个性改装（Tuning）……提供高标准、个性化的服务”、“TECHART 是全球最具权威性的保时捷改装品牌，拥有近 20 年的全系保时捷改装经验”等内容。经公证拍摄的照片显示，泰赫雅特公司汽车展厅外部有“精装保时捷”字样和“TECHART”标识，该展厅外停放的车辆上有“精装保时捷 4S + T 中心”字样、“TECHART”标识以及与“盾牌图形”商标标识相近似的标识。展厅内部的展示架上标注有“PORSCHE”标识，改装后的汽车同时包括“PORSCHE”、“盾牌图形”以及“TECHART”标识。

2006 年 3 月 31 日，经长安公证处公证登录网址为“www. porsche - techart. com”的网站，进入对应的空白页面，点击回车键后，浏览器自动转到“www. techart - china. com”相对应的页面，进入泰赫雅特公司的泰赫雅特中国网站。该网站载明泰赫雅特公司是德国 TECHART 汽车设计股份有限公司授权的大中国区总代理，德国泰赫雅特公司的客户群涵盖了汽车制造业、保时捷中心以及全球成千上万的保时捷客户，是德国 PORSCHE 保时捷汽车最著名的改装品牌；泰赫雅特 4S 中心经营项目将涵盖精装保时捷 TECHART 整车销售、个性改装、专业维修、原厂配件提供等多个领域，致力于为精装保时捷及 TECHART 车主提供更严谨个性的汽车服务等内容。相关网页上还标注有“TechArt 精装保时捷系列”字样。在本案审理期间，泰赫雅特公司认可曾注册“porsche - techart. com”域名，但主张从未使用过该域名，且目前泰赫雅特公司已不是该域名的所有人。

2006 年 5 月 26 日，经长安公证处公证，使用 Google 搜索引擎搜索“保时捷”、“北京保时捷中心”，得到的搜索结果均包括泰赫雅特公司的“精装保时捷 4S 中心”。

2006 年 2 月 14 日，经长安公证处公证，登录北京名典仕嘉建筑装饰工程有限公司网址为“http：//www. mdsj. com. cn”的网站。点击“最新工程案例”中的“泰赫雅特公司保时捷展厅”，其中前台效果图、展厅效果图显示接待柜台后的围挡上均可见“PORSCHE”和“盾牌图形”标识。

2006 年 3 月 15 日，经长安公证处公证，北京英特普罗知识产权代理有限公司的代理人自中房集团建筑设计事务所陈东伟处取得《钢结构设计工程专篇》一册。其中包括对“保时捷 4S 汽车专营店”的介绍，业主名称为泰赫雅特公司，所附效果图显示该建筑物左侧上方有“PORSCHE”字样，右侧上方有“泰赫雅特”字样。

2007 年 3 月 22 日，经长安公证处公证，北京英特普罗知识产权代理有限公司的代理人对网址为“http：//www. techart - china. com”的相关页面进行了下载。相关页面表明，泰赫雅特团队包括北京、广州、杭州、天津、云南、深圳、长沙、大连、上海中心，其中员工所穿服装有统一的“盾牌图形”标识。2007年9月4日，经北京市东城区公证处公证下载的德国泰赫雅特公司相关网站上载明泰赫雅特公司是其在中国的唯一代理商等相关内容。2007年9月25日，经北京市东城区公证处公证的上述网站的相关网页载有对泰赫雅特精装保时捷俱乐部的相关报道，相关图片表明该俱乐部启动仪式布景中使用了“精装保时捷”字样。

2007年9月3日，经北京市公证处公证下载的“广州保时捷－广州保时捷销售展示中心”的相关网页上，载有如下内容：“泰赫雅特公司是德国泰赫雅特公司在大中国区的总代理，目前已在中国建立了位于北京、天津、上海、昆明、广州的泰赫雅特汽车销售服务中心，到2006年年末，经销商的数量将达到10家，维修服务中心将达到12家”。且上述网页上还使用了“PORSCHE”和“盾牌图形”标识。

2006年9月30日的《都市时报》刊载了云南新概念汽车贸易有限公司的广告，其中使用了“PORSCHE”、“盾牌图形”以及“保时捷4S中心”字样。2007年3月23日的《都市时报》刊载了云南新概念汽车贸易有限公司的广告，表明该公司为“德国TECHART精装保时捷云南独家授权代理商”，广告中还使用了“PORSCHE”、“盾牌图形”以及“保时捷4S中心”字样。2007年9月3日，经北京市东城区公证处公证下载的网址为“http://www.jzporsche.com”的云南泰赫雅特汽车销售服务有限公司的相关网页载有如下内容：使用了“PORSCHE”和“盾牌图形”标识以及“TechArt精装保时捷系列”文字。保时捷公司还提交了“云南精装保时捷”销售经理的名片，名片正面标注有“TECHART”标识和“新概念汽贸”字样，背面标注有“PORSCHE”、“盾牌图形”以及“精装保时捷4S中心”字样。

在联系地址为“昆明市高新技术开发区科泰路M1－12地块”的宣传页上，标注有“TECHART”、“PORSCHE”、“盾牌图形”标识和“精装保时捷4S中心”字样。“泰赫雅特精装保时捷大连4S中心”宣传册使用了“盾牌图形”标识。

另查，保时捷公司为相关案件支出公证费人民币36 292元，翻译费人民币6 406元，保时捷公司在本案主张合理支出为人民币17 079元。

原审审理结果

原审法院认为：原告保时捷公司作为“保时捷”、“PORSCHE”、“盾牌图形”注册商标专用权人，其所享有的注册商标专用权应当受到我国法律的保护。

本案双方当事人争议的焦点问题是被告泰赫雅特公司的涉案行为是否侵犯了原告所享有的“保时捷”、“PORSCHE”、“盾牌图形”注册商标专用权问题。

根据我国《商标法》的有关规定，未经注册商标专用权人的许可，在同一种服务或者类似服务上使用与其注册商标相同或者近似的商标的，为侵犯注册商标专用权的行为。判断是否构成侵犯注册商标专用权，应判断被控侵权服务与注册商标核定使用的服务是否相同或类似，被控侵权标识与该注册商标是否相同或近似，并判断是否造成相关公众的混淆和误认。

从服务对象和服务内容等方面看，本案被告从事的汽车改装服务与原告主张权利的“PORSCHE”、“盾牌图形”注册商标核定使用的第37类汽车修理等服务应属于同类服务。被告在其宣传册、泰赫雅特中心展厅内、展厅外停放的运营车辆、相关网站等处使用的“盾牌图形”标识与原告的“盾牌图形”注册商标相同。而且被告还在泰赫雅特中心展厅内的展示架上使用了“PORSCHE”标识，该标识与原告的“PORSCHE”文字及图形组合注册商标的主要部分“PORSCHE”相同。此外，本案现有证据表明被告还曾注册使用“porsche－techart. com”域名，该域名的主要部分与原告涉案“PORSCHE”文字及图形组合注册商标的文字“PORSCHE”相同，容易使相关公众产生误认。故被告主张其仅仅注册该域名，并未实际使用，且注册该域名是为了描述泰赫雅特公司向相关公众所提供的产品或服务，证据不足，本院不予采信。因此，被告泰赫雅特公司的上述使用行为易引起相关公众误认其与原告保时捷公司之间存在特定的联系，容易产生混淆，构成对原告上述两注册商标专用权的侵犯。被告泰赫雅特公司主张其上述涉案使用行为属于对其经营内容的介绍和描述，不会引起相关消费者的混淆，未侵犯原告的注册商标专用权，依据不足，本院不予采纳。

原告保时捷公司还指控被告在泰赫雅特汽车展厅外部、相关运营车辆及相关网站上使用“精装保时捷4S＋T中心”、“精装保时捷”等字样侵犯了原告保时捷公司核定使用商品为第12类“汽车及其零部件”的“保时捷”注册商标专用权。本案现有证据表明，“保时捷”文字商标自1995年核准注册后，已在中国广泛使用，并进行了大量的广告宣传，具有很高的知名度，且国家商标局曾在2006年认定该商标为驰名商标，故本院认定第800689号核定使用商品为第12类汽车及其零部件的“保时捷”文字商标为驰名商标。

根据我国相关法律规定，复制、摹仿、翻译他人注册的驰名商标或其主要部分在不相同或不相类似商品上作为商标使用，误导公众，致使该驰名商标注册人的利益可能受到损害的，属于侵犯他人注册商标专用权的行为。本案被告泰赫雅特公司从事的汽车改装服务与原告涉案“保时捷”驰名商标核定使用的“汽车及其零部件”的类别并不相同，被告在汽车改装服务中突出使用包含“保时捷”文字的相关标识的行为，容易误导公众，使相关公众对相关服务的来源产生误认，或者认为其服务来源与原告使用涉案驰名商标的商品存在特定的联系，损害了原告作为涉案驰名商标专用权人的利益。故被告泰赫雅特公司的涉案行为侵犯了原告涉案驰名商标的注册商标专用权，应当承担相应的法律责任。商品和服务之间的类似是指商品和服务之间存在特定联系、容易使相关公众混淆，原告主张被告从事的汽车改装服务属于与第12类“汽车及其零部件”产品类似并据此主张被告侵犯其商标专用权，依据不足，本院不予支持。被告泰赫雅特公司主张其上述涉案使用行为属于对其经营内容的介绍和描述，不会引起相关消费者的混淆，未侵犯原告的注册商标专用权，依据不足，本院不予采纳。

虽然被告泰赫雅特公司作为德国泰赫雅特公司在中国的总代理还曾授权广州、云南、大连等地的经销商销售泰赫雅特品牌的汽车，但上述经销商均具有独立主体资格，因此原告保时捷公司要求被告泰赫雅特公司就上述经销商的相关行为承担相关法律责任，缺乏依据，本院不予支持。

综上，被告泰赫雅特公司在提供涉案服务中使用与原告涉案注册商标相同或近似的“精装保时捷”、“精装保时捷4S+T中心”、“PORSCHE”文字、“盾牌图形”等标识，侵犯了原告保时捷公司的涉案注册商标专用权，应当承担相应的法律责任。本案原告保时捷公司提出请求法院判令被告泰赫雅特公司承担停止侵权、消除影响、赔偿损失及诉讼合理支出的法律责任的主张，理由正当，本院予以支持。关于消除影响的具体方式，本院结合涉案侵权行为的影响等因素予以确定。关于赔偿损失的数额问题，本院将结合涉案侵权行为的性质、持续时间、主观过错程度等因素予以酌定。鉴于被告泰赫雅特公司目前已不是涉案域名“porsche-techart.com”的所有人，原告保时捷公司亦提出对该域名不进行处理的请求，本院对此予以确认。

本院依据《中华人民共和国民法通则》第134条第（1）项、第（7）项、第（9）项；《中华人民共和国商标法》第14条，第51条，第52条第（1）项，第53条，第56条第1款、第2款；《中华人民共和国商标法实施条例》第3条；《最高人民法院关于审理商标民事纠纷案件适用法律若干问题的解释》第1条第（3）项的规定，判决如下：

一、自本判决生效之日起，北京泰赫雅特汽车销售服务有限公司停止涉案侵犯保时捷股份公司涉案注册商标专用权的行为；

二、自本判决生效之日起三十日内，北京泰赫雅特汽车销售服务有限公司在《中国汽车报》上就涉案侵犯保时捷股份公司涉案注册商标专用权的行为发表声明，以消除影响；

三、北京泰赫雅特汽车销售服务有限公司于本判决生效之日起十日内赔偿保时捷股份公司经济损失人民币20万元及因本案诉讼支出的合理费用人民币17 079元；

四、驳回保时捷股份公司的其他诉讼请求。

泰赫雅特公司不服一审判决，提起上诉，请求撤销一审判决，依法驳回保时捷公司的全部诉讼请求。理由为：（1）泰赫雅特公司所从事的汽车改装服务与保时捷公司注册商标所核定使用的服务类别根本不同，并不属于同类服务，一审法院的认定存在明显错误；（2）一审判决在没有任何证据支持的情况下，认定泰赫雅特公司使用“porsche－techart. com”，认定事实存在严重错误；（3）一审判决认定泰赫雅特公司对于“保时捷”、“PORSCHE”文字及“盾牌图形”的使用行为容易引起相关公众混淆，缺乏事实和法律依据；（4）泰赫雅特公司对于“精装保时捷”的使用行为是一种合理使用，一审判决未予认定，存在错误；（5）泰赫雅特公司对保时捷公司的经营情况没有造成任何影响和损失，一审判决泰赫雅特公司在《中国汽车报》上发表声明以消除影响，并赔偿保时捷公司经济损失20万元，没有事实和法律依据。

保时捷公司服从原审判决。

二审查明事实

二审法院查明的事实与原审相同。

二审审理结果

二审法院认为：本案中，保时捷公司作为“保时捷”文字商标、“PORSCHE”文字及图形组合商标、“盾牌图形”商标的注册商标专用权人，其所享有的注册商标专用权应受我国法律的保护。

根据我国《商标法》的有关规定，未经注册商标专用权人的许可，在同一种服务或者类似服务上使用与其注册商标相同或者近似的商标的，为侵犯注册商标专用权的行为。本案中，保时捷公司指控泰赫雅特公司在从事汽车改装服务过程中使用的相关标识侵犯了保时捷公司对核定使用商品为第37类汽车修理等服务的“PORSCHE”文字及图形组合商标以及“盾牌图形”商标享有的注册商标专用权，因此，应当判断泰赫雅特公司从事的汽车改装服务与注册商标核定使用的第 37 类汽车修理等服务是否构成相同或类似服务，被控侵权标识与注册商标是否构成相同或近似。泰赫雅特公司所从事的汽车改装服务属于新兴的服务行业，而注册商标核定使用的第 37 类汽车修理等服务是传统服务行业，但二者在服务对象、服务内容等方面仍存在特定联系，应当属于类似服务。泰赫雅特公司在其宣传册、泰赫雅特中心展厅内、展厅外停放的运营车辆、相关网站等处使用的“盾牌图形”标识与保时捷公司的“盾牌图形”注册商标相同，在泰赫雅特中心展厅内的展示架上使用的“PORSCHE”标识与保时捷公司的“PORSCHE”文字及图形组合注册商标的主要部分“PORSCHE”相同。一审法院据此认定泰赫雅特公司使用的相关标志侵犯了保时捷公司上述两注册商标享有的注册商标专用权正确。泰赫雅特公司所提关于其从事的汽车改装服务与上述两注册商标核定使用服务类别根本不同的上诉主张缺乏事实依据，本院不予支持。

最高人民法院《关于审理商标民事纠纷案件适用法律若干问题的解释》第 1 条规定，将与他人注册商标相同或者相近似的文字注册为域名，并且通过该域名进行相关商品交易的电子商务，容易使相关公众产生误认的，构成侵犯注册商标专用权。现有证据表明，泰赫雅特公司曾经注册“porsche - techart. com”域名，该域名的主要部分与保时捷公司涉案“PORSCHE”文字及图形组合注册商标的文字“PORSCHE”相同，泰赫雅特公司亦通过使用该域名链接到其自己的网站 www. techart - china. com，在互联网上向相关公众提供有关汽车改装的服务信息，容易使相关公众产生误认。故一审法院认定泰赫雅特公司的上述使用行为构成对保时捷公司享有的“PORSCHE”文字及图形组合商标专用权的侵犯并无不当。保时捷公司在一审审理过程中基于该域名已被域名注册机构锁定的事实请求法院不再对该域名进行处理，一审法院未予处理，本院亦不持异议。但泰赫雅特公司上诉主张其对“porsche - techart. com”域名并未进行任何使用，缺乏事实依据，本院不予支持。

根据我国《商标法》的有关规定，复制、模仿、翻译他人注册的驰名商标或其主要部分在不相同或者不相类似商品上作为商标使用，误导公众，致使该驰名商标注册人的利益可能受到损害的，构成侵犯注册商标专用权。本案中，保时捷公司主张泰赫雅特公司在泰赫雅特汽车展厅外部、相关运营车辆及相关网站上使用“精装保时捷 4S + T 中心”、“精装保时捷”等字样侵犯了保时捷公司核定使用商品为第 12 类“汽车及其零部件”的“保時捷”注册商标专用权。对此，本院认为，双方对于一审法院认定核定使用商品为第 12 类汽车及其零部件的“保時捷”文字商标为驰名商标不持异议；泰赫雅特公司在汽车改装服务中突出使用包含“保时捷”文字的相关标识的行为，容易误导公众，损害了保时捷公司作为涉案驰名商标专用权人的利益。因此，一审法院认定泰赫雅特公司的涉案行为侵犯了保时捷公司涉案驰名商标的注册商标专用权是正确的。泰赫雅特公司关于其对于"精装保时捷"的使用行为是出于介绍、描述其改装保时捷汽车的目的，"精装"二字是业内人士对汽车改装的惯常叫法，属于合理使用的上诉主张，缺乏事实依据，本院不予支持。

一审判决认定泰赫雅特公司在提供涉案服务中使用与保时捷公司涉案注册商标相同或近似的"精装保时捷"、"精装保时捷 4S + T 中心"、"PORSCHE"文字、"盾牌图形"等标识，侵犯了保时捷公司的涉案注册商标专用权，应当承担停止侵权、消除影响、赔偿损失及诉讼合理支出的法律责任，是正确的。一审法院结合涉案侵权行为的性质、持续时间、主观过错程度等因素酌情确定泰赫雅特公司的赔偿数额亦无不当。

综上，一审法院认定事实清楚，适用法律正确。上诉人泰赫雅特公司所提上诉理由不能成立，其上诉请求本院不予支持。依据《中华人民共和国民事诉讼法》第 153 条第 1 款第（1）项之规定，判决如下：

驳回上诉，维持原判。

一审案件受理费人民币 4 556 元，由北京泰赫雅特汽车销售服务有限公司负担；二审案件受理费 4 556 元，由北京泰赫雅特汽车销售服务有限公司负担。

著 作 权

38. 电影《杀破狼》侵犯著作权纠纷案

——广东中凯文化发展有限公司诉北京中搜在线信息技术有限公司、北京中搜在线软件有限公司

原告： 广东中凯文化发展有限公司
被告： 北京中搜在线信息技术有限公司
被告： 北京中搜在线软件有限公司
案由： 侵犯著作权纠纷

一审案号： 北京市海淀区人民法院（2007）海民初字第20045号
一审合议庭成员： 卢正新、杨德嘉、焦令菲
一审结案日期： 2008年2月19日

判决要旨

电影作品是否已经公映，是否已经取得网上传播电影、电视类节目的许可证，不影响权利人依法主张和享有著作权，亦不影响法律对其合法权利的保护。

起诉与答辩

原告广东中凯文化发展有限公司（以下简称中凯公司）诉称：其为电影《杀破狼》的独家信息网络传播权人。中国搜索网（www. zhongsou. com）的所有者与运营者，即北京中搜在线信息技术有限公司（以下简称中搜信息公司）与北京中搜在线软件有限公司（以下简称中搜软件公司），未经许可且未支付报酬通过中国搜索网传播电影《杀破狼》，侵犯了中凯公司享有的独家信息网络传播权，故请求判令中搜信息公司与中搜软件公司赔偿该公司经济损失15万元。

原告中凯公司提交了2份证据：1. 雅柏电影有限公司（以下简称雅柏公司）出具的《委托（授权）书》、公证书及电影《杀破狼》DVD光盘；2.（2006）杭拱证经字第024号公证书及所附光盘。

被告中搜信息公司与中搜软件公司共同辩称：电影《杀破狼》未取得《电影片公映许可证》和《网上传播广播电影电视类节目许可证》，中凯公司无权发行、公映及利用互联网传播该影片；中国搜索网仅提供了电影《杀破狼》的搜索引擎，影片本身来源于其他公司，用于搜索链接服务的免费软件网络猪及飞影下载早已停止使用，该网站也早已不存在电影《杀破狼》；中凯公司索赔数额无事实和法律依据。

被告中搜信息公司与被告中搜软件公司未提交证据。

一审查明事实

一审法院查明：

2006年6月2日，雅柏公司出具《委托（授权）书》（以下简称《委托书》）一份，主要内容为：该公司合法持有电影《杀破狼》的所有版权，现将该电影在中华人民共和国（不包括台湾、香港和澳门地区）之资讯网络传播权及音像制品复制、发行权独家授予中凯公司；在2005年10月16日至2010年10月16日的授权期限内，包括雅柏公司在内的任何第三人未经中凯公司同意行使上述权利，中凯公司有权以自己的名义对侵犯中凯公司上述权利的侵权行为采取法律行动并索赔。该《委托书》的附件包括雅柏公司的公司注册证书、香港影业协会出具的《发行权证明书》。雅柏公司的公司注册证书记载显示，该公司的英文名称为“ABBA MOVIES COMPANY LIMITED”。香港影业协会执行总干事签署的《发行权证明书》注明：雅柏公司是《杀破狼》一片的出品公司；该片于2004年9月在香港完成，并于2005年11月首次在香港公映，版权持有人雅柏公司。

电影《杀破狼》DVD的封底显示：黑龙江文化电子音像出版社出版，中凯文化独家发行。播放该DVD，片头出现“ABBA MOVIES COMPANY LIMITED Presents”字样，片尾显示有“©2005 ABBA Movies Company Limited ALL RIGHTS RESERVED”字样。

庭审中，中搜信息公司与中搜软件公司均表示认可中凯公司享有电影《杀破狼》的专有信息网络传播权。同时，中凯公司也承认电影《杀破狼》未在国内公映，其于2006年公开发行了该电影的音像制品DVD，尚未实际行使信息网络传播权。

2006年1月9日，浙江省杭州市拱墅区公证处应中凯公司委托代理人的申请，对中国搜索网的相关内容进行了证据保全公证，出具了（2006）杭拱证经字第024号公证书（以下简称第024号公证书）。该公证书显示，点击中国搜索网页面中的网络猪标识，出现“网络猪之家－首页”页面，点击该页面中的“使用技巧”；在“使用技巧”页面“有关帮助”栏下点击“点播下载视频节目”，出现有关视频点播、下载的介绍；返回“网络猪之家－首页”，点击“进入小猪电影院”，出现“网络猪之家－电影下载”页面，点击该页面中的“无极DVD下载”，出现“网络猪视频点播－无极DVD”页面；“网络猪视频点播－无极DVD”页面中的“影视首页”，出现“视频点播首页”页面，点击该页面中的“杀破狼”，出现“网络猪视频点播－杀破狼”页面；该页面包含有电影《杀破狼》的宣传海报和内容简介，并显示文件大小：390M，所属分类：电影－>动作片，上映时间：2005年11月18日，下载次数：36 937，评分4.83；点击海报右侧的“点击下载”，出现对话框“请先安装个性化信息门户软件3.0.2以上版本”，点击“确定”后，下载并安装网络猪（PIG）软件；安装过程出现《网络猪（PIG）软件最终用户许可协议》（以下简称《协议》），其中称《协议》是用户与中搜软件公司之间关于网络猪软件产品的使用许可协议；安装完毕，在出现的“readme网络猪（PIG）简介”中显示：网络猪是中搜软件公司开发的一款基于Internet的个人信息门户软件，功能具备全能搜索、天气预报、视频点播等，“视频”是指网上公开发行的电影、电视等作品，“点播”是让用户找到视频作品的一种方法，视频点播的目的是让用户能够方便地找到想看的视频作品，实现在线观看或下载观看；在下载并安装了“网络猪·飞影下载2.0.0”的视频插件后，再次点击“网络猪视频点播－杀破狼”页面中的“点击下载”，出现“网络猪·飞影下载”和“文件详细信息”界面；“文件详细信息”界面中目录名称为“[2005.11.19]杀破狼（国语）[2005年香港动作]（帝国出品）”，保存到的地址显示为C：\PROGRA～\PICUI\download，点击该界面中的“确定”开始下载“杀破狼”；“网络猪·飞影下载”界面显示视频名称为“[2005.11.19]杀破狼（国语）[2005年香港动作]（帝国出品）”，进度为0.7%，下载速度为26.2KB/S，上传速度为40.7KB/S，大小为390.5M；下载完毕后进入电脑地址C：\Program Files\PICUI\Download[2005.11.19]杀破狼（国语）[2005年香港动作]（帝国出品）显示有1个文件夹，三个网页快捷方式及1个名为“影视帝国（bbs.cnxp.com）……．”的文件。庭审中，打开该公证书所附光盘，显示“影视帝国（bbs.cnxp.com）……．”文件格式为rmvb，大小为390M；播放该文件，中搜信息公司与中搜软件公司均认可该文件中的影片与《杀破狼》光盘内容一致。

庭审中，中凯公司认可中国搜索网使用网络猪软件提供电影下载是免费的，且目前该网站已停止传播电影《杀破狼》。对于中搜信息公司与中搜软件公司的关系，两公司均称中搜信息公司是中国搜索网的域名所有者，中搜软件公司是该网站的经营者。

一审审理结果

一审法院认为：

电影《杀破狼》的片头和片尾所显示的版权信息、雅柏公司的公司注册证书以及香港影业协会执行总干事签署的《发行权证明书》等均表明雅柏公司为该影片的著作权人，故在无相反证明的情况下，本院对此予以确认。

根据雅柏公司出具的《委托书》，中凯公司已从该公司处获得了《杀破狼》自2005年10月16日至2010年10月16日在中华人民共和国（不包括台湾、香港和澳门地区）范围内5年的独家信息网络传播权等权利。中搜信息公司与中搜软件公司对此事实均表示认可，本院亦予以确认。虽然《杀破狼》未进行公映，且中凯公司并未取得网上传播电影、电视类节目的许可证，但此情形不影响中凯公司依法享有上述著作权，亦不影响法律对该合法权利的保护。

关于中国搜索网是否提供电影《杀破狼》的下载服务，中搜信息公司与中搜软件公司辩称其所提供的是搜索服务，且下载的电影文件来源于第三方。但从第024号公证书的内容看，网络用户下载电影《杀破狼》的相关文件，所有操作均系通过点击中国搜索网的相关页面并使用该网站提供的软件得以实现，在全部过程中，相关网页页面和软件界面均与中国搜索网紧密联系，并无任何内容显示网络用户所下载的文件系链接于其他网站或另有他人提供来源；至于用户下载获得的电影文件上的“影视帝国”、“bbs. cnxp. com”等字样，仅是该文件名称的组成部分，仅凭此点不足以证明该文件系由第三方提供。另外，中国搜索网《杀破狼》下载页面中显示的电影海报图片、内容简介、下载次数与评分等内容，亦证明该网站所提供的并非为单纯的搜索服务，且该网站为了吸引用户下载该电影而专门编辑、制作了相关网页。因此，本院对中国搜索网向公众提供电影《杀破狼》下载服务的事实予以确认。

中搜信息公司与中搜软件公司作为中国搜索网的域名所有者和网站经营者，未经许可通过该网站向公众提供电影《杀破狼》下载服务的行为，侵犯了中凯公司对该电影享有的信息网络传播权，应当承担赔偿损失的侵权责任。对于赔偿数额，本院将根据电影《杀破狼》的具体情况以及中搜信息公司与中搜软件公司的侵权程度等情节，酌情予以确定。中凯公司主张赔偿15万元缺乏充分证据，本院不予全部支持。

综上，依据《中华人民共和国著作权法》第47条第（1）项、第48条第2款之规定，判决如下：

一、本判决生效之日起十日内，被告北京中搜在线信息技术有限公司和被告北京中搜在线软件有限公司赔偿原告广东中凯文化发展有限公司经济损失五万元。

二、驳回原告广东中凯文化发展有限公司的其他诉讼请求。

案件受理费3 300元，由被告北京中搜在线信息技术有限公司和被告北京中搜在线软件有限公司负担。

各方当事人均服从一审判决。

39.《中墨关系：历史与现实》侵犯著作权纠纷案

——王大有、宋宝忠诉冯秀文、社会科学文献出版社

原告（被诉人）：王大有
原告（被诉人）：宋宝忠
被告（上诉人）：冯秀文
被告（原审被告）：社会科学文献出版社
案由：侵犯著作权纠纷

原审案号：北京市朝阳区人民法院（2007）朝民初字第27287号
原审合议庭成员：陈闯、索永强、刘花钗
原审结案日期：2007年12月20日
二审案号：北京市第二中级人民法院（2008）二中民终字第4068号
二审合议庭成员：张晓津、张剑、宋光
二审结案日期：2008年3月14日

判决要旨

在书的“后记”中罗列作者的方式虽表明了作者身份，但不能使人得知具体是哪一部分的作者，不能使人把作者和作者的作品联系起来，侵犯了作者的署名权。

起诉与答辩

原告王大有、宋宝忠诉称：署名“冯秀文编著”的《中墨关系：历史与现实》一书，于2007年6月由社会科学文献出版社出版发行。该书中的第一章《远古时期的中墨联系》系我二人创作的作品，其中包括文字39千字、美术原创作品2幅、美术资料图片1幅。冯秀文以主编身份向我二人约稿时，承诺出版时在作品上署名。我二人向冯秀文提供的作品文末有“王大有、宋宝忠撰”。但在出版的该书中，我二人的作品并无作者署名，冯秀文也由主编变成了编著者。在该书《后记》中，冯秀文称“本书由我组织，主编和撰写了部分章节，此外，参与全书撰写工作的还有：王大有、宋宝忠、张凯、林一安等”，没有说明哪些章节是由他撰写，哪些章节是由我二人撰写，其他撰写者

又撰写了哪些具体章节，而在封面、扉页、版权页、图书在版编目数据上都赫然署名“冯秀文编著”，显然把我二人的作品据为己有，剽窃我二人的作品，是严重侵犯我们著作权的行为。社会科学文献出版社，未尽审查责任，对冯秀文以编著者署名及与参与全书撰写工作的作者之间存在明显的著作权权属问题没有质疑，未尽编辑、出版的基本责任，致使侵权事实发生。现诉至法院，要求：（1）确认我二人是《中墨关系：历史与现实》一书中的第一章《远古时期的中墨联系》（含两幅美术作品）的著作权人；（2）判令二被告立即停止侵权作品《中墨关系：历史与现实》出版、发行、销售，销毁该书的全部库存及该书的全部印版，注销该书书号，撤销图书在版编目（CIP）数据登记；（3）判令二被告分别在《中国社会科学院院报》、《光明日报》、《新闻出版报》上刊登声明，承认剽窃我二人作品，侵犯我二人著作权，公开赔礼道歉，消除因剽窃在读者和学术界造成的恶劣影响；（4）判令二被告赔偿因剽窃造成的经济损失26 062.5元；（5）判令二被告承担调查取证的费用196元；（6）判令二被告赔偿我二人精神损害抚慰金各1 000元。

被告冯秀文辩称：我是中国社会科学院的研究员，多年从事墨西哥历史的研究。2004年中国社会科学院世界历史研究所批准由我负责，出版一部全面反映中墨关系发展历史的著作。2005年年底，我找到王大有，向他约稿，并讲明了条件。我告诉他，书中肯定有他的署名，但是署名的方式要根据全书的具体情况来决定，他完全同意我的计划，在合同上签字并收下了400元启动费。我使用王大有等人的稿件，是一种同事之间合作研究的性质，双方之间有约稿协议，稿件是经过我与他们双方的反复修改和讨论，最后定稿的，根本谈不上剽窃。由本书的特点决定，章节署名的方式对本书是不合适的。我把改好的王大有的稿件交给他审查修改过数次，每次上面都没有他的署名，对此他从来没有提过任何异议。本书目前的署名方式，和书的性质是相符的，对每位作者的权利是尊重的。我改过的王大有的稿子中，短短50多页文字就有30多次提到“王大有、宋宝忠认为”、“王、宋认为”等，就是要很明确地说明这些成果是他们的。全书的一半以上完全是我自己撰写的我的研究成果，还有一部分是我在别人的稿件和材料上加进了我的研究成果，还有一部分是我以主编的身份根据全书的需要对来稿进行了编辑修改。实际上，书中许多章节的完成包括几个人甚至是多人的研究成果和提供的材料，是一种你中有我、我中有你的状态。我认为，以表面上看来是含混一些的集体合作的方式表达本书的写作和大家的劳动，更接近于本书成书的事实，是对每一个人的权利更好的一种表达方式。王大有等人起诉我，没有事实依据，不符合法律的规定，是个人主义名利思想在作怪。请求驳回原告的诉讼请求。

被告社会科学文献出版社辩称：我社与冯秀文签订了出版合同，对双方的权利义务作出了明确的约定，本书后记明确指明了原告的名字，我社尽到了审查义务。我社出版、发行本书是合法的。请求驳回原告的诉讼请求。

原审查明事实

原审法院查明：2005 年 12 月 1 日，冯秀文就《中国与墨西哥的关系：历史与现实》一书向王大有约稿，王大有在一份《中墨关系课题协议书》上签字，协议约定：《中国与墨西哥的关系：历史与现实》系中国社会科学院世界历史所重点科研项目，主编有责任策划、组织整个课题组的运作，承诺为著作争取最好的协作条件，经济收益将按照每个人的贡献合理分配；对王大有的具体要求是由其撰写本课题的第二章“远古时期的中墨联系”部分，3 万字左右，2006 年 6 月 1 日以前完成初稿；报酬为预支 400 元启动费，稿酬不低于每千字 70 元，另加赞助分成；支付方法为签约之日起支付启动费，完成初稿后可报销 1 000 元的材料费，其余稿费出书后一个月内结清，赞助分成出书后两个月内决定。

2005 年 12 月 8 日，王大有收取了 400 元课题启动费。随后，王大有、宋宝忠二人共同撰写了“远古时期的中墨联系”初稿，于 2006 年 3 月 17 日交给冯秀文，冯秀文又向王大有支付预支稿费 1 000 元。该稿件又经过冯秀文、王大有的修改，最终收入《中墨关系：历史与现实》一书，作为第一章，包括文字稿及 3 幅插图。

2006 年 8 月 16 日，冯秀文与社会科学文献出版社签订《图书出版合同》，约定作品名称为“中墨关系”，作者署名为“冯秀文著”。《中墨关系：历史与现实》一书于 2007 年 6 月由社会科学文献出版社出版，署名为“冯秀文/编著”。该书第一章“远古时期的中墨联系”中并无王大有、宋宝忠的署名。在该书“后记”中，冯秀文写道：“本书由我组织、主编和撰写部分章节，此外，参与全书撰写工作的还有：王大有、宋宝忠、张凯、韩亚慧、吴文华、林一安……；以书面和口头等形式为本书提供资料的还有：王庆元……”。

王大有、宋宝忠各购买《中墨关系：历史与现实》两本，各支付 98 元。

原审审理结果

原审法院认为：作者依法享有著作权。作者的署名权受法律保护。根据查明的事实，王大有、宋宝忠是《中墨关系：历史与现实》一书中第一章“远古时期的中墨联系”的作者，冯秀文虽以主编身份作了局部文字修改，但主要创作者仍然是王大有、宋宝忠，不能改变二人的作者身份，冯秀文对此并无异议。王大有、宋宝忠有权以适当的方式在作品上表明自己的作者身份。而现在出版的《中墨关系：历史与现实》一书，在第一章“远古时期的中墨联系”中，并未标明王大有、宋宝忠的作者身份。在该书“后记”中，冯秀文写道“参与全书撰写工作的还有：王大有、宋宝忠……”，这种方式虽表明了王大有、宋宝忠的作者身份，但不能使人得知王大有、宋宝忠具体是哪一部分的作者，不能使人把作者和作者的作品联系起来。因此，这种做法，不是一种适当的署名方式。冯秀文的这种做法，侵犯了王大有、宋宝忠的署名权。社会科学文献出版社作为出版者，虽与冯秀文签订了图书出版合同，但根据该书“后记”的内容可以知道王大有、宋宝忠的作者身份，该社未尽审查义务，在出版物中以适当的方式为作者署名。冯秀文、社会科学文献出版社应依照法律规定承担相应的民事责任。冯秀文关于本书存在特殊性、不适合为每章节作者署名的意见，缺乏依据，本院不予采信。社会科学文献出版社仅以已与冯秀文签订了出版合同为由主张其尽了审查义务，不能成立。

鉴于冯秀文与王大有、宋宝忠之间存在约稿行为，其使用王大有、宋宝忠作品的行为，并非剽窃行为，故停止发行涉案图书会导致不必要的资源浪费，本案以不停止涉案图书的发行，由冯秀文、社会科学文献出版社通过其他方式承担侵权责任为宜，但社会科学文献出版社继续发行库存图书时，应以附页的方式对作者的署名进行补正；重印及再版时，必须为王大有、宋宝忠清楚、具体地署名。同时，本院亦不支持王大有、宋宝忠基于剽窃提出的经济赔偿要求。根据王大有、宋宝忠的诉讼请求，本院确定由冯秀文、社会科学文献出版社在《新闻出版报》上公开就侵犯署名权一事向王大有、宋宝忠致歉，并分别向王大有、宋宝忠支付 1 000 元精神损害抚慰金。王大有、宋宝忠主张购书的费用作为制止侵权的合理开支，符合法律规定，本院予以支持。王大有、宋宝忠的其他诉讼请求，本院不再予以支持。

综上，依照《中华人民共和国著作权法》第 10 条第 1 款第（2）项、第 46 条第（11）项、第 48 条第 1 款，《中华人民共和国民法通则》第 130 条之规定，判决如下：

一、确认王大有、宋宝忠为《中墨关系：历史与现实》一书第一章“远古时期的中墨联系”的著作权人。

二、冯秀文、社会科学文献出版社于本判决生效之日起三十日内分别在《新闻出版报》上刊登致歉函，向王大有、宋宝忠公开赔礼道歉（致歉函内容须经本院审核，逾期不刊登，本院将在有关媒体公开刊登本判决主要内容，相关费用由冯秀文、社会科学文献出版社共同负担）。

三、社会科学文献出版社继续发行库存的《中墨关系：历史与现实》一书时，必须以附页的形式对王大有、宋宝忠对其作品的作者身份予以补正；重印或再版《中墨关系：历史与现实》一书时，必须清楚、具体地为王大有、宋宝忠署名。

四、冯秀文、社会科学文献出版社于本判决生效之日起十日内共同向王大有、宋宝忠分别支付精神损害抚慰金 1 000 元。

五、冯秀文、社会科学文献出版社于本判决生效之日起十日内共同向王大有、宋宝忠分别支付合理开支 98 元。

六、驳回王大有、宋宝忠其他诉讼请求。

冯秀文不服原审判决，提出上诉，请求撤销原审判决，坚持其原审诉讼请求。王大有、宋宝忠、社会科学文献出版社服从原审判决。

二审查明事实

二审法院查明的事实与原审相同。

二审审理结果

在本案二审审理过程中，经法院主持调解，三方当事人自愿达成如下协议：

一、自本调解书生效之日起三日内，冯秀文向王大有、宋宝忠支付购书支出 25 元及精神损害抚慰金各 500 元，社会科学文献出版社向王大有、宋宝忠支付购书支出 25 元及精神损害抚慰金各 500 元；

二、冯秀文及社会科学文献出版社共同在《新闻出版报》上刊登声明，对王大有、宋宝忠对其作品的作者身份予以说明，费用由冯秀文及社会科学文献出版社各负担一半，该声明须于本调解书生效后三日内送至《新闻出版报》报社（声明内容须经法院审核，逾期不履行，法院将在一家全国发行的报纸上公开刊登本调解书主要内容，相关费用由冯秀文及社会科学文献出版社共同负担）；

三、社会科学文献出版社继续发行库存的《中墨关系：历史与现实》一书时，须以附页的形式对王大有、宋宝忠对其作品的作者身份予以补正；

四、冯秀文向王大有、宋宝忠进行书面致歉（致歉内容已经法院审核并已履行），王大有、宋宝忠承诺不将相关致歉内容向第三方公开；

五、一审案件受理费 506 元，由王大有、宋宝忠负担 106 元，由冯秀文负担 200 元，由社会科学文献出版社负担 200 元；二审案件受理费 506 元，减半收取 253 元，由冯秀文负担；

六、当事人各方对涉案图书存在署名不当的事实达成一致意见，并对本案所涉事实别无其他争议。

40.《饿狼传说》等8作品侵犯著作权纠纷案

——中国音乐著作权协会诉北京鸿翔风采国际文化有限公司、浙江世纪风采文化传播有限公司、浙江国华演艺有限公司

原告：中国音乐著作权协会
被告：北京鸿翔风采国际文化有限公司
被告：浙江世纪风采文化传播有限公司
被告：浙江国华演艺有限公司
案由：侵犯著作权纠纷

一审案号：北京市海淀区人民法院（2008）海民初字第25号
一审合议庭成员：王宏丞、石必胜、刘虎
一审结案日期：2008年4月20日

判决要旨

中国音乐著作权协会根据其与香港作曲家和作词家协会的相互代表合同，对与香港协会签约的词曲作者的音乐作品在中国大陆地区进行著作权管理，享有作品表演权的专有许可使用权。

起诉与答辩

原告中国音乐著作权协会（以下简称音著协）诉称：我协会是依法代表著作权人行使权利的集体管理组织，根据著作权人的授权，可以以自己的名义参与诉讼。2007年4月30日晚，三被告联合在杭州黄龙体育中心举办了名为"张学友好久不见中国巡回演唱会（杭州站）"的演出，公开表演了我协会管理的《饿狼传说》等8首音乐作品。三被告的上述行为未经权利人许可，且未缴纳著作权使用费。为维护著作权人的合法权益，诉至法院，请求判令三被告赔偿经济损失182 320元，承担我协会为本案合理支出的律师费1万元和交通费500元。

三被告共同辩称：我方曾就涉案歌曲的使用费与音著协进行过协商，我方愿意支付合理的使用费，并曾将演唱会的门票送给音著协。当时音著协曾提出让我方一并支付2万元，由于其未能提供著作权人的授权材料和法定收费标

准，我方未支付使用费。因音著协对使用费标准没有公示，其要求赔偿的数额没有依据。该演唱会由于成本过大和票房不佳，未能赢利。音著协依其在我国音乐作品著作权集体管理中的垄断地位，提出的付费标准过高，律师费、交通费亦过高，我方只能支付合理的费用。

一审查明事实

一审法院查明，原告音著协系以集体管理的方式代表音乐著作权人行使权利的音乐著作权集体管理组织。香港作曲家及作词家协会系我国香港特别行政区的音乐著作权集体管理组织。2003 年 9 月，两协会签订相互代表合同，约定香港作曲家及作词家协会授权音著协在中国大陆地区代为行使其与作者签约的音乐作品公开表演的专有权利。《只想一生跟你走》的词曲作者为刘卓辉、巫启贤，《饿狼传说》的词曲作者为潘伟源、刘诺生，《摇摇》的词曲作者为古倩敏、张学友，《讲你知》的词曲作者均为张学友，《给朋友》的词曲作者为古倩敏、张学友，《明天我要嫁给你》的词曲作者均为周华健，《忘记他》的词曲作者为刘卓辉、刘诺生，《我真的受伤了》的词曲作者均为王菀之。上述词曲作者均与香港作曲家及作词家协会签订入会合同，将对音乐作品的相关著作权授权该协会进行管理。音著协对上述 8 首歌曲在大陆地区公开表演权进行管理和行使，包括许可和收费。

2007 年 4 月 30 日，“张学友好久不见中国巡回演唱会（杭州站）”在杭州黄龙体育中心举办，宣传册注明主办单位为北京鸿翔风采国际文化有限公司（以下简称鸿翔公司）和浙江世纪风采文化传播有限公司（以下简称世纪公司），承办单位为世纪公司和浙江国华演艺有限公司（以下简称国华公司），网上公示的主办单位为三被告，票价分为 900 元、600 元、500 元、300 元、200 元、100 元六种档次。在演唱会中，张学友演唱了 38 首歌曲，包含上述 8 首歌曲。网上宣传文章称到场观众人数为 4 万人。音著协认为应以六种档次票价的平均额 433 元乘以上述到场人数计算演唱会的总收入。

三被告表示演唱会门票系其赠送给音著协，网上宣传的到场人数有夸大的成分，也不能按照六种档次的票价均摊为平均票价，因为高价票毕竟占少部分，且还有部分赠票和未售出的门票。但对于实际到场人数及不同票价对应的数量，三被告表示无法说明，也不能提交相关证据证实。

音著协提交了国家版权局于 1993 年 8 月 1 日颁布的《演出法定许可付酬标准暂行规定》，其中确认演出组织者使用已经发表的作品进行营业性演出，从每场演出的门票收入抽取一定比例向著作权人付酬，标准为每场演出门票收入的 7%，但每场使用费不得低于应售门票售价总额的 2.5%。音著协同时提交了该协会在网上公示的在版权局备案的收费标准，与上述规定一致，并明确门票收入指扣除演出场地费用后的实际收入，应售门票指本场的平均票价（依申请人演出前提供的预计出售门票的价位及其相应票数的清单计算）与演出场地的实际座位数的乘积。音著协认为，以最低标准 2.5% 乘以演唱会收入，并按照使用的 8 首歌在全部 38 首歌中所占的比例计算，费用为 91 160 元，加倍赔偿应为 182 320 元。

音著协提交了 2006 年周华健杭州演唱会作品使用申请表、许可协议，证实该场演唱会的座位数为 6 500 个，平均票价 500 元，使用费为 1 万元。张学友演唱会苏州站作品使用申请表、许可协议，证实该场演唱会座位数为 3.5 万个，使用费为 8 万元。

三被告坚持认为我国对音乐作品的使用费没有统一标准，不能按此计算。三被告提交了 2006 年 9 月 11 日国华公司向音著协交付 1 万元使用费的发票，证实音著协收取费用没有统一标准。音著协对该发票无异议，但表示因不是同一场演唱会，座位数和使用歌曲的数量造成收取费用不同，没有可比性。三被告提交四川省锦城艺术宫提供的音著协出具的临时收据，证实音著协从张学友中国巡回演唱会成都站收取使用费 3 万元。音著协表示该收据是其驻成都办事处人员开具的临时收据，是否已经全额支付不能完全确定，且每场演唱会应当收取的费用根据实际情况确定，并不等同。三被告还提交了音著协与苏州通广广告传媒投资有限公司签订的保护音乐著作权协议，约定音著协许可该公司在昆山地区范围内以现场表演的方式使用该协会管理的音乐作品，以演出场次为单位，每场收费 1.5 万元，超过 5 000 个座位的场所，另行协商。音著协表示经过审查，该合同不存在。三被告不能提交上述合同的原件。

对于三被告提供的上述证据，本院认为，上述临时收据无法证明实际收费的全面情况；音著协不予认可的合同，因只提供复印件，无法作为有效证据使用；1 万元使用费的凭据因没有相应的证实该场演唱会规模等实际情况的证据，亦不能佐证涉案演唱会应当收取的费用。

音著协提交了支付律师费 1 万元，车费 191 元的相关票据。三被告认为上述费用过高。

一审审理结果

一审法院认为，音著协作为音乐著作权人的集体管理组织，根据著作权人的授权，可以以自己的名义对侵犯其代表的著作权人的合法权益的行为提起诉讼。音著协根据其与香港作曲家和作词家协会的相互代表合同，对与香港协会签约的词曲作者的音乐作品在中国大陆地区进行著作权管理，享有作品表演权的专有许可使用权。

三被告作为张学友杭州演唱会的主办和承办单位，是该演唱会的组织者和权利义务承担者，应当在使用音乐作品前取得著作权人的许可，并支付报酬。三被告在未取得许可，未与音著协就使用费达成一致意见的情况下，在演唱会中使用了该协会管理项下的8首音乐作品，未支付使用费，其行为已经共同侵犯了相关著作权人的表演权，依法应承担连带侵权责任。虽然上述8首歌曲中有部分作品为张学友本人作词作曲，但根据张学友与香港作曲家及作词家协会签订的协议，其已将自己创作歌曲的表演权转让给该协会，该协会又授权音著协进行管理，演唱会的组织者应当就其使用行为向音著协支付使用费。

对于使用费数额的确定，目前我国大陆地区未对演唱会中音乐作品的使用费标准进行明确规定，使用费数额需由相关当事人协商确定。音著协举证证实该场演唱会的六种票价，并据此计算了平均票价。本案中三被告未明确演唱会的实际收入情况，亦未明确每种票价所对应的票数。按一般票价与数量的对应情形，音著协计算的平均票价应当高于该场演出的实际平均票价，但因三被告未就此进行举证，本院以音著协计算的平均票价为主要参考依据，综合考虑三被告的过错程度，演唱会的规模、歌曲数量等使用情况和此前相关的合理规定，对赔偿金额酌予认定。

三被告提出的存在赠票和未能售出的门票的情形，因赠票系组织者自行处置的行为，该费用应由三被告自行承担。至于未能实际售出的门票，因三被告未明确该场演唱会的实际收入，音著协提出的2.5%的比例在曾经适用的部门规定中系以应售门票售价总额为基数进行计算，因此不受是否实际售出的情况的影响。

音著协提交证据证明其为此次诉讼支付的律师费用1万元和办案车费191元，属于为维权支付的合理费用，本院予以支持。

据此，本院依照《中华人民共和国著作权法》第36条第1款、第46条第（7）项、第48条，《最高人民法院〈关于审理著作权民事纠纷案件适用法律若干问题的解释〉》第6条之规定，判决如下：

被告北京鸿翔风采国际文化有限公司、浙江世纪风采文化传播有限公司、浙江国华演艺有限公司连带赔偿原告中国音乐著作权协会音乐作品使用费8万元，诉讼合理支出10 191元。

案件受理费4 156元，由三被告共同负担。

各方当事人均服从一审判决。

41.《爱人有罪》、《女同志》侵犯著作权纠纷案

——北京书生网络技术有限公司诉北京零时达科技有限公司

原告（被上诉人）：北京书生网络技术有限公司
被告（上诉人）：北京零时达科技有限公司
案由：侵犯著作权纠纷

原审案号：北京市海淀区人民法院（2007）海民初字第9776号
原审合议庭成员：王宏丞、洪秀芳、张 敏
原审结案日期：2007年10月26日
二审案号：北京市第一中级人民法院（2008）一中民终字第4055号
二审合议庭成员：仪军、侯占恒、王暐
二审结案日期：2008年6月3日

判决要旨

《民事诉讼法》第108条第（1）项规定的"直接的利害关系"是一种权利、义务的冲突关系，属于法律上的利害关系，它只能是现实存在的一种已然状态，不可能是将来发生的或然状态。原告在起诉时不享有涉案作品的信息网络传播权，其提起诉讼的主体资格不符合法律规定，应当予以驳回。

起诉与答辩

原告北京书生网络技术有限公司（以下简称书生公司）诉称：我公司享有范小青的文字作品《女同志》、艾伟的文字作品《爱人有罪》两书的著作权。2006年7月，我公司发现被告未经允许在其网站（www.xiaoshuo.com）提供涉案两书的在线阅读服务和下载，进行牟利，侵犯了我公司对两书内容享有的信息网络传播权。现诉至法院，请求判令被告：（1）停止侵权。（2）以每千字80元的标准计算，赔偿经济损失54 880元。（3）赔偿合理支出2万元，包括公证费1.5万元，律师费5 000元。

被告北京零时达科技有限公司（以下简称零时达公司）辩称：我公司经营的小说网没有营利性，只为网络用户提供存储空间，由用户自行上传作品。我公司无法控制，也未改变作品的内容，该行为没有给原告造成任何损失。我

公司上传时间早于原告取得授权的时间，尽到了一定的审查义务，并已经删除了涉案作品。我公司作为网络服务提供商，符合相关法规规定的免责条件，且没有故意或过失的侵权行为，不应承担侵权责任。请求法院驳回原告的诉讼请求。

原审查明事实

原审法院查明：艾伟系小说《爱人有罪》的作者，2006 年 1 月，该书由春风文艺出版社出版发行，字数为 296 千字，定价 28 元，印数 5 万册。范小青系小说《女同志》的作者，2005 年 5 月，该书由春风文艺出版社出版发行，字数为 390 千字，定价 28 元，印数 5 万册。

2005 年 12 月 25 日，原告与范小青签订书生数字作品合作协议，约定范小青将其在协议有效期内及之前发表的作品的数字形式的各项权利（包括但不限于信息网络传播权、复制权、发行权）的专有使用权和再许可权授予原告，授权期限不少于 10 年，且向前追溯到作品享有著作权之时；原告应向范小青支付发行收入的 15% 作为版权使用费，每年年底结算收益；原告有权自行制止侵权行为，并代理范小青进行维权，维权后与作者就收益对半分成。

2006 年 1 月 6 日，原告与艾伟签订书生数字作品合作协议，就艾伟签订协议有效期期间及之前的作品进行授权，约定内容与前述协议基本一致。

2006 年 7 月 5 日至 7 日，原告申请北京市公证处对小说网（网址为 www. xiaoshuo. com）使用原告享有权利的图书内容进行公证。操作过程需先下载被告的软件，文件均为“. ebx”格式。公证内容中第 538 ~ 542 项系通过搜索“范小青”，点击进入“女同志”界面，点击该页面的“网通下载”，弹出“下载确认”对话框，将页面拷屏保存至设定文件。第 82 ~ 85 项内容为通过搜索“艾伟”，点击进入“爱人有罪”界面，点击该页面的“网通下载”，弹出“下载确认”对话框，将页面拷屏保存至设定文件。该公证书的附件四系对网站充值过程的公证，以在网站登记的书房号进行登录，网站提示用户尚存点数，同时明示下载作品所需相应点数。充值方式包括 168 声讯热线充值和网上银行充值等多种方式，季卡价格为 50 元，可增加 300 点及 20 兆空间。参与公证过程的原告人员孟梅在网上银行充值界面的提示下，通过中国建设银行账户向充值账户交付 50 元，该网站界面显示为“您此次给书房增加 300 点，空间增加 20 兆，花费金额为 50 元人民币，是否继续充值?”

该网站中没有广告。被告称只给用户提供一个交流平台，网站对上传内容不进行编辑。

被告对上述下载过程及交费过程不持异议，但表示收费买点是网站的一种尝试，在2006年9月9日已经取消收费设置，全部收费仅为2 000元。该网站并不强制用户交费，即便不充值也可以进行作品的下载，因为注册及上传作品均可获得点数和空间，每次登录获得的积分也可以折成点数，所以原告用以登录的用户在购买点数前已经拥有600点，而下载过程系在充值之前。

包含上述内容的公证过程收费1.5万元，其中涉及作者和书目众多，经被告统计有271本。原告向本案代理律师所属的北京市汉鼎律师事务所支付律师费5 000元。

2002年12月19日，北京市通信管理局给被告颁发了编号为京ICP证020426号的电信与信息服务业务经营许可证，该公司业务种类为因特网信息服务业务，服务范围为除新闻、出版、BBS等以外的内容。小说网中的权利说明明示网站由被告进行运营。

被告提交了两书的上传者信息，《爱人有罪》最早上传时间为2006年3月17日，作者为艾伟，上传者书房ID为3272126，IP地址为202.101.71.16，邮箱为sadfasdfa@sina.com。《女同志》最早上传时间为2005年6月20日，作者为范小青，上传者书房ID为2273154，IP地址为82.224.76.221，邮箱为xwwyoyo@163.com。被告表示对上传者的真实身份并不了解，原告则对上述打印件内容的真实性不予认可。后经过当庭勘验原告公证的光盘，原告对上述上传时间予以认可。双方均认可两书内容均为一次性上传完毕。

被告还提交了（2007）京证经字第08917号公证书，系被告于2007年3月30日对其网站内容进行公证，证实小说网是为用户提供空间的平台，内容由用户上传，网站整个系统与BBS类似，上传的内容虽不能修改，但可以二次发布进行改动。网站设置了版权保护的投诉流程，作者本人提供身份和版权证明后，可以填写姓名和书名申请保护，别人即不能上传其作品，作者如发现并非自己上传的作品可以选择撤销或者把书转到自己的名下。该网站已经删除了涉案两书内容，现上述作品名下只有相关评论，不能看到小说内容。原告认可涉案两书已经从小说网删除，但认为上述公证的其他内容与本案无直接关联。从公证内容可以看出，小说网设置了多种形式的图书分类，编辑了图书的推荐目录和下载排行。

经当庭询问，被告认可小说网为用户上传电子书提供技术支持，每章上传后可通过点击一个按钮生成完整的电子书，小说网有章节的图书有10万部，零散的有100多万部。原告表示，小说网阅读需安装网站提供的专用阅读器，然后才能下载，下载作品变成.ebx形式的文件，这是一种为了提供内容对使用者和提供者进行限制的行为，被告以此为其营利模式，不同于传统的BBS。被告称采用这种方式的目的是保护作品，防止任意复制。被告表示，《爱人有罪》一书在原告网站并不存在，另一本书点击率也极低，原告自己未积极使用两书，小说网对两书的使用没有给原告造成损失。

原审审理结果

原审法院认为：艾伟和范小青分别是《爱人有罪》和《女同志》两书的作者，二人与原告签订协议，将两书包含信息网络传播权在内的数字形式的各项权利的专有使用权和再许可权授予原告，并授权原告可自行制止侵权和代理维权。上述约定未违反法律规定，应属有效。原告依上述协议享有两书信息网络传播权的专有使用权和再许可授权，他人如行使作品的信息网络传播权，应取得原告的许可并支付报酬。

被告作为小说网的经营单位，称自己仅为网络服务提供商，免费提供存储空间，由用户自行上传作品，网站没有改变作品内容，没有广告和营利行为，通过网站的明示尽到了合理的审查义务，并已经删除了涉案作品，符合相关法规规定的免责条件，没有故意或过失的侵权行为。

从本案的相关证据看，小说网设置了详细栏目分类，编辑了图书的推荐目录和下载排行，将用户上传内容转换格式再供用户下载，并提供专用软件。上述对于文字作品的使用方式及对整个网站使用内容的全面积极的掌控，不同于传统意义上 BBS 使用方式。虽然网站用户可以通过注册、上传、登录等方式获取点数进行图书的下载，但从原告公证的内容看，小说网设置了多种付费方式，原告亦通过银行转账的方式实际付费购买了点数，证实小说网当时处于营利性经营状态。被告虽称现在付费设置已经取消，但应以原告公证当时的存在状态为准。

综上，小说网不属于相关法规规定的仅提供信息存储空间或者提供搜索、链接服务的网络服务提供者，且直接通过收费方式获取利益，不适用接到权利人通知后进行删除即可免责的规定。被告的上述辩解意见本院不予采纳。

被告在经营小说网的过程中，对经营模式进行了一定的尝试，通过赠送点数和空间的方式鼓励用户上传作品，并使小说网形成较大的规模。被告在网站设置的上传者信息采集登记程序中，上传者并不一定提供真实身份，被告也未对上传者是否为合法权利人进行任何审查。虽然网站通过明示上传者注意版权、为作者设置发现侵权前后的处理手段等方式对作品的权利保护给予了一定程度的注意，但此种注意程度明显没有达到与该网站使用作品的规模和程度所应当匹配的注意义务。被告认可小说网容量达到 10 万部有章节的作品，零散作品达到 100 多万部，其意义已经不仅仅是简单地鼓励原创、给文学爱好者提供交流平台，而是已经达到了一定的经营规模。对于网站，经营规模是其获取利益的重要前提条件。虽然在如此大的作品拥有量的前提下，网站经营者确实难以就每一部作品进行详尽的权利核实，但类似本案涉及的两部作品均为正式出版物，由上传者一次性将整部小说上传的情况，和正常意义下将原创作品陆续上传修改的情形有异，经营者应当对此种情形特别加以注意，并通过查询以确认该作品是否为正式出版物，是否取得合法授权，上述核实工作并非不能完成。如果被告将其网站的工作仅定位于任由他人上传，然后等待作者自己上门确定权利，或者在作者发现侵权后进行提醒才采取措施，那么其网站占有数量如此众多的作品资源而不进行任何主动的审查工作，不能不说是一种不负责任地随意占有他人知识成果，以消极的方式放任侵害结果发生并据此获取利益的行为。被告至今未能举证证实其在小说网的经营过程中发现问题后主动进行过版权审查，其上述经营模式存在一定问题，应考虑进行调整。

因此，本院认定被告经营的小说网登载涉案两书内容并允许用户阅读下载的行为，未尽到网站经营者合理的注意义务，存在过错，侵犯了原告享有的信息网络传播权，应当承担侵权责任。

被告称《女同志》的上传时间早于原告获得授权的时间，因作品上传后侵权行为处于持续状态，被告作为网站的经营者，其注意义务并不仅限于上传之时。原告进行公证时已取得两作者的授权，因此上述情节不影响对被告侵权性质的认定。但在确定被告的侵权程度时，本院考虑上述情节，以及被告的过错为未尽合理的注意义务，认定被告的侵权程度较低。

现双方均认可涉案两书已经从小说网删除，原告所诉停止侵权的请求内容已经实现，本判决主文对此不再赘述。原告要求的赔偿金额较高，但并未提交证据证明涉案两书为畅销书。本院将综合参考相关稿酬支付标准、被告的使用情况及过错程度等因素，对赔偿数额酌予认定。本案原告所作公证涉及多位作者的多本图书，公证费应酌情分摊。原告为本案支付的律师费高于相关标准，本院对其合理部分予以支持。

综上，本院依照《中华人民共和国著作权法》第 10 条第（12）项、第 47 条第（1）项、第 48 条第（2）项之规定，判决如下：

被告北京零时达科技有限公司赔偿原告北京书生网络技术有限公司经济损失及合理开支共计 16 920 元（于本判决生效后十日内给付）。

零时达公司不服，提起上诉，请求撤销原审判决。理由是：依照我公司在二审提交的新证据，书生公司并未获得涉案两部作品的信息网络传播权。我公司提供的网络服务性质类似 BBS 服务，不具有主观过错，也未从涉案作品直接获利。

书生公司服从原审判决。

二审查明事实

双方当事人对原审判决查明的事实没有异议。在本案二审过程中，零时达公司提交了四份证据：

证据1为《情况说明》，该证据为案外人春风文艺书版社于2008年3月31日，就零时达公司在二审中提交的原作者与春风文艺书版社就两部涉案作品所签订的《图书出版合同》进行的说明。相关内容为："由于涉及我社商业秘密原因，在北京书生网络技术有限公司诉北京零时达科技有限公司信息网络传播权纠纷一案一审阶段，我社未向零时达公司提供我社与小说《女同志》作者范小青以及小说《爱人有罪》作者艾伟之间所签署的《图书出版合同》。现应零时达公司的再次请求，我社同意向零时达公司提供我社与小说《女同志》作者范小青以及小说《爱人有罪》作者艾伟之间所签署的《图书出版合同》。"

证据2为范小青（甲方）与春风文艺出版社（乙方）就涉案作品《女同志》于2005年3月20日签订的《图书出版合同》。该合同第22条载明："在合同有效期内，甲方许可第三方使用上述作品进行网络传播的，须取得乙方许可。在合同有效期内，甲方授权乙方享有上述作品的网络传播权或者许可第三方使用上述作品进行网络传播的权利。"

证据3为艾伟（甲方）与春风文艺出版社（乙方）就涉案作品《爱人有罪》于2005年12月15日签订的《图书出版合同》。该合同第22条载明的内容与证据2相同。

证据4为《网络转载授权书》，该证据为春风文艺出版社于2008年3月12日向零时达公司出具的，授权许可零时达公司自涉案作品《女同志》和《爱人有罪》自出版日期1个月后在小说网使用。

书生公司认为，零时达公司提交的上述证据不符合新证据的要求，二审法院不应采信。

二审审理结果

二审法院认为：

一、零时达公司在二审提交的四份证据是否符合新证据的要求。

《中华人民共和国民事诉讼法》第125条第1款规定，当事人在法庭上可以提出新的证据。最高人民法院关于《民事诉讼证据的若干规定》（以下简称《若干规定》）第41条第（2）项规定，二审程序中的新的证据包括以下一审庭审结束后新发现的证据。在本案中，根据春风文艺出版社向本院出具的《情况说明》可知，该社曾以涉案作品的《图书出版合同》的内容涉及商业秘密为由，在一审期间未向零时达公司提供该出版合同。零时达公司也并不知晓《图书出版合同》的具体情况。在二审审理过程中，春风文艺出版社向零时达公司提供了涉案作品的《图书出版合同》。因此，本院认为涉案作品的《图书出版合同》属于零时达公司在一审庭审结束后新发现的证据，符合《若干规定》关于二审程序中的新的证据的要求。而零时达公司提供的《网络转载授权书》，该证据亦形成于二审审理期间，亦符合上述法律和司法解释的关于新证据的规定。

二、书生公司就涉案作品是否享有信息网络传播权。

根据涉案作品的《图书出版合同》内容可知，案外人艾伟和范小青与春风文艺出版社就涉案作品签订合同的时间均早于此二人与书生公司签订《书生数字作品合作协议》的时间。而《图书出版合同》中明确约定，艾伟和范小青如许可第三方行使涉案作品的信息网络传播权，须取得春风文艺出版社的许可。在本案中，艾伟和范小青在未取得春风文艺出版社许可的情形下，单方与书生公司就涉案作品的信息网络传播权进行许可的行为属于效力未定的民事行为。在未取得春风文艺出版社许可之前，书生公司并不享有涉案作品的信息网络传播权。我国《民事诉讼法》第108条第（1）项规定，原告是与本案有直接利害关系的公民、法人和其他组织。本院认为，直接的利害关系是一种权利、义务的冲突关系，属于法律上的利害关系，它只能是现实存在的一种已然状态，不可能是将来发生的或然状态。而本案中，书生公司在起诉时并不享有涉案作品的信息网络传播权，因此其提起诉讼的主体资格不符合上述法律规定，应当予以驳回。

综上所述，原审法院认定事实不清，适用法律错误，依照《中华人民共和国民事诉讼法》第108条第（1）项，第153条第1款第（2）项、第（3）项，最高人民法院《关于适用中华人民共和国民事诉讼法若干问题的意见》第139条第1款之规定，本院裁定如下：

一、撤销北京市海淀区人民法院作出的（2007）海民初字第9776号民事判决。

二、驳回北京书生网络技术有限公司的起诉。

一、二审案件受理费各2 756元，均由北京书生网络技术有限公司负担。

42. 漫画《白头发》侵犯著作权纠纷案

——张彬诉北京华业伟成文化发展有限公司

原告： 张彬

被告： 北京华业伟成文化发展有限公司

案由： 侵犯著作权纠纷

一审案号： 北京市西城区人民法院（2008）西民初字第848号

一审合议庭成员： 李岳鹏、宋冰、刘志远

一审结案日期： 2008年6月18日

判决要旨

在复制、放大他人享有著作权的图片的过程中改变原作品的背景色彩，并对作品中人物的头像进行更换，使原作品固有的艺术风格发生了巨大变化，破坏了该美术作品内容的完整统一，明显降低了原作品的艺术效果，达到了歪曲、篡改的程度，构成了对著作权人所享有的修改权和保护作品完整权的侵害。

起诉与答辩

原告张彬诉称：原告系2005年6月由海南出版社出版的《ONE DAY》一书的作者，其笔名为BENJAMIN。本案涉案美术作品《白头发》收录于该书第90页。被告在其实际经营的4D数字影院前、后门、西单地铁站A出口处、西单文化广场地下一层米其专卖店等4处地点使用了该影院的广告宣传画。将被告广告宣传中所使用的涉案图片与原告的美术作品《白头发》进行对比，可以发现该广告图片上的人物造型除人物头部有所区别外，人物的整体躯干、服装、装饰以及人物的整体姿态等与原告的美术作品《白头发》中的人物造型基本一致，但两幅图片的背景色彩完全不同。被告的上述行为侵犯其保护作品完整权、复制权、展览权、获得报酬权，并给其造成巨大的精神损害为由，请求判令被告立即停止侵权行为、向原告公开赔礼道歉、赔偿原告经济损失、精神抚慰金诉讼合理支合计75 430元。

被告北京华业伟成文化发展有限公司（以下简称华业伟成公司）辩称：

其使用的广告图片中的人物是公司员工的妻子，与原告主张的美术作品有很大差别。我公司广告图片与原告无关，故不同意原告的诉讼请求。

一审查明事实

一审法院查明：原告系2005年6月由海南出版社出版的《ONE DAY》一书的作者，其笔名为BENJAMIN。本案涉案美术作品《白头发》收录于该书第90页。

2007年9月24日，本案证人范琳、李秦来到位于西城区西单文化广场地下二层的被告实际经营的4D数字影院，对该影院前、后门、西单地铁站A出口处、西单文化广场地下一层米其专卖店等4处地点所使用的该影院广告宣传画进行了拍摄。并由中华人民共和国长安公证处对上述事实进行了公正，制作了（2007）长证内民字第10739号、（2007）长证内民字第10740号公证书。

本院经对（2007）长证内民字第10739号、（2007）长证内民字第10740号公证书中所记载的侵权图片进行对比，可以认定被告在上述4处地点所使用的系同一幅广告宣传图片。

本院对被告广告宣传中所使用的涉案图片与原告的美术作品《白头发》进行对比，可以发现该广告图片上的人物造型除人物头部有所区别外，人物的整体躯干、服装、装饰以及人物的整体姿态等与原告的美术作品《白头发》中的人物造型基本一致，但两幅图片的背景色彩完全不同。

原告为本案诉讼支付公证费1 420元、律师费8 000元、电影票款30元。

一审审理结果

一审法院认为：根据现有证据，可以认定原告是涉案美术作品《白头发》的著作权人。原告作为著作权人对其创作的作品依法享有署名权、修改权、保护作品完整权等著作人身权和复制权、获得报酬权等财产权利，对于他人侵犯上述权利的行为有权提起诉讼。

被告华业伟成公司在其经营的影院及周边地区，多处悬挂使用经过复制且已改变原有尺寸、背景色彩的涉案美术作品，该行为未经著作权人的许可，侵犯了原告对其作品依法享有的复制权以及相应的获得报酬权，其应承担停止侵害和赔偿损失的民事责任。

被告在使用侵权图片时未标注作者姓名，侵犯了原告的署名权；被告使用的侵权图片，在复制、放大过程中改变了原作品的背景色彩，并对作品中人物的头像进行了更换，使原作品固有的艺术风格发生了巨大变化，破坏了该美术作品内容的完整统一，明显降低了原作品的艺术效果，达到了歪曲、篡改的程度，其行为构成了对原告修改权和保护作品完整权的侵害；被告对上述侵犯原告著作人身权的行为，应当承担停止侵害、赔礼道歉以消除影响的民事责任。鉴于被告的侵权情节严重，适用停止侵害、赔礼道歉、消除影响仍不足以抚慰原告所受的精神损害，故其应当向原告支付一定数额的精神损害抚慰金。本院将根据被告的过错程度、侵权方式、侵权情节，影响范围等因素综合确定具体数额。

被告提出其使用的图片是源自其自有的一张人物肖像照片，未直接侵犯原告的权利，但被告未就上述主张提交充分证据，故本院对其答辩意见不予采信。

关于损害赔偿数额，因原告未能提交其实际损失以及被告违法所得的充足证据，故本院综合考虑涉案美术作品的作者具有一定的知名度，其作品具有一定的艺术价值，被告侵权行为的后果，其使用涉案作品的场所和经营规模等情节，并酌情考虑原告为制止侵权行为所支出的公证费、律师费、电影票款等合理支出的，确定被告应当承担的赔偿数额。因原告主张的赔偿数额过高，且缺乏法律依据，故本院不予全额支持。综上，依据《中华人民共和国著作权法》第10条第1款第（2）~（5）项、第2款，第11条第2款，第46条第1款第（4）项、第（11）项，第48条；《最高人民法院关于确定民事侵权精神损害赔偿责任若干问题的解释》第8条第2款之规定，判决如下：

一、被告北京华业伟成文化发展有限公司于本判决生效之日起，立即停止使用原告张彬享有著作权的涉案美术作品。

二、被告北京华业伟成文化发展有限公司于本判决生效之日起十日内，在《新京报》上刊登致歉声明。

三、被告北京华业伟成文化发展有限公司于本判决生效之日起十日内，赔偿原告张彬经济损失6 000元、诉讼合理支出5 450元。

四、被告北京华业伟成文化发展有限公司于本判决生效之日起十日内，赔偿原告张彬精神损害抚慰金2 000元。

五、驳回原告张彬的其他诉讼请求。

案件受理费1 686元，由原告张彬负担800元，由被告北京华业伟成文化发展有限公司负担886元。

各方当事人均服从一审判决。

43. 论文《匈奴墓葬》侵犯著作权纠纷案

——单月英诉马利清、内蒙古大学出版社、内蒙古新华书店集团有限责任公司

原告（上诉人）：单月英
被告（被上诉人）：马利清
被告（被上诉人）：内蒙古大学出版社
被告（被上诉人）：内蒙古新华书店集团有限责任公司
案由：侵犯著作权纠纷

原审案号：北京市海淀区人民法院（2006）海民初字第15467号
原审合议庭成员：卢正新、杜鹃、李君三
原审结案日期：2007年5月18日
二审案号：北京市第一中级法院（2007）一中民终字第8629号
二审合议庭成员：仪军、侯占恒、王晫
二审结案日期：2008年6月20日

判决要旨

虽然作者借鉴、参考和引述了部分历史资料中的内容，但更多的内容是作者在历史资料基础上结合自身专业知识所进行的进一步探索和研究，提出了作者独到的学术观点并加以充分论证。《匈奴墓葬》一文系作者独立创作完成的，具有独创性，属于受《著作权法》保护的作品。

起诉与答辩

原告单月英诉称：我于1998～2001年在北京大学攻读硕士研究生期间，独立创作完成了毕业论文《匈奴墓葬初步研究》（以下简称《匈奴墓葬》）一文，并于2001年5月21日通过了北京大学硕士研究生毕业答辩。鉴于该文涉及的问题尚有继续拓展研究的空间，我在该论文通过答辩后未对外公开，拟将该文做进一步修改后予以发表。2006年3月，我发现马利清著、内蒙古大学出版社（以下简称内大出版社）及内蒙古新华书店集团有限责任公司（以下简称内蒙古新华书店）出版发行的《原匈奴、匈奴历史与文化的考古学探索》

(以下简称《原匈奴》)一书中大量剽窃了我《匈奴墓葬》一文的内容，我即与上述被告联系，要求其立即停止侵权行为，赔礼道歉，消除影响，为我恢复名誉，但上述被告不予理睬。我认为：马利清未经我同意，擅自将我创作的《匈奴墓葬》一文中的大部分内容作为自己的研究成果用于《原匈奴》一书，并通过内大出版社、内蒙古新华书店将该书出版发行，三被告的行为严重侵犯了我依法享有的发表权、出版发行权、获得报酬权、署名权、修改权等多项著作权，为维护我的合法权益，特向贵院提出下列诉讼请求：（1）判令上述被告立即停止《原匈奴》一书的出版发行；（2）判令上述被告立即销毁尚未销售的侵权书籍；（3）判令上述被告向原告公开赔礼道歉；（4）判令上述被告为原告消除影响；（5）判令上述被告赔偿原告经济损失人民币 58 000 元；（6）判令上述被告承担本案的诉讼费用。

被告马利清辩称：原告的诉讼请求是错误的，我并没有出版发行销售涉案图书。《原匈奴》系答辩人马利清在博士论文的基础上出版的学术专著，该书于 2005 年 3 月由内大出版社出版，为该社“北方民族史博士文库”丛书之一。全书共约 43 万字，研究角度是宏观的，几乎涉及匈奴研究的各个领域。该书在许多重要学术课题上提出了新的思路和新的观点，并尝试在研究方法上将考古学和历史文献最大程度上结合起来，这种探索都是得到学术界肯定的，其论文以优异的成绩得到专家的一致肯定，是国内匈奴研究中第一部全面系统的综合性研究成果。通过比对涉案作品，并根据《著作权法》的规定和本案的相关事实，我并不存在任何侵权的情况，涉案文章中个别字句相似是因为大家参考的资料有许多是共同的，且有一大部分均来源于孙危等人翻译的俄文资料。另外，假设原告所主张的个别字句所谓的相似能成立，但和被告 40 多万字的专著相比，该相似内容根本不构成被告专著的实质内容，且散见于该书中的各个章节，也是属于对他人作品的合理借鉴，并不能构成著作权法意义上的侵权。综上，请求人民法院依法驳回原告的诉讼请求。

被告内大出版社辩称：我们和马利清签订了出版合同，尽到了合理审查义务，不存在主观过错，请求驳回原告诉讼请求。

被告内蒙古新华书店未到庭参加诉讼，其提交的书面答辩状称：我公司对马利清所著《原匈奴》一书从未进货、销售，也未就此书与内大出版社签订任何合同。此书版权页中所写由我公司发行，是内大出版社在形式上沿袭了计划经济时期旧有的惯例，在市场经济时期已没有任何实际意义。根据以上事实，我公司不应承担任何民事责任。请求法院驳回原告的诉讼请求。

原审查明事实

原审法院查明：2001年5月，单月英完成了北京大学硕士研究生学位论文《匈奴墓葬》，主要包括以下内容：研究回顾与本文意图、墓葬及其出土器物、墓葬年代与地域差异、匈奴的兴衰与西迁、结语，附录包括匈奴墓葬概况表、地名人名等俄汉对译表、参考文献。正文共有注释21处，其中注5、7、14、21系注明引用的作品信息（古籍作品除外），其中不包括乌恩、孙危。在参考文献中按中文、日文、英文、法文、新蒙文、俄文的类别列明了作品的信息，其中中文作品30余部。在该作品后记中写到，乌先生为我提供了自己所藏的所有匈奴墓葬材料（国内其他地方找不到），甚至是翻译的有关匈奴的资料，并对本课题的研究提供了许多宝贵的意见。可以说，没有乌先生无私的帮助，笔者是没有勇气继续选择俄文材料众多的匈奴墓葬作为研究课题的……我的师兄孙危在繁忙的学习之余，帮我翻译了大量的俄文材料，并为我提供了许多有关匈奴的材料。2006年3月25日，北京大学考古文博学院教务办在单月英向本院提交的作品《匈奴墓葬》上注明：此论文与我院资料室和北京大学图书馆存档论文系同一版本。在论文首页印有以下内容：任何收存和保管本论文各种版本的单位和个人，未经论文作者授权，不得对本论文进行复制、修改、发行、出租、改编等有碍作者著作权权益之行为，否则，将可能承担法律责任。在北京大学对该论文的答辩报告书中指出："本文收集了一百多年来各国相关的调查和发掘资料，并进行了整理分析。作者使用了大量蒙古和前苏联科学调查、发掘报告，论据可信。本文成果主要有两方面：（1）总结出了匈奴墓葬文化的特征及其在广大地区的统一性和差异性；（2）将匈奴墓葬分为两期，指出这与匈奴的统一与分裂有直接联系……"

内大出版社发出征稿通知，决定组织出版《北方民族史博士论丛》。2005年1月，马利清与内大出版社签订图书出版合同，其中约定马利清放弃要求内大出版社支付稿酬。2005年3月《原匈奴》出版，在该书版权页注明：著者马利清，出版内大出版社，发行内蒙古新华书店，字数435千字，ISBN7-81074-796-7/K.54，定价42元。该书主要内容包括：内容提要、绪论、匈奴历史与考古学文化的一般特征、匈奴主体文化的甄别及其起源的探索、从原匈奴文化到匈奴文化的过渡、鄂尔多斯青铜文化在匈奴文化中的地位、南北匈奴文化的分野、基于考古资料的匈奴社会问题研究、参考文献、后记。全书共有注释700余处，参考文献150部作品，其中列明了单月英《匈奴墓葬》一文。内蒙古新华书店称该书并非其发行，未提交任何证据予以佐证。

本案审理过程中，单月英主张马利清所著《原匈奴》剽窃其所著《匈奴墓葬》一文中内容，其中文字部分约为20 000字，图片27幅，本院分别进行对比。

（1）有关文字部分的对比。①有关匈奴考古发掘研究的划分阶段的描述。涉案作品均将匈奴发掘研究分为三个阶段，划分的时间段及涉及主要内容、评价基本相同或略有差异，但对每个阶段的具体描述则有较大差异。②有关被发掘的墓葬及出土器物等基本情况及相关分析的描述。涉案作品对墓葬及出土器物的描述基本相同或略有差异，《匈奴墓葬》中的部分内容采用表格形式，列明了发现地区、遗迹名称、地理位置、调查发掘情况等栏目，并注明了资料来源。马利清所著《原匈奴》中涉及相同内容部分对墓葬及出土器物情况的描述基本相同或略有差异，亦注明了资料来源，与单月英所注明来源相同，但较为详细。其中第99页处“单月英将其具体划分为九种情况”后添加注释为引用自单月英《匈奴墓葬》，随后内容为9种情况的具体内容。③有关匈奴墓葬文化的分区、分期的描述。涉案作品对匈奴墓葬分区的划分不同，对匈奴墓葬分期的划分基本相同，但描述有一定差异，部分内容基本相同或略有差异。

（2）有关图形部分的对比。①有关匈奴墓葬出土器物图形。根据双方陈述，有关图形均来源于发掘报告，单月英主张对上述图形进行了汇编、整理。涉案作品中所用图形基本相同，个别图形之间存在删减、添加、合并、拆分。②匈奴墓葬遗迹分布图。单月英主张其在地图出版社出版的地图上添加了有关匈奴墓地所在位置信息，涉案作品内容基本相同。③匈奴墓葬形制对比图，单月英主张其在对墓葬发掘及出土器物进行分析、论证基础上自行绘制了该图，涉案作品中匈奴墓葬分期表与该图基本相同。

本案审理过程中，马利清向本院提交了《试论汉代匈奴与鲜卑遗迹的区别》（乌恩著）等12部作品，称单月英主张被侵权的作品内容来源于其他作者。上述作品所涉及内容与原、被告的涉案作品内容一致，部分内容与原、被告的涉案作品中的描述相近或略有差异。单月英对上述作品真实性均无异议，但认为其作品的描述与上述作品不相同，应属于不同的作品。马利清称其部分资料系孙危提供，并提交了相关的打印件，该打印件中内容包括了单月英主张被侵权的文字、图形主要内容。为支持其主张，马利清向本院提交了孙危的证言，其2006年6月18日证言称：2000～2002年，其为准备撰写博士论文收集了大量有关匈奴墓葬方面的材料。关于匈奴的考古发掘主要由俄国学者完成，对匈奴的研究离不开对俄文资料的运用，其利用自己懂俄文的优势，翻译了大量俄国学者有关匈奴考古发掘的论文及资料。单月英不懂俄语，其为单月英翻译提供过大量的俄文资料。2003年，其将这些资料无偿提供给了马利清使用。其与单月英、马利清都是好友，常常互赠资料，其对学术资源的共享持开放的态度，且认为这是促进学术研究发展的重要条件，希望二人消除误会、握手言和。其2006年7月7日证言称：其于2003年年初将一些资料无偿提供给马利清使用，包括其与朋友收集翻译的俄文资料、笔记及图片，其中有一部分其整理的笔记来自单月英的硕士论文。马利清当时完全不知道这些资料与单月英有关，其也未向马利清交代这些情况，而是告诉她这些资料是其收集，她若需要可以给她，材料她亦可以使用，导致马利清认为文件夹中的所有俄文资料均由其一人翻译。后其未经单月英同意，将其及单月英请人翻译的资料提供给马利清使用。2003年年底，其还曾把单月英的硕士论文《匈奴墓葬》借给马利清约一个月的时间。在证言附录中，孙危称其笔记中关于《综合论述匈奴墓葬的特征及其研究综述》、关于匈奴墓葬分期和分区内容、关于出土典型器物的分类及描述内容、关于棺椁的描述、关于匈奴埋葬礼仪部分内容系摘自单月英的论文，对其他部分的作者未进行说明。并列明了孙危及张丽君等人所翻译的18篇作品的名称。单月英亦向本院提交了孙危的证言，但孙危未到庭作证。证人唐仲明、王力之亦出具了证明内容类似的证言。马利清曾向本院提交了《新石器时代考古》等作品，用以证明考古发掘中的关于文物遗迹和出土文物的图片一经发表，研究者在使用这些图片时无须注明出处是考古研究领域的惯例，单月英予以否认。

另查，单月英称先后购买了多本《原匈奴》，并提交了相关的购书发票及小票，但仅向本院提交了一本《原匈奴》。单月英为进行诉讼支付了律师代理费用8 000元。

原审审理结果

原审法院认为：作者在文学、艺术、科学领域内创作的具有独创性并能以某种有形形式复制的智力成果，受法律保护，但法律不允许任何人对客观存在的事件、公知事实享有垄断的权利。任何阻碍文化传播、交流的做法均与《著作权法》的立法初衷相悖。本案审理过程中，单月英主张马利清等侵犯其对《匈奴墓葬》享有的著作权，本院根据查明事实予以判断。

涉案两部作品均是关于匈奴文化研究的学术作品，且内容有部分交叉，创作素材主要应来源于考古发掘取得的成果。涉案作品存在大量相同、近似的描述，且《匈奴墓葬》创作在先，马利清在创作《原匈奴》时已接触到《匈奴墓葬》，但仅在一处注释中指明来源于单月英的文章，如单月英对相关内容享有著作权，马利清即应承担相关的侵权责任。

单月英主张对《匈奴墓葬》所有内容享有著作权，本院不予支持。理由如下：根据双方共同认可的孙危证言中所述，孙危提供给马利清的文件中既包括来源于单月英创作的《匈奴墓葬》的内容，也包括孙危及他人收集、整理、创作的内容，但孙危只明确了部分内容来源于《匈奴墓葬》，对其他部分内容的来源并未明确表态。根据《匈奴墓葬》后记及孙危证言中记载内容，《匈奴墓葬》中确实使用了孙危翻译作品中的内容，但在该作品中未见注明。由于孙危分别向单月英、马利清提供了创作的资料，但其并未到庭，且其与双方当事人均有一定利害关系，其出具的证言亦出现了前后矛盾之处，本院根据现有证据无法判断单月英主张被侵权作品中是否包含孙危享有权利的部分。同理，单月英对其他人翻译作品的使用情况本院亦无法查明。涉案作品的性质是有关匈奴墓葬考古发掘的学术作品，其性质决定了在创作时应采取科学、严谨、简练的说明方法，相关描述不可能使用过多修饰性词语。这种对事实的描述在同一学科里并不会因写作人的不同产生巨大的差异，源于同一事实而形成的相似应是一种必然的相似。故本院认定涉案作品中符合上述情况的内容任何人都不享有垄断的权利，相关描述不受《著作权法》保护。《匈奴墓葬》中涉及的内容在其他学者的作品中亦有涉及，且有部分内容相同或近似。根据单月英在《匈奴墓葬》后记中的陈述及所列参考书目，亦认可在创作过程中借鉴了他人的作品，但从其添加注释的数量来看，并未全部包含以上内容，表明其亦认可在使用他人作品中的事实描述时未注明出处，并不构成侵犯著作权的行为。

单月英主张有关匈奴考古发掘研究的划分阶段、匈奴墓葬文化的分区、分期的观点系其首创，其主张属于学术问题，本院不予判断。但即使相关观点首先由其提出，亦不属于《著作权法》保护的对象，因为《著作权法》的保护并不及于思想，否则将背离《著作权法》鼓励文化进步和发展、促进更多优秀作品的产生、丰富人类社会的精神世界的宗旨。本案中，将涉案作品中有关事实描述的内容排除后，涉案作品的相关内容之间存在一定的差异，虽然可认定马利清在创作过程中借鉴了单月英作品内容，但尚不足以认定其进行了抄袭。

单月英主张对相关图片进行了汇编并享有相应的汇编权，但从其提交的证据中无法判断其在内容选择或者编排上体现出独创性，本院对其主张不予支持。另外，即使相关图片确实首先由单月英用于作品中，亦不代表其就享有相应著作权。从考古学科的特点特别是匈奴墓葬考古的特点来看，大部分原始发掘资料来源于国外，且数量较其他领域的少，故供当事人选择的余地受到一定限制。作为相关领域的作者，在选用图片作为有关观点的辅助说明时，均希望选择最具有代表性的图片，故当有人最先选择、使用某些图片后，其他人在说明相同或近似问题时亦会作出类似的选择。单月英作品中使用的图片亦和前人作品存在一定的相似，也能说明这一问题。故如允许在先使用者享有相应的垄断权，显然不符合《著作权法》促进文化传播的宗旨。单月英主张上述图片中2张图片系其独创，其对涉案作品的图片享有著作权，由于该部分图片亦存在于孙危提供的文件之中，而孙危在证言中并未指明上述图片来源于单月英，有关权利瑕疵的问题，上文已有说明，本院不再赘述。

综上所述，单月英要求确认马利清、内大出版社、内蒙古新华书店侵犯其著作权的主张证据不足，本院对其主张不予以支持。

根据查明的事实，马利清在创作过程中使用了单月英完成的部分研究成果，虽然其最初可能不知晓，但其最迟于取得单月英的论文文本时应确定这一事实。作为一个严谨的作者，应就相关情况与单月英进行核实，即使认定相关内容不属于《著作权法》保护的对象，亦应就使用情况向单月英进行说明，并在作品中有所体现。考虑到单月英为此付出了相应劳动及成本，客观上也使马利清在完成《原匈奴》的过程中节约了一定的时间、精力，从公平原则出发，应由马利清给予单月英一定的经济补偿，具体数额本院予以酌定。

内蒙古新华书店经本院合法传唤，未到庭参加诉讼，本院依法缺席判决。

综上，依据《中华人民共和国民事诉讼法》第130条之规定，判决如下：

一、本判决生效后七日内，被告马利清给付原告单月英经济补偿1万元。

二、驳回原告单月英的其他诉讼请求。

单月英不服，提起上诉，请求撤销原审判决。理由是：我于1998～2001年在北京大学攻读硕士研究生期间，独立创作完成的毕业论文《匈奴墓葬初步研究》一文，该文系我独立创作完成，应当属于受《著作权法》保护的作品。马利青未经许可使用我的作品，侵犯了我享有的著作权。原审法院认定我的论文不属于作品是错误的。

马利青、内蒙古大学出版社、内蒙古新华书店均服从原审判决。

二审查明事实

二审法院在原审法院查明事实基础上进一步查明：

一、《匈奴墓葬》一文系单月英于1998～2001年在北京大学攻读硕士研究生期间，独立创作完成的毕业论文。该论文的完成时间为2001年5月。马利青并未提交该文系对客观存在的事件、公知事实进行简单复述的相关证据。

二、案外人孙危于2006年6月30日提供的证言载明：“本人笔记中的《综合论述匈奴墓葬的特征及其研究综述》、《匈奴墓葬分期和分区》、《出土典型器物的分类及描述》以及棺椁内容的描述均出自单月英的论文《匈奴墓葬》。”

三、经比对，马利青在本案中提交的孙危笔记的相应内容与单月英的论文《匈奴墓葬》内容，除部分章节顺序有所调整，个别语句表述略有不同外，其他内容基本一致。

二审审理结果

二审法院认为：

一、《匈奴墓葬》一文是否属于我国《著作权法》所保护的作品

我国《著作权法》规定作者独立创作完成的作品应当受到《著作权法》的保护。本案中，单月英于1998年至2001年在北京大学攻读硕士研究生期间，利用其从多方渠道收集来的匈奴墓葬资料，独立创作并完成了毕业论文《匈奴墓葬初步研究》。本院认为，虽然该文参考了部分国内外的历史资料，但作为从事考古研究这一科学活动，必须以尊重客观历史为前提，因此在进行学术研究时，对已知史料的借鉴是必然的，特别是在资料非常有限的匈奴考古领域是正常的。虽然作者也借鉴、参考和引述了部分历史资料中的内容，但更多的内容是其在历史资料基础上结合自身专业知识所进行的进一步探索和研究，提出了作者独到的学术观点并加以充分论证。因此，本院认为《匈奴墓葬》一文系单月英独立创作完成的，具有独创性，属于受《著作权法》保护的作品。原审法院关于《匈奴墓葬》一文不属于受《著作权法》保护的作品的认定，属于事实认定不清，本院予以纠正。

二、被上诉人的行为是否侵犯了单月英《匈奴墓葬》一文享有的著作权

《著作权法》第22条第1款第（1）项规定，为个人学习、研究或者欣赏，使用他人已经发表的作品，可以不经著作权人许可，不向其支付报酬，但应当指明作者姓名、作品名称，并且不得侵犯著作权人依照本法享有的其他权利。在本案中，《匈奴墓葬》一文创作完成于2001年5月，该作品未公开发表。《原匈奴》一书出版于2005年3月，虽然马利青在该书的参考文献部分注明了参考单月英所著的《匈奴墓葬》一文，但该书中使用了《匈奴墓葬》一文的两万字内容及部分附图，该行为已经超出了马利青个人从事学习、研究而合理使用的限度。马利青在未经单月英许可的情况下，在《原匈奴》一书中使用了《匈奴墓葬》一文的内容，侵犯了单月英享有的发表权以及依法获得报酬的权利，应当承担停止侵权行为、赔礼道歉、赔偿经济损失及单月英其为本案支出的合理费用的法律责任。内蒙古大学出版社和内蒙古新华书店集团有限责任公司未经单月英的许可出版、发行含有侵权内容的《原匈奴》一书的行为，亦构成对单月英享有的著作权的侵害。内蒙古大学出版社和内蒙古新华书店集团有限责任公司应当在《原匈奴》一书中删除侵权内容之前停止该

书的出版、发行行为。此外，案外人孙危提供给单月英和马利青的证言中，均证明是在孙危未告知马利青作品来源的情况下，将含有单月英作品的电子文档交给马利青使用，因此马利青不具有主观的侵权故意，本院在确定赔偿数额时将对该情节予以考虑。

综上所述，原审法院认定事实不清，适用法律错误，单月英关于马利青侵犯其著作权的主张有事实和法律依据，本院予以支持。依照《中华人民共和国著作权法》第 11 条第 1 款、第 22 条第 1 款第（1）项、第 47 条第 1 款第（1）项，《中华人民共和国民事诉讼法》第 64 条、第 153 条第 1 款第（3）项之规定，判决如下：

一、撤销北京市海淀区人民法院作出的（2006）海民初字第 15467 号民事判决。

二、内蒙古大学出版社、内蒙古新华书店集团有限责任公司于本判决生效之日起立即停止出版发行《原匈奴、匈奴历史与文化的考古学探索》一书。

三、马利青于本判决生效后三十日内，书面向单月英赔礼道歉（内容须经本院审核），逾期不执行，本院将在一家全国发行的报纸上公布本判决主要内容，所需费用由马利青负担。

四、马利青于本判决生效之日起十日内，赔偿单月英经济损失及合理诉讼支出 5 000 元。

五、驳回单月英的其他诉讼请求。

一审案件受理费 2 250 元，由马利青负担；二审案件受理费 2 250 元，由马利青负担。

44.《马克思主义经济思想史——经典作家卷》侵犯著作权纠纷案

——商德文诉东方出版中心、程恩富

原告（上诉人）：商德文

被告（被上诉人）：东方出版中心

被告（被上诉人）：程恩富

案由：侵犯著作权纠纷

原审案号：北京市朝阳区人民法院（2008）朝民初字第 2436 号

原审合议庭成员：谢甄珂、郝建丰、梁茜

原审结案日期：2008 年 3 月 20 日

二审案号：北京市第二中级人民法院（2008）二中民终字第 8989 号

二审合议庭成员：刘薇、梁立君、周晓冰

二审结案日期：2008 年 6 月 20 日

判决要旨

被控侵权一书各编内容均单独成篇，是一个各部分可以分割使用的合作作品，原告指控的抄袭内容集中在该书的第二编，被告尽管是全书的主编，但并不是第二编的作者，也不享有该部分的著作权，且未获取该部分的稿酬，不应当对该部分的侵权行为承担法律责任。

起诉与答辩

原告商德文诉称：我是《列宁经济思想发展史》（以下简称商书）一书的作者，该书是我长期以来潜心研究的结果。但我近日发现，由程恩富主编、东方出版中心出版的《马克思主义经济思想史——经典作家卷》（以下简称程书）从我的上述著作中抄袭了 17 067 字。这种大量抄袭的行为，严重侵犯了我的著作权。故我起诉要求程恩富和东方出版中心：停止侵权，召回未销售的图书、销毁已出版的图书的原版；以公开登报的方式向我赔礼道歉；赔偿我经济损失 8 万元及律师费 3 000 元。

被告程恩富辩称：虽然我是程书的主编，但我只撰写了该书第一编“马克思、恩格斯经济思想史”。商德文指控的抄袭部分集中在第二编“列宁经济

思想史”，该编是周肇光撰写的。因此，我不是本案适格被告。商德文要求的赔偿数额过高，没有法律依据。所以，我不同意商德文的诉讼请求。

被告东方出版中心辩称：商德文指控部分的作者是周肇光，不是程恩富。我出版中心只是完成稿件的审阅，至于内容以及作者如何引用，出版社很难把握。即使构成侵权，商德文提出的赔偿数额也是不客观的。因此，我中心也不同意商德文的诉讼请求。

原审查明事实

原审法院查明：1992年6月，经济科学出版社出版发行了版号为ISBN 7－5058－0498－7/F·399的商书。该书署名商德文著，印数2 200册，326千字，定价为6.60元。

2006年5月22日，程恩富与东方出版中心就出版包括程书在内的一套图书《马克思主义经济思想史》签订《图书出版合同》，合同甲方为程恩富、周肇光、陶友之、马艳、郝国喜、漆光瑛、李新、朱奎、张忠任等，约定作者署名为程恩富主编，程恩富、周肇光、陶友之、马艳、郝国喜、漆光瑛、李新、朱奎、张忠任等著。稿酬标准为每千字40元基本稿酬加一次性增付20%基本稿酬作为印数稿酬。

东方出版中心依据上述合同对程书进行了三审。审稿意见书提出的问题大多为错别字、标点符号错误、内容重复等。

2006年7月，东方出版中心出版发行了版号为ISBN 7－80186－488－3的程书。该书397千字，定价42元，署名为“程恩富主编”、“程恩富、周肇光、陶友之著”。程恩富为该书撰写了总序和后记，总序中介绍程恩富是该书所属项目的负责人，作为全书主编主持拟定各卷的写作思路和框架，最后统稿和定稿，并与周肇光、陶友之共同撰写了经典作家卷。后记中介绍了该书在程恩富的统筹主持下，程恩富、周肇光、陶友之共同执笔完成，具体的分工为：程恩富撰写第一编（第1～5章），周肇光撰写第二编（第6～9章）和第三编（第10～13章），陶友之撰写第四编（第14～17章）和第五编（第18～22章）。

比对程书与商书，程书第二编“列宁经济思想史”共73 000余字，其中约有16 000余字（见附表）与商书相关内容基本一致，约占该编全部内容的22%，占全书内容的4%。在该些一致的内容中，程书有的是将商书中的段落原封不动地照搬，有的是将几整段内容合并在一起作为程书的一段，也有的是从商书中的一些段落中抽取出一些内容构成程书中相应段落的全部内容。在该些内容一致的部分中，程书只在第129页的一个内容相同的段落中用一个注释提及商书，即在程书正文之后集中列明的“参考书目”的第 31 本，但未明确采用引注的方式标明所引的商书中的内容。

诉讼中，周肇光出具说明称：程书是由程恩富牵头，由周肇光自愿承担和独立撰写第二编和第三编，且当时讲明该两个部分的著作权由周肇光独立享有，并于 2007 年 12 月领取了稿酬 5 520 元。因当时疏忽，没有完全详细标注引用商书的一小部分资料。如果侵权，责任在周肇光，与程恩富无关。陶友之也出具说明称：程书由程恩富牵头，由陶友之自愿承担和独立撰写第四编和第五编，当时讲明了该两部分的著作权由陶友之独立享有，并在 2007 年 12 月领取了稿酬 6 000 元。另外，程恩富、周肇光和陶友之均称，程恩富作为主编的工作主要是撰写了程书的总序和后记，并将三位作者撰写的稿件收齐后交给出版社，程恩富不负责周肇光和陶友之撰写的稿件的审稿和编辑工作。

商德文为本案诉讼支出了律师费 3 000 元。

原审审理结果

原审法院认为：作为作者，商德文对商书享有的著作权受法律保护，任何人未经许可不得使用其作品。

程书第二编“列宁经济思想史”中约有 16 000 余字与商书相关内容基本一致。尽管这些内容只占程书全书总字数的约 4%，但该些相同的部分却集中在了程书的第二编，占该编内容的比例高达约 22%，且程书将商书中的一些段落整体照搬，有的将商书中的内容抽取出来构成程书中段落的全部内容。因此，程书构成了对商书集中性、整体性、段落性的抄袭。尽管在内容一致的部分中，程书在一处标有注释，但却未标明引用了商书的多少内容，且标有注释的该大段内容都与商书相关内容一致，所以仍会使读者误以为该大段的大部分内容都是程书的独创内容，而且该处的引用也不是意在说明某一问题，而是直接将商书的内容拿来作为自己的内容，因此，该处的注释并不构成合理使用，仍然属于抄袭行为。

我国《著作权法》规定，出版者应当对其所编辑出版物的内容尽到合理的注意义务，否则应当承担相应的法律责任。程书中有约 16 000 余字的内容抄袭自商书，且大多是整段抄袭，作为出版者，东方出版中心应当对此进行审查，但东方出版中心在审稿时只是提出一些文字上的错误，对是否侵犯他人著作权却疏于审查，最终导致侵权图书得以出版发行。因此，商德文要求东方出版中心承担停止侵权、公开赔礼道歉、赔偿经济损失的请求合法有据，本院予以支持。对于具体的赔偿数额，本院将参考国家有关文字作品的稿酬标准，综合考虑本案侵权情节、东方出版中心的过错程度、抄袭的字数及所占比例等因素确定。对于商德文主张的律师费，本院将根据案件具体情况酌情予以支持。

对于程恩富是否应当承担法律责任。本院认为，程书各编内容单独成篇，是一个各部分可以分割使用的合作作品，商德文指控的抄袭内容集中在程书的第二编，程恩富尽管是全书的主编，但并不是第二编的作者，也不享有该部分的著作权，且未获取该部分的稿酬，不应当对该部分的侵权行为承担法律责任。另外，尽管在程书总序中提及程恩富作为主编主持拟定各卷的写作思路和框架，最后统稿和定稿。但是，统稿、定稿以及主持拟定思路和框架并不等同于《著作权法》意义上的创作，且周肇光和陶友之均陈述程恩富作为主编，主要从事的工作不包含为程书第二编提供创造性劳动的内容，所以该部分的抄袭与程恩富无关。因此，本院不支持商德文对程恩富的诉讼请求。

综上，依照《中华人民共和国著作权法》第 47 条第（1）项、第 48 条，《最高人民法院〈关于审理著作权民事纠纷案件适用法律若干问题的解释〉》第 19 条、第 20 条第 1 款、第 2 款之规定，判决如下：

一、东方出版中心停止出版发行《马克思主义经济思想史——经典作家卷》一书。

二、东方出版中心于本判决生效之日起三十日内履行在《中国新闻出版报》上刊登致歉函的义务，向商德文公开赔礼道歉（致歉函内容须在本判决生效之日起十日内经本院审核，逾期不执行，本院将在有关媒体公开刊登本判决主要内容，相关费用由东方出版中心负担）。

三、东方出版中心于本判决生效之日起十日内赔偿商德文经济损失及合理支出共计三千四百元。

四、驳回商德文其他诉讼请求。

商德文不服原审判决，提起上诉，请求二审法院撤销原审判决，依法改判由程恩富、周肇光、东方出版中心承担侵权责任，在全国性报纸上公开赔礼道歉，赔偿经济损失 8 万元以及律师费和因本案引起的购书费、交通费。其主要上诉理由是：

第一，《马克思主义经济思想史——经典作家卷》是一部整体的著作，程恩富作为主编享有著作权，“列宁经济思想史”是该书中不可分割的一部分。程恩富在总序中写明，由其统筹主持、拟定各卷的写作思路和框架，最后由其统稿和定稿。该书第二编是按照程恩富的思路由周肇光执笔撰写，并经过程恩富统稿和定稿，其中约 22% 的内容属于抄袭，这些抄袭内容也是经过程恩富统稿和定稿的。虽然该书的三个部分由三个人分别执笔，但却是在程恩富统筹主持下，按照程恩富的写作思路和框架编写的，程恩富在封面和版权页都署有主编的名字，因此程恩富是该书的著作权人，享有该书各卷各编的著作权。

《图书出版合同》最后签章人只有程恩富一人，这也说明程恩富是全书的著作权人，应对全书每个部分的侵权行为负法律责任。原审法院认定程恩富不享有《马克思主义经济思想史——经典作家卷》第二编的著作权、不应对该部分的侵权行为承担法律责任，没有法律依据。

第二，周肇光在主编程恩富的主持下，按照程恩富拟定的思路和框架执笔撰写《马克思主义经济思想史——经典作家卷》第二编，周肇光也应对抄袭承担法律责任。上诉人在一审期间向原审法院提出追加周肇光为被告第三人，而原审法院没有依职权予以追加，这是不合法的。原审法院只是根据署名是周肇光、陶友之提供的书面说明，没有开庭核实身份，也没有经双方及法院询问就进行判决，违反了《民事诉讼法》的规定。因此，本案在原审法院审理过程中存在程序违法。

第三，原审法院判决东方出版中心承担的赔偿额度既不是按其违法所得来计算的，也不是按权利人的实际损失来计算的，既不合法也不合理。按照《著作权法》的规定，如果权利人的损失和侵权人的违法所得都无法确定，应由人民法院酌情判决给予50万元以下的赔偿。《列宁经济思想发展史》是一部学术著作，是上诉人长期潜心研究的结果，凝聚了上诉人多年的心血和劳动，被侵权的部分难以计算损失。上诉人提出8万元赔偿和3 000元律师费以及为此案而发生的合理费用的赔偿是合理合法的。

程恩富、东方出版中心均服从原审判决。

二审查明事实

二审法院查明的事实与原审相同。

二审审理结果

二审法院认为：我国《著作权法》规定，著作权属于作者；如无相反证明，在作品上署名的公民为作者。经济科学出版社出版发行的《列宁经济思想发展史》一书署名为“商德文著”，本院据此确认商德文为该书著作权人，其享有的权利受法律保护。

《最高人民法院关于适用〈中华人民共和国民事诉讼法〉若干问题的意见》中规定，在案件受理后，法庭辩论终结前，原告增加诉讼请求，被告提出反诉，第三人提出与本案有关的诉讼请求，可以合并审理的，人民法院应当合并审理。依据本院查明的事实，商德文在原审法院庭审过程中，并未在法庭辩论终结前提出追加当事人的申请，因此原审法院不存在违反法定程序的问题。在庭审结束后，商德文在向法院提交的“补充意见”中提出“法院应追加周肇光为第三诉讼责任承担人”，对此，本院认为，首先，该意思表示已经超过了法律规定的合理期限，法院对超过法定期限提出的主张不予考虑并不违反审判程序；其次，周肇光是涉案被控侵权图书中涉嫌侵权内容的具体作者，在图书出现侵权问题时，具体的作者应承担的法律责任与图书出版单位应承担的责任以及图书主编应承担的责任是分别独立的，三者之间不属于必要的共同诉讼，在权利人没有提出明确诉讼请求的前提下，法院没有理由依职权追加非必要共同诉讼参加人进入诉讼；最后，如果商德文认为周肇光应对侵权内容承担相应的法律责任，可以另行提起诉讼主张权利。综合以上理由，商德文认为原审法院没有追加案件当事人的上诉请求，不具有事实及法律依据，本院不予支持。

程恩富等人与东方出版中心签订的《图书出版合同》约定，《马克思主义经济思想史》作者署名为“程恩富主编，程恩富、周肇光、陶友之、马艳、郝国喜、漆光瑛、李新、朱奎、张忠任等著”。上述合同内容说明，程恩富以及其他作者均认可，尽管《图书出版合同》落款处甲方签字为程恩富一人，但不能据此得出程恩富为图书唯一著作权人的结论，否则，必将损害其他著作权人的合法利益。东方出版中心出版发行的《马克思主义经济思想史——经典作家卷》一书的署名方式为“程恩富主编，程恩富、周肇光、陶友之著”，该署名方式符合《图书出版合同》中的约定，同时也表明该书的著作权人应为程恩富、周肇光、陶友之三人。该书后记中明确记载了三位作者分工的具体情况，即程恩富撰写第一编，周肇光撰写第二编和第三编，陶友之撰写第四编和第五编。上述事实表明，《马克思主义经济思想史——经典作家卷》一书是程恩富、周肇光、陶友之三人合作创作的作品，每位作者对自己创作的部分单独享有著作权。依据查明的事实，涉嫌侵权的内容位于该书第二编“列宁经济思想史”，该部分的作者为周肇光。尽管程恩富是《马克思主义经济思想史——经典作家卷》一书的主编，但并不能由此表明程恩富为该书的唯一著作权人，其作为合作作者之一，对涉嫌侵权的第二编内容并不享有著作权。商德文提出的程恩富为全书著作权人、应对全书每个部分的侵权行为负法律责任的上诉主张，缺乏事实依据，本院不予支持。程恩富在原审法院审理期间提交了署名分别为周肇光、陶友之的书面说明，虽该两份证言的证人未出庭接受质询而影响其证明效力，但由于原审法院并非依据该两份证言确认本案事实，故商德文认为原审法院违反法律规定的上诉主张，不能成立。

鉴于《马克思主义经济思想史——经典作家卷》一书第二编“列宁经济思想史”中约16 000余字的内容与《列宁经济思想发展史》一书的相关内容

基本一致，侵害了商德文依法享有的著作权。东方出版中心作为图书出版者，对其出版图书的内容是否存在侵权情节负有审查责任。由于东方出版中心未尽到出版者合理的注意义务，并最终导致存在侵权内容的图书得以出版发行的后果，东方出版中心应对此承担相应的法律责任。原审法院据此判决东方出版中心停止出版发行侵权图书、公开赔礼道歉并赔偿经济损失，事实及法律依据充分，本院予以维持。

关于经济损失的计算数额问题，《马克思主义经济思想史——经典作家卷》一书总字数 397 千字，涉嫌侵权的字数为 16 千字，占全书总量约 4%。东方出版中心作为图书的出版者，应将其依据该侵权内容所获得的相应利益赔偿给权利人。原审法院在综合考虑商德文为进行本案诉讼支付的合理费用的基础上，酌情确定的具体赔偿数额并无不妥，本院予以维持。商德文认为原审判决赔偿数额过低的上诉请求于法无据，本院不予支持。

综上，原审判决认定事实清楚，适用法律无误，处理结果适当，应予维持。商德文提出的上诉理由缺乏事实及法律依据，本院不予支持。依照《中华人民共和国民事诉讼法》第 153 条第 1 款第（1）项的规定，判决如下：

驳回上诉，维持原判。

一审案件受理费 1 875 元，由商德文负担 930 元，由东方出版中心负担 945 元；二审案件受理费 1 790 元，由商德文负担。

45. 学位论文数据库侵犯著作权纠纷案

——刘美丽诉北京万方数据股份有限公司

原告：刘美丽
被告：北京万方数据股份有限公司
案由：侵犯著作权纠纷

一审案号：北京市海淀区人民法院（2008）海民初字第8805号
一审合议庭成员：马秀荣、陈 坚、黄惠兴
一审结案日期：2008年6月23日

判决要旨

除法律、行政法规，或者当事人对著作权归属存在特别约定，学位论文作者对学位论文享有著作权。学位论文数据库不同于传统图书馆，对相关论文的商业性使用不属于《著作权法》所规定的图书馆合理使用作品之范畴。将相关论文收录入学位论文数据库，并向用户提供该数据库以使用于用户内部局域网，已涉及对相关论文的复制、汇编和信息网络传播，应取得相关论文著作权人之许可。

起诉与答辩

原告刘美丽诉称：《重组绵羊朊蛋白的构象转化与Prion疾病发生机制的研究》一文（以下简称《重》文）系我的博士学位论文，我对《重》文享有著作权。北京万方数据股份有限公司（以下简称万方公司）未经我许可，即擅自将《重》文收录入其制作的“中国学位论文全文数据库”（以下简称学位论文数据库），并将学位论文数据库出售给国家图书馆以及高等院校图书馆等用户，学位论文数据库用户则可在各自内部局域网提供在线浏览或者下载《重》文之服务，万方公司此举已侵犯了我对《重》文所享有的发表权、复制权、汇编权、信息网络传播权等项著作权。故我诉至法院，要求万方公司立即停止侵权，在《法制日报》和网址为www.wanfangdata.com.cn的网站上向我公开致歉，向我赔偿经济损失、精神损失、公证费、律师费等共计36 800元。

被告万方公司辩称：学位论文作为文字作品具有其特殊性，因作者在创作学位论文期间均曾接受多方支持和帮助，故学位论文的著作权不应完全归属于作者，故我公司对刘美丽系《重》文著作权人持有异议。学位论文数据库确曾收录《重》文全文。中国科学技术信息研究所（以下简称中信研究所）系国家法定的学位论文保藏和服务机构，其有权利和义务对各学位授予单位寄送的学位论文进行文献库的开发建设，以履行国家赋予其的法定职责。我公司受中信研究所的委托进行学位论文数据库的开发建设，实则亦系履行国家赋予中信研究所的法定职责的行为。我公司与中信研究所之间存在委托加工关系，学位论文数据库之著作权系由我公司与中信研究所共同享有，我公司与中信研究所亦共同对该数据库承担责任。学位论文数据库的服务对象仅限于国家图书馆以及高等院校图书馆等图书馆用户，社会公众并非学位论文数据库的服务对象，我公司向图书馆用户提供学位论文数据库系为促进科研成果在有限的科研学术群体范围内交流使用；且我公司仅向学位论文数据库用户收取每篇学位论文2元的开发成本费，而并未利用学位论文数据库进行营利性商业活动；故我公司开发建设学位论文数据库具有促进国家科技事业高速、健康发展的公益性目的。我公司已与图书馆用户约定其仅可在内部局域网的IP范围内使用学位论文数据库，故我公司已对《重》文的传播范围予以必要限制，读者并不能在其个人选定的时间和地点获得《重》文。另，刘美丽曾声明同意中国农业大学以不同方式在不同媒体上发表、传播《重》文，且中国农业大学曾同意将其所拥有的包括《重》文在内的全部学位论文加入学位论文数据库，故我公司据此亦有权在学位论文数据库中收录《重》文。即使我公司构成侵权，刘美丽所要求赔偿的经济损失数额亦过高，且其所要求赔偿的律师费并未实际支出，故其此部分诉讼请求并不合理。刘美丽要求我公司公开致歉和赔偿精神损失亦缺乏事实与法律依据。综上，我公司不同意刘美丽的全部诉讼请求。

一审查明事实

一审法院查明：《重》文系刘美丽于2006年6月在中国农业大学创作完成的博士学位论文，该文字数为125千字。刘美丽曾于2006年6月14日向其博士学位授予单位中国农业大学书面声明，称其了解中国农业大学有关保留、使用学位论文的规定，即学校有权保留送交论文的复印件和磁盘，允许论文被查阅和借阅，可以采用影印、缩印、扫描等复制手段保存、汇编学位论文，并同意中国农业大学以不同方式在不同媒体上发表、传播《重》文等。中国农业大学研究生院曾于2004年4月23日与中信研究所签订共建学位论文数据库的协议书，双方约定中国农业大学研究生院同意汇集其所拥有的全部硕士、博士学位论文并提交中信研究所进行全文电子化处理，且同意中信研究所将全部学位论文以有偿许可的方式收录入学位论文数据库，进行数字化处理汇编并通过网络进行交流传播，以及以电子出版物形式出版发行；中国农业大学研究生院提供的学位论文的著作权归属其所界定的著作权人，且其应享有学位论文的使用授权，中信研究所享有学位论文数据库的整体版权；中信研究所向中国农业大学研究生院及其作者支付每篇博士论文 50 元的录用费、每篇硕士论文 30 元的录用费；协议有效期为 3 年等。

中国科学技术情报研究所系中信研究所之前称。国务院学位委员会办公室曾于 1984 年 4 月 20 日向各学位授予单位发出名为“关于寄送博士和硕士学位论文的通知”的（84）学位办字 011 号文件，内容主要包括：为充分发挥我国博士和硕士学位论文的作用，做好学位论文的保管和交流，国家科委科技情报研究所和中国社会科学院情报研究所将分别建立自然科学和社会科学方面的博士和硕士学位论文文献库以供各单位查阅使用；各学位授予单位应根据《中华人民共和国学位条例暂行实施办法》第 23 条之规定，将已通过的博士学位论文和摘要（每人各一份）寄送北京图书馆采访部，并将已通过的全部博士和硕士学位论文和摘要（每人各一份）按自然科学和社会科学两大类分别寄送中国科学技术情报研究所国内文献馆和中国社会科学院情报研究所图书资料室等。

中信研究所与万方公司曾于 2003 年 12 月 22 日签订关于开发学位论文数据库的协议书，主要内容包括：中信研究所系中国中文学位论文的重要收藏单位，为加强科技文献资源数字化建设，更好地为用户提供文献服务，提高中文学位论文的利用率，中信研究所委托万方公司开发学位论文数据库；中信研究所的开放式数据（裸数据）不对外提供，只作为国家战略性数字化文献资源由中信研究所资产管理部门封存保管；中信研究所日常服务所使用的数据库为镜像产品，该产品不用于网络服务，只限于开展公益性阅览服务；中信研究所向万方公司无偿出借学位论文馆藏印刷样本以供开发建设数据库使用，中信研究所在获得国家专项资金资助情况下，向万方公司提供数据库建设费用；中信研究所委托万方公司与学位授予单位签订有关建库和服务使用的知识产权协议书，收集的资料归中信研究所所有；万方公司完成学位论文的全文数据加工任务，并保证数据库建设的质量和时效性；在中信研究所未获得国家专项资金资助情况下，万方公司发生的数据库建设费用可以向镜像产品用户收取加工成本服务费；万方公司受中信研究所委托负责与各学位授予单位以中信研究所名义签订知识产权协议；万方公司应在向镜像产品用户收取的加工成本、服务费中提取适当比例的知识产权费用，发生知识产权纠纷的处理费用由万方公司承担等。万方公司称其与中信研究所之间存在委托加工关系，学位论文数据库之著作权系由其与中信研究所共同享有，其与中信研究所亦共同对该数据库承担责任。另查，学位论文数据库收录有《重》文全文。

中信研究所曾于2007年3月在万方公司所经营的网站上发布“关于学位论文加入《中国学位论文全文数据库》的邀请函”，称中信研究所系国家科技部直属的法定的学位论文收藏单位，其为适应信息网络技术的快速发展和国内科研教学工作的需要而自2003年开始开发建设学位论文数据库，其向博士、硕士发出邀请并希望得到博士、硕士学位论文作者的许可以将相关学位论文加入学位论文数据库，并向博士论文或博士后研究报告的作者支付80元现金以及300元面值的“万方数据资源系统授权人阅读卡”作为报酬，向硕士论文或同等学力论文的作者支付30元现金以及200元面值的“万方数据资源系统授权人阅读卡”作为报酬等。另查，网址为www. cnki. net的网站所载“《中国优秀博硕士学位论文全文数据库》出版及稿酬支付公告”所确定的学位论文稿酬支付标准为，博士论文每篇现金80元以及面值为300元的“CNKI数字图书馆全文数据库检索卡”，硕士论文每篇现金30元以及面值为200元的“CNKI数字图书馆全文数据库检索卡”。

万方公司制作的关于学位论文数据库的宣传资料内容包括：该数据库系我国收录论文数量最多的论文全文数据库，2006年论文全文收录数量将达60余万篇；该数据库收录我国500多家学位授予单位的学位论文，涉及全国211重点高校、中科院、工程院、农科院、医科院、林科院等机构的重点精选博硕士论文；重点收录2000年以来的学位论文并将逐年回溯月度追加，依托丰富馆藏可提供1977年以来的学位论文全文传递服务；学位论文库来源于国家法定的论文收藏单位中信研究所；其版权合作规范，尊重作者版权，以多种方式有效解决版权问题；该数据库的应用价值包括，图书情报机构可利用有限资金有效扩大电子资源馆藏，提高学术资源保障率，提升图书馆数字信息服务水平，提升图书馆整体形象；教育机构可推动高等教育，特别是研究生教育事业的发展，促进高层次科技人才的培养；科研院所、企事业单位可跟踪最新行业发展动态，为不同学科、行业领域提供专题知识库，加速企业从普通生产型向研究型转变，从传统型组织转变为学习型组织；机关团体可课题立项和查新，情报跟踪，文献回溯，政策信息支持；个人可提供学术研究与创作资源支持，撰写学术文章范本，了解相关学科的研究发展水平和研究方法，教学内容参考；短信客户服务方式为手机输入“万方数据”发送至950066（移动/联通）、90099（小灵通）、916088（移动/联通/小灵通）。且该宣传资料尾页列有万方数据京津销售区、万方数据武汉分公司、上海万方数据有限公司、万方数据广州分公司、万方数据西安分公司、万方数据沈阳分公司、市场部、资源合作中心、电力事业部、冶金事业部、医药事业部、客户服务与质量管理中心、海外市场销售中心、万方数据（香港）有限公司、互联网业务中心等万方公司分公司或者下属部门或者关联公司的邮编、地址、电话、电子邮箱等联系方式，且底部标注"©版权所属．北京万方数据股份有限公司．未经许可．禁止编辑修改"字样。

万方公司向国家图书馆以及高等院校图书馆等图书馆用户提供学位论文数据库，图书馆用户可在各自内部局域网免费提供在线浏览或者下载学位论文数据库内容的服务。万方公司与国家图书馆连续5年所签订的5份合同均约定国家图书馆仅可在内部局域网的IP范围内使用学位论文数据库以及万方公司仅向国家图书馆收取每篇学位论文2元的开发成本费等，且约定万方公司拥有学位论文数据库所涉及的数据及软件的著作权，万方公司在国家图书馆建立学位论文数据库的镜像站点以向国家图书馆内部局域网开放，国家图书馆享有在规定时限和IP范围内的学位论文数据库使用权，协议有效期均为1年等。在该5份合同所涉及的学位论文数据库使用费用方面，签订时间为2004年3月29日的合同约定每篇学位论文的费用为2元，安装学位论文数量为5万篇，费用为10万元；签订时间为2005年4月1日的合同约定付费购买数量为10万篇，数据购买费用为20万元；签订时间为2005年12月29日的合同约定付费购买数量为10万篇，数据购买费用为20万元；签订时间为2006年12月11日的合同约定付费购买数量为5万篇，数据购买费用为10万元；签订时间为2007年11月13日的合同约定购买数量为11万篇，数据购买费用为22万元。万方公司于2007年11月13日向国家图书馆开具价税合计为37万元的发票，该金额系2007年11月13日合同所涉及的学位论文数据库以及案外的"会议论文全文数据库"等产品的使用费用总额。

刘美丽曾在北京市海诚公证处公证人员监督之下对国家图书馆在其内部局域网提供在线浏览或者下载《重》文的服务情况进行证据保全，《重》文电子文件之中名为"文摘"的文件的"属性"显示"PDF"项下的"文件创建时间"，刘美丽认为该"文件创建时间"即为万方公司将《重》文收录入学位论文数据库的起始时间，万方公司对此不予认可。北京市海诚公证处曾向刘美丽开具金额为1 000元的公证费发票。

刘美丽曾与北京市洪范广住律师事务所签订委托代理协议，北京市洪范广住律师事务所曾向刘美丽开具金额为2 000元的代理费用发票。万方公司认为刘美丽并未实际向北京市洪范广住律师事务所支付律师代理费，并向本院提交案外人田园与北京市洪范广住律师事务所签订的委托代理协议以及补充协议，该补充协议约定田园无须向北京市洪范广住律师事务所实际支付律师费以及田园与北京市洪范广住律师事务所分别按照 85% 和 15% 的比例分配扣除律师实际办案费用和法院判决的律师费之外的侵权赔偿款等，万方公司认为刘美丽与北京市洪范广住律师事务所亦曾签订相同内容的补充协议。

万方公司向本院提交《关于缴送音像、电子出版物样品的通知》作为证据，但其同时表示本案所涉的学位论文数据库并不适用于该通知，故本院认为该通知与本案缺乏关联性，不予认证。

一审审理结果

一审法院认为：刘美丽系《重》文之作者。《重》文作为学位论文文字作品有其特殊性，刘美丽在创作《重》文期间应曾接受其学位授予单位以及导师等多方支持和帮助，但《著作权法》明确规定作品之著作权原则上属于作者，且职务作品之著作权亦原则上由作者享有，万方公司亦未举证证明《重》文系主要利用法人或者其他组织的物质技术条件创作且由法人或者其他组织承担责任的工程设计图、产品设计图、地图、计算机软件等职务作品，或者《重》文系法律、行政法规规定著作权由法人或者其他组织享有的职务作品，或者刘美丽与其学位授予单位之间对于《重》文著作权归属存在特别约定；故本院依据现有证据确认刘美丽对《重》文享有著作权。万方公司辩称学位论文的著作权不应完全归属于作者，缺乏事实与法律依据，本院不予采信。

学位论文数据库宣传资料标注“©版权所属．北京万方数据股份有限公司”等信息，该数据库的宣传推广工作系由万方公司所进行，国家图书馆使用的该数据库亦系由万方公司所提供，且万方公司向国家图书馆保证其拥有该数据库所涉及的数据软件的著作权，故万方公司应对学位论文数据库承担法律责任，本案被告适格。

万方公司与中信研究所签订协议后将中信研究所提供的学位论文复制、加工、汇编为学位论文数据库，并向用户提供该数据库以使用于用户内部局域网，尽管用户主要为国家图书馆以及高等院校图书馆，但万方公司系采取出售方式向用户提供该数据库，本院结合学位论文数据库宣传资料所载内容，认为万方公司在学位论文数据库中收录相关论文系对相关论文的商业性使用。虽万方公司已通过技术措施限制学位论文数据库的用户仅可在其内部局域网的 IP 范围内使用该数据库，但仍不排除公众通过学位论文数据库用户的内部局域网获得相关论文之可能性，万方公司对相关论文传播范围之限制并未达到使得公众不能在其个人选定的时间和地点获得相关论文之程度，故学位论文数据库并不同于传统图书馆，万方公司对相关论文的商业性使用不属于《著作权法》所规定的图书馆合理使用作品之范畴。万方公司将相关论文收录入学位论文数据库，并向用户提供该数据库以使用于用户内部局域网，已涉及对相关论文的复制、汇编和信息网络传播，且如相关论文尚未发表，万方公司此举亦已涉及对相关论文的发表，故万方公司应取得相关论文著作权人之许可。国务院学位委员会办公室确定中信研究所为自然科学方面的博士和硕士学位论文文献库建立单位，本院认为中信研究所建立的学位论文文献库应仅限于保管相关学位论文并供各单位查阅使用之目的，故万方公司开发和经营学位论文数据库之行为并不适用国务院学位委员会办公室（84）学位办字011号文件，万方公司辩称其行为系履行国家赋予中信研究所的法定职责，缺乏事实与法律依据，本院不予采信。

至于双方当事人争议的万方公司将《重》文收录入学位论文数据库的起始时间问题，本院认为证据保全公证之时《重》文电子文件之中名为“文摘”的文件的“属性”显示的“PDF”项下的“文件创建时间”不应迟于万方公司将《重》文收录入学位论文数据库的起始时间，在万方公司对此未提交相反证据情况下，本院对刘美丽所持该“文件创建时间”即为万方公司将《重》文收录入学位论文数据库的起始时间之意见予以采信。

刘美丽曾在提交学位论文的同时向其学位授予单位中国农业大学作出声明，声明同意中国农业大学以不同方式在不同媒体上发表、传播《重》文，该声明并未对中国农业大学发表、传播《重》文的方式予以限制，故中国农业大学据此声明有权以将《重》文收录入数据库之方式发表、传播《重》文。同时该声明并未明示中国农业大学有权进行转授权，但因中国农业大学并非从事发表、传播作品工作的媒体，其对《重》文进行发表、传播通常需通过授权他人之方式，故本院认为该声明应解释为刘美丽并未禁止中国农业大学转授权。中国农业大学已授权中信研究所将其所拥有的全部学位论文以有偿许可方式收录入学位论文数据库，故万方公司依据其与中信研究所所签合同在学位论文数据库中收录《重》文并向用户提供该数据库，本院认为万方公司之行为已经刘美丽之合法授权。

刘美丽称万方公司将《重》文收录入学位论文数据库并向用户提供该数据库之行为侵犯其对《重》文所享有的发表权、复制权、汇编权、信息网络传播权等项著作权，缺乏事实与法律依据，本院不予采信。刘美丽要求万方公司承担停止侵权、公开致歉、赔偿经济损失、精神损失以及诉讼合理支出费用等侵权责任，本院均不予支持。刘美丽对于本案的诉讼费用应自行予以负担。

综上，判决如下：

驳回原告刘美丽对被告北京万方数据股份有限公司的全部诉讼请求。

案件受理费750元，由原告刘美丽负担。

各方当事人均服从一审判决。

46. “投资项目经济评价系统”软件侵犯著作权纠纷案

——北京惠斯特科技开发中心诉北京斯惠特科技有限公司、李政茂、崔岩、肖遥

原告（被上诉人）：北京惠斯特科技开发中心

被告（上诉人）：北京斯惠特科技有限公司

被告（上诉人）：李政茂

被告（上诉人）：崔岩

被告（上诉人）：肖遥

案由：侵犯计算机软件著作权纠纷

原审案号：北京市海淀区人民法院（2007）海民初字第16977号

原审合议庭成员：陈坚、贾玉英、涂强

原审结案日期：2008年3月10日

二审案号：北京市第一中级人民法院（2008）一中民终字第6514号

二审合议庭成员：姜颖、芮松艳、赵明

二审结案日期：2008年8月14日

判决要旨

对于软件著作权侵权的判定，应首先对涉案软件源程序进行比对，如无法进行源程序比对，则进行目标程序的比对。未提交正确的源程序及目标程序的责任在于被告，如被控侵权软件与原告软件在菜单定义、数据库结构及帮助文件具有相同或相似的部分，则应推知其对应的源程序亦相同或相似。

起诉与答辩

原告北京惠斯特科技开发中心（以下简称惠斯特中心）诉称：我中心系“投资项目经济评价系统（新建项目版）V5.0”计算机软件（以下简称新建项目V5.0软件）和“投资项目经济评价系统（中小项目版）V4.0”计算机软件（以下简称中小项目V4.0软件）之著作权人。李政茂、崔岩、肖遥均原系我中心职员，其中李政茂系软件开发技术人员，崔岩系市场开发和售后服务人员，肖遥系销售人员，其三人利用职务之便可以获取新建项目V5.0软件和

中小项目 V4.0 软件源程序等技术资料及相关客户信息。后李政茂、崔岩、肖遥先后从我中心离职，并于离职后进入与我中心具有竞争关系的北京斯惠特科技有限公司（以下简称斯惠特公司）工作。斯惠特公司、李政茂、崔岩、肖遥使用由李政茂、崔岩、肖遥获取的新建项目 V5.0 软件和中小项目 V4.0 软件源程序等技术资料，将其修改为“投资项目经济评价系统 V2.0”计算机软件（以下简称评价系统 V2.0 软件），并使用由李政茂、崔岩、肖遥获取的相关客户信息以销售评价系统 V2.0 软件。斯惠特公司、李政茂、崔岩、肖遥之行为已侵犯了我中心对新建项目 V5.0 软件和中小项目 V4.0 软件所享有的著作权。故我中心诉至法院，要求斯惠特公司、李政茂、崔岩、肖遥立即停止侵权，在《法制日报》、《北京青年报》刊登声明以向我中心公开致歉，在斯惠特公司经营的网址为 www. bestswift. com. cn 的网站首页连续 6 个月刊登声明以向我中心公开致歉，向我中心赔偿经济损失 20 万元以及公证费 2 500 元、律师费 2 万元。

被告斯惠特公司辩称：评价系统 V2.0 软件系由我公司独立开发完成，该软件与新建项目 V5.0 软件和中小项目 V4.0 软件并无任何关系。即使评价系统 V2.0 软件与新建项目 V5.0 软件和中小项目 V4.0 软件存在相似之处，亦系因评价系统 V2.0 软件与新建项目 V5.0 软件和中小项目 V4.0 软件作为经济评价系统软件均必须遵循国家在报表方面的相关方法和标准所导致的，且该相似之处亦仅限于参数、变量、界面等并不受《著作权法》保护的部分。故我公司并未侵犯惠斯特中心对新建项目 V5.0 软件和中小项目 V4.0 软件所享有的著作权，亦不同意惠斯特中心的全部诉讼请求。

被告李政茂、崔岩、肖遥共同辩称：崔岩原系惠斯特中心市场开发和售后服务人员，肖遥原系惠斯特中心销售人员，崔岩和肖遥在惠斯特中心工作期间并不能接触新建项目 V5.0 软件和中小项目 V4.0 软件的源程序等技术资料；李政茂原系惠斯特中心软件开发技术人员，但其未曾参与新建项目 V5.0 软件和中小项目 V4.0 软件的开发工作，故李政茂在惠斯特中心工作期间亦不能接触新建项目 V5.0 软件和中小项目 V4.0 软件的源程序等技术资料。评价系统 V2.0 软件系由斯惠特公司独立开发完成，该软件与新建项目 V5.0 软件和中小项目 V4.0 软件并无任何关系；且评价系统 V2.0 软件亦非我们三人以个人名义生产和销售的软件，该软件即使涉嫌侵权亦与我们三人无关。我们三人不同意惠斯特中心的全部诉讼请求。

原审查明事实

原审法院查明：国家版权局于 2007 年 5 月 21 日向惠斯特中心颁发软著登

字第073272号计算机软件著作权登记证书，其中注明软件名称为新建项目V5.0软件，著作权人为惠斯特中心，权利取得方式为原始取得，权利范围为全部权利，首次发表日期为2006年10月9日等。

国家版权局于2007年5月28日向惠斯特中心颁发软著登字第073880号计算机软件著作权登记证书，其中注明软件名称为中小项目V4.0软件，著作权人为惠斯特中心，权利取得方式为原始取得，权利范围为全部权利，首次发表日期为2005年11月10日等。

惠斯特中心称新建项目V5.0软件和中小项目V4.0软件的研究开发成本约为500余万元，新建项目V5.0软件的销售价格为9 800元，中小项目V4.0软件的销售价格为4 800元等。

李政茂于2001年10月进入惠斯特中心工作，于2005年5月27日从惠斯特中心离职；后李政茂于2006年7月3日再次进入惠斯特中心工作，于2006年11月15日再次从惠斯特中心离职。李政茂在惠斯特中心工作期间从事软件开发工作。李政茂认可其曾参与“投资项目经济评价系统（新建项目版）V3.0”、“投资项目经济评价系统（新建项目版）V4.0”的开发工作，但未曾参与新建项目V5.0软件的开发工作，且其并不明确是否参与过中小项目V4.0软件的开发工作，故其并不能接触新建项目V5.0软件和中小项目V4.0软件的源程序等技术资料。

崔岩于2000年11月进入惠斯特中心工作，于2006年11月6日离职。崔岩在惠斯特中心工作期间从事市场开发和售后服务工作，且其曾参与新建项目V5.0软件和中小项目V4.0软件的开发方案、功能架构的讨论和制定。惠斯特中心称崔岩虽不能利用职务之便获取新建项目V5.0软件和中小项目V4.0软件的源程序，但亦可利用职务之便获取新建项目V5.0软件和中小项目V4.0软件的相关技术资料及相关客户信息。

肖遥于2002年9月2日进入惠斯特中心工作，于2006年12月15日离职。肖遥在惠斯特中心工作期间从事销售工作。惠斯特中心称肖遥能够利用职务之便获取新建项目V5.0软件和中小项目V4.0软件的相关客户信息。

斯惠特公司成立于2006年9月19日。斯惠特公司、李政茂、崔岩、肖遥均称评价系统V2.0软件系斯惠特公司自2006年12月1日开始研究开发，李政茂系研究开发人员之一，崔岩作为研究开发的技术总负责人参与了该软件的开发方案、功能架构、计算过程的制定等工作，评价系统V2.0软件的研究开发成本约为4万元等。国家版权局于2007年5月23日向斯惠特公司颁发软著登字第073545号计算机软件著作权登记证书，其中注明软件名称为评价系统V2.0软件，著作权人为斯惠特公司，权利取得方式为原始取得，权利范围为全部权利，首次发表日期为2006年12月28日等。

网址为www.bestswift.com.cn的网站系由斯惠特公司所经营。网络用户可以在该网站免费注册为会员，其后可以在该网站免费下载评价系统V2.0软件，但该免费下载的评价系统V2.0软件仅具备界面，不能提供计算功能亦不能进行实际使用，用户须与斯惠特公司联系并向斯惠特公司购买加密狗之后方可正常使用该网络下载的评价系统V2.0软件。斯惠特公司称用户向其购买加密狗的价格为5 500元。惠斯特中心于2007年4月12日在北京市海淀第二公证处公证人员监督之下对斯惠特公司网站相关网页进行证据保全，当日斯惠特公司网站向网络用户提供下载的“07年4月2日投资项目经济评价系统第三版－新建项目V2.0最新版安装包”的下载次数为17次，“07年3月29日投资项目经济评价系统第三版－新建项目V2.0最新版安装包”的人气为5次，“07年3月9日投资项目经济评价系统第三版－新建项目V2.0最新版安装包”的人气为20次，“07年1月31日投资项目经济评价系统第三版最新版安装包”的人气为8次等；惠斯特中心于当日在斯惠特公司网站向网络用户提供下载的“07年4月2日投资项目经济评价系统第三版－新建项目V2.0最新版安装包”项下公证下载评价系统V2.0软件目标程序1份。

惠斯特中心提交了其职员赵捷、刘仁华于2007年6月4日与斯惠特公司的电话通话录音，当日肖遥作为斯惠特公司职员接听该电话；赵捷在电话中提及李政茂将惠斯特中心的源程序改头换面之时，肖遥回答“都那么大的人了，有些事也考虑过”等；刘仁华在电话中提及李政茂、崔岩、肖遥偷惠斯特中心的源程序和客户并将惠斯特中心的潜在客户自己拿出去成交之时，肖遥回答“嗯”等。

因本案涉及计算机软件领域的专门性问题，原审法院将新建项目V5.0软件和中小项目V4.0软件与评价系统V2.0软件交由中国版权保护中心进行鉴定，鉴定共进行了三次。

第一次鉴定的鉴定范围是确认斯惠特公司提交的评价系统V2.0软件源程序是否可以编译为惠斯特中心公证下载的评价系统V2.0软件目标程序。鉴定机关出具的中版鉴字［2007］第（020－1）号鉴定结论为，评价系统V2.0软件源程序不是被控侵权评价系统V2.0软件的源程序。

第二次鉴定的鉴定范围是新建项目V5.0软件和中小项目V4.0软件与惠斯特中心公证下载的评价系统V2.0软件目标程序之同异性比对。鉴于惠斯特中心公证下载的评价系统V2.0软件目标程序系经过加密的文件，而斯惠特公司未自行或要求第三方解除加密，故该次鉴定无法直接对上述软件的目标程序进行比对，只能通过运行比对的方式进行比对。鉴定机关出具的中版鉴字

［2007］第（020－2）号鉴定结论是：（1）新建项目V5.0软件和中小项目V4.0软件与评价系统V2.0软件在菜单定义上存在相同内容；（2）二者系统运行结果相近，但界面不相同；（3）二者系统的帮助文件不相同；二者除二个数据表内容基本相同之外，数据库结构不相同等。

鉴于惠斯特中心认为该鉴定结论在菜单定义、数据表对应关系等方面有欠详细，故申请法院委托鉴定部门对此进行了第三次鉴定。此次鉴定的范围是以补充鉴定为比对线索，从菜单定义、数据库等方面对上述三个软件的异同性进行比对。鉴定机关出具的中版鉴字［2007］第（020－3）号鉴定结论为：

（1）在主菜单方面：新建项目V5.0软件、中小项目V4.0软件、评价系统V2.0软件均有5个主菜单定义，其中新建项目V5.0软件与评价系统V2.0软件有4个主菜单定义相同，中小项目V4.0软件与评价系统V2.0软件亦有4个主菜单定义相同；

（2）在二级菜单方面：新建项目V5.0软件有37个二级菜单定义，评价系统V2.0软件有30个二级菜单定义，二者有21个二级菜单定义相同或者近似，4个快捷方式相同；中小项目V4.0软件有32个二级菜单定义，评价系统V2.0软件有30个二级菜单定义，二者有24个二级菜单定义相同或者近似，3个快捷方式相同；

（3）在数据表方面：新建项目V5.0软件有42个数据表，评价系统V2.0软件有33个数据表，二者同名的数据表包括2个即Project和sys_ tables，其中Project内容相同，sys_ tables内容基本相同，二者另有20个数据表存在对应关系，表现为数据表名称相似，基本都存在“ID”、“PrjID”的相同字段，部分数据表存在“Name”、“Bz”、“cpid”的相同字段，都存在表示“参数”、“存储第N期”的字段等；中小项目V4.0软件有38个数据表，评价系统V2.0软件有33个数据表，二者同名的数据表包括2个即Project和sys_ tables，其中Project内容相同，sys_ tables内容基本相同，二者另有24个数据表存在对应关系，表现为数据表名称相似，基本都存在“ID”、“PrjID”的相同字段，部分数据表存在“Name”、“Bz”、“cpid”的相同字段，都存在表示“参数”、“存储第N期”的字段等。

中国版权保护中心版权鉴定委员会软件工程师张智伟以及工作人员梁飞作为鉴定人曾出庭接受质询，鉴定人称中版鉴字［2007］第（020－3）号鉴定结论所称“数据表存在对应关系”系数据表名称相似、所含字段相同或者相似且数据表指向相同功能之意，鉴定人另表示因中版鉴字［2007］第（020－3）号鉴定结论系在惠斯特中心与斯惠特公司均补充提交各自的软件开发文档之基础上完成，故中版鉴字［2007］第（020－3）号鉴定结论若与中版鉴字［2007］第（020-2）号鉴定结论有所冲突，则应以中版鉴字［2007］第（020-3）号鉴定结论为准。

惠斯特中心为此案支付公证费2 500元，律师费2万元。

原审审理结果

原审法院认为：新建项目V5.0软件和中小项目V4.0软件均系由惠斯特中心研究开发完成，惠斯特中心系新建项目V5.0软件和中小项目V4.0软件之著作权人。

综合考虑中国版权保护中心版权鉴定委员会中版鉴字［2007］第（020-1）、（020-2）、（020-3）号鉴定结论以及本案其他事实，认定评价系统V2.0软件系由新建项目V5.0软件和中小项目V4.0软件修改而成，理由如下：

第一，中版鉴字［2007］第（020-1）号鉴定结论认为斯惠特公司提交的源程序并非涉案评价系统V2.0软件目标程序的源程序。

第二，惠斯特中心公证下载的评价系统V2.0软件目标程序因斯惠特公司未自行或要求第三方解除加密而未能反编译为源程序。

第三，在斯惠特公司并未向法院提交正确的涉案评价系统V2.0软件源程序的情况下，法院只能委托鉴定部门对新建项目V5.0软件和中小项目V4.0软件与惠斯特中心公证下载的评价系统V2.0软件目标程序之同异性进行鉴定；根据中版鉴字［2007］第（020-3）号鉴定结论，评价系统V2.0软件的主菜单定义有80%与新建项目V5.0软件和中小项目V4.0软件相同；评价系统V2.0软件的二级菜单定义有70%与新建项目V5.0软件相同或者近似，评价系统V2.0软件的二级菜单定义有80%与中小项目V4.0软件相同或者近似；评价系统V2.0软件的数据表约有67%与新建项目V5.0软件内容相同或者基本相同或者存在对应关系，评价系统V2.0软件的数据表约有79%与中小项目V4.0软件内容相同或者基本相同或者存在对应关系。新建项目V5.0软件和中小项目V4.0软件与惠斯特中心公证下载的评价系统V2.0软件目标程序在菜单定义、数据表对应关系等方面相同或者近似或者存在对应关系之比例如此之大，斯惠特公司以经济评价系统软件均必须遵循国家在报表方面的相关方法和标准为由进行抗辩，缺乏事实与法律依据，不予采信；斯惠特公司另辩称新建项目V5.0软件和中小项目V4.0软件与评价系统V2.0软件的相似之处仅限于参数、变量、界面等并不受《著作权法》保护的部分，但菜单定义、数据表对应关系显已超出参数、变量、界面之范围，故法院对斯惠特公司此项辩称亦不予采信。

第四，新建项目 V5.0 软件和中小项目 V4.0 软件将主菜单定义为文件（F）、参数设置（C）、方案计算（J）、报表（B）、帮助（H）等，其中“F”、“H”分别系文件、帮助的英文单词首字母，“C”、“J”、“B”分别系参数、计算、报表的汉语拼音首字母，故上述主菜单定义具有其合理性。评价系统 V2.0 软件将主菜单定义为项目管理（F）、数据录入（C）、方案计算（J）、报表输出（B）、帮助（H）等；其中的项目管理（F）和数据录入（C）则并不合理，斯惠特公司对此亦未予以合理解释。

第五，惠斯特中心职员赵捷、刘仁华与代表斯惠特公司的肖遥电话联系之时，赵捷、刘仁华曾提及李政茂将惠斯特中心的源程序改头换面以及李政茂、崔岩、肖遥偷惠斯特中心的源程序和客户并将惠斯特中心的潜在客户自己拿出去成交等，其时肖遥虽未明确表示认可，但亦未明确表示反对；如赵捷、刘仁华所述不实，通常情况之下肖遥应在电话中澄清误会、反驳虚假传闻或者陈述事实真相，但其时肖遥则对赵捷、刘仁华所述持不置可否之消极态度，法院认为肖遥当时之行为并不合常理，且斯惠特公司、李政茂、崔岩、肖遥亦均未对此予以合理解释。

第六，斯惠特公司涉案软件的研究开发期间尚不足 1 个月；惠斯特中心研究开发期间为 1 年左右乃至数年；斯惠特公司、李政茂、崔岩、肖遥所述之评价系统 V2.0 软件的研究开发过程存有疑点，且斯惠特公司、李政茂、崔岩、肖遥亦均未对此予以合理解释。

第七，惠斯特中心称其新建项目 V5.0 软件和中小项目 V4.0 软件的研究开发成本约为 500 余万元；斯惠特公司、李政茂、崔岩、肖遥均称评价系统 V2.0 软件的研究开发成本约为 4 万元，同时斯惠特公司称用户向其购买评价系统 V2.0 软件加密狗的价格为 5 500 元；斯惠特公司自称的评价系统 V2.0 软件研究开发成本较之用户购买该软件加密狗的价格而言显然过低，且该研究开发成本较之与评价系统 V2.0 软件功能相似的具有可比性和竞争性的其他软件之研究开发成本而言亦显然过低，斯惠特公司、李政茂、崔岩、肖遥均未对此予以合理解释。

综上，法院确认评价系统 V2.0 软件系由新建项目 V5.0 软件和中小项目 V4.0 软件修改而成。

斯惠特公司未经惠斯特中心许可，即将新建项目 V5.0 软件和中小项目 V4.0 软件修改为评价系统 V2.0 软件并予以销售，其行为已侵犯了惠斯特中心对新建项目 V5.0 软件和中小项目 V4.0 软件所享有的署名权、修改权、复制权、发行权、信息网络传播权等著作权。李政茂系评价系统 V2.0 软件研究开发人员之一，崔岩系参与评价系统 V2.0 软件的开发方案、功能架构、计算过程的制定等工作的研究开发该软件的技术总负责人，其二人在明知惠斯特中心对新建项目 V5.0 软件和中小项目 V4.0 软件享有著作权情况下，仍参与将新建项目 V5.0 软件和中小项目 V4.0 软件修改为评价系统 V2.0 软件，故李政茂、崔岩应与斯惠特公司共同向惠斯特中心承担侵犯著作权之责任。肖遥在明知评价系统 V2.0 软件系为由新建项目 V5.0 软件和中小项目 V4.0 软件修改而成的侵权软件情况下，仍参与评价系统 V2.0 软件的销售工作并扩大评价系统 V2.0 软件的侵权影响和后果，故肖遥应与斯惠特公司、李政茂、崔岩共同向惠斯特中心承担侵犯著作权之责任。

斯惠特公司、李政茂、崔岩、肖遥应立即停止侵权，即停止对评价系统 V2.0 软件的任何复制、发行、信息网络传播等行为。斯惠特公司、李政茂、崔岩、肖遥之行为已侵犯惠斯特中心对新建项目 V5.0 软件和中小项目 V4.0 软件所享有的署名权、修改权等著作人身权，故斯惠特公司、李政茂、崔岩、肖遥应向惠斯特中心公开致歉，具体方式和范围由法院予以酌定。斯惠特公司、李政茂、崔岩、肖遥应向惠斯特中心赔偿经济损失，法院考虑新建项目 V5.0 软件和中小项目 V4.0 软件性质及独创性程度，考虑斯惠特公司网站向网络用户提供下载的评价系统 V2.0 软件的下载次数和人气等信息，并考虑斯惠特公司、李政茂、崔岩、肖遥的过错程度和侵权情节等因素对经济损失数额予以确定，不全额支持惠斯特中心的诉讼请求。斯惠特公司、李政茂、崔岩、肖遥对于惠斯特中心因本案诉讼所支出的合理费用亦应一并予以赔偿。

综上，依据《中华人民共和国著作权法》第 47 条第（1）项之规定，原审法院判决如下：

一、四被告立即停止对评价系统 V2.0 软件的任何复制、发行、信息网络传播等行为。

二、四被告在网址为 www.bestswift.com.cn 的斯惠特公司网站首页连续 48 小时刊登声明以向原告惠斯特中心公开致歉。

三、四被告赔偿惠斯特中心经济损失及诉讼合理支出共计 11 万元。

四、驳回惠斯特中心的其他诉讼请求。

斯惠特公司、李政茂、崔岩、肖遥不服原审判决，提起上诉，请求驳回惠斯特中心的全部诉讼请求。惠斯特中心服从原审判决。

二审查明事实

除原审查明的事实外，二审法院另查明如下事实：

2007 年 8 月 14 日，在原审法院组织的证据交换中，被上诉人明确指出其提供的评价系统 V2.0 软件系 2007 年 4 月 12 日之前的目标程序。上诉人明确表示其可以提供该评价系统 V2.0 软件的源程序。

2007 年 8 月 22 日，在原审法院组织的询问中，上诉人表示其提供的源程序能够生成被上诉人公证下载的评价系统 V2.0 软件的目标程序，其所提供的源程序是真实的。

在二审询问过程中，各上诉人称其在第一次提交源程序后，并未再次向原审法院直接提交过源程序，而是将其提供给中国版权保护中心版权鉴定委员会。

二审审理结果

二审法院认为：本案涉及如下焦点问题。

一、是否应准许上诉人再次提交被控侵权软件评价系统 V2.0 软件的源程序

上诉人认为原审判决认定错误的根源在于原审法院拒收正确的源程序，二审法院认为这一上诉理由不能成立，理由如下：

第一，在原审程序中，原审法院在进行鉴定前已给上诉人充分的举证时间。

第二，至迟在原审法院 2007 年 8 月 14 日举行的证据交换中，上诉人已知晓被控侵权软件的具体发布时间及版本，作为软件的发布者，其理应知晓该软件所对应的正确的源程序，故依常理应认定其之后所提交的源程序为正确的源程序。在 2007 年 8 月 22 日原审法院组织的询问中，上诉人亦明确表示其提供的源程序能够生成被上诉人公证下载的软件的目标程序。在此情况下，原审法院认定其提交的源程序为正确的源程序，并将其作为比对的样本并无不当。

第三，上诉人作为涉案软件的发布者，其理应知晓其源程序的变化情况，如确如上诉人所称，其源程序在不断更新，上诉人理应在该阶段即向原审法院表明该观点。鉴于其并未向原审法院表明该观点，故由此带来的法律后果应由上诉人承担。

第四，鉴于上诉人认可其并未直接向原审法院提出提交新的源程序的申请，而仅是向鉴定机构表达了该意愿，故上诉人认为原审法院拒收其提交的正确的源程序的主张不能成立。

第五，即便上诉人未提交正确的源程序，鉴定机构亦可将公证下载的被控侵权软件反编译成对应的源程序，从而与被上诉人软件的源程序进行比对。但鉴于公证下载的被控侵权软件具有加密措施，而上诉人未采取措施进行解密，由此导致本案无法进行源程序比对的责任亦应由上诉人承担。

二、评价系统 V2.0 软件是否构成对新建项目 V5.0 软件及中小项目 V4.0

软件著作权的侵犯

由《计算机软件保护条例》第23条规定可知，未经著作权人许可，修改、翻译其软件的行为，构成侵犯软件著作权的行为。

由《计算机软件保护条例》第24条规定可知，未经著作权人许可，复制或部分复制著作权人的软件的，构成侵犯软件著作权的行为。

对于软件著作权侵权的判定，应首先对涉案软件源程序进行比对，如无法进行源程序比对，则进行目标程序的比对。本案中，鉴于上诉人既未提供正确的源程序，亦未提供被控侵权软件的解密措施，导致无法进行目标程序的比对，故本案中，只能对被控侵权软件与被上诉人软件进行运行方式的比对，亦即对于菜单定义、数据库结构及帮助文件进行比对。因菜单定义、数据库结构及帮助文件均为源程序的运行结果，故虽然可能出现源程序不同，但菜单定义、数据库结构及帮助文件相同的情形，但更为普遍的情况是，相同的菜单定义、数据库结构及帮助文件具有相同的源程序。鉴于本案中未提交正确的源程序及目标程序的责任在于上诉人，故如被控侵权软件与被上诉人软件在菜单定义、数据库结构及帮助文件具有相同或相似的部分，则应推知其对应的源程序亦相同或相似。

本案中，由第二次及第三次鉴定结论可知，被控侵权软件与上诉人软件虽然帮助文件不同，但在菜单定义、数据库结构方面存在很大比例的相同或相似性。具体依据为：

第一，在主菜单方面：被上诉人的新建项目V5.0软件、中小项目V4.0软件及被控侵权软件评价系统V2.0软件均有5个主菜单定义，其中新建项目V5.0软件与评价系统V2.0软件有4个主菜单定义相同，中小项目V4.0软件与评价系统V2.0软件亦有4个主菜单定义相同；

第二，在二级菜单方面：新建项目V5.0软件有37个二级菜单定义，评价系统V2.0软件有30个二级菜单定义，二者有21个二级菜单定义相同或者近似，4个快捷方式相同；中小项目V4.0软件有32个二级菜单定义，评价系统V2.0软件有30个二级菜单定义，二者有24个二级菜单定义相同或者近似，3个快捷方式相同；

第三，在数据表方面：新建项目V5.0软件有42个数据表，评价系统V2.0软件有33个数据表，二者同名的数据表包括2个即Project和sys_ tables，其中Project内容相同，sys_ tables内容基本相同，二者另有20个数据表存在对应关系（即数据表名称相似、所含字段相同或者相似且数据表指向相同功能）。

鉴于此，在未提交正确的源程序及目标程序的责任在于上诉人的情况下，二审法院合理推知，各涉案软件的上述相同或相似部分所对应的源程序亦相同。

对于上诉人认为上述相同或相似性系因遵循同一国家规定，且同行业的其他软件在菜单、功能及数据库结构上亦均具有此种相似性及相关性的这一主张，本院认为，同行业软件虽均须遵循国家标准《建设项目经济方法与参数》，但鉴于该标准仅是一种原则性规定，对于具体软件的编制并无具体规定，故不能以此说明同行业软件在数据表及菜单定义上必然具有上述相同或相似性。同时，上诉人在原审程序并未提交证据证明依据《建设项目经济方法与参数》开发的同行业均具有上述相同及相似性。二审程序中，上诉人虽新提交了公证下载的“工业项目经济评价专业软件—试用版”，但鉴于该证据并非二审程序中新产生的证据，不应作为新证据采信。且即使采信该证据，仅以一个软件亦无法证明本行业的通常情况，据此，上诉人的上述理由不能成立，本院不予支持。

另，对于上诉人认为两个软件不可能合并成一个软件再进行修改，故评价系统 V2.0 软件不可能由新建项目 V5.0 软件和中小项目 V4.0 软件修改而成这一理由，本院认为，原审判决所认定的“评价系统 V2.0 软件系由新建项目 V5.0 软件和中小项目 V4.0 软件修改而成”不能理解为“两个独立的软件（新建项目 V5.0 软件和中小项目 V4.0 软件）合并成一个软件（评价系统 V2.0 软件）”，而应理解为评价系统 V2.0 软件既由新建项目 V5.0 软件修改而成，亦由中小项目 V4.0 软件修改而成。因由鉴定报告可知，鉴定机构是在将评价系统 V2.0 软件与被上诉人的新建项目 V5.0 软件和中小项目 V4.0 软件分别对比的基础上，得出了两个相互独立的鉴定结论。鉴于新建项目 V5.0 软件和中小项目 V4.0 软件为被上诉人开发的相同功能的同类软件，二者具有很大程度的相同或相近似性，故评价系统 V2.0 软件与被上诉人的新建项目 V5.0 软件和中小项目 V4.0 软件在很多部分均具有相同或相似性，亦属于正常。据此，上诉人的该上诉理由不能成立，本院不予支持。

综上，鉴于各上诉人并无证据证明评价系统 V2.0 软件的开发及发行已获得被上诉人许可，故修改、复制、发行并在网络上传播被控侵权软件的行为构成侵犯著作权的行为。

三、李政茂、崔岩、肖遥是否应与斯惠特公司承担共同侵权责任

《最高人民法院关于贯彻执行〈中华人民共和国民法通则〉若干问题的意见》第 148 条规定，教唆、帮助他人实施侵权行为的人，为共同侵权人，应当承担连带责任。

本案中，评价系统 V2.0 软件的发布者为上诉人斯惠特公司，故其应对该

软件的复制、发行、网络传播行为承担相应的民事责任。

虽然上诉人李政茂、崔岩、肖遥并非评价系统 V2.0 软件的发布者，但鉴于评价系统 V2.0 软件是在新建项目 V5.0 软件和中小项目 V4.0 软件源程序的基础上修改而来，评价系统 V2.0 软件开发的前提是须持有新建项目 V5.0 软件和中小项目 V4.0 软件的源程序。考虑到李政茂、崔岩、肖遥原为被上诉人公司的软件开发人员及销售人员，其均有可能得到新建项目 V5.0 软件和中小项目 V4.0 软件的源程序，同时结合考虑上诉人肖遥在与被上诉人员工表示李政茂、崔岩、肖遥偷走被上诉人源程序及客户资料时并未表示反对，故依现有证据可以合理认为新建项目 V5.0 软件和中小项目 V4.0 软件源程序由上诉人李政茂、崔岩、肖遥提供给斯惠特公司。综上，本院认为，虽然上诉人李政茂、崔岩、肖遥未直接实施复制、发行、网络传播被控侵权软件的行为，但其行为对于上诉人斯惠特公司的侵权行为起到了帮助作用，故上诉人李政茂、崔岩、肖遥应与斯惠特公司承担共同侵权的连带责任。据此，上诉人李政茂、崔岩、肖遥认为其不应与斯惠特公司承担连带责任的上诉理由不能成立，本院不予支持。

综上，原审判决认定事实清楚，适用法律正确，依法予以维持。上诉人的上诉理由不能成立，本院不予支持。依据《中华人民共和国民事诉讼法》第 153 条第 1 款第（1）项之规定，判决如下：

驳回上诉，维持原判。

一审案件受理费 4 638 元、财产保全费 1 020 元、鉴定费 20 000 元，由斯惠特公司、李政茂、崔岩、肖遥负担；二审案件受理费 2 500 元，由斯惠特公司、李政茂、崔岩、肖遥负担。

47. 论文《鹅掌楸》侵犯著作权纠纷案

——叶金山诉季孔庶、中国林业出版社

原告（被上诉人）：叶金山
被告：中国林业出版社
被告（上诉人）：季孔庶
案由：侵犯著作权纠纷

原审案号：北京市海淀区人民法院（2006）海民初字第27499号
原审合议庭成员：石必胜、杨德嘉、金维克
原审结案日期：2008年3月28日
二审案号：北京市第一中级人民法院（2008）一中民终字第07374号
二审合议庭成员：刘海旗、周云川、佟 姝
二审结案日期：2008 年9月9日

判决要旨

在使用论文时未以适当的方式指明作者的姓名和作品的名称，割裂了作者及其论文与图书相应内容所应当具有的联系，违反了《著作权法》的规定，是侵犯著作权的行为。出版单位对出版的图书内容负有合理审查的义务，但出版社对于侵权行为的发生不具有过错的，不构成著作权侵权。

起诉与答辩

原告叶金山诉称：我与季孔庶在硕士和博士阶段均就读于南京林业大学同一教研组，双方相识多年且相互知道对方的科研情况。我比季孔庶晚两年博士毕业，此后仍经常联系。2006年1月，我发现在林业出版社出版的《鹅掌楸属树种杂交育种与利用》（以下简称《鹅掌楸》图书）中，由季孔庶撰写的第七、八章存在歪曲、篡改我的博士论文《鹅掌楸杂种优势的生理遗传学基础》（以下简称《鹅掌楸》论文）中相关原始科学数据和遗传学符号的现象，对读者进行了误导，且第八章结语中许多结论均抄袭自我的博士论文。季孔庶歪曲、篡改我的作品，抄袭我的学术思想，欲将我在鹅掌楸杂交育种和杂种优势的生理遗传学方面的学术成果据为己有，同时采用淡化、模糊、掩盖、抹杀的

方式，以消除我的科研工作所产生的影响，抬高自己的学术地位，其行为侵犯了我的著作权；林业出版社明知季孔庶的作品侵犯他人著作权，仍予以出版，亦构成侵权，应与季孔庶承担连带责任。故诉至法院，请求判令季孔庶与林业出版社：停止出版发行《鹅掌楸》图书；在《中国绿色时报》、“新浪网”和“学术批评网”向我公开致歉，消除影响；赔偿我经济损失 5 000 元并承担我为本案支付的律师费 4 000 元。

被告季孔庶辩称：(1)《鹅掌楸》图书由王章荣教授等编著，林业出版社出版。该书旨在弘扬南京林业大学从 1963 年开始，几代科研工作者在鹅掌楸杂交育种领域所取得的科研成果，并着重总结由王章荣全面主持、季孔庶协助主持的南京林业大学于 1995 年启动的自选课题“鹅掌楸属种间杂交技术及杂种优势的研究”（以下简称鹅掌楸课题）及 2000 后由季孔庶主持的相关研究内容。鹅掌楸课题由江苏省科技厅组织相关专家于 2000 年 12 月 30 日进行了成果鉴定，叶金山也是课题组成员之一。凡该课题所涉及的成果内容，均应为南京林业大学及课题组每位成员所有。叶金山自选了该课题的一部分研究内容，并撰写成博士论文，故其无权独立就该论文主张权利。(2) 著作权旨在保护作者的思想而非形式。每项科技成果均是经过承前启后，并通过课题组全体成员的协作而形成的。叶金山攻读博士学位期间获得的相关数据，均是在南京林业大学老一辈科研专家的研究基础上形成的。且其在博士论文中仅利用杂交鹅掌楸 1 年生苗和离体叶片在干旱胁迫条件下的数据来证明杂种的生长优势和抗干旱优势，属于利用简要的试验过程，初步验证老一辈科研专家得出的“杂交鹅掌楸存在着杂种优势”的思想，该博士论文根本形成不了独立的思想。即使有一定的见解，也是在导师指导下完成的，其总体研究思路和技术路线的构建，以及经费支助（来源于上述课题）等，均由导师奠定，相关见解也来源于导师的思想，故其无权主张权利。(3) 自然科学著作与社会科学著作的写作方式有很大差异。自然科学著作在引用他人作品时，强调在文后参考文献中列出。读者只要根据参考文献以及正文中显要位置的标注，就可获知哪些内容是由谁作出的贡献。叶金山的博士论文全部内容已发表于《林业科学》2002 年 38 卷第 3 期和第 4 期。我在编著《鹅掌楸》图书第七、八、十章内容时，引用了叶金山在南京林业大学攻读博士学位期间的一些论证“杂交鹅掌楸存在杂种优势”的相关数据。为了突出叶金山的研究贡献，我在该书的第七章第 85 页的第二自然段介绍 20 世纪 90 年代的几次杂交试验中，首先引用了叶金山的试验内容，并作了标注，同时在文后的参考文献中也列明了叶金山的博士论文和《林业科学》2002 年 38 卷第 4 期的文献；在第八章第 101 页的第二自然段一开始的引用同样作了标注，并在文后参考文献中列明了叶金山的博士论文和《林业科学》2002 年 38 卷第 3 期的文献；在第十章亦多处进行了引用。该书中第 86 页的表 7－2 和表 7－3 分别由叶金山博士论文第 14 页的表 4 和第 15 页的表 5 中的原始数据，将各种交配组合的杂种家系归类，分成正交（C×T）、反交（T×C）、杂种一代植株与北美种交配（H×T）、杂种一代植株间的交配（H×H），并计算平均值后而得，旨在精简篇幅，说明各种 1 年生不同交配类型家系苗间的生长差异，不存在歪曲篡改其博士论文中原始数据的情况；文中涉及的 24 个杂交家系和 17 个家系的相关性状变异范围描述也自然按照计算平均值的统计结果来阐述，否则会引起读者误解，因此也不存在篡改问题。双方属于从不同角度分析某一问题，以表明不同作者的见解。至于使用 C 代表中国马褂木、T 代表北美鹅掌楸、H 代表杂种等代号，并非遗传学符号，而是由不同作者在写作过程中指代的，因此不会给读者的理解造成混乱和麻烦，且叶金山博士论文中使用的 B、T、F 等符号也是由其导师王章荣指定的。该书中表 7－4 引用了叶金山博士论文第 16 页的表 6，以便从统计的角度阐明不同杂交家系生长差异的显著性；表 8－1 引用了其博士论文的第 21 页表 11 的部分内容；表 8－7、表 8－8、表 8－9、表 8－10 和表 8－11 分别引用了其博士论文第 23 页表 18、第 24 页表 19、表 20、第 36 页表 23 和第 34 页表 21，旨在论证杂交马褂木的抗旱性优势。在考虑不影响叶金山博士论文的相关内容在正式科技期刊上发表的情况下，我以课题第二负责人的身份与第一负责人商量后，对其中基本数据和内容重新整合，引入文中，故不存在侵权问题。况且叶金山博士论文中的相关过程我也曾参与过，有权对课题中的数据加以利用，同时进行了相关标注，故属于合理的引用。（4）我在该书第八章结语第一段和第三段引用了杨秀艳 2002 年的硕士论文和李周岐 2000 年的博士论文的结论，第二段正当引用了叶金山博士论文和《林业科学》2002 年 38 卷第 3 期的内容，并不存在抄袭问题。五、就学术领域而言，“编著”与“著”具有本质区别，“著”指关键内容均由作者完成，而“编著”则可以引用他人的研究内容，以佐证书中观点的正确性。《鹅掌楸》图书是由王章荣等“编著”而非“著”，我在编著该书第七、八、十章时，也是希望使有关南京林业大学开展的有关揭示杂交鹅掌楸速生性与适应性优势、杂种优势的生理学基础及杂种的无性繁殖技术等内容，能在书中得到体现，自然会引用叶金山在该校攻读博士学位期间的研究结果，且作了明确标注并在参考文献中列明。而且对所有著作权人作了一视同仁的处理，并未淡化、模糊、掩盖、抹杀叶金山的研究成果。此外，我与叶金山虽然在攻读硕士和博士学位期间是同门师兄弟，但毕业后联系并不多，也谈不上相互知道对方的科研情况。综上，我并未侵犯叶金山的著作权，请求人民法院驳回其诉讼请求。

庭审过程中，季孔庶对其书面答辩状中有关引用叶金山博士论文的内容予以否认，改称相应内容源自南京林业大学的“鹅掌楸属种间杂交技术及杂种优势的研究”成果鉴定材料（以下简称鉴定材料），但就答辩状与当庭陈述的矛盾之处未能作出合理解释；并称《鹅掌楸》论文应属“职务成果”，叶金山无权独立主张权利，请求人民法院驳回其起诉。

被告林业出版社辩称：我社与《鹅掌楸》图书的著作权人订立了出版合同，且对该书进行了合理的审查，故不应承担责任。

原审查明事实

原审法院查明：

一、关于涉案作品、材料

叶金山1995年9月年至1998年7月就读于南京林业大学林木遗传育种专业攻读博士学位，期间对鹅掌楸杂种优势的遗传学、生理生化、杂种优势等进行了研究，并以手写方式对不同日期、阶段的大量原始实验数据进行了记录。1998年5月，叶金山完成其博士学位论文。论文封面注明：题目《鹅掌楸杂种优势的生理遗传基础》，作者叶金山，研究方向树木生理遗传学，指导教师王章荣教授。1998年7月，叶金山毕业，获农学博士学位。2002年，《鹅掌楸》论文部分内容以叶金山与王章荣共同署名的方式分别发表于《林业科学》杂志第38卷第3、4期，且均注明是叶金山博士论文的部分内容。

季孔庶提交的鉴定材料，封面显示时间为2000年12月；在“工作报告”中列出的参加研制人员包括王章荣、季孔庶、叶金山等9人；“技术资料目录”中列出了叶金山的《鹅掌楸》论文，并附该论文摘要。此外，季孔庶还提交了苏科鉴字［2000］第1248号科学技术成果鉴定证书（以下简称鉴定证书），载明成果名称为鹅掌楸属种间杂交技术及杂种优势的研究，完成单位为南京林业大学，鉴定日期为2000年12月30日，鉴定批准日期为2001年1月18日，“主要研制人员名单”中列有王章荣、季孔庶、叶金山等9人，但记载的叶金山出生日期为“1961. 5”。庭审中，叶金山对鉴定材料和鉴定证书的内容提出异议，称其从未参加也不知晓鹅掌楸课题，亦未在相关材料上签过名或领取证书，有关其个人情况的记载也有不实之处。

2005年1月，林业出版社出版《鹅掌楸》图书。该书由王章荣等编著；全书170页，203千字；前言中载明：“本书共12章，撰写本书的作者是直接参与该项研究工作的教师和博士。其中……季孔庶负责第7章、第8章和第10章……”但未提及叶金山。

该书第7章为“杂交马褂木速生性与适应性优势的表现”（第83～92

页），结尾列出“参考文献”15处，其中第12处为“叶金山．1998．鹅掌楸杂种优势的生理遗传基础．南京林业大学博士学位论文”，第13处为“叶金山等．2002．杂种马褂木杂种优势的遗传分析．林业科学，38（4）：67～71”；第8章为“杂交马褂木杂种优势的生理学基础”（第93～111页），结尾列出“参考文献”23处，其中第16处为“叶金山．1998．鹅掌楸杂种优势的生理遗传基础．南京林业大学博士学位论文”，第17处为“叶金山等．2002．水分胁迫对杂种马褂木与双亲重要生理性状的影响．林业科学，38（3）：20～26”。上述“参考文献”中未列出季孔庶所称的鉴定材料。

本案审理过程中，南京林业大学向本院出具《证明》一份，主要内容为：《鹅掌楸》图书是为总结该校1995年启动的由王章荣主持、季孔庶协助主持的鹅掌楸课题项目的研究成果；叶金山于1996至1998年在该校攻读博士学位期间参加了该课题的部分研究工作；叶金山的博士论文是在前人研究的基础上，经课题组全体人员的努力才得以完成的，该论文中所涉及的研究成果均属该校及课题组全体人员共同所有。此外，南京林业大学的王章荣教授出具了一份《〈鹅掌楸属树种杂交育种与利用〉一书出版的相关说明》（以下简称《说明》），除上述《证明》中所述内容外，王章荣还在《说明》中指出：“考虑到课题组每位成员均享有自选课题成果的平等权利，以及叶金山已将博士论文的内容按照叶金山与王章荣共同署名的方式发表于《林业科学》期刊2002年38卷第3期和第4期，课题组决定由季孔庶将鉴定成果材料的相关内容写入《鹅掌楸》图书中。”

二、关于叶金山主张的侵权行为

叶金山认为季孔庶侵犯其著作权的行为具体表现为四个方面：

（一）将《鹅掌楸》论文中的表格使用在《鹅掌楸》图书中

后者第7、8章表格中的第86页表7－2、第86页表7－3、第87页表7－4、第95页表8－1、第102页表8－7、第102页的表8－8、第103页表8－9、第103页表8－10和第104页表8－11，分别使用了前者的第14页表4、第15页表5、第16页表6、第21页表11、第32页表18、第33页表19、第33页表20、第36页表23和第34页表21。庭审中，季孔庶称后者的上述表格分别源自鉴定材料中第14页表2.7（后者表7－2中的数据是将此表数据取平均值得出的）、第15页表2.8、第13页表2.9、第17页表2.12、第20页表2.15、第20页表2.16、第21页表2.17、第22页表2.19和第21页表2.18。

对比《鹅掌楸》论文和《鹅掌楸》图书中的上述表格，后者表格在标题和形式上与对应的前者表格大多完全相同，仅个别表格存在少许标题用词或线条取舍上的微小差别。在表格内容上，个别后者表格将对应的前者表格中的某一项目或部分内容删除（如表7－2删除了表4中的“CV”一项，类似情况还有表7－3、表8－1、表8－10），或改变、添加个别字母（如表8－10在汉字“对照”旁添加字母“CK”，类似情况还有表8－7、表8－8、表8－9、表8－11），或对后者表格中的数据进行简化或极个别数据稍有不同（如表7－2简化了表4的数据内容），除此之外，后者的项目名称、数量、位置以及所使用的符号、数据等均与前者一致。对于《鹅掌楸》图书中的上述表格，季孔庶均未注明出处。

对比《鹅掌楸》论文和鉴定材料中的上述表格，后者除改变个别字母、添加一些英文名称或极个别数据稍有不同外，其余各方面均与对应的前者相一致。

此外，季孔庶于《鹅掌楸》图书第8章第101页的文字部分中，在提及表8－7时注有“叶金山，1998”字样。但在庭审中，季孔庶仍坚称该表也源自于鉴定材料。

（二）将《鹅掌楸》论文中的表格说明文字使用在《鹅掌楸》图书中

（1）后者第85页第2段第3行起共7行的内容使用了前者第12页2.2.3.1的第一段内容；

（2）后者第86页最后两句话使用了前者第13页第二自然段内容；

（3）后者第101页最后一段使用了前者第31页最后一行至第32页第一段的内容；

（4）后者第102页8.4.2下方的一段文字使用了前者第32页最后一段内容；

（5）后者第103页第一段使用了前者第33页最后一段内容；

（6）后者第104页第一段使用了前者第35页3.2.4.3的第一段内容；

（7）后者第104页8.5.1下方的一段使用了前者第34页3.2.4.1下方的两段文字。

对比上述《鹅掌楸》论文和《鹅掌楸》图书的内容，二者均是对前述表格所反映的内容和结论的表述，后者除因表格原因对部分字母、数据有所调整外，仅有少量用词和表述稍作删改，大部分语言表达的内容、顺序、方式等均与前者相同，且均未注明出处。

庭审中，季孔庶称上述内容均源自鉴定材料。经对比，鉴定材料与《鹅掌楸》图书中的相应内容基本相同。

（三）将《鹅掌楸》论文中的其他文字使用在《鹅掌楸》图书中

（1）后者第94页第1行的公式与前者第21页第12行的公式相同；

（2）后者第93页第2段第1句话使用了前者第20页2.2.4第2、3行的内容；

（3）后者第94页第2段的倒数三行使用了前者论文摘要中“主要研究结果与结论”中3的第一句话和39页3.3“小结”中4的内容。

对比上述《鹅掌楸》论文和《鹅掌楸》图书的内容，二者均使用了“光合产量=光合面积×光合强度×光合时间－光合产物消耗”这一公式。庭审中，叶金山认可该公式是前人已经使用的通用公式，但认为用在杂交马褂木的研究领域系其独创。对于其他内容，除字数很少外，二者仅共同使用了如光合作用、林木、有机物质、蛋白质、RNase等名词，语言表述和所要表达的意思均不尽相同。

（四）以变换、缩写的方式抄袭了其学术思想

三、其他

2006年1月12日，叶金山于北京市东城中林书店购买《鹅掌楸》图书2册，支出80元；同年4月6日，叶金山于郑州市又购买《鹅掌楸》图书1册，支出40元。

2006年10月，叶金山因本案支出律师费4 000元。

原审审理结果

原审法院认为：

一、关于权利归属

我国《著作权法》规定，如无相反证明，在作品上署名者为作者，作者对其作品享有著作权。本案中，《鹅掌楸》论文明确署名作者为叶金山，故在无相反证据的情况下，本院认定叶金山为该论文的作者，对该论文享有著作权，有权就该论文提出诉讼主张。季孔庶有关该论文系“职务成果”，叶金山无权独立主张权利的辩称缺乏事实和法律依据，本院不予采信。

《鹅掌楸》论文中的表格，是叶金山以阐明鹅掌楸杂种优势的生理遗传基础为目的，将数量繁多的原始实验数据进行汇总、编排，针对其所要说明的问题设置特定的标题和项目，并对各个项目的数量、名称、数据内容以及它们在表格中的排列、布局等进行设计而最终形成的智力成果，体现了作者具有独创性的选择和编排，不属于对相关问题通用或唯一的表达；而相关说明文字是在上述表格的基础上，进一步对表格的内容和作者的观点所进行的阐释，亦属于作者的独创性表达，故上述内容均应受《著作权法》保护。

二、关于是否侵权

将《鹅掌楸》论文中的9个涉案表格与《鹅掌楸》图书中对应的表格进行比较，后者在标题、形式、项目名称和数量以及所使用的符号、数据等各个

方面均与前者完全相同或大同小异，仅个别字母、项目或数据的删改并不能转变相关内容源自前者的本质，且后者所注“叶金山，1998”字样、参考文献所列内容以及季孔庶本人在答辩状中的自认，亦可对此事实予以证明，故本院认定季孔庶在《鹅掌楸》图书中对《鹅掌楸》论文的上述表格进行了使用。同理，对于涉案7处表格说明文字，虽然季孔庶在《鹅掌楸》图书中对部分字母、数据有所调整并对少量用词和表述稍有删改，但实质上仍是对《鹅掌楸》论文内容的使用。

诉讼过程中，人民法院对于当事人在答辩状中承认的对己方不利的事实应当予以确认，除非当事人反悔并有相反证据足以推翻。本案中，季孔庶在其答辩状中已明确认可其在《鹅掌楸》图书中引用了叶金山博士论文的内容，并对各个表格和相应文字的具体使用情况，乃至部分数据不一致的原因等均进行了详细表述。虽然其在当庭陈述时又表示反悔，但其提交的证据并不足以推翻其在答辩状中承认的事实：首先，季孔庶在《鹅掌楸》图书中未以任何形式提及鉴定材料，相反，却在表8－7相关文字中注有“叶金山，1998”字样，并在参考文献中列出了叶金山的博士论文；其次，鉴定材料中与本案有关的表格、文字等内容均与《鹅掌楸》论文完全相同或大同小异，而根据其封面所注时间和“技术资料目录”中对叶金山博士论文的列明，可以认定该材料的形成时间是在《鹅掌楸》论文之后；此外，虽然鉴定材料和鉴定证书中列明叶金山为鹅掌楸课题的参加研制人员，南京林业大学的《证明》和王章荣的《说明》中亦有相同表述，但叶金山对此坚决予以否认，并指出了鉴定证书、《证明》等材料中存在的将其出生日期和在校期间等基本信息记载错误的疑点，因此，在缺乏直接证据的情况下，仅凭现有证据不足以认定叶金山此前已实际知晓、参与了该课题，或允许将其《鹅掌楸》论文中内容作为鉴定材料的一部分，有鉴于此，无论季孔庶在《鹅掌楸》图书中所使用的表格和文字是否取自鉴定材料，其本质均是对叶金山论文的使用。因此，对于季孔庶当庭否认使用《鹅掌楸》论文内容的辩称，本院不予支持。

我国《著作权法》规定，为说明某一问题，在作品中适当引用他人已发表的作品，可以不经著作权人许可，不向其支付报酬。本案中，季孔庶对《鹅掌楸》论文中相关表格和说明文字的使用，目的在于对杂交马褂木速生性与适应性优势的表现、杂交马褂木杂种优势的生理学基础等问题进行说明，在使用的程度上也未构成对《鹅掌楸》论文的主要部分和核心内容的大量使用，尚在适当的范围之内，故依照上述法律规定，其可以不经叶金山的许可，且不向叶金山支付报酬。但是，《著作权法》同时规定，在上述情况下，使用者应当指明作者的姓名和作品的名称，且不得侵犯著作权人依法享有的其他权利。

季孔庶虽然在“参考文献”中列出了叶金山的《鹅掌楸》论文等文章，并在提及表8-7时注有“叶金山，1998”字样，但以在“参考文献”中列明的方式，仅能表示其在撰写《鹅掌楸》图书相应章节时对《鹅掌楸》论文进行了参考，不能起到指明相关表格和文字引自该论文的作用；同样，简单标注“叶金山，1998”亦不能达到指明相关内容引自叶金山某一作品的效果。鉴于季孔庶在使用叶金山的《鹅掌楸》论文时未以适当的方式指明作者的姓名和作品的名称，割裂了叶金山及其《鹅掌楸》论文与《鹅掌楸》图书相应内容所应当具有的联系，本院认定其违反了《著作权法》的有关规定，侵犯了叶金山所享有的著作权。

至于季孔庶在使用上述表格、文字时，对部分字母、数据和项目所作的少量合并、删改等行为，尚未达到改变作品原意的程度，亦不足以造成对叶金山及其论文在有关评价上的降低，故并不构成对叶金山作品的歪曲或篡改。

对于涉案表格及说明文字以外的其他文字内容，虽然季孔庶同样使用了“光合产量=光合面积×光合强度×光合时间-光合产物消耗”这一公式，但因其属于通用公式，故无论是否首先使用于杂交马褂木的研究领域，均不能构成属于叶金山的独创性表达；而对于其他内容，由于数量很少，双方仅有部分名词相同，且在语言表述和意思表达上亦不尽相同，故不属于侵权内容。因此，对叶金山与此部分相关的主张，本院不予支持。

对于叶金山有关季孔庶抄袭其学术思想的主张，因《著作权法》所保护的是作者基于其作品所享有的权利，而从作品中抽象出的纯粹的学术思想并不在《著作权法》的保护范围之内，故叶金山所称季孔庶剽窃、歪曲其学术思想是否成立，不属于侵犯著作权纠纷的审理范围，本院对此不予评判。

对于林业出版社，虽然作为专业出版单位对其所出版的图书内容负有合理审查的义务，但鉴于季孔庶仅是该书众多作者之一，其所撰写的内容也仅占全书的一小部分，而其中涉及侵权内容在全书中所占比例甚低，要求该社在审查时对如此少量的内容是否侵犯他人权利作出明确判断未免过于苛刻，故本院认定林业出版社对于侵权行为的发生不具有过错，未对叶金山的著作权构成侵犯。

三、关于法律责任

对于其侵权行为，季孔庶首先应当予以停止，在未以适当方式指明作者姓名和作品名称的情况下，不得继续使用叶金山的作品。同时，季孔庶亦应向叶金山赔礼道歉。但考虑到《鹅掌楸》图书的性质、发行数量和影响范围，季孔庶对《鹅掌楸》论文的使用数量、该部分内容在叶金山的论文和《鹅掌楸》图书中所占的比例，以及侵权的性质和程度等因素，本院认为道歉的方式应以书面为宜，对叶金山有关在报刊和网站上赔礼道歉、消除影响的主张，不再予以支持。此外，因季孔庶在本案中的使用方式依法可以不向著作权人支付报酬，故对叶金山有关赔偿经济损失的诉讼请求，本院不予支持，但叶金山所付律师费属于合理诉讼支出，应当由季孔庶予以承担。

林业出版社虽然不应承担侵权责任，但鉴于季孔庶在《鹅掌楸》图书中对《鹅掌楸》论文的使用已构成侵权，故该社在季孔庶未以适当方式指明作者姓名和作品名称的情况下，亦应停止对该书的出版、发行。

综上，依据1990年9月7日公布的《中华人民共和国著作权法》第11条第1、2、4款，2001年10月27日修正的《中华人民共和国著作权法》第22条第1款第（2）项、第48条第1款，1991年5月30日发布的《中华人民共和国著作权法实施条例》第2条，《最高人民法院关于民事诉讼证据的若干规定》第74条，本院判决如下：

一、本判决生效之日起，在未指明作者姓名和作品名称的情况下，被告季孔庶不得在《鹅掌楸属树种杂交育种与利用》一书中继续使用原告叶金山《鹅掌楸杂种优势的生理遗传学基础》论文的内容，被告中国林业出版社亦不得继续出版、发行该图书。

二、本判决生效之日起五日内，被告季孔庶就其在本案中的侵权行为向原告叶金山书面致歉（内容须经本院审核，逾期不履行，本院将在相关媒体刊登判决书有关内容，费用由被告季孔庶负担）。

三、本判决生效之日起五日内，被告季孔庶赔偿原告叶金山因诉讼支出的合理费用四千元。

四、驳回原告叶金山的其他诉讼请求。

二审审理结果

在本案二审审理过程中，上诉人季孔庶申请撤回对被上诉人叶金山的上诉。

二审法院经审查认为，上诉人季孔庶申请撤回上诉的意思表示真实，符合有关法律规定，其撤诉申请应予准许。依照《中华人民共和国民事诉讼法》第156条之规定，裁定如下：

准予上诉人季孔庶撤回对被上诉人叶金山、原审被告中国林业出版社的上诉，双方按一审判决执行。

一审案件受理费1 000元，由被告季孔庶负担；二审案件受理费50元，减半收取25元，由上诉人季孔庶负担。

48.《教师用书》侵犯著作权纠纷案

——陈果诉人民教育出版社

原告： 陈果

被告： 人民教育出版社

案由： 侵犯著作权纠纷

一审案号： 北京市海淀区人民法院（2008）海民初字第 11715 号

一审合议庭成员： 马秀荣、石必胜、黄惠兴

一审结案日期： 2008 年 9 月 15 日

判决要旨

《教师用书》的编写和出版已经基本市场化，《教学用书》虽然与教科书同样用于教学，但二者的作用和地位并不相同，《教师用书》不符合《著作权法》第 23 条规定的“为实施九年制义务教育和国家教育规划而编写出版”的条件，《教师用书》在使用作品时不享受《著作权法》规定的教科书使用作品的特殊待遇。

起诉与答辩

原告陈果诉称：陈果为《拐弯处的回头》（以下简称《拐》文）一文的作者。该文发表于 1996 年，后多次刊载于报纸杂志，并自 2004 年起被收录于《小学语文》、《初中思想品德》等义务教育教科书。2005 年 6 月，人民教育出版（以下简称人教社）未经许可，亦未署名，将该文改名为《父爱，在拐弯处》（以下简称《父》文）使用于《教师用书》（语文五年级上册）（以下简称《教师用书》）中。2005 年 7 月 25 日，人教社还将未署名的《父》文全文发布到其官方网站供浏览、下载。人教社的行为严重侵犯了陈果对《拐》文的修改权、署名权、保护作品完整权和获得报酬权，应依法承担相应的法律责任。陈果请求法院判令人教社：（1）立即停止发行侵权教学用书，立即从网站删除侵权作品；（2）在一家以上全国性非专业报纸及其官方网站向陈果公开赔礼道歉、消除影响；（3）赔偿陈果经济损失 50 万元及为制止侵权而支出的合理开支 12 643.20 元。

被告人教社辩称：人教网属于人教网络信息传播有限公司经营，该公司为独立法人，网站上的侵权内容与人教社无关。2005 年，人教社为义务教育课程标准实验教科书《语文》（五年级上册）组织编写了《教师用书》，该书拓展阅读部分选用了《父》文，全文共 400 字。《教师用书》属于教科书，应当适用我国《著作权法》第 23 条关于“教科书”的规定，无须取得作者授权即可使用《父》文。2005 年 8 月起，《教师用书》开始印刷发行。2007 年 3 月人教社在陈果电话告知后，于 7 月在湖南印刷《教师用书》书时即为陈果署名，并更正了作品名称。2008 年，人教社已不再使用涉案作品。人教社愿意与陈果协商解决纠纷，也有诚意向陈果道歉，但陈果主张的赔偿数额过高。

一审查明事实

一审法院查明：

1997 年 1 月 25 日，《羊城晚报》第九版刊登了《拐》文，同年 5 月的《读者》亦刊载了该文。教育科学出版社 2005 年 7 月第 1 版《语文》三年级上册收录了《拐》文。人教社 2006 年 1 月第 1 版《思想品德》八年级上册亦收录了《拐》文。这两本书均为义务教育课程标准实验教科书。上述文章均署名陈果。

2007 年 5 月 31 日，陈果通过邮寄向人教社订购《教师用书》及配套光盘。该书版权页显示：课程教材研究所、小学语文课程教材研究开发中心编著，人教社出版发行，网址：http：//www. pep. com. cn；2005 年 6 月第 1 版，2006 年 8 月第 4 次印刷；定价 15. 60 元。该书共 264 页，其中第 187 页至第 188 页的“拓展阅读”为《父》文，全文约 400 字。该文无作者署名。后陈果于福建省南平新华书店购买到 2007 年 6 月第 5 次印刷的《教师用书》，其中的《父》文亦无作者署名。

2007 年 6 月至 8 月间，陈果与人教社多次通过电子邮件协商对《教师用书》中《父》文的署名、题目及赔偿事宜，人教社拟定了协议书，同意赔偿陈果经济损失 3 000 元，但陈果未在协议书上签字。

2007 年 7 月湖南省第 1 次印刷的《教师用书》中，第 187 页至第 188 页“拓展阅读”文章题目改为《拐弯处的回头》，署名陈果。

2007 年 11 月 27 日，陈果向福建省武夷山市公证处申请证据保全。该公证处制作的（2007）武证内字第 204 号公证书显示，在人教网（网址为 www. pep. com. cn），路径为“主页 > >小学语文 > >教师中心 > >同步教学资源 > >教师用书 > >五年级上册”的网页中，有未署名的《父》文。该网页底端注明版权所有者为人教社。人教社承认由其提供给人教网《父》文，并认可网站注明其为版权所有者。

通过百度、Google 搜索引擎搜索“父爱；在拐弯处”，分别搜索到相关网页 4 000 篇、77 700 项查询结果。互联网上亦存在众多《父》文的说课稿、读后感等。

庭审中，人教社称《教师用书》属于教学辅助用书，包括教学参考书、图册、远程教育光盘等，曾经需要根据国家教学大纲编写并经过立项、审批、审定程序；自 2002 年开始，依据教学课程标准自行组织编写的教学辅助用书不再需要立项、审批、审定程序。另外，《教师用书》的编者署名为该社编写室。

另查，2001 年的《中小学教材编写审定管理暂行办法》第 2 条规定：“本办法所称中小学教材（以下简称教材）是指中小学用于课堂教学的教科书（含电子音像教材、图册），及必要的教学辅助资料。”陈果为本案诉讼支付公证费 1 320 元，律师费 10 000 元，火车票及住宿费 1 292 元。

一审审理结果

一审法院认为，人教社在《教师用书》上使用陈果享有著作权的《拐》文时，将《拐》文改名为《父》文，且未标明作者姓名，亦未支付报酬，侵犯了陈果依法享有的修改权、署名权和获得报酬权，应依法承担相应的法律责任。人教社对此并无异议。双方的争议焦点在于：（1）人教社是否应当对人教网上提供《父》文在线浏览的行为承担侵权责任；（2）人教社是否可依据《著作权法》第 23 条在《教师用书》上使用《父》文，即涉案的《教师用书》是否属于《著作权法》第 23 条规定的“教科书”；（3）陈果主张其保护作品完整权被侵犯是否成立。

一、人教网上的作品使用行为是否应由人教社承担责任

人教社虽称人教网由具有法人资格的人教网络信息传播有限公司经营，但同时表示，《父》文由其提供给人教网，且人教网上的作品由人教社享有版权。上述事实表明，人教社对人教网上的作品内容有控制力并享有权利，故根据权利义务对等原则，人教社应当对人教网上的作品内容负责。人教社通过人教网提供《父》文的互联网在线浏览，侵犯了陈果对《拐》文享有的信息网络传播权，应依法承担停止侵权、赔偿损失等法律责任。

二、涉案教师用书是否属于《著作权法》第 23 条规定的“教科书”

本院认为涉案《教师用书》不属于《著作权法》第 23 条规定的“教科书”，理由如下：（1）2001 年的《中小学教材编写审定管理暂行办法》第 2 条规定：“本办法所称中小学教材（以下简称教材）是指中小学用于课堂教学

的教科书（含电子音像教材、图册），及必要的教学辅助资料。”这表明，教学辅助资料并不当然属于教科书；（2）人教社称，2002年起《教师用书》不再需要经过立项审批和审定，由各出版社依据教学课程标准自行组织编写，《教师用书》的编写和出版已经基本市场化，《教师用书》不符合《著作权法》第23条规定的“为实施九年制义务教育和国家教育规划而编写出版”这一条件；（3）《教学用书》虽然与教科书同样用于教学，但二者的作用和地位并不相同，《教师用书》在使用作品时不享受《著作权法》规定的教科书使用作品的特殊待遇，通过市场交易获得作品使用授权，有利于维护著作权与《教师用书》作品使用权之间的平衡，并不损害公共利益。人教社称涉案《教师用书》对作品的使用不需经过作者授权的主张，无法律依据，本院不予支持。

三、陈果的保护作品完整权是否被侵犯

本院认为，修改权，即修改或者授权他人修改作品的权利，作者有权改动，同时禁止他人改变作品的外在表现形式的权利；保护作品完整权，即保护作品思想、原意等内在表达内容不受歪曲、篡改的权利。修改权保护的是作品的外在表现形式，保护作品完整权保护的是作品的内在表达。虽然人教社使用《拐》文时修改了名称，但并未修改文章的内容，而此名称的修改并未歪曲文章的内容，只构成对陈果修改权的侵犯，不构成对保护作品完整权的侵犯。陈果的主张，无法律依据，本院不予支持。

四、陈果的诉讼请求是否应当支持

由于涉案《教师用书》已经停止出版发行，陈果的该项请求已经实现，故本院仅支持陈果要求删除人教网上涉案作品的诉讼请求。人教社侵犯了陈果的署名权，故陈果要求赔礼道歉、消除影响的诉讼请求有事实和法律依据，本院予以支持。考虑到影响范围主要为教育界，本院确定消除影响和赔礼道歉的范围为人教网和教育类报刊。关于损害赔偿数额，陈果以权利人损失和侵权人获利均不清楚为由主张赔偿数额按照法定赔偿计算，而人教社则主张损害赔偿按照国家版权局规定的稿酬标准即每千字不超过100元计算。本院认为，因陈果的损失和人教社的获利依现有证据难以查清，故结合作品使用方式、文字稿酬标准、涉案作品字数、侵权行为性质等综合确定损害赔偿数额。侵犯著作权的，还应当赔偿权利人为制止侵权支出的合理费用，故陈果主张的公证费本院予以支持，其支出的律师费、差旅费，合理部分，本院亦予以支持。

综上，本院依照《中华人民共和国著作权法》第23条第1款、第47条第（1）项、第48条第2款之规定，判决如下：

一、被告人民教育出版社于本判决生效之日立即在人教网（www. pep.

com. cn）上删除《父爱，在拐弯处》一文。

二、被告人民教育出版社于本判决生效之日起三十日内在人教网（www. pep. com. cn）上连续二十四小时，以及在全国性的教育类报刊上刊登致歉声明，公开向原告陈果赔礼道歉（致歉声明内容须经本院审批。逾期不履行，除依法承担拒不履行生效判决的相应法律责任外，本院还将依原告陈果申请在全国性相关媒体公布本判决的主要内容，费用由被告人教社负担）。

三、被告人民教育出版社赔偿原告陈果经济损失及诉讼合理支出共计3 300元，于本判决生效之日起十日内付清。

案件受理费8 970元，由原告陈果负担970元，由被告人民教育出版社负担8 000元。

各方当事人均服从一审判决。

49.《法庭攻守》侵犯著作权纠纷案

——戴捷诉法律出版社

原告（上诉人）： 戴捷
被告（被上诉人）： 法律出版社
案由： 侵犯著作权纠纷

原审案号： 北京市丰台区人民法院（2008）丰民初字第12号
原审合议庭成员： 李丕赋、于准鳌、马浩
原审结案日期： 2006年5月22日
二审案号： 北京市第二中级人民法院（2008）二中民终字第14333号
二审合议庭成员： 张晓津、张剑、宋光
二审结案日期： 2008年9月17日

判决要旨

除非作者与出版社约定授予专有出版权，作者一稿多投并不被我国法律所明文禁止。同时，出版社未及时答复投稿人，并不对作者行使其作品的著作权构成妨碍。

起诉与答辩

原告戴捷诉称：其写有书稿《法庭攻守》一册，全文总共187 000字。为寻求出版机遇，戴捷于2007年1月27日将该书书稿通过特快专递寄给法律出版社，法律出版社收发室于2007年1月30日签收。之后，再也没有书稿的消息。根据国家版权局颁发的行政法规《出版文字作品报酬规定》第16条规定："作者主动向图书出版社投稿，出版社应在六个月内决定是否采用。满六个月，既不与作者签订合同，不予采用又不通知作者的，出版社应按该条规定的同类作品的付酬标准平均百分之三十向作者支付经济补偿，并将书稿退还作者。"据此，戴捷诉至法院，请求判令法律出版社退还书稿、支付经济补偿3 646元、赔偿诉讼开支即交通费4 940元及并承担本案诉讼费。

被告法律出版社答辩称：（1）戴捷的书稿是辩护词、代理词的堆积，没有任何独创性，不构成《著作权法》意义上的"作品"，故不能适用《出版文

字作品报酬规定》。（2）根据《律师法》的规定，没有取得律师职业资格的人员不能从事诉讼代理和辩护义务。由于戴捷没有律师执业证书，故对其非法从事法律咨询业务的代理词、辩护词等记录不能享有著作权，该作品内容直接违法，是依法禁止出版的作品，不能出版。法律出版社在接到稿件后明确电话答复戴捷不可能采用其作品，不可能出版。但戴捷长期不接听电话，不回复短信，不接受退稿。得知戴捷起诉后，法律出版社已按照戴捷提供的地址把稿件邮寄退还。（3）戴捷故意向各个出版社一稿多投，目的是违法获得出版社经济补偿，是以合法形式掩盖非法目的的行为，是用民事诉讼诈骗国有资产的行为。戴捷在海淀区人民法院和西城区人民法院相似案件的审理中均称书稿丢失，而相关案件书稿《法庭攻守》、《法庭辩护词》等在封面和目录等方面极其相似，有理由怀疑戴捷是将相同书稿一稿多投、一稿多诉，是违反诚实信用的恶意诉讼行为。综上，法律出版社不同意戴捷的全部诉讼请求。

原审查明事实

原审法院查明：戴捷系《法庭攻守》文稿之作者。戴捷称《法庭攻守》全文共 187 000 字。

2007 年 1 月 27 日，戴捷将《法庭攻守》文稿的打印稿以邮政特快专递形式邮寄给法律出版社，戴捷提交的“国内特快专递邮件详情单”注明寄件人为“戴捷”，地址为“湖南省武冈市西直路 16 号”，内件品名为“书稿《法庭攻守》壹册”，收件人单位名称为“法律出版社”，地址为“北京市丰台区莲花池西里 7 号”，邮编为“100073”，重量为“566 克”，费用总计为“26 元”。

戴捷另提交的国内邮件查单“邮件经传节目”一栏有“湖南武冈 2007.06.01.01（EMS）”的邮政业务专用章，其上手写有“2007.1.30 号法律出版社传达室签收”的字样，另有一份国内特快专递邮件详情单（投递局存联）复印件，据戴捷称是由北京市丰台区邮政速递局寄回的查单，其上在收件人签名处有手写的“法律出版社收发室”的字样。

此外，戴捷称《法庭攻守》一书的手稿已被其在打印完毕之后丢弃，仅打印的一份邮寄给了法律出版社，又称未收到法律出版社的退稿，故其现在未保存有任何《法庭攻守》文稿。

另，根据（2007）海民初字第 16978 号民事判决书，在戴捷诉当代世界出版社侵犯著作权案中，戴捷将涉案作品《法庭辩护词》的打印稿寄给当代世界出版社，后又称《法庭辩护词》文稿的手稿已被其在打印完毕后丢弃，《法庭辩护词》文稿的另外一份打印稿亦已被其邮寄给司法部以寻求出版机遇，故戴捷称其并未保存有任何《法庭辩护词》文稿。

原审审理结果

原审法院认为：根据我国《著作权法》第2条第1款的规定，中国公民、法人或者其他组织的作品，不论是否发表，都依法享有著作权。同时，我国《著作权法》第4条第2款规定，著作权人行使著作权，不得违反宪法和法律，不得损害公共利益。可见，民事权利的行使并非没有限制，为防止权利滥用，法律在保护权利的同时也对权利的行使予以一定规制。戴捷系《法庭攻守》的作者，其依法对该书享有著作权。而著作权人在维护自身权利时，亦应当遵守诚实信用、善意公平的原则。本院认为，民事诉讼作为维权的一种方式，亦有可能被滥用，对此，从相关事实证据入手，考察当事人的诉讼动机是体现立法宗旨、实现审判公正的重要方式。

据此，本院认为涉案的三份文稿存在疑点，且这一疑点关系到案件的定性。故本院针对三份文稿进行了审查分析。

所谓涉案的三份文稿，即涉案《法庭攻守》、戴捷诉当代世界出版社案中的《法庭辩护词》以及戴捷尚未寄出的《法庭决战》这三份文稿。就前两份文稿来看，戴捷均以邮寄的方式寄给出版社，在未获出版后，其便起诉出版社要求退还书稿、赔偿损失。疑点在于，诉讼中，戴捷均称两文稿的手稿已被其在打印完毕后丢弃，其没有多余的打印稿，故戴捷称其未保存有任何文稿，以至于审理中只有文稿封面复印件而无文稿本身得以质证。此外，本院在比较三份文稿封面后发现，三份文稿封面无论是在题首的文字、引言、版面编排等方面都极为相似，尤其是本案中的《法庭攻守》和戴捷尚未寄出的《法庭决战》相比，其封面除书名中的“攻守”与“决战”不一样外其余完全一致，而其书内目录也仅有少数篇目的差异。对此，本院认为，戴捷这三份文稿系同源而出，故其在诉讼中均称丢弃手稿而无法提供文稿的证言有失诚信。鉴于戴捷仍存有本案文稿却声称丢弃、拒不提供，同时又到处投递稿件、起诉出版社要求赔偿，本院认为，其投稿和诉讼的动机并非依法维护其著作权权益，而是缺失诚信、滥用诉权的行为，其诉求缺乏事实和法律依据，不应予以采信。

综上，判决：驳回戴捷的诉讼请求。

戴捷不服原审判决，提出上诉，请求撤销原审判决，支持其原审诉讼请求并加判法律出版社赔偿其二审交通费开支1 000元。其主要上诉理由为：根据国家版权局《出版文字作品报酬规定》第16条规定，法律出版社应在收到戴捷投稿后6个月内决定是否采用。法律出版社在6个月内，既不与戴捷签订合同又不通知戴捷，应按同类作品的付酬标准平均30%向戴捷支付经济补偿，并退还书稿。戴捷虽多次投稿但间隔时间均超过6个月，不属于一稿多投。因此其向未退稿的出版社索取经济赔偿，并不违反诚信原则。

法律出版社服从原审判决，请求驳回戴捷的上诉请求。

二审查明事实

二审法院查明的事实与原审相同，另查明，法律出版社主张已于原审审理期间将涉案《法庭攻守》打印稿按照戴捷提供的地址邮寄退还，戴捷对此予以认可并称已收到退稿。

二审审理结果

二审法院认为：上诉人戴捷系《法庭攻守》书稿的作者，其依法对该书稿享有著作权。

根据我国《著作权法》及《著作权法实施条例》的相关规定，图书出版者出版图书应当和著作权人订立出版合同，并支付报酬。图书出版者对著作权人交付出版的作品，按照合同约定享有的专有出版权受法律保护，他人不得出版该作品。使用他人作品应当同著作权人订立许可使用合同，许可使用的权利是专有使用权的，应当采取书面形式，但是报社、期刊社刊登作品除外。根据上述规定，如果作者与出版社在出版合同中未明确约定出版社获得作品专有出版权的，出版社获得的授权只能视为是非专有的出版权，此时作者可以再授权其他出版社出版该作品。因此，除非作者与出版社约定授予专有出版权，作者一稿多投并不被我国法律所明文禁止。同时，出版社未及时答复投稿人，也并不对作者行使其作品的著作权构成妨碍。故本案中，法律出版社在收到戴捷投稿后满 6 个月，即使未采用戴捷涉案作品，又未予通知，也不妨碍戴捷同时向其他出版社投稿、行使涉案作品的著作权。

因此，二审法院认为，上诉人戴捷依据《出版文字作品报酬规定》第 16 条要求被上诉人法律出版社赔偿经济损失及二审交通费开支 1 000 元的诉讼请求，依据不足，不应予以支持。

鉴于戴捷在二审审理期间认可已收到法律出版社的退稿，因此对于其要求退稿的上诉请求，二审法院不再予以处理。

依据《民事诉讼法》第 153 条第 1 款第（1）项之规定作出如下判决：

驳回上诉，维持原判。

一、二审案件受理费各 50 元，均由戴捷负担。

50.《沧海一粟》侵犯著作权纠纷案

——赵迎建诉王定烈、知识产权出版社

原告： 赵迎建

被告： 王定烈

被告： 知识产权出版社

案由： 侵犯著作权纠纷

一审案号： 北京市海淀区人民法院（2008）海民初字第15901号

一审合议庭成员： 宋鱼水、李颖、马贵繁

一审结案日期： 2008年9月19日

判决要旨

对传记作品等特殊作品的著作权归属，依据《著作权法》和相关司法解释，其侧重保护的主体并非是整理者，而是被写作的历史人物，这是基于这些作品完成的特殊背景、这些人物对国家的贡献等考虑，衡量各种利益的结果。担任辅助性工作的人，也是有创造性劳动的，辅助人不再享有或放弃署名的对价是换取其他形式的利益，如适当的报酬或其他形式的利益。

起诉与答辩

原告赵迎建诉称：1987年10月，原告所著《地狱归来》一书由明天出版社公开出版发行。《地狱归来》是原告在被告王定烈革命回忆录基础上，经再创作而完成的纪实文学作品，原告对此书享有完整的著作权。2007年，原告发现由知识产权出版社出版的一本以王定烈为作者的《沧海一粟》，抄袭、剽窃了原告的作品，该书前十五章有部分段落与原告所著《地狱归来》内容、文字相似或相同，且书中未予任何说明。无论是王定烈抄袭、剽窃原告作品，还是知识产权出版社出版该书的行为都侵犯了原告的著作权，应依法承担法律责任。故诉至法院，请求判令：（1）二被告停止侵权，共同向原告赔礼道歉，知识产权出版社销毁库存的《沧海一粟》；（2）二被告共同赔偿因出版《沧海一粟》一书而给原告造成的损失16 600元。诉讼费由二被告承担。

被告王定烈辩称：《地狱归来》是原告应我的要求，在组织安排下，以我

的革命生平事迹为题材，在我几十万字回忆录的基础上，整理完成的关于我的自传体作品，书中的主人公就是我。原告在被告完成该书过程中担任的是辅助人角色，仅起辅助作用。按照有关规定，在组织上及原告与被告就涉案作品《地狱归来》的著作权权属没有约定的情况下，《地狱归来》的著作权属于我。既然涉案作品的著作权属于我方，《沧海一粟》也就不存在因使用《地狱归来》中的内容而侵犯原告所谓著作权的问题了。我出版该作品不构成对原告的侵犯，请求法院驳回原告的诉讼请求。

被告知识产权出版社辩称：《地狱归来》是原告根据组织安排，以王定烈同志革命生平事迹为题材，在王定烈回忆录的基础上完成的关于王定烈的自传体作品，书中的主人公即王定烈。按照有关规定，在组织上及王定烈与原告就涉案作品的著作权归属没有约定的情况下，该书的著作权属于王定烈。因此，《沧海一粟》也就不存在因使用《地狱归来》中的内容而侵犯原告著作权的问题了。我方在出版涉案作品前，与著作权人王定烈订立了出版合同，获得了合法的授权，出版该作品不构成侵权，故请求法院驳回原告的诉讼请求。

一审查明事实

一审法院查明：

1987年10月，《地狱归来》一书由明天出版社出版，署名：赵迎建著，书号：ISBN7－5332－0097－7，218千字，定价2.00元，印数5 250册。该书的“内容提要”中提到：“《地狱归来》是一部具有传奇色彩的长篇纪实文学。它记述了王定烈同志如何从一名红军小战士，九死一生，成长为一位能征善战、功绩卓著的将军的过程。作者在珍贵充实的史料基础上，力透纸背地塑造了王定烈等众多的英雄群像，读来催人泪下”。“引子”中提到：“……作为他（王定烈）身边的工作人员。我是深深地了解他的。很早以前，曾有人想把他坎坷曲折、富有传奇性的经历写出来，但没有得到他的同意，一个字也不许写……‘文革’中，他同绝大多数老前辈一样，受到了冲击，被打成了‘三反分子’……他凭着刚烈的意志，在盛夏酷暑的广州，白天挨斗，黑夜躲在小阁楼上，以笔代枪，挥汗奋战，光凭脑子记，书写画图，洋洋洒洒，把自己的经历，把一次次主要的战斗，把一个个他深切怀念着的烈士的事迹都写了下来，整整五百页稿纸，取名《地狱归来》，以示对‘文革’倒行逆施的反驳和抗议。‘文革’后，又有同志想以《地狱归来》为基础，记述他的前半生，但他还是老话，没有同意。又是十年过去了。随着岁月的流逝，随着经历的日益丰富，对往事、对故人越来越深刻的理解和深切的怀念，随着老年人特有的感情发展，在他退出第一线之后，他终于被大家说服了。于是，他开始向我系统地讲述他所经历的往事。我用纪实文学的体裁，把他的经历再现出来，仍用作品主人公所喜欢的名字——《地狱归来》”。“编后记”中提到：“《地狱归来》在某种意义上可以说是王定烈同志的革命斗争回忆录。王定烈同志积累了丰富的革命斗争历史资料，并写下几十万字的回忆录。赵迎建同志利用这些资料和回忆录，又对定烈同志和定烈同志战斗过的某些地方作了采访，进行了再创作，付出了艰苦的劳动，使这部书稿达到较好的水平……”经比对，《地狱归来》一书所描述的主人公为王定烈，其内容、情节与王定烈的革命经历基本相同。

赵迎建提交部分手稿和采访笔记，欲证明其在1985年到1986年底创作了《地狱归来》一书，进行了大量的采访，对该书享有著作权。王定烈等对以上证据的真实性认可，但认为不能证明原告是著作权人，王定烈写了几十万字的回忆录，赵迎建的采访、整理等均是王定烈授意安排和联系的，该书著作权应归王定烈所有，赵迎建仅起辅助作用。

2004年7月5日，王定烈（甲方）与知识产权出版社（乙方）签订《按需出版图书协议》，约定甲方交付乙方按需出版的作品为已出版过的作品。合同主要内容包括：在合同有效期内，甲方授予乙方以按需出版的方式在中国境内出版、发行上述作品的中文简体本。甲方必须保证对其所提供的作品享有著作权，保证其所提供的作品不违反我国《宪法》和相关法律法规，不侵犯第三人的合法权益；乙方因行使甲方授予的权利而导致违法或侵犯第三人权益的，甲方应当承担由此给乙方造成的损失等。乙方根据按需出版物的实有销售册数，按10%版税率向甲方支付版税，版税结算周期为1年。乙方以汇款的方式向甲方支付稿酬，汇费从稿酬中扣除。王定烈授权知识产权出版社按需出版图书书目清单包括：（1）《地狱归来》，出版日期1993年12月，出版社蓝天出版社；（2）《沧海一粟》，出版日期1997年3月，出版社蓝天出版社。

2005年1月，知识产权出版社出版署名王定烈著的《沧海一粟》一书。作者简介中提到：“王定烈……著有《地狱归来》等作品。”后记中提到：“我的《沧海一粟》终于面世了。我原本并无意去写个人的回忆录。‘文革’中，蒙冤被押时，为寻求一种精神上的慰藉，提笔回顾战争年代的一些经历。退居二线后，又陆续收到曾经战斗、生活过的地方许多约稿函。回顾往昔，难以忘怀革命斗争场面和那些可亲可敬、英勇无畏的战友和先烈们。于是，开始整理这部回忆录，并将部分诗句和怀念战友的文章收入其中……在编写出版过程中，秘书耿建勇和王守锦同志协助查阅了有关资料，找部分当事人座谈、采访，撰写整理，进行了编校。在此，谨表深深的谢意……该书字数360千字，定价45元。”

经对比，知识产权出版社出版的《沧海一粟》前15章与赵迎建在明天出版社出版的《地狱归来》内容大体相同，仅有某些字句或段落的删改，并将"王定烈"改为"我"。后面的章节是记述王定烈到空军之后的工作经历、"文革"遭遇、复职后的工作和离休的生活等。

2008年5月6日，空军司令部办公室出具证明，内容为："空军司令部办公室于1986年应空军副司令员王定烈同志的指示要求，从空军第六研究所调赵迎建同志到办公室秘书处任其秘书。期间，协助整理了王定烈同志个人回忆录——《地狱归来》。此书是在王定烈同志写下几十万字回忆录的基础上，形成的一部反映王定烈革命生平事迹的自传体作品。"

原空军司令部办公室秘书负责人王步涛，原空军司令部办公室秘书、原告同事童自权出具书面证言，称当时与赵迎建是同事关系，赵迎建当时系王定烈同志的专职秘书。期间，赵迎建在王定烈同志写下几十万字回忆录的基础上，协助整理了王定烈同志个人回忆录——《地狱归来》。

赵迎建原在空军第六研究所工作，1986年前后，王定烈想找人整理个人回忆录《地狱归来》，就找到空军司令部，要求找人帮忙整理润色，找到了赵迎建，由其进行素材的丰富，并由王定烈安排进行一些人物的采访，核实史实，最终完成《地狱归来》一书。

王定烈述称，被批斗、停职期间，其在家无事，接受老伴的意见，将自己参加革命亲身经历的故事写了几十万字的回忆资料。1970年恢复工作后，主要精力抓工作，直到1985年免职、离休后，才有时间重新整理编写个人的回忆录《地狱归来》。当时请司令部办公室找个文笔好的人做秘书，给帮忙整理回忆录，于是从空军第六研究所调来赵迎建做此工作。将原稿给了赵迎建，请他看一看，帮忙润色，调整段落，还让他找部分老同志，核实人物、时间和事件，以保证真实可靠。之后，赵迎建说找山东济南的某出版社出版，其表示可以。其看到书时，发现作者是赵迎建，才感到有问题，觉得很奇怪，他既不问我一声，也没征得同意，怎么就变成了他的创作、他的著作呢？就通知司令部办公室，找他来当面问为什么，他回答不了，组织上对他进行了严肃的批评。后来因赵迎建有其他不良行为，就让办公室把他辞了。对署名一事一直想要纠正过来，1993年就用余毅的笔名，自费在蓝天出版社出版了《地狱归来》，主要用来送给老战友、采访的记者和学生们。后来，知识产权出版社看到此书已断版，经蓝天出版社和本人同意，进行了再版。赵迎建才是真正的侵权者。

赵迎建正式办手续调入空军司令部办公室是在1986年12月，但之前已给王定烈做了一段时间的秘书。1989年11月6日，赵迎建转业。

庭审中，赵迎建拿出一本明天出版社出版的《地狱归来》，称王定烈曾在该书上签名要送给相关人员，这意味着王定烈认可作者是赵迎建。王定烈对此不予认可，认为当时对作者署名并不认可，只是因为是描述自己革命生平的自传体作品，自己是实际作者，才送给相关战友留作纪念。后来之所以在蓝天出版社、知识产权出版社再以自己的名字出版《地狱归来》、《沧海一粟》，正是因为对赵迎建的署名并不认同，要加以更正。王定烈并称，赵迎建出版该书时，将2 900多元稿费全部拿走了，应认为其已实际向赵迎建支付了相应的报酬。后来知识产权出版社出版书籍是王定烈自找经费出版的，没有稿费。赵迎建对明天出版社出版《地狱归来》时，2 900多元稿费全部是自己拿了表示认可。

2007年10月8日，赵迎建购买《沧海一粟》一书，金额45元。赵迎建并提供了支付律师费6 000元的发票。

一审审理结果

一审法院认为，《地狱归来》与《沧海一粟》形式上虽为两本书，由不同出版社在不同时期分别署名不同作者出版，但实际《沧海一粟》一书前15章与《地狱归来》一书内容的相同性已为双方当事人认可，原告赵迎建、被告王定烈、知识产权出版社对此均不持异议，且赵迎建曾为王定烈的秘书，原告署名的《地狱归来》的完成基于双方之间的特殊关系，故本案的争议焦点不在于“接触加实质性相似”的著作权侵权一般判断问题，而在于基于一种特殊情况从多种因素衡量该书的著作权归属问题，对此本院结合原告主张的法律事由分析如下：

一、关于原告、被告身份的分析

《地狱归来》一书描述的是被告王定烈的生平和经历，即王定烈同志如何从一名红军小战士，九死一生，成长为一位能征善战、功绩卓著的将军的过程。王定烈是我国目前健在的老红军之一，如今已90多岁高龄，对于其成长经历、革命战绩、人生体验等进行总结具有特殊意义。应该说，不仅是其个人的财富，更是国家的财富。本案中，赵迎建并不否认曾做过王定烈的秘书，但否认是专门为王定烈整理书稿的秘书，与王定烈所主张的指派赵迎建做秘书是为整理书稿所需的意见相悖。本院认为，从王定烈的革命事迹、年龄、职务所形成的公民信誉等情况看，其关于赵迎建是其秘书的辩称具有可信性。另外，空军司令部办公室是赵迎建原所属单位，其出具的证明包含两个重要内容：一是证明赵迎建的秘书任务即是协助王定烈整理回忆录等；二是证明赵迎建是应王定烈要求从空军第六研究所调到办公室秘书处，与通常办公室直派秘书存在区别。空军司令部办公室是国家的部队机关，其证明文件具有国家机关证明文件的可信度，和证人出具的书面证言可以相互印证，在赵迎建不能提供相反证据否认的情况下，本院根据优势证据规则，确认赵迎建的身份为王定烈的秘书，其调任秘书的工作内容之一就是协助王定烈整理《地狱归来》的书稿。对赵迎建主张其非专职秘书，该书稿为其业余创作的主张不予支持。

二、赵迎建在作品形成中的作用

赵迎建之所以能够成为王定烈的秘书，是因为其有良好的文笔，能够帮助王定烈完成《地狱归来》的书稿成书工作。赵迎建对《地狱归来》一书的能动工作以及独有智慧的发挥是本案中不可否认的事实。但本案的特殊性在于，这类作品的完成具有特定的背景，是在特定的安排下进行的，写作过程和作品的最终完成都需要满足一定的条件。

首先，赵迎建不是根据自己的意愿走近王定烈的，其是应王定烈的要求和组织的安排，完成《地狱归来》一书的编写任务的。《地狱归来》“引子”中提到，“……很早以前，曾有人想把他坎坷曲折、富有传奇性的经历写出来，但没有得到他的同意，一个字也不许写……‘文革’后，又有同志想以《地狱归来》为基础，记述他的前半生，但他还是老话，没有同意……在他退出第一线之后，他终于被大家说服了。于是，他开始向我系统地讲他所经历的往事”，这段内容表明当时写作的实际情况。王定烈本人经历过特定的历史——红军时期，从其掌握的史料和取得的地位分析，对其革命经历的写作应尊重其本人的意愿，在其授权同意的情况下，由王定烈本人向空军司令部提出要求，赵迎建才有条件走近王定烈，从空军第六研究所调来做王定烈的秘书，编写《地狱归来》一书。

其次，《地狱归来》一书中，如何选择事件和描写均体现了王定烈的本人意志，素材也主要是由王定烈提供的。赵迎建在《地狱归来》一书中提到：“王定烈在‘文革’中写了整整五百页稿纸，取名《地狱归来》……王定烈同志积累了丰富的革命斗争历史资料，并写下几十万字的回忆录。赵迎建同志利用这些资料和回忆录，又对定烈同志和其战斗过的某些地方作了采访。”赵迎建在庭审中否认接触过王定烈的手稿，但其陈述与以上原始书籍上载明的情况明显不符，且未提供合理解释，本院不予采信。由该记载可知，王定烈的口述和500页的手稿是赵迎建整理《地狱归来》一书的基本素材，对作品的完成起到了实质性作用。

最后，在此基础上，赵迎建所进一步从事的采访、核实相关情况的工作，需要王定烈的事先安排，否则不符合部队的工作惯例，会导致无法顺利进行。根据部队的管理制度和王定烈的身份，采访、核实之后，还要取得王定烈的确认，才能在书中进行合适的表达。

以上情况意味着，《地狱归来》一书的写作过程是在王定烈的意志指导下，根据王定烈的确认和陈述不断整理、加工的过程，赵迎建不起决定和主导作用。否则，该书的内容会因违背王定烈的意愿而被否决。另外，《沧海一粟》不仅包括《地狱归来》的前15章，还包括王定烈到空军之后的工作经历、“文革”遭遇、和复职后的工作和离休的生活等，此部分内容是王定烈在秘书耿建勇和王守锦同志的协助下，通过他们查阅有关资料，找部分当事人座谈、采访，撰写整理、编校，最后形成的，写作的水平和风格与前面是统一的，这表明王定烈具有写作的能力，其对于《地狱归来》一书的形成和内容具有主导作用，且秘书协助进行整理工作而传主署名亦是此种情况下的常态。

对这种特殊作品的著作权归属问题，依据我国《著作权法》和相关司法解释，其侧重保护的主体并非是整理者，而是被写作的历史人物，这是基于这些作品完成的特殊背景、这些人物对国家的贡献等考虑，衡量各种利益的结果。《最高人民法院关于审理著作权民事纠纷案件适用法律若干问题的解释》中，考虑到当事人合意以特定人物经历为题材完成的自传体作品的特殊性，特别是考虑到无论该特定人物通过口述或者提供自己书面的文字素材，其对作品的完成都起到了实质性作用；口述，本身就是作品的形式；书面的文字素材，如特定人物自己保留的日记、其他记录等也是作品的表现形式；在最后作品的形成过程中，难以把这样的口述内容或书面材料与作品截然分开，且该特定人物的自传涉及特定人物经历与生活，与他们人身权密切相关，对此作出特别规定：“当事人合意以特定人物经历为题材完成的自传体作品，当事人对著作权权属有约定的，依其约定；没有约定的，著作权归该特定人物享有。著作权人可以支付执笔人适当的报酬。”本案中，虽然不可否认，完成《地狱归来》一书需要专业的写作才能和技巧，需要赵迎建付出大量的智力劳动和心血，其需要通过有序化的创造性工作，将王定烈原先撰写的回忆录等原始素材和资料进行加工筛选整理，并结合采访的情况加工创作，进而使该书达到较好的水平，但是，根据最高人民法院的前述解释，在此种情况下，进行了创作性劳动的人，仍然不应确定为著作权人，而是处于辅助人的地位。

本案中赵迎建还辩称，以其署名的《地狱归来》一书还有王定烈签名送书的情况，并认为由此可以推断王定烈已认可其为该书作者。但本院认为不能得出此种结论。首先，事前双方并未对署名问题达成合意，这是双方日后产生矛盾的主要原因，对于事后问题的处理，除非作者明示表示同意，否则不能认为作者的权利已经放弃。而且，王定烈称在发现原告以其名义署名后，不仅提出了异议，还对赵迎建的行为进行了批评和处理，多年之后，王定烈再以自己的署名出书的情况也表明，王定烈并不认可此种署名方式，其所称考虑到是自己的传记才签字送人的说法合乎常理。

赵迎建还以《地狱归来》有虚构的内容和较强的文学性为由，主张该书是纪实文学，并非传记，不应适用最高院关于自传体作品的司法解释和否认其作者的身份。本院认为，传记大体可分为两类，一类以记叙翔实的史事为主；另一类因具有较强的文学性，属文学范畴，称传记文学。纪实文学并非严格的法律意义上的文学体裁概念，其与传记文学之间存在一定的交叉、重叠关系。传记作品的基本特征是纪实性和文学性的统一，以及认识人生、以史为鉴的基本功能。传记作品所陈述的基本事实是真实的，但也存在刻画人物内心时合理的想象，以及符合逻辑、合乎情理的细节虚构和场景铺陈。传记作品、自传体作品并不排斥文学性描写的存在，《地狱归来》一书中存在部分文学描写或虚构，但这并不能否认本案中所写是王定烈亲身经历的性质，不能否认该书人物传记的性质，关于这一点，在书的"编后记"中也得到印证："《地狱归来》在某种意义上可以说是王定烈同志的革命斗争回忆录。"此外，《地狱归来》虽然未以第一人称书写，但本院认为，依旧不能否认该书的自传体性质，根据《辞海》的解释，自传的含义为："传记文的一种，以第一或第三人称来叙述自己的生平事迹和著作等。"这说明，关于传记的两种人称的使用符合我国传统上对自传作品的理解。王定烈署名的《沧海一粟》一书是以第一人称描写的，书中"王定烈"和"我"可以简单替换，而不影响书的内容。故《地狱归来》仍应界定为自传作品。赵迎建主张系《地狱归来》作者的理由不能得到法院的支持。

三、本案的处理

有创造性劳动的人不再享有或放弃署名的对价是换取其他形式的利益，如适当的报酬或其他形式的利益。而本案中原告认可，最初出版《地狱归来》一书的稿费 2 900 余元全部由其领取，王定烈没有领取任何稿酬，考虑到王定烈与赵迎建之间存在军队领导和专职秘书的特殊关系，赵迎建的秘书工作包括了为首长整理、撰写个人回忆录的内容，其整理《地狱归来》一书有完成首长指派任务的性质，其劳动已通过军队的薪金以及稿酬形式得以体现，应认为原告已经获得了适当报酬。

鉴于本院认为《地狱归来》一书的著作权应归王定烈所有，赵迎建并已获得适当的报酬，故王定烈与知识产权出版社出版《沧海一粟》一书的行为并不构成侵权，不应承担侵权责任。何况，知识产权出版社在出版王定烈涉案书籍时，审查了王定烈提供的已出版过的蓝天出版社的图书，授权出版图书的书目清单上即署名作者王定烈，并约定有版权保证条款，应认为知识产权出版社已尽到合理审查义务，不构成侵权。

综上，依照《最高人民法院关于审理著作权民事纠纷案件适用法律若干问题的解释》第 14 条之规定，判决如下：

驳回原告赵迎建的诉讼请求。

案件受理费 750 元，由原告赵迎建负担。

各方当事人均服从一审判决。

51.《格西曲札藏文辞典》侵犯著作权纠纷案

——唐继实、张念芸、张念莼、张念荀、张纪贤诉民族出版社

原告（上诉人）：唐继实
原告（上诉人）：张念芸
原告（上诉人）：张念莼
原告（上诉人）：张念荀
原告（上诉人）：张纪贤
被告（被上诉人）：民族出版社
案由：侵犯著作权纠纷

原审案号：北京市第二中级人民法院（2006）二中初字第13030号
原审合议庭成员：张晓津、冯刚、何暄
原审结案日期：2007年12月20日
二审案号：北京市高级人民法院（2008）高民终字第501号
二审合议庭成员：刘辉、张冬梅、李燕蓉
二审结案日期：2008年10月10日

判决要旨

《格西曲札藏文辞典》藏文版权页上已表明"翻译者法尊、张克强等"，该书汉文出版前言中也作出了"民族出版社约请法尊法师和张克强先生等对原文的编排次序作了彻底的整理，将全部词汇及注解译成汉文"的说明，明确表明张克强系涉案图书汉文翻译者的作者身份，出版社未印刷汉文版权页的行为不足以构成对张克强署名权的侵犯。

起诉与答辩

原告唐继实、张念芸、张念莼、张念荀、张纪贤诉称：原告是张克强的继承人。1954年张克强应民族出版社约请编译《格西曲札藏文辞典》。1957年12月《格西曲札藏文辞典》（汉译本）初版问世，版权页署名翻译者为法尊、张克强等。法尊法师于1980年圆寂，张克强于1989年病逝。2004年8月原告发现民族出版社于1995年第五次印刷的《格西曲札藏文辞典》（汉译本）版

权页上印有1985年12月第一版，在藏文版权页中署名翻译者为法尊、张克强等，在汉文版权页中未给张克强署名；而且民族出版社未通知原告亦未付酬。原告认为被告的行为侵犯了张克强的署名权和获酬权，故诉至法院，请求法院判令被告：（1）停止出版、发行涉案侵权图书，立即印制关于1995年印刷的《格西曲札藏文辞典》（汉译本）勘误表，注明翻译者为法尊、张克强等和该辞典的正确出版、再版时间，发至相关书店、图书馆，挽回不良影响；（2）确定时间和刊物，在正式汉、藏文刊物上刊文，说明《格西曲札藏文辞典》（汉译本）出版经过、译者贡献及再版过程中的错误，澄清事实，消除不良影响；（3）以现行规范格式再版《格西曲札藏文辞典》（汉译本），在书的封面、扉页上注明翻译者为法尊、张克强等，在CIP数据或版权页中补上张克强，将第一版时间改回1957年，并确定再版时间和数量；（4）赔偿原告经济损失2万元和精神损失5 000元；（5）承担本案诉讼费用。

被告民族出版社辩称：《格西曲札藏文辞典》于20世纪40年代完成，1949年进行木刻刊行。新中国成立初期，由中央民委参事室黄明信先生主持，以《格西曲札藏文辞典》木刻版为底本，进行整理和注释，从选题、联系菩提学会、组织工作人员、拟定辞典体例、审定内容、编辑出版等均由黄明信先生独自完成。参加注释工作的法尊法师、张克强、汤住心、胡继欧、杨德能、克主都是菩提学会的工作人员，中央民委向菩提学会按月支付工资和口粮。1953年中央民委参事室并入民族出版社，是藏文室的前身，黄明信先生任副主任，继续主持《格西曲札藏文辞典》的工作。该辞典应为职务作品。《格西曲札藏文辞典——附汉文注释》一书是藏文书籍。我国宪法明文规定"各民族都有使用和发展自己的语言文字的自由"。以藏文为主体的《格西曲札藏文辞典》使用藏文向社会说明其著录方式，介绍其历史渊源、内容、使用方式等，并不违法，而是体现了我国对民族文字的保护和发展给予的法律保障。民族出版社在该辞典的出版者前言（藏、汉文）版权页中，均从不同角度对该书的形成，注释者在该书中所起的作用进行了介绍，读者是认知的，事实上没有对张克强先生及原告造成侵害。该书的CIP版权页的著录内容、方式是按照有关规定制作的。以藏文为主体的《格西曲札藏文辞典》在藏文版权页中详细著录了注释、责编等相关人员的署名。因此，请求法院判决驳回原告的诉讼请求。

原审查明事实

原审法院查明：1957年12月，民族出版社出版发行了《格西曲札藏文辞典》。该书的封面和书名页上以藏文和汉文注明："附汉文注解"；藏文和汉文的版权页上均记载："翻译者法尊、张克强等"；藏文和汉文的出版者前言中均记载："汉文的注解对于许多读者也是需要的，因此，民族出版社约请法尊法师和张克强先生等对原文的编排次序作了彻底的整理，将全部词汇及注解译成汉文。"民族出版社与张克强从未就该书签订过图书出版合同。

1995 年 8 月，民族出版社再版重印了该书，在封面和书名页上以藏文和汉文注明："附汉文注解。"藏文版权页上记载："翻译者法尊、张克强等"；但没有对应的汉文版权页。图书在版编目（CIP）数据记载："格西曲札藏文辞典：藏、汉对照/格西曲吉札巴著；法尊等译 - 北京：民族出版社，1995. 8 重印；ISBN7 - 105 - 02504 - 2。"藏文和汉文的出版者前言中均记载："汉文的注解对于许多读者也是需要的，因此，民族出版社约请法尊法师和张克强先生等对原文的编排次序作了彻底的整理，将全部词汇及注解译成汉文。"以汉文记载："1985 年 12 月第 1 版，1995 年 8 月北京第 5 次印刷；以藏文记载 1957 年 12 月第 1 版，1995 年 8 月北京第 5 次印刷。"该书共计 437 千字，其中汉字约 20 万字。

民族出版社主张，该书于 1957 年 12 月第 1 次印刷，印数为 1 ~ 2 000 册；第 2 次印刷印数为 2 001 ~ 16 000 册；于 1981 年 7 月第 3 次印刷，印数为 16 001 ~ 26 000 册；于 1990 年 12 月第 4 次印刷，印数为 26 001 ~ 32 000 册；于 1995 年 8 月第 5 次印刷，印数为 32 001 ~ 42 000 册，至 2002 年全部发行完毕。

张克强于 1989 年病逝，其继承人为唐继实、张念芸、张念莼、张念荀、张继贤。

唐继实、张念芸、张念莼、张念荀、张继贤表示只发现了 1995 年 8 月第 5 次印刷的版本，不了解其他版本的情况。民族出版社认可 1995 年再版重印该书时未通知张克强的继承人，亦未支付报酬。

2004 年 8 月 25 日，民族出版社藏文室原副主任黄明信出具了说明该书编译经过的信函，称该书的翻译者为法尊法师、张克强、汤住心、胡继欧、杨德能、克主。

2006 年 9 月 14 日，国家民委办公厅出具证明，认为该书是职务作品，该书的翻译者为法尊法师、张克强、汤住心、胡继欧、杨德能和克主。

唐继实、张念芸、张念莼、张念荀、张继贤认为该书的翻译者只有法尊法师和张克强，法尊法师、张克强、汤住心、胡继欧、杨德能、克主均已去世，除张克强外，不知道其他人有无继承人。

民族出版社认为该书的翻译者为法尊法师、张克强、汤住心、胡继欧、杨德能、克主，均已去世，除张克强外，不知道其他人有无继承人。在本案审理过程中，本院向法尊法师、汤住心、胡继欧、杨德能、克主的继承人发出公告，通知其参加本案诉讼，公告期满后法尊法师、汤住心、胡继欧、杨德能、克主的继承人均未与本院联系参加本案诉讼。

另查，2006年9月13日，新闻出版总署图书在版编目中心出具证明，称：同一著作方式的责任者有三个或三个以上时，只填写第一个责任者，其后用“等”字。

原审审理结果

原审法院认为：根据我国《著作权法》规定，如无相反证明，在作品上署名的公民、法人或者其他组织视为作者。在本案中，根据涉案图书《格西曲札藏文辞典》（汉译本）的署名情况，本院确认张克强是该书汉文部分的翻译者之一。

按照法律规定，作者享有署名权，即表明作者身份，在作品上署名的权利。作者死亡后，其著作权中的署名权由作者的继承人或者受遗赠人保护。本案中，原告唐继实、张念芸、张念莼、张念荀、张纪贤作为张克强的继承人，有权保护张克强享有的著作权中的署名权。

本案中，涉案图书《格西曲札藏文辞典》（汉译本）是藏、汉文对照的图书，张克强是涉案图书汉文部分的翻译者之一。民族出版社在1995年8月再版重印该书时只有藏文版权页，没有对应的汉文版权页，虽与1957年12月印刷的版本不同，但鉴于藏文版权页上已载明翻译者为法尊、张克强等，仍可使相关读者知晓张克强是该书汉文部分的翻译者之一。故原告唐继实、张念芸、张念莼、张念荀、张纪贤关于被告民族出版社侵犯张克强署名权的主张缺乏依据，本院不予支持。

两人以上合作创作的作品，著作权由合作作者共同享有。在本案中，张克强与其他翻译者共同享有该书汉文部分的著作权。合作作者之一死亡后，其对合作作品享有的著作财产权利无人继承又无人受遗赠的，由其他合作作者享有。在本案审理过程中，本院向法尊法师、汤住心、胡继欧、杨德能、克主的继承人发出公告，通知其参加本案诉讼，公告期满后法尊法师、汤住心、胡继欧、杨德能、克主的继承人未与本院联系参加本案诉讼，故本院根据现有情况认定，涉案图书《格西曲札藏文辞典》（汉译本）的汉文部分的著作财产权利由张克强享有。

著作权属于公民的，公民死亡后，其作品的使用权和获得报酬权在著作权法规定的保护期内，依照《继承法》的规定转移。在本案中，原告唐继实、张念芸、张念莼、张念荀、张纪贤作为张克强的继承人，依法享有涉案图书汉文部分的著作财产权。被告民族出版社于 1995 年 8 月再版重印该书，未向原告唐继实、张念芸、张念莼、张念荀、张纪贤支付相应报酬，侵犯了原告唐继实、张念芸、张念莼、张念荀、张纪贤享有的相应权利，被告民族出版社依法应当承担赔偿经济损失的责任。鉴于未确认被告民族出版社的涉案行为侵犯张克强的署名权，故原告唐继实、张念芸、张念莼、张念荀、张纪贤根据其主张的署名权和获酬权请求被告民族出版社停止出版、发行涉案图书的依据不充分，本院不予支持。

被告民族出版社抗辩称涉案图书《格西曲札藏文辞典》（汉译本）为职务作品，但被告民族出版社未提供充分的证据证明涉案图书的翻译者为被告民族出版社的工作人员及涉案图书的翻译工作具有职务工作的性质，故被告民族出版社的上述主张依据不足，本院不予采信。

关于赔偿经济损失的数额问题，原告唐继实、张念芸、张念莼、张念荀、张纪贤提出由被告民族出版社赔偿其经济损失 2 万元的诉讼请求，但其未提交充分的证据予以证明，本院对此不予全额支持。本院将根据作品类型、侵权行为的性质和后果等情节确定被告民族出版社应承担的具体数额。原告唐继实、张念芸、张念莼、张念荀、张纪贤还请求判令被告民族出版社赔偿其精神损失，鉴于被告民族出版社的涉案行为未侵犯张克强的著作精神权利，故原告唐继实、张念芸、张念莼、张念荀、张纪贤的上述主张，缺乏依据，本院不予支持。

综上，本院依据《中华人民共和国继承法》第 3 条第（6）项、第 10 条，《中华人民共和国著作权法》第 10 条第 2 款、第 11 条第 4 款、第 13 条第 1 款、第 19 条第 1 款、第 46 条第（7）项、第 48 条，《中华人民共和国著作权法实施条例》第 14 条、第 15 条第 1 款的规定，判决如下：

一、民族出版社于本判决生效之日起十日内，赔偿唐继实、张念芸、张念莼、张念荀、张纪贤经济损失 10 000 元。

二、驳回唐继实、张念芸、张念莼、张念荀、张纪贤的其他诉讼请求。

唐继实、张念芸、张念莼、张念荀、张纪贤不服原审判决，提起上诉，请求撤销原审判决，改判支持其原审提出的全部诉讼请求。其理由均是：（1）涉案图书无汉文版权页，使初学汉语或者藏语者不能得知张克强的汉文翻译作者的身份，损害了张克强及其继承人的合法权益。一审判决关于民族出版社 1995 年再版重印涉案图书时未经许可删去 1957 年版汉文版权页的做法不构成侵犯署名权的认定是错误的。一审判决未确认民族出版社的涉案行为侵犯张克强的署名权，故不支持我们的获酬权请求，不合逻辑。（2）涉案图书的“出版”和历次重印，民族出版社均未通知译者及其合法继承人，亦未付分文报酬。即使不涉及署名侵权，不付劳动报酬的行为仍属既不合理，也不合法。民族出版社把1957年出版的老书作为1985年第一版的新书重印，且删去了汉文版权页，不但侵犯了译者的署名权，也欺骗了广大消费者。（3）一审判决采用了未出具原件的黄明信先生的信函，对该信函作了不准确的解释，导致认定翻译者的范围不妥。

民族出版社服从原审判决。

二审查明事实

二审法院查明的事实与原审相同。

二审审理结果

二审法院认为：本案的焦点是民族出版社在1995年8月再版重印涉案图书时未印刷汉文版权页的行为是否构成对张克强署名权的侵犯。

根据《著作权法》的规定，署名权即表明作者身份，在作品上署名的权利。本案中，张克强是涉案图书汉文翻译者之一，民族出版社在1995年再版重印该书时只保留1957年12月版本中的藏文版权页，未保留对应的汉文版权页，导致张克强作为汉文翻译者之一无法在汉文版权页的位置进行署名。民族出版社辩称其未保留汉文版权页的行为系为了遵守《普通图书著录规则》的规定，本院认为，图书在版编目（CIP）数据的规范使用与是否印制涉案图书汉文版权页之间没有必然联系，民族出版社以此为由未在《格西曲札藏文辞典》一书中印制汉文版权页有不妥之处。但是，鉴于1995年版藏文版权页上已表明“翻译者法尊、张克强等”，该书汉文出版前言中也作出了“民族出版社约请法尊法师和张克强先生等对原文的编排次序作了彻底的整理，将全部词汇及注解译成汉文”的说明，可以看出1995年版《格西曲札藏文辞典》一书明确表明了张克强系涉案图书汉文翻译者的作者身份，因此，民族出版社未印刷汉文版权页的行为不足以构成对张克强署名权的侵犯。上诉人唐继实、张念芸、张念莼、张念荀、张继贤关于民族出版社侵犯张克强的署名权的主张不能成立，本院不予支持。

现有证据表明，涉案图书的汉文部分的著作财产权利应由张克强享有，作为张克强的继承人，唐继实、张念芸、张念莼、张念荀、张继贤继受取得涉案图书的汉文部分的著作财产权。民族出版社于1995年8月再版重印该书，未向唐继实、张念芸、张念莼、张念荀、张纪贤支付相应报酬，侵犯了唐继实、张念芸、张念莼、张念荀、张纪贤享有的相应权利，民族出版社应当承担赔偿经济损失的责任。一审法院根据作品类型、侵权行为的性质和后果等情节酌情确定的具体赔偿数额是正确的。

上诉人在本院审理本案过程中明确认可民族出版社提供的黄明信先生的信函复印件与上诉人持有的该信函的原件相符，故一审法院对该信函的真实性予以认定并无不当。一审法院对“等”字的内容的表述与该信函的实际内容有出入，但此节并不影响上诉人就涉案图书的汉文部分主张并行使著作财产权利。

关于唐继实、张念芸、张念莼、张念荀、张纪贤上诉所提民族出版社把1957年出版的老书作为1985年第一版的新书重印一节，根据1995年8月版本中以汉文和藏文分别记载的版次内容，同时考虑到上诉人明确表示其并未发现民族出版社出版过其他版本，本院认定，1995年8月版本中以汉文记载的“1985年12月第1版”属于笔误。上诉人关于民族出版社把1957年出版的老书作为1985年第一版的新书重印，亦构成对译者张克强的署名权的侵犯的上诉主张，缺乏事实和法律依据，本院不予支持。

综上，一审法院认定事实基本清楚，适用法律适当。上诉人所提上诉理由不能成立，其上诉请求本院不予支持。依据《中华人民共和国民事诉讼法》第153条第1款第（1）项之规定，判决如下：

驳回上诉，维持原判。

一审案件受理费1 010元，由唐继实、张念芸、张念莼、张念荀、张纪贤负担310元，民族出版社负担700元；二审案件受理费175元，由唐继实、张念芸、张念莼、张念荀、张纪贤负担。

52. 书信作品侵犯著作权纠纷案

——许名扬诉中国作家协会

原告（上诉人）： 许名扬

被告（被上诉人）： 中国作家协会

案由： 侵犯著作权纠纷

原审案号： 北京市朝阳区人民法院（2008）朝民初字第13224号

原审合议庭成员： 谢甄珂 、赵玉旺 、周洋

原审结案日期： 2008年7月16日

二审案号： 北京市第二中级人民法院（2008）二中民终字第15328号

二审合议庭成员： 张晓津、葛红、张剑

二审结案日期： 2008年11月3日

判决要旨

被告作为原告信函所有权人并非信函网络拍卖行为的实施者，其遗失信函的行为与该信函在网络上被拍卖之间亦不具有直接的因果关系，原告起诉被告侵犯著作权，属于主体不适格，应予驳回。

起诉与答辩

原告许名扬诉称：2006年12月17日，我寄给中国作家协会主席铁凝一封挂号信。该信由软笔竖行书写，信封为软笔横行书写。信封内另附有我撰写的纪念郭沫若于1956年6月2日写给我一封信的纪念文章和郭沫若亲笔信的复印件。此信邮出后未见回复。2008年2月1日，我偶然在百度网上发现一个叫赵亮的人在拍卖上述信函，拍卖时间自2007年12月17日至今仍在进行中，且点击率高达百余人次，给我的生活带来了较大干扰，使我的精神受到很大伤害。中国作家协会的行为侵犯了我对上述信件和信封享有的发表权、发行权和信息网络传播权。故我起诉要求中国作家协会停止侵害，删除网络拍卖内容；退还信函、纪念郭沫若的文章和郭沫若亲笔信的复印件；消除给我带来的影响，公开向我赔礼道歉；赔偿给我造成的经济损失4.5万元，具体包括材料通讯费、差旅费、食宿费、误工费，并赔偿精神损害抚慰金1.5万元。

被告中国作家协会辩称：我协会在2007年搬家的过程中将许名扬寄来的涉案信件遗失了，但这种遗失信件的行为不构成侵犯著作权，且遗失信件并不必然导致信件在网络上被拍卖；拍卖许名扬信件的网站是孔夫子旧书网，拍卖人是赵亮，所以孔夫子旧书网和赵亮才是实际的侵权人，我协会不应对他人的侵权行为承担责任；许名扬主张的经济损失没有事实依据。综上，我协会不同意许名扬的诉讼请求。

原审查明事实

原审法院查明：2006年12月17日，许名扬寄出了一封收信人为铁凝、地址为中国作家协会住所地的挂号信。该信信封用软笔横行书写，信文用软笔竖行书写。信文内容如下："铁凝同志：本来你我互不相关，然而，你当上了中国作家协会主席后，则成了我这个会员的负责人矣，我故投书于你，即在情理之中。今年6月2日，是郭沫若先生给我写信的50周年，也是我创作的50周年。为此，我郑重地拿出郭老的宝贵亲笔信，并撰文，投给中国作家协会所辖的几家报刊，意欲公布此重要文件。然而，令人愤慨的是：他们居然不予理睬，非徒不见发表，即连正常的回信也无！（已投《人民文学》及会员刊物《作家通讯》）你说，主席同志，这些报刊的主编老爷，究竟是哪根神经出了毛病？附上：投稿原件，敢请阅而赐教。敬礼！"随该信另附有一张报纸复印件，其中载有一篇已经发表过的文章《祝你努力》，该文章即许名扬信中提及的纪念郭沫若1956年6月2日写给其一封信而撰写的文章，随该文章刊出的有郭沫若写给许名扬的信件。

中国作家协会称在2007年搬家的过程中将上述信件和随信附的报纸复印件遗失了，但许名扬对此不予认可，且提出不排除中国作家协会故意将上述信函提供给拍卖者。

自2007年12月17日开始，许名扬的上述信函在孔夫子旧书网的名人墨迹栏目中被公开拍卖，并题为"著名内蒙古诗人 许名扬（阿拉坦托娅）致铁凝表示愤怒 八开一叶 毛笔 带封保真"，且有对许名扬的介绍。在网页上载有上述信封和信件。该拍卖页面上显示拍卖人为赵亮。

原审审理结果

原审法院认为：许名扬的信件上虽署名收件人为铁凝，但从信文内容看，许名扬之所以写信予铁凝是因为铁凝是中国作家协会的负责人，其收取信件是在履行职务，且该信件内容实际上是一封反映情况的来信来访，中国作家协会也认可该信实际上是写给中国作家协会的，故该信函的实际收件人为中国作家协会。

但中国作家协会是否为本案适格被告，应当考察许名扬与中国作家协会之间是否存在侵犯著作权的法律关系。

首先，许名扬并未举证证明中国作家协会实施了在网络上拍卖其信函的行为。

其次，尽管该信函内容是由许名扬所书写，其对该信函内容享有著作权，但在其将该信函寄给中国作家协会后，中国作家协会即取得了该信函的所有权，中国作家协会当然可以以自己的意志处分该信函，其并不具有保管该信函的义务。且中国作家协会将该信件遗失甚或转让，并不必然导致该信函被在网络上拍卖的后果，因此中国作家协会的行为与该信函在网络上被拍卖之间并不存在法律上的因果关系。

故中国作家协会与许名扬之间不存在侵犯许名扬信函著作权的法律关系。许名扬起诉中国作家协会属于被告主体不适格，应予驳回。

综上，依照《中华人民共和国民事诉讼法》第 64 条第 1 款、第 108 条第（2）项之规定，裁定如下：

驳回许名扬的起诉。

许名扬不服原审裁定，提起上诉，请求撤销原裁定，判令被上诉人中国作家协会承担过错侵权的民事责任，支持其原审诉讼请求并由被上诉人承担诉讼费用。其上诉理由为：第一，原审法院未查明被上诉人中国作家协会收到涉案信函后对该信函是如何处理的，也未查明如何导致该信函在网络上被拍卖的事实，导致原审法院作出错误裁定；第二，被上诉人中国作家协会未能举证证明涉案信函的去向，具有过错，原审法院未认定其过错是错误的。涉案信函经被上诉人接收后就处于其占有、控制之下，该信函如何在网络上被拍卖导致侵犯上诉人的著作权，不应由上诉人承担举证责任；由于被上诉人中国作家协会未妥善处理涉案信函的过错导致该信函在网络上被拍卖的侵权行为发生，二者具有因果关系，原审法院割裂二者关系，属于适用法律不当。

中国作家协会同意原审判决并辩称：第一，中国作家协会并未实施网络拍卖行为，拍卖人赵亮的拍卖行为导致涉案信函被公开，侵权责任应由赵亮承担。中国作家协会遗失涉案信函本身不必然导致网络拍卖行为的发生，二者之间没有法律上的因果关系；第二，中国作家协会遗失涉案信函与许名扬涉案信函的著作权遭受损害之间不具有法律上的因果关系，不具有侵权的主观过错。许名扬邮寄涉案信函后，该信函的所有权已经发生了移转。中国作家协会遗失涉案信函不仅不构成对许名扬著作权的侵犯，也未侵犯许名扬的其他财产权利。因此，中国作家协会并非侵权主体，原审法院裁定驳回许名扬的起诉应予以维持。

二审查明事实

二审法院查明的事实与原审相同。

二审审理结果

二审法院认为：根据我国《著作权法》的有关规定，美术等作品原件所有权的转移，不视为作品著作权的转移。上诉人许名扬书写的涉案信函邮寄后，该信函的所有权应转移至收信人，但许名扬作为涉案信函的作者，其对该信函所享有的著作权应受法律保护。

虽然涉案信函的收件人为铁凝，而非被上诉人中国作家协会，但涉案信函的内容表明，上诉人许名扬致函铁凝的原因在于铁凝系中国作家协会的主席，而中国作家协会亦认可涉案信函实际是写给中国作家协会的，故铁凝收取涉案信函的行为属于履行职务的行为，许名扬据此起诉中国作家协会，具有形式上的合法性。

本案双方当事人二审审理期间争议的焦点问题是被上诉人中国作家协会遗失涉案信函的行为与该信函被网络拍卖的行为之间是否具有因果关系，中国作家协会是否具有过错及是否应承担相应的法律责任问题。

根据本案查明的事实，被上诉人中国作家协会主张涉案信函在搬家过程中遗失，此后该信函被案外人赵亮在网络上拍卖。中国作家协会收到涉案信函后，该信函的所有权即转移至中国作家协会。中国作家协会作为涉案信函的所有权人，并没有长期保管涉案信函的法定义务，其有权对该信函进行处分，且该处分行为不应影响涉案信函的著作权。虽然涉案信函遗失后被案外人在网络上拍卖，但该遗失行为并不必然导致拍卖行为的发生，且中国作家协会作为涉案信函的收件人并没有长期保管涉案信函的法定义务，故中国作家协会遗失涉案信函并不具有法定的过错。上诉人许名扬提出中国作家协会遗失涉案信函与该信函在网络上被拍卖之间具有因果关系、中国作家协会具有过错的主张，依据不足，本院不予支持。

因此，被上诉人中国作家协会并非涉案信函网络拍卖行为的实施者，其遗失涉案信函的行为与该信函在网络上被拍卖之间亦不具有直接的因果关系，许名扬起诉中国作家协会侵犯其著作权并要求其承担相应法律责任，属于主体不适格，应予驳回。

综上，上诉人许名扬所提上诉理由不能成立，原审裁定认定事实清楚，适用法律正确，应予维持。本院依照《中华人民共和国民事诉讼法》第 154 条之规定，裁定如下：

驳回上诉，维持原裁定。

一、二审案件受理费共计 1 300 元，由许名扬负担。

53. 评书《千古功臣张学良》侵犯著作权纠纷案

——赵云声诉单田芳、北京鸿达以太文化发展有限公司、北京市科海电子出版社、北京市新华书店王府井书店、光明日报社

原告（上诉人）： 赵云声
被告（被上诉人）： 单田芳
被告（被上诉人）： 北京鸿达以太文化发展有限公司
被告（被上诉人）： 北京市科海电子出版社
被告（被上诉人）： 北京市新华书店王府井书店
被告（被上诉人）： 光明日报社
案由： 侵犯著作权纠纷

原审案号： 北京市海淀区人民法院（2007）海民初字第4989号
原审合议庭成员： 宋鱼水、杨德嘉、金维克
原审结案日期： 2008年1月15日
二审案号： 北京市第一中级人民法院（2008）一中民终字第5320号
二审合议庭成员： 刘海旗、张晰昕、江建中
二审结案日期： 2008年11月5日

判决要旨

就同一历史题材的作品而言，对于在后作品是否使用了在先作品、该使用属于合理借鉴还是侵权使用，应通过作品语言表达的异同、内容的相似程度及原因、在后作者对在先作品所载事件属于史实还是文学创作的辨别能力和信赖程度以及同类题材其他作品的相关记载等因素加以判断，同时还应对在后作品本身的独创性予以充分考虑。

起诉与答辩

原告赵云声诉称：通过走访众多了解相关史实的知情人物，查阅大量的历史资料，付出艰苦的创造性地劳动，赵云声于1986年创作完成了小说《赵四

小姐与张学良将军》，由北方妇女儿童出版社于1986年10月首次出版。该书在国内外产生很大反响，先后6次印刷，共发行16万册，并于1987年6月被全国优秀畅销书评选委员会评为全国畅销书。此后，新华出版社、香港星辰出版社、台湾晓月出版社有限公司先后出版了该作品，书名为《张学良与赵四小姐》。2006年6月，湖北长江出版集团湖北人民出版社再次将该作品出版，书名为《赵四小姐与张学良》。此外，该作品还曾被山西电视台制作成电视连续剧，被河北省广播电台录制成广播剧，并曾在天津《今晚报》、《中国法制报》和《重庆晚报》上分期连载。2005年12月，赵云声收听到电台播出的由单田芳播讲的评书《千古功臣张学良》，后于北京市新华书店王府井书店（以下简称王府井书店）购买了由单田芳创作并播讲、北京鸿达以太文化发展有限公司（以下简称鸿达以太公司）制作、北京市科海电子出版社（以下简称科海出版社）出版发行的《千古功臣张学良》光盘。经对比，赵云声发现单田芳的《千古功臣张学良》与其小说《赵四小姐与张学良将军》在构思、结构、情节、选材以及人物安排上如出一辙，很多内容甚至完全重合。赵云声认为，单田芳抄袭其作品《赵四小姐与张学良将军》，侵犯了其著作权；鸿达以太公司、科海出版社、王府井书店和光明日报社制作、出版、销售《千古功臣张学良》光盘，未尽到合理的审查义务，主观方面存在过错，客观上造成侵权范围扩大，损害结果加重，亦侵犯了赵云声的著作权。故诉至人民法院，请求判令五被告：（1）立即停止侵害、消除影响，在国家级报刊或刊物上公开赔礼道歉；（2）销毁《千古功臣张学良》的现存光盘；（3）连带赔偿赵云声经济损失40万元，精神抚慰金5万元；（4）连带赔偿赵云声律师费6.75万元。

被告单田芳辩称：其从1992年便开始准备《千古功臣张学良》，在参考《张学良将军传略》等20部作品所记载的历史内容，并借鉴1981年西安电影制片厂摄制的电影《西安事变》以及电视剧《少帅传奇》等影视作品的基础上，以张学良的历史贡献为出发点，采用评书的方式独立创作而成的。该作品与赵云声的小说在构思、结构、语言形式上均存在差异。双方作品均涉及历史知识，赵云声将历史知识中的相同之处认为是侵权，缺乏法律依据。此外，赵云声在其提交的比对材料中所述的虚构情节，其实质内容也都是历史知识。其所采访过的有关人物，也有文章进行过介绍。因此，单田芳并未侵犯赵云声的著作权，不同意其诉讼请求。

被告鸿达以太公司辩称：该公司此前从未接触过《赵四小姐与张学良将军》一书以及由该书制作、录制而成的其他作品，对于评书《千古功臣张学良》是否侵犯赵云声的著作权并不知情。该公司认为单田芳是该评书的合法著作权人和表演者，该公司制作评书光盘也经过了北京单田芳艺术传播有限责任公司的授权，故不应承担侵权责任。

被告科海出版社辩称：该社出版涉案评书光盘依法取得了相应授权，未侵犯赵云声的著作权，请求驳回赵云声的诉讼请求。

被告王府井书店辩称：该书店销售的《千古功臣张学良》光盘属正规出版单位出版的正式出版物，系该店从合法进货渠道购进的。该书店未实施侵权行为，赵云声要求该书店承担侵权责任缺乏法律依据，不同意其诉讼请求。

被告光明日报社辩称：该社邮购销售的《千古功臣张学良》光盘手续合法、审查合理、货源正规，其并无过错，未侵犯赵云声的著作权，不同意其诉讼请求。

原审查明事实

原审法院查明：

一、关于与本案相关的作品

经走访相关人员、查阅历史材料等，赵云声创作了传记小说《赵四小姐与张学良将军》（以下简称原告小说）。该作品于1986年10月由北方妇女儿童出版社出版，先后多次印刷，曾被全国优秀畅销书评选委员会评为“一九八七年全国优秀畅销书”，亦被天津《今晚报》、《中国法制报》、《重庆晚报》连载刊登。

评书《千古功臣张学良》（以下简称被告评书）由单田芳创作并播讲，于2003年由单田芳和北京单田芳艺术传播有限责任公司授权鸿达以太公司制作，由科海出版社出版了同名MP3光盘，并曾在诸多广播电台进行过播放。王府井书店和光明日报社下属文摘报社均对该光盘进行了销售。

此外，1987年3月，辽宁大学出版社出版了武育文、王维远、杨玉芝所著的《张学良将军传略》（以下简称《传略》）一书。根据《书记》中的相关记载，该作品完成于1986年3月。1995年4月，华夏出版社出版了钟君、石坚主编的《国难当头的抉择——抗战时期的100位中国人》（以下简称《抉择》）一书。

二、关于原告小说与被告评书的对比

在法庭主持下，双方当事人对原告小说（北方妇女儿童出版社1986年10月第1版，1991年7月第5次印刷，字数246千字）和被告评书（鸿达以太公司制作，科海出版社出版，共120回，每回长度约18分钟）的内容进行了对比。赵云声具体指出被告评书共有32处内容对其在小说中的创作构成侵权，并重点挑选出其中部分内容，由双方当庭充分发表了各自的意见。

根据双方所提交的证据、比对材料、发表的意见以及实际对比结果，总结双方作品比对情况如下：

首先，在语言表达方面，赵云声未指出双方作品存在有相同之处。

其次，在整体内容方面，原告小说从张学良和赵四在蔡公馆舞会上相识写起，到20世纪60年代张、赵在台湾正式结婚结束（在全书七章中专设一章描写张学良的“幽禁生涯”），在塑造张学良将军这一杰出历史人物的同时，又着力描绘了赵四小姐的风姿、个性和品德，以及半个世纪以来她与张学良相依为命的忠贞爱情和她对张学良的协助。而被告评书则以1928年6月皇姑屯事件开篇，至1975年蒋介石死后张学良恢复自由结尾（其中对西安事变后张学良被囚禁的生涯仅用不到1回的篇幅简单予以概述），以展现国难当头时张学良的爱国主义行动和心系中华民族的情怀为核心，着重突出其历史功绩。

再次，在具体情节方面，赵云声所指出的32处具体侵权内容的对比情况，可分为以下几组：

第一组：虽然情节相同，但双方均源自史实，或由单田芳提供了其他出处，且在具体细节的内容、表述以及表现方式、详略侧重等方面并不相同。

如有关东北易帜的情节（原告小说第二章第四节，被告评书第23至25回），赵云声认可东北易帜和当时张学良面临国内外压力均为史实，但认为被告评书有关张学良精兵简政、改旗易帜的内容和选材与其一致，是在其作品基础上的扩展，特别是使用了其揣测张学良心理的有关内容。经对比，双方作品均对上述史实进行了表述；原告小说中未直接对张学良的心理作直接描写，而是对易帜的意义、东北元老反对、张学良面对巨大压力以及在事先未让日本人知晓的情况下突然宣布易帜等作了数百字的概括表述；被告评书则对张学良的心理进行了独白式的直接描写，对史实的表现主要通过对相关人物语言、动作、心理活动等大量细节描述予以展现，对时间、场景的描写也更为具体、细致。

又如有关卜杀杨、常的情节（原告小说第二章第四节，被告评书第30回）。赵云声认可张学良枪杀杨宇霆、常荫槐为史实，但主张小说中的“钱卜”这一情节系其虚构，被单田芳用于评书之中，只是将卜算用的银元改为金币，将连抛三次改为抛一次。经对比，双方作品中均有张学良通过抛钱币卜算最终决定枪杀杨、常的情节；不同之处除所用钱币和抛出的次数外，评书对钱卜过程中张学良的内心活动进行了具体描写，而小说中仅简单表述钱卜时张学良的夫人于凤至和赵四很紧张，评书对枪杀二人的过程有较为细致的描写，而小说仅表述为“一九二九年一月十日，张学良便以‘破坏统一，阻挠新政’的罪名，枪杀了杨、常”。此外，单田芳提交的《传略》一书第247页中亦有张学良经过银元占卜除掉杨、常二人的内容。

类似上述情形的还有：张学良给杨宇霆父亲祝寿（亦可见于《传略》第238页）；中原大战，蒋介石拉拢张学良（亦可见于《传略》第十章第二节）；对川岛芳子的介绍；张学良拥蒋统一，通电全国，出兵入关，于沈阳就任陆海空军副司令，后住进北平顺承王府（亦可见于《传略》第十章第三节）；对中村大尉事件的介绍（亦可见于《传略》第324页）；张学良依蒋介石要求采取不抵抗政策（亦可见于《传略》第十二章第二节）；对打油诗“赵四风流朱五狂”的解释（亦可见于《传略》第582页）；汤玉麟失守热河，张学良受到谴责，发电报引咎辞职，蒋介石同意张学良下野出洋，并以两人同舟作比（亦可见于《传略》第348～351页）；张学良戒毒（亦可见于《传略》第352、353页）；张学良任鄂豫皖“剿匪”副司令，与共产党联系，任“西北剿总”司令（亦可见于《传略》第360～363页和第370页）；张学良参加国民党四届六中全会（亦可见于《传略》第374、375页）；西安急电告知张学良109师被歼（亦可见于《传略》第375页）；高福源被红军俘虏后与张学良见面，劝张学良联共抗日（亦可见于《传略》第384页）；东北军、西北军与红军停战，实现“三位一体”（亦可见于《传略》第417、418、453页）；张学良只身飞往洛阳面见蒋介石请战，并请蒋释放“七君子”（亦可见于《传略》第425页）；学生游行请愿，张学良驱车安抚，后转达学生愿望，被蒋介石怒斥（亦可见于《传略》第428～430页）；西安事变前宴请南京大员，张学良召集东北军将领开会，宣布发动事变，并作具体部署（亦可见于《传略》第432、433页）；蒋介石逃跑时没戴假牙，翻墙跌伤（亦可见于《传略》第434、447页）；周恩来向张学良表明中共中央对西安事变性质和处理的意见（亦可见于《传略》第452页）；蒋介石要周恩来听他的话，周恩来称前提是要一致抗日（亦可见于《传略》第457页）；张学良送蒋介石到机场适逢迎接傅作义的群众，蒋向张表示一定信守诺言，周恩来赶到机场时飞机已经起飞（亦可见于《传略》第459～461页），等等。

第二组：情节相同，虽然双方主要内容均源自史实，或由单田芳提供了其他出处，但在诸多细节内容上仍有相似之处。如关于蔡公馆舞会（原告小说第一章第一节，被告评书40、41、42回）。赵云声主张单田芳在评书中使用了其虚构的张学良与赵四在蔡公馆舞会上相识的情节。经对比，双方作品中均有蔡公馆为天津名流聚会场所；蔡公子曾留学德国；舞会当天蔡公子过生日；赵四随姐姐赵绛雪及姐夫参加舞会，穿一条百褶拖地纱裙（长裙），气质脱俗；舞厅装饰豪华，有一变幻色彩的大吊灯；赵四对他人投来的目光感到厌烦，准备离去；此时张学良到场，身着白色西服（西装）；赵四因此未走；郑露莹上前邀请张学良跳舞，称呼少帅；张学良不悦，拒绝与其跳舞；赵绛雪解释张学良为何不愿被人称为少帅，赵四由此产生敬佩之情；张学良通过赵绛雪介绍结识赵四，被其深深吸引，邀请赵四共舞等情节，只是在语言表述和细节描述上有所不同。《传略》一书第140页中虽有蔡公馆是当时天津有名的交际场所，经常举办舞会，赵四当年十几岁，随着姐姐去舞场观看，后来与张学良相识的内容，但介绍得较为概括，缺少上述诸多细节内容。属于类似情形的还有：对十间房妓女街的介绍；赵四不顾父亲反对与张学良私奔；“九一八”事变当日，张学良正携于凤至和赵四在前门外中和戏院看梅兰芳表演的《宇宙锋》；张学良与阎锡山为蒋介石祝寿，提及抗战被蒋训斥等。其中，原告小说关于蔡公馆舞会的内容约有五千字，赵四私奔和张、阎为蒋祝寿的内容约有两千字，其余内容均为数百字左右。

第三组：情节相同，赵云声主张系其虚构，单田芳未能提交相反证据，亦未能提供其他出处，但双方作品在细节内容、表现方式、详略安排等方面并不相同。如关于张学良在香山住进赵四父亲所开的饭店，打高尔夫球时与赵四相遇的情节（原告小说第一章第二节，被告评书第43回），虽然双方均进行了使用，但在具体场景、对话内容、心理描写等方面各有侧重，且篇幅均不过数百字。属于类似情形的还有张学良往返于京津，与赵四经常跳舞，送赵四回家但不进赵府（在双方作品中均以几句话带过）；张学良曾与哈尔滨一姓马的女子有染；于凤至告知张学良其为赵四买下帅府旁边一栋小楼；于凤至决定以自己的名义抚养赵四的孩子（被告评书仅以数句带过）；蒋介石于南京亲自迎接张学良；于凤至在南京受到宋美龄款待，与宋美龄结为干姐妹；赵四头部被打伤；赵四劝张学良不要发电辞职；张学良剑劈桌角（写字台）；蒋介石与宋子文回访，张学良误认为蒋回心转意；东北军将士劝阻张学良；张学良安置寡妇请愿团（家属）；高福源向张学良提起周恩来；蒋介石电话约张学良在华清池见面，赵四正准备打球；张学良在西安寓所与郑露莹见面；张学良召见白凤翔、阎涛、孙铭九三人，委派捉蒋任务，并赠枪；张学良向周恩来谈及《消息报》，周恩来认为苏联态度偏颇；周恩来见蒋介石，称呼校长、委员长；宋美龄送赵四美国化妆品等。

第四组：情节相同，赵云声主张系其虚构，单田芳未能提交相反证据，亦未能提供其他出处，双方作品在诸多细节上有相似之处。如关于土肥原与河本大作、林久治郎、川岛芳子在日本妓院见面的情节（原告小说第二章第五节，被告评书第48、49、50回）。赵云声认可三者均确有其人，但主张他们在日本妓院见面的情节为其虚构，被单田芳予以使用。经对比，双方作品中表现上述情节的主要内容相同，均为土肥原正在作画，河本大作突然闯入；土肥原大怒，但见来人是河本大作便没有发作；河本大作责怪土肥原对张学良态度软弱，二人在对张学良的策略上产生分歧，此时林久治郎赶到；土肥原计划让张学良购买日本飞机，控制其空军，为此与其他二人见面商议；川岛芳子告知三人张学良已经购买了法国飞机等。双方只是在具体对话、动作等细节的表述以及人物背景的介绍详略上有所不同。属于类似情形的还有：张学良蔡公馆舞会爽约，其副官来接赵四，张学良告知赵四皇姑屯事件，赵四吻张学良，张学良去而复返，赠赵四金表；张学良将赵四安顿到奉天北陵别墅，其"劫持赵四"的原因，以及张学良回家发现赵四因父亲登报声明而哭泣，张学良心生悔意；赵四决心陪伴张学良，张学良写诗明志，此时副官报告夫人于凤至有请；介绍张学良与于凤至的婚姻；蒋介石急电，张学良到医院略略收拾，赶赴石家庄；赵四在张学良不在场的情况下以强硬态度回电，被归来的张学良制止，改为接受日本的要求；张学良给赵四看照片；张学良在六国饭店舞会上遇郑露莹，到其房间见到川岛芳子，川岛芳子出示张学良的财产清单，张学良怒斥之，并将清单撕碎；张学良宴请将士，众人激愤请战；宋子文劝张学良戒毒，称关系到国家的体面；张学良戒毒用了七天七夜；杨虎城劝张学良兵谏；赵四问蒋介石会不会自杀，杨虎城称蒋无此勇气；张学良与周恩来会见时赵四在门口守候；端纳见到蒋介石后给宋美龄发电报，但电报不通；周恩来与蒋介石谈话时谈及蒋经国；端纳称赞周恩来，蒋介石感慨道"都跑到共产党那边去了"；宋美龄请张学良见蒋介石，蒋称无颜回南京，张有负罪感，试图用佩剑自杀被阻，后表示将蒋送回南京，由蒋定罪并戴罪立功；张学良告知赵四要亲自送蒋介石，被赵四关在房中，后跳窗离开；赵四赶到机场，让张学良带上衣服和钱，宋美龄和端纳向赵四保证（双方均数百字）等。其中，原告小说中除有关土肥原等人与川岛芳子见面、张学良告知赵四皇姑屯事件、对劫持赵四心生悔意、给赵四看照片、六国饭店遇郑露莹以及表示送蒋介石回南京的内容达到两三千字外，其余内容均从数十字到数百字不等，宋子文劝张学良戒毒时称要考虑国家体面、蒋介石感慨人才都跑到共产党那边去了等内容不过数句，关于张学良七天七夜戒毒仅一语带过。

最后，在虚构人物方面。

原告小说中张学良的副官名为陈海，赵云声称该人物系其根据陈大章、朱海北、谭海、朱光沐等副官和秘书综合而成的人物，属于上通下达、通风报信、贴身保护的形象，几乎凡有张学良出现的地方，皆有他的出现。被告评书中张学良的副官名为谭海，历史上确有其人，在评书中亦为上传下达、贴身护卫的角色。

原告小说中的郑露莹为女校高年级学生，是有名的校花。1994 年 10 月 19

日的《中华读书报》中曾载有《虚构人物岂能促成“西安事变”》一文，文中记载，赵云声称其在原告小说中虚构了四个人物，郑露莹是其中之一；虚构此人，完全出于艺术上的考虑；一是为书增加一些色彩，二是作为结构上的需要。被告评书中的郑露莹也是天津有名的交际花形象。此外，《抉择》一书中“抗战初期平津交际花郑露莹”部分亦有对此人的介绍，包括：郑露莹是天津人，与张学良夫人赵四小姐系中学同学；其和川岛芳子相识，常有往来；其曾移情于张学良；曾向张学良提供情报等。

庭审过程中，赵云声表示放弃其对虚构人物小虹和阎涛提出的相关主张。

三、其他

2006年5月1日，赵云声与击水律师事务所订立《委托合同》，约定该所接受赵云声的委托，指派律师作为赵云声的代理人；代理费采用风险代理方式等。

赵云声曾向承担比对原告小说和被告评书工作的案外人侯康龄支付劳务费5 000元，另支付速录服务费1 350元、查询费150元、购买涉案光盘费用117元。

原审审理结果

原审法院认为：

张学良将军作为著名爱国将领已名垂史册，反映其东北易帜、西安事变等爱国事迹的史料、文献以及小说、评书、影视作品等亦在社会上广为传播。在相关资料和作品内容繁多、异同并存的情况下，哪些内容为史实，哪些内容系杜撰，哪些内容又是因流传甚广而被公众所接受并信以为真的“事实”，通常不易辨别，而史实与杜撰的边界，也往往随着时间的推移而渐渐模糊。相应的，在著作权领域，就有关同一历史题材的作品而言，作者独立创作的部分、取材于史料的部分和使用前人作品的部分也往往交织在一起。因此，对于在后作品是否使用了在先作品、这种使用属于合理借鉴还是侵权使用，通常应通过作品语言表达的异同、内容的相似程度及原因、在后作者对在先作品所载事件属于史实还是文学创作的辨别能力和信赖程度以及同类题材其他作品的相关记载等因素加以综合判断，同时还应依据《著作权法》对在后作品所体现出的独创性予以充分考虑。根据上述历史题材作品的特点和《著作权法》的判断标准，并结合当事人的诉辩主张及具体案情，本院将综合双方作品的语言表达、整体内容、具体情节以及人物设置等情况，对单田芳是否侵犯赵云声著作权予以认定。

一、就语言表达而言

双方作品具有较大差异。原告小说所使用的语言文字相对书面化，注重遣词造句等方面的严谨和细致，而被告评书的语言则明显口语化和生活化，力求活泼生动、浅显易懂，这也是双方各自的语言风格，以及小说和评书这两种不同文学艺术形式的特点所决定的。

二、就整体内容而言

虽然双方作品均以张学良将军的生平事迹为主要内容，在主要人物的关系、主要事件的发展走向等方面亦趋向一致，但法律并不禁止不同作者对相同题材各自进行创作，而客观史实的存在也对双方的创作空间进行了相应的限制，故上述相同之处不能作为认定侵权的依据。况且，尽管选取了相同的历史题材，双方所选择表现的历史阶段和创作的角度仍有较大区别，原告小说以张学良和赵四舞会相识开始，以二人在台湾正式结婚结束，正如作品名称所言，赵四与张学良均是小说中的灵魂人物，二人的情感、生活历程始终是小说的主线；而被告评书则着重展现皇姑屯事件至西安事变期间张学良的爱国义举，以突出其人格魅力和历史功绩为全书主题，赵四只是为塑造、烘托张学良形象而出现的“配角”，虽然较其他人物所用笔墨稍多，但远未达到原告小说中可与张学良并重的程度。此外，尽管双方均主要采用依时间顺序这一常用叙事方法，但在整体结构和情节安排上亦有诸多不同，如原告小说开篇所述张学良和赵四舞会相识这一情节，在被告评书中第 40 回，即全书 1/3 处方才出现；而原告小说全部七章中足足占去一章篇幅的张学良“幽禁生涯”，在被告 120 回的评书中仅以不到 1 回的长度进行了简单概括。因此，单田芳未对原告的小说构成整体使用。

三、就具体情节而言

首先，对于双方作品对比中的第一组内容，因相同情节均源于史实（如东北易帜、张学良依蒋介石要求采取不抵抗政策等），或在早于原告小说的《传略》一书中已有记载，而非如赵云声所言系其虚构而成（如卜杀杨、常，张学良给杨宇霆父亲祝寿等），且被告评书在细节安排、表现方式、详略侧重等方面均与原告小说有较大差别，故不能认定被告评书的相应内容构成对原告小说的使用。

其次，对于双方作品对比中的第二、三、四组内容，由于就赵云声主张虚构的情节，单田芳未能提交相反证据或其他出处，而对于源自史实或另有出处的部分，双方在细节设计上又存在诸多相同或近似之处，故根据现有证据，应当认定单田芳对原告小说的上述情节设计进行了一定使用。单田芳有关参考、借鉴自其他书籍或影视作品的辩称缺乏相应证据支持，本院不予采信。

但是对于上述使用，仍需进一步加以分析：一方面，虽然双方的情节设计大致相同，但所涉及的相当一部分内容，被告评书在具体场景、细节安排、表现方式和详略安排等方面与原告小说有着较大差异，包含了大量单田芳自行创作的内容。另一方面，上述相同情节大多在双方作品中所占的比重很低，其中很多属于细枝末节，对应的文字内容在作品中所占字数从几十到数百不等，仅以寥寥数语一带而过的情节不在少数（如张学良往返于京津，与赵四经常跳舞，送赵四回家但不进赵府，以及于凤至决定以自己的名义抚养赵四的孩子，宋子文劝张学良戒毒时称要考虑国家体面等，甚至有关张学良七天七夜戒毒的情节仅由一语带过）；而所对应文字的内容能够达到两三千字左右的相同情节，数量不过十处左右，虽然比起前述末节，内容相对丰富，但无论是相对原告多达240余千字的小说还是被告长达2 100余分钟的评书而言，在绝对数量、所占比例以及重要程度等方面，均未起到举足轻重的作用，并未构成作品的核心和主体内容。在双方作品的语言表达并不相同，且绝大多数情节均有差异的大前提下，仅仅依据上述相似的情节设计并不足以否定被告评书与原告小说相比所具有的独创性。因此，单田芳对原告小说的使用尚在合理的范围之内，应属在创作过程中对他人作品的适度借鉴，并未达到侵犯著作权的程度。

四、就人物设置而言

关于张学良的副官，原告在其小说使用的是其虚构的名字陈海，该角色在小说中所起到的往往仅是衔接和贯通情节的作用，对其语言、动作等方面的描写也仅限于只言片语，并未被着力刻画，亦缺乏无鲜明的个性和突出的事例，属于较为常见的副官形象。而被告评书中的谭海则确有其人，书中对其的描写也只是有关上传下达、贴身护卫等作为副官情理之中的职责，系一对情节走向、发展不起决定作用的辅助性角色。况且，该角色与原告小说中的陈海相比，在出现的次数、场合以及言行等方面也远未达到高度一致的程度，故不能认定单田芳对原告小说中的这一人物进行了侵权使用。

关于郑露莹，虽然赵云声称该人物系虚构而成，其形象在双方作品中也大致相同，但根据单田芳提交的证据，《抉择》一书亦曾将郑露莹作为抗战时期的100位中国人之一进行了专门介绍，且被告评书所刻画的郑露莹与《抉择》中该人物的形象亦相符合，故在该人物形象具有其他来源的情况下，对赵云声有关单田芳使用原告小说中虚构人物的主张，本院不予采信。

根据上述事实和分析，本院认定单田芳在其评书中合理使用原告小说部分情节设计的行为未侵犯赵云声的著作权。又因被告评书并非侵权作品，本案其余四被告所实施的制作、出版、销售该评书MP3光盘等行为亦不构成侵权。故对赵云声在本案中的全部诉讼请求，本院依法均予驳回。

综上，依据《最高人民法院关于审理著作权民事纠纷案件适用法律若干问题的解释》第15条、《中华人民共和国民事诉讼法》第64条第（1）项之规定，判决如下：

驳回原告赵云声的全部诉讼请求。

赵云声不服原审判决，提起上诉。其主要上诉观点及理由为：

一、原审程序违法。1. 原审时赵云声指出评书有32处侵犯了赵云声的著作权，从原审庭审笔录中可以看出庭审时只对比了14处，原审判决对此也表述为经重点对比，但原审判决却对整体进行了评述，可见有18处没有经过对比和质证。2. 单田芳否认侵犯赵云声著作权的理由之一是其参考了《传略》一书，并指出了其所参考的11处内容。原审判决将小说和评书进行对比的第一组内容中提到了涉及《传略》的22处内容，其中与单田芳所指出的内容重合的有6处，可见原审判决中提到的其余16处内容未经过质证。

二、原审判决认定事实不清。1. 原审判决对12处情节没有进行对比。（1）“再造统一”，南京隆重欢迎张学良。（2）热河失守，张学良引咎辞职，应召到保定，宋子文先来转达蒋介石准辞决定，蒋介石后才接见。（3）高福源归来，张学良假意试探，听高讲红军主张。（4）张学良单身飞洛阳见蒋介石，请放七君子，请求抗日，蒋介石怒碎花瓶，赶走张学良。（5）黄显声特意赶来劝张学良当机立断。（6）一二·九西安学生游行，前往临潼，蒋介石命张学良阻止，又派蒋孝先率军警弹压。张学良拦截并劝回学生后，向蒋介石报告后遭斥责。（7）西安事变，张学良、杨虎城举办舞会，招待国府大员。（8）周恩来到达西安，刮掉了大胡子。（9）蒋介石要周恩来听他的话，周恩来表示：中共不避前嫌，一切为了抗战，只要蒋介石抗日，不仅自己，连共产党也听从他的领导。（10）宋子文怕报复，催促张学良快送蒋介石离开西安。张学良送蒋介石、宋美龄去机场路上，蒋、宋二人所思所想。（11）中村事件介绍。（12）“西安事变”时南京形势，张学良表示“西安事变”与中共无关。2. 原审判决认为《传略》一书的成书时间早于小说有误。小说于1986年第一次印刷，《传略》于1987年第一次印刷。3. 原审判决认为评书与小说相同的情节凡在《传略》中有所记载评书就未侵犯小说著作权是错误的。4. 原审判决对比了评书和小说的46处内容，对比结论多有错误。5. 赵云声虚构了郑露莹这一人物，原审判决根据《抉择》一书就认为郑露莹并非虚构人物是错误的。且原审判决也没有认定陈海、阎涛、小虹是赵云声虚构的人物。

三、原审判决适用法律错误。原审判决一方面认定评书使用了小说的内容，同时又认定属于合理使用是相互矛盾的。

四、原审判决归纳的小说和评书的第一组对比内容中提到了涉及《传略》

的22处内容，上述22处内容中仅有2处内容（即张学良给杨宇霆父亲祝寿和中原大战蒋介石拉拢张学良）小说、评书、《传略》基本一致。对于其余20处内容，评书并无合理来源。认可对于上述20处内容，小说和评书没有完全相同的文字，仅是基本情节相同。原审判决归纳的小说和评书的第二组对比内容涉及5处内容，涉及文字12 100字；第三组对比内容涉及20处内容，涉及文字22 800字；第四组对比内容涉及21处内容，涉及文字17 600字。认可对于上述第二、三、四组对比内容（共计46处内容）小说与评书仅是基本情节相同，但在具体文字表达上确实存在区别。

五、单田芳侵犯了赵云声的署名权、改编权及保护作品完整权。

单田芳针对赵云声的上述观点及理由认为，评书与小说32处具体内容的对比材料，原审法院已经进行了对比，并不存在遗漏。另外，赵云声主张评书侵权的内容中许多属于历史史实。

二审查明事实

二审法院查明：上诉人赵云声、被上诉人单田芳明确表示对原审判决认定的第一部分（即“关于与本案相关的作品”部分）、第三部分（即“其他”部分）没有异议，故本院予以确认。对于原审判决认定的第二部分（即“关于原告小说与被告评书的对比”部分），单田芳不持异议，赵云声对原审判决分类归纳的各组情节及小说和评书情节上的不同之处、小说中的人物陈海及郑露莹、评书中的人物谭海等相关事实的认定未提出异议，仅对原审判决认定的各组情节涉及的文字字数提出异议，故本院对赵云声未提出异议的相关事实予以确认。

另查，赵云声向原审法院提交的评书与小说32处具体内容的对比材料仅分别罗列了截取自小说和评书的相应文字内容，并未明确归纳所涉及的情节。原审法院将上述对比材料送达了单田芳等当事人，并在庭审过程中组织双方当事人进行了质证，同时原审法院建议赵云声列举最典型的段落，赵云声未表示异议。赵云声在第一部分中选取了东北易帜、卜杀杨、常等内容；在第二部分中选取了蔡公馆舞会等内容；在第三部分选取了十间房妓女街介绍、河本大作与土肥原见面等内容；在第四部分选取了“九一八”事变当日张学良和于凤至、赵四看戏等内容；在第五部分选取了张学良被蒋介石电召回国，109师家属请愿等内容；在第六部分选取了西安事变等内容，并分别进行了陈述。

在原审法院审理过程中，单田芳提交了《传略》一书作为反驳的依据。单田芳确认其评书中的部分内容参考了《传略》一书。赵云声表示放弃其对虚构人物小虹和阎涛提出的相关主张。此外，赵云声未提供证据证明小说的确切完成时间。

经本院对赵云声上诉所称原审判决遗漏对比的12处情节审查发现，关于“黄显声特意赶来劝张学良当机立断”一节，未包含在赵云声向原审法院提交的32处具体侵权内容的对比材料中。关于“再造统一，南京隆重欢迎张学良”、“高福源归来，张学良假意试探，听高讲红军主张”、“西安事变，张学良、杨虎城举办舞会，招待国府大员”、“蒋介石要周恩来听他的话，周恩来表示：中共不避前嫌，一切为了抗战，只要蒋介石抗日，不仅自己，连共产党也听从他的领导”、“中村事件介绍”等内容，原审判决在对比时均已涉及，仅在情节归纳概括的文字上略有区别。关于“热河失守，张学良引咎辞职，应召到保定，宋子文先来转达蒋介石准辞决定，蒋介石后才接见”一节，原审判决对热河失守，张学良引咎辞职的情节进行了对比，但未涉及宋子文先来转达蒋介石准辞决定的情节。关于“张学良单身飞洛阳见蒋介石，请放七君子，请求抗日，蒋介石怒碎花瓶，赶走张学良”一节，原审判决对张学良只身飞往洛阳面见蒋介石请战，并请蒋释放“七君子”的情节进行了对比，但未涉及蒋介石怒砸花瓶的情节。关于“一二·九西安学生游行，前往临潼，蒋介石命张学良阻止，又派蒋孝先率军警弹压。张学良拦截并劝回学生后，向蒋介石报告后遭斥责”一节，原审判决对学生游行请愿，张学良驱车安抚，后转达学生愿望，被蒋介石怒斥的情节进行了对比，但未涉及蒋孝先率军警弹压学生的情节。关于“周恩来到达西安，刮掉了大胡子”一节、“宋子文怕报复，催促张学良快送蒋介石离开西安，张学良送蒋介石、宋美龄去机场路上，蒋、宋二人所思所想”一节及“西安事变时南京形势，张学良表示西安事变与中共无关”一节，原审判决未涉及。

在本院审理过程中，赵云声向本院提交书面申请，请求撤回对光明日报社的上诉。本院对该请求不持异议，另行裁定予以准许。

二审审理结果

二审法院认为：根据赵云声、单田芳的诉辩主张，本案的争议焦点为：

关于赵云声上诉称原审法院在审理过程中仅对14处内容进行了对比，其余内容未经对比质证一节，本院认为，根据查明的事实可以确认，原审法院将赵云声提交的评书与小说共32处具体内容的对比材料送达了单田芳等当事人，并在庭审过程中组织双方当事人进行了质证。在质证过程中法庭建议赵云声列举最典型的段落，赵云声未表示异议，并在各部分中分别选取了相关内容进行陈述。故赵云声的上述主张缺乏事实依据，本院不予支持。

关于赵云声称单田芳仅指出评书参考了《传略》的11处内容，原审判决涉及了22处内容，重合的有6处，其余16处未经质证一节，本院认为，原审法院将单田芳提交的《传略》一书送达了赵云声等当事人，并在庭审过程中组织双方当事人进行了质证。赵云声、单田芳等均发表了相关的质证意见。单田芳质证意见的重点虽仅针对赵云声的质证意见，但不能据此认定单田芳仅指出评书参考了《传略》一书的11处内容。故赵云声的上述主张缺乏事实依据，本院不予支持。

关于赵云声称原审判决认为《传略》一书的成书时间早于小说有误一节，本院认为，《传略》一书的后记中记载该作品完成于1986年3月，对此赵云声未提出相反证据，故可认定《传略》一书的完成时间为1986年3月。小说于1986年10月出版，赵云声未提供证据证明小说的确切完成时间，故原审法院根据现有证据认定《传略》一书的成书时间早于小说并无不当。

关于赵云声称不能因《传略》一书中证明某些情节实有其事，就否认单田芳抄袭小说一节，本院认为，单田芳在原审过程中提交了《传略》一书作为证据，小说和评书对比内容中的部分相同情节在《传略》中已有记载，说明上述情节存在第三方作品来源，故不能认定评书的上述相应内容构成对小说的使用，赵云声的上述主张本院不予支持。

关于赵云声称原审判决归纳的小说和评书的第二、三、四组对比内容（共计46处情节），对比结论多有错误一节，本院认为，原审法院对上述46处情节进行了分类对比，认定单田芳对小说的上述情节设计进行了一定使用，同时认为单田芳对小说的使用尚在合理的范围之内，属于在创作过程中对他人作品的适度借鉴，并未达到侵犯著作权的程度。对于原审法院的上述认定，本院不持异议，理由为：首先，在上述46处情节中，小说和评书并没有完全相同的文字表述，说明两者在文字表达上并不相同。其次，小说与评书二者的文学体裁不同，评书在具体场景、情节描述、细节铺垫和详略安排等方面与小说有较大差异。再次，上述情节在双方作品中所占比例较小。最后，在小说和评书的语言表达不同且大多数情节均有差异的前提下，上述情节的相似性不足以否定评书与小说相比所具有的独创性。综上，本院对于赵云声的上述主张不予支持。

关于赵云声称原审判决对12处情节遗漏对比一节，本院认为，根据查明事实，原审法院对"再造统一，南京隆重欢迎张学良"等五处情节已进行对比，仅在情节归纳概括的文字上略有区别，故原审法院未遗漏对比上述情节。赵云声在原审过程中提交的评书与小说32处具体内容的对比材料中未包括"黄显声特意赶来劝张学良当机立断"这一情节的相关内容，故原审法院未对比该处情节不属于遗漏对比。关于原审法院对"热河失守，张学良引咎辞职，应召到保定，宋子文先来转达蒋介石准辞决定，蒋介石后才接见"等三处情节中的小部分内容及“周恩来到达西安，刮掉了大胡子”等三处情节未进行对比的问题，本院认为，鉴于在原审过程中，赵云声并未向原审法院明确归纳出具体侵权内容所涉及的情节，仅对小说和评书的相应文字内容进行罗列的情形，赵云声应对此承担举证不利的后果，其关于上述情节属原审判决遗漏对比的主张，本院不予支持。

关于虚构人物一节，由于赵云声在原审法院审理过程中已表示放弃其对虚构人物小虹和阎涛提出的相关主张，故其所称原审判决没有认定阎涛、小虹是赵云声虚构的人物的相关主张，本院不予支持。

关于小说中张学良的副官陈海，赵云声称其系根据陈大章、朱海北、谭海、朱光沐等副官和秘书综合而成的人物。评书中张学良的副官谭海则是历史上的真实人物。本院认为，文学作品的创作，必然要受到所处时代背景和题材的限制。本案中，陈海和谭海分别在小说及评书中均为上传下达、贴身护卫的角色，各自的所言所行均为尽情理之中的副官之职，且两者在小说和评书中均为辅助性角色，均缺乏鲜明的个性化特征，故不能认定单田芳对小说中陈海这一人物进行了侵权使用。关于小说中的郑露莹这一人物，赵云声虽称该人物系其虚构，但《抉择》一书中曾将郑露莹作为抗战时期的100中国人之一进行了介绍，且评书中所刻画的郑露莹与《抉择》中介绍的郑露莹的情况亦相符合，故赵云声关于小说中的郑露莹系其虚构的人物、单田芳对这一人物进行侵权使用的主张，本院不予支持。

关于赵云声上诉称原审判决一方面认定评书使用了小说的内容，同时又认定属于合理使用相互矛盾一节，本院认为，原审判决认定单田芳对赵云声小说的使用尚在合理的范围之内，原审判决中所谓的“合理使用”并非《著作权法》意义上的合理使用，故赵云声的上述主张本院不予支持。

综上所述，原审判决认定事实清楚，适用法律正确，应予维持。赵云声的上诉主张不能成立，本院予以驳回。依照《中华人民共和国民事诉讼法》第153条第1款第（1）项之规定，本院判决如下：

驳回上诉，维持原判。

一审案件受理费19 185元，由赵云声负担；二审案件受理费10 185元，由赵云声负担。

54.《306种注射剂临床配伍应用检索表》侵犯著作权纠纷案

——沈建平、宗希乙诉北京图书大厦有限责任公司、天津科学技术出版社等

原告（上诉人）：沈建平
原告（原审原告）：宗希乙
被告（被上诉人）：北京图书大厦有限责任公司
被告（被上诉人）：天津科学技术出版社
被告（被上诉人）：丁力
被告（被上诉人）：丁德素
被告（被上诉人）：丁宇
被告（被上诉人）：翟怡
被告（被上诉人）：丁行芝
被告（被上诉人）：孔瑞华
被告（被上诉人）：沈继成
被告（被上诉人）：郑爱兰
被告（被上诉人）：天津金彩美术印刷有限公司
案由：侵犯著作权纠纷

原审案号：北京市第一中级人民法院（2007）一中民初字第11478号
原审合议庭成员：仪军、佟姝、周云川
原审结案日期：2008年1月10日
二审案号：北京市高级人民法院（2008）高民终字第1039号
二审合议庭成员：张雪松、李燕蓉、张冬梅
二审结案日期：2008年11月17日

判决要旨

《306表》是作者根据特定的使用目的，在大量的药品中选择常用的药品，并根据公开的研究成果和临床经验，确定这些药品之间的配伍关系，在此基础上，编排形成的一个便于应用的图表，体现了独创性，符合作品的构成要件。

起诉与答辩

原告沈建平、宗希乙诉称：二原告于2003年8月合作创作完成了《306种注射剂临床配伍应用检索表》（以下简称《306表》），原告对上述作品享有著作权，该作品经中国医药科技出版社出版后，原告已经申请向国家版权局进行著作权登记。现原告发现由北京图书大厦有限责任公司（以下简称北京图书大厦）公开销售，天津科学技术出版社公开出版，天津金彩美术印刷有限公司印制，丁力、丁德素、丁宇、翟怡、丁行芝、孔瑞华、沈继成、郑爱兰共同编写的《318种中西药注射剂配伍变化快捷检索表》（即被控侵权作品，以下简称《318表》）大规模抄袭原告作品，侵犯了原告编写的《306表》的著作权。天津科学技术出版社、天津金彩美术印刷有限公司未尽合理注意义务，致使侵权作品得以出版，北京图书大厦对上述侵权作品进行销售，客观上导致了侵权损害结果的扩大，以上被告均应承担相应的民事责任。综上，请求人民法院判令十一被告：（1）立即停止侵犯原告著作权的行为，停止出版、销售《318表》；（2）赔偿原告经济损失人民币252 750元；赔偿原告为制止侵权行为所支付的合理开支人民币1 500元；赔偿原告因诉讼所发生的律师费6 800元；（3）向原告支付精神抚慰金4 000元；（4）向原告公开赔礼道歉，消除侵权影响。

被告北京图书大厦辩称：北京图书大厦进货渠道合法，已经对被控侵权作品的销售尽到了合理的注意义务，请求人民法院驳回原告对于北京图书大厦的诉讼请求。

被告天津科学技术出版社辩称：首先，原告主张权利的《306表》并不是独立创作的作品且缺乏独创性，不属于《著作权法》所保护的作品。其次，原告的《306表》和被告的《318表》在编排和内容上完全不同，仅仅存在类似的表现形式。综上，请求人民法院驳回原告的诉讼请求。

被告丁力、丁德素、丁宇、翟怡、丁行芝、孔瑞华、沈继成、郑爱兰共同辩称：（1）原告的《306表》不具备独创性的表现形式。原告的《306表》中所采用的三角表和方表在汪国芬教授于1960年创作的《24种常用静脉滴注药物配伍禁忌表》和1985年创作的《常用注射剂配伍禁忌表》中即已使用，它们是表达药物之间配伍关系的两种基本表现形式，目前已成为业内公认的配伍表通用表现形式。原告的《306表》表达配伍关系的三角表和方表仍然是采用了上述通用表现形式，仅是进行了一些局部改进，无任何独创性。（2）被告的《318表》不存在对《306表》的抄袭。被告的配伍表是在分析、总结、归纳了大量的配伍文献的基础上，结合多年的临床医药学经验，并在部分实验，推理、推断的前提下独立完成的，在整个直角坐标系中，没有一个配伍变化点与原告配伍表相重叠，根本不存在抄袭原告作品问题，原告所谓的“大量抄袭”并无任何证据予以佐证。更为重要的是，配伍表已发展成为一种不列参考文献的文献综述，绝大多数的数据已属公有领域或业内公知领域。综上，请求人民法院驳回原告的诉讼请求。

被告天津金彩美术印刷有限公司辩称：我方已经将《318 表》的《图书、期刊印制委托书》提交法院，我方的印刷行为是合法的，请求人民法院驳回原告对于天津金彩美术印刷有限公司的诉讼请求。

原审查明事实

原审法院查明：中国医药科技出版社于 2004 年 1 月出版了《306 表》，该表的署名情况如下：主审汤光，主编宗希乙、沈建平。《306 表》包括一个三角表、三个方表和提示几部分内容。在三角表中，三条边上各标注有 171 个药品名称或者药品名称代码，原告将上述药品按照药理作用分为抗感染类药物、作用于中枢神经系统类药物、作用于循环系统类药物、呼吸消化系统类药物、泌尿抗变态反应类、作用于植物神经系统类药物、血液生殖激素及有关药物、调节水电解质酸碱平衡类和解毒抗肿瘤类药物。三角表内存在若干个小方格，方格内标有红色、绿色、黄色或者蓝色等颜色的圆点，或者是空白状态。从说明部分可知，绿色圆点代表可配伍，蓝色圆点代表先稀释，红色圆点代表忌配伍，黄色圆点代表单独用，黑色代表不宜配伍（毒性增加），紫色代表不宜配伍（疗效降低），空白代表无资料。对于三角表的使用方法，沈建平、宗希乙称其用函数及其图像中平面直角坐标系的相关原理和彩色数字条形图形，将所选药物逐一按作用分类后，再用数字编码，数、形结合，制作成图。对病人进行治疗时，如遇到需要配伍应用的药物，查询者只需要在平面直角坐标系上，根据药物分类，找出两药对应的对应点（即上述红色、绿色圆点），即可知道两药的配伍结果。在方表内，原告仍然按照药理作用将三角表未能容纳下的 135 种药品分为抗感染类药物、作用于中枢神经系统类药物、作用于循环系统类药物、消化泌尿系统及其他药物、抗肿瘤类药物，在各药品名称后亦标注有若干药品代码，这些药品代码或用红色、或用绿色、或用蓝色、或用黄色等色彩以显示相应的药品配伍禁忌关系。在提示部分，编者除解释了各种颜色圆点的含义外，还对表中使用的药品名称的来源、使用方法等内容进行了解释。

2004 年 4 月 2 日，沈建平、宗希乙对《306 表》在国家版权局进行了作品的自愿登记并取得了著作权登记证书。

天津科学技术出版社于 2005 年 7 月出版了《318 表》，该表中的署名情况如下：主审汤光，主编丁力、丁德素、丁宇、翟怡，编者丁力、丁德素、丁宇、丁行芝、孔瑞华、沈继成、郑爱兰、翟怡，表中显示的印刷单位为天津美术印刷厂。《318 表》中包括汉字笔画索引、一个三角表和一个方表、说明及特别提示等几部分。三角表的三条边上各有 200 种药品名称或者药品名称代码，表内以红色或者绿色等颜色的圆点表示配伍禁忌关系。在说明部分指出，绿色圆点代表可配伍，红色代表不宜配伍，粉色代表分开注射，浅蓝色代表先稀释，紫色代表毒性增强，深蓝色代表禁忌原因不明，黄色代表单独应用，空白代表缺乏资料。三角表和方表均按照汉语拼音将药品名称排序，以颜色的不同来显示配伍关系的禁忌。天津科学技术出版社于 2005 年 1 月 18 日开具给天津美术印刷厂的《图书、期刊印制委托书》中显示：《318 表》的印数为 3000，印次为第一版第 5 次印刷。

2006 年 9 月 16 日，原告在北京图书大厦购买了《318 表》并取得了相应的销售小票和发票。

另查明，在由中国药学会于 1963 年 11 月编辑出版的《药学通报》中收录的由汪国芬、江兆麟、王宏图撰写的《常用静脉滴注药物的配伍禁忌（摘要)》一文使用了三角表的形式来表现 24 种常用静脉滴注药物配伍禁忌，作者在表中以加减号等方式表达了药物之间的配伍结果。在由山东人民出版社 1972 年出版的《药局技术操作手册》一书中，作者也以三角表的形式制作了 4 张《常用注射药物配伍禁忌表》。在由辽宁人民出版社于 1975 年 11 月出版的《常用药物制剂》一书中包含数百种药物的《注射液物理化学配伍禁忌表》即使用了三角表的形式。在由上海科学技术出版社于 1985 年 6 月出版的《临床药学工作手册》中的“常用注射剂的配伍禁忌”一个章节中的表 1－1 即“常用注射剂配伍禁忌表”使用了方表的形式来体现药物的配伍禁忌关系，表格中分成主配药、禁忌配伍药和禁忌原因几项内容，在禁忌配伍药一栏中也是以数字的形式指代相关的药名。

2005 年 6 月 24 日，天津美术印刷厂经天津市工商行政管理局核准，将企业名称变更为天津金彩美术印刷有限公司。

原审审理结果

原审法院认为：《著作权法》及《著作权法实施条例》所规定的构成可被著作权法所保护的作品是指文学、艺术和科学领域内具有独创性并能以某种有形形式复制的智力成果。作品的独创性是作品取得著作权保护的首要条件，只有具备独创性，才能构成著作权法意义上的作品，也才能够获得相应的法律保护。我国《著作权法》所规定的独创性，并不要求作品必须是前所未有的，但它要求作品必须是作者独立创作完成的，并能够体现作者的个性特征。

根据上述法律规定并纵观本案的事实，《306表》是原告在本案当中主张权利的依据，确定《306表》是否具有独创性即是否构成《著作权法》所保护的作品是判断《318表》是否对其构成侵权的先决问题。正如《306表》的名称所言，该表制作的目的是通过设置一定的检索方式帮助使用者方便和快捷地查找到306种注射液的配伍结果。根据原告向本院所明确的其认为《306表》所具有的独创性的体现包括作品名称、三角表结合方表的特殊表现形式、红绿灯的表现形式、对药品和配伍结果的选择。对此本院认为，首先，从《306表》的名称即《306种注射剂临床配伍应用检索表》来看，该名称选用的均是极为常用的文字表达方式及常用的医学用语，包括原告在内的任何人都无权对此主张独占性的权利或者禁止其他人使用相同或者近似的表达方式。其次，从《306表》所使用的三角表和方表的形式来看，根据现有证据，至少在1963年和1985年已经有人在相同领域为解决相同问题使用了三角表和方表这两种表现形式，仅仅是当时选用的药品数量较少，所以，原告所称的《306表》中所包含的这两种特殊的表现形式并非原告所独创，而是已经成为药物配伍领域经常会选用的一种表现形式，原告对这两种表的结合使用亦不能被称之为具有创作性的智力劳动成果。再次，对于使用红绿灯的形式来表现配伍结果，本院认为，虽然目前尚无证据证明有他人先于原告在相关领域使用了这种红绿灯的表现形式，但正如原告所言，其选择以类似交通信号灯的形式来表现配伍结果正是借助了其已为公众熟知的色彩和含义，这种表现形式无法体现出作品的个性化特征，亦不能使使用了该种表现方式的作品体现出任何的独创性。最后，关于《306表》对于药品和配伍结果的选择是否体现了独创性的问题，本院认为，《著作权法》并不保护作者在其作品中所反映出的思想和观点，也不保护作者所提出的方法，更不保护作品中反映的事实本身，而只保护作品的表现形式。《306表》中所包含的药品是公有领域中不能被任何人所独占的资源，药品的配伍结果是作者的一种观点，它们都不在《著作权法》的保护范围之内。所以，关键的问题是看《306表》对于药品和配伍结果的选择是否具有独创性，也就是说，这种选择是否包含了作者的技巧和判断。本院注意到，《306表》所选用的药品都是在医学领域十分常见或者常用的药品，如果选择的药品范围过大或者过多都可能降低该表的实用性。而对于配伍结果而言，虽然各方当事人均认可在某些药物的配伍关系上存在一些医学上的争议，但绝大部分药物的配伍关系在医药领域还是存在共识或者相对固定。所以，原告对于常用药品和药物配伍关系进行选择的范围有限，即原告能够发挥其主观判断或者体现其创造性劳动的空间很小。当然，本院亦不否认《306表》是原告大量辛勤工作的成果，但无论是从该表的整体还是原告所声称的具有独创性的各个部分来看，它只是对已经存在的现有资源的一种反映或者叠加，而并非通过智力劳动所创造出的成果。更为重要的是，如果将建立在大量已有资源基础上的《306 表》给予原告垄断性的权利，有可能会阻碍科学研究的进一步发展从而损害公众利益，这有违于我国《著作权法》的立法宗旨。

虽然原告已经对《306 表》进行了著作权登记，但根据我国法律的相关规定，我国实行的是作品的自愿登记制度，有关登记机关并不对申请登记的作品进行实质性审查，著作权登记仅具有初步而非确定性的证明效力，其存在与否亦不会对本院对于《306 表》的性质进行的司法认定构成实质性的影响。因此，《306 表》本身并不具备独创性，不应当受到《著作权法》的保护。鉴于此，对于《318 表》是否构成对于《306 表》侵权的问题，本院已无再行评述的必要。

综上，驳回原告沈建平、宗希乙的诉讼请求。

沈建平不服原审判决，提起上诉称：（1）原审判决认定事实不清。《306 表》系上诉人独立创作完成，和前人的作品相比完全能够体现上诉人的个性特征，为此上诉人向原审法院提交了创作《306 表》的证据，原审法院却认为与本案无关，且没有对这一关键事实进行查明。（2）上诉人始终主张保护的是《306 表》的整体，而原审法院却将其割裂为 4 个方面，属于认定错误。（3）上诉人从大量药品的配伍信息中，严格甄别、选择 306 种药品的配伍结果，需要丰富的药学知识和专业技巧，并紧跟医药动态研究成果，在药品配伍的多种选择中选定唯一，用图表表示警示，为更大患者合理用药和生命安全树立一道保护屏障。（4）上诉人的图表三次改版重印，内容上不断更新，其中每一条结论都是上诉人智力劳动的成果，原审法院却认为并非通过智力劳动所创造的成果，没有依据。（5）《306 表》中的配伍内容采用的是红绿灯、彩色线条进行表达，不同于在先的任何配伍表，而原审法院却认为借助了已为公众熟知的色彩和含义就无法体现专业作品的个性化特征的结果没有法律依据。（6）本案涉及的药品配伍表属于专业性很强的作品，而原审法院却对很强的专业性常识作出随意判断。

宗希乙、北京图书大厦、天津科学技术出版社、丁力、丁德素、丁宇、翟怡、丁行芝、孔瑞华、沈继成、郑爱兰、金彩印刷公司服从原审判决。

二审查明事实

二审法院查明事实与原审相同。

二审审理结果

二审法院认为：独创性是作品获得《著作权法》保护的必要条件。所谓作品的独创性，是指作品必须由作者独立创作完成，且创作的作品要具有一定程度的创造性。本案中，沈建平、宗希乙创作的《306 表》是作者根据特定的使用目的，在大量的药品中选择常用的药品，并根据公开的研究成果和临床经验，确定这些药品之间的配伍关系，在此基础上，编排形成的一个便于应用的图表。应当说，该表的创作体现了独创性，符合作品的构成要件。因此，沈建平、宗希乙关于《306 表》应受《著作权法》保护的上诉理由本院予以支持，一审法院关于"《306 表》本身并不具备独创性，不应当受到著作权法的保护"的认定错误，本院予以纠正。

但是，根据本院查明的事实，三角表和方表的基本形式在《306 表》创作之前已经作为表达药品配伍关系的形式存在多年，属于公有领域的常用表达形式，而非沈建平、宗希乙所独创，故应将该部分排除在保护范围之外；将两种图表及提示编排在一起也属于一种非常简单的组合，不具有独创性；而该表中使用彩色圆点表示药品之间的配伍关系，无论是否最早由沈建平、宗希乙使用于药品配伍检索表，都是对公众常用地色彩和图形的运用，亦不具有独创性；同时，药品之间的配伍关系表现的是客观事实，不具有版权性。因此，上述《306 表》的构成要素，均不属于《著作权法》保护的范围。

由于《306 表》的独创性体现在对药品的选择以及将选定药品之间的配伍结果进行编排，据此，将《306 表》与《318 表》进行比较，二者的药品数量相差 10 余种，对于常用药品的配伍变化表，药品的选择范围相对较小，这种差别应属于比较明显；同时，二者在药品的分类、药品排列的顺序等具体编排上也有显著差别，因此，不能认定《318 表》构成对《306 表》的抄袭，故沈建平、宗希乙关于被上诉人构成侵权的上诉理由缺乏事实和法律依据，本院不予支持。

综上，驳回上诉，维持原判。

一审案件受理费 5 276 元，由沈建平、宗希乙负担；二审案件受理费5 276 元，由沈建平负担。

55. “钢琴考级教材”侵犯著作权纠纷案

——中国音乐家协会诉广东新世纪出版社有限公司、广东骏伟文化发展有限公司

原告：中国音乐家协会

被告：广东新世纪出版社有限公司

被告：广东骏伟文化发展有限公司

案由：侵犯著作权纠纷

一审案号：北京市东城区人民法院（2008）东民初字第05781号

一审合议庭组成人员：才雪冬、裴桂华、亓蕾

一审结案日期：2008年11月18日

判决要旨

“新编第一版”是原告根据自己拟定的考试标准，按照钢琴考级由易而难的原则，委托他人将作品、作品片断及其他资料编排而成的作品，在内容选择和编排上具有独创性，属于受我国《著作权法》保护的作品。

起诉与答辩

原告中国音乐家协会诉称：2007年7月，原告下属的音乐考级委员会（以下简称中国音协考级委员会）编纂完成《全国钢琴演奏考级作品集（新编第一版）》（以下简称“新编第一版”），大众文艺出版社出版了该书。该书共分三册，是原告组织的全国钢琴考级教材，著作权归原告所有，封面亦标明“中国音乐家协会社会音乐水平考级教材”。2008年4月，原告发现由被告广东新世纪出版社有限公司（以下简称新世纪出版社）出版，被告广东骏伟文化发展有限公司（以下简称骏伟公司）制作、推广的《全国钢琴演奏作品集（精解篇）》（包括第一至五级、第六至八级及第九至十级三册，以下简称“精解篇”）与“新编第一版”所载曲目、编排、页码完全相同，封面颜色非常相似，显然是抄袭、剽窃了原告的作品。二被告在全国各地大量销售该书，并声称该书是原告推荐的钢琴考级教材，可以代替“新编第一版”，造成“新编第一版”销量明显减少。二被告上述行为严重侵犯了原告对“新编第一版”享

有的著作权，故诉请法院判令：（1）二被告停止在全国范围内的书店和各种渠道销售“精解篇”，并将该书收回销毁。（2）二被告连带赔偿原告经济损失50万元。（3）二被告连带赔偿原告因制止侵权发生的取证费78.7元、律师费15 000元。（4）二被告承担诉讼费用。

被告新世纪出版社辩称：第一，“新编第一版”不是教材而是钢琴考级标准，类似于原劳动和社会保障部与文化部共同制定的《钢琴演奏员国家职业标准》，不具有作品的独创性特征。此外，钢琴考级属于行政行为，“新编第一版”作为考试标准也属于行政文件。因此“新编第一版”依法不产生著作权。第二，即使“新编第一版”有著作权，著作权人也不是原告。该书封面署名的作者是中国音协考级委员会，《社会艺术水平考级管理办法》规定申请艺术考级活动的单位必须有独立法人资格，而文化部公布的考级单位名单中只有“中国音协考级委员会”，且原告关于该委员会是其下属部门的陈述不能作为确认中国音协考级委员会性质的依据，故原告无权以著作权人的名义提出主张。第三，“精解篇”的核心内容是钢琴考级练习的讲解和注释，虽然涉及“新编第一版”的考试标准和曲目，但只是为了说明钢琴考试标准，属于《著作权法》中规定的合理使用。第四，从成本测算表可以看出，“精解篇”发行量较低，获利较少，原告提出的赔偿额没有事实依据，标准过高。综上，不同意原告诉讼请求。

被告骏伟公司辩称：同意被告新世纪出版社的答辩意见。此外，“精解篇”虽标示由骏伟公司“制作、推广”，但被告骏伟公司实际上只是提供排版服务，不是出版发行者。被告骏伟公司排版时创新性地采用了直接在曲谱重点、难点部位画圈提示的方法并详解，再导入专业的图形软件中进行注解排版，均说明骏伟公司的排版是完全独创的。上述两点说明骏伟公司的行为并不构成侵权，故不同意原告诉讼请求。

一审查明事实

一审法院查明：中国音协具有社会艺术考级资格，其组织的钢琴考级系一项全国性的社会艺术考级活动，由中国音协考级委员会具体组织实施。中国音协钢琴考级共分为十级，考生在考某一级别时，从正式出版的考级作品集中选取相应曲目演奏，由评委打分并通过综合评价确定是否通过。通过考级考试的，发给相应的级别证书。

2007年7月6日，原告与周铭孙签订协议，委托周铭孙编纂《全国钢琴演奏考级作品集》，约定该作品集的编者为中国音协考级委员会，原告享有版权，周铭孙作为主编享有署名权，原告支付编纂费3万元。同月，“新编第一版”由大众文艺出版社出版，并按原告与周铭孙的协议约定署名“主编周铭孙”。“新编第一版”一套三册，第一至五级为一册，第六至八级为一册，第九至十级为一册。每级分别包括若干组或若干首中外乐曲，供考级时考生自选或考官抽取考试之用。

2008 年 1 月 15 日，新世纪出版社与袁田就出版“精解篇”签订合同。3 月“精解篇”正式出版，标明：审定周广仁，编注袁田，新世纪出版社及新世纪音像电子出版社出版发行，骏伟公司制作推广。该书整体结构、曲目选择及编排顺序与“新编第一版”相同，但在乐谱上标示有弹奏方法、重点、注意事项等内容，有些乐曲下有“练习要点”等说明。“精解篇”亦分第一至五级、第六至八级及第九至十级三册，每册均使用单独版号并附一张示范录音 CD 光盘，单册定价 32.8 元。该书封面所用底色与“新编第一版”相近，最上方有“中国音乐家协会社会音乐水平考级适用”字样。2008 年 3 月 12 日，骏伟公司向中国音乐著作权协会（以下简称音著协）申请支付“精解篇”所用部分曲目的使用费。4 月 25 日，音著协开具收费证明，该证明中明确收费依据的是“骏伟公司填写的使用申请表”，出版数量是“每册 1 万册”。

本案审理过程中，原告出具确认书，确认中国音协考级委员会系其职能部门之一，负责原告音乐考级及考级教材的编审工作，对外发生的业务（包括签订合同）行为均由原告享有权利和承担义务。中国音协考级委员会亦出具书面材料，除作出上述说明外，亦声明“新编第一版”著作权为原告所有。原告还提交了周铭孙关于“新编第一版”编纂过程的书面证言，周铭孙在证言中明确“新编第一版”的著作权归原告所有；被告新世纪出版社提交袁田关于“精解篇”的编写说明，袁田在说明中提出：“由于中国音协考级委员会编写的‘教材’只是一些考试的要求加上考试曲目的曲谱，并没有具体的练习方法、应试技术和考试要求等的分析和讲解……因此，本人根据考试要求，结合本人的教学经验，在中国音协考级委员会编写的‘教材’上标注练习的要点，并在曲谱上进行教学重点的说明。学生或其家长看到后，往往要求复印本人标注的‘教材’。由此，本人萌生了编写一本真正教材的想法……为方便考生练习并适应考试要求，在教材编写时，是尽量按照中国音乐家协会考级委员会制订的考试要求和标准进行”。此外，被告骏伟公司为支持其辩称意见，委托广东省广州市公证处对原告网站首页、考级、协会简介、协会章程、考务快报、2008 年音乐考级考试科目及相关要求、中国音乐家协会考级活动简介、2008 年中国音乐家协会音乐考级云南、山东考区报名简章、教材教辅、中国音乐家协会音乐考级委员会关于“新编第一版”及配套 VCD 教学光盘订购通知、教材兑奖说明、“新编第一版”实用辅导（四）等内容进行公证。

原告为本案诉讼支出购书费 78.7 元。

一审审理结果

一审法院认为：综合原、被告诉辩意见，本案争议焦点包括四个方面：一是“新编第一版”是否受我国《著作权法》保护，二是原告是否拥有“新编第一版”著作权，三是被告行为是否属于合理使用，四是被告骏伟公司是否仅为“精解篇”的出版提供了排版服务，不应当承担侵权责任。

一、关于“新编第一版”是否受我国《著作权法》保护的问题

第一，原告属于社会团体法人，其组织的钢琴考级系社会艺术水平考试的一种，相关行政机关对该考试的管理仅是对其考试资格、程序等方面的约束和监督，因此原告组织的钢琴考级并非行政行为。第二，“新编第一版”是原告自行制定的考试标准，《钢琴演奏员国家职业标准》属于国家标准，两者制作主体及性质并不相同，因此“新编第一版”不属于行政文件。第三，“新编第一版”是原告根据自己拟定的考试标准，按照钢琴考级由易而难的原则，委托他人将作品、作品片断及其他资料编排而成的作品，在内容选择和编排上具有独创性。因此，“新编第一版”属于受我国《著作权法》保护的作品。

二、关于原告是否拥有“新编第一版”著作权的问题

第一，“新编第一版”系合法出版物，封面署名为“中国音乐家协会考级委员会编”，在无相反证明的前提下，该委员会对“新编第一版”享有著作权。第二，从中国音协考级委员会的名称构成看，其属于原告的一个部门或单位，因此原告就该委员会的性质、职责等所做的确认具有法律效力。该考级委员会提交的书面材料亦对此有所说明。被告提供的证据不是确认考级委员会性质的法律文件，不足以支持其关于考级委员会是法人单位的主张。故原告对考级委员会所为的民事行为享有权利、承担义务。第三，“新编第一版”属于委托创作作品，按照原告与作者的约定，该作品的著作权归原告所有。因此，原告对“新编第一版”拥有著作权。

三、被告行为是否属于合理使用的问题

“精解篇”从整体上看是对“新编第一版”的注释和说明，其中对于练习要点的说明和部分曲目弹奏重点、难点的指导包含有作者的创造性劳动，属于演绎作品。但是，由于“精解篇”是以“新编第一版”为主体演绎而成，其核心内容是“新编第一版”，因此被告的行为不在合理使用范畴之内。

四、被告骏伟公司是否仅为“精解篇”提供了排版服务，不应当承担侵权责任的问题

“精解篇”版权页标明被告骏伟公司“制作、推广”，从一般文意上理解，

“推广”即有向社会推行之意，与“发行”之意相近，加之音著协收费证明上的申请人也是骏伟公司，均可说明被告骏伟公司参与了“精解篇”的制作、发行工作，故其关于仅提供排版服务，不应当对侵权行为承担责任的主张，不能成立。

综上，本院认为被告新世纪出版社、骏伟公司在出版、发行“精解篇”过程中，未尽合理注意及审查义务，未经许可使用原告作品且未支付报酬，侵犯了原告的著作权，应当承担停止侵权、赔偿损失的民事责任。原告要求二被告停止销售“精解篇”理由正当，应予支持。但是，由于责令二被告停止销售已能够达到制止侵害目的，收回销毁该书存在损害善意第三方利益及浪费社会资源等问题，同时亦不属于承担民事责任的法定方式，故原告关于收回、销毁“精解篇”一书的诉讼请求，本院不予支持；原告作为著作权人以“精解篇”出版造成“新编第一版”销量减少为依据计算损失不当，其要求赔偿标准过高且无其他证据支持。被告提交的成本测算表原告不予认可且无其他证据佐证，不能作为判断二被告出版、发行“精解篇”获利的依据。因此，本院将根据“新编第一版”的性质、原告委托他人编纂“新编第一版”支出的费用、“精解篇”定价及发行数量、演绎作品的稿酬标准、二被告主观过错程度等对赔偿数额予以酌定，原告因诉讼支出的合理费用本院亦酌予考虑。

综上所述，依照《中华人民共和国著作权法》第10条第1款第（5）~（6）项及第3款、第12条、第17条、第47条第（1）项、第48条第2款，《最高人民法院关于审理著作权民事纠纷案件适用法律若干问题的解释》第7条、第25条第1~2款、第26条第1款之规定，判决如下：

一、被告广东新世纪出版社有限公司、被告广东骏伟文化发展有限公司自本判决生效之日起停止销售《全国钢琴演奏作品集（精解篇）》一书。

二、被告广东新世纪出版社有限公司、被告广东骏伟文化发展有限公司于本判决生效之日起十五日内赔偿原告中国音乐家协会经济损失及合理支出7万元。

三、驳回原告中国音乐家协会其他诉讼请求。

案件受理费8 951元，中国音乐家协会负担2 951元，广东新世纪出版社有限公司、广东骏伟文化发展有限公司共同负担6 000元。

各方当事人均服从一审判决。

56. “小兔座便器”等实用艺术品侵犯著作权纠纷案

——欧可宝贝有限公司诉慈溪市佳宝儿童用品有限公司、北京乐友达康科技有限公司

原告： 欧可宝贝有限公司
被告： 慈溪市佳宝儿童用品有限公司
被告： 北京乐友达康科技有限公司
案由： 侵犯著作权纠纷

一审案号： 北京市第二中级人民法院（2008）二中民初字第12293号
一审合议庭成员： 张晓津、张剑、樊静馨
一审结案日期： 2008年11月25日

判决要旨

美术作品是指绘画、书法、雕塑等以线条、色彩或者其他方式构成的有审美意义的平面或者立体的造型艺术作品。涉案“小兔座便器”等将动物形象与儿童使用的座便器、座便器垫和沐浴躺椅相结合，造型独特，具有审美意义和艺术性、独创性和可复制性，符合《著作权法》规定的作品的构成要件，属于《著作权法》保护的美术作品。

起诉与答辩

原告欧可宝贝有限公司（以下简称欧可宝贝公司）起诉称：该公司系于1976年在意大利登记成立的公司，长期从事儿童用品的设计、生产和销售，其“OKBABY”品牌系列产品在国际市场上享有广泛的知名度。1998年1月，欧可宝贝公司设计完成了Spidy小兔座便器；2000年2月设计完成了Ducka小鸭座便器垫；2001年1月设计完成了Buddy小熊洗浴躺椅。上述三个作品具有艺术性，造型独特，富有美感，应当作为实用艺术作品受到《著作权法》的保护。鉴于意大利和中国同为《伯尔尼保护文学和艺术作品公约》的成员国，故欧可宝贝公司的上述作品应受中国《著作权法》保护。2008年，原告发现被告佳宝公司在其网址为“http：//www.chinajiabao.com”的网站上公开宣传和销售与上三个作品完全相同的JBB、JBD、JBR产品。而且，被告佳宝

公司的产品还通过被告乐友达康公司经营的“乐友网”进行销售。原告认为，二被告的上述行为侵犯了原告的著作权。故诉至法院，请求判令二被告停止侵权，判令被告佳宝公司赔偿原告经济损失及诉讼合理支出50万元。

被告慈溪市佳宝儿童用品有限公司（以下简称佳宝公司）答辩称：第一，原告欧可宝贝公司主张的涉案三款产品并未在中国取得外观设计专利权，且意大利和中国的《著作权法》均没有保护实用艺术作品的规定，原告在中国请求保护实用艺术作品著作权于法无据；第二，原告主张权利的上述产品中的动物形象，是儿童用品中的惯常设计，不具有独创性，且上述产品不具有审美意义和艺术性，因此不应作为实用艺术作品受到《著作权法》的保护；第三，佳宝公司与原告曾于2005年3月10日签订许可协议，依据该协议原告许可佳宝公司使用涉案三款产品的外观设计，因此佳宝公司并未侵犯原告的权利。由于原告未依约提供其设计的新产品，故佳宝公司自2007年起未向原告支付许可使用费用，也未生产销售涉案三款产品，原告购买到的涉案产品应系其2006年生产的库存产品，且涉案产品与原告的产品存在差别，二者不相同也不相近似。因此，请求法院驳回原告的诉讼请求。

被告北京乐友达康科技有限公司（以下简称乐友达康公司）答辩称：该公司认可曾销售涉案三款产品，但其销售的涉案产品有合法来源，且其事先并不知道涉案三款产品是否侵犯了原告欧可宝贝公司的著作权。即使涉案产品为侵权产品，乐友达康公司也不应承担赔偿责任。因此，请求法院驳回原告的诉讼请求。

一审查明事实

一审法院查明：欧可宝贝公司于1976年5月17日成立，其原名为STAMP S. R. L.，于2001年变更为现名。

皮埃尔·安格罗·埃利系欧可宝贝公司总经理，其主要负责儿童用品的设计和研发。自1998年至2001年间，其先后设计完成了Spidy小兔座便器、Ducka小鸭座便器垫及Buddy小熊沐浴躺椅。根据意大利相关法律及其与欧可宝贝公司的约定，其认可上述三个作品的所有知识产权均属于欧可宝贝公司所有。

1998年、2000年和2001年，欧可宝贝公司分别将设计完成的Spidy小兔座便器、Ducka小鸭座便器垫及Buddy小熊沐浴躺椅产品向世界知识产权组织国际局申请了工业外观设计。在欧可宝贝公司的2000年、2001年及2002年产品宣传册上对上述三款产品进行了宣传。欧可宝贝公司提交了相关销售发票证明厦门市员当工贸发展有限公司曾于2001年、2002年向欧可宝贝公司购买涉案三款产品并进行公开销售，厦门市员当工贸发展有限公司还出具了其2001年购买相关产品的情况说明。

2005年3月10日，欧可宝贝公司与佳宝公司签订许可协议。协议约定，欧可宝贝公司授权佳宝公司生产销售JBB、JBB－A、JBD、JBZ、JBP、JBH、JBY、JBR产品，上述产品仿自于欧可宝贝公司的“Vasino Spidy 782，Vasino Relax 709，Ducka 785，Sirius 720，Onda 790，Corall 792，Buddy 794，Flipper 796”。授权权利金的计算，对于佳宝公司在中国境内销售的Okbaby产品，以销售净价的2%向欧可宝贝公司支付；对于佳宝公司出口到其他市场的Okbaby产品，以净价的3%支付。授权期限自2005年3月10日至2008年3月31日。该授权同意书须于双方签署后21日内呈交中国贸促会或其他中国公证单位加以公证，确立其有效性。该协议所附产品图片包括JBB、JBD、JBR产品。

上述协议签订后，欧可宝贝公司向佳宝公司提供了涉案三款产品设计，佳宝公司主张由于欧可宝贝公司未向其提供其他产品设计，故自2007年起未再向其支付费用，2007年前曾向欧可宝贝公司支付费用约7 000美元。欧可宝贝公司主张佳宝公司曾向其支付许可使用费人民币20万元。但欧可宝贝公司主张上述协议签订后，并未依约向中国贸促会或相关部门报送，因此该协议并未生效。

经欧可宝贝公司的代理人周丹丹申请，中华人民共和国北京市国信公证处于2008年4月18日对网址为“www. chinajiabao. com”的佳宝公司网站的相关网页内容进行了保全。其中“产品介绍”栏目中包括意大利OKBABY授权系列和佳宝公司自主系列，OKBABY授权系列中包括JBB、JBD、JBR产品。

经欧可宝贝公司的代理人周丹丹申请，中华人民共和国北京市国信公证处于2008年5月5日对网址为“http：//leyou. com”的“乐友婴儿用品网上专卖店”网站的相关网页内容进行了保全，包括周丹丹通过该专卖店购买红色和黄色佳宝－趣味便壶及佳宝－儿童座便器垫的相关网页内容，上述产品的会员价均为38元。送货后，乐友达康公司出具了北京增值税普通发票。

乐友达康公司认可其曾销售涉案三款产品，并主张上述产品来源于北京新科能科技开发有限公司及北京骏能科技发展有限公司，联系人均为翟庆茂。为证明其上述主张，乐友达康公司向本院提交了入库单及经销合同。欧可宝贝公司对此予以认可。

2008年3月乐友达康公司的入库单表明，编号为JBB的佳宝趣味便壶入库数量总计240个，单价为32元；编号为JBD的佳宝儿童座便器垫的入库数量为160个，单价为30元；供应商为北京新科能科技开发有限公司，送货人为翟庆茂。

2008 年 5 月 1 日，乐友达康公司作为甲方与乙方北京骏能科技发展有限公司签订《2008 年乐友经销合同》。该合同乙方的签章处签有翟庆茂的名字。该合同约定，甲方为乙方“佳宝”品牌系列产品的经销商，合作期限自 2008 年 5 月 1 日至 2008 年 12 月 31 日。

经比对，涉案 JBB、JBD、JBR 产品与欧可宝贝公司主张权利的 Spidy 小兔座便器、Ducka 小鸭座便器垫及 Buddy 小熊沐浴躺椅三款产品相比，除个别部位存在细微差异外，二者基本相同。

另查，欧可宝贝公司为本案支出公证费人民币 1 500 元；翻译费人民币 10 109元；律师费 15 177 美元，折算人民币约 102 900 元。

一审审理结果

一审法院认为：本案争议的焦点问题是原告欧可宝贝公司的涉案 Spidy 小兔座便器、Ducka 小鸭座便器垫及 Buddy 小熊沐浴躺椅是否为我国《著作权法》所保护的作品，被告佳宝公司制造、销售涉案 JBB、JBD、JBR 产品、被告乐友达康公司销售涉案产品是否侵犯了原告欧可宝贝公司的著作权，是否应承担相应的法律责任。

第一，关于原告欧可宝贝公司主张权利的涉案 Spidy 小兔座便器、Ducka 小鸭座便器垫及 Buddy 小熊沐浴躺椅是否为我国著作权法所保护的作品问题。

我国《著作权法》规定，外国人、无国籍人的作品根据其作者所属国或者经常居住地国同中国签订的协议或者共同参加的国际条约享有的著作权，受本法保护。鉴于中国与意大利同为《保护文学和艺术作品伯尔尼公约》的成员国，因此原告欧可宝贝公司享有的著作权应受我国著作权法保护。

根据我国《著作权法》的相关规定，美术作品是指绘画、书法、雕塑等以线条、色彩或者其他方式构成的有审美意义的平面或者立体的造型艺术作品。涉案 Spidy 小兔座便器、Ducka 小鸭座便器垫及 Buddy 小熊沐浴躺椅，将动物形象与儿童使用的座便器、座便器垫和沐浴躺椅相结合，造型独特，具有审美意义和艺术性、独创性和可复制性，符合我国《著作权法》规定的作品的构成要件，应当受到我国《著作权法》的保护。被告佳宝公司主张我国《著作权法》没有保护实用艺术作品的相关规定，上述三个作品中的动物形象属于儿童用品中的惯常设计，不具有独创性亦不具有艺术性，不应受到我国《著作权法》的保护，依据不足，本院不予采纳。根据上述三个作品的设计完成人皮埃尔·安格罗·埃利与原告欧可宝贝公司之间的约定，上述三个作品的著作权应归属原告欧可宝贝公司。

第二，关于被告佳宝公司制造、销售涉案 JBB、JBD、JBR 产品、被告乐友达康公司销售涉案产品是否侵犯了原告欧可宝贝公司的著作权，是否应承担相应的法律责任问题。

经比对，涉案 JBB、JBD、JBR 产品与原告主张权利的 Spidy 小兔座便器、Ducka 小鸭座便器垫及 Buddy 小熊沐浴躺椅三款产品相比，除个别部位存在细微差异外，二者基本相同。因此，涉案 JBB、JBD、JBR 产品属于与原告欧可宝贝公司享有著作权的涉案作品相近似的产品。被告佳宝公司主张涉案产品与原告主张权利的产品相比存在差别，二者不相同也不近似，缺乏依据，本院不予采信。

根据本案查明的事实，被告佳宝公司曾于 2005 年与原告欧可宝贝公司就包括涉案三款产品在内的相关产品设计签订许可协议，授权使用期限至 2008 年 3 月。被告佳宝公司在授权期满后，未经原告欧可宝贝公司的许可，继续制造、销售与涉案 Spidy 小兔座便器、Ducka 小鸭座便器垫及 Buddy 小熊沐浴躺椅相近似的涉案 JBB、JBD、JBR 产品，侵犯了欧可宝贝公司就上述作品所享有的著作权，应当承担停止侵权和赔偿损失的法律责任。虽然原告欧可宝贝公司主张由于其与佳宝公司签订的许可协议未向中国贸促会或相关部门报送，该协议并未生效，但被告佳宝公司已依约向其支付了部分使用费，欧可宝贝公司亦依约提供了产品设计，双方实际履行了上述许可协议，因此上述许可协议应已生效。原告主张上述许可协议未生效，依据不足，本院不予采纳。鉴于原告与佳宝公司并未就上述许可协议的纠纷进行处理，故原告以被告佳宝公司自 2007 年起未依约支付许可使用费而指控被告自 2007 年起侵犯了其享有的著作权，缺乏依据，本院不予支持。

虽然被告乐友达康公司已举证证明所销售的涉案三款产品具有合法来源，但其销售的系侵权产品，故其应承担停止销售的法律责任。

综上，被告佳宝公司在授权期满后制造、销售，被告乐友达康公司销售的涉案三款 JBB、JBD、JBR 产品侵犯了原告欧可宝贝公司对涉案 Spidy 小兔座便器、Ducka 小鸭座便器垫及 Buddy 小熊沐浴躺椅所享有的著作权，原告欧可宝贝公司请求法院判令被告佳宝公司承担停止侵权、赔偿经济损失的法律责任，请求法院判令被告乐友达康公司承担停止侵权的法律责任的主张，理由正当，本院予以支持。关于赔偿经济损失的数额问题，原告所提赔偿请求数额过高，且缺乏充分证据予以证明，故本院不予全额支持。本院将根据本案的具体情况，综合考虑被告佳宝公司侵权的方式、范围、主观过错程度等因素，酌情确定被告佳宝公司赔偿原告经济损失的数额。

本院依据《中华人民共和国著作权法》第 2 条第 2 款，第 3 条第（4）项，第 10 条第 1 款第（5）~（6）项、第 2 款，第 47 条第（1）项，第 48

条，第52条之规定，判决如下：

一、自本判决生效之日起，慈溪市佳宝儿童用品有限公司、北京乐友达康科技有限公司停止涉案侵犯欧可宝贝有限公司涉案Spidy小兔座便器、Ducka小鸭座便器垫及Buddy小熊沐浴躺椅作品著作权的行为。

二、慈溪市佳宝儿童用品有限公司于本判决生效之日起十日内赔偿欧可宝贝有限公司经济损失人民币10万元及因本案诉讼支出的合理费用人民币2万元。

三、驳回欧可宝贝有限公司的其他诉讼请求。

案件受理费人民币8 800元，由欧可宝贝有限公司负担人民币2 800元，由慈溪市佳宝儿童用品有限公司负担人民币6 000元。

各方当事人均服从一审判决。

57. 影片《卡拉是条狗》侵犯著作权纠纷案

——国家广播电影电视总局电影卫星频道节目制作中心诉
湖北省广播电视总台、鼎视数字电视传媒有限公司、
广州市中和文化传播有限公司

原告：国家广播电影电视总局电影卫星频道节目制作中心
被告：湖北省广播电视总台
被告：鼎视数字电视传媒有限公司
被告：广州市中和文化传播有限公司
案由：侵犯著作权纠纷

一审案号：北京市东城区人民法院（2008）东民初字第4539号
一审合议庭成员：裴桂华、亓蕾、李锋
一审结案日期：2008年12月16日

判决要旨

根据《著作权法》第22条第（2）项的规定，引用他人作品内容则是为了支持本人的观点或者说明某一问题，本人的创作内容应当占据新作品的主要部分。涉案节目主要由主持人介绍和影片剪辑片段两部分组成，前者所占整个节目时长的比例约为3%，而影片剪辑片断所占比例约为97%，已经不属于介绍、评论他人作品的作品，而是通过剪辑等方式形成的作品，不属于法律规定的合理使用范畴。

起诉与答辩

原告国家广播电影电视总局电影卫星频道节目制作中心（以下简称电影卫星频道）诉称：原告依法享有电影《卡拉是条狗》（以下简称涉案影片）的专有电视播出权和为宣传目的剪辑影片片段的权利。2007年10月，原告发现被告湖北电视台未经许可，在其开办的数字付费电视《碟市》频道《尝鲜坊》栏目（以下简称涉案节目）中播出涉案影片，侵犯了原告享有的上述权利。被告中和公司、鼎视公司分别为涉案节目的制作人及集成销售运营商，与湖北

电视台属于共同侵权人。三被告的行为给原告造成重大经济损失，依法应承担侵权责任，故诉请法院判令三被告：一、立即停止对涉案影片的侵权播出和销售行为。二、共同赔偿原告经济损失4万元以及合理开支3 000元。三、承担本案诉讼费用。

被告湖北省广播电视总台（以下简称湖北电视台）辩称：第一，湖北电视台并未侵犯原告主张的专有电视播出权。一方面原告没有提供充分证据证明其拥有涉案影片的专有电视播出权。另一方面，即使原告享有涉案影片的专有电视播出权，其权利客体也是完整的涉案影片，不包括影片片段。第二，原告提交的协议中关于许可原告为宣传目的剪辑影片片段的约定没有法律效力。一是该约定与协议中"使用该影片时，要保证该影片的完整性，除广播电影电视总局（以下简称广电总局）电影局审查组意见外，不得修改和删减"的约定相矛盾。由此可以说明原告只是被许可在电视上完整播出整部电影，而不是部分电影。二是绝对禁止使用他人作品片段的约定违反了《中华人民共和国著作权法》（以下简称《著作权法》）关于合理使用的规定，侵犯了第三人合理使用他人作品的权利。三是该约定仅将出于宣传目的剪辑片段的权利授予原告，而涉案节目是为了介绍、评论影片的碟片而制作的电视资讯节目，二者显属不同目的、不同性质的作品。第三，被告湖北电视台在涉案节目中引用影片片段，属于《著作权法》第22条第（2）项规定的合理使用范畴，与原告无关。涉案节目引用涉案影片时长较短且均为不连贯的片段，该引用行为没有影响涉案影片的正常使用，也没有不合理地损害著作权人的合法权利。即使超出合理使用界限，侵害的也只是著作权人对作品的复制权，不是原告主张的播映权，故与原告无关。第四，被告湖北电视台《碟市》频道节目的供应商系中和公司，依据湖北电视台与中和公司的约定，如果节目内容侵犯他人权利应由中和公司承担责任。第五，《碟市》频道虽为付费频道，但仍处于试播阶段，并未向终端用户收取任何费用。原告仅出示了两份许可协议且无已经履行的证据，不足以证明其赔偿要求的合理性，故其赔偿请求没有事实和法律依据。综上，不同意原告诉讼请求。

被告广州市中和文化传播有限公司（以下简称中和公司）辩称：同意湖北电视台答辩意见。涉案节目为电影资讯类节目，仅仅使用了涉案电影很短的片段，属于《著作权法》规定的合理使用。在美国出于介绍目的制作的电影资讯类节目使用影片连续画面不超过6分钟，一部100分钟左右的影片使用不超过3个这样时长的片段，均不应认为是侵权行为。中和公司没有实施侵权行为，也未造成对原告权利的损害，故不同意原告诉讼请求。

被告鼎视数字电视传媒有限公司（以下简称鼎视公司）辩称：同意湖北

电视台的答辩意见。鼎视公司仅是付费电视频道的集成和传输运营机构。按照相关规定不能擅自截传、拒绝传输或拒绝接入经依法批准的付费频道，集成、传输过程中不能对相关电视节目内容进行调整、变更，对节目内容也没有审查权力和审查义务。综上，不同意原告诉讼请求。

一审查明事实

一审法院查明：涉案影片出品方为北京华谊兄弟太合影视投资有限公司（以下简称华谊兄弟公司），该片于 2003 年 1 月获得公映许可，整片时长为 101 分钟。同年 11 月 13 日，华谊兄弟公司出具《授权书》，将该片的电视播映权授予原告。11 月 28 日，华谊兄弟公司（作为甲方）与原告（作为乙方）签订《影片使用权许可合同》，约定甲方同意乙方在国内（不含港、澳、台三地）范围内使用涉案影片，授权类型为专有使用权，期限为自可播之日起 50 年，使用方式包括电视播映权、为宣传目的剪辑该影片片段及以该影片为素材发行宣传品的权利等。双方同时约定，乙方在使用涉案影片时，要保证影片的完整性，除广电总局电影局审查组意见外，不得修改和删减。

《碟市》系湖北电视台经批准开办的数字电视付费频道，节目设置范围包括提供影音碟片市场资讯及相关服务等。2006 年 1 月，湖北电视台与中和公司签署《合作协议》，约定中和公司为《碟市》组织、制作并提供拥有合法视频节目版权授权的视频类内容资源和服务。双方共同协商完成上述合作中节目的策划工作，湖北电视台保有节目策划、编排、终审、传输及播出、营销推广的权利，并有对中和公司提供节目的内容、服务和相关资源的终审权，如因中和公司提供的节目产生版权归属或侵权纠纷，由中和公司承担全部法律责任。协议签订后，中和公司如约制作了多期电影资讯类节目并在《碟市》频道播出。涉案节目于 2007 年 10 月 23 日在该频道“珍藏”栏目播出，节目总时长 29 分 53 秒，主要包括两部分。第一部分为主持人介绍，时长 51 秒。第二部分为剪辑的涉案影片片段，时长 29 分 02 秒。

数字付费电视频道由经批准的机构（包括鼎视公司）集成、传输后，通过各地有线电视接入服务机构将电视信号传输至终端用户并收取费用，再由各方分配收取的费用。涉案节目由鼎视公司以上述方式集成、传输在全国范围播出并向湖北电视台收取费用。按照有关规定，鼎视公司不得擅自对付费频道的内容进行调整、变更，不得擅自拒绝集成依法经批准的付费频道。发现涉案节目后，原告曾就此要求鼎视公司停止播放行为，鼎视公司回函称其仅是该频道的集成销售主体，对播出内容是否侵权不承担责任。目前北京地区尚未对数字付费电视频道收取费用。

本案审理过程中，原告出示与北京电视台、上海文广新闻传媒集团节目营销中心签订的两份协议。上述协议表明，原告许可北京电视台一次播放电影《太行山上》及许可上海文广新闻传媒集团节目营销中心一次播放电影《二十五个孩子一个爹》的费用均为7万元。另，原告为包括本案在内涉及其他影片的七个案件支出律师费2万元。

一审审理结果

一审法院认为：电影作品的著作权由制片者享有。使用他人作品应当与著作权人订立使用许可合同。被许可人获得专有使用权时，可以排除他人以与其相同的方式使用相关作品，并对侵犯其权利的行为提出主张。据此，本案各方当事人的争议焦点主要包括以下四个方面：

一、原告对涉案影片享有何种权利的问题

涉案影片制片人为华谊兄弟公司，在无相反证明的情况下，该公司享有涉案影片的著作权，可以将全部或部分权利许可原告行使。按照华谊兄弟公司与原告的约定，原告获得的专有使用权包括"电视播映权"和"为宣传目的剪辑该影片片段及以该影片为素材发行宣传品的权利"。从文义理解，"电视播映权"应当是通过电视播映涉案影片的权利，包括播放整部影片和影片片断，但从双方合同约定原告可以行使剪辑影片片段的权利分析，"电视播映权"在该合同中的含义应专指播映整部影片的权利，故原告获得的"电视播映权"应指通过电视播映整部涉案影片的权利。关于"为宣传目的剪辑该影片片段及以该影片为素材发行宣传品的权利"，从文义上可以理解为权利人许可原告在对涉案影片进行剪辑的基础上，加入其他要素制作成为一部旨在宣传该片的新作品，实质上是许可原告改变原作品创作出新的作品的权利，从法律规定的著作权权项考量，该权利应归属于改编权范畴。至于双方关于除广电总局电影局审查组意见外不得修改和删减涉案影片的约定，属于华谊兄弟公司行使保护作品完整权的条款，与其授权原告行使剪辑影片片段的权利并不冲突。

二、涉案节目使用涉案影片是否属于合理使用的问题

《著作权法》第22条第（2）项规定：为介绍、评论某一作品或说明某一问题，在作品中适当引用他人已经发表的作品，可以不经著作权人许可，也无须支付报酬。根据该条规定，行为人使用他人作品是为了形成具有独创性的新作品，引用他人作品内容则是为了支持本人的观点或者说明某一问题，本人的创作内容应当占据新作品的主要部分。因此，上述条款中的适当引用，当然排除将他人作品作为自己作品主要内容的情形。涉案节目主要由主持人介绍和影片剪辑片段两部分组成，前者所占整个节目时长的比例约为3%，而影片剪辑

片断所占比例约为97%，显然已经不属于介绍、评论他人作品的作品，而是通过剪辑等方式形成的作品，故不属于上述法律规定的合理使用范畴。

三、使用涉案影片是否侵犯原告权利的问题

《著作权法》意义上的专有使用权主要包括两方面权利：一是被授权人以约定的方式使用作品的权利，二是被授权人排除他人以同样方式使用作品的权利。原告与权利人签订的合同已经明确其获得的是专有使用权，故其可以以上述两种方式行使权利。如第一条所述，原告所获授权包括以播映整部影片为内容的电视播映权及以为宣传目的剪辑影片为主要内容的改编权。涉案节目通过电视播放，播映涉案影片时长约达到整部影片时长的25%，会对原告播映整部影片产生一定影响，故构成了对原告享有的电视播映权的侵犯；原告获得相应的改编权后，由于该权利属于专有权利，他人再以此种方式使用涉案影片即构成对原告此项专有使用权的侵犯。涉案节目内容主要是对涉案影片进行介绍，属于宣传行为，涉案节目制作方式是剪辑涉案电影片段，与原告所获得的为宣传目的剪辑该影片片段权利行使方式相同，故构成了对原告相关专有使用权的侵犯。

四、三被告在涉案侵权行为中应当承担何种责任的问题

根据已查明的事实，涉案节目系湖北电视台与中和公司合作制作，故二者应对相关侵权行为承担共同侵权的法律责任。鼎视公司既是《碟市》频道节目传播的技术服务提供者，也是销售者之一，其虽然对播出内容无权拒绝集成、传输、更改或删减，但其行为是涉案节目播出不可或缺的环节。在《碟市》频道播出内容侵犯他人权利时，鼎视公司作为销售者应承担停止侵权的法律责任。鼎视公司作为数字电视技术集成以及传输主体，在对所传输的数字电视节目内容来源于经国家相关部门批准开办的数字电视付费频道进行审查确认后，即已经尽到了审查义务，故不应承担侵权赔偿责任。但应指出，鼎视公司在通过集成、传输和销售涉案节目获利的同时，亦应承担一定义务，即从避免侵权行为持续给权利人带来更大损失的角度出发，鼎视公司在收到原告发送的侵权通知后，应当及时向湖北电视台通告有关情况并做出提示。本案中，鼎视公司未提供证据证明其履行了此项义务，对本次诉讼的产生亦应负一定责任。

基于以上意见，中和公司、湖北电视台制作、播放，鼎视公司集成、传输涉案节目的行为，侵犯了原告就涉案影片享有的专有使用权，原告要求中和公司、湖北电视台、鼎视公司停止侵权之诉讼请求，于法有据，应予支持。但原告要求鼎视公司承担赔偿责任之诉讼请求，缺乏法律依据，本院不予支持。由于原告提供的两份协议仅能证明播放整部影片的收费情况，不足以支持其提出

的赔偿数额要求，加之其未举证证明被告获利情况，故本院将综合考虑涉案影片知名度、原告所获权利、被告主观过错、有线数字付费频道运营收费状况等酌定赔偿数额。原告为诉讼支出的合理费用，亦参照上述因素酌情确定。

综上所述，依照《中华人民共和国著作权法》第 10 条第 1 款第（14）项、第 2 款，第 22 条第（2）项，第 46 条第（11）项，第 48 条第 2 款；《中华人民共和国著作权法实施条例》第 24 条；《最高人民法院关于审理著作权民事纠纷案件适用法律若干问题的解释》第 25 条第 1、2 款，第 26 条第 1 款之规定，判决如下：

一、被告湖北省广播电视总台、广州市中和文化传播有限公司、鼎视数字电视传媒有限公司于本判决生效之日起，停止制作、播出包含有影片《卡拉是条狗》剪辑片段的涉案电视节目。

二、被告湖北省广播电视总台、广州市中和文化传播有限公司于本判决生效后十日内赔偿原告国家广播电影电视总局电影卫星频道节目制作中心经济损失及合理支出 9 000 元。

三、驳回原告国家广播电影电视总局电影卫星频道节目制作中心其他诉讼请求。

一审案件受理费 1 875 元，由国家广播电影电视总局电影卫星频道节目制作中心负担 1 200 元，湖北省广播电视总台和广州市中和文化传播有限公司负担 600 元，鼎视数字电视传媒有限公司负担 75 元。

各方当事人均服从一审判决。

58. 测量数据侵犯著作权纠纷案

——北京中地联合房地产评估有限公司诉北京紫玉山庄房地产开发有限公司、涿州博友会计师事务所有限责任公司

原告（上诉人）：北京中地联合房地产评估有限公司
被告（被上诉人）：北京紫玉山庄房地产开发有限公司
被告（原审被告）：涿州博友会计师事务所有限责任公司
案由：侵犯著作权纠纷

原审案号：北京市朝阳区人民法院（2007）朝民初字第14915号
原审合议庭成员：普翔、吕贺芬、刘长青
原审结案日期：2007年9月20日
二审案号：北京市第二中级人民法院（2007）二中民终字第17974号
二审合议庭成员：何暄、周晓冰、葛红
二审结案日期：2008年12月17日

判决要旨

用通过测量和计算取得的阿拉伯数字来表达的数据，不具有《著作权法》意义上对作品所要求的独创性，不构成著作权意义上的作品。

起诉与答辩

原告北京中地联合房地产评估有限公司（以下简称中地评估公司）诉称：2006年9月6日，我公司和北京紫玉山庄房地产开发有限公司（以下简称紫玉开发公司）签订了一份《房屋拆迁评估委托协议》（以下简称《评估协议》），该协议约定，紫玉开发公司委托我公司为其河北涿州项目用地内的房屋和附属物进行评估。此后，我公司按照协议完成了评估并将评估报告提交给了紫玉开发公司。但紫玉开发公司以种种理由为借口至今未付40余万元的余款。此后，我公司发现紫玉开发公司又委托涿州博友会计师事务所有限责任公司（以下简称涿州会计公司）对该项目继续评估，并将我公司的评估报告提交给了涿州会计公司。而涿州会计公司未经我公司许可，将我公司评估报告的数据和内容以其名义进行公示。我公司认为，紫玉开发公司将我公司评估报告

中的测量数据和我公司独立计算的评估数据超出合同目的交付涿州会计公司使用，并由涿州会计公司署名的行为，侵犯了我公司的著作财产权和署名权。故我公司诉至法院，请求法院判令：紫玉开发公司停止许可涿州会计公司在我公司报告上署名的行为，并在我公司报告上正确署名，赔偿我公司损失和合理费用1万元；涿州会计公司停止使用我公司享有著作权的报告；紫玉开发公司和涿州会计公司共同赔偿我公司经济损失5万元。

被告紫玉开发公司辩称：第一，依据《评估协议》，我公司有权基于特定目的使用中地评估公司提交我公司的评估数据。第二，中地评估公司单方要求提高评估款是导致《评估协议》无法继续履行的原因。在此情况下，我公司为了避免损失扩大只能另行委托涿州会计公司继续评估。第三，中地评估公司在本案中主张的评估数据的使用权，属于《评估协议》争议的合同纠纷，而中地评估公司同时就此已经提出了合同违约之诉，属于诉权竞合。中地评估公司主张的违约之诉完全可以补偿其主张的损失。综上，我公司不同意中地评估公司的全部诉讼请求，要求法院驳回。

被告涿州会计公司辩称：第一，我公司使用的评估数据系紫玉开发公司提供，该公司系涉案评估项目的唯一实测人；第二，评估数据属于客观事实的描述，不是著作权保护的对象；第三，我公司出具的评估报告系我公司独立完成没有侵犯中地评估公司的署名权；第四，中地评估公司已经提起了针对《评估协议》对紫玉开发公司的违约之诉，不应再提起具有竞合关系的侵权之诉。综上，我公司不同意中地评估公司的全部诉讼请求，要求法院驳回。

原审查明事实

原审法院查明：2006年9月6日，紫玉开发公司（作为合同甲方）和中地评估公司（作为合同乙方）签订了一份《评估协议》，约定："甲方因涿州市码头镇张村项目建设用地委托乙方对该项目用地范围内被拆迁房屋（含装修）、附属物按照河北涿州有关规定进行估价"。

《评估协议》签订后，中地评估公司进行了实地测量工作，并将相应的测量数额底单交付给了紫玉开发公司。

中地评估公司在诉讼中提交了一份评估报告，报告的附件包括评估明细表，该表格中包括的内容有：房屋部分物理状况的测量数据和价值评估数据以及附属物物理状况的测量数据和价值评估数据。

原审审理结果

原审法院认为：我国《著作权法》所保护的对象是具有独创性的作品。

现在中地评估公司主张其测量和计算的数据，是通过测量和计算取得的。这些用阿拉伯数字来表达的数据，并不具有《著作权法》意义上对作品所要求的独创性，因而不构成著作权意义上的作品，不属于《著作权法》保护的对象。因此对于中地评估公司以该数据被使用提起的侵犯著作权的诉讼请求，本院不予支持。

综上，依据《中华人民共和国著作权法实施条例》第 2 条之规定，判决如下：

驳回北京中地联合房地产评估有限公司的诉讼请求。

中地评估公司不服原审判决，提起上诉。

二审审理结果

二审期间，中地评估公司申请撤回上诉，二审法院准许其撤回上诉。

一审案件受理费 1 300 元，由北京中地联合房地产评估有限公司负担；二审案件受理费 650 元，由北京中地联合房地产评估有限公司负担。

59. 音乐电视作品侵犯著作权纠纷案

——中国音像著作权集体管理协会诉北京东方金柜娱乐有限公司

原告： 中国音像著作权集体管理协会

被告： 北京东方金柜娱乐有限公司

案由： 侵犯著作权纠纷

一审案号： 北京市东城区人民法院（2008）东民初字第8957号

一审合议庭成员： 裴桂华、亓蕾、吴宁

一审结案日期： 2008年12月18日

判决要旨

KTV歌厅使用音乐电视作品的赔偿数额需要综合考量涉案被侵权作品类型、被告侵权行为的情节、被告的经营规模、著作权人主张被侵权音乐电视作品的数量、被告经营地所在区域的收入水平和消费水平等因素确定。

起诉与答辩

原告中国音像著作权集体管理协会（以下简称中国音像协会）诉称：原告是经国家版权局正式批准成立的我国唯一的音像著作权集体管理组织，依法对音乐电视作品的著作权以及与著作权有关的权利实施集体管理。2008年，原告与众多权利人签署《音像著作权授权合同》，约定原告以信托的方式管理权利人的众多音乐电视作品，其中包括《月亮之上》、《自由飞翔》、《一万个理由》、《为什么相爱的人不能在一起》、《有情人终成眷属》、《那一年》、《两天》、《别让我猜》、《懂你》、《让你的天空最美》、《哭泣的百合花》、《拯救》、《缘分的天空》、《女人》、《爱就爱了》、《飞船》、《那么美》、《那一天》、《让泪化作相思雨》、《爱情乞丐》、《你是我的玫瑰花》、《家在东北》、《遇见你》、《杯水情歌》、《爱情果》、《小眼睛姑娘》、《我们的初恋》、《幸福誓言》、《笑容》、《突围》、《爱走远》、《给爱人的倾诉》、《给我的挚友——火天》、《涛声依旧》、《晚秋》、《2002年的第一场雪》、《披着羊皮的狼》、《冲动的惩罚》、《弹起我心爱的土琵琶》、《大阪城的姑娘》、《草原上升起了不落的太阳》、《花儿为什么这样红》、《掀起你的盖头来》、《天涯歌女》、《天堂》

等45部作品（以下统称涉案音乐电视作品）。原告管理涉案音乐电视作品的权利内容包括放映权、出租权、广播权、复制权，并有权以自己的名义对侵害上述权利的行为提起诉讼。被告在其营业场所提供的点唱机中，完整地收录了原告享有权利的涉案音乐电视作品。被告作为KTV行业的经营者，其经营方式完全是依靠向公众提供音乐电视作品，以此吸引消费者并从中获利。早在2006年，国家版权局已经公告KTV行业应向权利人交付著作权使用费的行业标准和时间。被告未经许可，使用原告管理的涉案音乐电视作品，未支付使用费，侵犯了涉案音乐电视作品的复制权和放映权，依法应承担侵权责任。故原告请求判令被告立即停止侵权，删除KTV点唱机中的涉案音乐电视作品，赔偿原告经济损失20万元，并承担诉讼费用。

被告北京东方金柜娱乐有限公司（以下简称东方金柜公司）辩称：第一，东方金柜公司使用的包括点唱机以及曲库在内的整套设备均是由案外人北京视点公司提供，被告已经向其支付费用。第二，东方金柜公司曾于2004年与众多权利人的受托人北京市天为律师事务所和北京市盈科律师事务所签署和解协议，就使用相关音乐电视作品的付费问题达成一致，并交纳了相应费用。但此后再无人主张权利，所以东方金柜公司对是否侵权并不知情。第三，各家KTV的经营规模、经营效益均不相同，对涉案音乐电视作品的点击率也不相同，即使被告的使用行为构成侵权，原告要求赔偿20万元也没有事实依据。故被告不同意原告的诉讼请求。

一审查明事实

一审法院查明：原告系经民政部批准，于2008年6月24日成立的社团法人，业务范围包括开展音像著作权集体管理工作、咨询服务、法律诉讼、国际版权交流、举办研讨及与本会宗旨一致的相关业务活动。

作为保护著作权人合法权益的组织，原告在其成立之后，陆续与依法制作音像作品并取得著作权的权利人签署《音像著作权授权合同》。合同内容包括：第一，权利人将其拥有的音像节目（包括卡拉OK伴唱产品音像节目）的放映权、复制权等财产性权利，在中国地区（不包含香港、澳门、台湾地区）以信托方式授予原告管理，上述权利包括权利人过去、现在和将来自己制作、购买或以其他方式取得的所有音像节目的权利。其中，音像节目包括受《著作权法》保护的录音制品、录像制品和与音像有关的电影以及类似摄制电影的方法创作的作品。第二，原告行使的信托管理，内容包括与上述音像节目的使用者商谈使用条件并发放使用许可，征集使用情况，向使用者收取使用费，根据使用情况向权利人分配使用费。同时，原告可以自己的名义向侵权者提起诉讼。第三，权利人应将其授权原告管理的音像节目向原告登记，并填写原告提供的节目登记表，作为合同附件。

2008年7月至9月，原告就涉案音乐电视作品，分别与广州市新时代影音公司、北京竹书房文化传播有限责任公司、北京鸟人艺术推广有限责任公司、正大国际音乐制作中心、佛山市顺德区孔雀廊娱乐唱片有限公司、北京星工场音乐娱乐有限公司、北京天中文化发展有限公司、中国唱片广州公司、北京太和麦田音乐文化发展有限公司等九个权利人签署内容基本相同的《音像著作权授权合同》。另，原告的发起单位中国音像协会和中国音像集体管理协会筹备组曾于2006年12月7日，与北京九雨天下音乐文化发展有限公司签署《音像集体管理合同》，合同约定内容与前述《音像著作权授权合同》基本一致，并明确声明该合同中中国音像协会和中国音像集体管理协会筹备组的权利义务由正式批准成立的原告承担。

被告于2001年4月13日成立并开始经营，设有37间包房，经营范围包括文化娱乐服务、销售定型包装食品、制售果盘、小吃等。2008年9月24日，北京市长安公证处出具（2008）京长安内经证字第9712号公证书。公证书记载：2008年8月27日，公证人员与原告委托人来到位于北京市东城区东直门外新中街甲3号的“东方金柜KTV”，在925号包间进行点歌和播放所点歌曲，并拍摄记录整个播放过程。公证人员将上述拍摄记录刻录成DVD光盘附于公证书内。公证书内同时附有消费额为209元的发票一张。

本案审理过程中，针对原告主张权利的涉案50部音乐电视作品，本院将原告提供收录有该音乐电视作品的专辑光盘内容与（2008）京长安内经证字第9712号公证书记录的“东方金柜KTV”点唱机中同名音乐电视作品的播放内容进行了比对，比对结果显示：除《花儿为什么这样红》（刀郎版）和《想唱就唱》两部音乐电视作品内容不一致之外，剩余48部音乐电视作品内容均一致（原告主张权利的涉案音乐电视作品名称、表演者、权利人、权利来源、比对结果，详见附表）。原告撤回音乐电视作品《花儿为什么这样红》（刀郎版）和《想唱就唱》的有关诉讼主张。

2006年，国家版权局发布2006年第1号公告，称依据《著作权集体管理条例》的有关规定，国家版权局针对中国音乐著作权协会与中国音像集体管理协会（筹）上报的收费意见，在向社会广泛征求意见并召开由权利人、卡拉OK厅、娱乐业协会等相关人员参加的座谈会后，公告卡拉OK经营行业版权使用费标准，为卡拉OK经营行业以经营场所的包房为单位，支付音乐作品、音乐电视作品版权使用费，基本标准为12元/包房/天（含音乐和音乐电视两类作品的使用费）。根据全国不同区域以及同一地域卡拉OK经营的不同规模和水平，可以按照上述标准在一定范围内适当下调。

再查，原告为本案诉讼支出取证费 209 元、公证费 2 560 元。

一审审理结果

一审法院认为：《中华人民共和国著作权法》第 15 条规定，电影作品和以类似摄制电影的方法创作的作品，其著作权由制片者享有。本案涉及的音乐电视作品，属于摄制在一定介质上，由一系列有伴音或无伴音的连续画面组成，并需借助适当装置放映或以其他方式传播的作品。该类作品系以类似摄制电影的方法创作的作品，故其著作权应由制片者享有。北京竹书房文化传播有限责任公司等十个法人分别是涉案 48 部音乐电视作品的制片者，享有涉案 48 部音乐电视作品的著作权。著作权人可以许可他人行使著作权并收取报酬。原告作为经批准成立的音像著作权集体管理组织，依据其与北京竹书房文化传播有限责任公司等上述权利人签署的授权管理合同，有权管理涉案音乐电视作品，并以自己的名义对侵犯涉案音乐电视作品权利的行为提出主张。原告撤回对音乐电视作品《花儿为什么这样红》（刀郎版）和《想唱就唱》的主张，本院不持异议。

本案中，被告经营东方金柜 KTV 歌厅，通过其点唱机系统向消费者提供自娱性演唱服务，其行为主要涉及著作财产权中的放映权。放映权是指通过放映机、幻灯机等技术设备公开再现美术、摄影、电影和以类似摄制电影的方法创作的作品等的权利。被告未经权利人许可，向消费者提供以点播形式使用涉案 48 部音乐电视作品的商业性服务，侵犯了原告管理的涉案 48 部音乐电视作品的放映权，依法应承担停止侵权、赔偿损失的责任。

关于赔偿数额，涉案音乐电视作品凝聚了著作权人及其他权利人在智力、人力和物力各方面的投入，除法定情形外，他人使用，特别是商业性使用这些作品需要经过权利人许可，同时也需向权利人支付报酬。只有充分尊重他人的劳动和创造，并且使这些劳动和创造得到合理的回报和有效的保护，才能激励更多社会成员投入到创作之中，才能使更多如被告一样以音乐电视作品为主要经营资源的经营者获得更多的作品，从而繁荣文化市场，保障文化市场的可持续发展，普惠市场参与者。本案中，由于原、被告双方均未能提供被告的侵权行为给原告造成的实际损失以及被告的实际获利，所以考虑以下因素，本院酌情确定：（1）涉案被侵权作品类型。一部音乐电视作品凝聚了作者、导演、演员、剪辑、服装、灯光等一系列创造性劳动，是声音和画面的有机结合，相比于其他作品的创作过程，制片者的投入相对较高。（2）被告侵权行为的情节。被告主要经营方式是向消费者提供自娱性的点唱服务，而音乐电视作品是该点唱服务环节中必不可少的因素。在国家版权局2006年公布卡拉OK经营行业版权使用费标准后，被告应对经营中使用他人音乐电视作品的权属引起足够重视，但被告未能核实其点唱系统中收录音乐电视作品的权属，故被告存在过错。（3）被告的经营规模。根据国家版权局公布的卡拉OK经营行业版权使用费标准，卡拉OK厅的包房数量系计算正常许可情况下使用费的基数，而且包房数量也直接关乎被告的获利。（4）原告主张被侵权音乐电视作品的数量。（5）KTV点唱系统实际收录音乐电视作品的数量与原告有权进行管理的音乐电视作品数量。（6）被告经营地所在区域的收入水平和消费水平。原告因为本案诉讼支出的合理费用，本院亦酌情支持。

综上所述，依据《中华人民共和国著作权法》第10条第1款第（10）项、第2款，第11条，第15条第1款，第47条第（1）项，第48条；《著作权集体管理条例》第2条和《最高人民法院关于审理著作权民事纠纷案件适用法律若干问题的解释》第25条第1款、第2款之规定，判决如下：

一、被告北京东方金柜娱乐有限公司于本判决生效后立即删除其经营卡拉OK厅点唱系统中收录的四十八部涉案音乐电视作品。

二、被告北京东方金柜娱乐有限公司于本判决生效后三十日内向原告中国音像著作权集体管理协会赔偿经济损失52 800元。

三、驳回原告中国音像著作权集体管理协会其他诉讼请求。

案件受理费4 300元，由原告中国音像著作权集体管理协会负担2 000元，被告北京东方金柜娱乐有限公司负担2 300元。

各方当事人均服从一审判决。

60. 电视剧《奋斗》侵犯信息网络传播权纠纷案

——宁波成功多媒体通信有限公司诉
北京阿里巴巴信息技术有限公司

原告（上诉人）：宁波成功多媒体通信有限公司
被告（被上诉人）：北京阿里巴巴信息技术有限公司
案由：侵犯著作权纠纷

原审案号：北京市朝阳区人民法院（2008）朝民初字第4679号
原审合议庭成员：谢甄珂、李凤雨、郭秀华
原审结案日期：2008年9月19日
二审案号：北京市第二中级人民法院（2008）二中民终字第19082号
二审合议庭成员：冯刚、葛红、张剑
二审结案日期：2008年12月18日

判决要旨

网络服务提供者为电视剧提供信息存储空间服务的时间正是该电视剧在北京地区首轮播放期间，且其在用户上载涉案电视剧后在其网站的电视剧栏目的首页上对涉案电视剧进行宣传和推介，网站经营者的上述行为具有主观故意，侵犯了著作权人享有的信息网络传播权。

起诉与答辩

原告宁波成功多媒体通信有限公司（以下简称成功公司）起诉称：成功公司经著作权人合法授权，取得了32集大型电视连续剧《奋斗》的独家信息网络传播权。2007年9月18日，成功公司发现北京阿里巴巴信息技术有限公司（以下简称阿里巴巴公司）未经许可，擅自在其经营的中国雅虎网站（ht-tp：//cn.yahoo.com）上提供《奋斗》的在线播放服务。阿里巴巴公司的该网站在中国大陆有重大的影响力，具有极高的访问量。阿里巴巴公司对该电视剧的网络盗播行为给成功公司正常行使《奋斗》的独家信息网络传播权造成了巨大困难，使成功公司遭受了巨大经济损失。故成功公司要求阿里巴巴公司：立即停止对电视剧《奋斗》信息网络传播权的侵权行为；在其所属侵权网站

中国雅虎网站（http：//cn. yahoo. com）首页连续15天刊登道歉声明，同时在《人民法院报》头版连续2天刊登道歉声明；赔偿成功公司经济损失和合理费用共计30万元。

被告阿里巴巴公司辩称：阿里巴巴公司从未在雅虎中国网站上播放过成功公司所指的《奋斗》电视剧。成功公司在阿里巴巴公司网站上看到的该电视剧是网络用户引用自第三方网站"我乐网"（www. 56. com）上的视频，且网络用户仅是将该第三方网站上视频的编码存放在阿里巴巴公司网站提供的电子公告栏中，而不是视频本身，在线播放也是由第三方网站提供的。阿里巴巴公司仅是提供电子论坛服务，在接到成功公司通知后，阿里巴巴公司当天就将该电视剧的编码删除了，履行了作为信息服务提供商应尽的义务。故阿里巴巴公司不存在侵犯成功公司信息网络传播权的行为，请求驳回成功公司的诉讼请求。

原审查明事实

原审法院查明：2007年3月21日，北京市广播电视局颁发了电视剧《奋斗》的发行许可证，其中标明的制作单位为北京鑫宝源影视投资有限公司（以下简称鑫宝源公司）。

发行的电视剧《奋斗》片尾署名状况为："联合摄制鑫宝源公司，黄山东方红影视产业投资有限公司（以下简称东方红公司）"；"摄制出品鑫宝源公司"。

诉讼中，东方红公司向法院出具了一份证明，称其公司作为电视剧《奋斗》的联合摄制单位，并不享有该剧版权。

2007年6月29日，鑫宝源公司出具《独家信息网络传播权授权书》，将电视剧《奋斗》的信息网络传播权（包括转授权及打击网络盗版的权利）独家授权给成功公司，授权期限为2007年6月22日至2010年6月21日，授权区域为中国大陆地区。

2007年9月19日，登录雅虎中国网（http：//cn. yahoo. com）首页，点击"音乐影视"栏目中的"日剧《下北GLORY QAYS》"，弹出一页面。该页面上方列有"空间"、"群组"、"知识堂"、"相册"、"3. 5G邮箱"。页面左侧有"韩剧专区"、"日剧专区"、"内地剧专区"、"港台剧专区"、"美剧专区"、"卡通专区"。其中在"内地剧专区"中有电视剧《奋斗》，并有演员和剧情介绍，以及第1~2集、3~4集、5~6集、7~8集、9~10集、11~12集、13~15集的链接图标。点击第1~2集的链接图标，打开地址栏为"http：//club. cn. yahoo/bbs/threadview/1000017597_ 4198_ pn. html"的页面，该页面上方列有"个人空间"、"群组"、"论坛"、"博客"等链接的文字标识。在播放器上方显示有“雅虎群组 > 音乐影视 > 在线影剧院 > 论坛”。页面左侧显示有“小影”字样。播放器下面有“回复此帖”字样。页面下方显示有：“提醒：您还没有登录 Yahoo!，请先登录后再发表回帖；如果您还没有 Yahoo! ID，请点击此处注册。”；“雅虎群组仅提供信息存储空间服务，其内容均由服务对象提供。根据《信息网络传播权保护条例》，部分内容可能应权利人通知未予显示，请点击这里查看。”在该页面上可以在线观看《奋斗》的第1集和第2集，在视频播放器上方显示有“http：//m. club. cn. yahoo. com/………”，播放器下方有“作者小影”字样。点击第7~8集图标，打开地址栏为“http：//club. cn. yahoo/bbs/threadview/1000017597_ 4562_ pn. html”的页面，该页面显示情况如上述页面显示情况。在该页面上可以在线观看电视剧《奋斗》第8~10集的内容。点击第13~15集链接图标，打开地址栏为“http：//club. cn. yahoo/bbs/threadview/1000017597_ 4598_ pn. html”的页面，该页面显示情况也如前述页面显示情况。在该页面上可以在线观看《奋斗》第11~13集。另外，点击页面左侧的“小影”，可以进入“小影”的个人空间。上述登录和在线播放过程，由公证处进行了公证，并录制成为视频文件由公证处封存。在播放该视频文件的过程中，在第17分24秒到19分23秒、第21分39秒到23分25秒、第39分50秒到40分40秒处，《奋斗》电视剧播放器右下方三次显示有水印56. com。成功公司为本次公证支付了公证费800元。

2007年11月1日，阿里巴巴公司接到成功公司的通知，知悉《奋斗》电视剧涉嫌侵权。阿里巴巴公司陈述其于当天即将相关引用代码删除。但成功公司只是认可现在在雅虎中国网上看不到该电视剧了，并不认可阿里巴巴公司接到通知后即删除了相关内容，然而成功公司并未举证证明其通知后雅虎中国网站上仍然存在涉案电视剧内容。

原审审理结果

原审法院认为：根据涉案电视剧《奋斗》的片尾署名及东方红公司的证明，可以确认鑫宝源公司是该电视剧的著作权人。通过鑫宝源公司的授权，成功公司在授权期限内获得了该电视剧在中国大陆地区的独家信息网络传播权，其享有的该权利应当受法律保护，他人不得侵犯。

从公证封存的光盘来看，播放电视剧的页面的地址中含有 BBS，可以说明所播放的内容均是在 BBS 中；在播放器上方显示有“雅虎群组 > 音乐影视 > 在线影剧院 > 论坛”，也可以说明涉案电视剧是从“雅虎群组”的论坛中播放的；而且，在页面最下方有“雅虎群组仅提供信息存储空间服务，其内容均由服务对象提供”的提示；另外，播放页面及播放器下方也显示出上传人为

“小影”，并且点击“小影”，还可以进入其个人空间。综上，就涉案电视剧而言，无论是阿里巴巴公司所谓的只是存储了视频的引用编码，还是成功公司所谓的存储了视频本身，阿里巴巴公司提供的服务本质上是信息存储空间服务。

成功公司虽不认可在其通知后阿里巴巴公司即删除了涉案内容，但其并未举证证明在其通知后，在雅虎中国网站上仍存在涉案内容，且成功公司认可雅虎中国网站上现在已不存在涉案电视剧，故对成功公司提出的停止播放的诉讼请求，本院不再处理。另外，成功公司未举证证明阿里巴巴公司对涉案内容进行了编辑、处理，以及阿里巴巴公司从涉案电视剧中直接获得了经济利益，且在其通知前，阿里巴巴公司已知或应知该电视剧涉嫌侵权。而且，阿里巴巴公司已经明确告知其提供的服务为信息存储空间服务。因此，阿里巴巴公司不应当承担赔偿责任。

另外，成功公司通过授权获得的信息网络传播权是著作财产权，其也无权要求阿里巴巴公司赔礼道歉。

原审法院依据《中华人民共和国著作权法》第 15 条第 1 款，《信息网络传播权保护条例》第 22 条之规定，判决如下：

驳回宁波成功多媒体通信有限公司的诉讼请求。

成功公司不服原审判决，提出上诉，请求撤销原审判决，判决被上诉人阿里巴巴公司赔偿成功公司经济损失 29.5 万元及诉讼合理支出 5 000 元并承担一、二审案件受理费。其上诉理由为：涉案电视剧《奋斗》是知名作品，阿里巴巴公司在热播期间在其论坛提供该剧的在线播放，并在其网站上宣传、推介该剧，具有主观故意，侵犯了成功公司对该剧享有的信息网络传播权，依法应当承担赔偿成功公司经济损失及诉讼合理支出的民事责任。

阿里巴巴公司服从原审判决，并答辩称：原审判决认定事实清楚，适用法律正确，阿里巴巴公司对其论坛中的内容不知晓，没有法定审查义务。请求判决驳回上诉人成功公司的上诉请求。

二审查明事实

二审法院查明的事实与原审相同，另查明：2007 年 4 月至 12 月，涉案电视剧《奋斗》在各地电视台首轮播出，其中北京电视台于 2007 年 9 月 30 日开始播出涉案电视剧《奋斗》。成功公司主张，其从未自行或授权他人在网络中上载、传播涉案电视剧。在阿里巴巴公司网站的电视剧栏目的首页（网址为：http：//ys. cn. yahoo. com/tv/index. html）上的“内地剧专区”中显示了涉案电视剧《奋斗》的剧照、演员和剧情介绍。成功公司为本案支出公证费 800 元、购买正版光盘费 51 元。

二审审理结果

二审法院认为：根据涉案电视剧《奋斗》的片尾署名及东方红公司的证明，本院确认鑫宝源公司是该电视剧的著作权人。成功公司取得鑫宝源公司的授权，于2007年6月22日至2010年6月21日在中国大陆地区享有该电视剧的独家信息网络传播权，依法受到保护。

根据（2007）浙甬天证民字第2764号公证书封存光盘显示的内容，阿里巴巴公司网站的论坛栏目中存储了涉案电视剧《奋斗》的第1~15集，阿里巴巴公司虽主张其网站的论坛栏目中并未存储涉案电视剧，只是存储了该剧的引用编码，但并未举证予以证明，故本院依据现有证据认定，阿里巴巴公司就涉案电视剧《奋斗》的第1~15集提供了信息存储空间服务。鉴于成功公司主张，其从未自行或授权他人在网络中上载、传播涉案电视剧，且阿里巴巴公司就此未提出反对意见并举证证明，故本院确认，阿里巴巴公司网站中存储的涉案电视剧《奋斗》的第1~15集系未经成功公司许可而上载和传播的。

根据相关规定，网络服务提供者为服务对象提供信息存储空间，供服务对象通过信息网络向公众提供作品、表演、录音录像制品，并具备下列条件的，不承担赔偿责任：(1) 明确标示该信息存储空间是为服务对象所提供，并公开网络服务提供者的名称、联系人、网络地址；(2) 未改变服务对象所提供的作品、表演、录音录像制品；(3) 不知道也没有合理的理由应当知道服务对象提供的作品、表演、录音录像制品侵权；(4) 未从服务对象提供作品、表演、录音录像制品中直接获得经济利益；(5) 在接到权利人的通知书后，根据本条例规定删除权利人认为侵权的作品、表演、录音录像制品。

在本案中，阿里巴巴公司在其网站上明确标示其信息存储空间是为服务对象所提供，并公开阿里巴巴公司的名称、联系人、网络地址；未改变服务对象所提供的涉案电视剧；未从服务对象提供作品、表演、录音录像制品中直接获得经济利益；在接到权利人的通知书后，及时删除了权利人认为侵权的涉案电视剧。故本案的焦点在于阿里巴巴公司是否不知道也没有合理的理由应当知道服务对象提供的涉案电视剧侵权。

阿里巴巴公司网站的电视剧栏目的首页上显示了涉案电视剧《奋斗》的剧照、演员和剧情介绍，阿里巴巴公司虽主张上述内容系由用户将涉案电视剧《奋斗》第1~15集上载至阿里巴巴公司网站时，由该网站的软件自动搜索生成的，因点击率高而被显示在该网站的电视剧栏目的首页上，但并未举证予以证明，故本院对阿里巴巴公司的上述主张不予采纳。鉴于阿里巴巴公司为涉案电视剧《奋斗》第1~15集提供信息存储空间服务的时间正是该电视剧在北京地区首轮播放期间，且其在用户上载涉案电视剧后在其网站的电视剧栏目的首页上对涉案电视剧进行宣传和推介，故本院认为阿里巴巴公司的上述行为具有主观故意，侵犯了成功公司的信息网络传播权，依法应当承担赔偿损失的民事责任。

鉴于成功公司所提赔偿请求数额过高，且未能提交充分的证据予以证明，本院对其请求赔偿的数额不予全额支持，本院将依据阿里巴巴公司涉案侵权行为的性质、时间和影响范围等因素确定具体数额及诉讼合理支出。

综上，上诉人成功公司所提上诉理由部分成立，原审判决认定事实不清，适用法律有误，本院予以纠正。本院依照《中华人民共和国民事诉讼法》第153条第1款第（3）项，《中华人民共和国著作权法》第10条第1款第（12）项、第15条，《信息网络传播权保护条例》第22条的规定，判决如下：

一、撤销北京市朝阳区人民法院（2008）朝民初字第4679号民事判决。

二、北京阿里巴巴信息技术有限公司于本判决生效之日起十日内赔偿宁波成功多媒体通信有限公司经济损失及诉讼合理支出16 000元。

三、驳回宁波成功多媒体通信有限公司的其他诉讼请求。

一审案件受理费5 800元，由宁波成功多媒体通信有限公司负担2 000元，北京阿里巴巴信息技术有限公司负担3 800元；二审案件受理费5 800元，由宁波成功多媒体通信有限公司负担2 000元，北京阿里巴巴信息技术有限公司负担3 800元。

61.《奇思妙想记单词》侵犯著作权纠纷案

——岳德宇诉俞敏洪、群言出版社、北京当当网信息技术有限公司、北京市新华书店王府井书店

原告：岳德宇
被告：俞敏洪
被告：群言出版社
被告：北京当当网信息技术有限公司
被告：北京市新华书店王府井书店
案由：侵犯著作权纠纷

一审案号：北京市东城区人民法院（2008）东民初字第06124号
一审合议庭成员：裴桂华、纪淑英、亓蕾
一审结案日期：2008年12月19日

判决要旨

《著作权法》不保护某种方法或原理，只保护这种方法、原理的表达或表现。英语单词的记忆方法属于人的思想，只有当这些记忆方法用具体的表达方式体现出来，才会成为《著作权法》保护的对象。

起诉与答辩

原告岳德宇诉称：2008年2月，被告群言出版社出版被告俞敏洪编著的《六级词汇 词根+联想 记忆法 便携版》（以下简称涉案图书）一书。该书涉及“联想记忆”的部分大约有300个词条，而构成这部分精华内容的约100个词条全部是抄袭原告岳德宇的著作《奇思妙想记单词》、《三三速记英语词汇》系列丛书，抄袭方式既有一字不改的低级抄袭，也有增删字词、颠倒前后顺序、颠倒对应关系、两句拼成一句、情节结构相同的高级抄袭。在有关英语单词记忆的图书中，词根词缀是通用的公共知识，所以该类图书的使用价值主要体现在高度原创性记忆方法的应用数量。通过对比，涉案图书中如果抽掉被告抄袭内容，其使用价值将大大降低。被告俞敏洪和群言出版社的行为，侵犯了原告的著作权，应当承担侵权责任。同时，被告北京当当网信息技术有限

公司（以下简称当当网公司）、北京市新华书店王府井书店（以下简称王府井书店）销售涉案图书，亦构成对原告著作权的侵害。且当当网公司在诉讼期间继续销售涉案图书，属于经权利人提出确有证据的警告后，仍不停止侵权行为，应承担赔偿责任。故起诉要求：（1）被告群言出版社停止出版、发行涉案图书，并在《中国图书商报》上刊登公开声明，召回各地尚未售出的侵权图书，如拒不执行，则要求在《中国图书商报》上刊登禁售令，由被告群言出版社承担费用。（2）被告当当网公司、王府井书店停止销售涉案图书。（3）被告俞敏洪、群言出版社、当当网公司按照违法所得共同赔偿原告经济损失以及合理支出共计3万元。（4）被告俞敏洪、群言出版社在《中国青年报》上非中缝位置刊登致歉声明，消除影响。

被告俞敏洪辩称：第一，原告并不享有其主张被侵权词条的著作权。根据原告主张权利的依据可知，原告仅是《奇思妙想记单词》一书的主编，并非作者，该图书还存在其他编委。《三三速记英语词汇》系列丛书原告也仅为主编。所以原告并非被侵权图书的唯一作者，作为汇编作品，原告不享有上述图书中每个词条的著作权。第二，著作权保护对象为作品的具体表现形式，原告据以主张权利的图书与涉案图书为同一题材，但表现形式完全不一样。被告俞敏洪早在1993年出版的《1985—1993最新GRE词汇精选》一书中，就系统地提出了英文单词的记忆方法，经过不断发展和完善，将这些方法运用到英语四级、六级、考研等不同范围的英语单词学习中，独立创作了不同的作品。涉案图书包括3 000余条英文单词的记忆，均是被告俞敏洪独立创作产生。第三，就原告主张权利的100余个单词词条存在一定程度的相似性问题，这主要是基于两本图书共同的目的，以及英语语法、中文表述习惯等原因所致。原告主张权利的图书和涉案图书均是通过对英文单词发音、词形、词义乃至构词法的分析，找出记忆单词的途径并形成自己的表达方式。由于这类书籍读者群体类似，单词选择范围基本相同，对比词的选取也会近似，尤其是在中文记忆方法部分，必须要符合中国人的语言习惯和语法要求，所以会存在一些近似的中文标点符号的使用方式，但不能以此认定侵犯原告的著作权。第四，不能因为原告为主单词选择了某一单词作为联想记忆单词，或者对主单词进行了某种拆分，其他作者在选取相同单词进行对比或进行相同拆分时就应受到限制。在为某些单词选取对比词或进行单词拆分时，会由于英文单词固定的构词法、词汇范围相似等导致出现类似情况，但这不能归于抄袭范畴。综上，被告俞敏洪不同意原告的诉讼请求。

被告群言出版社的答辩意见与被告俞敏洪的意见一致。

被告当当网公司辩称：被告当当网公司作为涉案图书的销售商，有合法的进货渠道，尽到了合理注意义务。在收到法院的起诉材料后已经停止销售涉案图书，不应承担赔偿责任。故被告当当网公司不同意原告的诉讼请求。

被告王府井书店辩称：被告王府井书店通过合法渠道进货，尽到合理注意义务。而且原告就涉案图书曾经起诉过，是否构成侵权以及是否应停止销售，被告王府井书店听从法院判决。

一审查明事实

一审法院查明：1995 年 6 月，南开大学出版社出版图书《奇思妙想记单词》，该书署名为岳德宇主编。2001 年 10 月，海南出版社出版《全国公共英语等级考试词汇（1～3 级）自然速记王》一书，署名为岳德宇编著，另有编者九人。2002 年 1 月，中央编译出版社出版《中学英语词汇轻松速记王》一书，署名岳德宇主编，另有编者九人。2003 年 1 月，广西人民出版社出版《神脑速记英语 4 000 词》一书，署名岳德宇主编，另有编者九人。前述《全国公共英语等级考试词汇（1～3 级）自然速记王》、《中学英语词汇轻松速记王》和《神脑速记英语 4 000 词》三本书籍的编者相同，前言部分的内容一致。2003 年 12 月，中国出版集团东方出版中心出版《三三速记考研英语词汇》、《三三速记中考高考英语词汇》、《三三速记英语四千词》等书，署名均为岳德宇主编。2006 年 6 月，辽宁大学出版社出版《三三速记英语 4200 词》一书，署名为岳德宇主编。上述图书内容均包含英语单词拆分、联想的记忆方法。

2008 年 2 月，被告群言出版社出版被告俞敏洪编著的《六级词汇 词根 + 联想 记忆法 便携版》一书，版权页载明第 1 版第 1 次印刷，字数 212 千字，定价 15 元，没有印数。涉案图书涉及 800 条左右的词根记忆法，同时联想记忆包括分割联想、形近词比较、图形记忆、通过和生活相关的事物记忆等，并依六级词汇出现的频率高低排序介绍单词的记忆方法。

另外，1993 年，中国友谊出版公司出版被告俞敏洪编著的《1985～1993 最新 GRE 词汇精选》。1998 年，中国友谊出版公司出版《一九九七年版最新 GRE 词汇精选》。前述两本书主要是系统地提出了英文单词的记忆方法，以及单词记忆的具体应用，记忆方法包括词缀、词根记忆法，分割联想记忆法，寻根探源记忆法，比较记忆法，单词举例记忆法等。1999 年 7 月，世界知识出版社出版被告俞敏洪著的《英语词汇速记大全（一）词根词缀记忆法》一书，该书主要收集了英语中常见的词根、词缀，单词范围包括 TOEFL、GRE、GMAT 等。

被告当当网公司和王府井书店销售的涉案图书均来源于北京新东方大愚文化传播有限公司。2008 年 3～4 月，原告通过王府井书店和“当当网”购买涉案图书。庭审中，原告认可王府井书店和当当网公司进货来源合法，但对被告当当网公司已经停止销售涉案图书的事实不予认可。2008 年 8 月 27 日，北京科文书业信息技术有限公司经北京市工商行政管理局核准，名称变更为北京当当网信息技术有限公司。

经比对，涉案图书与图书《三三速记考研英语词汇》、《三三速记中考高考英语词汇》、《三三速记大学英语四级词汇》、《奇思妙想记单词》所涵盖词条内容中，关于英语单词记忆方法的表达部分，针对原告的主张，二者之间存在如下情形：

（1）单词记法的文字表达基本相同的有 1 个单词 attempt。原告记忆方法表达为：［骗子正在（at）试图引诱（tempt）他人］，at（在）+tempt（引诱），试图引诱他人。被告记忆方法表达为［记］词根记忆：at（加强）+tempt（诱惑、考验），试图引诱别人，尝试、试图。

（2）作为核心表达的关键词一致及义项（即单词中文释义）完全相同的有 7 个单词。原告认为表达相同部分为关键词相同，关键词中文释义相同，但释义的中文句式表达有差别。

（3）作为核心表达的关键词、义项基本相同的有 18 个单词。原、被告为记忆主词选择的类比单词完全一致，其中部分单词记忆方法的义项，与原告主编书籍中的顺序不一致，句式的中文表达亦不一致。原告认为抄袭的内容均是中文释义内容。

（4）作为核心表达的谐音文字完全相同或基本相同的有 4 个单词。单词记忆均是采用单词固有发音，配以中文谐音并造句得来。

（5）改变中文记忆方法但关键词相同的有 15 个单词。原、被告为记忆主词选择的类比单词一致及释义近似。选择方式多为形似，如 colleague 选 league，disgust 选 gust，lable 选 lab，也有谐音的，如 poke，对应“破壳”。

（6）词根词缀记忆方法表达方式相似的有 11 个单词。原、被告均是依据固有的词根、词缀作为单词的拆分点，如原告图书中 array 拆分为 ar（向）+ray（射线），涉案图书中 array 拆分为 ar（加强）+ray（放射）。也有拆分一致但拆分后的中文表达不一致的，如 arrest 均拆分为 ar+rest（休息），但原告的表达为“将某人送到牢房休息”，被告的表达为“让人休息”。

（7）针对主词选择的类比词相同或相似的有 2 个单词（即原告主张的拼凑式抄袭）。如针对 crash，选择的类比词为 crush。针对 stack，原告选择的类比词为（近形）stick，被告选择的类比词为 stock（联想）。

（8）派生词拆分点与原告基本词拆分点一致的有 2 个单词（即原告主张的移花接木式抄袭）。上述两个单词均是被告对派生词的拆分点选择与原告就基本词的拆分点一致，但拆分后的中文表达不一致。

（9）单词拆分和类比关键词相同的有27个单词。上述单词均是原、被告的拆分点选择一致，拆分后的单词释义一致，但关于释义部分的中文表达不一致。

（10）单词拆分后关键词表达相同的有5个单词。上述单词原、被告的拆分点存在差异，但拆分后部分字母构成的核心词释义一致。如string，原告拆分为［用细绳（s）提（t）戒指（ring）］，s（绳）+t+ring（戒指）；被告拆分为st+ring（铃），路上留下一串串清亮的铃声，一串、一行。

（11）与主词对应的类比词选择一致的有22个单词。针对主词选择的类比词相同，类比词的义项相同或相似，但记忆方法的中文表达不一致。

（12）原告主张改头换面的高级抄袭的有6个单词。主要是在记忆方法的中文表达中，被告选择的记忆类比词与原告相同。

另外，本院2008年8月20日作出的（2008）东民初字第01858号民事判决书对原告就图书《三三速记考研英语词汇》、《三三速记中考高考英语词汇》、《三三速记英语四千词》、《奇思妙想记单词》享有著作权给予确认，该文书已经发生法律效力。

一审审理结果

一审法院认为：《著作权法》的立法本意，是为了保护文学、艺术和科学作品作者的著作权，鼓励作品的创作和传播。《著作权法》不保护某种方法或原理，只保护这种方法、原理的表达或表现。此种原则的确立，既有利于保护著作权人的权利，也有利于避免因不当保护阻碍文化传播和科技进步。判断本案被告行为是否构成侵权，要以上述原则和精神作为衡量标准和认定准则。

作为语言的构成部分，英语单词是由英文字母按照固定顺序排列而成的，能够具体表达某种特定含义的最基础的语言符号。排除个别英语单词会随着社会发展含义有所演变之外，英语单词的构成以及含义应该是确定的。根据英语单词的构词法，不同的英语单词可以包括相同的词根或词缀，一个英语单词根据字母组合，拆分为两个或多个单词，也可以找到若干近形词。同时，针对母语为汉语的人来说，英语单词的发音也会存在很多与汉语类似的谐音情况。根据以上英语单词的特点，在学习和记忆过程中，当然会因人而异产生多种不同的记忆方法，比如本案涉及的拆分关键词记忆方法、谐音记忆方法、选择类比单词比较记忆方法等。由于《著作权法》仅保护作品的表达方式，而上述英语单词的记忆方法属于人的思想，只有当这些记忆方法用具体的表达方式体现出来，才会成为《著作权法》保护的对象。据此，原告岳德宇基于前述图书主张的著作权内容，是每个单词采取不同记忆方法后形成文字的具体表达方式，这种表达方式只要具有独创性，就是《著作权法》保护的对象。其他人未经权利人许可，不得以相同的表达方式叙述英语单词的记忆方法。但是，仍需明确：一、由于英语单词构成的特殊性，最相近似类比单词的选择往往具有很大局限性，不能排除就同一个单词的记忆，被告选择与原告相同的类比单词，即不能因为原告的选择而限制其他人的合理联想。二、在采取谐音方式记忆单词时，由于英语读音的唯一性和确定性，决定了用于标注读音的汉字选择范围具有相当的局限性，这也会导致不同的作者在使用汉字标注单词时出现少量相似或相同的情况。这种少量的相似或相同应该属于表达方式有限所致，所以在判断是否构成抄袭时，应结合相似或相同情况的数量或所占比例综合确定。

《三三速记考研英语词汇》、《三三速记中考高考英语词汇》、《三三速记英语四千词》、《奇思妙想记单词》等图书的署名均为原告岳德宇，前述图书的出版合同亦是原告岳德宇与相关出版社签订，而且法院生效判决已经认定原告享有上述图书的著作权，被告在未出示相反证据的情况下，本院确认原告岳德宇对前述图书享有著作权。前述图书中关于英语单词记忆方法的表达方式，具有独创性的部分应受法律保护。其他人在排除表达受限、公知领域等情况下，不得以相同或类似方式对同一英语单词的记忆方法给予表达。

根据原告和被告群言出版社、俞敏洪所做比对情况，在原告主张权利的120个单词中，双方采用的英语单词记忆方法基本类似，虽然对记忆方法的称谓不同，如原告的“同尾”、“母子”等，与被告的“联想”，均是基于单词的近形特点，采用联想记忆得出；也有根据汉语表达方式对英语单词的发音采用谐音的记忆方法获得。综合原、被告的比对意见以及本院比对情况，按记忆方法的文字表达是否相同或相似分为以下几类：

（1）记忆方法的文字表达基本相同。这主要是原告主张的第一类。但在单词attempt中，at就是英语单词中的固有词根，这也是由于英语单词的构成特点，基于此导致原、被告文字表达相似，不构成抄袭。

（2）记忆方法的文字表达部分相同。这主要是原告主张的第二类、第三类。这几类均是因为类比单词的选择相同，导致释义相同，进而形成记忆方法的表达基本相同或相似。不可否认类比单词的选择具有独创性，但即使是普通英语学习者，在记忆单词时，从形近的单词范围联想，亦会与原告的联想出现重合，不能因为原告的联想在先而限制其他人的合理联想。所以由于类比词相同而导致的表达方式相同的部分，可以排除在抄袭范围之外。这几类单词排除上述因为类比词相同而导致表达相同或相似部分之外，剩余少部分的表达并不一致，不构成抄袭。

(3) 记忆方法的文字表达不相同，但关键词或类比词相同。这主要是原告主张的第四至第十二类。其中包括采取谐音记忆方法导致的谐音表达相同，也包括采取拆分联想记忆方法得出拆分后的词根、词缀或关键词表达部分相同，但对单词记忆的整体文字表达并不相同。关于谐音表达相同的问题，应属于表达有限范畴，而单词拆分后词根、词缀和关键词部分表达相同，则是因为英语单词的固有特点以及释义的唯一性所致，该部分应属公有领域。故对于这几类单词，被告记忆方法的文字表达与原告记忆方法的文字表达相同部分，不构成抄袭。

基于上述意见，本院认为原告主张被告群言出版社出版的俞敏洪著的涉案图书侵犯其著作权，缺乏依据，本院不予支持。综上所述，依据《中华人民共和国著作权法》第 11 条、第 47 条第（1）项之规定，判决如下：

驳回原告岳德宇的诉讼请求。

案件受理费 550 元，由原告岳德宇负担。

各方当事人均服从一审判决。

62. "保时捷 3S 中心"建筑作品侵犯著作权纠纷案

——保时捷股份公司诉北京泰赫雅特汽车销售服务有限公司

原告（被上诉人）：保时捷股份公司
被告（上诉人）：北京泰赫雅特汽车销售服务有限公司
案由：侵犯著作权纠纷

原审案号：北京市第二中级人民法院（2007）二中民初字第 01764 号
原审合议庭成员：张晓津、何暄、冯刚
原审结案日期：2007 年 12 月 19 日
二审案号：北京市高级人民法院（2008）高民终字第 325 号
二审合议庭成员：张雪松、张冬梅、李燕蓉
二审结案日期：2008 年 12 月 19 日

判决要旨

建筑作品是指以建筑物或者构筑物形式表现的有审美意义的作品。建筑物作为《著作权法》保护的客体，其外观应当具有独创的设计成分，具有美感和独创性。

《著作权法》对于建筑作品所保护的，应当指该建筑作品在外观、造型、装饰设计上包含的独创成分。

被告应对侵权建筑物予以改建，使改建后的建筑不再具有与原告建筑主要特征组合相同或近似的外观造型。

起诉与答辩

原告保时捷股份公司（以下简称保时捷公司）起诉称：为了体现向消费者提供汽车销售、维护服务的运营建筑的独特性和品牌认知感，保时捷公司于 1997 年邀请世界各地建筑师事务所提供设计方案参加竞标。1999 年保时捷公司同中标的赛普茨德公司签订合同，约定保时捷公司独占享有该建筑设计的所有财产权益。2000 年第一座保时捷建筑在德国斯图加特市建成，截止 2005 年 10 月，保时捷公司在全球有 614 个具有共同特征的保时捷建筑。2003 年 12 月 10 日，北京保时捷 3S 中心落成，该中心与世界各地的保时捷建筑的特征一

致，保时捷公司对该建筑作品享有著作权。被告泰赫雅特公司于2005年末在金港汽车公园内建成“精装保时捷4S中心”，该建筑与原告享有著作权的保时捷建筑作品非常相似。原告认为被告未经许可擅自复制原告建筑作品的行为侵犯了原告的著作权。被告作为专业的汽车改装商，以原告的汽车为主要改装对象，其明知原告建筑作品的独特特征还予以剽窃，主观故意明显。故诉至法院，请求判令被告：（1）停止侵犯原告建筑作品著作权的行为，改变其侵权建筑物的侵权特征，建筑物的改建效果，须经法院认可或中立第三方认可；（2）赔偿原告经济损失人民币20万元及因本案诉讼支出的合理费用人民币17 079元；（3）在《中国汽车报》、《北京法制晚报》、《休闲时尚杂志》、《时尚座驾杂志》及新浪网汽车频道、车市网站和被告网站就其侵权行为发表声明，消除影响；（4）承担本案诉讼费用。

被告北京泰赫雅特汽车销售服务有限公司（以下简称泰赫雅特公司）答辩称：第一，原告主张的著作权权利范围不明确，保时捷建筑在世界各地及国内各地并不一致，北京保时捷中心建筑作品于2003年首次发表，而保时捷公司受让著作权的证据却是1997年签署的相关协议，不能证明原告享有著作权。即使原告享有著作权，该建筑作品也系原告与赛普次德公司共同所有的作品，应由共同权利人协商一致行使；第二，北京保时捷中心建筑不具有独创性，圆弧形建筑、入口及上方的玻璃等相关特征均是其建筑功能性的表现，属于常见的建筑特征。而工作区外部呈条带状，完全是建筑材料压型钢板本身的特性所决定的。因此，该建筑不应受到我国《著作权法》的保护；第三，被告的泰赫雅特中心系委托北京中房建科建筑设计咨询有限公司（以下简称中房建科公司）和北京名典仕嘉建筑装饰工程有限公司（以下简称名典仕嘉公司）设计和装修完成的，原告提起侵犯著作权诉讼，应向中房建科公司和名典仕嘉公司主张，原告起诉被告主体有误。且圆弧形建筑及玻璃幕墙等都是普通的设计模式，原告对该类建筑不享有独占性权利，被告的建筑与原告主张权利的建筑并不相同。因此，请求法院驳回原告的起诉。

原审查明事实

原审法院查明：1999年7月22日，保时捷公司与荷兰赛普次德公司签订协议。协议约定，赛普次德公司在保时捷公司于1997年举办的斯图加特——祖芬豪斯分部设计比赛中获胜，保时捷公司对该设计进行了修订。该设计是保时捷公司为正在或即将筹建的保时捷公司其他贸易机构制定的保时捷建筑导则的基础。借此，保时捷公司将以统一的建筑形象出现在全球各地。赛普次德公司有权支配其在比赛以及该分部项目实施过程中产生的所有有关设计、提纲、模型及其他类似物上所享有的著作权。保时捷公司和赛普次德公司在分部项目实施过程中产生的设计以及建筑作品上共同享有著作权。赛普次德公司无偿将其基于比赛作品以及该分部项目实施中所产生的著作权的所有使用权（即所有财产权益）转让于保时捷公司。该转让的使用权延及全球。该使用权是排他性的，未经保时捷公司事先书面同意，赛普次德公司无权继续使用。

2003年12月9日、10日、17日，《中国汽车报》、《经济参考报》、《北京青年报》、《中华工商时报》相继对北京保时捷中心的落成进行了报道。上述报道载明，由北京百得利汽车进出口有限公司投资兴建的北京保时捷中心将在北京经济技术开发区开业，该中心是中国内地首家集整车销售、专业售后服务和全套原厂配件供应一条龙服务的保时捷3S店。

2006年11月20日，保时捷公司取得2006－L－06050号著作权登记证书。该证书载明保时捷公司以被转让人身份对赛普次德公司于2003年10月创作完成，于2003年10月在中国北京首次发表的作品《保时捷建筑》（英文名称Porsche Center）享有著作权。在本案审理期间，保时捷公司认可该《保时捷建筑》即为位于北京经济技术开发区的北京保时捷中心。该著作权登记所附作品照片显示该建筑物外部具有如下特征：（1）该建筑正面呈圆弧形，分为上下两个部分，上半部由长方形建筑材料对齐而成，下半部为玻璃外墙。（2）该建筑物入口部分及其上方由玻璃构成，位于建筑物正面中央位置；入口部分上方向建筑物内部缩进，延伸直至建筑物顶部；建筑物入口及其上方将建筑物正面分成左右两部分，左侧上方有“PORSCHE”字样，右侧上方有“百得利”字样。（3）该建筑物的后面和右侧面为工作区部分，呈长方形，其外墙由深色材料构成，该材料呈横向带状。（4）建筑物展厅部分为银灰色，工作区部分为深灰色。该建筑物内部具有如下特征：（1）展厅下方的弧形玻璃墙及天花板的玻璃部分，在展厅入口处呈“T”形外观，提供从入口直达主销售区的通道指示；（2）展厅内墙上部为铝质或金属装饰材料，灰色调，呈矩形整体排列；展厅内灰色调金属圆柱为明柱，在内墙和弧形玻璃衬托下，明显可见；（3）销售区的地板呈深灰色，该中性色调可突出所展示的汽车；（4）展厅中央的主接待柜台呈白色弧形，主接待柜台后的围挡中间为白色，两侧为对称的黑色，白色围挡上有“PORSCHE”字样及“盾牌图形”商标标识；（5）主接待柜台上方是二楼地面呈金属宽带状的外饰边，外饰边下方有空调风口；（6）二楼位于展厅内后侧面，金属制楼梯为明设置，让出大面积空间，使展厅高大通透。

本案诉讼期间，北京百得利汽车进出口集团有限公司向本院出具声明，表明北京保时捷中心的建设严格遵守了保时捷公司内部文件建筑手册所设定的建筑、装饰标准，该公司确认北京保时捷中心建筑的著作权归保时捷公司所有。

2006年11月29日，长安公证处公证对网址为“http：//imp. porsche. com”的相关网页内容进行了公证下载。其中页面显示中国的保时捷中心包括上海、北京、成都、广州、杭州、青岛、沈阳、武汉、大连、厦门、香港、澳门、重庆、温州保时捷中心，且成都、沈阳、厦门、上海保时捷中心以及北京保时捷3S中心的图片显示相关建筑具有类似的外观。此外，保时捷公司还提交了经公证下载的该公司在澳大利亚、德国、法国和英国的保时捷中心的相关图片，表明相关建筑的特点和风格近似。泰赫雅特公司对此不予认可，并提交了经北京市公证处公证下载的日本、德国保时捷中心的相关图片，据此主张保时捷建筑在世界各地的特点和风格并不相同或近似。

泰赫雅特公司于2005年6月21日成立，其经营范围包括进口TechArt（泰赫雅特）品牌汽车销售；汽车配件；一类小型车维修；信息咨询（中介除外）；货物进出口。注册资本1 000万元。2005年7月28日，泰赫雅特公司与德国泰赫雅特公司签订《泰赫雅特汽车设计股份有限公司进口商与国外基地合同》。合同约定德国泰赫雅特公司授权泰赫雅特公司在中国大陆及香港、澳门地区销售、改造和经销其提供的产品，泰赫雅特公司有独家经销权和销售权，有权经许可在销售地区使用属于德国泰赫雅特公司的商标和品牌。2005年11月21日，国家工商行政管理总局发布的品牌汽车总经销商名单中记载泰赫雅特公司作为授权汽车企业德国泰赫雅特公司的总经销商，经营范围为进口TechArt（泰赫雅特）品牌汽车销售。搜狐网、太平洋汽车网、车市网以及《休闲时尚》、《时尚座驾》杂志的相关报道，对TECHART改装保时捷汽车进行了报道。

2005年6月15日，泰赫雅特公司与中房建科公司签订《北京泰赫雅特中心工程设计咨询协议书》。协议约定，由泰赫雅特公司提供所需设计资料，由中房建科公司完成北京泰赫雅特中心的方案设计，设计咨询费为人民币7万元。2005年10月7日，泰赫雅特公司与名典仕嘉公司签订《北京市建设工程施工合同》。合同约定由名典仕嘉公司承包北京泰赫雅特中心的展厅室内装修工程，工程价款为人民币90万元。

2006年2月14日，经长安公证处公证，登录北京名典仕嘉建筑装饰工程有限公司网址为“http：//www. mdsj. com. cn”的网站。点击“最新工程案例”中的“泰赫雅特公司保时捷展厅”，其中前台效果图、展厅效果图显示接待柜台后的围挡上均可见“PORSCHE”和“盾牌图形”标识。

2006年3月15日，经长安公证处公证，北京英特普罗知识产权代理有限公司的代理人自中房集团建筑设计事务所陈东伟处取得《钢结构设计工程专篇》一册。其中包括对“保时捷4S汽车专营店”的介绍，业主名称为泰赫雅特公司，所附效果图显示该建筑物左侧上方有“PORSCHE”字样，右侧上方有“泰赫雅特”字样。

经本院勘验，泰赫雅特公司位于北京市金港汽车公园的泰赫雅特中心建筑外观基本具备保时捷公司主张权利的北京保时捷中心建筑作品的特征1、2、3。其与北京保时捷中心的外部特征区别在于：建筑物整体下方有约一米高的高台；建筑物左侧弧形下方并非玻璃外墙，且该区域有较大空间，便于汽车停放，建筑物左右两侧均加有栏杆；建筑物的左侧面为工作区部分，与北京保时捷中心展厅与工作区相比呈反向布局；建筑物左侧上方“泰赫雅特”有字样，右侧上方有“TECHART”字样；建筑物展厅部分为灰黑色，工作区部分为银灰色。泰赫雅特中心建筑的展厅内部基本具备保时捷公司主张权利的北京保时捷中心建筑作品的特征1～6。其与北京保时捷中心展厅内部的主要区别在于：楼梯安装部位不同，二层有两排工作间；展厅顶部使用穿孔铝板，内墙使用铝塑板，明柱使用亮光金属漆；展厅内采光区面积集中在中间，客户休息区集中在二层下方，预检测车间与展厅分开；主接待柜台后的围挡上有“TECHART”标识。

在本案审理期间，泰赫雅特公司对泰赫雅特中心建筑进行了改造，建筑外部及内部均使用白色建筑材料，保时捷公司认为改造后的建筑仍属于侵犯其著作权的建筑，同时主张建筑外观的改建很常见，并向本院提交了有关建筑物改建等网页下载材料。

另查，保时捷公司为相关案件支出公证费人民币36 292元，翻译费人民币6 406元，保时捷公司在本案主张合理支出为人民币17 079元。

原审审理结果

原审法院认为：本案争议的焦点问题是涉案北京保时捷中心建筑是否属于我国《著作权法》所保护的作品，原告保时捷公司是否为涉案北京保时捷中心建筑的著作财产权专有使用权人，被告泰赫雅特公司的泰赫雅特中心建筑是否侵犯了原告的相关权利、是否应承担相应的法律责任。

第一，关于涉案北京保时捷中心建筑是否属于我国《著作权法》所保护的作品，原告保时捷公司是否为涉案北京保时捷中心建筑的著作财产权专有使用权人问题。

根据我国《著作权法》的相关规定，建筑作品是指以建筑物或者构筑物形式表现的有审美意义的作品。建筑物本身作为我国《著作权法》保护的客体，其外观应当具有独创的设计成分，具有美感和独创性。根据本案查明的事实，涉案北京保时捷中心建筑整体采用圆弧形设计，上半部由长方形建筑材料对齐而成，下半部为玻璃外墙；该建筑的入口将建筑物分为左右两部分，入口部分及上方由玻璃构成；长方形工作区与展厅部分相连，使用横向带状深色材料；该建筑展厅部分为银灰色，工作区部分为深灰色。上述综合特征表明，涉案北京保时捷中心建筑作品具有独特的外观和造型，富有美感，具有独创性，属于我国《著作权法》所保护的建筑作品。被告泰赫雅特公司主张圆弧形设计和玻璃幕墙属于普通的设计模式、玻璃幕墙及建筑物上方的玻璃均属于汽车展厅常见的功能性设计、工作区的外观由建筑材料所决定，故涉案建筑作品不具有独创性，依据不足，本院不予采纳。

本案现有证据表明，原告保时捷公司根据其与荷兰赛普次德公司签订的协议，取得保时捷统一建筑形象相关设计及建筑作品的著作财产权的专有使用权。涉案北京保时捷中心建筑作品系沿袭保时捷公司相关统一的建筑风格和特征而建造的，原告保时捷公司亦就该建筑作品在中国进行了著作权登记，因此原告可以依据其对涉案建筑作品所享有的专有使用权主张权利。被告泰赫雅特公司提出原告不能依据在先与荷兰赛普次德公司签订的协议来主张在后完成的涉案北京保时捷中心建筑作品的著作权，但在后完成的涉案作品系根据原告与荷兰赛普次德公司协议约定的保时捷统一建筑的特征和设计风格建造的，原告对具有上述特征和设计风格的建筑作品享有专有使用权，故被告的上述主张，缺乏依据，本院不予采信。

第二，关于被告泰赫雅特公司的泰赫雅特中心建筑是否侵犯了原告保时捷公司对涉案建筑作品的著作权，是否应承担相应的法律责任问题。

经比对，被告泰赫雅特公司的泰赫雅特中心建筑与原告保时捷公司主张权利的北京保时捷中心建筑的基本特征相同，虽然二者在高台、栏杆、展厅与工作间的位置、部分弧形外观、整体颜色深浅等部分存在细微的差异，但仍属于与涉案建筑作品相近似的建筑。因此，泰赫雅特中心建筑属于侵犯涉案建筑作品著作权的侵权作品。虽然泰赫雅特中心建筑系由案外人中房建科公司和名典仕嘉公司所设计和装修，但被告泰赫雅特公司作为该建筑的所有权人和实际使用人应当就此承担相应法律责任。被告泰赫雅特公司以该建筑的著作权应归属中房建科公司和名典仕嘉公司所有，其不应承担责任的主张，缺乏依据，本院不予采纳。鉴于我国《著作权法》所保护的建筑作品是以建筑物形式所表现出来的建筑的外观和造型，并不包含建筑物内部的装潢特征，故原告保时捷公司提出建筑的内部特征亦属于建筑作品所保护的客体，并据此主张被告泰赫雅特公司的泰赫雅特中心建筑内部侵犯了其相关著作权，依据不足，本院不予支持。

综上，被告泰赫雅特公司建造和使用的泰赫雅特中心建筑侵犯了原告保时捷公司对涉案北京保时捷中心建筑作品所享有的专有使用权，原告保时捷公司请求法院判令被告承担停止侵权、赔偿经济损失的法律责任的主张，理由正当，本院予以支持。关于停止侵权的具体方式，本院结合原告保时捷公司要求对涉案侵权建筑物予以改建的诉讼请求和本案的具体情况酌情予以确定。鉴于涉案北京保时捷中心建筑由正面呈圆弧形，上半部由长方形建筑材料对齐而成，下半部为玻璃外墙；建筑物入口及其上方将建筑物正面分成左右两部分，建筑物入口部分及其上方由玻璃构成等主要特征组成，本案被告应对泰赫雅特中心予以改建，使该建筑不再具有与上述主要特征组合相同或近似的外观造型；关于赔偿经济损失的数额问题，本院将根据本案的具体情况，综合考虑被告侵权的方式、范围、主观过错程度，相关建筑作品的设计成本等因素，酌情确定被告赔偿原告经济损失的数额。鉴于本案原告保时捷公司享有的是对北京保时捷中心的著作财产权，没有证据表明被告泰赫雅特公司的涉案侵权行为给其声誉造成了损害，故原告保时捷公司要求被告在相关媒体消除影响的诉讼主张，依据不足，本院不予支持。

本院依据《中华人民共和国著作权法》第 10 条第 1 款第（5）项、第 2 款，第 47 条第（1）项，第 48 条之规定，判决如下：

一、自本判决生效之日起六个月内，北京泰赫雅特汽车销售服务有限公司对涉案泰赫雅特中心建筑予以改建，改建后的建筑不应具有与涉案北京保时捷中心建筑相同或相近似的组合建筑特征，相关改建效果须经本院审核。

二、北京泰赫雅特汽车销售服务有限公司于本判决生效之日起十日内赔偿保时捷股份公司经济损失人民币 15 万元及因本案诉讼支出的合理费用人民币 17 079 元。

三、驳回保时捷股份公司的其他诉讼请求。

泰赫雅特公司不服原审判决，提起上诉，请求撤销原审判决，依法驳回保时捷公司的全部诉讼请求。理由为：（1）保时捷公司与荷兰赛普次德公司签订协议并不涉及保时捷中心建筑，版权登记不进行实质性审查，不能作为保时捷公司享有权利的证明，北京百得利汽车进出口集团有限公司与保时捷公司具有利害关系，其声明不能作为认定事实的依据。原审判决认定“原告享有涉案建筑的专有使用权”，存在严重错误。（2）原审判决认定“虽然各地保时捷中心的建筑不完全相同，但其总体风格和特征基本一致”，并将所谓“建筑作品抽象的风格和特征”混同为“建筑作品的著作权”，将所谓的“建筑作品抽象的风格和特征”加以保护，存在严重错误。（3）原审判决将诸多的较大差异错误地认定为“存在细微的差异”，认定泰赫雅特中心“仍属于与涉案建筑作品相近似的建筑”，难以令人信服。(4) 原审法院已经查明涉案泰赫雅特中心系由案外人中房建科公司和名典仕嘉公司所设计和装修，但仍要求泰赫雅特公司承担相应责任，适用法律错误。(5) 本案原审期间泰赫雅特公司对泰赫雅特中心建筑进行了改造，原审法院对相关改造情况未予审理，违反法定程序，存在错误。(6) 原审判决适用《著作权法》第10条第1款第(5)项错误。

保时捷公司服从原审判决。

二审查明事实

二审法院查明的事实与原审相同。

二审审理结果

二审法院认为：本案的焦点是保时捷公司是否为涉案北京保时捷中心建筑的著作财产权专有使用权人、泰赫雅特公司的泰赫雅特中心建筑是否侵犯了保时捷公司对涉案建筑作品的著作权。

根据本院查明的事实，北京保时捷中心建筑落成于2003年10月，先于泰赫雅特中心建筑的完成时间；保时捷公司依据其与荷兰赛普茨德公司签订的协议，取得保时捷统一建筑形象相关设计及建筑作品的著作财产权的专有使用权；《保时捷建筑》著作权登记证书载明保时捷公司系著作权人；作为北京保时捷中心建筑的投资者，北京百得利汽车进出口集团有限公司确认北京保时捷中心建筑的著作权归保时捷公司享有。综合考虑上述事实，本院确认北京保时捷中心建筑的著作权归保时捷公司享有。泰赫雅特公司关于保时捷公司不享有涉案建筑作品的专有使用权的上诉主张，缺乏事实依据，本院不予支持。

根据我国《著作权法》的相关规定，建筑作品是指以建筑物或者构筑物形式表现的有审美意义的作品。我国《著作权法》对于建筑作品所保护的，应当指该建筑作品在外观、造型、装饰设计上所包含的独创成分。未经建筑作品著作权人许可复制其作品的，是侵犯著作权的行为，应当承担相应的民事责任。

根据本院查明的事实，泰赫雅特中心建筑与保时捷中心建筑在外观上的相同之处在于：(1) 二者在建筑物的正面均采用圆弧形设计，上半部由长方形建筑材料对齐而成，下半部为玻璃外墙；(2) 二者在建筑物的入口处将建筑物分为左右两部分，入口部分及上方由玻璃构成；(3) 长方形工作区与展厅部分相连，使用横向带状深色材料。本院认为，上述第3点相同之处涉及的工作区部分的设计属于汽车 4S 店工作区的必然存在的设计，其外部呈现的横向带状及颜色，与所用建筑材料有关，并非保时捷中心建筑的独创性成分，应当排除在《著作权法》保护之外。泰赫雅特公司主张第 1 点和第 2 点相同之处系基于建筑物的橱窗展示功能和节能采光功能限定的特征，不构成该建筑的独创性成分，缺乏事实依据，本院不予采信。泰赫雅特公司主张泰赫雅特中心建筑下方有一个高台、建筑物左右两侧均加有栏杆、其弧形结构的圆弧度不同，两个建筑根本不相同也不近似。但是，就两个建筑的整体而言，如果舍去上述第 1 点和第 2 点，整个建筑也将失去根本，因此，可以认定上述第 1 点和第 2 点构成两个建筑的主要或实质部分。在此前提下，虽然泰赫雅特中心建筑下方多出一个高台、建筑物左右两侧均加有栏杆，但是并不能否定二者实质上的近似。因此，泰赫雅特公司的泰赫雅特中心建筑侵犯了保时捷公司对保时捷中心建筑享有的著作权。一审判决基于涉案北京保时捷中心建筑由正面呈圆弧形，上半部由长方形建筑材料对齐而成，下半部为玻璃外墙；建筑物入口及其上方将建筑物正面分成左右两部分，建筑物入口部分及其上方由玻璃构成等主要特征组成，判令泰赫雅特公司应对泰赫雅特中心予以改建，使该建筑不再具有与上述主要特征组合相同或近似的外观造型，是正确的。泰赫雅特公司上诉认为其已经在一审审理过程中对泰赫雅特中心建筑进行了改造，而一审法院对此未予审理，但是根据本院查明的事实，泰赫雅特公司所称的改造，系仅对泰赫雅特中心建筑使用白色建筑材料进行粉刷，并未涉及本院认定的前述第 1 点和第 2 点相同之处，故一审法院对事实作出的认定和处理并无不当。

虽然泰赫雅特中心建筑系由案外人中房建科公司和名典仕嘉公司所设计和装修，但泰赫雅特公司作为该建筑的所有权人和实际使用人应当就此承担相应法律责任。

泰赫雅特公司的泰赫雅特中心建筑侵犯了保时捷公司对涉案北京保时捷中心建筑作品所享有的著作权，应当承担停止侵权、赔偿经济损失的法律责任。一审法院结合保时捷公司要求对涉案侵权建筑物予以改建的诉讼请求和本案的具体情况酌情确定的停止侵权的具体方式并无不当。一审法院根据本案的具体情况，综合考虑泰赫雅特公司侵权的方式、范围、主观过错程度，相关建筑作品的设计成本等因素，酌情确定的赔偿数额亦无不当。

综上，原审判决认定事实基本清楚，适用法律正确。泰赫雅特公司的上诉理由不能成立，对其上诉请求，本院不予支持。依据《中华人民共和国民事诉讼法》第 153 条第 1 款第（1）项的规定，判决如下：

驳回上诉，维持原判。

一审案件受理费人民币 4 556 元，由保时捷股份公司负担人民币 556 元，由北京泰赫雅特汽车销售服务有限公司负担人民币 4 000 元；二审案件受理费人民币 3 642 元，由北京泰赫雅特汽车销售服务有限公司负担。

63. 电影《墨攻》侵犯著作权纠纷案

——李树型诉张之亮

原告：李树型

被告：张之亮

案由：侵犯著作权纠纷

一审案号：北京市第二中级人民法院（2007）二中民初字第 6863 号

一审合议庭成员：刘薇、梁立君、冯刚

一审结案日期：2008 年 12 月 19 日

判决要旨

电影《墨攻》的剧本是在李树型创作的剧本《墨子之战》的基础上再度创作完成的，尽管二者在具体的故事情节以及部分人物的设计上存在较多差异，但不能否定电影《墨攻》的剧本中含有李树型的创作成分。李树型对电影《墨攻》的剧本享有相应的编剧署名权。

起诉与答辩

原告李树型诉称：1998 年，原告受被告张之亮之邀，创作以反映战国时期的墨子为背景故事的电影文学剧本。原告在认真参考被告提供的漫画及相关材料后，查阅大量历史文献资料，并到相关地区考察参观，历时近一年时间创作出电影文学剧本《墨子之战》。

被告张之亮并非《墨子之战》的编剧，却实际控制该剧本，并进行了改编，随后又以作家的身份于 2004 年 7 月 1 日与伟添（香港）有限公司［即 World Top（H. K.）Ltd，以下简称伟添公司］签署作家协议，其中约定，作家提供原创电影剧本的服务，作家在协议项下的服务成果应为“作品”；同时约定，影片的片头字幕为“编剧：张之亮”，如有其他编剧一起享有片头字幕，其他作者的名字应低于作家的名字；作品买卖的交易对价为 8 万美元；作家承诺，向公司转让作品现有的和将来的全部版权。根据我国《著作权法》的规定，被告这一行为已严重侵犯了原告对电影文学剧本《墨子之战》享有的署名权、改编权及收益权。

在被告的策划下，2005 年 7 月，北京华谊兄弟影业投资有限公司等四家海内外的公司作为制片人及出资方，与伟添公司签署《合作投资协议》，以800 万美元作为投资，拍摄制作电影《墨攻》，并于2006 年年底完成出品。根据在大陆、香港及海外不同地区发布的电影海报显示，电影《墨攻》的编剧为被告张之亮，原告没有得到编剧署名。

根据公映后的电影《墨攻》显示，该电影的故事背景、人物、内容、场景等与原告创作的《墨子之战》大致相同，且人物台词与剧本台词多处相同或相似，电影《墨攻》完全脱胎于剧本《墨子之战》。但该影片结尾字幕却显示，编剧为被告张之亮，原告的名字则排列在工作人员一栏，与邓子峻、秦天南一起称之为“剧本创作”。

电影《墨攻》是以原告改编创作的电影文学剧本《墨子之战》为基础改编拍摄的，原告依法对电影《墨攻》的剧本享有相应的著作权。张之亮未经原告同意，擅自修改原告剧本，用于拍摄制作电影的行为，侵犯了原告对作品享有的修改权和保护作品完整权。电影《墨攻》将张之亮列为影片编剧，侵犯了原告的署名权和获得报酬权。

原告李树型请求判令：张之亮停止侵权行为、销毁侵权作品；在《京华时报》、《北京青年报》、《香港大公报》上向原告公开赔礼道歉；赔偿原告经济损失人民币 100 万元及原告为制止侵权行为所支付的合理支出人民币 8.5 万元。

被告张之亮辩称：被告不是电影《墨攻》及该电影剧本的著作权人，本案诉讼主体不适格。HARK & COMPANY 和伟添公司合法获得了电影改编权，被告根据改编权人的授权、采用改编权人提供的基础素材、代表改编权人的意志，将日本漫画《墨攻》改编成电影剧本。因此，改编权人才是该改编剧本的著作权人，被告不是电影剧本的著作权人。电影《墨攻》的著作权属于制片人，被告依据合同约定向制片人提供改编后的电影剧本，并依据合同约定享有电影的编剧署名权。电影《墨攻》是否能够给予原告编剧署名，只能由电影制片人决定。

被告向电影《墨攻》制片人提供的电影剧本，不存在侵犯原告作品著作权的事实。原告发表的电影文学剧本《墨子之战》并非原告原创作品，而是依据日本漫画《墨攻》改编而成的改编作品；被告向电影制片人提供的、由自己出任电影编剧署名人的《墨攻》电影剧本作品也是改编于日本漫画《墨攻》。由于两者均改编于同一作品，故在故事情节、历史背景、人物设置、组织结构以及作品所体现的思想表征等方面大致相同，并不能因此确认存在侵权事实。原告在改编作品之前，得到了改编权人提供的日本漫画《墨攻》原著中文翻译本和秦天南先生已完成的电影改编剧本“电影分场”，相对于这两部分素材而言，原告的改编作品没有更多的独特创新的内容，只是在语言方面有部分改变。被告提供的《墨攻》电影剧本也是根据前述素材改编而来，并极少部分借鉴了原告《墨子之战》剧本脚本的创新内容，被告所借鉴的情节在原告提出的三十个所谓侵权情节中只有两个情节相似。Midas Film Co. Ltd.（以下简称 Midas 公司）与原告之间存在明确的改编作品版权归属问题的合同约定，又依据约定履行了支付改编作品稿酬的义务，因此 Midas 公司已合法获得使用原告改编作品的权利。无论 Midas 公司以何种方式使用作品，根据约定均不构成对原告改编作品著作权的侵犯。

被告通过与改编权人的合同约定、经改编权人的合法授权，根据改编权人提供的剧本素材，加入自己的创意完成了电影剧本的改编工作；其后，被告又通过与改编权人的合同约定，获得了电影《墨攻》的编剧署名权。被告参考原告作品的行为，是基于改编权人的授权，并不构成对原告作品著作权的侵犯。

原告基于改编权人的授权，对秦天南的“电影分场”进行剧本改编创作。从电影《墨攻》及电影剧本创作的整个过程看，原告的改编工作所形成的作品仅仅是整个剧本创作过程中的一个过渡脚本，并通过一个与改编权人的合同约定而受到限制。因此原告编写的《墨子之战》不具有法律意义上已完成作品的基本特征，不能单独享有著作权。

原告的作品改编权来源于 Midas 公司的委托授权，依据原告与 Midas 公司“一切版权由 Midas Film Co. Ltd. 享有”的约定，原告不拥有改编作品的著作权，因此原告诉讼主体不适格。

HARK & COMPANY 和伟添公司是在 Midas 公司的电影改编权丧失后依法重新通过合同渠道获得的新的电影改编权。

被告不是电影《墨攻》的权利人，原告要求被告销毁侵权作品的主张不能成立。由于被告不存在侵犯原告著作权的事实，原告要求被告赔偿损失、赔礼道歉等诉讼请求，依法均不能成立。综上，被告张之亮请求法院驳回原告李树型的诉讼请求。

一审查明事实

一审法院查明：1997 年 7 月 1 日，株式会社小学馆、大然文化事业股份有限公司（以下简称大然公司）、日本知的企业株式会社签订《翻译出版合同书》，大然公司取得了在台湾地区翻译出版发行包括漫画《墨攻》在内的多部作品的权利。该合同于 2007 年 7 月 5 日经日本国外务省认证。1998 年 2 月至

5月，大然文化事业（香港）股份有限公司陆续出版了中文繁体字译本漫画《墨子攻略（1-4）》。

1998年11月16日，株式会社小学馆与Midas公司签订《电影化许可合同书》，该合同中授权的作品是株式会社小学馆发行的漫画《墨攻》第1~4集，该作品的版权所有人分别是“原小说：酒见贤一，漫画：森秀树，脚本：久保田千太郎”。株式会社小学馆作为授权人代表版权所有人允许被授权人利用授权作品制作一部电影，享有在世界范围内与该作品有关的专有权利。许可期限为签约之日起5年。张之亮作为Midas公司的董事长代表该公司在合同上签字。该合同于2007年6月5日经日本国外务省认证。

2007年8月3日，Lee Hae Sook（李惠淑）在韩国首尔出具承诺书，内容为“本人在任Midas Film Co. Ltd. 董事长期间，就《墨攻》与日本小学馆签订合同时，约定并在合同中载明将其改编后制作成电影。之后因个人原因离开Midas Film Co. Ltd.，并将所有权限交给了另一位董事长张之亮。我承诺所有作品改编的执行权均属于张之亮。”该文件经韩国外交通商部认证。

1998年5月，秦天南在香港版漫画《墨子攻略》的基础上创作了《墨攻》电影分场剧本，约2万余字。

之后，张之亮将香港版的漫画《墨子攻略》及秦天南创作的电影分场剧本交付给李树型，并委托李树型以此为基础进行创作。1999年5月5日，李树型创作完成电影文学剧本《墨子之战》第一稿，约七万余字。李树型将剧本手稿交付给张之亮，张之亮委托他人将手写稿打印成册，在该打印稿件的封面右下角注明“导演：张之亮 编剧：李树型”。李树型在第一稿基础上做进一步修改，1999年7月7日，《墨子之战》第二稿完成，约八万余字，在张之亮确认的打印件封面右下角的署名依然是“导演：张之亮 编剧：李树型”。

之后，张之亮又将李树型的剧本交给邓子峻修改。张之亮在此基础上又再次修改。

1999年4月28日，李树型签署“零用单”，该文件记载的内容为：“‘墨攻’电影剧本第一稿稿费港币一万八千元正；此电影改编自由Midas Film Co. Ltd. 交来之‘墨攻’电影分场，一切版权属Midas Film Co. Ltd. 所拥有。”对于“零用单”中有关版权归属内容的解释，双方当事人持不同的观点。李树型认为，其作为剧本创作者，对其改编创作的剧本享有除拍摄电影使用权之外的全部著作权，相关费用是其应得的报酬；张之亮认为，该剧本的所有权利均归属于Midas公司，李树型在收取报酬后对该剧本不再享有任何权利。

2000年1月，中国电影出版社出版发行《李树型电影剧本选——墨子之战》，该书中收录的电影剧本《墨子之战》与李树型交付给张之亮的《墨子之战》第二稿内容一致。

2004年9月27日，株式会社小学馆与HARK & COMPANY签订《电影化权许可合同书》，该合同中授权的作品是株式会社小学馆发行的漫画《墨攻》第1～4集，该作品的版权所有者分别是“原小说：酒见贤一，漫画：森秀树，脚本：久保田千太郎”。株式会社小学馆作为授权人代表版权所有者允许被授权人利用授权作品制作一部电影作品，享有在世界范围内与该作品有关的专有权利。许可期限为签约之日起八年。制片人井关惺代表HARK & COMPANY在合同上签字。该合同于2007年7月5日经日本国外务省认证。

2005年7月1日，伟添公司与HARK & COMPANY签订《转让协议》。该协议中约定的作品是“题目：墨攻、原著：酒见贤一、漫画：森秀树、剧本：久保田千太郎”；HARK & COMPANY授予伟添公司由株式会社小学馆特许给HARK & COMPANY的以下权利：电影拍摄权、影片复制权、影片展映权等。

2004年7月1日，伟添公司与张之亮签订《作家协议》，伟添公司聘请张之亮编写适合制作成电影的电影脚本供该公司制作，影片名称为《墨攻》。聘请时间从2004年1月1日开始，至2005年12月31日结束；张之亮应在2004年3月1日之前交付影片的提纲，在2005年3月1日之前交付影片脚本的第一稿；伟添公司向张之亮支付的报酬为8万美元；伟添公司以该成果为基础制作一部电影，张之亮应与参与影片的其他编剧一起享有片头字幕，其他作者的名字应低于张之亮的名字，张之亮的名字应出现在其他作者任何片头字幕的前面，片头字幕应为“编剧：张之亮”；张之亮向伟添公司转让作品现有的和将来的全部版权；本协议依中华人民共和国香港特别行政区法律管辖和解释。

2005年7月1日，Comstock Ltd.、北京华谊兄弟影业投资有限公司、Sunderam Motion Pictures Ltd. 和 Boram Entertainment Inc. 四方共同作为“投资人”与伟添公司签订《合作投资协议》，投资人为伟添公司制作的暂定名为“Battle of Wits”的影片共同出资。该合同在影片版权的约定中提到，张之亮已经向伟添公司转让其对影片剧本所享有的全部权利和利益。

电影《墨攻》于2006年上映，片尾署名第一屏是“编剧、监制、导演：张之亮”；第二屏是“原著漫画‘墨攻’，酒见贤一、森秀树、久保田千太郎，出版：小学馆”；从第三屏开始，是主要演员名单；之后是华谊兄弟公司等四公司联合出品的署名，伟添公司制作的署名；监制、制片人、出品人、策划、动作导演、摄影指导、服装设计、电影配乐、剪接、演员表、参加演出名单等内容之后是工作人员名单，在工作人员名单的“剧本创作”栏目下有“邓子峻、秦天南、李树型”的署名。

李树型为进行本案诉讼，支付律师代理费人民币8万元。

在本案审理过程中，本院组织双方当事人分别对大然文化事业（香港）股份有限公司出版的中文繁体字译本漫画《墨子攻略（1－4）》、秦天南创作的《墨攻》电影分场剧本、李树型创作的电影文学剧本《墨子之战》、电影《墨攻》剧本的内容进行了对比。漫画《墨子攻略（1－4）》以图为主、以文字为辅，展现了基本的故事脉络，但与剧本相比较，是两种完全不同的文学艺术表现形式。秦天南借鉴了漫画的内容创作分场剧本，采用了时空交错式的剧本结构。李树型的剧本《墨子之战》采用的剧本结构是时空顺序式，与秦天南的剧本相比，除了字数的显著区别外，二者在剧本结构、人物设计及性格塑造、情节安排上均有明显不同。将电影《墨攻》的剧本与李树型的剧本《墨子之战》相比较，二者虽然在部分人物的设计以及具体的故事情节上有差异，但前者在剧本结构、部分人物的设计及性格塑造以及部分情节的具体展现上与后者存在明显的一致性。

一审审理结果

一审法院认为：依据本案查明的事实，李树型接受他人提供的素材、按照素材提供者的意愿创作了电影文学剧本《墨子之战》，并取得了相应的报酬，说明存在李树型接受委托创作《墨子之战》电影文学剧本的事实。张之亮是Midas公司的法定代表人，李树型签署的“零用单”上有“此电影改编自由Midas Film Co. Ltd. 交来之‘墨攻’电影分场，一切版权属Midas Film Co. Ltd. 所拥有”的内容。因此，该委托创作关系的委托方应是Midas公司。虽然李树型提出，在与张之亮合作期间从不知晓Midas公司，但其并不否定“零用单”上显示内容的真实性。

李树型与Midas公司之间形成了委托创作关系，但由于双方没有签订正式的书面协议，双方各自的权利义务均需依据现有的证据予以确认。张之亮作为Midas公司的法定代表人，认可剧本《墨子之战》第一稿及第二稿打印稿件封面上注明的“导演：张之亮 编剧：李树型”的署名方式，李树型对该署名方式也不持异议。李树型签署的“零用单”中记载了其取得“《墨攻》电影剧本第一稿稿费港币一万八千元”的内容，李树型、张之亮对此内容均不持异议。

李树型签署的“零用单”中还注明“此电影改编自由Midas Film Co. Ltd. 交来之‘墨攻’电影分场，一切版权属Midas Film Co. Ltd. 所拥有”。对此内容，李树型、张之亮各持己见。李树型认为其仅将剧本的拍摄权授予Midas公司；张之亮认为该剧本包括人身权在内的所有权利均归属于Midas公司。依据《中华人民共和国著作权法》的规定，作者的人身性权利一般不能转让，除非在委托创作关系中有明确约定。由于张之亮作为Midas公司的法定代表人认可剧本《墨子之战》第一稿及第二稿打印稿件封面上的署名“导演：张之亮 编剧：李树型”，且“零用单”中的“一切版权属 Midas Film Co. Ltd. 所拥有”的约定并不明确，不能表明含有包括著作人身权在内的一切著作权的意思表示，因此应确定，李树型对其改编完成的剧本《墨子之战》保留有署名权。张之亮主张李树型对该剧本不再享有任何权利，本院不予采纳。

将李树型创作的剧本《墨子之战》与电影《墨攻》的剧本进行比较，后者在剧本结构、部分人物的设计及性格塑造以及部分情节的具体展现上与前者存在明显的一致性，说明两个剧本在内容上存在沿袭和承继的关系；并且，电影《墨攻》在片尾工作人员名单中将李树型列为剧本创作人员，也说明该部电影的权利人认可李树型为电影的剧本创作付出了独创性劳动。故本院认为，电影《墨攻》的剧本是在李树型创作的剧本《墨子之战》的基础上再度创作完成的，尽管二者在具体的故事情节以及部分人物的设计上存在较多差异，但不能否定电影《墨攻》的剧本中含有李树型的创作成分。因此，李树型对电影《墨攻》的剧本享有相应的编剧署名权。

鉴于李树型接受委托创作剧本《墨子之战》的目的是拍摄电影，李树型并未对其剧本用于拍摄电影的再度创作问题进行明确限定，因此无论是 Midas 公司还是张之亮，在剧本《墨子之战》的基础上进行再度创作，均不违反委托创作目的，故李树型主张被告张之亮侵犯其对剧本《墨子之战》的修改权、保护作品完整权、改编权，依据不足，本院不予支持。鉴于张之亮并非电影《墨攻》的著作权人，且张之亮从 Midas 公司继受取得使用《墨子之战》改编拍摄电影的权利，其与电影《墨攻》制片方签订版权协议的行为并非单方行为，也并非行使作品署名权的最终方式，故李树型主张张之亮就电影《墨攻》署名问题承担责任、销毁被控侵权作品、公开赔礼道歉，依据不足，本院不予支持。

李树型将剧本《墨子之战》交付给 Midas 公司时取得了一万八千元港币的稿费，Midas 公司以及张之亮并未超过约定使用作品的范围使用该作品，因此李树型提出的其获得报酬权受到侵害的主张，缺乏事实依据，本院不予支持。

李树型为本案诉讼所支付的合理费用，本院依据相关费用的合理性酌情予以支持。

综上，依照《中华人民共和国著作权法》第 10 条第 1 款第（2）项、第（17）项、第 2 款、第 17 条、第 48 条第 1 款之规定，判决如下：

一、李树型享有电影《墨攻》剧本的编剧署名权。

二、张之亮于本判决生效后十日内给付李树型诉讼合理支出人民币 2 万元。

三、驳回李树型的其他诉讼请求。

案件受理费 14 565 元，由原告李树型负担 9 545 元，由被告张之亮负担 5 000元。

各方当事人均服从一审判决。

64. “美廉美”播放《烛光里的妈妈》侵犯著作权纠纷案

——中国音乐著作权协会诉北京美廉美连锁商业有限公司

原告： 中国音乐著作权协会
被告： 北京美廉美连锁商业有限公司
案由： 侵犯著作权纠纷

案号： 北京市海淀区人民法院（2008）海民初字第30488号
合议庭成员： 王宏丞、石必胜、张索鑫
结案日期： 2008年12月20日

判决要旨

音乐作品著作权人享有对背景音乐的许可使用权和报酬请求权，是基于音乐著作权人对其作品享有的表演权而产生的权利。营业性场所在经营时段播放背景音乐，属于行使了著作权人的机械表演权，应经过著作权人的许可并支付报酬。

起诉与答辩

原告中国音乐著作权协会（以下简称音著协）诉称：我协会是国家版权局批准成立的音乐著作权集体管理组织，依法代表著作权人行使权利，根据著作权人的授权，我协会可以以自己的名义进行著作权的授权许可及参与诉讼。被告在未经权利人和原告许可，未支付使用费的情况下，公开表演使用了原告管理的音乐作品《烛光里的妈妈》的乐曲作为其经营场所的背景音乐。我协会发函交涉后，协商未果。为维护著作权人的合法权益，诉至法院请求判令被告赔偿经济损失1万元，并承担合理费用6 500元。

被告北京美廉美连锁商业有限公司（以下简称美廉美公司）辩称：原告没有证据证明我公司使用涉案作品作为背景音乐使用。我公司下属的金顶街分店只租赁了大楼的第三层进行经营，场所比较嘈杂，公证不能证明音源来源于该分店的超市卖场。此外，我公司使用的部分背景音乐来源于乐众传媒公司。

一审查明事实

一审法院查明：原告音著协系以集体管理的方式代表音乐著作权人行使权利的音乐著作权集体管理组织。歌曲《烛光里的妈妈》的词作者为王健、李春莉，曲作者为谷建芬。1993 年 5 月，谷建芬与原告签约，将其音乐作品的公开表演权、广播权和复制发行权授权给原告进行管理。

2008 年 4 月 8 日，原告委托北京市长安公证处进行公证，原告的代理人田宏与公证人员来到位于北京市石景山区金顶街南口红光金鼎商品市场地上第三层的 35 号美廉美金顶街超市，使用录音笔对超市内播放的 13 首背景音乐进行了录音，其中包括涉案曲目，后将录音刻制光盘保存。4 月 10 日，原告致函被告，说明被告未经许可在经营的超市播放背景音乐构成侵权，希望被告主动与其协商处理。但被告没有答复。

被告对上述公证书提出异议，认为公证过程不能证明音源来自金顶街超市，任何一个经营的楼层都可以听到其他楼层的音乐。同时，被告提交超市服务台的广播制度，以证实该超市规定在营业过程中，每隔一段时间插播销售广告、寻人启事等内容，不可能连续播放 13 首歌曲。对此，原告表示为了录音清晰，公证时就在该楼层的扩音器旁进行录音。至于播放音乐时是否插播其他内容，完全由超市控制，应以录音结果为准。法庭要求被告提交证据证明音源来自其他楼层，被告表示没有相关证据。

原告提交票据证明其为本次诉讼支付律师费 4 000 元，公证费 2 565 元。

被告提交其与大楼物业单位签订的租赁合同及金顶街超市的营业执照，证实金顶街超市系其下属分店，非独立核算，营业执照批准日期为 2008 年 1 月，实际开业时间为 3 月，距离原告进行公证的 4 月之间时间很短，店内卖场约为 7 400 平方米。

经法庭询问原告针对其管理音乐作品作为背景音乐使用的收费标准，原告表示，经国家版权局 2000 年 9 月 21 日发出的国权（2000）44 号文确认，同意原告试行《使用音乐作品进行表演著作权许可使用费标准》，依据不同商家的经营性质和营业面积，确定不同的收费标准，其中商场和超级市场使用背景音乐，营业面积不足 1 000 平方米的，每平方米每年按照 2.18 元收费，1 000 ~ 5 000 平方米为 2.3 元，5 000 ~ 10 000 平方米为 2.42 元，1 万 ~ 2 万平方米为 2.54 元，2 万平方米以上为 2.66 元；上述标准在其协会网站上进行了公示。该协会以曲库方式将背景音乐提供给用户使用，一次性提供 3 000 首，使用期间可以更换歌曲。

一审审理结果

一审法院认为，本案涉及对在商业性场所使用背景音乐的行为性质的认定。所谓背景音乐，是指在不以音乐为主题的活动中，为了某种需要而播放的音乐作品。广义上的背景音乐，泛指在一切场合和活动中播放使用的音乐作品，如在生日宴会上播放的生日祝福歌；狭义上的背景音乐则特指在营业性场所，为经营需要而播放使用的音乐作品。当前涉及许可收费的背景音乐仅以后者为限。

音乐著作权人享有对背景音乐使用者的许可使用权和报酬请求权，是基于音乐著作权人对其作品享有的表演权而产生的权利。表演权，即公开表演作品以及用各种手段公开播送作品的表演的权利，包括现场表演权和机械表演权，其中机械表演权是指以物质载体的形式再现表演。营业性场所在经营时段播放背景音乐，应属于行使了著作权人的机械表演权。

音乐作品的使用者在购买音乐载体时的价格包括两部分，一部分是该音乐载体的价格，另一部分是音乐作品许可个人用户使用的费用。商家购买后可以像普通消费者一样欣赏使用，但如果进行商业性用途的公开表演，应经过著作权人的许可并支付报酬。虽然在营业性场所播放背景音乐并非直接利用音乐作品获利，但恰当地使用背景音乐，可以营造氛围，提高消费者在购物的过程中愉悦程度，进而对商家的销售起到促进的作用，使商家获得更大的利润，是一种间接获利的商业性使用行为。我国《著作权法》规定著作权人有权将其音乐作品的表演权等项权利许可他人使用，并据此获得报酬；商家使用他人劳动成果间接获取利益，理应支付对价。因此，在营业性场所使用背景音乐的商家应当缴纳合理的使用费。

谷建芬是歌曲《烛光里的妈妈》的曲作者，对该曲享有著作权，其将该作品的公开表演权等项权利授权给原告进行管理。

原告作为音乐著作权人的集体管理组织，根据著作权人的授权，可以以自己的名义对侵犯其代表的著作权人的合法权益的行为提起诉讼。

本案中原告所作公证的地点在被告下属的金顶街超市，被告以各个楼层的音乐在其他楼层均能听到为由，否定公证所录音乐在其超市楼层播放。对此本院认为，从录音中可以听出，录音时除了公证录音的曲目，没有同时夹杂其他音乐的播放，不存在各个楼层音乐相互混杂的情况。被告没有提出相反证据否定公证过程的真实性或证明音乐由其他楼层播放，其辩解理由本院不予采信。本院认定金顶街超市在经营期间将谷建芬作曲的涉案曲目作为背景音乐播放，侵犯了歌曲作者的表演权。原告以其名义代表曲作者谷建芬提起诉讼，要求被告赔偿经济损失的诉讼请求，于法有据，本院予以支持。

关于原告所诉赔偿金额，因本案仅涉及一首曲目的曲作者权，且公证时金顶街超市开业不久，使用时间较短，侵权程度较低，原告所诉赔偿数额过高。本院综合考虑涉案作品的知名度，原告许可使用费的标准，被告使用的方式、时间和范围等因素，酌定赔偿金额。原告所诉公证费用应予支持，但因该次公证共计录制了13首歌曲，公证费应按该比例折算。关于原告所诉律师费用，本院认为，原告作为音乐著作权人的集体管理组织，其所从事的工作本身即包含直接代表作者进行维权，该协会也设置了法律部门，配备了专门人员，故聘请律师进行代理并非必需，本院对其所诉律师费用酌予降低。

原告的诉讼请求中并未包含要求被告停止使用涉案曲目的要求，被告表示其已经停止使用。原告在诉讼中亦表示，本诉是该协会第一次针对超市使用背景音乐的行为提起诉讼，其诉讼目的并非针对一首曲目获得赔偿，而是希望通过案件的审理，在社会普及将版权作品作为商业性背景音乐使用时应当付费的基本常识。被告在庭审结束后的法庭调解过程中，亦同意就其下属多家超市背景音乐的使用许可与原告进行协商，但最终因被告提出的不同位置的超市收费水平应有所差别等条件，双方未能达成一致意见。本院建议原告作为著作权集体管理组织，应进一步提供适应市场需求的不同层次的多种收费模式，并明确公示，以促进商家对背景音乐许可付费的认同和接受。如其现阶段实行的3000首作品打包授权的做法，对于中小规模的商家即不甚合理，应允许不同的商家有多种选择余地，才能平衡各方利益，最大化地开拓商用音乐作品著作权的授权市场，更好地保护著作权人的合法权益。

据此，本院依照《中华人民共和国著作权法》第8条第1款，第9条第1款第（9）项、第2款，第47条第（1）项，第48条之规定，判决如下：

被告北京美廉美连锁商业有限公司赔偿原告中国音乐著作权协会500元，支付其合理开支1 200元，以上共计1 700元，均于本判决生效后十日内给付。

案件受理费213元，由被告北京美廉美连锁商业有限公司负担。

各方当事人均服从一审判决。

65. 酷6网播放《赤壁》视频侵犯著作权纠纷案

——中国电影集团公司电影营销策划分公司诉酷6网（北京）信息技术有限公司

原告： 中国电影集团公司电影营销策划分公司

被告： 酷6网（北京）信息技术有限公司

案由： 侵犯著作权纠纷

一审案号： 北京市海淀区人民法院（2008）海民初字第25362号

一审合议庭成员： 王宏丞、卢正新、马贵繁

一审结案日期： 2008年12月20日

判决要旨

增加视频内容系网站增加点击量，获得广告等经营利益的重要手段，在此情形下，提供空间和平台的网站经营者对于使用的内容是否获得权利人的许可应承担较高的著作权注意义务。网站经营者对用户上传的内容是否侵权应进行相应的审查。

起诉与答辩

原告中国电影集团公司电影营销策划分公司诉称：我公司是电影《赤壁》在中国大陆地区的著作权人，被告未经许可，未支付报酬，在该影片公映初期，在其经营的酷6网上提供该片视频，侵犯了我公司的著作权，给我公司造成巨大损失，故诉至法院请求判令被告：（1）停止侵权。（2）赔偿经济损失50万元。（3）承担律师费5万元。

被告酷6网（北京）信息技术有限公司辩称：我公司经营的酷6网中的涉案视频由网友上传，我公司仅提供存储空间，未改变上传内容。在得知上述作品上传侵权后，酷6网已经删除了涉案影片。我公司的行为符合法律规定的免责要件，不构成侵权。涉案影片的内容不在网站显著位置，点击量少，没有给原告造成影响，原告主张的赔偿和合理支出没有依据。

一审查明事实

一审法院查明，电影《赤壁》由中国电影集团公司北京电影制片厂和美国狮子山制作公司出品，另有十四家投资单位联合出品，包括上海电影（集团）公司上海电影制片厂、电影频道节目中心、北京保利博纳电影发行有限公司、北京紫禁城影业有限责任公司、成都传媒集团、北京橙天智鸿影视制作有限公司、北京春秋鸿文化投资有限公司、中凯世纪国际文化传媒（北京）有限公司、北京广电影视传媒有限公司、北京金英马影视文化有限责任公司、英皇星艺（北京）文化发展有限公司、艾回娱乐有限公司（日本）、中环国际娱乐事业股份有限公司（我国台湾地区）和SHOWBOX（韩国）。2008年6月1日，上述权利人分别签署版权证明，认可中国电影集团作为各出品单位的版权代表人，对涉案影片在中国大陆地区行使或授权第三人行使该片相关著作权，并可单独以其名义维权，同时认可原告有权代表中国电影集团公司行使上述著作权及维权事宜。当日，中国电影集团公司出具著作权声明，明确该集团作为电影《赤壁》的版权代表人，可全权代表各方在中国大陆地区行使或授权他人行使复制权、发行权、放映权、信息网络传播权及音像制品的复制发行权等项权利，并将其中部分权利转授权给其下属全资分公司即原告行使，包括音像制品的复制权、发行权和出租权、信息网络传播权等，授权区域为中国大陆地区，性质为独占性许可，中国电影集团公司自身不再自行行使上述权利，亦不能再许可第三方；授权期限为7年，自2008年7月10日至2015年7月9日；原告有权以自身名义维权。

2008年7月10日，浙江天册律师事务所律师通过电子邮件致函被告，明确原告对于涉案影片的权利，要求被告严格管理网站，不要非法传播涉案影片的全部或者片断。当日为该片首映日。

2008年7月18日，浙江天册律师事务所委托浙江省杭州市西湖公证处进行公证。首先进入网易126电子邮箱，打开由jiangqinghai1188的邮箱发给被告的上述律师函，然后登录酷6网（网址为www. ku6. com），点击公司简介、网站大事记、合作事项以及信息网络传播视听节目许可证等网站内容，证实被告系该网站的经营者，将其自身定位为基于web2. 0理念的第一视频分享门户，首创以分成为基础的互动营销中国视频原创作者联盟。公证人员输入“赤壁”进行搜索，显示共有6 796个视频，显示页面中基本为全球首映礼，1~2分钟左右的花絮等内容；点击页面上方的“最新更新”栏目，显示在搜索结果最上方的是“《赤壁》高清版”和“08大片《赤壁》”两个集合，均注明有4个视频，播放次数为0；点击后者进入下级页面，屏幕右侧列表将该片分成4

段，注明为“08 大片《赤壁》抢鲜版”，时长分别是 35 分、36 分 20 秒、33 分 46 秒和 30 分 01 秒；第一段播放时显示上传时间为 7 月 15 日，上传者为冰惑，播放次数为 303 次；而上述四部分在后面的视频列表中又显示，第一段观看次数是 591 次，第二段 99 次，第三段 1 339 次，第四段是 63 次；影片播放时左上角有酷 6 网的标志，网页有广告内容。

影片《赤壁》（上集）的上映时间为 2008 年 7 月 10 日，到同年 9 月 10 日票房为 3.6 亿人民币。该片总投资为 7 500 万美元。

原告表示上述点击率不准确，该影片容量大，应当是被告自己上传的。被告对上述证据及证明的事实不持异议，认可其收到原告的律师函，并实际进行移除和屏蔽，所余均为花絮和宣传片，但公证书中的内容是最新上传的，一般直接搜索不易找到，原告公证时也是点击了最新更新，才找到完整内容，故该内容应属于漏查。被告认可公证书中的点击数量，否认由其自行上传该片，认为虽然该影片的容量较大，但网友经过压缩上传提高速度，并不复杂，酷 6 网已经对该影片进行了预警，不可能自己上传影片引起纠纷。

原告还提交律师费收费凭据，证明其为本案诉讼支付律师费 5 万元。被告认为上述标准过高。

被告向法庭提交了针对其网站内容进行查询的打印材料，证实酷 6 网已经删除了涉案影片的视频；其还提交了网站注册、上传、后台管理等相关页面、公示的版权协议的打印件，说明其网站网友注册和上传视频的过程，证实网站的视频内容由注册网友直接上传和分类，版权协议中明示上传者自行对所传内容的权属负责；如权利人发现上传内容侵权，在提供相关权属证据后，网站可以将侵权内容删除。同时提交的还有新浪网和优酷网的相关注册上传等管理内容，证明其他同类型网站均采取相似做法。

原告认为被告尚未将其网站传播的涉及涉案影片的视频全部删除，同时认为被告提交的其他网站的操作情况与本案无关联性。原告表示通过被告的证据可以看出，被告对上传哪些内容可以进行审查和选择，但其忽视审查义务，并以分享收益诱惑网友上传作品，系共同侵权。

被告提供了其针对原告 7 月 10 日的律师函，在 7 月 11 日给原告发送的电子邮件，及其给员工发送的电子邮件，证实其已经在 7 月 11 日针对涉案影片给员工发出了预警，要求员工通过将“赤壁”设置为关键词的方式，注意对上传的相关视频予以阻止和删除，只保留片花和新闻报道。对此原告表示，公证结果中酷 6 网仍有涉案影片的视频，证实预警的目的没有实现。

一审审理结果

一审法院认为，电影《赤壁》的多家权利人认可中国电影集团公司作为其版权代表人，同时认可原告有权代表中国电影集团公司在中国大陆地区行使该片的著作权及维权事宜，中国电影集团公司亦明确将包含信息网络传播权的多项权利授予原告独占性使用。原告取得上述独家授权，享有该影片在中国大陆地区的信息网络传播权和再许可权。

被告提交证据证明酷6网的经营方式系提供空间和平台，鼓励网友上传视频，其表示不能得知上传内容是否侵权。从网站经营的角度看，增加视频内容系网站增加点击量，获得广告等经营利益的重要手段，在此情形下，被告对于使用的内容是否获得权利人的许可应承担较高的著作权注意义务。被告作为酷6网的经营者，对用户上传的内容是否侵权应进行相应的审查，被告在实际经营的过程中也设置了审查的工作流程。原告在影片上映当日曾委托律师就其针对涉案影片享有权利一节致函被告，要求其对此加以注意。被告回函表示已经进行预警，将“赤壁”设置为关键词，删除除片花和宣传类之外的相关视频。被告就此应当知道对涉案影片内容的使用需经原告许可，尤其在影片上映之时应给予最大的注意。而在此之后不到10日，原告公证证实涉案影片内容仍被其网站传播。被告的上述行为存在过错，侵犯了原告对涉案影片享有的信息网络传播权，并因其使用行为获得收益，使著作权人的利益受损。被告所述漏查等情节，亦属其自身原因造成，不影响其针对侵权行为承担责任。

被告侵权成立，应当承担停止侵权，赔偿损失的民事责任。关于赔偿标准的确定，该片投资规模和影响力大，且原告公证的时间正好在该片上集公映初期，给原告造成的损失应当高于一般影片。但通过公证的内容可以看出，酷6网中涉案影片的视频主要为宣传片和简短的花絮，原告公证时点击播放的影片完整内容并非通过最初的搜索即可直接获得，且播放次数有限，上述情形使被告的侵权程度降低。虽然酷6网中显示的播放次数并不准确，公证内容中每层页面显示的播放次数均有差异，但总体次数明显不高。据此，本院综合考虑被告侵权的过错程度，涉案影片的影响力和档期，酷6网经营的规模与影响，其对涉案影片实际使用的方式和结果等因素，酌情确定赔偿数额。原告因本案支出的律师费过高，亦不能全额支持。超出本院支持的诉请部分，原告应支付部分诉讼费用。

据此，本院依照《中华人民共和国著作权法》第47条第（1）项、第48条之规定，判决如下：

一、本判决生效后，被告酷6网（北京）信息技术有限公司停止在其经营的酷6网（网址为 www.ku6.com）传播影片《赤壁》。

二、被告酷6网（北京）信息技术有限公司赔偿原告中国电影集团公司电影营销策划分公司经济损失5万元，并支付诉讼合理开支5 000元（均于本判决生效后十日内给付）。

案件受理费9 300元，由原告中国电影集团公司电影营销策划分公司负担4 300元，由被告酷6网（北京）信息技术有限公司负担5 000元。

各方当事人均服从一审判决。

反不正当竞争

66. "电话彩铃歌曲"不正当竞争纠纷案

——北京龙乐文化艺术有限责任公司诉中国音乐著作权协会

原告（上诉人）： 北京龙乐文化艺术有限责任公司
被告（被上诉人）： 中国音乐著作权协会
案由： 不正当竞争纠纷

原审案号： 北京市东城区人民法院（2007）东民初字第07514号
原审合议庭成员： 才雪冬、裴桂华、樊静馨
原审结案日期： 2008年1月30日
二审案号： 北京市第二中级人民法院（2008）二中民终字第05602号
二审合议庭成员： 张晓津、宋光、张剑
二审结案日期： 2008年3月20日

判决要旨

作为著作权集体管理组织，中国音乐著作权协会的发函行为系根据其与会员签订的合同代表会员主张权利，不属经营行为，相关函件并未明确指向原告，无损害原告商誉的词语，没有排挤原告、贬低原告商业信誉的内容，不构成不正当竞争。

起诉与答辩

原告北京龙乐文化艺术有限责任公司（以下简称龙乐公司）诉称：原告是国内较大的电信增值业务内容提供商，与国内上百家SP公司有长期、良好的合作关系。2003年6月及2005年12月，原告按照与广东飞迅信息技术有限公司（以下简称飞迅公司）、陕西三稷互动科技有限公司（以下简称三稷公司）签订的合同，将拥有信息网络传播权的《天不下雨天不刮风》、《美人吟》

两首歌曲（以下简称涉案歌曲）提供给两公司，共同经营电话彩铃（又称电话个性回铃）业务。2006 年 7 月和 2007 年 7 月，被告中国音乐著作权协会（以下简称音著协）分别向三稷公司、飞迅公司发函，称该协会拥有上述两首歌曲的著作权，两公司使用上述歌曲构成侵权。三稷公司、飞迅公司等收函后，以原告版权有瑕疵为由暂停结算、合作。被告音著协以非营利性组织的名义行营利性目的的行为，以排挤竞争对手为目的肆意发函，不仅严重影响了原告的正常经营秩序，而且严重损害了原告的商业信用，属于不正当竞争行为。故起诉要求被告停止侵权，在《法制日报》上公开赔礼道歉，赔偿原告经济损失 1 元及合理支出 100 元。

被告音著协辩称：第一，双方之间不存在平等的竞争关系，不属于《反不正当竞争法》调整范畴。原告是版权代理类公司，涉案行为是版权代理活动。音著协是著作权集体管理组织，主要业务是对会员作品的著作权从事信托管理，收费标准要向国家版权局备案，业务活动也受其监管，同时承担着国家赋予的著作权法定许可使用费收转职能，与原告纯粹商业性质的版权代理业务存在重大区别，竞争地位不平等。第二，在会员并未声明保留的情况下，音著协对会员作品在网上的复制和表演行为享有管理权。涉案歌曲的著作权人与音著协签有入会合同，将作品的复制权、表演权和广播权信托给协会管理。而通过网络传播就是对作品的一种复制行为，在线播放也是对作品的机械表演。涉案歌曲著作权人李凡、赵小源、张宏光都是音著协会员，从没有向音著协声明保留信息网络传播权，并且一直接受音著协收转的网上著作权管理收益，说明他们认可音著协享有网上著作权管理权。第三，原告并未证明其业务受到影响系因被告发函所致。第四，李凡、赵小源系龙乐公司法定代表人和艺术总监，其一方面接受音著协代转的网上管理收益，一方面又非法授权龙乐公司使用音乐作品，进行诉讼属于恶意诉讼。综上，被告不同意原告诉讼请求。

原审查明事实

原审法院查明：

尤小刚、张宏光、李玲玉分别是歌曲《美人吟》的词、曲作者和演唱者。2005 年 2 月、3 月，尤小刚、张宏光分别将词、曲著作权授权李玲玉使用，期限三年，李玲玉享有转授权的权利。同年 10 月，李玲玉与原告签订为期三年的协议，约定原告享有李玲玉“所属的全部影音作品资料在网络、通信行业设备服务及移动数据业务方面的开发运营权”；李凡、赵小源分别是歌曲《天不下雨天不刮风》的词、曲作者。2005 年 6 月、8 月，李凡、赵小源分别与原告签订无期限协议，将“所属其歌曲的信息网络传播权”交原告独家代理。

原告经营范围包括组织国内文化艺术活动等，其与三稷、飞迅等公司合作经营彩铃业务。具体合作方式是：原告提供作为彩铃的歌曲，飞迅等公司负责与电信运营商协调，通过在国际互联网站上向用户提供收费下载服务等方式获得收益，所得与原告按比例分享。

被告音著协是社会团体法人，属于音乐作品著作权集体管理组织，依据与会员签订的合同管理会员作品，可以以自己的名义对侵犯会员著作权的行为提出主张，同时也可以以自己的名义签订合同，许可他人使用会员作品并收取使用费，其中包括在网络上使用音乐作品的费用。音著协收取的使用费在扣除20%管理费后，每半年向权利人转付一次。具体方式为先向权利人寄送《分配明细表》，之后，将相关费用汇到权利人账户，《分配明细表》中在网络上使用的歌曲被标示为“WEB MUSIC”。李凡、赵小源及张宏光系被告会员，均在1996年与被告（作为乙方）签订《音乐著作权合同》，该合同是被告制作的格式合同，除作为甲方的著作权人及签订日期外，其余内容完全相同。合同约定：“甲方同意将其音乐作品的公开表演权、广播权和录制发行权授权乙方以信托的方式管理”，“本合同第一条所称的音乐作品，指甲方现有和今后将有的作品”，乙方“有权以自己的名义向侵权者提起诉讼”，“本合同有效期为三年。至期满前60天甲方未提出书面异议，本合同自动续展三年。之后照此办理”。

2006年7月，被告就《天不下雨天不刮风》等多首歌曲被作为彩铃使用一事向三稷公司发函，称三稷公司所得授权并未解决词、曲版权问题，希望三稷公司通过友好协商的方式与被告解决相关词曲版权问题，并在收悉该函后立即与被告取得联系，否则，被告将通过其他方式解决上述问题，而由此引起的一切责任及后果将由三稷公司承担。2007年7月，被告就《美人吟》等多首歌曲被作为彩铃使用一事向飞迅公司发函，希望飞迅公司于2007年8月1日之前与被告取得联系，寻求通过协商的途径解决著作权许可使用问题。否则，被告将通过法律途径解决上述事宜，而由此引发的一切法律责任由飞迅公司承担。2007年8月，飞迅公司致函原告，要求原告于收到函件后十日内解决涉案歌曲的版权权属问题，否则将停止与原告合作彩铃业务下载结算。

原审审理结果

原审法院认为：不正当竞争行为，系指经营者在市场交易中，违背自愿、平等、公正和诚实信用原则或公认的商业道德，违反相关法律规定，损害其他经营者的合法权益，扰乱社会经济秩序的行为。经营者捏造、散布虚伪事实，损害竞争对手的商业信誉、商品声誉的，构成不正当竞争。

本案中，原告是以营利为目的的企业法人，其业务包括提供音乐作品与他方合作经营电话彩铃业务，依据约定比例获得收益，属于彩铃业务的经营者。被告虽然是著作权集体管理组织，但可以相同方式许可他人使用音乐作品，并从收取的使用费中收取一定比例的管理费。与原告相比，虽然被告收取管理费比例固定，但数额却可以随使用费额度有所升降，与原告上述行为均属于经营行为。原、被告任何一方经营彩铃业务并获取收益，都意味着占有一定的彩铃业务市场份额，故被告与原告具有同业竞争关系。

但是，就被告实施的具体行为而言，被告作为音乐著作权集体管理组织，其发函属于代表权利人主张权利的行为，并不违背有关法律规定。被告发函意在提示三稷、飞迅等公司使用音乐作品可能存在侵权行为，并要求与之协商解决版权问题，不能确定为经营行为。该函并未明确指向原告，无损害原告商誉的词语，不能确定为有意排挤原告、贬低原告商业信誉。至于原告认为该行为属于被告以非营利性组织行营利性目的，以及被告主张涉案歌曲侵权不成立等主张，不属于不正当竞争之诉应当解决的问题。据此，本院对原告关于被告捏造、散布虚假事实，损害其商业信誉的主张不予采信。原告要求被告停止不正当竞争行为、公开道歉和赔偿损失之诉讼请求，缺乏事实和法律依据，本院不予支持。

综上所述，依据《中华人民共和国反不正当竞争法》第 2 条之规定，判决如下：

驳回原告北京龙乐文化艺术发展有限公司的诉讼请求。

龙乐公司不服，提起上诉，坚持其一审的诉讼请求。音著协服从一审判决。

二审查明事实

二审法院查明的事实与原审的相同。

二审审理结果

二审法院认为：上诉人龙乐公司与被上诉人音著协具有同业竞争关系。

音著协作为音乐著作权集体管理组织，其实施的涉案发函行为系根据其与会员签订的合同代表会员就涉案歌曲主张权利，并不违背有关法律规定。音著协的涉案发函行为不属经营行为，相关函件并未明确指向上诉人龙乐公司，无损害龙乐公司商誉的词语，没有排挤该公司、贬低该公司商业信誉的内容。因此，上诉人龙乐公司关于音著协的涉案发函行为对其构成不正当竞争的上诉主张，依据不足，本院不予支持。

至于上诉人龙乐公司认为涉案歌曲的著作权人没有将涉案歌曲的信息网络传播权授予音著协管理，故音著协无权就涉案歌曲代其进行信息网络传播权的管理或主张权利一节，虽然涉案歌曲的词、曲作者与音著协所签订的合同中未就涉案歌曲的信息网络传播权的管理进行约定，但音著协依据该合同对涉案歌曲的网络使用进行了管理，涉案歌曲《天不下雨天不刮风》的词、曲作者李凡、赵小源亦收取了音著协收转的相关费用，故上诉人龙乐公司关于音著协无权对涉案歌曲的网络传播权进行管理的主张，缺乏依据，本院不予支持。

综上，上诉人龙乐公司的上诉理由不能成立，其上诉请求，本院不予支持。原审判决认定事实清楚，适用法律正确，应予维持。依照《中华人民共和国民事诉讼法》第153条第1款第（1）项之规定，判决如下：

驳回上诉，维持原判。

一、二审案件受理费各50元，均由北京龙乐文化艺术有限公司负担。

67. “中国苏富比拍卖集团”不正当竞争纠纷案

——苏富比拍卖行诉四川苏富比拍卖有限公司

原告（被上诉人）：苏富比拍卖行（SOTHEBY'S）
被告（上诉人）：四川苏富比拍卖有限公司
案由：不正当竞争纠纷

原审案号：北京市第二中级人民法院（2007）二中民初字第 11594 号
原审合议庭成员：何暄、葛红、罗盛华
原审结案日期：2007 年 12 月 18 日
二审案号：北京市高级人民法院（2008）高民终字第 324 号
二审合议庭成员：张冰、莎日娜、钟鸣
二审结案日期：2008 年 8 月 7 日

判决要旨

“苏富比”字号自 1988 年起即开始在我国拍卖服务中持续使用，并在我国相关公众中已经具有较高的知名度，四川苏富比公司未经许可擅自使用该字号，构成不正当竞争。

起诉与答辩

原告苏富比拍卖行（SOTHEBY'S）（以下简称苏富比拍卖行）诉称：原告于 1744 年在伦敦成立，是世界上最古老的拍卖行，也是目前世界上最具规模和影响力的两家拍卖行之一。拍卖的内容除艺术品外，还包括名贵乐器、珍贵手稿、名酒等共 70 多个拍卖项目，总成交额达十多亿美元。“SOTHEBY'S”是原告的字号，“苏富比”是原告正式使用的中文字号名称，原告设立苏富比香港有限公司以及成立苏富比香港有限公司上海代表处（以下简称上海代表处）时，均使用“苏富比”作为中文字号。由于音译的问题，也有中国媒体将原告的字号称作“索斯比”，因此，“苏富比”和“索斯比”都是原告正式或约定俗成的中文字号。自 1988 年起，原告及其关联公司在中国大陆先后主持慈善拍卖、举办拍卖会预展、“传家宝鉴定日”等活动，使原告字号“SOTHEBY'S”和“苏富比”在中国国内均享有极高知名度，为相关公众所知

悉。在同期各种媒体报道中，“苏富比”、“SOTHEBY'S”总是被作为最知名的拍卖行加以介绍，在各种关于文物拍卖、艺术收藏的文章里多有提及。被告四川苏富比拍卖有限公司（以下简称四川苏富比公司）未经许可，在其宣传材料、网站、报纸专版、广告和名片中大量使用“中国苏富比拍卖集团”、“四川苏富比拍卖有限公司”、“苏富比公司”等字样，属于擅自使用他人企业名称的行为，使人误认为被告与原告具有特定关联关系。此外，被告在其宣传材料、相关报纸、网站、法定代表人名片中进行虚假宣传，使人误认为被告与原告具有特定关联关系。原告认为，被告的上述行为具有明显“搭便车”的主观故意，违反诚实信用原则和公认的商业道德，损害了原告的合法权益，扰乱了社会经济秩序，造成相关公众的混淆和误认，而且被告利用原告的商标和商誉，在短时间内获得了巨额非法利润，构成不正当竞争。故诉至法院，请求依法判定被告四川苏富比公司：停止不正当竞争行为，包括但不限于停止在被告名称中使用“苏富比”字样以及虚假宣传行为；在《光明日报》、《四川早报》和网址为“www. hkssb. com”的网站上向原告公开赔礼道歉并发表声明以消除影响；赔偿原告经济损失及因诉讼支出的律师费、公证费、复印费等合理费用共计人民币 50 万元并承担本案诉讼费用。

被告四川苏富比公司答辩称：被告是依法设立、合法存续的中国企业，其依法、善意使用其企业名称和字号，主观上不具有不正当竞争的故意；“苏富比”不是原告字号“SOTHEBY'S”在中国大陆公认的翻译，苏富比香港有限公司的行为不是原告的行为，原告从未在中国大陆进行拍卖活动，与被告之间不存在竞争关系；原、被告各自具有独立的企业形象和市场定位，二者毫不相同，客观上没有发生相关公众或者新闻媒体将原、被告本身或者将二者的服务相混淆的情形，原告亦未因此造成自身利益的损失；被告从未实施过不正当竞争行为，中国苏富比拍卖集团的行为不是被告的行为，不应由被告承担责任；被告持续投入人力、财力树立市场知名度，在特定领域内已经具有一定的知名度。因此，请求法院驳回原告的诉讼请求。

原审查明事实

原审法院查明：苏富比拍卖行于 1744 年在伦敦成立，迄今已有 260 多年的历史，是目前具有影响力的国际性拍卖行之一，主要经营古董、字画等高端艺术品的拍卖。苏富比拍卖行的企业名称为“SOTHEBY'S”，“苏富比拍卖行”是其正式使用的中文企业名称，其中“苏富比”为其正式使用的中文字号。由于翻译的问题，国内部分媒体、辞典也把“SOTHEBY'S”翻译成“索斯比”或者“索思比”。

1974年5月7日，“SOTHEBY PARKE BERNET（HONG KONG）LIMITED”在香港成立。1984年6月6日，该公司更名为“苏富比香港有限公司”（SOTHEBY'S HONG KONG LIMITED）。苏富比拍卖行主张苏富比香港有限公司系其全资设立的办事处，用于推广苏富比在亚洲地区的拍卖业务。后来，由于资本组合的原因，苏富比拍卖行和苏富比香港有限公司现同为美国苏富比公司的子公司。苏富比拍卖行与苏富比香港有限公司是关联公司，其授权苏富比香港有限公司在中国大陆和香港使用商标和字号“苏富比”和“SOTHEBY'S”。

1988年6月5日，苏富比香港有限公司作为首家国际性拍卖行，在北京劳动人民文化宫主持“马可·波罗归来”国际性艺术品拍卖，该次拍卖作为“1988年国际拯救威尼斯及修复长城活动”的组成部分，其拍卖收入全部用于修复长城和拯救威尼斯。1988年5月27日和6月6日的《人民日报》均对此进行了报道，其中5月27日的报道中指出主持拍卖的是“英国苏富比拍卖行”，而6月6日的报道中则指出拍卖机构是“世界著名拍卖行——国际苏富比拍卖公司”。1994年5月17日，苏富比香港有限公司在上海设立代表处，全称为“苏富比香港有限公司上海代表处”，经营范围为“从事工艺品进出口贸易的业务联络”。1994年10月，上海代表处在上海举办名为“传家宝鉴定日”的活动，由苏富比的专家为中国市民带来的古玩物件作免费鉴定。1997年5月25日，苏富比香港有限公司为庆祝香港回归在香港举办了“沪港列车首开纪念品拍卖会”，并在上海举行了预展。1997年10月22日，苏富比香港有限公司在上海主拍1997上海艺术博览会组委会组织的中国书画、油画专场拍卖会，拍卖会所得佣金全部捐赠上海文化发展基金会。上海代表处自成立至今，每年均在中国北京和上海举办一到两次苏富比香港有限公司春秋两季拍卖会前的预展活动。在上述各次活动现场以及散发的拍品图录、宣传材料、邀请函等中均使用了“苏富比”、“苏富比香港”、“苏富比香港有限公司”等企业名称和字号。上海代表处在2003年4月《艺术市场》、2006年9月8日《东方早报》、2006年第9期《文物天地》等报刊、杂志上发布广告，宣传苏富比香港有限公司拍卖、预展活动以及相关拍品。为了组织预展及开展其他相关活动，上海代表处在中国境内还实施了房屋租赁和进口拍卖图录等行为，在相关合同文本等材料中均使用了“苏富比”、“苏富比香港有限公司”等商标、企业名称和字号。苏富比拍卖行于1995年起在我国注册“SOTHEBY'S”和“蘇富比”系列文字商标时，使用的注册人名义均为“苏富比公司”。2003年1月26日，上海代表处在《天府早报》上刊登声明：“国际拍卖行SOTHEBY'S之正确中文名称为苏富比。在中国仅于上海设有代表处。”

1990年5月29日《人民日报》第7版“国际专页”刊登题为《英国拍卖旧战机》的消息，其中提到“今年3月，英国苏富比拍卖行被顾客围了个水泄不通。”2000年2月18日《上海商报》“商情专刊”发表《〈独立宣言〉打响苏富比旗舰网页头炮》一文，其中提到“有256年历史的著名拍卖行苏富比日前正式推出旗舰拍卖网页，并以一份美国《独立宣言》副本作为头炮，受到有关方面的关注……”。2000年4月30日出版的《收藏》杂志中刊登《走近苏富比》一文，其中提到“提到拍卖，圈内外人士都知道苏富比拍卖公司……邦德街与头轴最负盛名的商业街——牛津街仅一步之遥，地段价值金贵，苏富比拍卖公司在这条街上的24号……”。“全球CEO”网站（“http://ceoglobal.net”）在一篇标题为《苏富比 富可敌国》的文章中提到：“它诞生于伦敦，是全世界历史最悠久的艺术品拍卖商之一……它创造了许多创纪录的艺术品拍卖价格，至今仍无人超越……它是第一家在网络上举办拍卖会的国际级拍卖公司……它就是享誉全世界的知名国际拍卖公司——苏富比……已经262岁的苏富比一直是拍卖业的符号和风向标，对于收藏圈的人来说，不知道苏富比，就好比画画的不知道毕加索一样……”此外，《荣宝斋——中国苏富比》、《香港苏富比二十周年》、《古董拍卖集成》、《古董拍卖年鉴》、《中国拍卖》、《收藏家》、《艺术市场》、《文物天地》、《东方早报》、《中国文物报》等书籍、报刊、杂志和《宋、明、清官窑瓷》DVD封面以及网络媒体，均刊登有大量文章，介绍苏富比拍卖行、苏富比香港有限公司及其拍卖活动和拍品。

2006年8月22日，苏富比拍卖行向中国国际经济贸易仲裁委员会域名争议解决中心（以下简称域名争议解决中心）投诉，要求对宁波汇亚投资有限公司恶意抢注“苏富比.中国”和“苏富比.公司”域名问题进行裁决。12月15日，域名争议解决中心作出（2006）中国贸仲域裁字第0205号裁决书，认为苏富比拍卖行的字号“苏富比”“已在中国具有了一定的知名度”，宁波汇亚投资有限公司的注册行为系恶意抢注，故裁决争议域名转移给苏富比拍卖行。

四川苏富比公司于2003年12月5日由李绍宁和周雅玲出资成立，其经营范围为“司法机关强制执行的物品的拍卖；金融机构抵货资产的拍卖；破产企业资产的拍卖；国有土地使用权的拍卖；邮电部门、运输部门无主物品的拍卖；无形资产的拍卖；委托人委托的其他动产、不动产的拍卖”。2003年12月2日，四川省公安厅向四川苏富比公司核发《特种行业许可证》；2005年9月30日，四川省商务厅向四川苏富比公司核发《拍卖经营批准证书》。

2006年3月13日，北京市安伦律师事务所委派代理人赵克峰，在长安公证处公证员的监督下，使用公证处的计算机，进入网址为“http://www.hkssb.com”的网站，下载相关网页，并将相关页面刻录在两张光盘上。其中第二页出现“中国苏富比拍卖集团 来自香港的国际著名品牌拍卖企业”。该网站关于“苏富比中国五千年第一次神五搭载邮票捐资助学冠名拍卖会”的视频中出现“神舟五号搭载邮票成功拍卖 四川苏富比又攀中国拍卖新高峰”字样。

2006年10月12日，北京市安伦律师事务所委派人员，在中华人民共和国长安公证处（以下简称长安公证处）公证员的监督下，在北京市东城区华侨大厦一层大厅领取《中国拍卖》等宣传材料，并对现场进行了摄像和拍照。《中国拍卖》版权页注明总编为李绍宁，其中多篇文章多处使用了“中国苏富比拍卖集团”、“四川苏富比拍卖有限公司”和“苏富比公司”字样。其中的“中国苏富比拍卖集团”体系图显示：中国苏富比拍卖集团包括四川苏富比公司和四川索斯比文化传播有限公司等全资企业以及中国苏富比出版集团有限公司、香港苏富比国际拍卖有限公司、香港苏富比金融投资有限公司和广西北海索斯比商务有限公司等控股公司。在《中国拍卖》中关于“中国飞天第一图《长征万里图》”的彩页广告下方，主办单位落款为中国苏富比拍卖集团和四川苏富比公司。

此外，从2005年开始的各期《金融投资报》“中国拍卖”专版中均注明联办单位为中国苏富比拍卖集团和四川苏富比公司等。在四川苏富比公司发布的广告中也使用了“四川苏富比拍卖有限公司”等字样。

2005年12月7日《金融投资报》“中国拍卖”专版“域外拍讯”栏目报道了“英国索斯比拍卖行”所拍“青花大赏盘”等拍品。2007年3月7日的香港《大公报》A28“中国拍卖”专版，通栏标题“中国苏富比拍卖集团祝‘两会’圆满成功”的右上方，注明联办单位为“中国苏富比拍卖集团”、“中国苏富比出版集团有限公司”、“四川省拍卖行业协会”、“四川苏富比拍卖公司”、“四川索斯比文化传播有限公司”，通栏标题的下方为关于徐悲鸿《放下你的鞭子》油画和乾隆御制扳指拍卖以及“花赏瑶华——巴黎名藏中国艺术品专拍”的报道；专版的右下方为“中国苏富比拍卖集团”神六搭载《神州颂》专场拍卖会的广告。

此外，四川苏富比公司在其散发的宣传材料中提到“‘苏富比’是一个有着280多年悠久历史的世界品牌”。李绍宁在其名片上印制有“中国苏富比拍卖集团”等名称，并宣称自己是该集团总裁兼董事局主席。

另，苏富比拍卖行主张其在中国大陆以外的许多国家和地区开展了极具影响的拍卖活动，其字号在全世界相关公众中均享有极高的知名度。苏富比拍卖行主张李绍宁曾经使用国际知名拍卖行佳士得拍卖行的字号“佳士得”在香港注册公司，并将德国纳高拍卖行的字号“纳高”作为商标申请注册。苏富比拍卖行还主张被告还曾在香港《大公报》、《香港商报》等报刊上刊登被控侵权广告，并在广告中自称与《人民日报》共同举办相关拍卖活动，苏富比拍卖行与相关媒体进行了交涉，并获得相关媒体不再刊登被控侵权广告的承诺。苏富比拍卖行还主张其获得了第四届胡润百富最佳拍卖行称号。

另查，2002 年 12 月 18 日，李绍宁和周雅玲共同出资 1 万港元，在香港成立香港佳士得国际拍卖有限公司，2004 年 12 月 1 日，该公司更名为香港苏富比金融投资有限公司（HK SOFTBILL FINANCIAL INVESTMENT LIMITED）；2002 年 11 月 20 日，李绍宁和周雅玲共同出资 1 万港元，在香港成立香港索斯比集团有限公司，2004 年 11 月 22 日，该公司更名为中国苏富比出版集团有限公司（CHINA SOFTBILL PUBLICATION GROUP LIMITED）；2003 年 10 月 3 日，李绍宁和周雅玲共同出资 1 万港元，在香港成立香港苏富比国际拍卖有限公司（H. K. SOFTBILL INTERNATIONAL AUCTION LIMITED）。中国苏富比拍卖集团是香港苏富比国际拍卖有限公司的分支机构。四川索斯比文化传播有限公司系由李绍宁和周雅玲共同出资 100 万元于 2003 年 8 月 26 日在四川省成都市成立，法定代表人为李绍宁。广西北海索思比商务有限公司于 2000 年在广西北海市成立，法定代表人为李绍宁。2007 年 5 月 22 日，香港特别行政区高等法院判决香港苏富比国际拍卖有限公司、香港苏富比金融投资有限公司、中国苏富比出版集团有限公司永久停止使用“苏富比”或者相近似的名称，并停止侵犯香港注册商标“苏富比”的行为。

徐悲鸿《放下你的鞭子》油画和乾隆御制扳指均为苏富比香港有限公司 2007 年春节拍卖会的拍品；“花赏瑶华——巴黎名藏中国艺术品专拍”则为 2007 年苏富比香港有限公司春季拍卖会的拍卖活动之一。

苏富比拍卖行主张其为本次诉讼支出律师费人民币 44 765. 76 元，公证费人民币 6 500 元，翻译费人民币 10 000 元，复印费 10 198. 85 元。

原审审理结果

原审法院认为：中国和英国同为《保护工业产权巴黎公约》的成员国，依据该公约的规定，工业产权的保护对象为专利、实用新型、工业外观设计、商标、商号、产地标记或原产地名称以及制止不正当竞争。因此，本案原告作为在英国注册成立的公司，可以请求依据中国法律制止在中国境内发生的针对其的不正当竞争行为。

本案的争议焦点问题是原告苏富比拍卖行与被告四川苏富比公司是否构成

同业竞争关系；被告四川苏富比公司的涉案行为是否构成不正当竞争以及是否应当承担相应的法律责任。

第一，关于原告苏富比拍卖行与被告四川苏富比公司是否构成同业竞争关系的问题。

根据本案查明的事实，原告及其关联公司苏富比香港有限公司自1988年开始就在中国大陆境内持续使用“苏富比”、“苏富比香港有限公司”等企业名称和字号。1988年，苏富比香港有限公司在北京劳动人民文化宫主持“马可·波罗归来”国际性艺术品慈善性拍卖。1994年，香港苏富比有限公司在上海设立代表处，同年10月，上海代表处在上海举办“传家宝鉴定日”活动。1997年5月，苏富比香港有限公司为庆祝香港回归在香港举办“沪港列车首开纪念品拍卖会”，并在上海进行预展。同年10月，苏富比香港有限公司主拍1997年上海艺术博览会组委会组织的中国书画、油画专场义务拍卖会。上海代表处自成立至今，每年均在中国北京和上海举办一到两次苏富比香港有限公司春秋两季拍卖会前的预展活动。在上述活动中以及相关拍品图录、宣传材料、邀请函中均使用了“苏富比”以及“苏富比香港有限公司”等企业名称和字号。上海代表处在房屋租赁、广告发布等行为中也使用了“苏富比”、“苏富比香港有限公司”等企业名称和字号。原告在1995年申请注册商标时，使用的注册人名义即为“苏富比公司”。

被告四川苏富比公司具有从事拍卖经营活动的资质并实际从事拍卖经营活动。原告与被告同属经营拍卖业务的机构，构成同业竞争关系。

本案被告主张原告与苏富比香港有限公司并非同一主体，后者的活动不能视为前者的活动；“苏富比”不是原告字号“SOTHEBY'S”在中国大陆公认的翻译；苏富比香港有限公司在中国大陆进行的预展等活动不属于拍卖活动，原告以及苏富比香港有限公司均未在中国境内进行过拍卖活动，不是中国市场的“经营者”，原被告二者的经营地域、范围、方式均不相同，与被告不构成同业竞争关系。其一，“苏富比”字号权利的主体问题。原告主张苏富比香港有限公司系其全资设立的办事处，用于推广苏富比在亚洲的拍卖业务，二者属于关联公司关系，原告作为“苏富比”字号和商标的所有权人，授权苏富比香港有限公司使用该字号和商标，并通过苏富比香港有限公司在中国大陆地区实际使用和宣传其字号和商标。在被告未有反证的情况下，本院对原告的权利主体资格予以确认。其二，原告字号“SOTHEBY'S”的翻译问题。原告及其关联企业在中国大陆正式使用的中文字号为“苏富比”，国内相关公众和媒体大多使用“苏富比”指代原告的字号，虽然有部分国内媒体在报道原告及其相关拍卖活动或者拍品时，使用“索斯比”或者“索思比”，但是不能证明“苏富比”不是原告的字号，或者该字号在国内不具有知名度。其三，如何理解“同业竞争关系”问题。本院认为应当综合考虑以下因素：（1）原告及其关联公司没有在中国大陆举行正式拍卖活动，是基于我国内地目前的法律规定，但是原告一直在中国大陆进行与拍卖有关的种种市场宣传；（2）原告在现有法律框架内，通过其关联公司开展的慈善性拍卖和预展等活动，根本目的都是推广苏富比的服务品牌，为苏富比拍卖会吸引中国内地的买家和客户，从而开拓中国内地的市场；（3）预展活动作为拍卖活动的重要组成部分，对于拍卖活动的商业利润具有重要的作用；（4）原告及其关联公司为推广宣传“苏富比”拍卖业务，还在中国大陆进行了发布广告、租赁房屋及进口图录等商业性行为。综上，本院认为原告及其关联公司的相关预展等活动具有广义上的经营性质，因此与被告构成同业竞争关系。因此，被告上述抗辩主张均缺乏依据，本院均不予采纳。

第二，关于被告四川苏富比公司的涉案行为是否构成不正当竞争以及是否应当承担相应的法律责任的问题。

（一）关于被告使用“苏富比”作为字号是否构成不正当竞争的问题

根据我国法律相关规定，擅自使用他人的企业名称，引人误认为是他人的服务，构成不正当竞争。具有一定的市场知名度，为相关公众所知悉的企业名称中的字号，可以认定为企业名称。

经过原告及其关联公司的持续使用和宣传，涉案“苏富比”字号在中国大陆地区已经具有较高的知名度。《人民日报》、《上海商报》、《荣宝斋——中国苏富比》、《古董拍卖集成》、《古董拍卖年鉴》、《中国拍卖》、《收藏家》、《艺术市场》、《文物天地》、《东方早报》、《中国文物报》等书籍、报刊、杂志和《宋、明、清官窑瓷》DVD封面以及大量网络媒体，均刊登有大量文章或者广告，介绍苏富比拍卖行、苏富比香港拍卖有限公司及其拍卖活动和拍品。2006年8月域名争议解决中心出具的相关裁决书中，认为苏富比拍卖行的字号“苏富比”“已在中国具有了一定的知名度”。

综上，可以认定原告苏富比拍卖行的字号“苏富比”自1988年起即开始在我国拍卖服务中持续使用，并在我国相关公众中已经具有较高的知名度。

被告四川苏富比公司未经许可，在其宣传材料、网站、相关报纸专版、广告和法定代表人名片中均大量使用了“四川苏富比拍卖有限公司”、“中国苏富比拍卖集团”、“苏富比公司”等名称，将原告知名字号作为其字号使用，构成不正当竞争。

（二）关于被告涉案行为是否构成虚假宣传的问题

根据我国《反不正当竞争法》的相关规定，经营者不得利用广告或者其他方法，对商品的质量、生产者、产地等作引人误解的虚假宣传。根据本案查明的事实，原告是具有 260 多年历史的国际著名拍卖行，被告系于 2003 年才成立的国内拍卖公司，而中国苏富比拍卖集团则是由李绍宁在香港注册的空壳公司的下属分支机构。被告在其宣传材料中宣称“苏富比是一个有着 280 多年悠久历史的世界品牌”，构建了所谓“中国苏富比拍卖集团由四大全资公司和四大控股公司组成”的体系图，并在法定代表人名片中宣称自己是该集团的总裁和董事局主席；在其网站上宣称“中国苏富比拍卖集团是来自香港的国际著名拍卖企业”；以“中国苏富比拍卖集团”名义在相关报纸版面上宣传原告及其关联公司的拍卖活动和拍品，并在相同版面上刊登被告自己的拍卖广告。被告上述行为显然具有利用他人商誉的故意，使人误认为被告与原告或者其关联公司具有特定关联关系，或者误认为被告提供的服务与原告或者其关联公司提供的服务相同或者具有特定关系。因此，本院认定被告四川苏富比公司在被告网站、宣传材料、名片和报纸版面上进行虚假宣传，构成不正当竞争，应当承担相应的法律责任。

被告提出被告系合法使用企业名称，并且通过巡展和广告、义拍和捐献，取得了自身的市场知名度；原告目前根本不可能进入中国拍卖市场，因此相关公众不可能对二者的服务产生任何混淆和误认，实际上也没有产生混淆和误认；相关侵权行为系“中国苏富比拍卖集团”的行为，并非被告的行为，因此被告不应当承担侵权责任。其一，关于混淆和误认。原告的字号“苏富比”并非普通或者常见的中文词汇，通过原告的使用和宣传，相关公众已经将“苏富比”与原告的字号和拍卖服务建立起直接的联系。被告四川苏富比公司在明知原告字号的前提下，在其宣传材料、网站和名片等中使用“苏富比”作为字号，并不能说明其合理理由，显然具有借助他人的商誉，使相关公众对原告和被告二者的服务发生混淆和误认的主观故意，客观上也会造成相关公众的混淆或者误认为被告与原告存在某种联系。其二，关于侵权责任主体问题。根据本案查明的事实，中国苏富比拍卖集团实际上只是香港苏富比国际拍卖有限公司的分支机构，而“有下属四家全资公司和四家控股公司”的所谓“中国苏富比拍卖集团”则是虚构出来的。另据查，该“集团”中的所有公司均由李绍宁任法定代表人，由李绍宁主要出资设立，并且由李绍宁实际操控，其中在拍卖服务中有实体经营活动的只有被告四川苏富比公司。因此，在被告未能提供相应证据的前提下，该“集团”行为的相应后果应当由被告承担。因此，被告相关抗辩主张均缺乏依据，本院均不予采纳。

综上所述，被告四川苏富比公司的涉案行为构成不正当竞争，本案原告请求被告停止侵权、消除影响、赔偿因诉讼支出的合理费用，理由正当，本院予以支持。关于消除影响的具体方式，本院将结合被告侵权行为的范围、持续时间、所造成的影响等因素具体确定。原告要求被告承担赔偿损失的法律责任，但并未举证证明其因涉案侵权行为受到相应经济损失，考虑到原被告从事拍卖活动的不同情况，本院在酌情考虑合理费用的基础下，对原告其他的赔偿请求，不予支持。鉴于判令被告承担消除影响的民事责任足以弥补原告因涉案侵权行为所造成的商誉损失，故原告要求被告四川苏富比公司赔礼道歉的主张，本院不予支持。

本院依据《中华人民共和国反不正当竞争法》第5条第（3）项、第（4）项，第20条；《最高人民法院关于审理不正当竞争民事案件应用法律若干问题的解释》第6条第1款、第7条；《中华人民共和国民法通则》第134条第1款第（1）项、第（7）项、第（9）项之规定，判决如下：

一、四川苏富比拍卖有限公司于本判决生效之日起，停止涉案不正当竞争行为，在从事拍卖服务的经营活动中，停止使用涉案含有“苏富比”字样的企业名称，删除网址为“http：//www. hkssb. com”的网站、四川苏富比拍卖有限公司印制散发的宣传材料、名片上与苏富比拍卖行有关的虚假宣传内容；

二、四川苏富比拍卖有限公司于本判决生效之日起三十日内，在《光明日报》上就涉案不正当竞争行为刊登声明，以消除影响；

三、四川苏富比拍卖有限公司于本判决生效之日起十日内，赔偿苏富比拍卖行因诉讼支出的合理费用人民币45 000元；

四、驳回苏富比拍卖行的其他诉讼请求。

四川苏富比公司不服原审判决，提起上诉，请求撤销原审判决，并改判驳回苏富比拍卖行的原审诉讼请求。其主要理由是：（1）原审法院违反法定程序，原审法院在法庭辩论终结后又重新组织对苏富比拍卖行的补充证据进行质证并在原审判决中采纳其补充证据属于违反法定程序。（2）苏富比拍卖行从未在中国内地进行过商业拍卖活动，因此苏富比拍卖行并非我国拍卖市场的经营者；四川苏富比公司是我国拍卖市场的合法经营者，两者不存在同业竞争关系。（3）苏富比拍卖行从未在中国大陆进行过商业拍卖活动，原审判决中所称“广义上的经营性质”活动应被认定为违反《文物保护法》等规定，而且苏富比拍卖行也没有在中国大陆持续使用“苏富比”字号，四川苏富比公司的字号系合法取得，两者在经营地域、范围、方式、服务对象等存在显著区别，因此四川苏富比公司不构成不正当竞争。（4）原审判决仅依据第三方报道和域名争议裁定书就认定苏富比拍卖行的“苏富比”字号知名，显然缺乏依据且违反反不正当竞争法司法解释的规定，相反，四川苏富比公司具有较高的市场知名度。（5）苏富比拍卖行与苏富比香港有限公司是相互独立的主体，原审判决认定两者为关联企业缺乏证据支持；所谓“中国苏富比”、“中国苏富比拍卖集团”等称谓与四川苏富比公司无关，因此四川苏富比公司不应当对“中国苏富比拍卖集团”的行为承担责任。（6）原审判决没有适用《拍卖法》、《文物保护法》的规定确定当事人的行为性质和法律地位，也没有正确适用《反不正当竞争法》、《民法通则》、《公司法》、《民事证据规定》等导致适用法律错误、审判程序违法。

苏富比拍卖行服从原审判决。

二审查明事实

二审法院查明的事实与原审相同。

二审审理结果

二审法院认为：我国《反不正当竞争法》第5条第（3）项规定，经营者不得采用擅自使用他人的企业名称或者姓名、引人误认为是他人商品的不正当手段从事市场交易，损害竞争对手。最高人民法院《关于审理不正当竞争民事案件应用法律若干问题的解释》第6条第1款规定，企业登记主管机关依法登记注册的企业名称，以及在中国境内进行商业使用的外国（地区）企业名称，应当认定为《反不正当竞争法》第5条第（3）项规定的“企业名称”。具有一定的市场知名度、为相关公众所知悉的企业名称中的字号，可以认定为《反不正当竞争法》第5条第（3）项规定的“企业名称”。

本案中，苏富比拍卖行自1995年向商标局申请注册商标时就使用“苏富比”作为其企业名称的字号，由其授权使用其注册商标和企业字号的苏富比香港有限公司在1984年开始就将“苏富比”作为企业字号使用，因此苏富比香港有限公司及其上海代表处使用“苏富比”字号的行为应被认定为是苏富比拍卖行对“苏富比”字号的使用行为。

苏富比拍卖行因为我国《拍卖法》和《文物保护法》等法律的限制未在我国大陆实际从事商业性拍卖活动，但是通过义卖、慈善性拍卖、预展、广告宣传等活动已经能够使相关公众知晓其为拍卖服务的经营者，而且在我国大陆举行的上述活动也是其从事商业性拍卖活动的一部分，能够吸引相关公众参与其主持的拍卖活动，因此应当认定苏富比拍卖行在我国大陆的活动具有广义上的经营性质，而且苏富比拍卖行的上述活动也并未违反我国《拍卖法》和《文物保护法》的禁止性规定。四川苏富比公司也是在我国大陆从事拍卖经营活动的主体，因此苏富比拍卖行与四川苏富比公司构成同业竞争关系，四川苏富比公司关于苏富比拍卖行与其不具有同业竞争关系的上诉理由缺乏事实和法律依据，本院不予支持。

苏富比拍卖行在我国大陆涉及拍卖或拍卖信息的相关报道中多被简称为“苏富比”，其自1995年向商标局申请注册商标时就使用“苏富比”作为其企业名称的字号；同时，苏富比拍卖行自1988年以来在中国大陆举行的艺术品义卖、慈善性拍卖、预展、广告宣传等活动已经使中国大陆相关公众了解其在拍卖市场中的地位；由其授权使用其注册商标和企业字号的苏富比香港有限公司在1984年开始就将“苏富比”作为企业字号和商标使用；苏富比香港有限公司上海代表处1994年成立后为宣传香港苏富比有限公司的拍卖活动，一直在我国大陆通过举办预展、向相关公众散发拍品目录等活动进行宣传，在宣传过程中均使用了“苏富比”或“蘇富比”文字；2006年和2007年域名争议解决中心和香港高等法院分别作出裁定和判决保护苏富比拍卖行的企业字号和商标，域名争议解决中心的裁定更进一步指出，“苏富比”在中国有一定的知名度。综合以上事实，足以认定苏富比拍卖行的企业名称或其字号“苏富比”在我国拍卖服务的相关公众中已经具有一定的知名度。

《中国拍卖》上所谓“包括四川苏富比公司等四家全资公司以及中国苏富比出版集团有限公司、香港苏富比国际拍卖有限公司、香港苏富比金融投资有限公司等四家控股公司”的“中国苏富比拍卖集团”与香港苏富比国际拍卖有限公司分支机构的“中国苏富比拍卖集团”因投资关系、机构层级的不同而应当被认定为是不同主体。四川苏富比公司虽主张其与“中国苏富比拍卖集团”并非同一主体，但并未提供“中国苏富比拍卖集团”作为独立民事主体存在的证据；而且所谓“中国苏富比拍卖集团”下的全资公司和控股公司等均由李绍宁任法定代表人，也均由李绍宁主要出资，其中在我国大陆实际从事拍卖经营的只有四川苏富比公司，因此以“中国苏富比拍卖集团公司”或“中国苏富比拍卖集团公司四川苏富比公司”名义在我国大陆从事的与拍卖有关的行为后果均应由四川苏富比公司承担。四川苏富比公司关于“中国苏富比拍卖集团公司”与其系不同主体，不应当对“中国苏富比拍卖集团公司”的行为承担责任的上诉主张，缺乏事实和法律依据，本院不予支持。

苏富比拍卖行与四川苏富比公司虽然经营不同的拍品，但均属拍卖经营者，两者在经营范围、方式和服务对象方面有一致性。四川苏富比公司擅自在其宣传材料、网站、相关报纸专版、广告中大量使用“四川苏富比拍卖有限公司”、“中国苏富比拍卖集团”、“苏富比公司”等名称，其中使用的字号“苏富比”与苏富比拍卖行的字号完全相同，足以认定四川苏富比公司未经苏富比拍卖行许可擅自使用其字号，构成不正当竞争；加之四川苏富比公司在宣传中称其“苏富比是一个有着280多年悠久历史的世界品牌”，足以让相关公众误认为其与苏富比拍卖行之间存在关联关系，因此也构成虚假宣传。四川苏富比公司的字号即使经登记注册合法取得，也不能以此否定其行为构成不正当竞争，因此四川苏富比公司关于其字号系合法取得，与苏富比拍卖行在经营地域、范围、方式、服务对象等方面存在显著区别因而不构成不正当竞争的上诉理由缺乏事实和法律依据，本院不予支持。

我国法律、法规和司法解释并不禁止当事人在一审法庭辩论终结后提供新的证据，因此原审法院根据案件审理的需要接受苏富比拍卖行在一审法庭辩论终结后提交的证据，并经双方当事人举证质证后采纳其中部分证据的做法并未违反《民事诉讼法》及相关司法解释的规定，四川苏富比公司关于原审法院程序违法的上诉主张于法无据，本院不予支持。

综上，原审判决认定事实清楚，适用法律正确，应予维持。上诉人四川苏富比公司所提上诉请求及其理由均缺乏依据本院不予支持。依照《中华人民共和国民事诉讼法》第153条第1款第（1）项之规定，判决如下：

驳回上诉，维持原判。

一审案件受理费8 800元，由苏富比拍卖行负担3 000元，四川苏富比拍卖有限公司负担5 800元；二审案件受理费925元，由四川苏富比拍卖有限公司负担。

68. 员工任职期间发生的侵犯商业秘密及违反竞业禁止约定的不正当竞争纠纷案

——北京华凯通科技发展有限公司诉崔志宏、北京市华唐天鸿科贸有限公司

原告（被上诉人）： 北京华凯通科技发展有限公司

被告（上诉人）： 崔志宏

被告（上诉人）： 北京市华唐天鸿科贸有限公司

案由： 不正当竞争纠纷案

原审案号： 北京市第一中级人民法院（2007）一中民初字第11822号

原审合议庭成员： 彭文毅、江建中、张晰昕

原审结案日期： 2008年3月21日

二审案号： 北京市高级人民法院（2008）高民终字第974号

二审合议庭成员： 张冰、莎日娜、钟鸣

二审结案日期： 2008年8月12日

判决要旨

崔志宏在任职期间，违反了竞业禁止约定与他人合股成立华唐天鸿公司，并且向华唐天鸿公司披露华凯通公司商业秘密的行为，构成不正当竞争行为。华唐天鸿公司明知崔志宏系华凯通公司的员工，依然使用崔志宏掌握的商业秘密进行经营，崔志宏与华唐天鸿公司构成对华凯通公司商业秘密的侵犯，应承担相应的侵权责任。

起诉与答辩

原告北京华凯通科技发展有限公司（以下简称华凯通公司）诉称：华凯通公司是一家以提供火力发电企业设备及配件、售后服务等为主要业务的公司。2004年6月7日，华凯通公司与崔志宏签订三年期劳动合同书，约定崔志宏担任华凯通公司的销售代表，崔志宏有保守华凯通公司商业秘密的义务，崔志宏自离开华凯通公司一年内，不得在与华凯通公司有竞争关系的其他单位

就职，自己不使用也不教导他人使用华凯通公司的商业秘密，合同并对双方权利义务、工资收入、违约责任、合同解除条件等进行了约定。合同签订后，崔志宏经过长达三个月的业务培训后，被派驻到华凯通公司的大客户内蒙古大唐托克托发电责任有限公司（以下简称托电公司），负责华凯通公司与托电公司的业务，其职责包括与托电公司进行沟通、了解托电公司的订购意向、代表华凯通公司签订合同、跟踪合同履行回款等。两年间，崔志宏代表华凯通公司与托电公司签订了数百万元的供货合同。2006 年 4 月 12 日，崔志宏在华凯通公司任职期间，与他人共同投资成立北京市华唐天鸿科贸有限公司（以下简称华唐天鸿公司），该公司与华凯通公司的经营范围大致相同。此后，华凯通公司向崔志宏提供托电公司所需产品的供货厂家及供货价格，但未再与托电公司签订相关合同，而华唐天鸿公司则与托电公司签订了大量的订货合同。崔志宏的上述行为侵犯了华凯通公司的合法商业权益，应当承担赔偿责任。华唐天鸿公司对崔志宏的任职情况是明知的，其在经营中利用崔志宏所掌握的华凯通公司商业经营信息签订业务合同，给华凯通公司造成了经济损失，亦应该承担连带赔偿责任。故华凯通公司诉至人民法院，请求判令：（1）崔志宏和华唐天鸿公司停止侵权行为；（2）华唐天鸿公司赔偿因不正当竞争行为给华凯通公司造成的经济损失 99.6 万元。

被告崔志宏和华唐天鸿公司辩称：（1）崔志宏未掌握华凯通公司的商业秘密，且华凯通公司与崔志宏亦未签订任何保密协议。（2）华唐天鸿公司法定代表人项达洪是托电公司的老客户，崔志宏并未代表该公司参与客户联系、网上竞标、签约等工作。因此，崔志宏和华唐天鸿公司既没有不正当竞争行为，也未侵犯华凯通公司的商业秘密。

原审查明事实

原审法院查明：

2004 年 6 月 7 日，华凯通公司与崔志宏签订《劳动合同书》，约定："第一条 合同期限自 2004 年 4 月 2 日至 2007 年 4 月 2 日止，华凯通公司安排崔志宏在销售代表岗位，并为崔志宏提供必要的生产（工作）条件；……第十一条 1. 崔志宏有保守华凯通公司商业秘密的义务，不得直接或间接向外泄露华凯通公司的商业秘密；掌握华凯通公司商业秘密的崔志宏提出解除（或终止）本合同时，华凯通公司有权调整崔志宏工作岗位，满六个月后，方可解除（终止）本合同；2. 崔志宏自离开华凯通公司一年之内，不得在与华凯通公司有竞争关系的其他单位就职，自己不使用也不教导他人使用华凯通公司的商业秘密"。合同还约定了崔志宏的工资、年销售任务和提成等。

2006年4月12日，崔志宏与项达洪共同投资成立华唐天鸿公司，其中崔志宏出资30万元，占15%股权。

2006年12月14日，崔志宏与华凯通公司进行对账，确认了崔志宏于2005年、2006年代表华凯通公司与托电公司签订的合同编号、采购价格、销售价格、毛利等情况。

2007年3月16日，北京市石景山区劳动争议仲裁委员会作出京石劳仲字[2007]第100、112号裁决书。华凯通公司不服该裁决，向北京市石景山区人民法院提起诉讼。2007年10月8日，北京市石景山区人民法院作出(2007)石民初字第1548号民事判决书。华凯通公司不服该判决，向本院提起上诉。2007年12月20日，本院作出（2007）一中民终字第14083号民事判决书（以下简称第14083号判决），“本院查明”部分载明：“华凯通公司将崔志宏派驻于托电公司，全面负责与托电公司的业务。崔志宏2005年度销售任务应为200万元，其实际完成了6 905 357.81元，对此华凯通公司应支付崔志宏2005年业务提成工资677 629元，华凯通公司已陆续支付了崔志宏2005年度业务提成工资493 775.5元”；该判决“本院认定”部分载明：“崔志宏与华凯通公司所签订的劳动合同系双方真实意思表示，不违反法律、行政法规的强制性规定，应认定有效，双方当事人均应严格履行合同约定之义务”、“关于华凯通公司主张的违约金问题，崔志宏在华凯通公司任职期间与他人成立华唐天鸿公司，并任该公司股东，此公司与华凯通公司的客户托电公司发生了多笔业务，直接造成了华凯通公司与托电公司业务减少及崔志宏为华凯通公司销售任务的下降。对此，崔志宏构成严重违约，应承担违约责任”；据此，该判决主文第三项为：“判令崔志宏向华凯通公司支付违约金326 427.16元”。

2007年9月19日，华凯通公司申请本院调查华唐天鸿公司与托电公司自2006年4月至2007年1月期间的业务合同。2007年10月18、19日，本院前往托电公司调查取证，托电公司向本院提供了华唐天鸿公司与托电公司自2006年5月17日至2006年11月29日期间的22份合同清单，载明了合同标的、数量、金额，共计3 116 871元。

在本案诉讼过程中，华凯通公司向本院提交了如下证据：（1）2005年、2006年华凯通公司与托电公司签订的物资买卖合同；（2）华凯通公司就托电公司060828XLC、060821XLC项目提交的“投标结果预览”；（3）华凯通公司就托电公司060821XDC、060715XLJ、060529XC等项目的“已完成招标信息”及“供应商报价列表”。

庭审中，华凯通公司明确崔志宏的不正当竞争行为包括侵犯商业秘密和违反在职期间的竞业禁止约定，并明确其商业秘密为华凯通公司为托电公司招标产品所组织的各类货源信息，包括产品的制造厂商、进货价格、销售价格、销售利润等经营信息。本院当庭抽查华唐天鸿公司和托电公司自2006年5月17日至2006年11月29日期间的合同，将该合同与华凯通公司参与托电公司投标的项目相比，发现大部分产品规格型号相同，但投标价格并不相同，华唐天鸿公司的中标价格普遍低于华凯通公司的标底，仅有极少量的中标价格略高于华凯通公司的标底。

另查：华凯通公司与华唐天鸿公司均是大唐国际发电股份有限公司物资网（以下简称大唐物资网）的供应商会员。大唐物资网是大唐国际发电股份有限公司指定的物资采购网站，大唐国际发电股份有限公司包括托电公司等数十家国有大型发电企业，公司年采购额达数十亿元人民币。

2008年3月3日，本院组织华凯通公司、崔志宏、华唐天鸿公司三方当事人对大唐物资网进行了勘验，对相关页面进行下载并刻录成光盘，页面内容详见光盘。勘验步骤如下：在浏览器输入 http：//www. dt - procurement. com/indexl. asp，登录GSRM电力物资网，以用户名“U0100371K1”及密码登录后，页面右侧显示“欢迎徐鑫先生进入大唐物资网”、“您代表的单位是：北京华凯通科技发展有限公司”、“最近发布的招标共2个”、“近期中标列表”、“智能查询”等字样，页面左侧显示“基本信息维护”、“交易管理”、“智能查询管理”、“计费查询”等字样；点击“2”后，页面右侧显示“招标信息列表”，标注有“招标样式”、“类型”、“创建者”、“洽谈”、“标题”、“剩余时间/结束时间”、“已投标”等表格栏及2个具体招标项目内容；点击“洽谈”项下的“080210CZ - 01”，页面显示“您正在对080210CZ - 01进行投标”、“招标标题”、“招标样式”、“招标类型”、“询价/招标”、“招标方式”、“当前状态”、“联系人”、“投标剩余时间”、“开始时间”、“结束时间”、“预定决标日期”、“产品信息”、“投标”、“取消”等字样；招标规则：“供应商在结束招标之前可以修改提交的价格”、“采购方在结束招标之前可以延长招标时间”、“采购方在结束招标之前可以提前结束招标”；“产品信息”包括“投标”、“产品名称”、“数量”、“单位”、“规格型号”、“制造厂商”、“需要日期”、“已投标供应商个数”等信息，“制造厂商”项下部分有指定的厂商名称，部分没有；通过查询“已完成招标信息”，该“产品信息”的“投标”栏会显示“是”或“否”，点击“投标”显示为“是”的相应“产品名称”，页面显示该产品的“供应商报价列表”、“供应商”、“单价”、“税率”、“制造商备注”、“备注”、“承诺日期”、“供货周期”、“报价日期”。

勘验过程中，三方确认托电公司还有“紧急采购”招标。对此，华凯通公司称紧急采购只通知少数几家单位，华唐天鸿公司称以往如果只有一个单位经销该产品，可能只通知这家单位。华唐天鸿公司还称，如果未中标，会员单位可以从托电公司联系人处了解自己未中标的原因，但该联系人通常不会告诉中标价格。

勘验过程中，本院应崔志宏和华唐天鸿公司的申请，勘验了华凯通公司在060828XLC、060821XLC两项目的投标情况，查询到该项目的"已完成招标信息"，没有查询到华凯通向本院提交的证据2"投标结果预览"。但是，"已完成招标信息"和"投标结果预览"页面所涉及的同一产品"单价"、"税率"、"数量"、"承诺日期"、"供货周期"、"供应商备注"/"制造厂商"的具体内容均相同。华凯通公司对此解释如下：因为大唐电力网系统对招标过程中和招标结束以后的信息显示页面是不同的，本案中提交的该页（"投标结果预览"）是在招标过程中打印的，但现在的页面已变更为招标结束后的页面，形式不同，但是页面上所显示的所有价格、数量等信息内容完全一致。崔志宏和华唐天鸿公司称：对060828XLC和060821XLC的"投标结果预览"其已提出异议，华凯通公司声称内容是不可变的，但勘验结果查明该信息是可变的，而且系统中已查验不到该信息。将华凯通公司提交的"投标结果预览"与勘验的"已完成招标信息"两页面进行对比，二者的"当前状态"内容不同，"产品信息"所设栏目不同；"投标结果预览"标注有"投标剩余时间"，"已完成招标信息"没有标注"投标剩余时间"；"投标结果预览"的"当前状态"显示为"正在招标"，而"已完成招标信息"的"当前状态"显示为"招标已结束"；"投标结果预览"的"产品信息"标注有"行号"、"产品名称"、"单价"、"税率"、"数量"、"承诺日期"、"供货周期"、"供应商备注"、"备注"，"已完成招标信息"的"产品信息"标注有"行号"、"产品名称"、"数量"、"单位"、"规格型号"、"制造厂商"、"需要日期"、"投标"。

勘验过程中，本院应崔志宏和华唐天鸿公司的申请，勘验了华凯通公司在060821XDC、060529XC两项目的投标情况，查询到该项目的"已完成招标信息"与华凯通公司提交的证据3中"已完成招标信息"相同，可查询单个产品的"供应商报价列表"，没有华凯通公司提交的证据3中所有产品"供应商报价列表"，但华凯通公司提交的证据3"供应商报价列表"的所有产品单价均是网上显示的真实价格。对此，华凯通公司称：因为已经结束的投标，在第一个页面中不能显示投标价，只能逐项打开查询，为了方便对照打印，其对价格做了粘贴合并整理，全部内容与网上原信息完全一致。崔志宏与华唐天鸿公司称：华凯通公司在法庭举证过程中向法庭陈述该页面直接打印于电脑页面，在勘验中又称系自己加工的，与当庭陈述不同，不能作为证据使用。

经过勘验，本院认定：大唐物资网的会员单位仅能以自己的用户名及密码登录大唐物资网；进入托电公司 GSRM 采购平台，能够显示托电公司对外招标的所有产品名称及规格，部分招标产品会指定制造厂商，部分招标产品不指定制造厂商；会员单位仅仅能够了解招标产品的已投标单位数量；该产品结束招标后，会员单位能够查询自己是否中标；未中标的会员单位无法通过该平台查询他人的中标结果，仅能通过联系人了解自己未中标的原因，且无法知晓该产品的中标价格；会员单位能够了解自己投标的产品规格、数量、单价、制造商、承诺日期、供货周期等信息。

在本案诉讼过程中，崔志宏向本院提交如下证据：（1）尹学平的证言及身份证复印件；（2）杨新妹发给华凯通公司的询价单；（3）（2007）一中民初字第 2257 号民事裁定书，载明华凯通公司撤回了对崔志宏和华唐天鸿公司的不正当竞争起诉；（4）北京持之恒电力技术设备有限公司系大唐国际物资采购网供应商的档案资料，载明杨新妹系该公司主要负责人之一；（5）崔志宏的求职简历，表明其曾在国营五四零九厂机修分厂实习，曾任珠海金电电源工业有限公司驻山西办事处销售代表。对此，华凯通公司认为尹学平未出庭质证，证据 1 的真实性有异议；证据 2 表明崔志宏代表华凯通公司签约所涉及的产品价格来源于杨新妹的询价；证据 3～5 与本案无关。

在本案诉讼过程中，华唐天鸿公司向本院提交了如下证据：（1）（2007）长证内经字第 1979 号公证书，载明：华唐天鸿公司以特定用户名及密码进入大唐国际物资网，公证下载了托电公司自 2006 年 4 月 1 日起至 2007 年 3 月 22 日止的“历史投票信息列表”，该列表标注有“招标样式”、“类型”、“创建者”、“详细信息”、“标题”、“开始日期”和“结束日期”，没有标注产品名称、制造厂商及价格；（2）项达鸿作为阜宁第二高压阀门制造厂的委托代理人于 2003 年 12 月 29 日与托电公司签订的《物资买卖合同》，其中“机械密封”产品与华唐天鸿公司和托电公司签订的 SWJ06112901W 合同所涉及的“机械密封”规格型号相同，价格不相同；项达鸿作为盐城高特阀业有限公司的委托代理人于 2004 年 9 月 20 日与托电公司签订的《物资买卖合同》，产品与华唐天鸿公司和托电公司签订的合同产品名称均不相同。对此，华凯通公司认为证据 1 与本案无关，证据 3 的真实性、关联性有异议，且签约的“项达鸿”与华唐天鸿公司的法定代表人项达洪并非同一人。

原审审理结果

原审法院认为：《中华人民共和国反不正当竞争法》第 10 条第 3 款规定，商业秘密是指不为公众所知悉、能为权利人带来经济利益、具有实用性并经权利人采取保密措施的技术信息和经营信息。

本案中，华凯通公司明确其商业秘密系其所参加的托电公司招标活动所涉产品的货源信息，包括产品的制造厂商、进货价格、销售价格、销售利润等经营信息。本院认为，虽然同类产品的制造厂商名称、地址、电话等资料可以从公开渠道获取，但华凯通公司作为产品供应商，经过长期的知识和经验积累，已经拥有自己特定的采购渠道，因此，华凯通公司通过调查、比较和分析同类产品各自的优缺点，选择托电公司招标产品的制造厂商、与制造厂商洽商采购价格、计算销售利润、最终决定标底等经营信息，显然是不为公众所知悉的、具有商业价值和竞争优势的经营信息。作为华凯通公司派驻托电公司的销售代表和签约代表，崔志宏理应知晓华凯通公司上述经营信息，且崔志宏曾经提取过销售提成，从其销售提成的计算方式来看，她也应当知道上述经营信息。华凯通公司与接触该经营信息的崔志宏签订了保密协议，应视为其对上述经营信息采取了合理的保密措施。因此，华凯通公司主张上述经营信息是其商业秘密，本院予以支持。

关于崔志宏和华唐天鸿公司是否侵犯华凯通公司商业秘密的问题。首先，崔志宏作为华凯通公司派驻托电公司的销售代表和签约代表，知晓华凯通公司参与托电公司招标产品的货源信息，即华凯通公司的商业秘密。根据华凯通公司与崔志宏签订的劳动合同约定，崔志宏有保守华凯通公司商业秘密的义务，不得直接或间接向外泄露华凯通公司商业的秘密。其次，崔志宏还在华凯通公司任职期间，就与他人于2006年4月12日合股成立了华唐天鸿公司，华唐天鸿公司与华凯通公司均为托电公司的会员供应商，二者业务经营范围相同，存在竞争关系，华凯通公司质疑崔志宏向华唐天鸿公司泄露华凯通公司的商业秘密，存在合理的理由。再次，华唐天鸿公司于同年5月17日至11月29日就与托电公司签订了22份物资买卖合同，合同总金额达3116871元。将该22份合同与华凯通公司参与托电公司投标的项目相比，可以得知大部分产品规格型号相同，但华唐天鸿公司的中标价格普遍低于华凯通公司的标底，仅有极少量产品的中标价格略高于华凯通公司的标底。现华凯通公司主张上述合同的产品采购渠道及投标价侵犯了其商业秘密，华唐天鸿公司作为22份合同所涉产品的供应商，未向本院提供上述产品的采购渠道，即制造厂商、进货价格、销售利润等具体情况，并据此反驳华凯通公司的上述主张。根据最高人民法院《关于民事诉讼证据的若干规定》第75条之规定，有证据证明一方当事人持有证据无正当理由拒不提供的，如果对方当事人主张该证据的内容不利于证据持有人，可以推定该主张成立。由于崔志宏系华唐天鸿公司的股东，且华唐天鸿公司与托电公司签订上述22份合同时，崔志宏还在华凯通公司任职，但未再代表华凯通公司与托电公司签订任何合同，故本院推定崔志宏向华唐天鸿公司泄露了华凯通公司的商业秘密，客观上减少了华唐天鸿公司在寻找、调查、分析、取舍、确定产品制造厂商、与制造厂商洽谈进货价格等方面所付出的劳动。崔志宏的行为既违反劳动合同约定的保密义务，也违反了诚实信用和公平原则，华唐天鸿公司明知崔志宏系华凯通公司的员工，依然使用崔志宏掌握的华凯通公司商业秘密进行经营，崔志宏与华唐天鸿公司已构成对华凯通公司商业秘密的侵犯，应承担相应的侵权责任。根据华凯通公司与崔志宏签订的劳动合同书第十一条的规定，本案审理至今，已经超过了华凯通公司要求崔志宏保守其商业秘密的期限，即崔志宏和华唐天鸿公司已经没有保守华凯通公司商业秘密的义务，故华凯通公司主张崔志宏与华唐天鸿公司停止侵犯其商业秘密，缺乏事实和法律依据，本院不予支持。但是，华凯通公司主张华唐天鸿公司赔偿2006年5月17日至2006年11月29日期间华凯通公司的经济损失，本院予以支持。本院将根据华唐天鸿公司的主观过错，侵权情节、侵权金额等情况确定其赔偿金额。

关于崔志宏是否违反在职期间的竞业禁止约定构成不正当竞争行为的问题。首先，华凯通公司与崔志宏签订的劳动合同约定，崔志宏自离开华凯通公司一年之内，不得在与华凯通公司有竞争关系的其他单位就职。根据该条款可以推定崔志宏在华凯通公司任职期间，不得在与华凯通公司有竞争关系的其他单位就职，即双方存在崔志宏在职期间竞业禁止的约定。其次，第14083号终审判决已经认定："崔志宏在华凯通公司任职期间与他人成立华唐天鸿公司，并任该公司股东，此公司与华凯通公司的客户托电公司发生了多笔业务，直接造成了华凯通公司与托电公司业务的减少及崔志宏为华凯通公司完成的销售任务的下降。对此，崔志宏构成严重违约，应承担违约责任"，因此，本院据此认定崔志宏违反了在职期间的竞业禁止约定。综上，崔志宏在华凯通公司任职期间与他人合股成立华唐天鸿公司的行为，违反了诚实信用原则，违反了在职期间竞业禁止的约定，构成不正当竞争行为。崔志宏现已离开华凯通公司，故华凯通公司主张崔志宏停止此项不正当竞争行为，缺乏事实和法律依据，本院不予支持。

综上，根据《中华人民共和国反不正当竞争法》第2条，第10条第1款第（3）项、第2款、第3款，第20条之规定，本院判决如下：

一、本判决生效之日起十日内，被告华唐天鸿公司赔偿原告华凯通公司经济损失93万元。

二、驳回原告华凯通公司的其他诉讼请求。

崔志宏、华唐天鸿公司不服原审判决，提出上诉，请求撤销原审判决，将本案发回重审或驳回华凯通公司的诉讼请求。主要理由为：（1）原审判决认定上诉人掌握华凯通公司的商业秘密没有任何证据支持。华凯通公司的经营信息不符合商业秘密的构成要件。本案中，托电公司采取公开招标的方式采购，每一项采购项目均在网上公开发布，任何公司都有权参与竞争投标。每次招标都标明了产品名称、产品型号、生产厂家，上诉人通过正当竞标进而中标，未侵犯任何第三方利益。原审判决认定华唐天鸿公司300余万元的经营额中，有200余万元不属于华凯通公司的经营范围，其根本就没有参与投标，上诉人和华凯通公司就该部分没有形成竞争关系，更谈不上侵犯其商业秘密。另外，华凯通公司并没有与上诉人签订专门的保密合同。虽然双方在劳动合同中有保密约定，但华凯通公司并未能举证就电厂项目签订相关保密事宜的合同，所以劳动合同并不涉及华凯通公司涉案经营信息。（2）原审判决认定上诉人违反了在职期间的竞业禁止约定是错误的。作为竞业禁止协议生效的基本条件是，企业必须对员工的竞业禁止行为作出经济补偿，竞业禁止协议中必须同时写明补偿金的数额和发放办法，否则就是无效协议，而华凯通公司从未给上诉人发放过任何补偿，因此，二者之间不存在竞业禁止约定。（3）原审判决华唐天鸿公司赔偿华凯通公司经济损失93万元没有任何事实依据和法律依据。即使认定华唐天鸿公司300余万元的经营额都与华凯通公司有关，根据该行业的业内平均利润水平也不过10万余元。华唐天鸿公司还上诉称，在华凯通公司已经放弃追究崔志宏责任的情况下，直接判决华唐天鸿公司赔偿华凯通公司经济损失属于程序错误。

华凯通公司服从原审判决。

二审查明事实

二审法院查明的事实与原审相同。

二审审理结果

二审法院认为：

商业秘密是指不为公众所知悉、能为权利人带来经济利益、具有实用性并经权利人采取保密措施的技术信息和经营信息。本案中，华凯通公司与华唐天鸿公司的经营方式均为从生产厂家采购商品并加价销售给最终用户以获取利润。通过勘验大唐物资网可知，大唐物资网的会员单位仅能以自己的用户名及密码登录大唐物资网；进入托电公司GSRM采购平台，能够显示托电公司对外招标的所有产品名称及规格，部分招标产品会指定制造厂商，部分招标产品不指定制造厂商；会员单位仅仅能够了解招标产品的已投标单位数量；该产品结束招标后，会员单位能够查询自己是否中标；未中标的会员单位无法通过该平台查询他人的中标结果，仅能通过联系人了解自己未中标的原因，无法知晓该产品的中标价格；会员单位能够了解自己投标的产品规格、数量、单价、制造商、承诺日期、供货周期等信息。可见，作为大唐物资网的供应商，相互之间并不知道彼此的进货价与投标价，也不知道最终中标的成交价，因此能够掌握全面的货源信息、获得相对低廉的进货价并以相对低的价格投标显然在竞标中占据优势。虽然在托电公司招标过程中，所需产品的名称、数量、单位、规格型号、制造厂商等信息可以从公开渠道获取，但华凯通公司作为产品供应商，拥有自己特定的采购渠道，其通过调查、比较和分析同类产品各自的优缺点，与制造厂商洽商采购价格、计算销售利润、最终决定标底等经营信息，显然是不为公众所知悉的、具有商业价值和竞争优势的经营信息。从崔志宏与华凯通公司所签订的劳动合同中收入的构成方式、计算方式看，除月基本工资外，其他收入均与年度的销售额有关，崔志宏也曾领取过销售提成。在2005年度，崔志宏的销售任务为200万元而其实际完成690余万元，入股华唐天鸿公司后，该公司2006年5～11月与托电公司的销售额为311余万元，而同期其未代表华凯通公司与托电公司签订相关合同。因此，崔志宏作为华凯通公司派驻托电公司的销售代表和签约代表，应当知道华凯通公司的上述经营信息。华凯通公司与崔志宏签订的劳动合同中涉及保密条款，应视为华凯通公司对上述经营信息采取了合理的保密措施。上诉人崔志宏、华唐天鸿公司认为崔志宏不掌握华凯通公司的商业秘密、该公司的经营信息不构成商业秘密的上诉理由不能成立，本院不予支持。

华唐天鸿公司与托电公司签订上述22份合同时，崔志宏还在华凯通公司任职，但未再代表华凯通公司与托电公司签订任何合同，故可以认定崔志宏向华唐天鸿公司泄露了华凯通公司的商业秘密。华唐天鸿公司明知崔志宏是华凯通公司的业务员，依然使用崔志宏掌握的华凯通公司商业秘密进行经营，崔志宏与华唐天鸿公司已构成对华凯通公司商业秘密的侵犯，应承担相应的民事责任。原审诉讼过程中，在华凯通公司提出撤回要求崔志宏赔偿经济损失的诉讼请求的情形下，原审判决华唐天鸿公司承担相应的民事责任符合法律规定。上诉人华唐天鸿公司认为原审判决程序错误的上诉理由不能成立，本院不予支持。

华凯通公司与崔志宏签订的劳动合同中约定，崔志宏自离开华凯通公司一年之内，不得在与华凯通公司有竞争关系的其他单位就职。根据该条款可以推定崔志宏在华凯通公司任职期间，不得在与华凯通公司有竞争关系的其他单位就职，即双方存在崔志宏在职期间竞业禁止的约定。原审判决依据已经生效的第14083号终审判决认定崔志宏违反了竞业禁止约定并无不当。上诉人崔志宏、华唐天鸿公司认为崔志宏与华凯通公司之间不存在竞业禁止约定的上诉理由不能成立，本院不予支持。

华唐天鸿公司与托电公司自2006年5月17日至11月29日与托电公司签订的22份合同涉及金额3 116 871元，其中有1 135 645元华凯通公司未参与投标，385 380元参与投标，投标前未销售过同类产品。但由于华凯通公司与华唐天鸿公司存在竞争关系，崔志宏在任华凯通公司业务员的同时，违反竞业禁止约定入股华唐天鸿公司，因此，华凯通公司同期业务量的减少与崔志宏的行为存在因果关系。对华凯通公司未投标项目部分的损失，华唐天鸿公司应予赔偿。另外，崔志宏根据在华凯通公司工作期间积累的销售经验及掌握的经营信息，应当很容易令华唐天鸿公司在与华凯通公司就未销售项目部分的竞争中形成优势，因此，就华凯通公司该部分的损失，华唐天鸿公司亦应予以赔偿。原审判决根据华唐天鸿公司的主观过错，侵权情节、侵权金额等情况确定其赔偿金额并无不妥，本院予以维持。上诉人崔志宏、华唐天鸿公司认为原审判决认定赔偿数额没有事实和法律依据的上诉理由不能成立，本院不予支持。

综上，原审判决认定事实清楚，适用法律正确，程序合法，应予维持。上诉人崔志宏、华唐天鸿公司的上诉理由均不能成立，对其上诉请求，本院不予支持。依据《中华人民共和国民事诉讼法》第153条第1款第（1）项之规定，本院判决如下：

驳回上诉，维持原判。

一审案件受理费13 760元，由崔志宏负担3 760元，由北京市华唐天鸿科贸有限公司负担10 000元；二审案件受理费13 760元，由崔志宏负担3 760元，由北京市华唐天鸿科贸有限公司负担10 000元。

69. 语音技术秘密竞业禁止及不正当竞争纠纷案

——北京捷通华声语音技术有限公司诉松下电器研究开发（中国）有限公司

原告：北京捷通华声语音技术有限公司
被告：松下电器研究开发（中国）有限公司
案由：不正当竞争纠纷

一审案号：北京市海淀区人民法院（2007）海民初字第22110号
一审合议庭成员：马秀荣、石必胜、谢天训
一审结案日期：2008年8月30日

判决要旨

对于具有法律约束力的竞业禁止合同，第三方明知相对人负有竞业禁止的义务仍予帮助违反的，承担相应的法律责任。

起诉与答辩

原告北京捷通华声语音技术有限公司（以下简称捷通公司）诉称：2004年7月26日，李秀林进入捷通公司，担任语音技术研发工程师职位。自2004年10月18日起，李秀林开始接触原告核心的“jTTS”语音技术秘密。2005年5月，李秀林开始担任原告语音事业部技术总监职位。李秀林在原告核心技术部门长期担任重要职位，掌握“jTTS”所有核心内容以及原告大量的源程序、经验公式、计算机软件及算法等技术秘密，同时掌握原告大量内部业务规程、产品开发计划等商业秘密。在原告与李秀林签订的《聘用合同》及《知识产权保密协议》中明确规定，李秀林不得泄露或使用原告的商业秘密，李秀林在职期间及在受原告聘用试用期终止后一年内，不得从事同原告业务具有竞争性的业务，不得接受原告竞争对手的聘用。作为对李秀林履行保密及竞业禁止义务的补偿，原告按月向李秀林发放保密和竞业禁止津贴。2006年7月24日，李秀林以要去石油大学任教为由向原告提出辞职，同年8月21日，李秀林从原告处正式离职。2007年5月，原告了解到李秀林并未到石油大学任教，而是已经进入被告公司从事语音技术研发工作。被告是原告在语音技术领

域的主要竞争对手之一，原告就此要求被告解除与李秀林的劳动关系，遭到拒绝。原告认为，被告为利用李秀林掌握的原告的商业秘密，在知晓李秀林对原告负有保密和竞业禁止义务的情况下，采取不正当竞争手段，聘用李秀林并委任以相关的语音技术研发职位，对原告构成侵权，应当依法承担责任。故根据《中华人民共和国反不正当竞争法》等相关法律法规之规定，请求法院判令：被告向原告公开赔礼道歉；被告解除与李秀林的劳动合同关系；被告向原告赔偿经济损失50万元及诉讼合理支出2万元。

被告松下电器研究开发（中国）有限公司（以下简称松下电器）辩称：(1) 双方不存在竞争关系，是分别从事不同业务的企业。(2) 原告指控被告不正当竞争应该具备原告与李秀林签订竞业禁止协议并且有效、李秀林违反竞业禁止协议、被告明知原告与李秀林签订保密协议并明知李秀林违反了上述协议等条件。我方无从知晓原告与李秀林签订的竞业禁止协议是否有效，原告无证据证明协议有效，合同没有约定解决户口是保密义务的补偿。(3) 我方聘用李秀林主观上没有过错，我方问过他是否有竞业禁止协议，他说没有，后来收到原告律师函后才知晓有保密协议的事实。(4) 我方通过正当聘用程序聘用的李秀林，没有权利调查李秀林与原告是否签订保密协议以及是否生效，应该由原告举证证明，我方没有义务审查原告与李秀林签订的协议的效力，我方只在收到起诉书后知道双方签订的保密协议。(5) 原告应该举证证明李秀林违反保密协议。

一审查明事实

一审法院查明：

2004年8月6日，捷通公司与李秀林就接受博士毕业生李秀林工作并按照有关人事规定办理人事关系及户口手续签订服务协议书，约定李秀林在语音研发中心从事语音核心研究开发工作。10月李秀林正式入职，入职时李秀林于10月1日签署了入职宣誓，宣誓中表示李秀林自10月18日起开始接触公司最高技术秘密—捷通“jTTS”技术等，承诺在任何时候均不得泄露语音合成技术等商业秘密。同日还签订了职工知识产权及保密协议。协议不仅规定了商业秘密保密条款，亦在第五条规定有限制竞争性行为。该条第二款规定在聘用期终止后一年内，除非捷通公司同意，不得从事同甲方业务具有竞争性的业务，不得接受甲方竞争对手的聘用，不得对竞争对手提供咨询性、顾问性服务，不得聘用甲方的任何其他职工为自己工作，也不唆使甲方的任何其他职工接受外界聘用。第七条规定作为对履行保密义务并且与在职期间和离职一年内履行竞业禁止义务的报酬，甲方已按月向乙方发放了保密和竞业禁止津贴。10

月9日，双方订立的聘用合同中第四条规定基本工资7 000元，其中含底薪、岗位津贴、保密津贴、竞业禁止津贴、伙食津贴、交通补贴等。在第五条劳动纪律中重申了保密协议中关于限制竞争性行为的条款。

2005年5月31日，李秀林被任命为语音事业部技术总监。

2006年3月7日，捷通公司重大攻关项目第一课题组由李秀林与另一位员工组成，该课题规定有奖励标准。捷通公司在档案管理等方面均有保密制度管理。公证书及离职交接清单均显示李秀林掌握有公司重要技术信息。

2006年8月21日，双方正式解除劳动合同关系。捷通公司为李秀林自称前往的石油大学出具离职证明，该证明中注明李秀林负有竞业禁止义务一节。

2006年8月22日，李秀林到松下电器工作。李秀林与松下电器签订有保密及知识产权归属协议书，其中规定不得泄露或使用属于第三方的商业秘密。

松下电器主要从事日语语音研发，但与捷通公司研发领域有交叉。

2007年5月29日，捷通公司向松下电器发出律师函，该函称李秀林与捷通公司签有保密协议，负有竞业禁止义务，并支付津贴。发现李秀林成为松下电器员工，要求松下电器在2007年7月10日前解除与李秀林的劳动合同关系，否则将向李秀林及松下电器追究法律责任。函后附有捷通公司联系人的电话。松下电器认可收到该函，但称因无法判断真实性未予回复。2007年8月，捷通公司与松下电器人员电话联络，松下电器人员表示这是捷通公司与李秀林个人的争议，公司已询问李秀林，李秀林表示没有此方面的问题，在无权威结论前，目前公司无法根据捷通公司的单方表示终止与李秀林的劳动关系。

李秀林出庭表示不认可竞业禁止协议的效力。

捷通公司在本案中表示不起诉李秀林。

捷通公司为本案支付公证费2 000元，代理费10 000元。

一审审理结果

一审法院认为：

作为一种合同关系竞业禁止可以约束合同相对人，但是否可以约束第三人呢？首先，竞业禁止合同的核心义务在于不作为，即合同相对人在约定的时间和地域及行业范围内不得从事竞争行为，因竞争关系系法律鼓励之行为，显然属于适宜同时设定的行为，故原则上第三人得为竞争行为之自由，但在第三人的行为违反了公平竞争应予遵循的诚实信用之原则时，则应负有不正当竞争之责任。同时因竞业禁止合同多为保护商业秘密而设，故合同设定的义务超出合同相对人的范围，对于合同外的第三人，负有不侵害合同权利的义务，即不帮助合同相对人违反禁止性义务。综上而论，无论依据《不正当竞争法》还是有关第三人不得侵害合同权利的理论，在竞业禁止合同关系中，第三人在一定情况下负有不得侵害的义务。但该义务的构成需具备如下条件：其一，竞业禁止合同具有法律约束力。其二，第三人明知相对人负有竞业禁止的义务仍予帮助违反。

竞业禁止合同系以限制劳动合同关系终止后员工的择业权利为主要内容，这种对员工基本权利的限制必须在具备合理的理由的情况下才具有效力。因此尽管我国《劳动合同法》允许用工单位与员工订立此类合同，但这不意味着所有的竞业禁止合同均具有法律约束力。一般而言，竞业禁止是基于限制员工择业的重大利益理由，比如商业秘密，在进行了公平协商和合理限制的情况下，才具有拘束力，这是合同公平原则的基本要求。因此商业秘密等禁止理由、合理的禁止时间、行业和地域范围以及补偿等，是判断合同效力的因素。本案中，原告与员工间的竞业禁止关系尽管具备商业秘密等限制理由，但对补偿可否事先计入工资存在争议，故合同效力因缺乏明确的补偿内容处在不确定状态。原告明确告知被告其与李秀林之间存在竞业禁止关系，但被告在向员工了解后得出不同的结论，被告作为企业仅依据双方陈述尚不足以判断双方间竞业禁止合同关系的合法性和约束力，即无从判断员工是否当然负有竞业禁止的义务，其义务前提不存在。因此，当事人可以选择合同相对方解决彼此之间竞业禁止合同争议，第三人在此基础上才能够了解是否具有义务前提。本案中，亦无证据显示被告存在以不正当手段引诱李秀林终止与原告合同关系或者获取使用原告商业秘密等行为，原告在员工竞业禁止的义务尚不明确的情况下，不对员工本人提出要求，却要求第三人帮助履行竞业禁止义务未免苛刻。用工单位之间互相了解竞业禁止合同关系值得鼓励，但用工单位在不确定禁止义务的情况下即与员工解除合同也可能会损害员工的劳动权利，因此在第三人接到原用工单位通知的情况下，没有必然与员工解除劳动合同关系的义务。

新的用工单位对此负有的注意义务是什么呢？在收到原用工单位的通知后，新用工单位应当对员工进行了解，督促其与原单位解决或者通知工会等部门敦促解决纠纷以及可能发生的纠纷，在了解后将所了解的情况回复原用工单位或要求员工本人或者工会部门与原用工单位联系。上述程序是用工单位之间相互尊重及对员工尊重的要求。本案中，被告在收到原告的通知后未能及时核实或者将核实情况回复，而是在原告多次询问后被动应答，是导致双方间纠纷发生的原因。尽管被告的行为未构成侵权，但其行为存在值得修正之处。本院建议被告建立更加及时有效的通知协助机制。

综上，判决如下：

驳回原告北京捷通华声语音技术有限公司的全部诉讼请求。

案件受理费 9 000 元，由原告北京捷通华声语音技术有限公司负担。

各方当事人均服从一审判决。

70. "复方酮康唑软膏"不正当竞争纠纷案

——昆明滇虹药业有限公司诉湖北成田制药有限公司、北京安定门中医医院

原告（被上诉人）： 昆明滇虹药业有限公司
被告（上诉人）： 湖北成田制药有限公司
原审被告： 北京安定门中医医院
案由： 不正当竞争纠纷

原审案号： 北京市东城区人民法院（2007）东民初字第07515号
原审合议庭成员： 才雪东、裴桂华、亓蕾
原审结案日期： 2008年6月16日
二审案号： 北京市第二中级人民法院（2008）二中民终字第12880号
二审合议庭成员： 何暄、葛红、周晓冰
二审结案日期： 2008年9月11日

判决要旨

被告使用与原告知名药品相近似的包装装潢，足以造成双方药品的混淆，造成相关公众误认为是该知名药品，构成对原告所有知名商品特有装潢的仿冒。

起诉与答辩

原告昆明滇虹药业有限公司（以下简称滇虹药业公司）诉称：原告生产的复方酮康唑软膏（以下简称原告药品）分为7克装和10克装两种。7克装自1997年12月开始使用灰色纸盒包装（指外包装，下同），10克装自2004年3月开始使用红黄色纸盒包装，上述包装均已获得外观设计专利。原告药品在全国范围销售，获得过多项奖励，属于知名品牌。湖北成田制药有限公司（以下简称成田制药公司）觊觎原告药品品牌效应，从2005年11月、2006年2月起使用与原告10克产品、7克产品包装装潢相近的包装生产、销售复方酮康唑软膏（以下统称成田制药公司药品）。经鉴定，成田制药公司药品包装与原告药品包装整体相似。为此，原告曾向湖北省工商行政管理局（以下简称

湖北省工商局）投诉，该局认定成田制药公司20克装药品包装构成侵权。2007年6月28日，成田制药公司书面承认侵权事实，承诺不再继续侵权，但至今未停止侵权行为、召回侵权产品，仍然通过安定门中医院等销售侵权产品，同时采取虚假陈述、提供虚假账目等手段逃避承担侵权责任。2006年，成田制药公司销售侵权产品后，原告药品销售额下降了1 600多万元。成田制药公司的行为给患者用药造成混乱，给原告造成重大损失，构成不正当竞争，故诉请法院判令：安定门中医院停止销售侵权产品。成田制药公司停止生产侵权产品，赔偿原告经济损失210万元，支付原告为本案支出差旅费19 437.92元及鉴定费3万元。二被告承担本案诉讼费。

被告成田制药公司辩称：第一，药品包装使用要经过相关部门审核批准。成田制药公司是在2004年12月获得复方酮康唑软膏生产批准的，被诉包装亦同时获得批准，并于2005年1月投入使用，而原告在2005年3月后才开始使用红黄色包装。现原告未提供己方相关药品批准文件，且有可能在成田制药公司报批后接触到被诉包装，故成田制药公司药品包装使用在先，原告才是侵权者。第二，成田制药公司20克装药品包装与原告药品包装并不近似，不同点在于：（1）盒体正面文字，原告是“彼康王”，成田制药公司是“成田制药”。（2）盒体正面，原告是红色箭头，成田制药公司是小人和两只手。（3）盒体正面左上角，原告是“康王”注册商标，成田制药公司是“田”字注册商标。（4）盒体正面上侧，原告是批准文号，成田制药公司是一排小字。（5）盒体正面右下角，原告标重10克，成田制药公司标重20克。（6）盒体正面右下角，原告标注文字与成田制药公司不同。（7）盒体正面上方，原告标注文字是“彼康王”，成田制药公司是“成田制药”。（8）盒体正面下方，原告标注文字是“彼康王”，成田制药公司是“田”字。（9）外用部位示意图不相同。此外，原告委托的鉴定机构不是法院指定的，其鉴定结论不能作为依据。第三，湖北省工商局调查时，成田制药公司工作人员不了解己方设计在先的情况，为息事宁人采取了退让态度。成田制药公司为保护自己的著作权，已对湖北省工商局的处罚决定提起行政诉讼。第四，原告所获奖项是基于该药品所得，并非基于该包装。第五，即使构成侵权，成田制药公司收回涉案药品也需要时间，因此尚有在售药品亦属正常。据此，不同意原告诉讼请求。

被告安定门中医院辩称：被告安定门中医院通过正常渠道购进成田制药公司药品，不知道药品包装侵权。如构成侵权，可以停止销售该药品。

原审查明事实

原审法院查明：原告及成田制药公司均是药品生产企业，均生产复方酮康唑软膏，双方药品的性状、作用类别、药理作用、适应症、用法用量、禁忌、使用注意事项、药物相互作用及不良反应均相同，均在全国范围销售。被告安定门中医院系依法设立的医疗服务机构，涉案药品系其从合法渠道购入。

原告药品分为7克装和10克装两种，其中7克装自1997年开始使用以灰色为主色调的长方形纸盒包装，10克装自2005年4月起使用以红黄组合为主色调的长条形纸盒包装，上述两包装均取得外观设计专利。原告药品曾被中国保护消费者基金会评为“消费者信得过产品”，获得“云南名牌”产品和“云南十大知名品牌”称号，在中国昆明科技成果暨新技术新产品展览交易会上荣获金奖。10克装药品2004年度销售额为1 293万元，2005年为2 826万元，2006年为1 246万元，2007年上半年为1 018万元。

2003年4月，成田制药公司在国家食品药品监督管理局注册复方酮康唑软膏，2004年12月，经湖北省药监局批准作为非处方药生产。2005年3月成田制药公司药品包装为长条形纸盒，10克装，主色调为蓝色和白色。2005年11月起，成田制药公司药品使用20克装长条形纸盒，主色调为红黄色。2006年1月起，成田制药公司开始生产7克装复方酮康唑软膏，该药使用长方形纸盒包装，主色调为灰色。

经比较，原告7克装（产品批号030104）与成田制药公司7克装药品（产品批号20060202）包装装潢主要相同点为：（1）盒体大小一致。（2）均以灰色为主色，四个立面均有绿色边框。（3）药品装重均为7克。（4）正面品名、标识及生产者名称均为红字，药名均为绿色。（5）正、背面左上方均有一由左下向右上的白底红色长方框，框内分别用红字标称“成田制药”、“彼康王”。（6）侧面文字均为黑色。（7）顶面均为各自商标，商标位置居中，均为红色。主要不同点为：（1）原告药品盒体正、背面图案不同，成田制药公司药品盒体正、背面图案相同。（2）原告药品盒体两侧面均为文字，成田制药公司药品盒体一面为文字，另一面为条形码。（3）原告药品盒体底面为条形码，成田制药公司药品盒体底面为生产日期、批号、有效期等。

经比较，原告10克装药品包装（产品批号050401）与成田制药公司20克装药品包装（产品批号20051101）主要相同点为：（1）均以红、黄为主色。（2）盒体正面距左端1/3处有一条近似反“S”线，将盒面分为红黄且比例相近的两个区域，黄色区域内有红色“复方酮康唑软膏”字样，上下方均有批准文号、功能性术语、规格及企业名称等小字，小字排列方式基本相同。（3）盒体背面底色为黄色，左侧有一约占2/3面积的文字说明。该说明底色为白色，字体为黑色。（4）盒体左面底色为黄色，中间均为红色商标。（5）盒体右侧底色为黄色，分别印有红色“彼康王”、“成田制药”字样，文字均由左大右小的红色方框环绕。（6）盒体顶面底色为红色，左侧分别为原告、成田制药公司各自的商标，右侧均为条形码。（7）盒体底面底色为黄色，左侧1/3位置分别为原告、成田制药公司商标，均为红色，右侧约1/2部分为红色条带，上有白色“外”字及五个白框，分别示意为此药适用症，文字、次序相同。（8）盒体正面、顶面和底面中间均有由下向上升起的红色图案。双方药品包装主要不同点为：（1）正面、顶面和底面升起红色部分不同，原告为箭头，成田制药公司为举起双手的象形小人。（2）底面适应症图案颜色不同，原告为浅棕色，成田制药公司为黑色；原告“手癣”标示为一只五指张开的手，成田制药公司为伸出的手臂及手；原告“足癣”标示为一只脚，成田制药公司为双腿及脚。

2007年4月，原告委托北京九州世初知识产权鉴定中心对涉案药品包装相似性进行鉴定，鉴定结论为构成相似。6月28日，成田制药公司给原告出具书面材料，表示其生产的复方酮康唑软膏包装装潢与原告在先生产的同类药品包装装潢及外观设计相似，承诺不再使用该包装。7月，原告在安定门中医院购买带有被诉包装的药品，后又在其他药店购买到相同药品。诉讼过程中，原告于2008年5月又购得成田制药公司生产的20克装药品，该药品生产日期为2007年2月26日。

2007年5月，原告向湖北省工商局投诉成田制药公司药品包装侵权。成田制药公司在接受工商部门调查时自认：在准备生产复方酮康唑软膏之前，成田制药公司工作人员在市场上购买了其他产品，参考这些产品自行设计了被诉包装。成田制药公司于2006年1月印制7克装包装盒，2月投入生产使用；2005年下半年开始印制20克装包装盒，11月5日开始使用。2007年10月，湖北省工商局作出处罚决定，认定成田制药公司“擅自使用与知名商品近似的包装、装潢和他人的知名商品相混淆，使购买者误认是该知名商品的行为，违反了《中华人民共和国反不正当竞争法》第五条第二项的规定，构成了仿冒知名商品特有的包装、装潢的不正当竞争行为。”成田制药公司不服提起行政诉讼。

本案审理过程中，本院要求成田制药公司提供涉案药品销售情况，其以7克装药品无账目、20克装药品账目被工商局调走等为由拒绝提供。我院赴湖北调查并调取相关材料后，成田制药公司又提供了部分账目；本院要求双方提供其药品的平均利润率，原告陈述药品平均利润为15%～20%，成田制药公司无正当理由未予答复；成田制药公司向本院书面明示涉案药品均在2007年1月停止生产，对在2007年2月仍生产使用被诉包装的药品未作合理解释。

原审审理结果

原审法院认为：经营者使用与知名商品相似装潢，造成和他人的知名商品相混淆，使购买者误认为是该知名商品的，侵犯了知名商品经营者的合法权利，属于不正当竞争行为。

具有一定的知名度，为相关公众所熟悉的商品属于知名商品。本案原告药品投产于1997年，销售时间已近11年。该药品销售对象广泛，销售范围遍及全国各地，近年来年度销售额均超过千万元，且获得多项全国、省级奖励，属于知名商品。成田制药公司药品与原告药品功能、用途完全相同，属于同类商品，且其销售范围存在交叉，销售对象基本相同，因此其与原告存在竞争关系。

商品特有包装、装潢是区分商品来源的主要标志，是商品的重要组成部分，也是影响相关公众选择商品的重要因素，故成田制药公司关于原告药品所获奖项与药品包装、装潢无关之主张不能成立；成田制药公司主张己方药品包装使用在先的证据形式上存在瑕疵，且与其自述相互矛盾，故其相应主张证据不足；原告药品使用的是通用名称，包装使用的是常见的长方和长条形纸盒，两者均不具有独特性，不属于特有名称或包装。由此，原告药品作为知名商品与其他商品的主要区别是其特有的装潢，该装潢的独特性主要体现在基础色调(即使用的主色、底色等)、文字、线条和图案的使用与搭配，以及以一定方式对这些要素进行的组合和由此获得的整体视觉效果。根据本院比较，成田制药公司药品包装与原告药品包装基础色调相同，色彩搭配相近，线条图案相仿，要素组合雷同，整体视觉效果相似，足以造成双方药品的混淆，使相关公众将成田制药公司药品误认为是原告产品，故成田制药公司的行为构成对原告所有的知名商品特有装潢的仿冒。

仿冒知名商品的特有装潢应当承担停止侵权、赔偿损失的民事责任。关于停止侵权的具体方式，本院将依据原告诉讼请求，结合实际情况确定。关于赔偿损失一节，原告虽提供证据证明其销售额在成田制药公司生产、销售侵权药品期间有所下降，但不能证明系完全因成田制药公司行为所致，故其提出的请求过高；成田制药公司在本院指定期间怠于履行举证义务，之后提供的账目缺乏客观性，与其陈述的事实自相矛盾，故成田制药公司因侵权获利亦难查清。因此，本院将参考原告药品销售情况、知名度、平均销售利润率、成田制药公司侵权时间、情节和过错程度等酌情确定赔偿数额。原告为本案支出费用中的合理部分，本院亦将酌情考虑。

综上所述，依照《中华人民共和国反不正当竞争法》第5条第（2）项，最高人民法院《关于审理不正当竞争民事案件应用法律若干问题的解释》第1条第1款，第2条第（1）项、第（4）项，第4条第2款、第3款，判决如下：

一、被告北京安定门中医医院自本判决生效之日起，停止销售被告湖北成田制药有限公司生产的使用与原告昆明滇虹药业有限公司相近似包装的复方酮康唑软膏。

二、被告湖北成田制药有限公司自本判决生效之日起，停止生产使用与原告昆明滇虹药业有限公司相近似包装的复方酮康唑软膏。

三、被告湖北成田制药有限公司自本判决生效之日起十五日内，赔偿原告昆明滇虹药业有限公司经济损失人民币150万元及合理支出3万元。

四、驳回原告昆明滇虹药业有限公司其他诉讼请求。

成田制药公司不服原审判决，提起上诉，请求撤销原审判决的第三项，在合理范围内确定赔偿数额。其上诉理由为：被上诉人在举证期限届满后才提出变更诉讼请求的申请，该申请应予驳回，而原审法院没有驳回该申请，导致程序违法；被上诉人药品和上诉人药品装潢不相近似，原审法院认定上诉人的行为构成对被上诉人特有装潢的仿冒缺乏事实和法律依据；原审法院判决上诉人承担150万元的赔偿数额及3万元的合理支出缺乏事实和法律依据。

滇虹药业公司和安定门中医院均服从原审判决。

二审查明事实

二审法院查明的事实与原审基本相同，另查明：2007年10月9日，湖北省工商局作出鄂工商处字［2007］57号行政处罚决定，认定成田制药公司"擅自使用与知名商品近似的包装、装潢，和他人的知名商品相混淆，使购买者误认是该知名商品的行为，违反了《中华人民共和国反不正当竞争法》第五条第二项的规定，构成了仿冒知名商品特有的包装、装潢的不正当竞争行为"；截止2006年12月30日，成田制药公司的违法所得为193 888.42元，并据此作出责令成田制药公司停止违法行为和没收违法所得193 888.42元的决定。成田制药公司不服提起行政诉讼。2008年6月10日，湖北省武汉市武昌区人民法院作出（2008）武区行初字第5号行政判决书，判决驳回成田制药公司要求撤销湖北省工商局作出的鄂工商处字［2007］57号行政处罚决定的诉讼请求。成田制药公司主张其未对上述行政判决提起上诉，该判决书已经发生法律效力。另，成田制药公司以自行印制的2006年7克涉案药品的销售、利润表，主张其2006年该药品的销售金额为171 693元，销售利润为25 763.95元；成田制药公司还主张其7克涉案药品比其20克涉案药品获利少，但是未提交证据予以证明，滇虹药业公司对此均不予认可。

安定门中医院主张其系通过信阳市医药（集团）有限责任公司第二分公司，于 2007 年 5 月 16 日购进成田制药公司生产的 20 克涉案药品 500 支，单价 6 元/支。滇虹药业公司和成田制药公司均认可安定门中医院系从合法途径进货。

滇虹药业公司主张其为诉讼支出差旅费 19 437. 92 元及鉴定费 3 万元，并提供了鉴定费发票、飞机票、出租车票等票据以资证明。

另查，原审法院在审理过程中，虽然曾经确定举证期限截止至 2007 年 10 月 31 日，但是该期限后，原审法院仍然准许双方向法院补充提交证据，直至 2008 年 3 月 24 日开庭时，原审法院又给双方确定了为期一周的举证期限。滇虹药业公司主张，其向原审法院起诉时，由于相关的索赔证据尚未到位，所以仅仅提出成田制药公司赔偿经济损失 10 万元的诉讼请求；其曾在 2007 年 11 月 28 日向原审法院书面提出变更诉讼请求的申请，但是尚未明确具体数额；2008 年 3 月 24 日原审法院正式开庭审理的过程中，滇虹药业公司在法庭调查结束前明确其变更后的诉讼请求为“成田制药公司赔偿滇虹药业公司经济损失 210 万元”。

二审审理结果

二审法院认为：上诉人成田制药公司与被上诉人滇虹药业公司均为药品生产厂家，从事药品的生产和销售，且均生产销售涉案药品，属于《反不正当竞争法》所规定的经营者，二者具有竞争关系。

根据我国法律的相关规定，经营者使用与知名商品相似的装潢，造成和他人的知名商品相混淆，使购买者误认为是该知名商品的，侵犯了知名商品经营者的合法权利，属于不正当竞争行为。具有一定的知名度，为相关公众所熟悉的商品属于知名商品。本案滇虹药业公司药品投产于 1997 年，销售时间较长，销售对象较广，销售范围较宽，近年来年度销售额均超过千万元，且获得多项国家级和省级奖励，在相关公众中具有较为广泛的影响，结合上述因素，本院认定该商品属于法律规定的知名商品。

滇虹药业公司药品使用的是通用名称，商品包装使用的是常见的长方和长条形纸盒，两者均不具有独特性，不属于特有名称和包装。滇虹药业公司药品的装潢在其基础色调（即使用的主色、底色等）、文字、线条和图案的使用与搭配，以及以一定方式对这些要素进行的组合和由此获得的整体视觉效果方面具有独特性，具有区别商品来源的显著特征，因此，滇虹药业公司药品的装潢属于法律规定的知名商品的特有装潢。

经比对，成田制药公司药品的装潢与滇虹药业公司药品的装潢基础色调相同，色彩搭配相近，线条图案相仿，要素组合雷同，整体视觉效果相似，足以造成双方药品的混淆，使相关公众将前者公司的药品误认为是后者公司的产品，故成田制药公司药品的装潢与滇虹药业公司药品的特有装潢构成相近似。成田制药公司关于二者装潢不相近似的主张缺乏依据，本院不予支持。综上，成田制药公司的涉案行为系对滇虹药业公司涉案知名商品特有装潢的仿冒，构成了不正当竞争，成田制药公司应依法承担停止侵权、赔偿损失的法律责任。

关于停止侵权的具体方式，原审法院依据滇虹药业公司的诉讼请求，结合本案的实际情况确定的履行义务方式正确。关于赔偿损失一节，鉴于滇虹药业公司的索赔数额过高，且成田制药公司在原审法院明确要求其就其侵权获利进行举证的情况下，怠于履行举证义务，其提交的证明其侵权获利的相关证据亦缺乏客观性，原审法院在滇虹药业公司的损失和成田制药公司的侵权获利均难以查清的情况下，参考滇虹药业公司药品在侵权持续期间的销售情况、知名度、平均销售利润率，成田制药公司的侵权时间、情节、主观过错程度及滇虹药业公司因诉讼支出的合理费用等因素酌情确定赔偿数额，并无不妥。成田制药公司主张原审判决赔偿数额畸高，认为赔偿数额应当按照其侵权获利，即按照湖北省工商局相关行政处罚决定中认定的其 20 克涉案药品的违法所得数额以及其自行统计的 7 克涉案药品的销售利润来计算。对此，本院认为，第一，工商处罚决定认定的违法所得数额是工商行政执法程序中相关部门根据其收集掌握的证据所确定的数额，不能作为本案中成田制药公司相关违法所得的直接证据；第二，成田制药公司提交的 7 克涉案药品销售利润的证据系其自行统计并印制，不具有客观性，滇虹药业公司亦不予认可，不能证明其 7 克涉案药品的获利情况；第三，成田制药公司虽然主张 7 克涉案药品获利少于其 20 克涉案药品，但是并未就此举证证明，故成田制药公司上述主张证据不足，本院对此不予支持。成田制药公司还提出了原审法院准许滇虹药业公司原审变更诉讼请求程序违法的主张。根据本院查明的事实，滇虹药业公司原审变更诉讼请求的申请系于原审法院最终确定的举证期限届满前提出的，原审法院准许滇虹药业公司变更诉讼请求的申请并未违反相关程序规定，因此，本院对成田制药公司的上述主张亦不予支持。

安定门中医院销售侵权产品，但系从合法渠道进货，故仅应承担停止销售侵权产品的法律责任。

综上所述，上诉人成田制药公司的上诉理由不能成立。原审法院认定事实清楚，适用法律正确，本院依照《中华人民共和国民事诉讼法》第 153 条第 1 款第（1）项之规定，判决如下：

驳回上诉，维持原判。

一审案件受理费22 800元，由昆明滇虹药业有限公司负担5 800元，湖北成田制药有限公司负担17 000元；二审案件受理费18 570元，由湖北成田制药有限公司负担。

71. 杂志《中国市场》刊物名称不正当竞争纠纷案

——中国市场杂志社诉北京华商通投资顾问有限公司

原告：中国市场杂志社

被告：北京华商通投资顾问有限公司

案由：不正当竞争纠纷

一审案号：北京市西城区人民法院（2007）西民初字第12756号

一审合议庭成员：李岳鹏、宋冰、刘志远

一审结案日期：2008年9月22日

判决要旨

《中国市场》杂志具有一定的市场知名度，为相关公众所知悉，属于知名商品，被告在未经许可的情况下，擅自使用《中国市场》杂志的刊名和类似版式出版《中国市场名表》杂志，足以造成相关公众的误认和混淆，构成不正当竞争行为。

起诉与答辩

原告中国市场杂志社诉称：《中国市场》杂志是经国家新闻出版署批准成立的经济类核心刊物，被告曾协助原告编辑出版《中国市场名表》杂志，被告的法定代表人孔繁金曾被聘为《中国市场名表》杂志的主编，对原告的客户资源非常了解。双方终止合作后，原告于2007年7月发现被告在未经原告许可的情况下，用相同的杂志名称、版式，利用原有的客户渠道继续非法出版发行《中国市场名表》杂志并设立网站，大量销售，承揽广告业务，获取巨额利润。被告的上述行为违反了《反不正当竞争法》，构成了不正当竞争。故起诉要求被告立即停止出版发行《中国市场名表》杂志；赔偿原告经济损失300 000元、律师费50 000元、购买侵权杂志支出的200元，合计350 200元。

被告北京华商通投资顾问有限公司辩称：《中国市场名表》中的“中国市场”使用的是中国市场的通用含义，属于被告因客观叙述商品而正当使用。此外，在庭审过程中，原告也未对自己是知名商品进行举证，也未能举证证明是否达到引人误认的程度，故原告的诉讼依据不足，不同意原告的诉讼请求。

一审查明事实

一审法院查明：2001年5月21日，原被告签订《协议书》，约定原告针对钟表市场读者的需求，开办《名表栏目》，由被告协办，进行期刊化运作和自办发行，并实行经营目标管理责任制。该协议还约定了原告经考核后聘任被告的专业人士为该刊主编，同时约定了该刊发行费用的承担以及管理费的交纳等事宜。该协议的期限为2001年5月至2001年12月30日。

2002年5月22日，原被告又签订《经营目标管理协议书》，约定原告开设《中国市场》名表栏目，每季按时出版。原告经考核后聘任被告的法定代表人为该刊的经营总监，在原告的领导下，负责该刊的组稿、广告、发行等经营策划工作。协议同时还约定了该刊发行费用的负担等事宜。协议期限为2002年6月1日至2002年12月30日，共出版两期。

诉讼中，原被告均认可依据上述《协议书》和《经营目标管理协议书》，由被告负责具体经营运作，使用原告的刊号及出版手续，双方合作于2002年出版《中国市场·名表》和《〈中国市场〉名表专刊》各两期。

2002年12月30日协议到期后，双方未再继续合作经营。

被告在协议履行完毕后，从2003年开始仍以《中国市场名表》的名义，沿用与之前合作出版的《中国市场·名表》和《〈中国市场〉名表专刊》相似的版式对外出版、发行该刊物。在此后出版的《中国市场名表》杂志的版权页上均注明："出版：经济导报社、协办单位：北京华商通投资顾问有限公司、《中国市场名表》编辑部地址：北京市复兴门内大街45号3号楼352室、主编：孔繁金"等信息。经查，该版权页上所标注的地址即为被告的办公地址，其标注的刊物主编即为被告法定代表人。上述由被告单独出版、发行的《中国市场名表》杂志均未注明国内、国际刊号等合法出版手续。

诉讼中，被告称涉案杂志的出版者是《经济导报》社，其仅为协办方，但在诉讼中就该主张并未提交相应证据予以证明。

原告所出版发行的《中国市场》杂志属于中文类核心刊物，于1994年创刊，已经累计出版超过460期。

诉讼中，在本院指定的举证期限内，被告未能提交其出版《中国市场名表》杂志的合法出版手续。

原告为本案诉讼支出律师费50 000元、购买杂志费用200元。

一审审理结果

一审法院认为，根据本案查明事实，归纳原被告当事人争议焦点如下：

（1）被告诉讼主体是否适格？《中华人民共和国反不正当竞争法》（以下简称《反法》）意义上的不正当竞争行为是指经营者违反《反法》规定，损害其他经营者的合法权益，扰乱社会经济秩序的行为。而该法所称经营者是指从事商品经营或营利性服务的法人、其他经济组织或个人。根据原被告在庭审中所提交的证据以及双方陈述可以查明：2002 年 12 月 30 日原被告之间的协议履行完毕后，被告仍一直以《中国市场名表》名义对外出版发行该刊物，且所出版刊物的版权页上以及刊物征订单上所注明的杂志社地址、联系方式等均与被告的地址、联系方式相同。在本案审理过程中，被告虽称该刊物的实际出版人为《经济导报》报社，但在本院指定的举证期限内并未提交充分证据予以证明，故本院根据现有证据足以认定被告系涉案杂志《中国市场名表》的实际经营者，是本案适格被告。

（2）原告所出版的《中国市场》杂志是否为知名商品？所谓知名商品，是指在市场上具有一定知名度，为相关公众所知悉的商品。根据原告的举证，可以查明原告所出版的《中国市场》杂志系中文类核心刊物，于 1994 年创刊并出版发行至今，已经累计出版超过 460 期。综合考虑其销售规模、销售时间等因素，可以认定《中国市场》杂志具有一定的市场知名度，为相关公众所知悉，属于知名商品。

（3）被告在与原告结束合作后，继续出版《中国市场名表》杂志的行为是否会造成相关公众的混淆？在本案中，被告通过 2001 年至 2002 年间与原告的合作，已明知原告为《中国市场》杂志的经营者，且该杂志具有一定的知名度。在双方协议履行完毕后，被告在未征得原告同意的情况下，继续使用其与原告合作期间出版的《中国市场名表》的刊名以及类似版式出版涉案杂志，足以造成相关公众对杂志的来源产生误认和混淆，使购买者误以为被告出版的《中国市场名表》杂志与原告的《中国市场》杂志存在联系。

综上，法院认为，被告在未经许可的情况下，擅自使用知名商品《中国市场》杂志的刊名和类似版式出版《中国市场名表》杂志，足以造成相关公众的误认和混淆，构成《反不正当竞争法》第 5 条第（2）项所规定的不正当竞争行为，损害了原告的合法权益，应当承担停止出版发行涉案杂志、赔偿原告经济损失的法律责任。

关于损害赔偿数额的计算，因原告未能提交其实际损失以及被告违法所得的充分证据，故本院综合考虑原告商品的知名度、被告侵权行为的情节、经营规模等因素，并酌情考虑原告为制止侵权行为所支出的调查取证费、律师费等合理费用，确定被告应当承担的赔偿数额。因原告主张的赔偿数额过高，缺乏依据，本院不予全额支持。综上，依照《中华人民共和国反不正当竞争法》

第5条第（2）项、第20条，《最高人民法院关于审理不正当竞争民事案件应用法律若干问题的解释》第4条、第17条第1款之规定，判决如下：

一、被告北京华商通投资顾问有限公司于本判决生效之日起，立即停止出版、发行《中国市场名表》杂志；

二、被告北京华商通投资顾问有限公司于本判决生效之日起十日内赔偿原告中国市场杂志社经济损失（含诉讼合理支出）8万元；

三、驳回原告中国市场杂志社的其他诉讼请求。

案件受理费6 553元，由原告中国市场杂志社负担3 553元，由被告北京华商通投资顾问有限公司负担3 000元。

各方当事人均服从一审判决。

72．“集佳”字号不正当竞争纠纷案

——北京集佳知识产权代理有限公司诉北京广立信国际知识产权代理有限公司

原告：北京集佳知识产权代理有限公司
被告：北京广立信国际知识产权代理有限公司
案由：不正当竞争纠纷

一审案号：北京市东城区人民法院（2008）东民初字第04391号
一审合议庭成员：才雪冬、亓蕾、石淑萍
一审结案日期：2008年10月23日

判决要旨

关键字搜索错误链接，是利用其他经营者的品牌效应或知名度为自己谋取利益的行为，同时还会使被利用者的潜在客户通过错误途径流向其他经营者，损害被利用者的合法权益，违反了市场经营中经营者应遵守的诚实信用原则及公认的商业道德，属于不正当竞争行为。

起诉与答辩

原告北京集佳知识产权代理有限公司（以下简称集佳公司）诉称：原告成立于1994年，使用“集佳”字号至今，主要从事商标、专利代理业务。2000年12月，原告注册“集佳”商标，核定使用范围包括与知识产权有关的各项服务。经过多年发展，原告在全国设立了20多个分公司或办事机构，服务对象覆盖全国大部分地区，在全国代理机构商标申请量统计中连续7年排名第一，为众多外国企业代理知识产权事务达2万余件，企业名称及字号广为相关公众知晓，具有较高的知名度和良好的商业信誉。被告成立于2004年10月，经营范围是商标代理。2008年3月，原告发现在谷歌网中文搜索栏目中，输入“集佳知识产权代理有限公司”文字，点击第一个搜索结果后，直接指向被告所有的“商盾联合网”。该网站首页使用了与原告网站相近的颜色、版式、编排和相同的图片，在“机构优势”网页中使用了与原告网站“集佳优势”网页相同的内容，同时将原告享有著作权的“站在客户的角度考虑每一

个问题”、“全身心地关注客户的每一个细节”宣传用语用在其网页中。被告上述行为违反了诚实信用原则，易使相关公众产生混淆误认，构成对原告的不正当竞争，故诉请法院判令被告：（1）停止上述不正当竞争行为。（2）赔偿原告经济损失及合理支出10万元。（3）在《中国知识产权报》上公开声明、消除影响。（4）承担本案诉讼费。

被告北京广立信国际知识产权代理有限公司（以下简称广立信公司）辩称：第一，被告为通过网络推广业务，与深圳时代赢客网络有限公司广州分公司（以下简称时代赢客公司）签订代理合同，由该公司负责在谷歌网上以关键字搜索的方式为被告进行宣传。原告所诉的搜索链接虽曾存在，但并非被告所为，有可能是时代赢客公司所为。第二，被告网站首页使用的颜色、版式、编排方式是很普通和大众化的，很多网页都在使用，且该网页上有被告名称，与原告网页区别明显，不会造成公众混淆误认。第三，被告网站“机构优势”网页中的文字虽有部分与原告网站“集佳优势”网页内容相同，但这些内容都是被告自己创作的，原告未证明其对相关文字有著作权，因此无权提出主张。第四，原告诉称涉及的两句宣传用语是被告法定代表人创作的，在互联网上搜索结果显示其他公司也在使用这两句话。这两句话的内容是从事相关行业的企业共同的经营宗旨，只能这样表述，因此被告使用也是合理、合法的。综上，不同意原告诉讼请求。

一审查明事实

一审法院查明：

原告集佳公司原名“北京集佳专利商标事务所”，成立于1994年4月，2003年7月变更为现名，主要从事商标、专利、版权代理等业务，至今在全国设立19家分公司、办事处或代理处。据中华商标协会统计，集佳公司2002年商标注册申请量为17 285件，2003年、2004年、2006年商标注册及其他业务申请量分别为24 472件、27 064件和25 885件，均列统计范围第一名。《中国知识产权报》、《科技日报》、《中国工商报》、《国际商报》、《中国消费者报》及《中华商标》、《中国知识产权》杂志等均对集佳公司或其相关业务进行过宣传报道，北京、重庆、广州及浙江等地的报刊亦做过相关报道。2004年6月出版的《中国知识产权》杂志以《用智慧扣响财富之门》为题，发表了介绍集佳公司的文章，其中有如下内容：“‘站在客户的角度考虑每一个问题’、‘全身心地关注客户的每一个细节’，这是‘集佳’创立之初的理念。”

被告广立信公司成立于2004年10月，主要经营商标代理业务。网址为www. intipo. com，中文网名为“中国商盾联合网”的网站由广立信公司所有并经营。该网站首页标明“北京广立信国际知识产权代理有限公司版权所有，ICP备案号06046332”。网址为www.unitalen.com.cn的网站为集佳公司网站，ICP备案号为05012164。2008年3月12日、4月10日和4月18日，原告三次委托北京市首佳公证处做如下公证：登录互联网，在地址栏输入www.google.com，回车后输入“集佳知识产权代理有限公司”，点击“google搜索”，回车后出现搜索结果界面，该界面最上部标明为“赞助商链接”，其中第一个搜索结果的题目是“集佳知识产权代理有限公司”，点击该题目进入“中国商盾联合网”首页，之后再进入“机构简介”、“机构优势”等页面。公证人员同时对集佳公司网站相关内容进行了公证。三次公证内容均显示：(1)“中国商盾联合网”首页最上部为以世界地图为背景的蓝边横框。下部主要分为左、中、右竖排的三部分，左、右部分宽度各约占整个页面宽度的四分之一。左部底色为蓝色，列有“关于我们”“商标服务”等栏目；右部底色为白色，列有“取证公告”、“服务特点”、“集团成员”等栏目；中部底色为浅蓝色，自上而下分为四部分。第一部分显示所有业务项目，分列为商标业务、专利业务、版权业务和商标拍卖四小框，使用一幅有三名外籍男子讨论问题的照片。以下设置“商盾动态”、“成功案例”和“商标局动态”三个栏目。该页面与集佳公司网站首页的整体布局、色调相近，中部最上端使用的三名外籍男子照片相同。(2)在“中国商盾联合网”——“机构优势”页面分别设有“专家型人才”、“科学化管理”、“独特的企业文化”和“结构，保障团队效率”四部分内容。第一部分除有所删减并将“集佳”改成“我司”外，与集佳公司网站“集佳优势”页面上的“专家型人才，是我们的最大财富”相同；第二部分除把“集佳”改为“我们”外，与“集佳优势”中的“科学化管理，是我们向国际化迈进的基石”完全相同；第三部分除有所删减外，与“集佳优势”中的“独特的企业文化，是我们不断前行的动力”相同，其中包括“站在客户的角度考虑每一个问题”和“全身心地关注客户的每一个细节”两段文字；第四部分除有所删减外，与“集佳优势”中相同题目的内容相同。

点击www.google.com可以进入www.google.cn网站，该网站中文名称为谷歌网，经营人为北京谷翔信息技术有限公司（以下简称谷翔公司）。谷歌网是目前全球较大的互联网搜索网站，主要提供关键字搜索服务。搜索人在谷歌网搜索框输入某关键字后，该关键字通过特定的搜索软件被提供给搜索服务器，服务器通过搜索引擎预设的搜索规则（如关联度等指标）进行搜索，网站或页面名称、内容中包含该关键字的，即可被作为搜索结果显示于搜索人的电脑屏幕。搜索结果主要由标题及简略内容两部分构成，搜索结果指向某网站或网页的，标题显示的即是该网站或网页的名称，点击该标题即可进入该网站或网页。本案涉及的“赞助商链接”系谷歌网提供的一种关键字付费广告服务，用户通过付费的方式享受这项服务后，将会被排列在关键字搜索结果第一页的最上部，从而达到更好的宣传推广效果。实现“赞助商链接”的操作流程主要包括：用户自行或通过代理商在谷歌网开通AdWords账户。获得账户名称、密码后，用户可通过该账户自行或委托代理商选择、设定、编辑关键字，可以自己选择、设定、编辑“赞助商链接”所显示的网站标题和标题下的内容，即关键字指向的目标。上网人输入的关键字与上述设定内容相同时，该用户的网站或网页即可显示于搜索结果之中。

时代赢客公司是谷歌网关键字广告网络推广服务的代理商。2007年8月21日，被告与时代赢客公司签订《Google（谷歌）关键字广告网络推广服务标准合同》，合同约定：甲方（即被告）在向乙方（即时代赢客公司）支付相应的服务费用，并且甲方指定的关键字及广告展示信息经Google认可之后，将享受乙方提供的5个工作日内开立Google AdWords账户等服务；被告全权委托时代赢客公司维护该账户；为达到Google最佳关键字广告效果，时代赢客公司作为Google公司的代理商要提供“黄金账户”优化服务，包括将最为相关的网页作为广告组的目标网址等。合同签订后，被告向时代赢客公司支付了开户费、代理商服务费并预付了广告费。不久，被告在谷歌网上开通AdWords账户，开始享受谷歌网关键字广告服务。自2007年8月25日至2008年6月18日，被告通过时代赢客公司以“推广费”的名义向谷歌网支付上述广告费用。

另查，原告为本次诉讼支出公证费3 000元，律师费5 000元。

一审审理结果

一审法院认为：

经营者在从事经营活动的过程中，应当遵循诚实信用的原则，遵守公认的商业道德。经营者违反上述原则给他人造成损害的，应当承担相应的法律责任。

原告作为知识产权代理公司，业务范围包括商标代理等，被告也以商标代理为主营业务，故原、被告双方存在竞争关系。

当前，互联网已经成为经营者发布消息、宣传自我、吸引客户和拓展市场的主要平台，网络广告宣传，特别是本案涉及的关键字搜索广告宣传，对原、被告等服务型企业的经营发展更具积极和重要的意义。本案中出现的关键字搜索错误链接，本质上说是利用其他经营者的品牌效应或知名度为自己谋取利益的行为，同时还会使被利用者的潜在客户通过错误途径流向其他经营者，损害被利用者的合法权益。此种行为，违反了市场经营中经营者应遵守的诚实信用原则及公认的商业道德，属于不正当竞争行为，实施该行为的行为人应承担相应的法律责任。

根据现有证据及双方陈述，本院认为：第一，被告提交的证据及其自述均可证明，被告确实在谷歌网上从事了关键字广告网络推广行为。第二，出现上述情形的主要原因是搜索结果涉及的网站、网页包含有与原告名称相同或近似的文字，特别是点击搜索结果标题进入被告网站的原因是被告网站名称与原告名称基本相同。第三，在实现“赞助商链接”过程中，设置网站题目及网页内容均要以获得 AdWords 账户和密码为前提，被告拥有这一账户和密码，有权自己使用或授权他人以自己的名义使用该账户和密码。被告与时代赢客公司签订的合同中，明确写明关键字及广告展示信息由被告指定。从常理上看，时代赢客公司只是受托管理被告账户和账号，协助被告实现关键字广告网络推广。因此，即使上述行为是时代赢客公司所为，被告作为 AdWords 账户和密码的所有人及关键字搜索广告网络推广的委托人也应承担相应责任。第四，出现上述错误链接情形的受益方是被告。第五，被告认为上述行为的实施方是时代赢客公司，但未提供任何证据。第六，从原、被告成立时间、网站 ICP 备案号及原告提供的新闻报道内容看，原告网站的设立时间显然早于被告，“集佳优势”其中的两句宣传用语发表时间在被告成立之前，被告网站首页整体排版方式，所用色调、背景与原告网站首页相似，“机构优势”网页内容与原告网站“集佳优势”内容基本相同，均可说明被告有可能接触并仿冒原告网站内容。第七，从经营规模、知名度和经营业绩上看，原告显然优于被告。第八，原告针对出现错误链接的事实做了三次公证，时间跨度近两个月，在此期间被告完全有可能、有时间发现此种异常情况并及时改正。综合以上八点，本院认为被告应对上述不正当竞争行为承担停止侵权、消除影响及赔偿损失的法律责任。

关于被告停止侵权的具体方式，本院认为网站整体设计风格相近与不正当竞争行为并不具有必然联系，故被告网站使用与原告网站相近的版式、色彩不应纳入停止侵权的范围。但被告使用与原告相同的照片、文字属于容易引人误解的不正当竞争行为，应予纠正；如前所述，本案涉及的谷歌网关键词搜索错误链接影响广泛，有可能导致相关公众的混淆与误认，故原告要求被告通过公开声明的方式消除影响理由正当，应予支持；从原告经营规模、经营业绩、市场地位及被告不正当竞争行为影响范围、主观恶性程度等方面分析，原告提出的赔偿数额并无不当，亦应支持。

综上所述，依照《中华人民共和国反不正当竞争法》第 2 条，《中华人民共和国民法通则》第 134 条第 1 款第（1）、（7）、（9）项之规定，判决如下：

一、被告北京广立信国际知识产权代理有限公司自本判决生效之日起，停止在谷歌网关键词搜索广告中的不正当竞争行为，更换其网站（网址：www. intipo. com）首页、“机构优势”页面中与原告北京集佳知识产权代理有限公司网站相同的图片及文字；

二、被告北京广立信国际知识产权代理有限公司自本判决生效之日起三十日内，在《中国知识产权报》上就出现谷歌网关键字搜索广告错误链接一事发布声明，消除影响。声明内容需经本院审核，逾期不执行，本院将本判决主要内容刊登于《中国知识产权报》，所需费用由被告北京广立信国际知识产权代理有限公司负担；

三、被告北京广立信国际知识产权代理有限公司自本判决生效之日起三十日内，赔偿原告北京集佳知识产权代理有限公司经济损失及诉讼合理支出 10 万元。

案件受理费 2 300 元，由被告北京广立信国际知识产权代理有限公司负担。

各方当事人均服从一审判决。

73. “PNY 及图”著作权侵权及不正当竞争纠纷案

——美国必恩威科技股份有限公司诉北京超越思创科技有限公司

原告（被上诉人）：美国必恩威科技股份有限公司（PNY Technologies, Inc.）

被告（上诉人）：北京超越思创科技有限公司

案由：侵犯著作权及不正当竞争纠纷

原审案号：北京市第一中级人民法院（2008）一中民初字第580号

原审合议庭成员：彭文毅、江建中、张晰昕。

原审结案日期：2008年7月18日

二审案号：北京市高级人民法院（2008）高民终字第1172号

二审合议庭成员：刘继祥、李燕蓉、张冬梅。

二审结案日期：2008年11月28日

判决要旨

被告作为同业经营者，理应知道原告具有一定知名度，但其宣传其经销原告产品，结合其网站上擅自使用原告的标识及设置可以链接到原告英文官方网站等一系列行为，容易让消费者误认为其销售的是原告具有一定知名度的产品，侵犯了原告对“PNY及图”享有的著作权，构成构成虚假宣传的不正当竞争行为。

起诉与答辩

原告美国必恩威科技股份有限公司（以下简称必恩威公司）诉称：我公司于1985年在美国成立，是国际知名的计算机硬件产品制造商和销售商，并且一直使用“PNY”作为企业商号，现已在美国、英国、法国、德国、爱尔兰、韩国、中国大陆和台湾地区等国家和地区拥有多家制造厂商、研发机构和营销机构。“PNY”和“PNY Technologies”是我公司特有的企业名称，我公司对“PNY”进行了创造性的斜体处理并配以相关图案（以下简称“PNY及图”），因此，我公司依法享有“PNY及图”的著作权。自1997年起，我公司先后在加拿大等多国，将“PNY及图”作为具有独创性和显著性的商标予以注册，核定使用在第 9 类“计算机硬件、计算机图形卡、计算机存储卡、计算机周边设备”等商品上。时至今日，我公司和“PNY 及图”已经在中国计算机硬件市场上具有极高的知名度和影响力，PNY 品牌产品也已经成为消费者心目中高品质和高性能的计算机硬件产品的代名词。2007 年，我公司发现北京超越思创科技有限公司（以下简称思创公司）在其网站（www. wildcat. com）上宣传销售与我公司 PNY 品牌产品相同的计算机硬件产品，在其网页的左上角使用了我公司的“PNY 及图”，思创公司还称其与我公司进行“精诚合作”。更为重要的是，思创公司网站的风格设计和结构与我公司英文官方网站 www2. pny. com 如出一辙，点击该链接可以直接进入我公司的英文官方网站主页，并可以看到我公司及 PNY 相关产品介绍。此外，思创公司还在阿里巴巴、神州信息技术网、慧聪网和中国商业网等国内大型电子商务网站上发布了大量商户信息并公然自称为我公司 Quadro 系列显示卡产品的代理。思创公司未经我公司的同意，擅自使用我公司的企业名称、知名商品的名称以及我公司享有著作权的“PNY 及图”，并通过不同手段和途径进行引人误解的虚假宣传，其直接意图在于造成相关公众误以为其与我公司存在代理、产品许可或者相互关联等特定关系，混淆其产品与我公司知名商品并误导相关消费者，从而获取不当利益。故我公司诉至法院，请求判令思创公司：(1) 停止侵犯我公司著作权及不正当竞争的行为；(2) 在其网站及《大众软件》、《微电脑世界》、《电脑商情报》、《大众硬件》等刊物上刊登致歉声明，消除影响；(3) 赔偿经济损失人民币 50 万元（含我公司为本案支付的合理费用）。

被告思创公司辩称：我公司于 2003 年 6 月 25 日向国家工商行政管理局商标局申请注册“PNY”商标，2005 年 1 月 21 日获准注册，核定使用在第 9 类“计算机图形卡”商品上，有效期至 2015 年 1 月 20 日。我公司依法享有“PNY”注册商标专用权，有权将该商标使用在其产品、产品包装、产品宣传广告上，并有权禁止他人在相同或类似商品上使用该商标。因此，我公司在网站上使用“PNY”的行为不侵犯他人的任何权利。必恩威公司主张的“PNY 及图”由三个常见字母组合而成，采用了常见的斜体字体和黑色背景，不具有独创性，不构成《著作权法》意义上的作品。必恩威公司直到 2006 年 4 月才正式进入中国大陆市场，没有证据证明其“PNY”产品已经构成商品特有名称，我公司的行为并不构成不正当竞争。故请求人民法院驳回必恩威公司的全部诉讼请求。

原审查明事实

原审法院查明：

“PNY及图”系必恩威公司于1994年3月2日在台湾地区申请商标注册，被核准注册日期为1995年3月1日，未指定保护颜色。2003年4月28日，必恩威公司将“PNY及图”在美国申请商标注册，被核准注册日期为2004年11月9日，指定使用在计算机图形卡等商品上。“PNY及图”由白色“PNY TECHNOLOGIES”斜体字母上下排列，字母四周有深蓝色填色边框，边框两侧有从左至右由红色至橙色渐变的水平线条。

“PNY”文字商标系思创公司于2003年6月25日申请，2005年1月21日被核准注册，核定使用商品为第9类计算机图形卡，有效期至2015年1月20日止。2007年11月20日，国家工商行政管理总局商标评审委员会受理必恩威公司针对思创公司的“PNY”注册商标提出的争议申请。

2002年7月3日、7月4日、12月23日，走进中关村、新浪网分别刊载文章“美商PNY携Quadro4进入大陆，声言结束专业显卡暴利时代”、“PNY携Quadro4进入大陆市场”、“2 380元，Quadro竟成悬案”，并称“PNY公司的国内代理商—超越公司已经进入了北京市场”，并对必恩威公司、超越公司作了简单介绍。

2003年12月26日，太平洋电脑网刊载作者kyo撰写的文章“PNY打造新一代Quadro”，称“初看到这款PNY的QUADRO 380XGL的产品令小编愣了一下，一时搞不清到底是哪家厂商的产品，在一般人的印象中QUADRO向来是ELSA的专利啊，……2001年德国ELSA就在风雨飘摇中离我们而去了，自从这个著名显示卡厂商倒闭以后关于nVIDIA高端Quadro4显卡的传闻一个接着一个，……当年六月nVIDIA公司将其高端芯片转交给美国PNY公司并就合作生产高端显示卡达成了一致意见，开始生产Quadro4系列显示卡，……从2002年PNY又进军中国大陆市场，但并不是很成功，国内能见到的PNY产品可谓少之又少，这样才引了开头的一幕……”；文章附有Quadro显卡的插图，该显卡外包装的左上角标注有“PNY及图”。

2004年4月7日至2007年11月29日，太平洋电脑网、中关村在线、新浪网、电脑之家、超频者天堂、科技资讯网、中国IC交易网、小熊在线、电玩巴士、阳光IT商城等网站均刊载文章介绍必恩威公司及其相关产品。

2006－2007年，必恩威公司在《DIGI数字通信》（第227、233、235期）、《数码》（2006年8月、12月）、《iM》（第177期）、《电脑自做》（10.2006、7.2007）、《电脑商情报》（2006年8月8日和11月14日、2007年

9月11日)、《软件与光盘》(第95、106期)、《数字时代》(2006年11月30日)、《数码世界》(第84期)、《大众软件》(第222、223、237期)、《数码时尚》(2006年11月号、2007年3月号)、《大众硬件》(第43、52期)、《微电脑世界》(2007年第6期)、《电子竞技》(第21期)、《计算机产品与流通》(第九期)均刊载了必恩威公司及其产品的广告，标注有“PNY及图”的产品包装主要是必恩威公司的内存或闪存。

2007年11月20日，上海九州丰泽律师事务所的代理人姚晓洪通过上海市静安区公证处的电脑进入思创公司的网站(www. wildcat. com. cn)并打印了相关网页，上海市静安区公证处对上述过程予以公证。该公证书所附网页载明，思创公司称其代理世界著名专业图形卡3Dlabs全线产品，经销PNY Quadro系列显示卡，点击思创公司目录菜单的键栏，直接链接到必恩威公司的英文网站www2. pny. com。将思创公司网站(www. wildcat. com. cn)的相关网页与必恩威公司英文网站(www2. pny. com)、中文网站(www2. pny. com. cn)的相关网页相比较，必恩威公司的英文网站页眉左上角标注有“PNYTM”字样，页眉下端设有“HOME”、“PRODUCTS”、“SUPPORT”、“OEM”、“ABOUT PNY”、“CAREERS”、“WHERE TO BUY”、“PRESS ROOM”等目录，必恩威公司的中文网页页眉有深色宽条，页眉左上角标注有“PNYTM”字样，网页的左侧设有“关于美国必恩威PNY”、“产品资讯”、“闪存系列”、“内存系列”、“显示卡系列”、“U盘系列”、“技术服务”、“客服中心”、“联络我们”等目录，思创公司的网页页眉左上角标注有“PNY及图”，页眉中间标注有“北京超越思创科技有限公司”字样，页眉左下端设有“首页”、“产品名称”、“技术支持”、“关于我们”、“代理商”、“技术论坛”等目录；必恩威公司的英文网站首页上部为广告语，下部为产品图片陈列，思创公司的网站首页上部为新产品图片，下部为产品图片陈列及“重要声明”；必恩威公司的产品系列网页均为2列2行产品排列，左为产品图片右为型号，思创公司仅有计算机图形卡的网页为2列3行产品排列，左为产品图片右为名称；必恩威公司英文网站与思创公司网站的产品文字介绍均为2列3行6类产品排列。

2007年11月30日，上海九州丰泽律师事务所的代理人姚晓洪通过上海市静安区公证处的电脑进入阿里巴巴、神州信息技术网、慧聪网、中国商业网等电子商务网站，均有思创公司的公司介绍，载明“……思创公司代理美国PNY公司Quadro系列显示卡。……迄今为止，3Dlabs、PNY、Lucent、Ciso、Philips、ABB、Honeywell等国际著名厂商精诚合作，完成了数十项国内大型网络工程的设计与制作，获得了用户的普遍信赖。”庭审中，思创公司否认上述网站刊载的思创公司简介是其上传。

本案诉讼过程中，必恩威公司还向本院提交了相关索赔证据：工商查询发票人民币 182 元；餐费人民币 85 元；翻译费人民币 200 元；住宿费人民币 1 166 元；公证费人民币 11 010 元；机票及保险人民币 5 770 元；法律服务费人民币 5 万元；上海九州丰泽律师事务所支付给北京市博昌律师事务所查询费人民币 50 元。另外，必恩威公司为证明企业名称及“PNY 及图”的市场知名度，还提交了必恩威公司台湾分公司与国内诸多商家签订的广告合同或者参展合同及付款凭证。

在本案诉讼中，思创公司为证明其长期使用“PNY”商标，提供了证据 1：其生产的 PNY 产品销售票据；为证明必恩威公司关于知名商品特有名称的主张不成立，提供了证据 2：经公证下载的必恩威公司中文网站有关“必恩威公司自 2006 年 4 月进入中国内地市场”的内容；为证明“PNY”商标是其独创的文字组合，提供了证据 3：神童网络科技（上海）有限公司拥有专用权的第 1438324 号“PNT”注册商标；为证明思创公司销售 NVIDIA QUADRO 系列显卡不构成不正当竞争，提供了证据 4：《小型企业采购指南》（2007 年 3 月刊）、《联合商情广告》（2007 年 3 月 26 日）的相关广告及 NVIDIA QUADRO 的产品包装照片，说明 NVIDIA QUADRO 系列显卡不是必恩威公司的品牌。

庭审中，必恩威公司明确其主张的知名商品包装装潢是指其生产的 PNY 计算机图形卡上的“PNY 及图”，并认为思创公司网站使用“PNY 及图”侵犯了必恩威公司享有的著作权、企业名称权及必恩威公司生产的知名商品计算机图形卡的包装装潢，思创公司宣称其与必恩威公司精诚合作，属于搭便车的行为，构成不正当竞争行为。

原审审理结果

原审法院认为：

一、关于思创公司侵犯必恩威公司享有的“PNY 及图”的著作权问题

中国和美国均是《伯尔尼保护文学和艺术作品公约》的成员国，根据《中华人民共和国著作权法》第 2 条第 2 款及《伯尔尼保护文学和艺术作品公约》第 3 条第 1 款（a）项的规定，我国有义务对美国国民的作品在中国给予保护。《中华人民共和国著作权法实施条例》第 2 条规定，《著作权法》所称作品，指文学、艺术和科学领域内，具有独创性并能以某种有形形式复制的智力创作成果。

“PNY 及图”系白色斜体字母“PNY TECHNOLOGIES”位于深蓝色平行四边形边框内，边框两侧从左至右由红色至橙色渐变的水平线条，形成由线条、色彩、文字及图案组合而成的具有独创性的富有美感的平面设计，属于我

国《著作权法》保护的美术作品。思创公司主张"PNY 及图"不具有独创性，不构成著作权法意义上的作品，缺乏事实和法律依据，本院不予支持。

《中华人民共和国著作权法》第 11 条规定，著作权属于作者，法律另有规定的除外。如无相反证明，在作品上署名的公民、法人或者其他组织为作者。现有证据表明必恩威公司产品的中国广告宣传材料及其产品标识均使用了"PNY 及图"，大多数广告宣传资料亦标注了必恩威公司的企业名称，并且，"PNY 及图"系必恩威公司享有商标专用权的美国注册商标，故必恩威公司据此主张其享有"PNY 及图"的著作权，在思创公司未提供"PNY 及图"的著作权另有所属的证据的前提下，本院认为，必恩威公司应视为"PNY 及图"的作者，必恩威公司对"PNY 及图"享有著作权。思创公司未经著作权人必恩威公司的许可，擅自在其网站上使用"PNY 及图"作为网站的标识，侵犯了必恩威公司对"PNY 及图"的著作权，理应承担停止侵权、消除影响和赔偿损失的民事责任。

二、关于思创公司网站使用必恩威公司企业名称的问题

根据《中华人民共和国反不正当竞争法》第 5 条第（3）项规定，经营者擅自使用他人的企业名称，引人误认为是他人的商品的行为，构成不正当竞争。最高人民法院《关于审理不正当竞争民事案件应用法律若干问题的解释》第 6 条第 1 款规定，在中国境内进行商业使用的外国企业名称，应当认定为《反不正当竞争法》第 5 条第（3）项规定的"企业名称"。具有一定的市场知名度、为相关公众所知悉的企业名称中的字号，可以认定为《反不正当竞争法》第 5 条第（3）项规定的"企业名称"。

企业名称是区别不同市场主体的标志，具有专用属性，必恩威公司在中国境内进行商业使用的中英文企业名称，均应受到我国法律的保护。PNY Technologies，Inc. 系必恩威公司的英文企业名称，PNY Technologies 是该企业名称的核心部分，思创公司的网站擅自使用"PNY Technologies"，足以使相关公众造成误认，认为该网站是必恩威公司的网站或者该网站与必恩威公司存在某种特定关联，该行为已经构成不正当竞争，思创公司应当承担相应的损害赔偿责任。

三、关于思创公司网站使用必恩威公司知名商品的特有名称、装潢问题

根据《中华人民共和国反不正当竞争法》第 5 条第（2）款规定，经营者擅自使用知名商品特有的名称、包装、装潢，或者使用与知名商品近似的名称、包装、装潢，造成和他人的知名商品相混淆，使购买者误认为是该知名商品的行为，构成不正当竞争。

所谓知名商品特有的名称，是指知名商品独有的与通用名称有显著区别的

商品名称。但该名称已经作为商标注册的除外。装潢，是指为识别与美化商品而在商品或者其包装上附加的文字、图案、色彩及其排列组合。

庭审中，必恩威公司明确其主张的知名商品为计算机图形卡。从必恩威公司的相关媒体报道及广告可知，必恩威公司的计算机图形卡自2002年在中国销售，具有一定的知名度，必恩威公司主张其计算机图形卡为知名商品，本院予以支持。由于“PNY及图”由特定文字、图案和色彩组合而成，必恩威公司将“PNY及图”标注在其计算机图形卡上，能够起到识别商品和美化商品的作用，构成计算机图形卡的特有装潢，但“PNY及图”显然不是该图形卡的特有名称。然而，思创公司仅在其网站使用“PNY及图”，并非在其产品使用“PNY及图”，尚不足以造成相关公众将思创公司的产品误认为必恩威公司的计算机图形卡，故必恩威公司主张思创公司侵犯其计算机图形卡的特有名称和装潢，缺乏事实和法律依据，本院不予支持。

四、关于思创公司的虚假宣传及链接问题

《反不正当竞争法》第9条第1款规定，经营者不得利用广告或者其他方法，对商品的质量、制作成分、性能、用途、生产者、有效期限、产地等作引人误解的虚假宣传。

经公证下载的思创公司网站内容表明思创公司“经销PNY Quadro系列显示卡”，而必恩威公司的相关媒体报道及产品广告则表明必恩威公司制造的Quadro系列显示卡具有一定知名度，思创公司未能提供证据证明其有权经销必恩威制造的Quadro系列显示卡，亦未对上述宣传作出合理的解释，必恩威公司主张思创公司的上述宣传构成虚假宣传，本院予以支持。况且，互联网用户点击思创公司目录菜单的键栏，能够链接到必恩威公司的www2. pny. com英文官方网站，更容易导致相关公众误认为思创公司系必恩威公司的经销商，或者误认为思创公司与必恩威公司存在其他特定关联关系。因此，思创公司上述宣传及链接设置的行为，构成不正当竞争。

至于其他网站刊载的思创公司简介，思创公司否认系其上传，根据互联网的特性及上述网站的各自特点，上述网站并不审查上传者的身份及上传内容，故必恩威公司主张其他网站相关思创公司的简介系思创公司上传，本院不予支持。但是，由于其他网站刊载的思创公司简介涉及“思创公司代理美国PNY公司Quadro系列显示卡”、与“PNY等国际著名厂商精诚合作”等表述，此类表述与思创公司网站的宣传并无实质差别，思创公司作为上述公司简介的受益方，应当承担消除影响的相关责任。

五、关于思创公司网站与必恩威公司英文官方网站的设计风格和结构的近似问题

作为企业的官方网站，将企业的产品进行分类说明及图片展示是企业的常规选择，因此，企业采用页面分隔或简单排列设计的网页，并不具有独创性。必恩威公司就其网页的简单设计主张权利，本院不予支持。

综上所述，思创公司的上述行为侵犯了必恩威公司对"PNY及图"享有的著作权，亦构成了不正当竞争，理应承担停止侵权及不正当竞争行为，消除影响，赔偿损失的民事责任。鉴于思创公司的网站存在侵犯必恩威公司著作权的行为，还存在虚假宣传的行为，其他网站亦有相关虚假宣传的内容，故必恩威公司要求思创公司在其网站及《电脑商情报》刊载致歉声明，消除影响，本院予以支持。由于《电脑商情报》的发行范围较广，思创公司在该报纸刊载声明足以消除其行为给必恩威公司造成的不良影响，故必恩威公司要求思创公司在《大众软件》、《微电脑世界》、《大众硬件》等杂志刊载声明，消除影响，本院不予支持。关于本案的赔偿数额问题，根据有关司法解释的规定，在审理著作权侵权案件及不正当竞争案件中，当被侵权的权利人或者被侵害的经营者的损失难以计算，侵权行为人或给其他经营者造成损害的经营者的利润无法查明时，人民法院可以根据权利人或者被侵害的经营者遭受的实际情形酌情确定赔偿额。因此，本院将根据思创公司的著作权侵权行为及其不正当竞争行为的性质、持续时间、影响范围、主观过错程度、必恩威公司为本案诉讼支出的合理开支等具体情况，酌定赔偿数额。

根据《中华人民共和国著作权法》第2条第2款、第11条、第47条第(1)项、第48条，《伯尔尼保护文学和艺术作品公约》第3条第1款(A)项，《中华人民共和国著作权法实施条例》第2条，《中华人民共和国反不正当竞争法》第2条、第5条第(3)项、第9条第1款、第20条，最高人民法院《关于审理不正当竞争民事案件应用法律若干问题的解释》第6条第1款之规定，本院判决如下：

一、被告思创公司立即停止侵犯原告必恩威公司对"PNY及图"享有的著作权及其不正当竞争行为；

二、被告思创公司于本判决生效之日起连续三天在其网站(www.wildcat.com.cn)刊登致歉声明，消除影响(声明内容须经本院审核，逾期不执行，本院将公布判决主要内容，费用由被告思创公司承担)；

三、被告思创公司于本判决生效之日起三十日内在《电脑商情报》刊登致歉声明，消除影响(声明内容须经本院审核，逾期不执行，本院将公布判决主要内容，费用由被告北京超越思创科技有限公司承担)；

四、被告思创公司于本判决生效之日起十五日内赔偿原告必恩威公司经济损失人民币 5 万元；

五、驳回原告必恩威公司的其他诉讼请求。

思创公司不服原审判决，提起上诉，请求撤销原审判决，驳回必恩威公司的一审诉讼请求。其上诉理由为：（1）原审判决认定上诉人构成著作权侵权错误。必恩威公司主张著作权的“PNY 及图”标识中，“PNY”文字的字体为普通常用字体，而图形部分为常见的背景图案，不具有独创性，不是作品。即使该文字组合构成作品，但必恩威公司没有举证证明其是著作权人，原审判决仅依据必恩威公司在部分国家获得商标注册及使用情况即认定其为“PNY 及图”的著作权人错误，原审判决认定思创公司网页上使用的“PNY 及图”即为必恩威公司的“PNY 及图”错误。（2）原审判决认定上诉人构成不正当竞争错误。必恩威公司没有在任何场合使用其企业名称及 PNY Technologies, Inc，上诉人使用“PNY”是对自己注册商标的使用，“Technologies”是上诉人企业名称的组成部分，上诉人使用上述文字有合理理由，不构成对必恩威公司企业名称权的侵犯。“PNY”是上诉人的注册商标，而“QUADRO”品牌既非必恩威公司所有，亦非其独家生产，原审判决认定上诉人网站上有关“经销 PNY Quadro 系列显示卡”的陈述构成虚假宣传错误，仅凭上诉人网站上的链接不足以认定上诉人构成不正当竞争，因为该链接在页面上并无明显链接点，公众不会注意到该链接的存在。原审判决认为其他网站有关思创公司简介涉及“思创公司代理美国 PNY 公司 Quadro 系列显示卡”、与“PNY 等国际著名厂商精诚合作”等表述，与上诉人网站的宣传并无实质差别，并据此要求上诉人承担消除影响的相关责任，于法无据。（3）原审判决上诉人承担赔偿损失的责任有失公允。

必恩威公司服从原审判决。

二审查明事实

二审法院查明的事实与原审相同。

二审审理结果

二审法院认为：

根据当事人的上诉请求，本案二审审理的焦点是：必恩威公司是否享有“PNY 及图”的著作权，思创公司是否侵犯其著作权，思创公司的行为是否构成不正当竞争以及赔偿数额的确定是否正确。

我国《著作权法》规定，外国人的作品根据其所属国同中国签订的协议或者共同参加的国际条约享有的著作权，受我国《著作权法》保护。必恩威公司是美国法人，我国与美国均是《伯尔尼保护文学和艺术作品公约》的成员国，依据我国《著作权法》第2条第2款的规定，必恩威公司的作品著作权应受到我国《著作权法》的保护。我国《著作权法实施条例》第2条规定，《著作权法》所称作品，指文学、艺术和科学领域内，具有独创性并能以某种有形形式复制的智力创作成果。

本案中，必恩威公司主张著作权的"PNY及图"为白色斜体字母"PNY TECHNOLOGIES"位于深蓝色平行四边形边框内，边框两侧从左至右由红色至橙色渐变的水平线条，其系由线条、色彩、文字及图案组合而成的具有独创性的富有美感的平面设计，属于我国《著作权法》保护的美术作品，原审判决对此认定正确。思创公司主张"PNY及图"不具有独创性，不构成《著作权法》意义上的作品，不能成立，本院不予支持。

我国《著作权法》第11条规定，著作权属于作者，法律另有规定的除外。如无相反证明，在作品上署名的公民、法人或者其他组织为作者。本案查明的事实表明，必恩威公司的企业名称为PNY Technologies，Inc，最早于2001年1月1日即已商业使用"PNY及图"标识，并于2003年4月28日在美国申请注册商标，其产品的中国广告宣传材料及其产品标识均使用了"PNY及图"，大多数广告宣传资料亦标注了必恩威公司的企业名称。虽然思创公司对此提出异议，但其并未提供证据证明其主张，故原审判决认定必恩威公司是"PNY及图"作品的著作权人并无不妥，思创公司未经必恩威公司许可，擅自在其网站上使用"PNY及图"作为网站的标识，侵犯了必恩威公司对"PNY及图"享有的著作权，理应承担停止侵权、消除影响和赔偿损失的民事责任正确。

必恩威公司在中国境内进行商业使用的中英文企业名称均应受到我国法律的保护。必恩威公司的英文企业名称为PNY Technologies，Inc. ，PNY Technologies是该企业名称的核心部分，思创公司在其网站擅自使用"PNY Technologies"，并且从思创公司目录菜单的键栏，能够链接到必恩威公司的www2. pny. com英文官方网站，这均容易导致相关公众误认为思创公司系必恩威公司的经销商，或者误认为思创公司与必恩威公司存在其他特定关联关系，因此，一审判决认定思创公司上述行为构成不正当竞争正确。

我国《反不正当竞争法》第9条第1款规定，经营者不得利用广告或者其他方法，对商品的质量、制作成分、性能、用途、生产者、有效期限、产地等作引人误解的虚假宣传。

根据本案查明的事实，必恩威公司制造的 Quadro 系列显示卡具有一定知名度，思创公司网站内容表明思创公司“经销 PNY Quadro 系列显示卡”，思创公司未能提供证据证明其有权经销必恩威公司制造的 Quadro 系列显示卡，虽然思创公司注册了“PNY”商标，但其作为同业经营者，理应知道必恩威公司制造的 Quadro 系列显示卡具有一定知名度，其应作出合理避让，但是，其在宣传时表明其“经销 PNY Quadro 系列显示卡”，再结合其网站上擅自使用“PNY 及图”标识、“PNY Technologies”标识及设置可以链接到必恩威公司的 www2. pny. com 英文官方网站等一系列行为，容易让消费者误认为其销售的是必恩威公司的具有一定知名度的 Quadro 系列显示卡，思创公司关于其使用“PNY”是对其注册商标的使用的主张不能成立，故原审判决认定上述宣传构成虚假宣传并无不妥。

原审判决虽然并未认定其他网站相关思创公司的简介系思创公司上传，但认为思创公司作为上述公司简介宣传的受益方，应当承担消除影响的相关责任并无不妥。

原审判决根据思创公司上述侵犯必恩威公司对“PNY 及图”享有的著作权和不正当竞争的行为，判令思创公司承担停止侵权及不正当竞争行为，消除影响，赔偿损失的民事责任正确，并根据思创公司的著作权侵权行为及其不正当竞争行为的性质、持续时间、影响范围、主观过错程度、必恩威公司为本案诉讼支出的合理开支等具体情况，酌情确定的赔偿数额亦无不妥。

综上所述，原审判决认定事实基本清楚、适用法律正确，本院应予维持。思创公司的上诉主张均不能成立，对其上诉请求，本院不予支持。依照《中华人民共和国民事诉讼法》第 153 条第 1 款第（1）项之规定，判决如下：

驳回上诉，维持原判。

一审案件受理费 8 800 元，由必恩威科技股份有限公司负担 7 750 元，北京超越思创科技有限公司负担 1 050 元；二审案件受理费 8 800 元，由北京超越思创科技有限公司负担。

其他知识产权

74. 《蓝猫小学生兴趣作文》剧本委托创作合同纠纷案

——朱恒平诉三辰影库音像出版社有限公司

原告（被上诉人）：朱恒平
被告（上诉人）：三辰影库音像出版社有限公司
案由：委托创作合同纠纷

原审案号：北京市东城区人民法院（2007）东民初字第07393号
原审合议庭成员：才雪冬、裴桂华、樊静馨
原审结案日期：2007年11月16日
二审案号：北京市第二中级人民法院（2008）二中民终字第02369号
二审合议庭成员：刘薇、梁立君、冯刚
二审结案日期：2008年1月30日

判决要旨

文学创作活动具有一定特殊性，委托创作合同对于受托方的创作要求并不明确，即便最终稿件未能够被采用，委托方仍应根据受托方完成稿件的字数、结合双方约定标准酌情给予相应的稿酬。

起诉与答辩

原告朱恒平诉称：2004年11月，被告下属机构二十一世纪教材编委会函请原告来京参加课题研究。经协商，二十一世纪教材编委会欲委托原告创作动漫《蓝猫小学生兴趣作文》文学剧本。原告根据二十一世纪教材编委会所提要求创作了部分样稿，二十一世纪教材编委会确认可行后，给原告出具正式委托书，委托原告从事《小学生兴趣作文》系列低、中、高年级三本教材的编写工作。2004年12月15日，原告将创作完成的低、中年级书稿交二十一世

纪教材编委会负责人蔡恒奇收取。此后原告多次要求被告按双方委托书确定的稿酬标准支付稿酬，但被告未予履行。为维护原告的合法权益，诉至法院要求判令被告依约支付稿酬 9 600 元，赔偿原告合理支出 300 元，并承担本案诉讼费用。

被告三辰影库音像出版社有限公司（以下简称三辰影库公司）辩称：根据二十一世纪教材编委会的委托，原告创作了部分《小学生兴趣作文》稿件。双方约定被告向原告支付稿酬的前提是稿件审定合格。但原告创作的稿件经专家论证，不符合当初委托创作的要求。在告知原告后，被告亦委托他人另行创作。被告不存在应向原告支付稿酬的问题，故不同意原告诉讼请求。

原审查明事实

原审法院查明：二十一世纪教材编委会隶属于被告三辰影库公司，系该公司专门负责编写教材的一个部门。原告朱恒平系安徽省淮北市烈山区教育局教师，曾编写《小学生兴趣作文》一书，并由山东教育出版社出版。

2004 年 11 月 1 日，二十一世纪教材编委会发函邀请原告来京参加小学作文课题相关事宜。原告来京后，二十一世纪教材编委会相关负责人蔡恒奇告知原告计划编写《小学生兴趣作文》的相关要求，包括：结构分为低、中、高年级三部分；语言符合青少年年龄特征，风趣幽默；内容符合卡通动画片的故事和情节架构；创作内容既是文稿，也是剧本。原告根据上述要求，创作了部分样稿，并交二十一世纪教材编委会整理打印，在蔡恒奇初审认可后，二十一世纪教材编委会正式出具《委托书》，约定：二十一世纪教材编委会委托原告撰写《小学生兴趣作文》系列低、中、高年级三本，受托人依委托人标准按时高质量完成，每千字 60 元；待审定合格后，一次性付酬；该书版权为三辰出版社所有，作者有权署名，稿酬一次性买断；完成时间为 2005 年 1 月 20 日前；原告注明同意接受委托。此后，原告进行上述创作活动。2004 年 12 月 15 日，原告向二十一世纪教材编委会交付其创作的《蓝猫小学生兴趣作文》稿件低年级及中年级部分，共计约 17 万字。蔡恒奇签收上述稿件，并在收条上注明“蔡主任验收取”。

庭审中，被告称在给原告出具收条之前，已经收到原告的稿件，并组织相关专家进行评审，评审结果为不合格。原告认为是在蔡恒奇出具收条当天交付的稿件，收条注明“蔡主任验收取”即已经证明其稿件合格，至于此后专家的意见与其无关。

原审审理结果

原审法院认为：根据我国《民事诉讼法》的相关规定，法人对其隶属部门或工作人员的职务活动对外承担民事责任。本案中，二十一世纪教材编委会系被告下设工作部门，其与原告之间所生权利义务，应由被告承担。

我国《合同法》规定，委托合同是委托人和受托人约定，由受托人处理委托人事务的合同。本案中，原告朱恒平与被告经协商约定，被告委托原告按照一定的要求进行《小学生兴趣作文》系列书稿的创作，创作完成经验收合格后被告向原告支付相应报酬。双方已经形成由原告接受被告委托进行创作活动的委托合同关系，各自应依委托合同的约定行使权利、履行义务。根据已查明的事实，被告欲委托他人完成的受托事项系编写《小学生兴趣作文》，而原告朱恒平作为该领域的从业者，曾出版过类似书籍，可以得出被告对其委托事项的受托人是进行过选择的。而且，被告在向原告出具正式的委托书之前，已经由其负责该委托事项的工作人员对原告按照被告要求完成的样稿进行了审核。基于以上事实，可以得出被告对原告完成受托事项的能力是肯定的。在履行合同时，考虑到被告对原告创作所提要求比较笼统、概括；而且文学创作活动的评价标准不同于一般委托事项，受托人创作完成的作品是否符合当初约定的要求，存在很大的主观性，故被告仅依专家评审意见认为原告稿件不符合要求，拒绝向原告支付报酬，显属不当。现有证据显示原告交稿时间在被告组织专家评审时间之后，被告据此评审否定原告稿件质量与事实相悖。本院对被告以原告稿件不符合约定要求拒绝支付报酬的抗辩意见，不予采纳。同样是基于以上文学创作活动的特殊性，并考虑被告签订委托合同的目的，原告创作完成的稿件未能达到被告预期效果，以至于被告没有采用，此风险应由委托人和受托人双方共同分担。原告要求被告完全按照约定标准全额支付报酬，亦有不当，本院将根据原告完成稿件的字数、结合双方约定标准酌情确定被告应付报酬。

至于原告要求被告支付其为诉讼支出的合理费用一节，由于本案并非侵权纠纷，双方合同对此没有明确约定，该笔费用亦不是原告为完成委托事项所受损失，故本院对此不予支持。

综上，依据《中华人民共和国合同法》第 60 条、第 396 条、第 405 条之规定，判决如下：

一、被告三辰影库音像出版社有限公司于本判决生效之日起十日内向原告朱恒平支付委托合同报酬 5 000 元。

二、驳回原告朱恒平其他诉讼请求。

被告三辰影库音像出版社有限公司不服原审判决，提起上诉，请求撤销原审判决，驳回朱恒平的诉讼请求。

朱恒平服从原审判决。

二审查明事实

二审法院查明的事实与原审相同。

二审审理结果

在审理过程中，经二审法院主持调解，双方当事人自愿达成如下协议：

一、三辰影库音像出版社有限公司向朱恒平支付报酬人民币 4 500 元整；

二、朱恒平放弃在本案中的其他诉讼请求；

三、双方当事人就本案无其他争议。

一审案件受理费 50 元，由三辰影库音像出版社有限公司负担；二审案件受理费 50 元，减半收取 25 元，由三辰影库音像出版社有限公司负担。

75.《第二次握手》图书出版合同纠纷案

——张扬诉人民文学出版社

原告（上诉人）：张扬
被告（被上诉人）：人民文学出版社
案由：图书出版合同纠纷

原审案号：北京市东城区人民法院（2007）东民初字第4781号
原审合议庭成员：才雪冬、樊静馨、裴桂华
原审结案日期：2007年12月19日
二审案号：北京市第二中级人民法院（2008）二中民终字第2232号
二审合议庭成员：何暄、周晓冰、葛红
二审结案日期：2008年6月24日

判决要旨

出版社延期支付稿酬以及未按照合同约定支付作品网络刊载稿酬的行为构成违约，应承担相应的违约责任。

起诉与答辩

原告张扬诉称：2004年，原、被告就出版《第二次握手》（重写本）事宜开始联系。2005年夏，原告将完稿的书稿通过电子邮件发给被告编辑胡玉萍。11月18日，胡玉萍将被告副社长潘凯雄签字并加盖被告合同专用章的出版合同交给原告。2006年4月10日，原告在出版合同上签字并寄给被告。同月12日，原告又将书稿制成光盘交付被告。书籍出版后，原告于6月21日收到被告寄赠样书，发现有大量差错，经大体查找达八十余处（标点符号方面存在的问题尚未计算在内）。按全书61万字计算，该书的差错率已经超过万分之一。10月16日，原告在湖南省浏阳市图书馆发现该书重印本，其封面、封底、书脊设计都有改动，标题目录中的部分文字差错已经改正，但版权页上仍标明“第一次印刷”。原告一直不知道准确的重印时间和真实的印次印数，也没有收到相关稿酬，同时该书的差错率仍超过万分之一。经原告询问，被告答复该书系在合同约定的2万册之内进行的第二次印刷，印刷数量为3 000

册。2007 年 3 月 30 日，原告针对被告上述一系列违约行为发出《为协商终止〈第二次握手〉（重写本）出版合同事宜致人民文学出版社的函》，要求终止合同。直至 4 月 6 日，被告才将第一次印刷 2 万册的稿酬 69 264 元汇划到原告的中国工商银行账号，但经原告多次催要，被告拒不提供代扣所得税凭证。另外，被告根据出版合同取得《第二次握手》（重写本）数字化制品及网络版版权，新浪网经授权转载了该书，但被告一直未支付报酬。同时，被告存在阻碍破坏《第二次握手》（重写本）韩文版翻译出版的行为。基于以上事实，原告诉请法院判令：（1）认定被告出版的《第二次握手》（重写本）第一版第一次印刷和第二次印刷质量不合格，要求被告印发勘误表并赔礼道歉。（2）认定被告第二次印刷的《第二次握手》（重写本）版权页违法造假，并就该行为在有关媒体上赔礼道歉。（3）被告支付第二次印刷 2 万册的稿酬 69 264 元及延迟支付的利息 500 元。（4）被告支付延迟支付第一次印刷稿酬利息 500 元，并向原告交付个人所得税代扣代缴凭证。（5）被告支付新浪网转载报酬 1 000 元。（6）被告就破坏《第二次握手》（重写本）韩文版出版赔礼道歉。（7）解除出版合同。（8）被告赔偿原告因诉讼产生的住宿费、交通费、公证费、取证费 7 000 元。（9）被告承担诉讼费用。

被告人民文学出版社辩称：第一，关于解除合同的问题。原、被告于 2006 年 4 月就《第二次握手》（重写本）一书签订的《图书出版合同》系双方真实意思表示。合同签订后，被告履行了己方义务，维护了原告权利，原告也实现了其签约目的，故被告不存在违约与侵权行为，亦未出现解除合同的条件，合同应当继续履行，不应解除。第二，关于迟延支付稿酬的问题。合同中约定的最低印数是 2 万册，被告至今未印足 2 万册，但提前支付了 2 万册的全部稿酬。因此，原告所述迟延支付不能成立。第三，关于公开赔礼道歉的问题。该案是合同履行中产生的纠纷，涉及的是违约行为而不是侵权行为，应属于《合同法》调整范围，不存在赔礼道歉的成就条件。第四，出版合同中约定合同签订后被告在 6 个月内出版书稿，如不能出版，可另行约定出版时间，如到期仍不能出版的可以解除合同，被告支付原告稿酬的 30% 作为赔偿金。被告在 6 个月内出版了《第二次握手》（重写本），虽分为两次印刷，但仅印了13 000 余册，未超过最低印数 2 万册，因此，在版权页上标明第一版印数 1 ~20 000 册并不存在隐瞒事实的行为。原告在与被告联系过程中，已知道仅印刷13 000 册的事实，况且合同有效期是 5 年，被告在此期限内印刷 13 000 册的行为不违反合同约定。第五，按照双方出版合同第 6 条约定，被告尊重原告确定的署名权，被告可以对文字进行修改，但涉及思想内容的应经原告同意，作品的校样由被告负责。被告出版的《第二次握手》（重写本）符合国家有关部门的规定，差错率在相关规定范围内，是一部合格出版物。第六，原告提供的原稿中差错甚多，给编辑和校对人员的工作带来难度。依据出版合同第7条约定，被告负责校对，原告不能要求在校样上作大改动，如原告要求改动造成压版、改版等经济损失，应由原告承担。被告对原告差错进行了专业纠正，使作品达到了合格出版物的标准，但原告却一再夸大和编造一些不实差错，被告工作人员再次对原告所提的“差错”进行了核实和“修订”，导致被告付出额外劳动，产生修订费用以及印刷时间的压后，原告应对违反合同约定造成被告利益损失的行为承担赔偿责任。第七，根据合同约定和法律规定，被告没有义务向原告提供代扣代缴税金的凭证。第八，新浪网转载部分精选图书内容是无偿的和促进图书宣传的行为，不应支付报酬。第九，被告并未阻碍原告作品韩文版出版。第十，诉讼由原告发起，差旅费是否与本案有直接关系无从考证，故应由原告自行承担。综上所述，不同意原告诉讼请求。

原审查明事实

原审法院查明：原告张扬系《第二次握手》（重写本）（以下简称涉案图书）的作者。2006年4月10日，原、被告就该书出版签订《图书出版合同》，合同主要内容包括：（1）原告授予被告在合同有效期内，在中华人民共和国大陆地区以图书形式出版涉案图书中文本的专有出版权。（2）被告应在合同签订后6个月内出版该书。因故不能按时出版，双方另行约定出版日期。被告到期仍然不能出版，原告可以终止合同，被告按照合同约定报酬标准的30%向原告支付赔偿金。（3）被告尊重原告的署名方式。被告可以对作品的修辞文字进行加工修改，但涉及思想内容等重要改动应得到原告的同意。（4）涉案图书的校样由被告负责校对，原告不能要求在校样上作大改动。如原告要求改动，由此造成压版、改版等经济损失，由原告负责。（5）被告按照图书定价乘以10%版税率再乘以印数的方式支付报酬，最低印数为2万册，在作品出版后6个月内付清。（6）作品首次出版后，被告可以根据市场需要，自行安排重印事宜。被告应及时将印数通知原告，并支付报酬，如原告需要对作品进行修改，应及时通知被告。（7）在合同有效期内，被告拥有涉案图书数字化制品及网络版版权，但被告应按照国家有关规定向原告另行支付报酬。（8）涉案图书海外出版权由原告自行处理。（9）合同有效期为5年。

合同签订后，被告委托案外人北京瑞古冠中印刷厂对涉案图书进行了两次印刷。2006年6月第一次印刷10 225册，版权页上标明“字数614千字，印数1~20 000册，2006年6月第一次印刷”。2006年7月第二次印刷3 036册，版权页仍标明“字数614千字，印数1~20 000册，2006年6月第一次印刷”。

与第一次印刷本相比，第二次印刷本在封面装帧、文字内容上有少量改动。2007 年 4 月 6 日，被告通过银行汇划方式向原告支付代扣税款后的稿酬 69 264元。

2006 年 7 月，被告向新浪网出具授权书，内容为“为《第二次握手》（重写本）的图书介绍和市场推广，同意新浪网读书频道重点选载该书部分精彩章节，此授权选载，双方之间不涉及费用问题”。新浪网读书频道依据该授权对涉案图书部分章节进行转载。2006 年 11 月，被告责任编辑胡玉萍就一韩国公司欲出版涉案图书一事电话联系原告，询问是否可以授权被告代理相关事宜。原告表示暂不考虑授权。此后，原、被告双方未就此事继续沟通。

庭审中，被告向原告提供了编号为京地代 2270190 号的《代扣代收税款凭证》，该凭证记载：纳税人姓名张扬、金额 8 736 元。原告拒绝接受。

由于双方对涉案图书两次印刷中的差错存在争议，本院主持双方就差错部分进行比对，比对情况及本院确认意见如下：

原告认为，第一次印刷本差错分为四部分：第一部分是“知识性、逻辑性、语法性差错”，共计 37 处。如第 58 页第 5 行“临难不苟安”应为“临难不苟免”；第 246 页倒数第 6 行“哈德逊河”应为“哈得孙河”；第 268 页第 3 行“零式”应为“零一式”等。第二部分是“一般差错”，共计 33 处。如第 10 页倒数第 6 行“热气”应为“热汽”；第 443 页倒数第 1 行“一个总机”应为“一台总机”；第 576 页倒数第 7 行“音讯阻隔”应为“音问阻隔”。第三部分是“不正确的、不妥当的或无谓的改动”，共计 22 处。如第 3 页第 2 行“消磨”应为“销磨”；第 42 页第 16 行“挨到”应为“捱到”；第 576 页第 4 行“奔驰”应为“奔茨”。第四部分是“标点符号方面的差错”，共计 352 处。除零散差错外，主要体现在两个方面：一是冒号被不适当地改为逗号。如第 1 页倒数第 6 行“语含感慨，”应为“语含感慨：”；第 6 页倒数第 12 行“高声说道，”应为“高声说道：”。二是逗号被不适当地改成句号。如第 83 页第 13 行“您的意思。”应为“您的意思，”；第 86 页倒数第 8 行“今后。”应为“今后，”等。

原告认为第二次印刷本差错亦分为以上四个部分，具体为：第一部分 21 处，第二部分 24 处，第三部分 22 处，第四部分 352 处。由于原告所列差错在两次印刷本中有多处相同，上文举例在第二次印刷本中仍有出现，在此不再重复。

被告以《现代汉语词典》、《辞海》、《图书编校差错认定细则》为依据，对原告认为的差错做出解释。首先，承认第一次印刷本中有 17 处差错，第二次印刷本中有 6 处差错。其次，不承认原告列举的其他差错，主要理由有两点：第一，原稿即如此。如原告列举第一次印刷本中的差错，第82页第15-16行："天城堡"应为"天堡城"，原稿即为"天城堡"。第二，被告认为其编校符合汉语语法规则，并非差错。另外，被告对于第二次印刷本改动做出说明，承认只有8处属于被告的差错，其余系应原告要求，根据其2006年6月21日至7月9日电子邮件的内容进行的改动。

在双方核对的基础上，本院对原告列举内容是否属于差错进行了甄别，同时根据国家新闻出版总署《图书质量管理规定》中的图书编校差错计算方法，计算出差错数量。

（1）认定为差错的，主要分为四类：第一，被告承认是差错的。第一次印刷本有20处，第二次印刷本有6处。第二，被告辩称原告所列内容原稿如此，但本院认定为差错的。第一次印刷本有7处，第二次印刷本有2处。第三，被告不承认是差错，但原告用语更符合文义的，本院认定为差错。第一次印刷本中有1处。第四，标点符号使用差错。第一、二次印刷本各有8处。综上，本院认定第一次印刷本有差错36处43.8个，第二次印刷本有差错16处14.8个。

（2）不认定为差错的，主要分为六类：第一，被告编校所用词语与原告主张使用词语通用。如被告在第一次印刷本第21页倒数第6行使用"空当"，与原告认为应当使用的"空档"，具有相同含义。第一次印刷本第329页倒数第7行，被告使用"高挑儿"与原告认为应使用的"高挑"具有相同含义。第二，被告编校符合现代语言习惯。如被告将第一次印刷本第22页第17行"可以请问一下"改为"可以问一下"。被告在第一次印刷本第576页倒数第7行，将"音问阻隔"改为"音讯阻隔"。第三，对外来词音译不同但不影响原意。如第一次印刷本第576页第4行，第577页倒数第6行、第7行，第578页第7、13、17行、倒数第3行、倒数第5行，被告将"BENZ"翻译为"奔驰"，而原告认为应使用"奔茨"。第一次印刷本第246页倒数第6行，被告翻译为"哈德逊河"，而原告认为应使用"哈得孙河"。第四，被告编校并未改变文意。如第一次印刷本第443页倒数第1行，被告使用"一个总机"与原告认为的"一台总机"。第一次印刷本第760页第4行，被告编校为"我在北京与著名物理学家何泽慧院士相会"，原告认为应是"我在北京会见著名物理学家何泽慧院士"等。第五，原稿用语不够规范，但不属于技术性差错，被告可以不进行修改。如第一次印刷本第706页倒数第6行"站这里空气稀薄"，原告认为应删去"站"。第一次印刷本第641页第16~17行"胡佛却仍是FBI头子——他在这位子上已经混了四分之一个世纪"，原告认为应为三分之一个世纪。第六，对段落划分双方认识有差异的。如第一次印刷本第7页第

6行，原告认为应从该行最后的“苏”字另起一段。第七，对于标点符号的修改，被告编校符合标点使用规则。主要有以下两类：一是人物说话前面没有说完，中间有场景、动作、提示性叙述，然后再接着说的，原稿用冒号，被告改为逗号。如第一次印刷本第33页第6行原稿为：“‘哪个小姐？’苏冠兰累得不堪，有气无力：‘您，您老先生……’”，被告编校为：“‘哪个小姐？’苏冠兰累得不堪，有气无力，‘您，您老先生……’”。二是人物说话已经说完，引号内最后一个标点，原告原稿用逗号，被告编校为句号。如第一次印刷本第38页倒数第9行原稿为：“‘当然，当然，’少女急忙点头”。被告改为“‘当然，当然’。少女急忙点头”。

原审审理结果

原审法院认为：各方当事人均应按照合法有效的合同行使权利，履行义务。因合同履行发生争议的，合同有约定的依合同，没有约定的依照法律、行政法规或行业习惯。按照合同约定、符合法定情形或协商一致的，当事人可以解除合同。

本案原、被告签订的《图书出版合同》系双方真实意思表示，合法有效。原告要求解除该合同应符合约定情形，或符合被告根本性违约致合同目的不能实现等法定情形。首先，合同只约定在被告未按时出版涉案图书时，原告可以解除合同。现被告按合同规定时间出版了涉案图书，不存在约定解除情形，故原告要求解除合同无约定依据。其次，依据现有证据及本院审查，涉案图书中确有一定数量差错，被告对此负有责任。但是，这些差错是否属于根本性违约，导致合同解除，需做进一步具体分析。由于双方签订合同时未对涉案图书出版质量及差错确定、计算标准作出约定，故衡量涉案图书是否合格应参照国家标准或行业标准。根据国家新闻出版总署2005年3月1日实施的《图书质量管理规定》第5条第1款的规定，差错率不超过万分之一的图书，其编校质量属合格。涉案图书共计61万字，现第一、二次印刷本差错分别43.8个和14.8个，差错率均低于万分之一，属于合格出版物。此外，被告向原告支付了合同约定最低印数的稿酬，在合同约定期限内出版了涉案图书，应视为履行了合同约定的主要义务。虽然其在第二次印刷本版权页标明“第一次印刷”，同时存在部分稿酬支付时间迟延问题，但并未影响合同目的的实现，不存在法定的根本性违约行为，原告要求解除合同亦缺乏法律依据。

优秀作品的传播离不开规范化、高质量的出版行为，因此创作与出版是相辅相成的。作者受各种因素影响，创作中难免存在一定差错或者疏漏。如果在出版物中仍然存在这些差错，将会对社会、读者以及作者本人产生不利影响，因此，出版者有义务在出版前对这些差错予以适当修正。为此，法律、法规既对出版行为有严格的规制，也赋予出版单位根据出版需要对作品进行编辑修改的权利。被告作为图书出版单位，在不改变思想内容的前提下可以对出版图书做适当编辑，这也是合同中约定被告可以对作品修辞文字进行加工修改，但涉及思想内容等重要改动应得到原告同意的原因。文学创作是思想活动的具体体现，不同于标准化生产过程。由于编辑人员与作者在作品理解、知识掌握、理论修养、文字水平以及对社会价值取向和读者阅读习惯把握等方面存在一定差异，会导致编辑过程中个别字、词、句，包括标点使用与原稿的不同。这种不同只要不影响作品的实质内容，不违背作品要表达的中心思想，不违反合同约定或法律规定，即应当认为是合理的。如果要求每部作品，特别是涉案图书这样的长篇小说每处修改都要双方协商一致，既不经济也不现实。综上，原告虽提出涉案图书有多处差错，但从常识分析大多系作者与编辑人员存有上述差异所致，与错字、漏字、衍字等技术性差错不同，这是本院对原告所列部分内容不认定为差错的主要原因。

另外，虽然图书出版应避免出现文字等方面的差错，但由于编辑、校对等人员业务素质不同，同时受各种主客观因素影响，出版物难免存在一定差错。少量差错对作品思想内容不会产生实质性影响，能够实现作者及出版者的初衷，为此，相关行政规章规定，差错率在万分之一以下仍为合格出版物。但应指出，被告作为一家在出版界有重要影响的出版社，出版涉案图书这样有一定知名度和影响力的作品仍然出现技术性差错，不仅对作者，而且对自己均会产生不良影响，应当及时纠正。原告在保证作品质量方面严谨细致、精益求精、认真负责的作风值得嘉许。从其提交的差错表看，有些用词，包括标点，有作者的特殊考量，虽未被本院认定为差错，但被告应当在重印或再版前从尊重作者的创作出发，虚心听取原告意见，认真分析其合理性和可行性并予以适当采纳，使作品更能彰显作者的风格，以更好的品质呈现于读者面前。

关于两次印刷数量的问题。版权页标注的并非具体印数而是印数范围，依此确定具体印数并不合理。现原告未提供充分证据证明被告第一、二次印刷分别有 2 万册，被告提供了印制协议、图书期刊印刷委托书、图书印装通知单等证据的证明力优于原告证据，故原告要求被告支付第二次印刷 2 万册稿酬，证据不足；被告迟延支付部分稿酬属于违约行为，原告可以依据合同约定要求支付违约金，或者依据实际情况和法律规定要求赔偿损失。现双方签订合同中对迟延支付稿酬无违约责任约定，原告亦未举证证明被告迟延支付行为给其造成的损失，其相关请求缺乏事实和法律依据；赔礼道歉的前提是原告人身权利受到侵犯，由于本案属合同之诉，且被告出版图书中的差错并不足以造成相关公众对原告人格，包括文学水平等方面的评价降低，原告亦未就此举证，本院对该项请求不予支持；按照现有证据，被告授权新浪网对涉案图书部分章节进行转载，意在介绍和推广该作品，不属于在网络上发表作品，加之，原告未举证证明被告上载的是全部作品，被告的该项辩称意见，本院予以采信；根据合同约定，涉案图书海外出版由原告自行处理，被告既无权利也无义务联系海外出版事宜。被告工作人员在询问原告是否授权代理涉案图书韩文版出版事宜并得到否定意见后，即不再参与此事并无不当。原告提供的证据也不能证明被告实施了阻碍其作品海外出版的行为，故原告认为被告有意阻止韩文版出版之主张，缺乏事实依据；关于赔偿损失一节，原告提供的交通费、住宿费及其他费用不能证明与被告未按合同约定履行义务之间的因果关系，故该项诉讼请求，本院不予支持；原告要求被告交付代扣代交税款凭证一节，双方未就此作出约定，同时也不属于本案之诉的法律关系，本院不予处理，原告可以另行解决。但应指出，被告在第二次印刷后，在版权页上仍标明为第一次印刷，有违相关行业规定和惯例，亦系引发诉争之原因，被告应予注意并以适当方式纠正。

综上所述，依据《中华人民共和国合同法》第 60 条第 1 款、第 62 条第（1）项、第 93 条第 2 款、第 94 条第（4）项之规定，判决如下：

一、被告人民文学出版社在本判决生效之日起六十日内，在未售出的《第二次握手》（重写本）第一次、第二次印刷本内，按照本判决附表一、二、三认定的差错制作并附发勘误表。

二、被告人民文学出版社在本判决生效之日起六十日内，在未售出的《第二次握手》（重写本）第二次印刷本内，就版权页标注错误附发更改声明。

三、驳回原告张扬其他诉讼请求。

张扬不服原审判决，提起上诉。其上诉理由是：第一，一审程序存在违法之处。（1）原审期间上诉人从未见过《图书、期刊印刷委托书》这份证据，但原审判决书却将其作为定案的证据材料；（2）原审法院未将人民文学出版社提交的部分案件材料交换给上诉人。（3）原审判决书确认人民文学出版社对证据 4 的真实性、证明目的不予认可，但判决书中查明事实部分却引用了上诉人发给人民文学出版社责任编辑胡玉萍的 7 个电子邮件的内容；原审判决认定“人民文学出版社对证据 17 的真实性、证明目的不予认可”及“对证据 22、23 的真实性、关联性不予认可”，与庭审中双方当事人表述的意见不符。（4）原审未给当事人确定举证期限，无限制地允许人民文学出版社提交证据。（5）原审法院合议庭组成方式违法。第二，一审判决认定事实错误。（1）原审法院未认定涉案《图书出版合同》是格式合同。（2）原审法院对涉案图书的印数和印刷时间认定错误。（3）人民文学出版社出具的《代扣代收税款凭证》的落款日期在原审诉讼期间，其未提供落款为 2006 年 12 月的《代扣代收税款凭证》。(4) 原审对于图书差错率的认定有误，另外，涉案图书的版权页不符合国家标准，仅依此事实就可以认定图书出版质量不合格。(5) 人民文学出版社在新浪网上刊载了涉案作品的序言和第 1～19 章，未向上诉人支付报酬。(6) 人民文学出版社的行为，破坏了上诉人作品的海外出版权。综上，原审判决缺乏事实和法律依据，故请求二审法院撤销原判，支持上诉人原审提出的诉讼请求。

被上诉人人民文学出版社服从原审判决。

二审查明事实

二审法院查明的事实与原审基本相同，另查明：原审审理期间，人民文学出版社出具了北京市东城区地方税务局《代扣代收税款凭证》，编号为京地代 2270190，该凭证显示：纳税人为张扬，税种为个人所得税，纳税项目为稿酬，计税金额为 78 000 元，实缴金额为 8 736 元；扣缴义务人为人民文学出版社，税款所属时期为 2007 年 4 月；凭证填发日期为 2007 年 7 月 18 日。张扬在二审期间认可其已接收该凭证。

二审审理期间，张扬主张涉案图书除原审主张的差错外，还存在 10 处差错，法院主持双方就张扬指控的上述差错进行了比对，对涉案图书版权页上存在的差错进行了认定。综合原审比对结果，涉案图书第 1 次印刷本合计存在 45.8 个差错，第 2 次印刷本合计存在 19.8 个差错。

张扬主张其于本案原审期间支出的交通费、住宿费、公证费及邮寄费合计 6 971 元。

2008 年 6 月 2 日，北京市新闻出版局印刷业管理处出具证明，内容为："截至目前为止，由人民文学出版社出版的《第二次握手》一书有两份《图书、期刊印刷委托书》在我处登记备案，其中 1 份显示的印数为 10 225，另一份显示的印数为 3 036。"该证明随附的两份《图书、期刊印刷委托书》复印件与人民文学出版社提供的两份《图书、期刊印刷委托书》所显示的内容一致。

2008 年 6 月 16 日，北京新浪互联信息服务有限公司出具证明，内容为：人民文学出版社为了新书宣传推广之目的，将《第二次握手》一书非全文电子文档交给新浪网读书频道连载，由于本书已经接到出版方要求删除，所以连载字数无法追查。

二审审理期间，张扬明确其指控人民文学出版社的违约行为包括：(1) 涉案图书的两次印刷版本质量均不合格；(2) 第 1 版第 2 次印刷版权页违法；（3）第1版第1次印刷图书的稿酬支付延迟；（4）第1版第2次印刷图书的稿酬未支付；（5）人民文学出版社授权涉案图书在新浪网上传播，但未支付报酬；（6）人民文学出版社破坏涉案图书的韩文版出版。

二审审理结果

二审法院认为：张扬与人民文学出版社签订的涉案图书出版合同，系双方真实意思表示，该合同合法有效，双方当事人均应按照合同约定的权利义务全面履行。

一、关于涉案图书实际印次和印数的问题

虽然人民文学出版社出版的涉案图书版权页上标注印数为20 000册，但本案中，人民文学出版社提交的其于2006年5月26日与北京瑞古冠中印刷厂签订的《印刷协议》、北京瑞古冠中印刷厂于2007年7月22日出具的《证明》、人民文学出版社提交的两份《图书、期刊印刷委托书》、人民文学出版社和北京瑞古冠中印刷厂各自出具的两份《印装通知单》以及北京市新闻出版局印刷业管理处出具的证明，作为上述印数标注有误的证据，可以相互印证，本院予以确认。本院根据上述证据的内容，确认人民文学出版社于2006年6月印刷涉案图书10 225册，2006年7月印刷涉案图书3 036册。此外，虽然2006年7月印刷的图书与2006年6月印刷的图书存在一定差异，但该差异仅为对图书中少量错误的订正，因此，本院认定，两次印刷的图书为同一版，2006年6月印刷的图书版次为第1版第1次印刷，2006年7月印刷的图书的版次为第1版第2次印刷。

根据双方签订的图书出版合同的约定，人民文学出版社应按照图书定价乘以10%版税率再乘以印数的方式支付报酬，最低印数为2万册，在作品出版后六个月内付清。二审期间，张扬主张该“最低印数”即为首次印刷的“起印数”，依据人民文学出版社主张的实际印数，其首次印刷数量为10 225册，不足2万册，该行为构成了违约。

对于张扬提出的上述主张，本院认为，首先，依据出版行业的一般理解，在无特殊约定的情况下，“最低印数”系出版社在合同有效期内应印刷图书的最低册数，但并不必然要求首次印刷时即需要达到该额度，出版社可以根据实际情况，通过多版多次印刷的方式达到最低印数的要求。因此，人民文学出版社首次印刷涉案图书10 225册并不违反上述合同约定，且鉴于涉案图书出版合同仍在有效期内，人民文学出版社经两次印刷后，目前尚未达到最低印数，亦不能认定为违约行为。其次，张扬在本案中提出的诉讼请求，系建立在人民文学出版社两次印刷涉案图书，总印数为4万册的基础上的，而其又同时主张人民文学出版社首次印刷图书 10 225 册的行为构成违约，上述两项主张相互矛盾，难以自圆。再次，鉴于张扬在二审期间最终明确指控人民文学出版社的违约行为中，不包括人民文学出版社首次印刷图书 10 225 册的行为，应视为张扬放弃了该项指控。综上，本院认定人民文学出版社 2006 年 6 月第 1 版第 1 次印刷涉案图书 10 225 册，2006 年 7 月第 1 版第 2 次印刷涉案图书 3 036 册，以上合计印刷涉案图书 13 261 册。

根据 2002 年 8 月 1 日起实施的，由国家质量监督检验检疫总局颁布的《中华人民共和国国家标准：图书书名页》（GB/T 12450－2001），图书主书名页应标注图书的“印刷发行记录”，其中包括“列载第 1 版、本版、本次印刷的时间；列载印数；列载定价”。本案中，人民文学出版社在 2006 年 7 月印刷的第 1 版第 2 次印刷的图书上，仍标注“2006 年第 1 版第 1 次印刷”，该标注方式错误。同时，根据出版行业的惯例和一般做法，在图书版权页上标注的印数，应为该次印刷的实际册数范围。本案中，第 1 版第 1 次印刷的图书的标注方式应为“印数：10 225”或“印数：1～10 225”，第 2 版第 2 次印刷的图书的标注方式应为“印数：10 226～13 261”。人民文学出版社在两次印刷的图书上，均标注为“印数：1～20 000”，该标注方式错误。原审法院认定版权页标注的印数为印数范围，而非实际印数，该认定有误，本院予以纠正。

人民文学出版社未按照相关标准和行业的一般做法，准确标注涉案图书的版次和印数，该行为明显不妥。

二、关于张扬指控人民文学出版社违约的问题

（一）关于涉案图书的两次印刷版本质量是否合格的问题

原审法院根据张扬的主张，对于其提出的两次印刷版本中存在的错误进行了逐一认定，二审法院亦对张扬在二审审理期间补充提出的 10 处错误进行了认定。同时，考虑到本案图书版权页中存在的关于版次、印数的错误，本院根据可查明的事实，综合确认涉案图书第 1 版第 1 次印刷本存在 45.8 个差错，差错率约为 0.75 ‱；涉案图书第 1 版第 2 次印刷本存在 19.8 个差错，差错率约为 0.32 ‱。根据国家新闻出版总署发布的《图书质量管理规定》，上述两次印刷的图书的差错率均在万分之一以下，属于合格图书。张扬请求认定涉案两次印刷的图书质量不合格的诉讼主张，依据不足，本院不予支持。

根据行业惯例，对于上述图书中仍实际存在的差错，人民文学出版社可在重印或再版时修正，也可以根据实际情况进行勘误，但其对此并无法律上或合同上的义务。原审法院以“作品中出现的技术性差错，不仅对作者，而且对出版社均会产生不良影响，应当及时纠正”为由，判令人民文学出版社在未售出的涉案图书的第 1 次、第 2 次印刷本内，对认定的差错制作并附发勘误

表，缺乏法律依据，本院予以纠正。

（二）关于涉案图书第1版第2次印刷本版权页是否违法的问题

本院根据查明的事实，认定人民文学出版社在第1版第2次印刷的图书上，仍标注“第1版第1次印刷”，该标注方式错误，并将上述标注错误作为质量差错计入整本图书的差错中。对于人民文学出版社的上述行为是否违反相关行政规定，本院不予处理。原审法院认为人民文学出版社的上述行为有违相关行业规定和惯例，判令人民文学出版社在未售出的涉案图书第1版第2次印刷本内，就版权页标注错误附发更改声明，该处理结果不妥，本院予以纠正。

（三）关于涉案图书稿酬支付问题

根据涉案出版合同的约定，人民文学出版社按照图书定价乘以10%版税率再乘以印数的方式支付报酬，最低印数为2万册，在作品出版后6个月内付清。对此，张扬主张人民文学出版社应于2007年6月出版后6个月，即2007年1月1日前支付2万册图书的稿酬，而人民文学出版社主张其应于2万册全部印刷完毕后，支付相应稿酬，鉴于目前该社尚未印足2万册，其支付2万册图书稿酬的行为属提前履行合同义务，不属于违约行为。

对此，本院认为，根据我国《合同法》的相关规定，当事人对合同条款的理解发生争议的，应当按照合同所使用的词句、合同的有关条款、合同的目的、交易习惯以及诚实信用原则，确定该条款的真实意思。人民法院在进行合同解释时，应该采取主观和客观相结合的原则，以表示行为作为合同解释的基础，从合理第三人的立场探究当事人的内心意思，衡量各方当事人利益，作出能为社会所普遍接受的解释。本院结合本案具体情况，认定合同约定的“在作品出版后”应指“作品首次出版后”，即“作品第1版第1次印刷后”，而非人民文学出版社主张的“作品印足2万册后”。同时，本院认定上述条款中“付清”的含义，应指在首次实际印数超过最低印数时，付清实际印刷图书的稿酬，在首次实际印数不足最低印数时，付清前文中约定的“最低印数2万册”的稿酬。

综上，本院认定，人民文学出版社应在2006年6月首次出版涉案图书后6个月内，即2007年1月1日前支付2万册图书的稿酬。现人民文学出版社实际支付上述稿酬的时间为2007年4月6日，属于迟延履行合约约定的付款义务，构成了违约，其应按照相应标准赔偿张扬利息损失。在张扬未能明确主张人民文学出版社应给付利息的计算方式的情况下，本院依据中国人民银行同期贷款利率，综合本案的具体情况，认定张扬主张人民文学出版社按照2007年1月1日至2007年4月5日的期间，给付延期支付稿酬（扣税款后数额为69 264元）的利息500元，理由正当，应予支持。原审判决虽对人民文学出版社的上述违约行为予以认定，但以双方并无违约责任约定，且张扬未能举证证明人民文学出版社的违约行为给其造成了实际损失为由，未对张扬的上述诉讼请求予以支持，该处理结果不当，本院予以纠正。

另外，根据本院查明的人民文学出版社印刷涉案图书的印次和印数，张扬主张涉案图书第1版第2次印刷本的印数为2万册，并据此要求人民文学出版社支付相应稿酬的请求，缺乏事实依据，本院不予支持。

（四）关于新浪网刊载涉案作品的问题

根据双方合同约定，在合同有效期内，人民文学出版社拥有涉案图书数字化制品及网络版版权，但人民文学出版社应按照国家有关规定向张扬另行支付报酬。

本案中，张扬主张人民文学出版社授权新浪网刊载了涉案图书的序言及第1～19章，约占全书比例的19%，折合约12万字，人民文学出版社认可刊载的章节内容合计约6万字。本案中，本院依据现有证据，无法查明北京新浪互联信息服务有限公司在其经营的新浪网上实际刊载涉案图书的字数。张扬关于新浪网刊载内容为12万字的主张，依据不足，本院不予采信。

根据合同约定，人民文学出版社虽然有权在网络上传播涉案作品，但其应向张扬支付相应报酬。鉴于双方未明确约定付酬标准，本院依据相关付酬标准，综合人民文学出版社认可授权新浪网刊载涉案图书内容约6万字的陈述，确认张扬要求人民文学出版社支付网络刊载作品的稿酬1 000元的诉讼主张，理由正当，本院予以支持。原审法院以“人民文学出版社旨在介绍和推广该作品，不属于在网络上发表作品”为由，认定人民文学出版社不需要就该行为向张扬支付稿酬，该认定有误，本院予以纠正。

（五）关于人民文学出版社是否破坏涉案作品韩文版出版的问题

根据涉案图书出版合同的约定，人民文学出版社既无权利，亦无义务处理涉案图书的外文出版事宜。根据本案查明的事实，人民文学出版社并无破坏涉案作品韩文版出版的行为，并且，鉴于本案系违约之诉，且双方合同中对此问题并无约定，故张扬主张人民文学出版社的相关行为构成违约，并要求其承担违约责任的主张，本院不予支持。

三、关于张扬的其他上诉请求

（一）关于原审审理程序的问题

张扬主张，原审期间其从未见过《图书、期刊印刷委托书》这份证据，但原审判决书却将其作为定案的证据材料。经核实，原审法院2007年9月5日的开庭笔录中记载有以下内容：“法庭：继续举证。”“被告：补充证据4，委印单，证明目的是被告和印刷厂直接有合法的约定，我们一共印刷了13 000

多册。”“原告：我们认为不是法定的有效的单据。”“法庭：合同的委印单是新闻出版署规定的这种?”“被告：是，都是这种单据。”根据上述内容，本院确认笔录中所指的“委印单”应为涉案《图书、期刊印刷委托书》。同时，为充分保障当事人的诉讼权利，二审期间本院对上述证据进行了再次质证。张扬认为，该份证据的内容系当事人事后伪造，但经本院与北京市新闻出版局印刷业管理处核实，上述《图书、期刊印刷委托书》与人民文学出版社在北京市新闻出版局印刷业管理处备案的《图书、期刊印刷委托书》一致，本院对上述《图书、期刊印刷委托书》的真实性予以确认。张扬主张上述《图书、期刊印刷委托书》系当事人事后伪造，该主张缺乏依据，本院不予采信。

张扬还主张原审法院未向其交换人民文学出版社提交的部分案件材料。经本院核实，张扬所指的上述案件材料，系人民文学出版社在庭审结束后，对其庭审中的主张提供的书面意见，或对张扬提供的部分证据的书面质证意见。本院认为，上述材料属于当事人提交的书面意见，系对庭审主张的重复和补充，不属于证据的范畴，原审法院未对上述材料组织交换，并不违法相关法律程序，张扬的上述主张，缺乏依据，本院不予支持。

张扬还主张，原审判决书确认人民文学出版社对证据4的真实性、证明目的不予认可，但判决书中查明事实部分却引用了其发给人民文学出版社责任编辑胡玉萍的7个电子邮件的内容；原审判决认定“人民文学出版社对证据17的真实性、证明目的不予认可”及“对证据22、23的真实性、关联性不予认可”，与庭审中双方当事人表述的意见不符。其中，证据4为张扬发给人民文学出版社责任编辑胡玉萍的7封电子邮件，证据17为刻录有胡玉萍于2007年4月5日致电张扬电话录音的光盘，证据22为2006年6月22日胡玉萍寄来的另一份《图书出版合同》，证据23为胡玉萍寄给张扬的挂号信。

经本院核实，原审法院于2007年8月13日的庭前证据交换笔录中对人民文学出版社的意见有如下记载：“关于电子邮件和电话记录的证据，真实性我们有异议，全部是张扬的电脑里下载下来的，技术上是可以删改的，电话记录也可以做技术上的删改。至于采集主体，都是工作人员，不能代表被告的意思，双方履行依据是合同里双方的意思表示。”原审法院于2007年9月5日的开庭笔录中对人民文学出版社的意见有如下记载：“第一个说是邮寄的合同，第二个写的是书信，证据真实性不予认可。”根据上述庭审笔录中记载的内容，原审法院归纳、总结双方当事人的举证、质证意见，并无不当。另外，张扬主张原审判决书关于证据4的表述前后矛盾的问题，本院认为，原审判决仅是根据庭审内容，如实表述人民文学出版社对证据4的质证意见，而非原审法院对该证据的认证意见，因此，虽然人民文学出版社对该证据的真实性、证明目的不予认可，但人民法院依法确认该证据中的相关内容，并无不当。综上，张扬的上述主张，缺乏依据，本院不予采信。

张扬还主张原审未给当事人确定举证期限，无限制地允许人民文学出版社提交证据。经本院核实，原审卷宗中有双方当事人签收证据交换传票的送达回证，并且，原审法院于2007年8月13日对双方当事人提交的证据进行了庭前证据交换，于2007年9月5日公开开庭审理本案，在该次开庭过程中，对张扬补充提交的6份证据和人民文学出版社补充提交的4份证据进行了举证、质证。因此，本院认定，原审的审理程序并无不当，亦未有偏袒一方当事人，影响另一方当事人诉讼权利的情形，张扬所提上述主张，缺乏依据，本院不予采信。

张扬还主张原审法院合议庭组成方式违法。本院认为，原审法院系依照法律规定组成合议庭审理本案。同时，根据原审庭审笔录记载，原审法院在2007年8月13日的庭前证据交换程序中，以及在2007年9月5日公开开庭审理本案的程序中，两次向双方当事人明确告知了合议庭的组成情况，并询问双方当事人对合议庭组成人员及书记员是否申请回避，双方当事人均明确表示不申请。综上，张扬所提上述主张依据不足，本院不予采信。

（二）关于本案涉及的其他事实问题

关于涉案《图书出版合同》是否为格式合同的问题。我国《合同法》中只对格式条款的概念进行了规定，并没有格式合同的概念。根据我国学术界的通说，格式合同是指当事人一方为了重复使用而预先拟定好条款，订立合同时未与对方协商，相对人必须全部接受拟定的条款才能成立的合同。本院认为，图书出版合同一般是出版社根据出版行业行政主管部门发布的示范合同签订的，但在合同的签订过程中，一些条款，特别是授予出版社专有出版权的期限、地域范围，稿酬支付方式、稿酬支付标准等条款，需要由出版社和作者合意确定。因此，结合涉案《图书出版合同》的具体情况，本院认为，涉案《图书出版合同》应为包含有大量格式条款和少量非格式条款的合同，但如直接认定该合同为格式合同，易引起相关概念的混淆。

本院虽对张扬提出的问题进行了认定，但本院认为，只有在涉及合同效力认定或合同解释时，区分格式条款与非格式条款，或区分格式合同与非格式合同，才具有现实意义。本案中，虽涉及稿酬支付条款内容的解释问题，但该条款明显是双方合意确定的，并非格式条款。因此，在本案中，针对张扬所提的诉讼主张，认定涉案合同是否为格式合同，并无实际意义。

关于《代扣代收税款凭证》的问题，鉴于人民文学出版社已经出具了《代扣代收税款凭证》，张扬亦接收了该凭证，双方就此问题已无进一步的纠纷。关于人民文学出版社已经出具的《代扣代收税款凭证》的落款日期在原审诉讼期间的问题，人民文学出版社主张出版社一般会定期到税务部门统一办理缴纳税款业务，故《代扣代收税款凭证》的落款日期大都晚于出版社实际代扣代收税款日期。本案中，人民文学出版社于2007年4月6日向张扬支付了稿酬，并代扣代收了税款，但直到2007年7月18日才从税务机关开具《代扣代收税款凭证》。本院认为，人民文学出版社定期统一办理缴纳税款业务的做法并无不当，同时，其应充分尊重纳税人的权利，积极提高工作效率，并及时按照纳税人的要求出具《代扣代收税款凭证》，但张扬在本案中主张人民文学出版社应出具落款为2006年12月的《代扣代收税款凭证》的主张，缺乏依据，本院不予支持。

综上，本院认定，人民文学出版社延期支付稿酬的行为，以及未按照合同约定支付作品网络刊载稿酬的行为构成违约，应承担相应的违约责任。但上述违约行为，并非对合同中双方约定的主要义务的违反，不构成根本性违约。为充分保障双方当事人的合法权益，维护社会交易的稳定，本院综合案件的具体情况，确定涉案图书出版合同应继续履行。张扬主张人民文学出版社的涉案行为构成了根本性违约，涉案合同应予解除的主张缺乏依据，本院不予支持。

本案中，张扬还主张人民文学出版社应赔偿其在本案中支出的公证费、住宿费、交通费等损失7 000元，本院确认上述费用与张扬追究人民文学出版社违约责任，主张人民文学出版社履行合同义务相关联，可视为因人民文学出版社的违约行为给张扬造成的实际损失。张扬的上述诉讼主张，理由正当，本院予以支持。本院将考虑该部分损失的合理性，酌情确定人民文学出版社应赔偿张扬经济损失的具体数额。原审法院对此认定不妥，本院予以纠正。

综上，张扬所提上诉理由部分成立，原审判决对部分案件事实认定不清，适用法律有误，本院应予纠正。依照《中华人民共和国民事诉讼法》第153条第1款第（3）项，《中华人民共和国著作权法》第29条、《中华人民共和国合同法》第60条第1款、第62条第（1）项、第107条、第109条、第113条第1款之规定，判决如下：

一、撤销北京市东城区人民法院（2007）东民初字第04781号民事判决；

二、人民文学出版社于本判决生效之日起十日内，赔偿张扬经济损失7 500元；

三、驳回张扬的其他诉讼请求。

一审案件受理费1 866元，由张扬负担866元，人民文学出版社负担1 000元；二审案件受理费1 866元，由张扬负担866元，人民文学出版社负担1 000元。

76. 个人域名被注销引发的计算机网络域名纠纷案

——赵磊诉中国互联网络信息中心、北京星缘新动力科技有限公司

原告： 赵磊

被告： 中国互联网络信息中心

被告： 北京星缘新动力科技有限公司

案由： 计算机网络域名纠纷

一审案号： 北京市海淀区人民法院（2007）海民初字第22111号

一审合议庭成员： 马秀荣、石必胜、王 梅

一审结案日期： 2008年8月25日

判决要旨

域名注册服务机构和域名管理机构没有合法的根据擅自注销域名的行为，妨碍了域名持有者正当使用域名的权利，应该承担侵权责任。

起诉与答辩

原告赵磊诉称：2007年7月5日，我通过域名注册服务机构星缘公司以我个人名义成功注册计算机网络域名“银龄乐．中国”和“银龄康．中国”。2007年7月20日，中国互联网络信息中心（以下简称互联网中心）以个人不得申请注册域名为由要求北京星缘新动力科技有限公司（以下简称星缘公司）注销我持有的上述两个域名。我认为域名一经注册成功，产生了独立的权益，任何人没有合法理由不得侵犯，互联网中心和星缘公司进行注销的依据《中国互联网络信息中心域名注册实施细则》（以下简称《细则》）是根据已经失效的部门规章《中国互联网络域名管理办法》（以下简称《办法》）制定的，且与该《办法》冲突，所以，二被告无权以我方为个人注册者为由注销我已经注册成功的域名。故我诉请法院判令互联网中心和星缘公司停止侵害，恢复我的域名“银龄乐．中国”和“银龄康．中国”。

被告互联网中心辩称：依据《细则》第4条的规定，域名注册申请者应当为依法登记并能够独立承担民事责任的组织。赵磊以个人名义申请注册涉案域名，违反该项规定，我中心应当注销其注册的域名，而且我中心在注销之前

已经向赵磊书面通知其限期修正域名注册信息，但其未予修正，故我中心有权注销赵磊申请注册的域名“银龄乐．中国”和“银龄康．中国”，我中心不同意赵磊的诉讼请求。

被告星缘公司辩称：我公司只是域名注册管理机构互联网中心授权的域名注册服务机构，受互联网中心的管理和监督，我公司按照互联网中心的要求注销赵磊的域名，我公司不应承担连带责任。

一审查明事实

一审法院查明：

2007 年 7 月 5 日，赵磊与星缘公司签订《虚拟主机服务合同》，约定星缘公司为赵磊注册包括“银龄乐．中国”和“银龄康．中国”在内共 8 个域名，域名所有权归赵磊，赵磊向星缘公司支付包括域名年费在内的服务费 915 元，其中“银龄乐．中国”和“银龄康．中国”的年服务费各 1 元。

1997 年 5 月 20 日国务院信息化工作领导小组办公室颁布的《细则》的附件 4 为域名注册申请程序，该程序为：确定申请注册的域名，通过查阅 CNNIC 的 WWW 服务器了解规定确定域名；索取域名注册申请表、填写域名注册申请表、递交域名注册申请表、域名注册申请的受理；审核申请材料答复用户、用户收到完成注册的通知后，在规定日期内交纳域名的首年年度运行管理费，发放域名注册证。

星缘公司网站的域名注册办理步骤为：会员注册和登录、查询域名是否已被注册、递交申请表、付费申请成功。服务说明中提示：“填写的资料必须真实、详细，否则域名可能被删除”。点击会员注册和登录显示要求填写用户名、姓名、EMAIL 地址、选择成为何种会员项下可选择企业会员或个人会员、密码。点击个人会员进入个人会员注册。用户登录后进入域名注册，填写申请注册的域名，点击搜索显示是否可以注册，进入购物车，填写详细注册信息，包括注册人信息、域名管理联系人、域名技术联系人、域名付费联系人，均包括单位名称或个人姓名、姓名等项。

星缘公司网站域名注册栏目的法规支持包括《细则》和《办法》、注册协议和域名打印证书。注册协议第 2 条、第 16 条规定，《办法》、《细则》、《中国互联网络信息中心域名争议解决办法》、《中国互联网络信息中心域名争议解决办法程序规则》等与本协议及域名注册申请表一起，共同构成申请人和域名注册服务机构之间关于域名注册的协议。相关管理政策规定发生变化或被修改以后，申请人应当继续遵守，如果申请人认为以上内容的变化和修改不可接受，应当及时通知域名注册服务机构。域名注册服务机构收到此种通知后，将为申请人保留30日域名服务；30日后，有关域名将被予注销。第6条规定域名注册服务机构有权对违反《办法》的域名予以删除。域名注册服务机构对此删除行为所造成的影响及后果不承担责任。第10条规定了注销的情形，与《办法》第34条一致。第12条规定，申请人如果不遵守本注册申请协议将被认为是一次严重违约。此时域名注册服务机构将向申请人发出一个书面通知并说明违约。如果在发出通知15日内，申请人没有提供或不能提供关于没有违约的合理证据，域名注册服务机构将删除申请人注册的域名。域名注册服务机构以前对违约没有采取措施不能成为申请人违约的理由。

同日，包括“银龄乐.中国”和“银龄康.中国”在内的四个中文域名进行了注册并注册成功。登录互联网中心CNNIC网站（网址为www.cnnic.cn）可以查询域名“银龄乐.中国”和“银龄康.中国”的注册情况，显示域名联系人赵磊，域名创建日期为2007年7月5日。

2007年7月10日，互联网中心收到关于“银龄乐.中国”和“银龄康.中国”域名的注册者赵磊为个人的投诉信。

2007年7月12日，互联网中心客服部向星缘公司李双恒发送电子邮件，主题为“关于修正域名注册信息的通知”，通知说明在星缘公司申请注册“银龄乐.中国”和“银龄康.中国”域名的注册者赵磊为个人，违反了《办法》和《细则》关于域名注册申请者应当是依法登记并且能够独立承担民事责任的组织的相关规定，要求星缘公司督促赵磊在收到该通知后五个工作日内修正注册信息，否则注销上述域名。

当日，星缘公司向赵磊发送限期修正域名注册信息的通知，告知其应于收到该通知后五个工作日内修正域名注册信息，否则将注销域名“银龄乐.中国”和“银龄康.中国”。

赵磊收到该通知，但未对域名注册信息进行修改。

2007年7月20日，互联网中心致星缘公司邮件，主要内容为：“银龄乐.中国”和“银龄康.中国”的域名违反了《细则》第4条的规定，按照中心发布的“关于正确填写域名注册信息的通知”规定，域名持有者未在接到中心发出修正通知后五个工作日内修正域名注册信息，中心决定注销该域名，并要求星缘公司在收到该通知后三个工作日内注销上述域名并通知域名持有者，注销原因为域名持有者不属于依法登记并且能够承担责任的组织。

2007年7月24日，星缘公司向赵磊发送电子邮件，主题为“关于注销域名的通知”，内容为“我公司接到中国互联网络信息中心的通知，您注册的两个域名如下：‘银龄乐.中国’和‘银龄康.中国’，我公司遵照中国互联网络中心的要求注销了上述两个域名，有关退款事宜，我公司相关部门将稍后联系您”。其后附有互联网中心客户服务部分别于2007年7月12日和2007年7月20日向星缘公司发送的主题为“关于修正域名注册信息的通知”和“注销域名的通知”的电子邮件。

互联网中心曾于2005年3月18日在其网站上发布“关于正确填写域名注册信息的通知”（以下简称“通知”），“通知”内容为：“对于域名注册信息不真实、不准确、不完整的，或者域名为个人注册的，我中心将通知域名注册服务机构和域名持有者按照《办法》及《细则》修正相关信息。如果域名持有者接到通知后五个工作日仍未修正的，我中心将作出注销该域名的决定”。

另，1997年6月3日，国务院信息化工作领导小组办公室颁布的《中国互联网络域名注册暂行管理办法》第4条规定：在国务院信息办的授权和领导下，CNNIC是CNNIC工作委员会的日常办事机构，根据本办法制定《细则》，并负责管理和运行中国顶级域名CN。第6条规定：域名注册申请人必须是依法登记并且能够独立承担民事责任的组织。同日CNNIC制定的《细则》公布，第2条亦规定域名注册申请人必须是依法登记并且能够独立承担民事责任的组织。个人不能申请域名注册。

2002年8月1日原信息产业部公布9月30日施行的《办法》第19条规定：“任何组织或个人注册和使用的域名不得含有下列内容……”2002年9月30日，原《细则》废止，新《细则》第1条规定根据《办法》制定本实施细则。第4条规定域名注册申请者应当是依法登记并且能够独立承担民事责任的组织。

2004年12月20日新的《办法》施行，原《办法》废止。该《办法》第27条保留了原《办法》中第19条的规定。该《办法》第28条规定域名注册申请者应当提交真实准确完整的域名注册信息并与域名注册服务机构签订用户注册协议；第30条规定应当按期缴纳域名运行费用；第34条规定了域名注册服务机构予以注销的情形：域名持有者或其代理人申请注销域名的；域名持有者提交的域名注册信息不真实、不准确、不完整的；域名持有人未按照规定缴纳相应费用的；依据人民法院、仲裁机构或域名争议解决机构作出的裁判，应当注销的；违反相关法律、行政法规及本办法规定的。

一审审理结果

一审法院认为：

域名注册服务机构是受理域名注册申请，直接完成域名在国内顶级域名数据库中注册，直接或间接完成域名在国外顶级域名数据库中注册的机构。域名申请者与域名注册机构之间存在域名注册服务合同关系。本案中赵磊与星缘公司订立的虚拟主机服务合同中包括代为注册域名的内容，按照一般注册程序及星缘公司的注册步骤，赵磊向注册机构提供选定的域名和要求、填写域名注册申请表后，注册机构代为递交，赵磊缴纳注册费用和服务费用后，注册者即向赵磊提供域名解析密码，获得将域名使用于互联网的权利。域名注册服务机构是直接以自己的名义与注册申请者订立注册服务协议的一方，系注册服务协议的当事人。

域名注册机构与域名注册管理机构之间存在委托关系。域名注册服务机构的注册服务权限来源于注册管理机构互联网中心的委托，域名的受理、变更、注销注册机构均无法独立完成，主要义务的完成者是互联网中心，互联网中心应为注册服务协议一方的委托人。二者的委托关系处于公开状态，申请人均已知晓。依据《合同法》规定，受托人以自己的名义在委托人的授权范围与第三人订立的合同，第三人在订立合同时知道受托人与委托人的代理关系的，该合同直接约束委托人和第三人。故域名管理机构互联网中心应受域名申请者赵磊与域名注册机构星缘公司之间合同的约束。

域名注册服务合同的内容不仅源于书面合同，星缘公司网站中关于域名注册的内容亦作为合同的附件。根据书面合同、注册协议、说明等内容可以确认申请者有权获得指定域名的注册和解析，有权变更域名信息，有权转让域名，有权注销域名，申请者的义务包括提供真实身份和地址、提供适于注册的域名、支付注册费或年费以及转让时的通知义务。注册者有获得年费的权利，有及时受理申请、完成注册、提供域名解析、及时进行变更和转让的义务。

个人申请域名是否违反了合同约定，关键在于合同是否存在这样的约定及约定是否有效。首先，包含有域名注册内容的虚拟主机服务合同的一方当事人为赵磊个人，赵磊作为合同一方当事人的事实得到了星缘公司的确认；其次，星缘公司网站对域名注册的要求和说明事项中仅强调注册信息的真实合法，未对是否个人提出要求，同时在域名注册项上的会员登录中不仅包含企业会员同时也有个人会员，在具体的注册申请表上明确注明个人姓名，这意味着星缘公司接受个人作为注册申请人；再次，赵磊作为个人申请注册成功的事实说明了个人可以注册；最后，星缘公司和互联网中心主张依据的《细则》和“通知”无效。作为合同附件的《办法》和《细则》应为合同订立时有效，即，2004年《办法》和2002年《细则》应在合同订立时有效，而2004年《办法》与2002年《细则》在个人能否申请域名上存在矛盾，2004年《办法》未对个人申请域名予以禁止，相反在有关条款中给予了肯定，2002年《细则》则明确禁止，“通知”是对《细则》的说明，与《细则》规定一致。合同条款对同一问题的约定存在矛盾时，各冲突条款均归于无效，应进行符合合同目的的解释。纵观域名规范的发展，可以看出从1997年最早的《中国互联网络域名注册暂行管理办法》和《细则》，以及1997年到2002年间互联网中心的规定，均要求域名注册申请人只能为企业和组织，这符合当时域名注册起步阶段便于管理的初衷。2002年《办法》的颁布未进行此类限制，表明了管理部门对此类问题的态度，2004年《办法》进一步延续了这一精神。2002年《办法》和2004年《办法》均未对个人申请者进行限制，反映了域名注册领域的实施规则和行业惯例。同时，尽管《细则》规定个人不得注册，但是个人独资企业、合伙企业以及个体工商户和农村承包经营户均可以申请注册域名；个人可以申请国际域名注册，因此个人申请域名包括中文域名实际已经存在。因此，如前所述，个人可以订立合同，个人可以申请注册并且可以成功注册，符合鼓励域名的申请和使用、保证申请者资料真实合法的合同目的。

关于注册协议中注册机构对因域名删除行为免责的条款，属于免除条款使用人主要义务的情形，依据《合同法》应属无效。

综上，被告的注销行为并无合同根据，域名持有者可以违反合同为由提出诉讼。当事人未选择违约之诉而选择了侵权之诉，被告的行为是否构成侵权？

注册合同成立后，注册方不仅有提供域名和解析的义务，亦有维持此种状态的义务。而域名一经注册成功提供给申请者，域名申请者成为域名的持有者后，持有者便通过域名符号媒介与域名在互联网上建立起固定的联系，这种关系表现为域名持有者有权排他地在互联网上使用该域名，有权将域名使用于特定的解析服务器，有权将该域名进行商业宣传或突出性使用。域名注册成功后可通过查询等方式了解，域名注册后，域名持有者享有的附着于域名的权益，不仅可以对抗合同相对人，也可以对抗合同之外的第三人。

被告据以注销原告域名的依据是《办法》、《细则》和一份内部通知，上述依据均不具有法律法规的援引效力，其中仅《办法》属于部门规章。规章的规定在具体实施法律和行政法规时发挥作用，因此规章规定可以作为法律和行政法规实施的参照以及行业惯例的参照。《办法》与1997年颁布的《中国互联网域名注册暂行管理办法》在同一问题上规定不一致，依据《立法法》，同一部门制定的规章，适用新规定，应当适用《办法》。而《办法》中未禁止个人注册域名，相反根据该《办法》第19条的规定，个人可以注册域名。因此，被告的行为并无法律根据。

依据最高法院的司法解释，对合同相对人违反合同损害域名权益的行为，当事人有权选择合同之诉或者侵权之诉，持有者有权就他人侵犯域名权益的行为提起诉讼。现域名注册服务机构和域名管理机构没有合法根据擅自注销的行为，造成了赵磊对其享有合法使用权的涉案域名使用不能，妨碍了域名持有者正当使用域名的权利，侵犯了赵磊的域名权益，应予停止并纠正。

综上，依据《中华人民共和国合同法》第 40 条、第 402 条、第 122 条，《最高人民法院关于审理涉及计算机网络域名民事纠纷案件适用法律若干问题的解释》第 3 条之规定，判决如下：

被告中国互联网络信息中心、北京星缘新动力科技有限公司立即停止侵害赵磊计算机网络域名的行为，恢复域名“银龄乐．中国”和“银龄康．中国”。

案件受理费 750 元，由被告中国互联网络信息中心、北京星缘新动力科技有限公司负担。

各方当事人均服从一审判决。

77. 软件“全国中小学教育信息管理系统”技术开发合同纠纷案

——张瑞华诉北京博地亚科技发展有限公司

原告：张瑞华

被告：北京博地亚科技发展有限公司

案由：技术开发合同纠纷

一审案号：北京市西城区人民法院（2008）西民初字第4353号

一审合议庭成员：李岳鹏、武彧、王根香

一审结案日期：2008年9月19日

判决要旨

由两个以上的自然人、法人或者其他组织合作开发的软件，其著作权的归属由合作开发者签订书面合同约定。

起诉与答辩

原告张瑞华诉称：2005年11月22日，原告张瑞华、冯石宝作为乙方与被告北京博地亚科技发展有限公司（以下简称博地亚公司）（甲方）签订《合作协议书》，约定合作开发《全国中小学教育信息管理系统》网络版软件。《全国中小学教育信息管理系统》共包含五个部分，《全国中小学教育技术装备信息管理系统》作为其中一个组成部分，是原告数十年从事教育技术装备工作的心血凝结，是原告花费大量时间、精力进行研发的，因此该协议书约定，《全国中小学教育技术装备信息管理系统》由原告单独享有著作权。在该套软件研发完成后，原告数次向被告要求到国家版权局以原告名义对《全国中小学教育技术装备信息管理系统》进行注册登记，但被告一直以各种理由拒绝。直到2008年1月31日，原告才得知被告已经将该部分软件以其公司的名义向版权保护中心进行了著作权登记，并获得了登记证书，该软件的登记名称为《全国中小学教育技术装备网络管理系统V2.0》。被告的行为严重违反了协议约定，侵犯了原告所享有的著作权，故诉至法院请求判令：（1）确认原告为《全国中小学教育技术装备网络管理系统V2.0》的著作权人；（2）被告博地亚公司以书面形式向原告赔礼道歉；（3）被告博地亚公司承担本案诉

讼费。

被告博地亚公司辩称：首先，在签订协议书时，原告曾承诺进行技术投入，共同研发涉案软件系统。但协议签订后，被告发现原告不具有任何技术能力，只有一些教育技术装备方面的经验，于是被告又另找他人进行系统的开发。合同之所以约定涉案软件著作权归原告所有，是以原告履行了投入研发技术及销售、管理等资源的合同义务为前提的，而实际上原告根本不懂软件的研发，根本不能投入任何技术，没有履行合同约定的义务。原告既然没有履行合同义务，也就没有理由享有合同权利。其次，原告的诉讼请求不符合法律规定。原告混淆了法律对软件著作权的保护范围，根据《计算机软件保护条例》之相关规定，对计算机软件只保护计算机程序及其相关文档，而原告并没有参与软件程序和文档的编写，其从事中小学教育装备管理的经验不是计算机软件著作权的保护对象；涉案软件是根据中国教育协会下达的任务书研发的项目，根据该条例的规定，软件著作权应由被告享有。并且，根据版权登记管理的规定，原告不能取得在名称中冠以“全国”字样的涉案软件著作权登记。再次，涉案软件的开发资金、开发设备等物质条件完全是由被告提供的，开发人员也是被告聘请的，对所开发软件承担责任的也是被告，且原告在软件开发期间所参与的工作是一种职务行为，由被告支付其工资。故根据条例规定，涉案软件著作权应归属被告。综上，由于包括原告在内的乙方的违约行为，拖延了涉案软件的开发时间，给被告造成了损失，故不同意原告的诉讼请求。

一审查明事实

一审法院查明：2005 年 11 月 22 日，原告张瑞华、冯石宝二人（乙方）与被告（甲方）签订合作协议，约定：“甲、乙双方经过充分探讨、研究、协商，就《全国中小学教育信息管理系统》网络版软件项目达成长期全面合作开发、运营协议。本软件包括《全国中小学教育技术装备信息管理系统》、《全国中小学卫生体育信息管理系统》、《全国中小学学生学籍与教师档案管理系统》、《全国中小学校长办公管理系统》和《全国中小学图书馆管理系统》等五个部分。”

该协议第 5 条约定：“《全国中小学教育信息管理系统》网络版软件的开发人员由甲乙双方推荐，并经由甲乙双方共同决定聘请。”第 7 条约定：“根据国务院 2001 年底颁布 2002 年 1 月 1 日开始实行的《计算机软件保护条例》，本项目研发的《全国中小学教育信息管理系统》系列软件的版权作如下安排：(1)《全国中小学教育信息管理系统》网络版软件中的《全国中小学教育技术装备信息管理系统》网络版软件由乙方张瑞华注册版权，该项版权归张瑞华所有。同时，该项版权所有权人应就《全国中小学教育技术装备信息管理系统》与甲方签订独家使用及继续开发的授权协议书，上述版权在项目合作期间归甲方独家使用，任何其他单位及个人不得私自销售和继续开发。项目合作终结时，甲方持有的上述版权独家使用权自然消失。（2）本项目软件的其余四个部分，即《全国中小学卫生体育信息管理系统》、《全国中小学学生学籍和教师档案管理系统》、《全国中小学校长办公管理系统》和《全国中小学图书馆管理系统》网络版软件，研发完成后均由甲方注册版权，版权归甲方所有，任何其他单位和个人不得私自销售和继续开发。”第9条约定：“项目开发经营部由甲方赵敦敏任经理，全面管理该项目并主管该项目的财务，甲方吴锦生任行政助理，负责项目开发经营部行政后勤管理；乙方冯石宝任执行经理，负责日常业务及该项目产品的推广和销售，乙方张瑞华任技术开发副经理，负责项目技术开发。”

协议签订后，各方开始依约进行《全国中小学教育信息管理系统》网络版软件的开发工作。在软件开发过程中，被告未以原告不具有计算机程序编写能力为由向其提出相关要求，也没有要求变更或者解除合同，亦未以此为由拒绝履行合同。

2005年12月至2008年1月，原告在被告公司任技术副经理，其任职期间的主要工作是根据其以往的工作经验向软件设计人员提供具体设计思想和指导。

2007年3月18日，中国教育学会“十一五”科研规划重点课题，《钱学森大成智慧教育思想研究与实践》总课题组向被告下发重点子课题立项通知。2007年3月19日，该总课题组（甲方）与被告（乙方）签订协议，约定甲方同意乙方将涉案软件在中小学管理中的应用研究列入甲方总课题组的研究计划，并正式批准乙方承担相应的子课题研究。

2007年11月，《全国中小学教育信息管理系统》网络版软件研发工作完成后，被告在事先未通知原告并征得其许可的情况下，以被告的名义向中国版权保护中心申请了《全国中小学教育技术装备信息管理系统》网络版软件的计算机软件著作权登记。2007年11月28日，被告取得了著作权登记证书（登记号为2007SRBJ3027），登记软件名称为：《全国中小学教育技术装备网络管理系统V2.0》。

一审审理结果

一审法院认为：原告、冯石宝与被告所签订的《合作协议书》系当事人各方的真实意思表示，且未违反法律、行政法规的强制性规定，应属有效合同。有效合同对当事人具有法律约束力，当事人应当按照合同的约定行使权利、履行义务，不得擅自变更或者解除合同。

依据《计算机软件保护条例》第10条之规定，由两个以上的自然人、法人或者其他组织合作开发的软件，其著作权的归属由合作开发者签订书面合同约定。根据本案中合法有效的《合作协议书》之约定，原告张瑞华享有《全国中小学教育技术装备信息管理系统》网络版软件的著作权。在诉讼中，被告虽答辩称原告未能按照协议约定履行投入研发技术等义务，但被告在协议履行过程中并未以此为由要求变更或者解除合同，在协议未经变更或者解除的情况下，原告可以依据协议享有涉案软件的著作权。并且，被告亦未就此举出充分证据，结合庭审中当事人的陈述可知，原告在整个软件研发期间均在被告公司任技术副经理职务，直接参与了整个研发过程，因此对于被告的上述意见本院不予采信。

由于合作协议已经明确约定甲方（被告博地亚公司）与乙方（原告、冯石宝）系合作开发涉案软件，涉案软件著作权归原告张瑞华享有，故被告关于涉案软件是职务作品的答辩意见，本院不予采信。

软件著作权保护的是计算机程序及其有关文档，原告的相关工作经验的确不在受保护之列，但这只是权利客体问题，而不是权利归属问题，软件著作权保护什么与著作权归谁享有并不存在关联。依据协议约定，涉案软件著作权由原告享有，故对于被告的相关答辩意见本院不予采信。

本案中《合作协议书》的签订日期是2005年11月22日，而总课题组向被告下达立项通知和协议签订分别是在2007年3月18日和3月19日，被告无权处分已经协议约定归属于原告的涉案软件著作权。且被告亦未举出充分证据证明涉案软件的开发属于国家机关下达的任务，故对于被告的相关答辩意见本院不予采信。被告辩称根据版权登记管理的规定，原告不能取得名称中含有“全国”字样的涉案软件著作权登记。本院认为涉案软件若由原告注册名称中能否含有“全国”字样不涉及著作权归属问题，原告根据规定可自行决定将涉案软件以何种名称注册登记，不影响其对涉案软件享有著作权，故对于被告的相关答辩意见本院不予采信。

根据双方合法有效协议之约定，原告系涉案软件著作权人。被告擅自将原告享有著作权的软件以自己的名义进行登记，侵犯了原告的合法权益，因此，原告要求确认其为涉案软件的著作权人，并要求被告书面赔礼道歉的诉讼请求，本院予以支持。综上，依据《计算机软件保护条例》第10条、第23条第（2）项之规定，判决如下：

一、原告张瑞华为《全国中小学教育技术装备网络管理系统V2.0》软件的著作权人；

二、被告北京博地亚科技发展有限公司于本判决生效之日起十日内以书面形式向原告张瑞华赔礼道歉。

案件受理费 1 050 元，由被告北京博地亚科技发展有限公司负担。

各方当事人均服从一审判决。

78.《中国乐器博物馆》出版合同纠纷案

——乐声诉时事出版社

原告（反诉被告）：乐声（曾用名李德真）

被告（反诉原告）：时事出版社

案由：出版合同纠纷

一审案号：北京市海淀区人民法院（2006）海民初字第28607号

一审合议庭成员：卢正新、杨德嘉、王善信

一审结案日期：2008年11月10日

判决要旨

因图书出版造成侵权，作者与出版社对侵权均存在过错而最终导致损失发生的，出版社不得依“作者保证对作品享有著作权，作者承担因作品侵权所导致的法律责任并赔偿出版社的全部损失”的约定要求作者承担全部经济损失，而应依据双方的过错程度进行分担。

起诉与答辩

原告乐声诉称：2003年3月，时事出版社向其约稿，编著《中国乐器博物馆》一书（以下简称《乐》书）。同年4月7日，双方订立《时事出版社图书出版协议》（以下简称《出版协议》），约定2004年1月15日前出版此书，稿酬35 000元。乐声从2003年4月8日开始编写，于8月8日交稿。《乐》书共60万字，乐声编写的文字部分占版面的60%，按比例应得稿酬21 000元。然而时事出版社擅自推迟到2005年1月才出版《乐》书，且未按约定支付稿酬。2005年7月13日，乐声向时事出版社发出终止《出版协议》的函，并要求该社支付稿酬，但该社始终置之不理。故诉至法院，请求判令时事出版社支付《乐》书文字稿酬21 000元。

被告时事出版社辩称并反诉称：《乐》书延期至2005年1月出版的原因在于乐声没有按照《出版协议》约定的日期交稿，而且乐声也认可图书出版的延期。该社不支付乐声稿酬的原因在于，《乐》书所使用的摄影作品系乐声提供，而其中部分摄影作品的作者董建国于2006年以侵犯著作权为由将该社

和乐声诉至法院（以下将该案简称为董建国案）。人民法院终审判决认定乐声未经许可使用董建国的摄影作品构成侵权，该社作为共同侵权人承担连带责任，最终判令乐声与该社停止在《乐》书中使用董建国的摄影作品并赔偿董建国经济损失8万元。可见，乐声在没有取得摄影作品作者许可的情况下，向该社承诺拥有相关图片的专有使用权并与该社订立《出版协议》，严重违约并导致该社遭受重大经济损失。现该社出版的《乐》书已全部停止发售，协议目的完全不能实现，且该社还面临被其他摄影作品和文字作品作者起诉和索赔的危险。故不同意向乐声支付稿酬，并提起反诉，请求判令乐声赔偿该社经济损失237 362元（包括《乐》书排版费20 000元、出片费12 672元、印装费81 904元、封面设计费1 500元、编辑费和核对费4 800元、办公费10 000元、人员工资20 000元，以及董建国案该社被人民法院执行的赔偿费用86 486元）。

反诉被告乐声辩称：在董建国与时事出版社和乐声侵犯著作权纠纷案中，时事出版社始终称是乐声先提供了《乐》书原稿，请该社出书，该社在审查了稿件来源、署名和内容后才签订的《出版协议》。现该社称乐声没有按期交稿致使出版延期，与此前陈述相互矛盾。时事出版社人员在2003年4月7日订立《出版协议》时，就从乐声处取走了两本画册用于扫描《乐》书所用的图片。8月8日，该社人员又取走了9本画册用于扫描。该社作为专业出版社，没有对所出版图书的授权问题尽到合理的注意义务，导致了侵权的发生。该社要求乐声赔偿经济损失毫无道理，不同意该社的反诉请求。

一审查明事实

一审法院查明：

2003年4月7日，乐声（甲方）与时事出版社（乙方）订立《出版协议》，约定："甲方授权乙方在合同有效期内，在中国以图书和电子版形式出版发行《乐》书的专有使用权；图书必须达到出版要求，内容要有广泛性、代表性，文字要精练通畅；所选乐器的种类要达到一定数量，原则上要有图片，图片要清晰；甲方保证拥有授予乙方的权利，因上述权利的行使侵犯他人著作权的，甲方承担全部责任并赔偿因此给乙方造成的损失，乙方可以终止合同；乙方采用一次性买断的方式向甲方支付稿酬35 000元，甲方另外给乙方联系厂家赞助，同时，乙方把厂家赞助所得收入的10%作为报酬支付甲方；乙方应在《乐》书出版后半年内向甲方付清稿酬；协议自双方签字之日起生效，有效期十年"。协议订立后，乐声向时事出版社提供了《古琴珍萃》、《乐器图鉴》等图书，供该社扫描后在《乐》书中使用相关摄影作品。

2005年1月，时事出版社出版《乐》书，字数600千字，定价128元，印数 3 500 册，封面注明乐声编著，封底载明该书“共收录精美图片近1 300 幅”，附录中载有相关赞助厂家的图片、联系方式等。双方当事人认可：乐声为该书联系到上海民族乐器一厂等相关厂家的赞助费共计 28 500 元，其中 10% 作为乐声的报酬；时事出版社以 6 折的价格对外发行《乐》书。

2005 年 1 月，乐声从时事出版社领取了《乐》书 20 本，并使用其联系赞助费所得的报酬以 6 折价格向时事出版社购得《乐》书 37 本。

2005 年 7 月，董建国曾与乐声一起到时事出版社，就《乐》书使用董建国摄影作品的问题与时事出版社协商，但未达成一致意见。同月，乐声向时事出版社发出《终止出版图书协议函》，称时事出版社延迟《乐》书出版时间且在图书出版后未支付稿酬，故要求终止《出版协议》，同时要求时事出版社履行付酬义务。本案审理过程中，乐声主张该函到达时事出版社时，双方协议即已解除；时事出版社不认可该主张，但同意解除该协议。双方一致同意该协议解除的效力不溯及解除前的权利义务关系。

2006 年 2 月，乐声再次致函时事出版社，要求该社付酬。但时事出版社至今未付。

2006 年，董建国以侵犯著作权为由将时事出版社诉至我院。案件审理过程中，乐声被追加为第三人。我院经审理后认为，乐声未经许可在其编著的《乐》书中使用了董建国享有著作权的摄影作品 481 幅，而时事出版社明知上述摄影作品的作者另有其人，在未核实授权的情况下仍对该书予以出版、发行，最终导致侵权结果的发生，二者共同侵犯了董建国的著作权。由此，本院在（2006）海民初字第 15262 号民事判决中判令时事出版社和乐声停止侵权并共同赔偿董建国经济损失及因诉讼支出的合理费用共计 8 万元。宣判后，时事出版社向北京市第一中级人民法院提起上诉。该院经审理，判决驳回上诉，维持原判。

2007 年 8 月 9 日，我院执行董建国案判决，从时事出版社银行账户中扣划 86 486 元。

另，本案审理过程中，本院组织双方当事人到时事出版社对《乐》书库存情况进行了勘验，双方确认库存《乐》书共计 1937 本。对于《乐》书的销售数量，时事出版社称该社实际仅销售了 781 册《乐》书，另有 300 册样书和赠书。乐声对此不予认可，认为样书和赠书有 50 册足矣，其他图书均应被销售了。

时事出版社主张该社为出版《乐》书支出排版费 20 000 元、出片费 12 672元、印装费 81 904 元、封面设计费 1 500 元、编辑费和校对费 4 800 元，乐声对上述费用不持异议。此外，时事出版社还主张该社因《乐》书支出了办公费 1 万元和人员工资 2 万元，但未提交相应证据，乐声亦不予认可。

一审审理结果

一审法院认为：

乐声与时事出版社均同意解除《出版协议》，且该协议解除的效力不溯及解除前的权利义务关系，本院对此不持异议。本案焦点为，在时事出版社和乐声因董建国案被判令停止侵权、赔偿损失的情况下，双方就《出版协议》中的相关权利义务如何处理，即时事出版社是否应依约向乐声支付稿酬，以及乐声是否应就董建国案的侵权后果向时事出版社承担赔偿损失的违约责任。

按照《出版协议》约定，乐声的稿酬应于图书出版后半年内付清。因《乐》书出版时间为2005年1月，故时事出版社付酬义务履行完毕的时间应为2005年7月。但本案证据表明，此时董建国已就未经许可使用其摄影作品的问题找到了时事出版社，且双方协商未果。因此，时事出版社有理由认为乐声此前向该社提供的稿件可能存在权利瑕疵，并有导致纠纷的危险。在这种情况下，该社有理由暂不履行支付稿酬的义务。后经董建国案的审理，人民法院最终认定《乐》书所用481幅董建国的摄影作品未经许可，时事出版社和乐声共同构成侵权。时事出版社已不能继续发行《乐》书，其合同目的亦无法实现，导致这一结果发生的重要原因之一就是乐声未依约提供拥有合法授权的稿件，违反了双方关于授权的约定。依据《合同法》的规定，当事人互负债务，有先后履行顺序的，先履行一方履行债务不符合约定的，后履行一方有权拒绝其相应的履行要求。因此，时事出版社拒绝向乐声支付稿酬具有法律依据。尽管目前尚无证据证明乐声所提供的稿件在文字部分具有不符合约定之处，但《乐》书作为一本图文并茂的图书，其文字与图片内容均占据非常重要的地位，形成难以分割的统一整体。现该书的近1 300幅图片中，有481幅属于未经许可侵权使用，足以影响《乐》书整体的出版、发行，致使时事出版社的合同目的全部难以实现。故对于乐声有关单独支付文字部分稿酬的请求，本院不予支持。

另据《出版协议》约定，乐声应保证拥有授予时事出版社的权利，因行使该权利导致侵犯他人著作权的，乐声承担全部责任并赔偿因此给时事出版社造成的损失。据此，乐声应就董建国案的侵权结果，向时事出版社承担违约责任。至于具体的责任范围，则须对"承担全部责任"的约定进行解释后予以确定。本院认为，对合同条款的解释，应以双方订约的真实目的为基础，并须符合常理、体现公平。根据《出版协议》相关条款的表述，约定乐声"承担全部责任"的本意应是向其明确文责自负，即乐声须对图书内容负责，并就其自身的过错和行为引发的后果承担全部责任。同时，没有任何理由可以认为，乐声在此一并承诺对时事出版社的过错和行为也愿负责，因为这既不合常理又显失公平。在董建国案中，不可否认的是，乐声作为该书主编和文字、图片内容的提供者，未获得董建国许可即将大量图片在《乐》书中使用，对侵权发生具有不可推卸的责任。但同时应当看到，时事出版社作为专业出版单位，在明知乐声既非摄影作品作者又未出示任何授权证明的情况下，仍将其他公开出版物中的图片直接扫描用于《乐》书的出版，亦具有明显过错。可见，侵权结果的发生并非乐声一人之过，时事出版社同样负有重大责任。二者的行为和过错，如有其一能够避免，当不致引起侵权的发生。至于何者在其中起到了更加重要的作用，则难以进行区分，故本院认定乐声与时事出版社对于侵权的发生负同等责任。因此，乐声所须承担的“全部责任”，应为侵权行为所致经济损失的一半。对时事出版社要求乐声独自承担全部经济损失的请求，本院不予支持。

至于实际经济损失数额，应以时事出版社的相关支出与赔偿之和，扣除赞助与售书获利后计算得出。关于支出与赔偿，双方认可该社为出版《乐》书支出排版费 20 000 元、出片费 12 672 元、印装费 81 904 元、封面设计费 1 500 元、编辑费和校对费 4 800 元，支付乐声赞助费的 10% 作为报酬（后为购书所用），并因董建国案被人民法院执行 86 486 元，共计 210 212 元，本院对此予以确认。时事出版社另主张曾支出办公费 1 万元和人员工资 2 万元，但缺乏证据证明，且乐声不予认可，故本院不予采信。关于获利，双方当事人认可时事出版社共获赞助费 28 500 元；以定价 128 元的 6 折价格对外发行《乐》书；全部 3 500 册中现有 1 937 本库存，乐声另认可有 50 册用于样书和赠书。由此可以得出该社因《乐》书共获利 144 698. 4 元。时事出版社主张实际售出图书数量仅为 781 册，另有 300 册作为赠书和样书，但未提交相应证据，乐声亦予以否认，故本院不予采信。根据以上事实，本院认定事实出版社的全部经济损失为 65 513. 6 元，乐声应就其违约行为向该社赔偿 32 756. 8 元。

综上，依据《中华人民共和国合同法》第 67 条、第 125 条，《中华人民共和国民事诉讼法》第 64 条第 1 款之规定，判决如下：

一、驳回原告乐声的全部诉讼请求；

二、本判决生效之日起七日内，反诉被告乐声赔偿反诉原告时事出版社经济损失 32 756. 8 元；

三、驳回反诉原告时事出版社的其他诉讼请求。

本诉案件受理费 325 元，由本诉原告乐声负担。反诉案件受理费 2 430 元，由反诉原告时事出版社负担 1 215 元，由反诉被告乐声负担 1 215 元。

各方当事人均服从一审判决。

79. “信贷管理系统”技术开发合同纠纷案

——北京亿阳增值业务通信股份有限公司诉
北京农村商业银行股份有限公司

原告（反诉被告、被上诉人）：北京亿阳增值业务通信股份有限公司
原告（反诉被告、被上诉人）：北京农村商业银行股份有限公司
案由：技术开发合同纠纷

原审案号：北京市西城区人民法院（2007）西民初字第12792号。
原审合议庭成员：赵庆丽、武彧、李岳鹏
原审结案日期：2008年9月15日
二审案号：北京市第一中级人民法院（2008）年一中民终字第16710号
二审合议庭成员：姜颖、芮松艳、周波
二审结案日期：2008年12月12日

判决要旨

招标人发出中标通知书后不履行签约义务，应当承担的责任是合同缔约过失责任。

起诉与答辩

原告北京亿阳增值业务通信股份有限公司（以下简称北京亿阳公司）诉称：2007年5月8日，北京农村商业银行股份有限公司（以下简称北农商行）就其“信贷管理系统”的产品供应、应用开发和系统实施工作发出招标邀请函，我公司在收到北农商行发出的信贷管理系统招标邀请并得到招标书后，于2007年5月12日提交了投标文件。2007年5月18日讲标，2007年5月22日，北农商行与我公司进行了商务谈判。谈判过程中，双方对合同价格、工程期限、付款方式、商务条款等都进行了磋商并达成一致意见。此外，北农商行谈判小组提出：在286万元的合同价格下，我公司实施总工作量不超过93人/月，如超出，北农商行将追加费用；我公司为表示诚意，同意工作量超出93人/月的10%后，再由北农商行追加实施费用，北农商行谈判小组表示了肯定。因项目进度时间紧，2007年6月5日，双方召开项目启动会，应北农商

行要求，我公司在未签订合同前即派出项目人员进场工作，同时处理合同谈判和签署事宜。

2007年6月7日，北农商行发出了中标通知，告知我公司已经中标。但在此后的合同谈判过程中，北农商行单方推翻承诺，不同意在合同里列明上述约束条件。我公司认为若无此约束性条款，则我公司无法接受此合同价格，并就此与北农商行进行了沟通。基于继续合作的诚意，我公司提出了提高合同金额或减少需求或北农商行承担部分工作量的建议，北农商行均未同意。至此，合同因北农商行不守承诺而无法签订，我公司项目人员若继续工作，将给我公司带来重大风险和损失，工作需要暂停。

综合以上事实，我公司认为，由于北农商行擅自推翻谈判双方已达成一致意见的重要商务条款，造成合同无法签订，合作无法继续，由此给双方带来的损失应由被告承担。我公司要求北农商行承担不与我公司签订合同却让原告为其进行技术开发而给原告造成的损失共计232 747元；要求北农商行承担案件受理费。

被告北农商行辩称：（1）我行向北京亿阳公司发出中标通知书后，双方未订立书面合同的责任在北京亿阳公司。因我行信贷管理系统不属《招标投标法》规定必须进行招标的项目，所以根据我行招标书规定，我行首先选择两个中标候选人，通过竞争性谈判，择优确定最终的中标人。在2007年5月18日讲标后，北京亿阳公司作为中标候选人之一开始与我行进行竞争性谈判。通过谈判，双方确定工程总价款为286万元。以此为基础，北京亿阳公司于2007年6月6日将合同草案文本以电子邮件方式发给我行。2007年6月7日，我行向北京亿阳公司发出中标通知书。在双方谈判过程中，我行从未向北京亿阳公司承诺"如实施工作量超过93人/月的10%后，北农商行将追加费用"，北京亿阳公司对此亦无任何证据。北京亿阳公司在收到我行中标通知书后，未按要求于收到中标通知书后10日内与我行签订合同。同时，代表北京亿阳公司参加投标的工作人员均是北京亿阳信通增值业务通信股份有限公司上海分公司（以下简称上海分公司）的人员；以邮件形式向我行送达的合同草案文本中标明的合同乙方亦为上海分公司，但直到其参与涉案项目的工作人员从我行撤走，我行从未收到过北京亿阳公司授权上海分公司为其签约代表的授权委托书。故双方未能签订书面合同的过错在北京亿阳公司。（2）原告北京亿阳公司要求我行赔偿损失的诉讼请求不能成立。北京亿阳公司提供的票据不能证明其支出事由，事先未经我行同意，事后未经我行认可，不能作为北京亿阳公司为参加我行涉案项目而发生的费用证据。综上，由于原告北京亿阳公司弄虚作假，骗取中标资格后，又自动放弃中标资格，应对我行承担缔约过失责任。原告北京亿阳公司无权向我行主张任何损失，其诉讼请求不能成立，要求法院依法予以驳回。

反诉原告北农商行诉称：2007 年 5 月 8 日，我行就本行信贷管理系统的产品供应、产品开发和系统实施工作招标。2007 年 5 月 12 日，北京亿阳公司向我行提交投标书。我行于 2007 年 5 月 18 日开标。2007 年 5 月 22 日，我行要求北京亿阳公司就投标书的相关内容进行澄清。根据北京亿阳公司对投标书相关内容的澄清，2007 年 6 月 7 日，我行向北京亿阳公司发出中标通知书，要求北京亿阳公司 10 日内与我行就信贷管理系统的开发签订合同。根据我行招标书的要求及双方协商，双方在合同签订前开始项目启动的准备工作，北京亿阳公司从上海分公司派 5 名工作人员，我行安排 20 名员工作为项目组人员共同开展项目的前期准备工作。自我行向北京亿阳公司发出中标通知书后，北京亿阳公司既未按通知书要求和我行签订合同，又未授权上海分公司与我行签订合同。2007 年 7 月 11 日，北京亿阳公司在未通知我行的情况下撤回其派往我行进行项目前期准备工作的人员。北京亿阳公司的行为导致我行无端支出了大量财力物力，给我行造成了巨大损失，仅我行的人力资源损失就达 474 878. 83 元。此外，北京亿阳公司在投标书中对其资质和业绩进行了虚假描述，从而致使我行在评标时无法正确选择中标单位，造成了北农商行信贷管理系统开发项目的迟延开展。综上，由于反诉被告北京亿阳公司对项目进行恶意投标和磋商，致使我行的信贷管理系统至今未能进行开发，给我行带来巨大损失。现反诉要求北京亿阳公司赔偿我行经济损失 474 878. 83 元；案件受理费由北京亿阳公司承担。

反诉被告北京亿阳公司辩称：（1）不存在任何由于我公司的过错而给北农商行造成损失的事实。虽然将北农商行的相关人员列为项目组成员，但涉案项目性质为技术委托开发，作为委托方，北农商行在项目上的投入并不是为我方进行工作，且从人力上不需要北农商行投入太多，北农商行反诉所称其人力资源损失达 474 848. 83 元，计算依据不能成立。（2）北农商行反诉称我公司在向其投标时投标书中隐瞒了事实真相、对我公司的资质和业绩进行了虚假描述，并由此导致其无法正确选择中标单位，造成项目延迟开展一节，没有事实和法律依据。首先，我公司在向北农商行投标时没有在投标书中隐瞒事实真相，对我公司资质和业绩进行虚假描述。投标时，我公司确为亿阳信通股份有限公司（以下简称亿阳信通公司）的控股子公司，与亿阳信通公司资质文件通用。此外，我公司提供的业绩证明，我公司曾经开发的项目包括上海市农村信用合作社的个人信贷业务管理系统、哈尔滨市商业银行的信贷管理系统、株洲市商业银行的管理信息系统等，都是真实信息。其次，我公司投标书提供的

"资产负债表"、"利润及利润分配表"等财务文件，都是符合实际情况的。北农商行仅凭亿阳信通公司2007年半年度报告中的一些表述就盲目推测我公司存在财务信息披露不实的问题证据不足，也与事实不符。再次，北农商行拒不履行、遵守其在发出中标通知书前后反复承诺过的我公司在该项目上的投入不超过93人/月的条款，才是导致该项目的委托开发合同最终没有签署的真正原因。综上，北农商行提出的要求我公司赔偿损失的反诉请求，没有任何事实和法律依据。请求法院依法驳回北农商行的反诉请求。

原审查明事实

原审法院查明：

1. 北农商行招标相关事实

2007年5月8日，北农商行计划对其"信贷管理系统"进行招标，邀请多家有相关软件产品及其相应系统建设经验的产品和服务供应商参加投标，招标采用整体招标方式，招标内容为北农商行《信贷管理系统》软件产品（含除操作系统、数据库产品、中间产品以外的信贷应用软件产品及其第三方软件产品）；北农商行《信贷管理系统》应用系统开发服务；北农商行《信贷管理系统》应用系统实施和维护服务。招标编号为M200709。

北农商行《信贷管理系统》招标书第3页提出"招标人资格"为：投标人必须是独立法人且注册资金（实收资本）不少于500万人民币；必须具备良好的经济和技术实力，能够为招标人提供及时优质的服务，能够按时提交招标人要求的产品和服务；在近三年内应有实施国内银行信贷管理相关系统的成功经验；具备独立的应用系统开发能力，取得基础产品提供上的相关合法授权（产品代理授权证书、产品开发授权证书）；具有良好的银行资信和商业信誉。"投标人责任"为：投标人必须遵守公平竞争的原则，不得排挤其他投标人的公平竞争，不得损害招标人或者其他投标人的合法权益。投标人须认真阅读招标书中所有的事项、格式、条款和规范等要求，按照投标书的要求，提供符合要求的投标文件。投标人必须保证提供材料的真实性，并承担虚假材料的一切后果。该招标书第4页写明："投标人自行承担起参与投标产生的全部费用。投标截止时间为2007年5月12日17:00整。投标人必须于投标截止日期前递交投标书"。递交投标书联系人及招标书的澄清联系人均为郭某某。该招标书第5~8页写明："投标书应包括以下部分，并分册装订：第一册投标书，包括投标声明与承诺、投标人信息、投标人参与本项目的主要技术与管理人员一览表；第二册应用解决方案建议书；第三册报价文件，包括报价总表、第三方软件的报价文件，包括价格、折扣及付款方式（需提供软件产品的详细配置、报价方式、报价组成明细）、投标人自主软件产品（指投标方用于本项目的产品原型和技术平台等）的报价文件，包括价格、折扣及付款方式（需提供软件产品的详细配置、报价方式、报价组成明细）。应用系统客户化开发（含实施服务）的报价文件及应用系统实施服务的报价文件均应包括价格、折扣及付款方式（招标人应按具体服务内容，按人/月数仔细计算工作量，详细列明价格组成及计算方法）。售后服务（含培训）内容及其设计费用的详细价格文件（针对售后服务详列所包含的内容及所需收费，对免费服务也请一一列明）。第四册其他，须招标人配合的详细要求及条件，投标人未列明的，默认由投标人负责；投标人认为需要提供的其他资料。投标书包含一式10份以及一份电子档案（刻录光盘），并明确注明‘正本’或‘副本’字样。正本和副本有差异时以正本为准。投标书有效期从开标之日起为三个月。开标时间由招标人另行确定并通知。招标人将对招标文件进行逐一开标，将邀请对应的投标人到场。开标后，招标人随后进行相应的澄清。投标书的澄清，招标人给予每一位投标人50分钟对投标书进行讲解，30分钟接受评委的现场质疑，投标人必须对评委的现场质疑认真回答并详细记录，并在开标的次日将有关质疑和解答整理成书面材料以电子邮件或传真方式提交招标人。招标人在后续评标过程中，有权随时要求投标人澄清其投标书中有关内容，投标人有责任按照招标人通知的时间、地点，指派其全权委托的代理人进行答疑和澄清，重要的澄清答复需提供书面文件，但不得对投标内容进行实质性修改”。该招标书第9页“第四章评标与中标”写明：“评标工作将遵循‘公平、公正、公开、择优、信用’的原则进行，招标人将根据各方面的综合情况首先选择两个中标候选人，通过竞争性谈判，择优确定最终的中标人。招标人确定中标人后将通知中标人，确定的中标人将提供‘北农商行信贷管理系统’的软件产品及承担该系统的开发实施服务。如中标人在合同订立过程中对商务承诺或服务承诺作出大的变更或者提出令招标人难以接受的附加条款，则招标人有权中止中标人的中标资格，且由中标人承担由此引起的有关责任”。该招标书第10页“第五章签订合同”中规定，中标人应按照招标人指定的时间、地点与招标人签订合同。中标人的“投标书”及其“澄清文件”、招标人的“招标书”等，均为签订合同的依据。招标人从项目的进度考虑，要求中标人能够在获得中标通知后，尽快协同招标人启动项目的有关工作，合同的协商和签署与项目的有关工作，合同的协商和签署与项目开发和实施可能并列进行。该招标书第15~16页附件B“投标人信息”——投标人基本信息包括对投标人公司主管业务作简要描述，并指出在银行信贷管理系统开发和服务领域这项业务已经开展了多长时间。投标人应按下列要求提交资格文件：投标人公司营业执照（复印件）；公司的组织结构和核心成员情况；最近两年通过会计师事务所审计的财务报表；投标人相关的资质证书；投标人获得有关产品制造和供应商授权代理的授权书；投标人最近两年信贷管理系统产品/服务用户的证明函；投标人认为必要的其他资格证明材料。

2. 北京亿阳公司投标及中标相关事实

（1）北京亿阳公司在收到北农商行发出的信贷管理系统招标邀请并得到招标书后，于 2007 年 5 月 12 日作为投标人提交了投标书及其附件，包括北农商行信贷管理系统应用解决方案建议书等投标文件。北京亿阳公司信贷管理系统投标书（文档编号为 ZTSH010705122）写明，投标总价为 6 139 426 元。北京亿阳公司承诺将按“招标书”的规定，履行相关责任和义务；保证所提供的投标书、资格证明文件的内容、所做声明及回答一切问题的真实性、准确性、完整性和合法性；同意向北农商行提供可能要求的与投标有关的任何证据或资料。在投标人信息中明确，投标人全称“北京亿阳增值业务通讯股份有限公司”，联系人杨某某。“公司简介”中，首先介绍亿阳信通公司的企业情况。说明北京亿阳公司成立于 2003 年 9 月，是在亿阳信通公司金融事业部和增值服务事业部的基础上，由亿阳信通公司等知名电信企业共同投资设立，专注于金融行业和电信增值服务运营的高新技术企业。亿阳信通公司作为母公司进行了公司股票上市情况、资质和技术能力等方面的相关介绍，介绍了北京亿阳公司的行业服务能力，北京亿阳公司的金融应用事业部在亿阳信通公司金融行业事业部的基础上继承发展，专门从事系列银行前后台管理分析软件产品的研究开发工作，总部设在北京，分支机构上海分公司设在上海。北京亿阳公司介绍了雇员与研发、客户基础资格文件等，以列表形式说明了信贷管理系统主要客户及提供服务简况。

投标书附件包括北京亿阳公司损益表、资产负债表、利润及利润分配表（制表日均为 2006 年 12 月 31 日）等，损益表中“净利润”一栏当月数为 497 660. 90元；本年累计数为 7 713 249. 69 元。资产负债表中“资产总计”一栏“期初数”为 39 706 741. 24 元，“期末数”为 51 581 734. 14 元；负债及所有者权益一栏总计“期初数”为 39 706 741. 24 元，“期末数”为51 581 734. 14元。北京亿阳公司提供了亿阳信通公司及其子公司所有的《国家规划布局内重点软件企业证书》、《CCCI 质量管理体系认证证书资质证书》、《软件企业认定证书》、《计算机信息系统集成资质证书》《国际标准认证证书（ISO 9001：2000）》及《涉及国家秘密的计算机信息系统集成资质证书》等资质文件，提供亿阳信通公司书面证明，证明北京亿阳公司为亿阳信通公司（证券代码：600289）控股子公司，资质文件通用。北京亿阳公司还提供了其与案外人（其他客户）签订的信贷业务管理系统软件开发合同及履行相关合同的资料作为投标书附件。

（2）2007 年 5 月 22 日，北农商行与北京亿阳公司进行了商务谈判。但双方未就商务谈判取得的一致意见签署备忘录或会议纪要。2007 年 6 月 7 日，北农商行向北京亿阳公司发出了中标通知书，中标通知书写明：北农商行于 2007 年 5 月 18 日组织召开了北农商行信贷管理系统项目评标会议，通过对各家信贷管理系统竞标公司的评审，确定北京亿阳公司为中标公司。中标资格有效期为自双方签订合同之日起一年时间，要求北京亿阳公司在收到《中标通知书》10 日内与北农商行签订合同。

3. 涉案相关技术研发情况

根据北农商行招标书的要求及双方协商，双方在合同签订前即开始项目启动工作，北京亿阳公司自 2007 年 6 月 5 日至 2007 年 7 月 15 日期间指派技术人员进行项目前期技术开发工作，对其中四周出勤情况，北京亿阳公司向法庭提供了由北农商行及北京亿阳公司项目经理签字认可的考勤表四页，对其技术人员在北农商行的其余办公出勤情况，北京亿阳公司未提供证据证明。考勤表显示北京亿阳公司技术人员在北农商行总计工作时间为 1 140 小时。

北京亿阳公司开发人员在北农商行工作期间制作了北农商行信贷管理系统的需求分析详细计划（部门：信贷管理系统项目组；撰写段吉权、李华锋、尹燕、王英杰，文档编号 BJNSXD_ P_ SRSJH_ V1.0；日期 2007－06－10）、项目架构（部门：信贷管理系统项目组；撰写段吉权；文档状态：正式版 V1.0 ；日期 2007－06－10）、项目开发计划（部门：信贷管理系统项目组；撰写段吉权；文档编号 BJNSXD_ SPP_ V1.0；日期 2007/06）、需求分析说明书编写规范（部门：信贷管理系统项目组；撰写段吉权；文档编号 BJNSXD_ GF_ SRSJH_ V1.0；日期 2007－06－10）等文档，北农商行及北京亿阳公司项目经理均在上述文档的审批表上签名认可，签字日期均为 2007 年 7 月 3 日。

北农商行信贷管理系统项目架构表列明，北农商行在信贷管理系统项目组参加成员为 20 人，但北农商行未就其人员在该项目技术研发投入工作时间及取得成果进行举证。

4. 双方就合同签订内容进行磋商情况

双方提供的证据显示，北京亿阳公司中标后，双方就合同签约内容进行了谈判和磋商。北农商行向法院提供的北京市中信公证（2008）京中信内经证字 01777 号公证书的内容证明，2007 年 6 月 6 日、2007 年 6 月 30 日，北京亿阳公司两次通过电子邮件向北农商行项目发送合同及附件。

2007 年 6 月 6 日，北京亿阳公司向北农商行发出的电子邮件主题为信贷系统合同，邮件写明，合同内容和格式有修改位置的，双方尽早沟通。请尽快走完相关流程。该电子邮件所附合同实际为合同草案，合同研究开发人（乙方）为“北京亿阳增值业务通信股份有限公司上海分公司”。合同“3·5 乙方承诺提供总实施量不超过 93 人/月，其中规则管理和智能报表的总实施工作量不超过 15 人/月，若实际总实施量总额超出 93 人/月的 10% 以上时或规则管理和智能报表的总实施工作量超出 15 人/月的 10% 时，乙方有权要求甲方对超出 10% 以上的总实施工作量另行支付实施费用，支付方式及内容另行商议。”合同“四、研究开发经费、报酬及其支付或结算方式”写明，“开发经费及报酬为 286 万元”。

2007 年 6 月 30 日，北京亿阳公司向北农商行发出的电子邮件主题为合同修改。邮件所附合同（草案）包括多处合同条款修改意见，3·5 修改为“乙方提供总项目工作量不超过 93 人/月，若实际总项目工作量总额超出 93 人/月的 10% 以上时，乙方有权要求甲方对超出 10% 以上的工作量另行支付费用，支付方式及内容另行商议。”合同“四、研究开发经费、报酬及其支付或结算方式”写明，“开发经费及报酬为 286 万元”。

在本案诉讼中，北农商行未就其关于北京亿阳公司中标后自动放弃中标资格致使双方未能签订合同的主张提供证据。

原审审理结果

原审法院认为：本案争议焦点在于：（1）双方当事人之间存在何种的法律关系，招标、投标行为是否合法有效；（2）北京亿阳公司在投标、竞标过程中是否存在信息披露不实或有重大隐瞒；（3）本案双方当事人未能签订书面合同，对此应有哪方当事人承担法律责任，是否应当赔偿对方损失。

（1）双方当事人之间存在委托技术开发和技术服务合同关系，当事人通过招标、投标的方式以达到缔结合同的目的，其行为不违背法律规定。从招标邀请函和招标书的内容来看，北农商行采用整体打包招标，包括北农商行《信贷管理系统》软件产品（含除操作系统、数据库产品、中间产品以外的信贷应用软件产品及其第三方软件产品）；北农商行《信贷管理系统》应用系统开发服务；北农商行《信贷管理系统》应用系统实施和维护服务。北农商行一方负责提供资金、设备等物质条件或承担辅助协作事项，由中标方北京亿阳公司负责进行涉案项目的技术开发、实施和维护服务，为技术委托开发和委托服务合同。当发生争议时，当事人之间的权利义务关系应当按照双方约定及我国《合同法》中关于技术委托开发和委托服务合同的相关法律规定来调整。

招标、投标是一种竞争性缔结合同的方式，是指招标人发出招标的表示，然后各投标人分别提出其交易条件实行公平竞争，招标人选择其中最优者中标，与之订立合同的系列法律行为。通过招投标方式订立合同的，一般包括以下过程：①招标，即通过一定方式公布招标的科技项目和条件，招请他人投标的行为。②投标，即招标人同意招标文件的条件，在指定的期限内向招标人报价和提出经济技术指标的行为。③开标，即招标人在规定的时间、地点，按照规定的方式公开所有投标资料，公布投标人的名称、投标的紧急技术指标、报价等情况的活动。④评标，即招标人对各个投标人的投标进行审查、比较和综合分析的活动；⑤决标，即在评标的基础上作出选择，确定中标人，并向中标人发出中标通知书，招标任何中标人订立合同的活动。

本案中，北农商行作为招标人向特定范围的有相关软件产品及其相应系统建设经验的产品和服务供应商发出招标邀请，对其“信贷管理系统”项目进行招标。北京亿阳公司在收到北农商行发出的信贷管理系统招标邀请并得到招标书后，作为投标人按照招标书的规定，提交了投标书及其附件，参与该项目的竞标。证据表明北农商行的招标、评标、决标的行为；北京亿阳公司的投标、竞标的行为不违背招标、投标法相关规定，真实有效。

（2）北京亿阳公司不承担信息披露不实或重大隐瞒的责任。原审法院认为，招标、投标活动应当遵循公开、公平、公正和诚实信用原则，依法、规范进行。投标人应当按照招标文件的要求编制投标文件。投标文件应当对招标文件提出的实质性要求和条件作出响应。在本案中，由于北农商行招标文件并未明确要求企业股权变化情况为投标人必须披露的信息内容。而企业股权变动信息在投标时是否必须披露，目前没有明确的法律规定或行业标准。故本院认为，界定是否必须披露的信息应以该信息的披露是否对合同的履行产生重大影响作为判断依据。

亿阳信通公司 2007 年半年报告披露时间为 2007 年 8 月 1 日。亿阳信通公司在该报告“重要提示”中明确，“公司半年度财务报告未经审计”。北京亿阳公司投标书附件包括的北京亿阳公司损益表、资产负债表、利润及利润分配表，制表日均为 2006 年 12 月 31 日，与亿阳信通公司 2007 年 8 月公布的该上市公司中报披露的相关财务信息计算起止时间不同，计算方式不同，信息披露时间不同，因此不具有可比性，仅凭亿阳信通公司中报的信息并不足以证明北京亿阳公司投标时企业资信和经营能力处于非正常状态。虽然亿阳信通公司 2007 年 8 月发布的中报披露“已将其持有的北京亿阳公司股份转让给关联公司，该事项已于 2007 年 4 月 30 日刊登于中国证券报、上海证券报上”，但消息发表时间并不等同股权转让完成时间，企业法人股权变动手续应当按照公司章程和《公司法》的规定来进行，需要一定的时间才能完成有关变更手续。虽然北京亿阳公司在投标书中未披露该信息，但该信息系已为相关媒体公开发表的信息，北农商行应有足够的能力和渠道获得。同时，该信息披露的内容是北京亿阳公司股东持有股份的变化，并不能说明北京亿阳公司经营能力、经营范围发生明显不利于合同履行的变化；亦不能以此证明北京亿阳公司投标书附件所附资质证书和证明为虚假信息。

北农商行对涉案项目以投标邀请书的方式邀请特定的企业投标，对被邀请投标企业应当事先进行审查和选择；同时，作为评标人和决标人北农商行在发出中标通知书前，对投标人的投标资格及中标人的履约能力负有审查、评判的权利和义务，一经决标，没有法定事由，招标人不可撤销中标通知书或自行宣布中标人的中标资格无效。

（3）本案双方当事人虽未能以书面形式签订合同，但北京亿阳公司根据北农商行的要求先期进行了技术研发，北农商行应当给付北京亿阳公司相应的研发费用。中标通知书对招标人和中标人具有法律效力。北农商行向北京亿阳公司发出中标通知书，表明北农商行与北京亿阳公司就合同的订立达成合意，双方应当按照中标通知书和相关法律规定的期限签订书面合同。

在诉讼中，当事人对合同未能签订的原因各执己见，对起草合同过程中合同标的金额条款说法不一，但现有证据可以认定：在北农商行与北京亿阳公司进行的商务谈判中，双方确定如果合同总项目工作量不超过 93 人/月，开发经费及报酬为 286 万元。原审法院认为合同当事人应以信赖关系为基础，互相负有必要的注意义务，包括缔约当事人尽力促成合同签订的协助义务，不利用自己的优势地位进行胁迫或施加不正当影响的保护义务等。北京亿阳公司根据北农商行要求，在中标通知书正式发出前，即指派技术人员进入北农商行现场办公，启动项目开发的前期工作，在北农商行发出中标通知书后，双方决定对合同的协商和签署与项目开发工作同步进行。北京亿阳公司以自己的行为为实现合同成立而付出信用，北农商行未在中标通知书规定的期限内与北京亿阳公司签订书面合同；在北京亿阳公司委托律师发出催告函后，亦未就不能按时签约的事由进行明示，应当承担过错责任，赔偿北京亿阳公司经济损失。北京亿阳公司要求北农商行赔偿办公用品、交通费用、通信服务费、房租、日用品费等费用，由于提供的证据不能证明是该项目的专项支出，本院认为证据不足，对该项请求不予支持。

根据北农商行要求，北京亿阳公司技术人员投入总量为 1 140 小时的工作时间，已制作了北农商行信贷管理系统的需求分析详细计划、项目架构、项目开发计划、需求分析说明书编写规范等文档，上述先期技术开发成果由北农商行、北京亿阳公司双方认可，可视为北京亿阳公司部分履行了合同义务，北农商行应当给付北京亿阳公司相应的研发费用。对北京亿阳公司提出的要求北农商行给付先期技术研发费用的诉讼请求，原审法院予以部分支持。上海分公司是北京亿阳公司的分支机构，其营业执照反映设立目的即根据北京亿阳公司的指派从事经营活动，上海分公司人员参与涉案项目的一切行为均属北京亿阳公司的法人行为，由北京亿阳公司对外承担民事责任。北农商行提出的从未收到过北京亿阳公司授权上海分公司为其签约代表的授权委托书，未能签订书面合同的过错在北京亿阳公司的答辩意见，没有法律根据，本院不予采信。北农商行对其提出的北京亿阳公司对项目进行恶意投标和磋商致使项目未能开发的答辩意见，证据不足，原审法院不予采信。

北农商行反诉北京亿阳公司对项目进行恶意投标和磋商，致使其信贷管理系统至今未能进行开发，给其带来巨大损失，但现有证据不能证明其诉讼主张。北农商行为项目技术委托研发和委托服务的委托方，北农商行要求北京亿阳公司赔偿其参与项目人员的工资损失，没有法律依据，故原审法院对北农商行反诉请求不予支持。综上，依据《中华人民共和国合同法》第 6 条、第 32 条、第 36 条、第 331 条，《中华人民共和国招标投标法》第 46 条第 1 款之规定，判决如下：

一、被告北京农村商业银行股份有限公司于本判决生效后十日内赔偿原告北京亿阳增值业务通信股份有限公司 199 193 元；

二、驳回原告北京亿阳增值业务通信股份有限公司的其他诉讼请求；

三、驳回反诉原告北京农村商业银行股份有限公司诉讼请求。

北农商行不服原审判决，提起上诉，请求驳回北京亿阳公司的诉讼请求。北京亿阳公司服从原审判决。

二审查明事实

二审法院查明的事实与原审相同。

二审审理结果

二审审理过程中，双方当事人自愿达成如下调解协议：

一、北京农村商业银行股份有限公司赔偿北京亿阳增值业务通信股份有限公司 181 193 元；

二、一审案件受理费 13 214 元，由原告北京亿阳增值业务通信股份有限公司负担 507 元；由被告北京农村商业银行股份有限公司负担 12 707 元。二审案件受理费 2 142 元由北京农村商业银行股份有限公司负担。